대한민국 산림청이 선정한

# 100대
# 명산 이야기

**대한민국 산림청이 선정한
100대 명산 이야기**

**초판 1쇄 발행** 2024년 5월 3일
**2쇄 발행** 2024년 12월 2일

**지은이** 김진현
**펴낸이** 장길수
**펴낸곳** 지식과감성#
**출판등록** 제2012-000081호

**교정** 정은솔
**디자인 및 편집** 지식과감성#
**검수** 김지원
**마케팅** 김윤길, 정은혜

**주소** 서울시 금천구 벚꽃로298 대륭포스트타워6차 1212호
**전화** 070-4651-3730~4
**팩스** 070-4325-7006
**이메일** ksbookup@naver.com
**홈페이지** www.knsbookup.com

ISBN 979-11-392-1808-4(03810)
값 38,000원

- 이 책의 판권은 지은이에게 있습니다.
- 이 책 내용의 전부 또는 일부를 재사용하려면 반드시 지은이의 서면 동의를 받아야 합니다.
- 잘못된 책은 구입하신 곳에서 바꾸어 드립니다.
- 지도는 국토지리정보원에서 제공받아 제작되었습니다.

지식과감성#
홈페이지 바로가기

대한민국 산림청이 선정한

# 100대 명산 이야기

김진현 지음

곰배령 전망대에서 바라본 전경

**100대 명산 등산로 수록**

"100대 명산에 얽힌 역사와 문화가
총망라된 수필로 엮은 산행기"

지식과감성#

# 책 머리에

이 글은 필자가 1년 7개월에 걸쳐 우리나라 산림청이 선정한 100대 명산[1]을 힘써 오르내리며 보고, 듣고, 느낀 점을 기록한 것이다. 계절과 날씨를 가리지 않고 나름대로 계획을 세워 꽤나 부지런히 산을 찾은 셈이다. 돌이켜 보면 생각지도 못한 어려움도 적잖이 겪었으나 100대 명산이 필자에게 베푼 즐거움에 비할 바는 아니겠다.

일찍이 당나라 유우석은 누실명(陋室銘)에서 "산은 높아서가 아니라 신선이 있고서야 명산이요, 물은 깊어서가 아니라 용이 있고서야 영험하다고 한다."라고 말했다.

그런데 산림청이 선정한 우리나라 100대 명산을 오르고도 신선을 만나지 못했으니 어쩐 일인가? 그러나 비산비야(非山非野), 산인가 싶으면 어느새 제 높이를 깎아 언덕으로 도회하거나 주역, 겸괘(謙卦)에서 이르는 '땅속으로 제 몸을 숨기는' 겸손한 산도 있는 법이다. 그럴진대 누가 거기 명산이 있는 줄 알아보고, 그리 오르려 하겠는가. 그뿐인가, 저 가야산 산문 밖 어디쯤 산나물 몇 움큼을 놓고 해동갑으로 나앉은 노친이나, 산정에서 서로 웃으며 따뜻한 차 한 잔, 과일 한 조각 건네는 산행객으로 짐짓 신선이 나투신들 우리가 어찌 알아보랴. 그런즉 산빛으로 눈을 씻고 새롭게 볼진대 온갖 미

---

[1] 산림청에서는 "2002 세계 산의 해"를 기념하고 산의 가치와 중요성을 새롭게 인식하기 위하여 "산의 날" 및 "100대 명산"을 선정 공표하였다. "100대 명산"은 학계, 산악계, 언론계 등 13명의 전문가로 구성된 선정위원회가 산의 역사, 문화성, 접근성, 선호도, 규모, 생태계 특성 등 5개 항목에 가중치를 부여하여 심사 후 선정됐다. '2020 산림청 기본 통계'에 따르면 우리나라 산림 면적은 629만ha로, 국토의 62.6%를 차지하는 것으로 나타났으며 OECD 국가 중 산림 비율은 핀란드(73.7%), 스웨덴(68.7%), 일본(68.4%)에 이어 4위다. 대한민국 산림청.

물과 이름 모를 새소리, 바위와 고사목, 청산녹수, 폭포, 저수지, 바다에 이르기까지 제가끔 천성과 때깔에 맞게 낳고 기르고 거두는 이 풍경을 눈 깜작하는 순간 마저 아까울 정도로 아름답고 신비하게 창조하신 하나님의 섭리 앞에 어느 누가 명산이 아니라 트집 잡겠는가?

기꺼이 몸을 낮춰 아무런 조건 없이 필자에게 어깨를 내어준 그 산들에 조촐한 글을 바친다.

2024년 4월 김진현 씀

## 축하의 글

## 도전 정신에 박수를 보낸다

"건강한 마음은 건강한 육체에 깃든다."라는 말이 있다. 이 산행기는 김진현 박사가 70대 중반으로 적잖은 연령임에도 불구하고 우리나라 산림청이 선정한 100대 명산을 1년 7개월 만에 완등하고 산행기를 펴낸다니 축하를 보낸다. 산마다 역사적 유례와 문화는 물론 산에 얽힌 에피소드가 총망라되어 있어 더욱 흥미를 더할 것 같다.

또한 산마다 출발부터 당일 교통편은 물론, 산행 과정에서 경험한 진솔하고 재미있는 내용이 수필로 엮어져 있어 참고하면 지루하지 않게 정상에 오를 수 있을 것 같다. 특히 코로나가 창궐한 시기임에도 불구하고 계절을 가리지 않고 홀로 산행을 실천한 용기에 박수를 보낸다. 행복은 마음먹기에 따라 그 크기가 달라진다고 한다. 산행 중 큰 위험을 몇 번 겪기도 했으나 포기하지 않고 마침내 100대 명산을 완등한 저자의 투지와 인내는 기성세대는 물론 젊은 세대들도 참고할 만하다 할 것이다.

특히 저자는 정년퇴직 후 60대 중반에 공부를 시작하여 학사, 석사, 박사 과정을 거치는 동안 건강 악화에도 불구하고 단기간에 학위를 취득하고 대학 강단에서 후학을 지도한 것은 하면 된다는 평범한 진리를 실천한 것 같아 기분이 좋아진다.

김진현 박사의 산행기를 읽다 보면 별도 훈련을 하지 않아도 긍정의 마인드가 저절로 생기고 도전하고 싶은 충동을 느낀다. 글을 따라가다 보면 마치 현장을 경험하는 것처럼 산마다 파노라마가 펼쳐진다.

2022년 말 현재, 등산이나 숲길 체험을 하는 인구는 우리나라 전체 성인 남녀의 78%인 약 3,229만 명이 산을 찾는다고 한다. 등산 인구가 늘어나는 추세에 맞춰 산행기를 탄생시킨 저자에게 축하를 드리며 이 산행기를 통해 평범하게 살아가는 많은 독자에게 용기와 삶의 활력을 되찾는 계기가 되기를 희망한다.

2024년 4월
제21대 국회 전반기 농림축산식품해양수산위원회 위원,
국회의원(4선), 홍문표

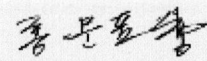

## 희망을 품으면 꿈을 이룰 수 있다

우리 사회가 밝고 건강해지려면 정신이 건강해야 한다. "건강을 잃으면 모든 걸 다 잃는다."라는 속담도 있다. 건강한 가운데 아름다운 미래가 보장된다고 한다. 마침 김진현 박사가 우리나라 산림청이 선정한 100대 명산을 완등하면서 보고 느낀 점을 수필로 엮어 내놓는다.

김 박사는 코로나가 창궐하던 시기 70대 중반이라는 나이를 무색하게 할 정도로 다소 무모하리만큼 자기만의 철저한 계획에 따랐으며, 이처럼 100대 명산을 단기간에 완등한 사람은 그리 흔하지 않다. 불굴의 정신에 우선 찬사를 보낸다.

자연에 순응하며 본인만의 독특한 진솔한 구사력으로 누구나 쉽게 부담 없이 읽을 수 있는 수필집 산행기. 산행기의 딱딱함을 벗어나 자연의 아름다움을 극대화한 파스텔화처럼 은은하게 펼쳐진다.

더욱 놀라운 것은 100대 명산 대부분을 동반자 없이 홀로 대중교통으로 당일(제주도, 울릉도 제외)에 서울에서 출발하여 전국에 산재해 있는 100대 명산 정상을 올랐다는 그 투지에 경의를 표한다.

나이 때문에, 시간이 부족하다는 이유로 하고자 하는 일을 미루는 독자가 계신다면 이 산행기를 통해 스스로 긍정의 최면을 불어넣어 소기의 목적을 달성했으면 하는 바람이다. 청룡의 해 봄 기운과 함께 탄생하는 김진현 박사의 100대 명산 이야기인 산행기가 모쪼록 건강에 활력을 불어넣고 목표 지향적인 삶을 사는 모든 독자에게 활력소가 되길 바라 마지않는다.

2024년 4월

이영석 박사(미래 유아교육학회 회장)

# 100대 명산 위치

## 1. 100대 명산 목차(등정 순서별)

| no | 산 이름 | 산행일자 | page | no | 산 이름 | 산행일자 | page |
|---|---|---|---|---|---|---|---|
| 1 | 관악산 | '20.1.09. | 40 | 34 | 도락산 | '21.3.26. | 239 |
| 2 | 북한산 | '20.4.29. | 48 | 35 | 월악산 | '21.3.30. | 244 |
| 3 | 감악산 | '20.9.04. | 54 | 36 | 백운산(정선) | '21.4.03. | 249 |
| 4 | 천마산 | '20.9.09. | 61 | 37 | 서대산 | '21.4.06. | 255 |
| 5 | 축령산 | '20.9.19. | 66 | 38 | 대둔산 | '21.4.09. | 260 |
| 6 | 소요산 | '20.9.25. | 73 | 39 | 천태산 | '21.4.14. | 266 |
| 7 | 마니산 | '20.10.02. | 80 | 40 | 민주지산 | '21.4.20. | 272 |
| 8 | 유명산 | '20.10.07. | 87 | 41 | 두타산 | '21.4.26. | 277 |
| 9 | 용문산 | '20.10.14. | 92 | 42 | 황매산 | '21.4.30. | 283 |
| 10 | 백운산(포천) | '20.10.23. | 99 | 43 | 팔공산 | '21.5.03. | 289 |
| 11 | 명지산 | '20.10.28. | 106 | 44 | 소백산 | '21.5.11. | 295 |
| 12 | 화악산 | '20.11.05. | 112 | 45 | 계방산 | '21.5.18. | 300 |
| 13 | 운악산 | '20.11.11. | 117 | 46 | 명성산 | '21.5.22. | 306 |
| 14 | 마이산 | '20.11.16. | 124 | 47 | 방태산 | '21.5.26. | 311 |
| 15 | 삼악산 | '20.11.24. | 130 | 48 | 황악산 | '21.6.02. | 316 |
| 16 | 팔봉산 | '20.11.27. | 136 | 49 | 비슬산 | '21.6.07. | 321 |
| 17 | 오봉산 | '20.12.01. | 141 | 50 | 금오산 | '21.6.16. | 328 |
| 18 | 용화산 | '20.12.04. | 147 | 51 | 신불산 | '21.6.22. | 335 |
| 19 | 공작산 | '20.12.09. | 152 | 52 | 가지산 | '21.6.29. | 341 |
| 20 | 가리산 | '20.12.11. | 157 | 53 | 응봉산 | '21.7.05. | 347 |
| 21 | 태백산 | '20.12.23. | 163 | 54 | 점봉산 | '21.7.14. | 354 |
| 22 | 덕항산 | '21.1.05. | 169 | 55 | 운문산 | '21.7.20. | 360 |
| 23 | 태화산 | '21.1.14. | 174 | 56 | 재약산 | '21.7.27. | 365 |
| 24 | 도봉산 | '21.1.22. | 179 | 57 | 천성산 | '21.8.04. | 371 |
| 25 | 오대산 | '21.1.26. | 184 | 58 | 남산(경주) | '21.8.11. | 377 |
| 26 | 가리왕산 | '21.2.05. | 190 | 59 | 대암산 | '21.8.18. | 386 |
| 27 | 금정산 | '21.2.24. | 198 | 60 | 내연산 | '21.8.26. | 392 |
| 28 | 치악산 | '21.2.25. | 204 | 61 | 주흘산 | '21.9.02. | 399 |
| 29 | 칠갑산 | '21.3.03. | 210 | 62 | 황장산 | '21.9.09. | 404 |
| 30 | 계룡산 | '21.3.05. | 217 | 63 | 희양산 | '21.9.14. | 410 |
| 31 | 덕숭산 | '21.3.10. | 223 | 64 | 대야산 | '21.9.23. | 415 |
| 32 | 백덕산 | '21.3.17. | 229 | 65 | 청량산 | '21.9.28. | 421 |
| 33 | 금수산 | '21.3.23. | 234 | 66 | 성인봉(울릉) | '21.10.04. | 428 |

| no | 산 이름 | 산행일자 | page |
|---|---|---|---|
| 67 | 설악산 | '21.10.12. | 435 |
| 68 | 구병산 | '21.10.18. | 442 |
| 69 | 속리산 | '21.10.22. | 448 |
| 70 | 주왕산 | '21.10.29. | 456 |
| 71 | 지리산 | '21.11.02. | 463 |
| 72 | 내장산 | '21.11.05. | 468 |
| 73 | 백암산 | '21.11.15. | 475 |
| 74 | 선운산 | '21.11.19. | 482 |
| 75 | 무학산 | '21.11.23. | 491 |
| 76 | 방장산 | '21.11.26. | 496 |
| 77 | 추월산 | '21.11.29. | 502 |
| 78 | 조계산 | '21.12.02. | 507 |
| 79 | 변산 | '21.12.07. | 514 |
| 80 | 강천산 | '21.12.14. | 520 |
| 81 | 화왕산 | '21.12.17. | 526 |
| 82 | 연화산 | '21.12.21. | 532 |
| 83 | 모악산 | '21.12.24. | 536 |

| no | 산 이름 | 산행일자 | page |
|---|---|---|---|
| 84 | 운장산 | '21.12.28. | 542 |
| 85 | 월출산 | '22.1.04. | 547 |
| 86 | 무등산 | '22.1.07. | 553 |
| 87 | 백운산(광양) | '22.1.10. | 560 |
| 88 | 두륜산 | '22.1.24. | 565 |
| 89 | 천관산 | '22.2.09. | 571 |
| 90 | 팔영산 | '22.2.14. | 576 |
| 91 | 가야산 | '22.2.25. | 583 |
| 92 | 한라산 | '22.3.04. | 590 |
| 93 | 깃대봉 | '22.3.16. | 596 |
| 94 | 황석산 | '22.3.22. | 604 |
| 95 | 적상산 | '22.4.01. | 610 |
| 96 | 장안산 | '22.4.05. | 617 |
| 97 | 덕유산 | '22.4.11. | 623 |
| 98 | 금산 | '22.4.19. | 629 |
| 99 | 지리산(통영) | '22.4.27. | 638 |
| 100 | 미륵산 | '22.5.17. | 644 |

## 2. 100대 명산 목차 (가나다순)

| ㄱ | page | ㅁ | page | ㅇ | page | ㅌ | page |
|---|---|---|---|---|---|---|---|
| 가리산 | 157 | 마니산 | 80 | 연화산 | 532 | 태백산 | 163 |
| 가리왕산 | 190 | 마이산 | 124 | 오대산 | 184 | 태화산 | 174 |
| 가야산 | 583 | 명성산 | 306 | 오봉산 | 141 | | |
| 가지산 | 341 | 명지산 | 106 | 용문산 | 92 | ㅍ | page |
| 감악산 | 54 | 모악산 | 536 | 용화산 | 147 | 팔공산 | 289 |
| 강천산 | 520 | 무등산 | 553 | 운문산 | 360 | 팔봉산 | 136 |
| 계룡산 | 217 | 무학산 | 491 | 운악산 | 117 | 팔영산 | 576 |
| 계방산 | 300 | 미륵산 | 644 | 운장산 | 542 | | |
| 공작산 | 152 | 민주지산 | 272 | 월악산 | 244 | ㅎ | page |
| 관악산 | 40 | | | 월출산 | 547 | 한라산 | 590 |
| 구병산 | 442 | ㅂ | page | 유명산 | 87 | 화악산 | 112 |
| 금산 | 629 | 방장산 | 496 | 응봉산 | 347 | 화왕산 | 526 |
| 금수산 | 234 | 방태산 | 311 | | | 황매산 | 283 |
| 금오산 | 328 | 백덕산 | 229 | ㅈ | page | 황석산 | 604 |
| 금정산 | 198 | 백암산 | 475 | 장안산 | 617 | 황악산 | 316 |
| 깃대봉 | 596 | 백운산(광양) | 560 | 재약산 | 365 | 황장산 | 404 |
| | | 백운산(정선) | 249 | 적상산 | 610 | 희양산 | 410 |
| ㄴ | page | 백운산(포천) | 99 | 점봉산 | 354 | | |
| 남산 | 377 | 변산 | 514 | 조계산 | 507 | | |
| 내연산 | 392 | 북한산 | 48 | 주왕산 | 456 | | |
| 내장산 | 468 | 비슬산 | 321 | 주흘산 | 399 | | |
| | | | | 지리산 | 463 | | |
| ㄷ | page | ㅅ | page | 지리산(사량도) | 638 | | |
| 대둔산 | 260 | 삼악산 | 130 | | | | |
| 대암산 | 386 | 서대산 | 255 | ㅊ | page | | |
| 대야산 | 415 | 선운산 | 482 | 천관산 | 571 | | |
| 덕숭산 | 223 | 설악산 | 435 | 천마산 | 61 | | |
| 덕유산 | 623 | 성인봉 | 428 | 천성산 | 371 | | |
| 덕항산 | 169 | 소백산 | 295 | 천태산 | 266 | | |
| 도락산 | 239 | 소요산 | 73 | 청량산 | 421 | | |
| 도봉산 | 179 | 속리산 | 448 | 추월산 | 502 | | |
| 두륜산 | 565 | 신불산 | 335 | 축령산 | 66 | | |
| 두타산 | 277 | | | 치악산 | 204 | | |
| | | | | 칠갑산 | 210 | | |

## 3. 100대 명산 높이[2] 및 소재지

| 번호 | 산 이름 | 높이(m) | 소재지 |
|---|---|---|---|
| 1 | 가리산 | 1,051 | 강원도 홍천군 두촌면·화촌면, 춘천시 북산면·동면 |
| 2 | 가리왕산 | 1,561 | 강원도 정선군 북평면·정선읍 회동리, 평창군 진부면 |
| 3 | 가야산 | 1,430 | 경상남도 합천군·거창군, 경상북도 성주군 |
| 4 | 가지산 | 1,241 | 울산광역시 울주군, 경상북도 청도군, 경상남도 밀양시 |
| 5 | 감악산 | 675 | 경기도 파주시 적성면, 양주시 남면, 연천군 전곡읍 |
| 6 | 강천산 | 584 | 전라북도 순창군 팔덕면, 전라남도 담양군 용면 |
| 7 | 계룡산 | 845 | 대전시, 충청남도 공주시, 논산시, 계룡시, • 관음봉/766m |
| 8 | 계방산 | 1,577.4 | 강원도 홍천군 내면, 평창군 용편면·진부면 |
| 9 | 공작산 | 887 | 강원도 홍천군 동면, 화촌면 |
| 10 | 관악산 | 629 | 서울특별시 관악구, 경기도 안양시, 과천시 |
| 11 | 구병산 | 876 | 경상북도 상주신 화북면, 충청북도 보은군 마로면·속리산면 |
| 12 | 금산 | 701 | 경상남도 남해군 상주면, 이동면, 삼동면 |
| 13 | 금수산 | 1,016 | 충청북도 제천시 수산면, 단양군 적성면 |
| 14 | 금오산 | 976 | 경상북도 구미시 칠곡군 북삼읍, 김천시 남면 |
| 15 | 금정산 | 801.5 | 부산광역시 금정구·북구, 경상남도 양산시 |
| 16 | 깃대봉 | 365 | 전라남도 신안군 흑산면 홍도 |
| 17 | 남산(금오산) | 468 | 경상북도 경주시 남산동, 내남면 |
| 18 | 내연산 | 711 | 경상북도 포항시 송라면·청하면·죽장면, 영덕군 남정면 |
| 19 | 내장산 | 763 | 전라북도 정읍시 내장동, 순창군 쌍치면·복흥면 |
| 20 | 대둔산 | 878 | 충청남도 논산시 벌곡면·금산군, 전라북도 완주군 운주면 |
| 21 | 대암산 | 1,312 | 강원도 양구군 동면, 인제군 서화면 • 솔봉/1,129m |
| 22 | 대야산 | 930.7 | 경북 문경시 가은읍, 충청북도 괴산군 청천면 |
| 23 | 덕숭산(수덕산) | 495 | 충청남도 예산군 덕산면 |
| 24 | 덕유산 | 1,614 | 전라북도 무주군·장수군, 경상남도 거창군·함양군 |

---

2  산의 높이는 필자가 산행 당일 현장에서 정상석(목)에 표기된 것을 기록한 것이다.

| 번호 | 산 이름 | 높이(m) | 소재지 |
|---|---|---|---|
| 25 | 덕항산 | 1,071 | 강원도 삼척시 신기면, 태백시 하사미동 |
| 26 | 도락산 | 964 | 충청북도 단양군 단성면, 대강면 |
| 27 | 도봉산 | 726 | 서울특별시 도봉구, 경기도 의정부시 호원동·양주시 장흥면 |
| 28 | 두륜산 | 703 | 전라남도 해남군 삼산면·북일면·북평면·현산면 |
| 29 | 두타산 | 1,353 | 강원도 동해시 삼화동, 삼척시 미로면·하장면 |
| 30 | 마니산 | 472.1 | 인천광역시 강화군 화도면 |
| 31 | 마이산 | 687.4 | 전라북도 진안군 진안읍·마령면 |
| 32 | 명성산 | 923 | 강원도 철원군 갈말읍, 경기도 포천시 영북면·이동면 |
| 33 | 명지산 | 1,267 | 경기도 가평군 북면·하면 |
| 34 | 모악산 | 793.5 | 전라북도 김제시 금산면, 전주시 완산구, 완주군 구이면 |
| 35 | 무등산 | 1,187 | 광주광역시, 전라남도 담양군 남면·화순군 • 서석대/1.100m |
| 36 | 무학산 | 761.4 | 경상남도 창원시 교방동·두척동·내서읍 |
| 37 | 미륵산 | 461 | 경상남도 통영시 산양읍·봉평동 |
| 38 | 민주지산 | 1,241.7 | 충청북도 영동군, 전라북도 무주군, 경상북도 김천시 |
| 39 | 방장산 | 743 | 전라남도 장성군, 전라북도 고창군 신림면·정읍시 입암면 |
| 40 | 방태산 | 1,444 | 강원도 인제군 기린면·상남면, 홍천군 내면 |
| 41 | 백덕산 | 1,350 | 강원도 평창군 방림면, 횡성군 안흥면, 영월군 수주면 |
| 42 | 백암산 | 741 | 전라북도 순창군 복흥면, 잔라남도 장성군 북하면 |
| 43 | 백운산 | 1,222 | 전라남도 광양시 진상면·옥룡면·봉강면·구례군 간전면 |
| 44 | 백운산 | 882.4 | 강원도 정선군 신동읍, 평창군 미탄면 |
| 45 | 백운산 | 903.1 | 경기도 포천시 이동면, 강원도 화천군 사내면 |
| 46 | 변산 | 424 | 전라북도 부안군 변산면, 상서면, 진서면 |
| 47 | 북한산 | 836 | 서울특별시 강북구·성북구·종로구·은평구, 경기도 고양시 |
| 48 | 비슬산 | 1,084 | 대구시 달성군 옥포읍·유가읍·가창면, 경상북도 청도군 각북면 |
| 49 | 삼악산 | 654 | 강원도 춘천시 서면 |
| 50 | 서대산 | 904 | 충청남도 금산군 추부면·군북면, 충청북도 옥천군 군서면 |
| 51 | 선운산 | 336 | 전라북도 고창군 아산면·심원면·해리면 |
| 52 | 설악산 | 1,078 | 강원도 속초시 설악동, 인제군·인제읍, 양양군 서면·강현면 |
| 53 | 성인봉 | 986 | 경상북도 울릉군 울릉읍 서면·북면 |

| 번호 | 산 이름 | 높이(m) | 소재지 |
|---|---|---|---|
| 54 | 소백산 | 1,439.5 | 경상북도 영주시 풍기읍, 충청북도 단양군 단양읍 |
| 55 | 소요산 | 587 | 경기도 동두천시, 포천시 신북면 |
| 56 | 속리산 | 1,058 | 경상북도 상주시 화북면, 충청북도 보은군 내속리면 |
| 57 | 신불산 | 1,159 | 울산광역시 울주군 삼남면·상북면 |
| 58 | 연화산 | 524 | 경상남도 고성군 개천면·영현면 |
| 59 | 오대산 | 1,563 | 강원도 평창군 진부면, 홍천군 내면, 강릉시 연곡면 |
| 60 | 오봉산 | 779 | 강원도 춘천시 북산면, 화천군 간동면 |
| 61 | 용문산 | 1,157 | 경기도 양평군 용문면·옥천면 |
| 62 | 용화산 | 878.4 | 강원도 화천군 간동면·하남면, 춘천시 사북면 |
| 63 | 운문산 | 1,118 | 경상북도 청도군 운문면, 경상남도 밀양시 산내면 |
| 64 | 운악산 | 937.5 | 경기도 가평군 하면, 포천시 화현면 |
| 65 | 운장산 | 1,126 | 전라북도 진안군 주천면, 부귀면, 정천면, 완주군 동상면 |
| 66 | 월악산 | 1,097 | 충청북도 제천시 한수면, 덕산면 |
| 67 | 월출산 | 809 | 전라남도 영암군 영암읍·군서면·학산면, 강진군 성전면 |
| 68 | 유명산 | 862 | 경기도 가평군 설악면, 양평군 옥천면 |
| 69 | 응봉산 | 998.5 | 강원도 삼척시 가곡면·원덕읍, 경상북도 울진군 북면 |
| 70 | 장안산 | 1,237 | 전라북도 장수군 장수읍, 계남면 |
| 71 | 재약산 | 1,108 | 경상남도 밀양시 단장면·산내면, 울산광역시 울주군 상북면 |
| 72 | 적상산 | 1,024 | 전라북도 무주군 적상면 |
| 73 | 점봉산 | 1,424 | 강원도 양양군 서면, 인제군 인제읍·기린면 • 곰배령/1,164m |
| 74 | 조계산 | 888 | 전라남도 순천시 승주읍·송광면 |
| 75 | 주왕산 | 726 | 경상북도 청송군 청송읍·부동면, 영덕군 지품면·달산면 |
| 76 | 주흘산 | 1,076 | 경상북도 문경시 문경읍 |
| 77 | 지리산 | 1,915 | 전라북도 남원시, 전라남도 구례군, 경상남도 하동군·산청 |
| 78 | 지리산 | 397.8 | 경상남도 통영시 사량면 |
| 79 | 천관산 | 723.1 | 전라남도 장흥군 관산읍, 대덕읍 |
| 80 | 천마산 | 812 | 경기도 남양주시 화도읍, 오남읍 |
| 81 | 천성산 | 922 | 경상남도 양산시 하북면, 상북면 • 천성산 2봉/855m |
| 82 | 천태산 | 714.7 | 충청북도 영동군 양산면, 충청남도 금산군 제원면 |

| 번호 | 산 이름 | 높이(m) | 소재지 |
| --- | --- | --- | --- |
| 83 | 청량산 | 870 | 경상북도 봉화군 명호면·재산면, 안동시 도산면·예안면 |
| 84 | 추월산 | 731 | 전라남도 담양군 용면, 전라북도 순창군 복흥면 |
| 85 | 축령산 | 886.2 | 경기도 남양주시 수동면, 가평군 상면 |
| 86 | 치악산 | 1,288 | 강원도 원주시, 횡성군, 영월군 |
| 87 | 칠갑산 | 561 | 충청남도 청양군 대치면, 정산면, 장평면 |
| 88 | 태백산 | 1,567 | 강원도 태백시, 경상북도 봉화군 석포면 |
| 89 | 태화산 | 1,027 | 강원도 영월군 영월읍, 충청북도 단양군 영춘면 |
| 90 | 팔공산 | 1,193 | 경상북도 군위군 부계면, 영천시 신녕면, 대구광역시 동구 |
| 91 | 팔봉산 | 328 | 강원도 홍천군 서면 |
| 92 | 팔영산 | 609 | 전라남도 고흥군 점암면, 영남면 |
| 93 | 한라산 | 1,950 | 제주특별자치도 |
| 94 | 화악산 | 1,468 | 경기도 가평군 북면, 강원도 화천군 사내면 |
| 95 | 화왕산 | 756.6 | 경상남도 창녕군 창녕읍, 고암면 |
| 96 | 황매산 | 1,113.1 | 경상남도 합천군 대병면·가회면, 산청군 차황면 |
| 97 | 황석산 | 1,192 | 경상남도 함양군 안의면, 서하면, 서상면 |
| 98 | 황악산 | 1,111 | 경상북도 김천시 대항면 |
| 99 | 황장산 | 1,077 | 경상북도 문경시 동로면 |
| 100 | 희양산 | 999 | 경상북도 문경시 가은읍, 충청북도 괴산군 연풍면 |

## 4. 100대 명산 선정 사유 및 특징[3]

| 번호 | 산 이름<br>(높이/m) | 위치 | 선정 사유 및 특징 |
|---|---|---|---|
| 1 | 가리산<br>(加里山)<br>1,051 | 강원도<br>춘천시<br>홍천군 | • 강원도에서 진달래가 가장 많이 피는 산으로 알려져 있고, 참나무 중심의 울창한 산림과 부드러운 산줄기 등 우리나라 산의 전형적인 모습을 갖추고 있으며, 홍천강의 발원지 및 소양강의 수원(水源)을 이루고 있는 점 등을 고려하여 선정.<br>• 암봉이 솟아 있는 정상에서 소양호를 조망할 수 있고, 야생화가 많이 서식하여 자연 학습 관찰에도 좋은 여건을 갖추고 있음. 1998년 강원도에서 자연휴양림으로 지정. |
| 2 | 가리왕산<br>(加里旺山)<br>1,561 | 강원도<br>정선군<br>평창군 | • 가리왕산 8경이 전해질 만큼 경관이 수려하고, 활엽수 극상림이 분포해 있으며, 전국적인 산나물 자생지로 유명. 특히 백두대간의 중심으로 주목 군락지가 있어 산림유전자원보호림과 자연휴양림으로 지정되는 등 경관·생태적으로 가치가 큰 점에서 선정.<br>• 동강(東江)에 흘러드는 오대천과 조양강의 발원지이며 석회암 절리동굴인 얼음동굴이 유명. 산의 이름은 그 모습이 큰 가리(벼나 나무를 쌓은 더미) 같다고 하여 유래. |
| 3 | 가야산<br>(伽倻山)<br>1,430 | 경상북도<br>성주군<br>경상남도<br>거창군<br>합천군 | • 예로부터 우리나라의 12대 명산 또는 8경에 속하는 산으로서 1972년 국립공원으로 지정되었으며, 특히 1995년 세계문화유산으로 지정된 국보 팔만대장경과 해인사가 있는 등 역사·문화적 가치가 높은 점을 고려하여 선정.<br>• '가야국'이 있었던 곳으로 전해지며, 『택리지』에서는 가야산의 기암괴봉을 불꽃에 비유하여 석화성(石火星)이라 하였음. 산 위에서의 조망이 좋고, 특히 용문폭포와 홍류동 계곡 등이 유명. |

---

[3] 출처: 대한민국 산림청.

| 번호 | 산 이름<br>(높이/m) | 위치 | 선정 사유 및 특징 |
|---|---|---|---|
| 4 | 가지산<br>(加智山)<br>1,241 | 울산광역시<br>울주군<br>경상북도<br>청도군<br>경상남도<br>밀양시 | • 백두대간 남단의 중심으로 '영남알프스'에서 가장 높은 산으로 1979년 도립공원으로 지정되었음. 수량이 풍부한 폭포와 아름다운 소(沼)가 많고, 천연기념물 224호인 얼음골과 도의국사 사리탑인 '8각운당형부도(보물 제369호)'가 보존되어 있는 석남사(石南寺)가 소재하는 점 등을 고려하여 선정.<br>※ 영남알프스: 영남지방의 해발 1,000m가 넘는 고헌산, 가지산, 운문산, 천황산, 간월산, 신불산, 취서산 등을 총칭.<br>• 능선 곳곳에 바위봉과 억새밭이 어우러져 있고 전망이 좋으며 자연휴양림이 있음. 밀양강의 지류인 산내천과 무적천의 발원지이며, 심심계곡·석남사골·쇠점골 등 계곡과 쌍폭·구연폭포·구룡소폭포·호박소계곡 등이 유명. |
| 5 | 감악산<br>(紺岳山)<br>675 | 경기도<br>파주시<br>양주시<br>연천군 | • 예로부터 경기 5악의 하나로서 폭포·계곡·암벽 등을 고루 갖추고 있으며, 임진강·개성 송악산 등의 조망이 좋은 점 등을 고려하여 선정.<br>• 수량이 풍부한 운계폭포가 있고, 정상에는 글자가 모두 마멸되어 판독이 불가능한 빗돌대왕비(파주군 향토유적 제8호)가 있는데 '설인귀(薛人貴)'설과 '진흥왕 순수비'설이 나뉘어 속전되고 있음. 임꺽정이 관군의 추격을 피하기 위해 숨어 지냈다는 장군봉 아래 임꺽정 굴이 있음. |
| 6 | 강천산<br>(剛泉山)<br>584 | 전라북도<br>순창군<br>전라남도<br>담양군 | • 강천산은 1981년 군립공원으로 지정되었으며, 강천계곡 등 경관이 수려하고 조망이 좋은 점 등을 고려하여 선정.<br>• 신라 진성여왕 때(887년) 도선국사가 개창한 강천사(剛泉寺)가 있으며, 산 이름도 강천사(剛泉寺)에서 유래. 삼국시대에 축조된 것으로 추정되는 금성산성(金城山城)이 유명. |
| 7 | 계룡산<br>(鷄龍山)<br>845<br>• 관음봉<br>/766m | 충청남도<br>공주시<br>논산시 | • 1968년 국립공원으로 지정되었으며, 예로부터 신라 5악의 하나인 서악(西岳)으로 지칭되었고, 조선시대에는 3악 중 중악(中岳)으로 불린 점 등을 고려하여 선정.<br>• 산 능선이 마치 닭의 벼슬을 쓴 용의 모습과 닮았다고 하여 계룡산이라는 이름이 유래되었으며, 『정감록(鄭鑑錄)』에 언급된 십승지지(十勝之地) 중 하나임. 신라 성덕왕 2년(724년) 회의화상이 창건한 동학사(東鶴寺)와 백제 구이신왕(420년) 때 고구려의 아도화상에 의하여 창건된 갑사(甲寺)가 있음. |

| 번호 | 산 이름 (높이/m) | 위치 | 선정 사유 및 특징 |
|---|---|---|---|
| 8 | 계방산 (桂芳山) 1,577.4 | 강원도 평창군 홍천군 | • 남한에서 한라산, 지리산, 설악산, 덕유산에 이어 다섯 번째로 높은 산으로 산약초·야생화 등이 많이 서식하고, 희귀수목인 주목·철쭉나무 등이 군락을 이루고 있어 생태계 보호 지역으로 지정된 점 등을 고려하여 선정.<br>• 백두대간을 한눈에 조망할 수 있으며 겨울철 설경이 백미. 우리나라에서 자동차로 오를 수 있는 고개 중 가장 높은 운두령이 있으며 내린천(內麟川)으로 흐르는 계방천의 발원지임. |
| 9 | 공작산 (孔雀山) 887 | 강원도 홍천군 | • 울창한 산림과 수타계곡 등 경관이 수려한 점 등을 고려하여 선정.<br>• 산의 형세가 마치 한 마리의 공작이 날개를 펼친 듯하다는 데서 산 이름이 유래. 보물 제745호인 『월인석보』 제17권과 18권이 보존되어 있는 수타사(壽陀寺)와 수타사에서 노천리에 이르는 20리 계곡인 수타계곡이 특히 유명. |
| 10 | 관악산 (冠岳山) 629 | 서울특별시 관악구 경기도 안양시 과천시 | • 예로부터 경기 5악의 하나로서 경관이 수려하며, 도심지 가까이 위치한 도시자연공원(1968년 지정)으로 수도권 주민들의 휴식처인 점 등을 고려하여 선정.<br>• 주봉은 연주대(戀主臺)로 정상에 기상 레이더 시설이 있음. 신라시대 의상이 창건하고 조선 태조가 중수(1392년)한 연주암과 약사여래입상이 유명. |
| 11 | 구병산 (九屛山) 876 | 충청북도 보은군 경상북도 상주시 | • 주 능선의 북쪽 지역이 속리산국립공원에 속해 있고 서원계곡(書院溪谷) 등 경관이 수려한 점 등을 고려하여 선정.<br>• 웅장한 아홉 개의 바위봉이 병풍처럼 연이어 솟아 예로부터 구봉산이라고 불리어 왔으며, 정상에서의 조망이 좋음. 예로부터 보은지방에서는 속리산 천황봉은 지아비 산, 구병산은 지어미 산, 금적산은 아들 산이라 하여 이들을 '삼산(三山)'이라 일컬어 왔음. |
| 12 | 금산 (錦山) 701 | 경상남도 남해군 | • 한려해상국립공원의 유일한 산악공원으로 경관이 수려하고, 바다와 섬, 일출을 조망할 수 있으며 경상남도 기념물로 지정(1974년)된 점 등을 고려하여 선정<br>• 본래 보광산이라고 불리다가 조선 태조와 관련된 전설에 따라 금산으로 이름이 바뀌었다고 함. 조선 태조가 기도했다는 이씨기단을 비롯하여, 사자암, 촉대봉, 향로봉 등 38경이 유명하며, 정상에는 우리나라 3대 기도처의 하나인 보리암이 소재. |

| 번호 | 산 이름 (높이/m) | 위치 | 선정 사유 및 특징 |
|---|---|---|---|
| 13 | 금수산 (錦繡山) 1,016 | 충청북도 제천시 단양군 | • 월악산국립공원 북단에 위치하고 울창한 소나무 숲과 맑고 깨끗한 계류 등 경관이 뛰어난 점을 고려하여 선정.<br>• 봄철의 철쭉과 가을철의 단풍이 특히 유명하고 능강계곡과 얼음골이 있음. 정상에서 소백산의 웅장한 산줄기와 충주호를 조망할 수 있음. |
| 14 | 금오산 (金烏山) 976 | 경상북도 구미시 김천시 칠곡군 | • 기암절벽과 울창한 산림이 조화되어 경관이 수려하며, 문화유산이 많고 도립공원으로 지정(1970년)된 점 등을 고려하여 선정.<br>• 높이 38m의 명금폭포가 있으며, 정상 부근에는 자연암벽을 이용해 축성한 길이 2km의 금오산성이 있음. 해운사, 약사암 등의 고찰과 금오산마애보살입상(보물 제490호), 선봉사 대각국사비(보물 제251호), 석조석가여래좌상(보물 제245호) 등이 유명. |
| 15 | 금정산 (金井山) 801.5 | 부산광역시 금정구 경상남도 양산시 | • 산림이 울창하고 산세가 비교적 웅장하며 도심지 가까이 위치한 시민들의 휴식처인 점 등을 고려하여 선정.<br>• 역사적으로 나라를 지키는 호국의 산으로 호국사찰 범어사와 우리나라 5대 산성의 하나인 금정산성이 있음. 낙동강 지류와 수영강의 분수계(分水界)를 이루고, 금강공원 및 성지곡공원 등이 있음. |
| 16 | 깃대봉 (旗峰) 365 | 전라남도 신안군 (홍도) | • 덩굴사철, 식나무 및 동백림 등이 자생하는 등 생태적 가치가 커 섬 전체가 천연보호구역으로 지정(1965년)되어 있으며, 다도해상국립공원으로 지정(1981년)된 점 등을 고려하여 선정.<br>• 이름 그대로 깃대처럼 생긴 암봉이며, 홍도의 최고봉임. 깃대봉은 독립문, 석화굴 등 해안 경관과 조화를 이뤄 홍도의 수려한 경관을 이루고 있음. |
| 17 | 남산 (南山) 468 | 경상북도 경주시 | • 길이 약 8km, 폭 약 4km의 산줄기 안에 불상 80여 체, 탑 60여 기, 절터 110여 개소가 산재하여 경주국립공원으로 지정되어 있는 등 신라시대 역사 유물·유적의 보고인 점 등을 고려하여 선정.<br>• '경주남산불적지'로 마애여래좌상(보물 제913호), 칠불암마애석불 등이 유명. 동쪽에는 남산산성 등이 있음. |

| 번호 | 산 이름<br>(높이/m) | 위치 | 선정 사유 및 특징 |
|---|---|---|---|
| 18 | 내연산<br>(內延山)<br>711 | 경상북도<br>포항시<br>영덕군 | • '내연산 12폭포'라 하여 경북 8경의 하나로 청하골 계곡 등 경관이 수려하고 군립공원으로 지정되어 있는 점 등을 고려하여 선정.<br>• 남쪽의 천령산 줄기와 마주하면서 그 사이에 험준한 협곡을 형성하고 있는 청하골이 유명. 원진국사사리탑(보물 제430호)과 원진국사비(보물 제252호)가 보존된 보경사(寶鏡寺) 등이 있음. |
| 19 | 내장산<br>(內藏山)<br>763 | 전라북도<br>정읍시<br>순창군 | • 기암괴석과 울창한 산림, 맑은 계류가 어우러진 호남 5대 명산의 하나로 국립공원으로 지정(1971년)되어 있는 점 등을 고려하여 선정.<br>• 내장사를 중심으로 서래봉에서 불출봉, 연지봉, 까치봉, 신선봉, 장군봉에 이르기까지 산줄기가 말발굽처럼 둘러쳐져 마치 철옹성 같은 특이 지형을 이룸. 내장사(內藏寺) 부속암자인 원적암 일대에 있는 비자림(천연기념물 제153호)이 특히 유명. |
| 20 | 대둔산<br>(大芚山)<br>878 | 충청남도<br>금산군<br>전라북도<br>완주군 | • 정상인 마천대를 비롯하여 사방으로 뻗은 바위 능선의 기암괴석과 수목이 어우러져 경관이 뛰어나고, 도립공원으로 지정(1980년)된 점 등을 감안하여 선정.<br>• 마천대에서 낙조대에 이르는 바위 능선과 일몰 광경이 뛰어나며, 임금바위·장군봉·동심바위·신선바위 등이 있음. 임금바위와 입석대를 잇는 금강구름다리와 태고사(太古寺)가 유명. |
| 21 | 대암산<br>(大岩山)<br>1,312<br>• 솔봉<br>/1,129m | 강원도<br>양구군<br>인제군 | • 휴전선이 가까운 지역으로 각종 희귀생물과 원시림에 가까운 숲이 잘 보존되어 천연보호구역(천연기념물 제246호)으로 지정(1973년) 관리되는 등 우리나라 최대 희귀생물자원의 보고인 점 등을 감안하여 선정.<br>• 대암산 정상부에 있는 약 9,000여 평이 넘는 풀밭 같은 넓은 초원에 큰용늪과 작은용늪의 고층습지가 있음. 그 주위가 마치 화채(punch) 그릇(bowl) 같아 '펀치볼'로 불리며 해안분지(亥安盆地)가 유명. |
| 22 | 대야산<br>(大野山)<br>930.7 | 충청북도<br>괴산군<br>경상북도<br>문경시 | • 기암괴석과 폭포·소(沼)가 어우러져 수려한 경관을 이루고 있으며, 속리산국립공원 구역에 포함되어 있는 점 등을 감안하여 선정.<br>• 용추폭포와 촛대바위가 있는 선유동계곡 및 '월영대'가 유명. |

| 번호 | 산 이름<br>(높이/m) | 위치 | 선정 사유 및 특징 |
|---|---|---|---|
| 23 | 덕숭산<br>(德崇山)<br>495 | 충청남도<br>예산군 | • 지역 주민들이 소금강이라고 할 만큼 기암괴석과 어우러진 경관이 수려하고, 도립공원으로 지정(1973년)되어 있는 점 등을 감안하여 선정.<br>• 백제 제29대 법왕 원년(599년) 지명법사가 창건한 수덕사(修德寺), 보물 제355호인 마애불과 덕산온천이 유명. |
| 24 | 덕유산<br>(德裕山)<br>1,614 | 전라북도<br>무주군<br>장수군<br>경상남도<br>거창군<br>함양군 | • 향적봉에서 남덕유까지 17km의 장대한 산줄기를 이루고 있으며, 금강과 낙동강의 수원(水源)이고 국립공원으로 지정(1975년)된 점 등을 고려하여 선정.<br>• 덕유산 북쪽으로 흘러내리는 30여 km의 무주구천동계곡(茂朱九千洞溪谷)과 자연휴양림, 신라 흥덕왕 5년(830년) 무염국사가 창건한 백련사(白蓮社) 등이 유명. |
| 25 | 덕항산<br>(德項山)<br>1,071 | 강원도<br>삼척시<br>태백시 | • 전형적인 경동지괴(傾動地塊) 지형으로 기암절벽과 초원이 어우러져 있으며 갈매굴, 제암풍혈, 양터목세굴, 덕발세굴, 큰재세굴 등 석회동굴이 많이 소재하고, 대이동굴 군립공원(1996년 지정) 구역 내인 점 등을 고려하여 선정.<br>• 약 4~5억 년 전에 이루어진 길이 6.9km, 천장 높이 30m에 이르는 동양 최대의 동굴인 환선굴(幻仙窟: 천연기념물 제178호)이 유명. |
| 26 | 도락산<br>(道樂山)<br>964 | 충청북도<br>단양군 | • 소백산과 월악산 중간에 위치하며, 단양 8경인 하선암, 중선암과 사인암 등이 산재해 있는 바위산으로 경관이 수려한 점 등을 고려하여 선정<br>• 남한강 지류인 단양천 10여 km 구간에 있는 하선암(下仙岩)과 쌍룡폭포·옥렴대·명경대 등 웅장한 바위가 있는 중선암(中仙岩), 경천벽, 와룡암, 일사대, 명경담 등이 있고 상선암(上仙岩)이 특히 유명. |
| 27 | 도봉산<br>(道峰山)<br>726 | 서울특별시<br>도봉구<br>경기도<br>양주시<br>의정부시 | • 최고봉인 자운봉을 중심으로 만장봉, 선인봉, 원도봉계곡, 용어천계곡, 송추계곡 등 경관이 수려하고 국립공원으로 지정(1983년)되어 있으며, 수도권 시민의 휴식처인 점 등을 고려하여 선정.<br>• 암벽 등산에 최적지이며, 회룡사(回龍寺), 망월사(望月寺), 천축사(天竺寺), 보문사(普門寺) 등이 유명. |

| 번호 | 산 이름<br>(높이/m) | 위치 | 선정 사유 및 특징 |
|---|---|---|---|
| 28 | 두륜산<br>(頭輪山)<br>703 | 전라남도<br>해남군 | • 한반도의 최남단 해남반도에 솟아 있는 산으로서 왕벚나무의 자생지가 있으며, 다도해를 조망하기에 적합하고 도립공원으로 지정(1972년)된 점 등을 감안하여 선정.<br>• 봄의 춘백, 여름의 녹음, 가을의 단풍, 겨울의 동백 등으로 유명하며 유자(柚子), 차(茶)의 산지로 알려져 있음. 보물 제320호인 삼층석탑을 비롯하여 많은 문화재를 보존하고 있는 대흥사(大興寺)가 있음. |
| 29 | 두타산<br>(頭陀山)<br>1,353 | 강원도<br>동해시<br>삼척시 | • 무릉계곡 등 경관이 아름다운 점 등을 고려하여 선정.<br>• 삼화사(三和寺), 관음암(觀音庵), 두타산성(頭陀山城)이 있음. 바위에 50여 개의 크고 작은 구멍이 파여 산 이름이 붙여졌으며, 예로부터 기우제를 지내는 등 토속신앙의 기도처인 쉰움산(五十井山)이 유명. |
| 30 | 마니산<br>(摩尼山)<br>472.1 | 인천광역시<br>강화군 | • 단군시조의 전설이 간직된 산으로 역사·문화적 가치 등을 고려하여 선정.<br>• 사적 제136호인 참성단(塹星壇), 함허동천, 사적 제130호인 삼랑산성이 있음. 또한 많은 보물을 보존하고 있는 정수사(淨水寺) 및 전등사(傳燈寺) 등이 있으며, 성화를 채화하는 장소이기도 함. |
| 31 | 마이산<br>(馬耳山)<br>687.4 | 전라북도<br>진안군 | • 특이한 지형을 이루고 있으며, 섬진강과 금강(錦江) 발원지이고 도립공원(1979년)으로 지정된 점 등을 고려하여 선정.<br>• 중생대 백악기에 습곡운동을 받아 융기된 역암이 침식작용에 의하여 형성된 산으로 산의 형상이 마치 말의 귀를 닮았다 하여 마이산으로 불림. 암마이산 남쪽 절벽 밑에 있는 80여 개의 크고 작은 돌탑이 있는 탑사(塔寺)와 금당사(金塘寺)가 유명. |
| 32 | 명성산<br>(鳴聲山)<br>923 | 강원도<br>철원군<br>경기도<br>포천시 | • 도평천(都坪川), 영평천(永平川), 한탄강의 수계를 이루며, 산세가 가파르고 곳곳에 바위가 어우러져 경관이 아름다운 점 등을 고려하여 선정.<br>• 산 북쪽으로 삼부연폭포와 남쪽으로 산정호수를 끼고 있음. 전설에 의하면 왕건(王建)에게 쫓기던 궁예(弓裔)가 피살되었던 곳으로 유명. |

| 번호 | 산 이름<br>(높이/m) | 위치 | 선정 사유 및 특징 |
|---|---|---|---|
| 33 | 명지산<br>(明智山)<br>1,267 | 경기도<br>가평군<br>포천시 | • 경기도 내에서 두 번째로 높은 산으로 경기도의 최고봉인 화악산(1,468m)과 가평천을 사이에 하고 있으며, 강씨봉, 귀목봉, 청계산, 우목봉 등 산세가 웅장하고 군립공원으로 지정된 점 등을 감안하여 선정.<br>• 20여 km를 흐르는 산 동쪽의 가평천 계곡과 익근리계곡의 명지폭포가 유명. 명지산 일대의 산과 계곡들은 경기도 내에서는 첫째가는 심산유곡으로 알려져 있음. |
| 34 | 모악산<br>(母岳山)<br>793.5 | 전라북도<br>전주시<br>김제시<br>완주군 | • 진달래와 철쭉이 유명한 호남 4경의 하나이며, 도립공원으로 지정(1971년)된 점 등을 고려하여 선정.<br>• 신라 말에 견훤이 이곳을 근거로 후백제를 일으켰다고 전해짐. 국보 제62호인 미륵전을 비롯하여 대적광전(보물 제467호)·혜덕왕사응탑비(보물 제24호)·오층석탑(보물 제27호) 등 많은 문화재가 있는 금산사(金山寺)가 있음. 특히 미륵전에 있는 높이 11.82m나 되는 미륵불이 유명. |
| 35 | 무등산<br>(無等山)<br>1,187<br>• 서석대<br>/1,100m | 광주광역시<br>동구<br>전라남도<br>화순군<br>담양군 | • 최고봉인 천왕봉 가까이에는 원기둥 모양의 절리(節理)가 발달하여 기암괴석의 경치가 뛰어나고, 도시민의 휴식처이며, 도립공원으로 지정(1972년)된 점 등을 고려하여 선정.<br>• 보물 제131호인 철조비로자나불좌상 등이 있는 증심사(證心寺)와 원효사(元曉寺)가 유명. |
| 36 | 무학산<br>(舞鶴山)<br>761.4 | 경상남도<br>마산시 | • 도시민의 휴식처로서 경관이 좋은 아기자기한 능선과 다도해를 바라다보는 조망이 좋은 점 등을 고려하여 선정.<br>• 정상 북서쪽에 있는 시루봉 일대의 바위는 좋은 암벽 등반 훈련장임. 예전부터 양조업이 성할 정도로 수질이 좋음 서원골 입구에 최치원의 제자들이 세운 관해정(觀海亭)이 있고 부근 원각사, 백운사 등이 유명. |
| 37 | 미륵산<br>(彌勒山)<br>461 | 경상남도<br>통영시 | • 충무시와 연육교로 이어지는 미륵도(彌勒島)의 복판에 솟은 산으로 한려해상국립공원의 아름다운 경관을 한눈에 조망할 수 있는 등 경관이 아름다운 점 등을 고려하여 선정.<br>• 지형도에는 용화산(龍華山)으로 표기되어 있으며, 석조여래상(경남유형문화재 43호)과 고려 중기의 작품인 지장보살상과 시왕상 등이 보존되어 있는 용화사(龍華寺)가 있음. 도솔선사(兜率禪師)가 창건한 도솔암, 관음사(觀音寺), 봉수대 터 등이 유명. |

| 번호 | 산 이름<br>(높이/m) | 위치 | 선정 사유 및 특징 |
|---|---|---|---|
| 38 | 민주지산<br>(岷周之山)<br>1,241.7 | 충청북도<br>영동군<br>전라북도<br>무주군<br>경상북도<br>김천시 | • 1,000m 이상의 고산준봉을 거느리고 울창한 산림과 바위가 어우러져 있으며, 국내 최대 원시림 계곡인 물한계곡이 있는 점 등을 고려하여 선정.<br>• 물이 차다는 한천마을 상류에서부터 약 20km를 흐르는 깊은 계곡으로, 원시림 등이 잘 보존된 손꼽히는 생태관광지인 물한계곡(勿閑溪谷)이 특히 유명. 정상 남쪽 50m쯤 아래에는 삼두마애불상이 있음. 충북, 전북, 경북의 경계인 삼도봉과 연접. |
| 39 | 방장산<br>(方丈山)<br>743 | 전라북도<br>정읍시<br>전라남도<br>장성군 | • 예부터 지리산, 무등산과 함께 호남의 삼신산으로 불려 왔으며, 전북과 전남을 양분하는 산으로서 산세가 웅장하고 자연휴양림인 점 등을 고려하여 선정.<br>• 옛 이름은 방등산으로 백제가요 중 '방등산가'의 방등산이 바로 방장산임. 정상에서 멀리 서해와 동쪽으로 무등산이 보임. |
| 40 | 방태산<br>(芳台山)<br>1,444 | 강원도<br>인제군 | • 가칠봉(1,241m), 응복산(1,156m), 구룡덕봉(1,388m), 주걱봉(1,444m) 등 고산준봉을 거느리고 있으며 한국에서 가장 큰 자연림이라고 할 정도로 나무들이 울창하고, 희귀식물과 희귀어종이 많은 생태적 특성 등을 고려하여 선정.<br>• 『정감록』에는 난을 피해 숨을 만한 피난처로 기록되어 있음. 자연휴양림이 있으며, 높이 10m의 이폭포와 3m의 저폭포가 있는 적가리골 및 방동약수, 개인약수 등이 유명. |
| 41 | 백덕산<br>(白德山)<br>1,350 | 강원도<br>평창군<br>영월군 | • 사자산(1,120m), 사갓봉(1,020m), 솟때봉(884m) 등이 솟아 있어 산세가 웅장하고 골이 깊은 등 경관이 좋으며, 평창강(平昌江)과 주천강(酒泉江)의 수계인 점 등을 고려하여 선정.<br>• 신라 때 자장율사가 창건하였다고 전해지는 법흥사(法興寺)와 경내에 있는 보물 제613호로 지정된 징효대사보인탑이 유명. |
| 42 | 백암산<br>(白岩山)<br>741 | 전라북도<br>순창군<br>전라남도<br>장성군 | • 봄이면 백양, 가을이면 내장이라 하듯이 경관이 수려하고 천연기념물인 비자나무와 굴거리나무가 집단 분포하고 있으며, 내장산국립공원구역에 포함되어 있는 점 등을 고려하여 선정.<br>• 학바위, 백양산 12경, 영천굴 등이 있음. 소요대사부도, 대웅전, 극락보전, 사천왕문을 포함하여 청류암의 관음전, 경관이 아름다운 쌍계루 등 수많은 문화유산들을 보존하고 있는 백양사(白羊寺)가 유명. |

| 번호 | 산 이름 (높이/m) | 위치 | 선정 사유 및 특징 |
|---|---|---|---|
| 43 | 백운산 (白雲山) 903.1 | 경기도 포천시 강원도 화천군 | • 수려한 계곡미를 가지고 있으며 광덕산, 국망봉, 박달봉 등과 같은 높은 봉우리들과 무리를 이뤄 계곡·단애(斷崖) 등 독특한 경관을 가지고 있는 점 등을 고려하여 선정.<br>• 백운동 계곡 및 신라 말 도선이 창건하였다고 전하는 흥룡사(興龍寺)가 유명. |
| 44 | 백운산 (白雲山) 1,222 | 전라남도 광양시 | • 주봉을 중심으로 하여 또아리봉과 도솔봉, 매봉, 억불봉 등 산세가 웅장하며 경관이 수려하고 억새풀과 철쭉 군락, 온·한대 900종의 식물이 서식하는 등 경관·생태적 특징을 고려하여 선정.<br>• 자연휴양림이 있으며, 백운사(白雲寺), 성불사(成佛寺) 등이 유명. |
| 45 | 백운산 (白雲山) 882.4 | 강원도 정선군 평창군 | • 동강의 가운데에 위치하고 있어 경관이 아름답고, 조망이 좋으며 생태계 보존 지역으로 지정되어 있는 점 등을 고려하여 선정.<br>• 흰 구름이 늘 끼어 있는 데서 산 이름이 유래. 오대산에서 발원하는 오대천과 조양강(朝陽江)을 모아 남한강으로 흐르는 동강 및 천연기념물 제260호로 지정(1979년)된 백룡동굴(白龍洞窟)이 유명. |
| 46 | 변산 (邊山) 424 | 전라북도 부안군 | • 울창한 산과 계곡, 모래해안과 암석해안 및 사찰 등이 어울려 뛰어난 경관을 이루고 있으며 국립공원으로 지정(1968년)된 점 등을 고려하여 선정.<br>• 산이면서 바다와 직접 닿아 있는 특징이 있음. 직소폭포, 가마소, 봉래구곡, 채석강, 적벽강 및 내소사, 개암사 등 사찰과 호랑가시나무, 꽝꽝나무 등 희귀동식물이 서식. |
| 47 | 북한산 (北漢山) 836 | 서울특별시 강북구 경기도 고양시 | • 최고봉인 백운대를 위시하여 인수봉, 만경대, 노적봉 등 경관이 수려하고 도시민들의 휴식처이며 국립공원으로 지정(1983년)되어 있는 점 등을 고려하여 선정.<br>• 북한산성, 우이동계곡, 정릉계곡, 세검정계곡 등이 유명. 도선국사가 창건한 도선사(道詵寺), 태고사(太古寺), 화계사(華溪寺), 문수사(文殊寺), 진관사(津寬寺) 등 수많은 고찰이 있음. |

| 번호 | 산 이름<br>(높이/m) | 위치 | 선정 사유 및 특징 |
|---|---|---|---|
| 48 | 비슬산<br>(琵瑟山)<br>1,084 | 대구광역시<br>달성군<br>경상북도<br>청도군 | • 봄에는 진달래, 가을에는 억새 등 경관이 아름다우며, 조망이 좋고 군립공원으로 지정된 점 등을 고려하여 선정.<br>• 북쪽의 팔공산과 함께 대구분지를 형성하며 낙동강을 끼고 있음. 고려 말 공민왕 7년(1358년)에 진보법사가 창건한 소재사(消災寺) 등이 유명. |
| 49 | 삼악산<br>(三岳山)<br>654 | 강원도<br>춘천시 | • 삼악산은 맥국시대의 산성터가 있는 유서 깊은 산으로 기암괴석의 경관이 아름답고, 의암호와 북한강을 굽어보는 조망이 좋은 점 등을 고려하여 선정.<br>• 남쪽 골짜기 초입의 협곡과 등선폭포(登仙瀑布)가 특히 유명하고, 흥국사(興國寺), 금선사(金仙寺), 상원사(上院寺) 등 7개 사찰이 있음. |
| 50 | 서대산<br>(西大山)<br>904 | 충청남도<br>금산군 | • 충청남도에서는 제일 높은 산으로 곳곳에 기암괴석과 바위 절벽이 있어 중부의 금강이라고 일컬을 정도로 경관이 아름다우며, 산정에서의 조망이 좋은 점 등을 고려하여 선정.<br>• 용굴, 사자굴, 견우장년대, 직녀탄금대, 북두칠성바위 등이 유명. |
| 51 | 선운산<br>(禪雲山)<br>336 | 전라북도<br>고창군 | • 산세는 별로 크지 않으나 숲이 울창하고 곳곳이 기암괴석으로 이루어져 있어 경관이 빼어나며 천연기념물 제184호인 동백나무 숲이 있는 등 생태적 가치가 크고 도립공원으로 지정(1979년)된 점 등을 고려하여 선정.<br>• 백제 위덕왕 24년(577년) 검단선사가 창건한 선운사(禪雲寺)와 수령 5백 년의 동백나무 3천여 그루가 군락을 이루고 있는 선운사 동백숲이 유명. |
| 52 | 설악산<br>(雪岳山)<br>1,708 | 강원도<br>속초시<br>인제군<br>양양군 | • 남한에서 세 번째로 높은 봉우리인 한계령, 마등령, 미시령 등 수많은 고개와 산줄기·계곡들이 어우러져 한국을 대표하는 산악미의 극치를 이루고 있으며, 국립공원(1970년 지정) 및 유네스코의 생물권 보존 지역으로 지정(1982년)되어 관리되고 있는 점 등을 고려하여 선정.<br>• 백담사(百潭寺), 봉정암(鳳頂菴), 신흥사(新興寺), 계조암(繼祖菴), 오세암(五歲庵), 흔들바위, 토왕성폭포, 대승폭포 등이 특히 유명. |

| 번호 | 산 이름<br>(높이/m) | 위치 | 선정 사유 및 특징 |
|---|---|---|---|
| 53 | 성인봉<br>(聖人峰)<br>986 | 경상북도<br>울릉군<br>(울릉도) | • 휴화산인 울릉도의 최고봉으로서 울릉도 모든 하천의 수원을 이루고, 식생이 특이한 원시림이 잘 보전되어 있는 점 등을 감안하여 선정.<br>• 울릉도에서는 유일하게 평지를 이룬 나리분지(羅里盆地)와 천연기념물 제189호로 지정(1967년)된 원시림이 유명. 나리동의 울릉국화·섬백리향의 군락은 천연기념물 제52호(1962년)로 지정되어 있음. |
| 54 | 소백산<br>(小白山)<br>1,439.5 | 충청북도<br>단양군<br>경상북도<br>영주시 | • 국망봉에서 비로봉, 연화봉으로 이어지는 해발 1,300여 m의 일대 산군으로 1,000m 이상은 고원지대와 같은 초원을 이루고 있으며, 국망천과 낙동강 상류로 들어가는 죽계천이 시작되고 국립공원으로 지정(1987년)된 점 등을 고려하여 선정.<br>• 주봉인 비로봉 일대에는 주목 군락지(천연기념물 제244호)와 한국산 에델바이스인 솜다리가 군락을 이루고 있음. 희방사(喜方寺), 구인사, 소수서원(紹修書院: 사적 제55호), 부석사(浮石寺), 온달성, 국립천문대 소백산 천체관측소 등이 유명. |
| 55 | 소요산<br>(逍遙山)<br>587 | 경기도<br>동두천시<br>포천시 | • 규모는 작으나 상백운대, 하백운대, 중백운대 등 경관이 아름답고, 등산인의 선호도가 높아 1981년 국민관광지로 지정된 점을 고려하여 선정.<br>• 원효폭포, 청량폭포, 선녀탕 절벽과 가을철 단풍이 유명하며, 신라 무열왕 1년(654년)에 원효대사가 창건하였다고 전해지는 자재암이 있음. |
| 56 | 속리산<br>(俗離山)<br>1,058 | 충청북도<br>보은군<br>괴산군<br>경상북도<br>상주시 | • 예로부터 산세가 수려하여 제2금강 또는 소금강이라고도 불릴 정도로 경관이 아름답고 망개나무, 미선나무 등 1,000여 종이 넘는 동식물이 서식하고 있으며, 국립공원으로 지정(1970년)된 점 등을 고려하여 선정.<br>• 법주사(法住寺), 문장대, 천연기념물 제103호인 정이품송(正二品松) 및 천연기념물 제207호인 망개나무가 유명. |
| 57 | 신불산<br>(神佛山)<br>1,159 | 울산광역시<br>울주군 | • 영남알프스 산군에 속하는 산으로 능선에는 광활한 억새와 바위절벽, 완만한 지대가 조화를 이루고 있으며 작천계곡, 파래소폭포 등이 있고 군립공원인 점 등을 고려하여 선정.<br>• 신불산폭포자연휴양림 등이 유명. |

| 번호 | 산 이름 (높이/m) | 위치 | 선정 사유 및 특징 |
|---|---|---|---|
| 58 | 연화산 (蓮華山) 524 | 경상남도 고성군 | • 경관이 아름답고 오래된 사찰과 문화재가 많으며 도립공원으로 지정(1983년)된 점 등을 고려하여 선정.<br>• 산 중턱에 큰 대밭이 있음. 유서 깊은 옥천사(玉泉寺)와 연대암·백련암·청연암 등이 유명. |
| 59 | 오대산 (五臺山) 1,563 | 강원도 강릉시 평창군 홍천군 | • 국내 제일의 산림지대를 이루고 있으며, 경관이 수려하여 국립공원으로 지정(1975년)된 점 등을 고려하여 선정.<br>• 연꽃 모양으로 둘러선 다섯 개의 봉우리가 모두 모나지 않고 평평한 대지를 이루고 있는 데서 산 이름이 유래. 월정사(月精寺), 적멸보궁(寂滅寶宮), 상원사(上院寺)가 있음. 골짜기마다 사찰, 암자 등 많은 불교 유적이 산재해 있는 등 우리나라 최고의 불교 성지로 유명. |
| 60 | 오봉산 (五峰山) 779 | 강원도 춘천시 화천군 | • 산세는 크지 않으나 바위와 수목이 어우러진 경관이 아름다운 점 등을 고려하여 선정<br>• 다섯 개의 바위봉이 연이어 솟아 있는 데서 산 이름이 유래. 신라 때 아도화상이 창건하였다고 전해지는 청평사(淸平寺)와 구성폭포가 유명. 청평사 경내에 있는 보물 제164호인 회전문이 유명. |
| 61 | 용문산 (龍門山) 1,157 | 경기도 양평군 | • 예부터 경기의 금강산이라 불릴 만큼 기암괴석과 고산준령을 고루 갖춘 경관이 뛰어난 산이며, 특히 신라 선덕여왕 때 창건한 용문사와 높이 62m, 둘레 14m에 달하는 은행나무(천연기념물 제30호)가 있는 등 역사·문화적 가치가 높은 점을 고려하여 선정.<br>• 경기도에서 네 번째로 높은 산으로 미지산이라는 이름으로 불리었는데 조선을 개국한 이태조가 등극하면서 '용문산'이라 바꿔 부르게 되었다는 전설이 있음. |
| 62 | 용화산 (龍華山) 878.4 | 강원도 춘천시 화천군 | • 파로호, 춘천호, 소양호 등과 연접해 있으며 산림과 기암괴석이 어우러져 경관이 아름다우며 조망이 좋은 점 등을 고려하여 선정.<br>• 성불사 터가 있으며 광바위, 주전자바위, 바둑바위 등 갖가지 전설을 간직한 실물을 닮은 바위가 유명. |

| 번호 | 산 이름<br>(높이/m) | 위치 | 선정 사유 및 특징 |
|---|---|---|---|
| 63 | 운문산<br>(雲門山)<br>1,118 | 경상북도<br>청도군<br>경상남도<br>밀양시 | • 구연동(臼淵洞), 얼음골이라 부르는 동학(洞壑), 해바위(景岩) 등 천태만상의 기암괴석이 계곡과 어우러져 경관이 수려하고 군립공원으로 지정(1983년)된 점 등을 고려하여 선정.<br>• 보물 제835호 대웅전, 제678호 삼층석탑, 제193호 석등, 제316호 원응국사비, 제317호 석조여래좌상 등 각종 문화유적이 있는 운문사가 있음. 석남사 경내에 있는 4백 년의 수령을 자랑하는 처진 소나무(반송: 천연기념물 제180호)가 유명. |
| 64 | 운악산<br>(雲岳山)<br>937.5 | 경기도<br>가평군<br>포천시 | • 주봉인 망경대를 둘러싼 경관이 경기 소금강이라고 불릴 만큼 뛰어난 점 등을 고려하여 선정.<br>• 천년고찰인 현등사 및 백년폭포, 오랑캐소, 눈썹바위, 코끼리바위, 망경대, 무우폭포, 큰골내치기암벽, 노채애기소 등 운악 8경이 유명. |
| 65 | 운장산<br>(雲長山)<br>1,126 | 전라북도<br>완주군<br>진안군 | • 운일암(雲日岩)·반일암(半日岩)으로 유명한 대불천(大佛川) 계곡이 있으며, 물이 맑고 암벽과 숲으로 둘러싸여 경관이 아름답고 자연휴양림이 있는 점 등을 고려하여 선정.<br>• 북두칠성의 전설이 담겨 있는 '칠성대'와 조선시대 송익필의 전설이 얽혀 있는 '오성대'가 유명 |
| 66 | 월악산<br>(月岳山)<br>1,097 | 충청북도<br>제천시<br>충주시<br>단양군<br>경상북도<br>문경시 | • 산세가 험준하고 기암이 어우러져 예로부터 신령스러운 산으로 여겨졌으며 송계 8경과 용하 9곡이 있고 국립공원으로 지정(1984년)된 점 등을 고려하여 선정.<br>• 신라 말 마의태자와 덕주공주가 마주 보고 망국의 한을 달래고 있다는 미륵사지의 석불입상, 덕주사의 마애불 및 덕주산성 등이 유명. |
| 67 | 월출산<br>(月出山)<br>809 | 전라남도<br>영암군<br>강진군 | • 경관이 아름다우며 난대림과 온대림이 혼생하여 생태적 가치가 크고 국립공원으로 지정(1988년)된 점 등을 고려하여 선정.<br>• 천황봉을 중심으로 무위사 극락보전(국보 제13호), 도갑사 해탈문(국보 제50호)이 있음. 구정봉 밑 용암사 터 근처에는 우리나라에서 가장 높은 곳에 위치한 국보 제144호인 마애여래좌상이 유명. |

| 번호 | 산 이름 (높이/m) | 위치 | 선정 사유 및 특징 |
|---|---|---|---|
| 68 | 유명산 (有明山) 862 | 경기도 가평군 양평군 | • 능선이 완만하고 부드러우며, 수량이 풍부한 계곡과 기암괴석 및 울창한 숲이 어우러져 경관이 아름다운 점 등을 고려하여 선정.<br>• 신라 법흥왕 27년(540년)에 인도에서 불법을 우리나라에 들여온 마라가미 스님에게 법흥왕이 하사한 사찰인 현등사가 유명. 자연휴양림이 있음. |
| 69 | 응봉산 (鷹峰山) 998.5 | 강원도 삼척시 경상북도 울진군 | • 아름다운 여러 계곡들을 끼고 있어 계곡 탐험 코스로 적합하며, 산림이 울창하고 천연 노천 온천인 덕구온천과 용소골의 폭포와 소가 많은 등 경관이 아름다운 점을 고려하여 선정.<br>• 울진 조씨가 매사냥을 하다가 잃어버린 매를 이 산에서 찾고는 산 이름을 응봉이라 한 뒤 근처에 부모의 묫자리를 쓰자 집안이 번성하였다는 전설이 전해지고 있음. 정상에서 멀리 백암산·통고산·함백산·태백산을 조망할 수 있는 곳으로 유명. |
| 70 | 장안산 (長安山) 1,237 | 전라북도 장수군 | • 덕산계곡을 비롯한 크고 작은 계곡과 윗용소, 아랫용소 등 연못 및 기암괴석이 산림과 어우러져 군립공원(1986년)으로 지정된 점 등을 고려하여 선정.<br>• 산등에서 동쪽 능선으로 펼쳐진 광활한 갈대밭과 덕산계곡(용소)이 유명. |
| 71 | 재약산 (載藥山) 1,108 | 울산광역시 울주군 경상남도 밀양시 | • 산세가 부드러우면서도 정상 일대에는 거대한 암벽을 갖추고 있어 경관이 아름다우며 우리나라에서 가장 넓은 억새밭인 사자평이 있는 점 등을 고려하여 선정.<br>• 삼복더위에 얼음이 어는 천연기념물 제224호 얼음골이 있음. 신라 진덕여왕 때 창건하고 서산대사가 의병을 모집한 곳인 표충사가 유명. |
| 72 | 적상산 (赤裳山) 1,024 | 전라북도 무주군 | • 가을에 마치 온 산이 빨간 치마를 입은 여인네의 모습과 같다 하여 이름이 붙을 정도로 경관이 뛰어나며 덕유산국립공원 구역인 점 등을 고려하여 선정.<br>• 고려 공민왕 23년(1374년) 최영 장군이 탐라를 토벌한 후 귀경길에 이곳을 지나다가 산의 형세가 요새로서 적지임을 알고 왕에게 건의하여 축성된 적상산성(사적 제146호)과 안국사 등이 유명. |

| 번호 | 산 이름<br>(높이/m) | 위치 | 선정 사유 및 특징 |
|---|---|---|---|
| 73 | 점봉산<br>(點鳳山)<br>1,424<br>• 곰배령<br>/1,164m | 강원도<br>인제군<br>양양군 | • 원시림이 울창하고 모데미풀 등이 자생하는 등 생태적 가치가 커 유네스코에서 생물권 보존 구역으로 지정하고, 산림유전자원보호림으로 관리되고 있는 점 등을 고려하여 선정. 특히 제1회 아름다운 숲 전국대회에서 보전되어야 할 숲으로 선정.<br>• 12담 구곡으로 불리는 오색약수터 및 주전골 성국사 터에 있는 보물 제497호인 양양 오색리 삼층석탑이 있음. |
| 74 | 조계산<br>(曹溪山)<br>888 | 전라남도<br>순천시 | • 예로부터 소강남(小江南)이라 부른 명산으로 깊은 계곡과 울창한 숲·폭포·약수 등 자연경관이 아름답고, 불교 사적지가 많으며, 도립공원으로 지정(1979년)된 점 등을 고려하여 선정.<br>• 목조삼존불감(국보 제42호), 고려고종제서(高麗高宗制書: 국보 제43호), 송광사국사전(국보 제56호) 등 많은 국보를 보유한 송광사와 곱향나무(천연기념물 제88호)가 유명. |
| 75 | 주왕산<br>(周王山)<br>726 | 경상북도<br>청송군 | • 석병산으로 불릴 만큼 기암괴봉과 석벽이 병풍처럼 둘러서 경관이 아름다우며 국립공원으로 지정(1976년)된 점 등을 고려하여 선정.<br>• 대전사(大典寺), 주왕암이 있음. 주왕굴을 중심으로 남아 있는 자하성의 잔해는 주왕과 고려군의 싸움의 전설이 깃들어 있는 곳으로 유명. |
| 76 | 주흘산<br>(主屹山)<br>1,076 | 경상북도<br>문경시 | • 소백산맥의 중심을 이루고 문경새재 등 역사적 전설이 있으며, 여궁폭포와 파랑폭포 등 경관이 아름답고, 월악산국립공원 구역인 점 등을 고려하여 선정.<br>• 야생화, 오색단풍, 산죽밭이 유명하며, 조선조 문경현의 진산으로 문경 1, 2, 3관문이 있음. |
| 77 | 지리산<br>(智異山)<br>1,915 | 전라북도<br>남원시<br>전라남도<br>구례군<br>경상남도<br>산청군<br>하동군<br>함양군 | • 신라 5악 중 남악으로 남한 내륙의 최고봉인 천왕봉(1,915m)을 주봉으로 노고단(1,507m), 반야봉(1,751m) 등 동서로 100여 리의 거대한 산악군을 이뤄 '지리산 12동천'을 형성하는 등 경관이 뛰어나고 우리나라 최대의 자연생태계 보고이며 국립공원 제1호로 지정(1967년)된 점 등을 고려하여 선정.<br>• 어리석은 사람이 머물면 지혜로운 사람으로 달라진다고 한 데서 산 이름이 유래. 화엄사, 천은사, 연곡사, 쌍계사 등이 유명. |

| 번호 | 산 이름<br>(높이/m) | 위치 | 선정 사유 및 특징 |
|---|---|---|---|
| 78 | 지이망산<br>(智異望山)<br>397.8 | 경상남도<br>통영시 | • 한려수도의 빼어난 경관과 조화를 이루고 특히 불모산, 가마봉, 향봉, 옥녀봉 등 산 정상부의 바위산이 기암괴석을 형성하고 조망이 좋은 점 등을 고려하여 선정.<br>• "지리산이 바라보이는 산"이란 뜻에서 산 이름이 유래하였으며, 현지에서는 지리산이라고도 불리고 있음. 다도해의 섬을 조망할 수 있으며 기묘한 바위 능선이 특히 유명. |
| 79 | 천관산<br>(天冠山)<br>723.1 | 전라남도<br>장흥군 | • 호남의 5대 명산으로 꼽을 만큼 경관이 아름다우며 조망이 좋고 도립공원으로 지정(1998년)된 점 등을 고려하여 선정.<br>• 신라시대에 세워진 천관사와 동백숲이 유명하고, 자연휴양림이 있음. |
| 80 | 천마산<br>(天摩山)<br>812 | 경기도<br>남양주시 | • 산꼭대기를 중심으로 능선이 사방에 뻗어 있어 어느 지점에서나 정상을 볼 수 있는 특이한 산세와 식물상이 풍부하여 식물 관찰 산행지로 이름나 있는 점 등을 고려하여 선정.<br>• 산 남쪽에 천마산 스키장이 있음. |
| 81 | 천성산<br>(千聖山)<br>922<br>• 천성산2봉<br>/855m | 경상남도<br>양산시 | • 금강산의 축소판이라고 불릴 정도로 경관이 뛰어나고, 특히 산 정상부에 드넓은 초원과 산지습지가 발달하여 끈끈이주걱 등 희귀식물과 수서곤충이 서식하는 등 생태적 가치가 높은 점을 고려하여 선정.<br>• 봄에는 진달래와 철쭉, 가을에는 능선의 억새가 장관을 이루며, 원효대사가 창건했다는 내원사가 있음. |
| 82 | 천태산<br>(天台山)<br>714.7 | 충청북도<br>영동군<br>충청남도<br>금산군 | • 충북의 설악산으로 불릴 만큼 경관이 아름다운 점 등을 고려하여 선정.<br>• 고려시대 대각국사 의천이 창건한 영국사와 수령이 약 500년 된 은행나무(천연기념물 제223호), 삼층석탑(보물 제533호), 원각국사비(보물 제534호) 등이 유명. |
| 83 | 청량산<br>(淸凉山)<br>870 | 경상북도<br>안동시<br>봉화군 | • 산세는 크지 않으나 연이어 솟는 바위 봉우리와 기암절벽이 어우러져 예로부터 소금강으로 꼽힐 만큼 산세가 수려하고, 도립공원으로 지정(1982년)된 점 등을 고려하여 선정.<br>• 원효대사가 창건한 유리보전, 신라시대의 외청량사, 최치원의 유적지인 고운대와 독서당, 공민왕이 홍건적의 난을 피해 은신한 오마대(五馬臺)와 청량산성, 김생이 글씨를 공부하던 김생굴, 퇴계 이황이 수도하며 성리학을 집대성한 오산당(청량정사) 등 역사적 유적지로 유명. |

| 번호 | 산 이름<br>(높이/m) | 위치 | 선정 사유 및 특징 |
|---|---|---|---|
| 84 | 추월산<br>(秋月山)<br>731 | 전라북도<br>순창군<br>전라남도<br>담양군 | • 울창한 산림과 담양호가 어우러져 경관이 아름다우며 추월난이 자생하는 점 등을 고려하여 선정.<br>• 산 정상에서 65m 정도 아래 지점에 있는 보리암(菩提庵)과 전라북도 순창을 경계로 한 산록에 있는 용추사가 유명. |
| 85 | 축령산<br>(祝靈山)<br>886.2 | 경기도<br>남양주시<br>가평군 | • 소나무와 잣나무 장령림이 울창한 숲을 이루고 단애가 형성되어 있으며, 산 정상에서 북으로는 운악산, 명지산, 화악산이 보이고, 동남쪽으로 청평호가 보이는 등 조망이 뛰어난 점을 고려하여 선정.<br>• 가평 7경의 하나인 축령백림과 남이장군의 전설이 깃든 남이바위, 수리바위 축령백림 등이 유명. 자연휴양림이 있음. |
| 86 | 치악산<br>(雉岳山)<br>1,288 | 강원도<br>원주시<br>횡성군 | • 주봉인 비로봉을 중심으로 남대봉(1,181m)과 매화산(1,085m) 등 1천여 미터의 고봉들이 연이어 있어 경관이 아름다우며 곳곳에 산성과 사찰, 사적지들이 널리 산재해 있고 국립공원으로 지정(1984년)된 점 등을 고려하여 선정.<br>• 구룡계곡, 부곡계곡, 금대계곡 등과 신선대, 구룡소, 세렴폭포, 상원사 등이 있음. 사계절별로 봄 진달래와 철쭉, 여름 구룡사의 울창한 숲과 깨끗한 물, 가을의 단풍, 겨울 설경이 유명. |
| 87 | 칠갑산<br>(七甲山)<br>561 | 충청남도<br>청양군 | • 백운동 계곡 등 경관이 아름다우며 도립공원으로 지정(1973년)된 점 등을 고려하여 선정.<br>• 계곡은 깊고 급하며 지천과 계곡을 싸고 돌아 7곳에 명당이 생겼다는 데서 산 이름이 유래. 신라 문성왕 때 보조(普照) 승려가 창건한 장곡사(長谷寺)에 있는 철조약사여래좌상(보물 제174호) 등이 유명. |
| 88 | 태백산<br>(太白山)<br>1,567 | 강원도<br>태백시<br>영월군<br>경상북도<br>봉화군 | • 예로부터 삼한의 명산이라 불렸으며 산 정상에는 고산식물이 자생하고 겨울 흰 눈으로 덮인 주목 군락의 설경 등 경관이 뛰어나며 도립공원으로 지정(1989년)된 점 등을 고려하여 선정.<br>• 『삼국사기』에 따르면 산 정상에 있는 천제단에서 왕이 친히 천제를 올렸다는 기록이 있음. 망경사, 백단사 등이 유명. |
| 89 | 태화산<br>(太華山)<br>1,027 | 강원도<br>영월군<br>충청북도<br>단양군 | • 경관이 아름답고 고구려 시대에 쌓았던 토성인 태화산성 등 역사적 유적이 있고, 고씨동굴(高氏洞窟: 천연기념물 제219호) 등이 소재하고 있는 점 등을 고려하여 선정. |

| 번호 | 산 이름<br>(높이/m) | 위치 | 선정 사유 및 특징 |
|---|---|---|---|
| 90 | 팔공산<br>(八公山)<br>1,193 | 대구광역시<br>동구<br>경상북도<br>군위군<br>영천시 | • 비로봉(毘盧峰)을 중심으로 하여 동서로 16km에 걸친 능선 경관이 아름다우며 대도시 근교에서는 가장 높은 산으로 도시민에게 휴식처를 제공하고 도립공원으로 지정(1980년)된 점 등을 고려하여 선정.<br>• 동화사(桐華寺), 은해사(銀海寺), 부인사(符仁寺), 송림사(松林寺), 관암사(冠岩寺) 등 불교문화의 성지로 유명. |
| 91 | 팔봉산<br>(八峰山)<br>328 | 강원도<br>홍천군 | • 산은 나지막하고 규모도 작으나 여덟 개의 바위봉이 팔짱 낀 8형제처럼 이어져 있고 홍천강과 연접하여 경관이 아름다운 점 등을 고려하여 선정.<br>• 국민관광지로 지정되어 있음. |
| 92 | 팔영산<br>(八影山)<br>609 | 전라남도<br>고흥군 | • 여덟 개의 암봉으로 이루어진 산세가 험준하고 기암괴석이 많으며 조망이 좋고 도립공원으로 지정(1998년)된 점 등을 고려하여 선정.<br>• 예전에 화엄사, 송광사, 대흥사와 함께 호남 4대 사찰로 꼽히던 능가사가 있음. 신선대, 강산폭포 및 자연휴양림이 있음. 정상에서 대마도까지 보일 정도로 조망이 좋음. |
| 93 | 한라산<br>(漢拏山)<br>1,950 | 제주도 | • 남한에서 가장 높은 우리나라 3대 영산의 하나로 산마루에는 분화구인 백록담이 있고 1,800여 종의 식물과 울창한 자연림 등 고산식물의 보고이며 국립공원으로 지정(1970년)된 점 등을 고려하여 선정.<br>• 남한의 최고봉으로 백록담, 탐라계곡, 안덕계곡, 왕관릉, 성판암, 천지연 등이 유명. |
| 94 | 화악산<br>(華岳山)<br>1,468 | 경기도<br>가평군 | • 경기 제1의 고봉으로 애기봉을 거쳐 수덕산까지 약 10km의 능선 경관이 뛰어나며 시계가 거의 1백 km에 달하는 등 조망이 좋은 점 등을 고려하여 선정.<br>• 집다리골자연휴양림이 있으며, 정상에서 중서부지역 대부분의 산을 조망할 수 있음. |
| 95 | 화왕산<br>(火旺山)<br>756.6 | 경상남도<br>창녕군 | • 억새밭과 진달래 군락 등 경관이 아름다우며 화왕산성, 목마산성 등이 있고 군립공원인 점 등을 고려하여 선정.<br>• 해마다 정월대보름이 되면 정상 일대의 억새평전에서 달맞이 행사가 열림. 정상에 화산활동으로 생긴 분화구 못(용지)이 3개 있음. 송현동 고분군 및 석불좌상, 대웅전 등 4점의 보물이 있는 관룡사 등이 유명. |

| 번호 | 산 이름 (높이/m) | 위치 | 선정 사유 및 특징 |
|---|---|---|---|
| 96 | 황매산 (黃梅山) 1,113.1 | 경상남도 합천군 산청군 | • 화강암 기암괴석과 소나무, 철쭉, 활엽수림이 어우러져 경관이 아름다운 점 등을 고려하여 선정.<br>• 합천호 푸른 물에 하봉, 중봉, 상봉의 산 그림자가 잠기면 세 송이 매화꽃이 물에 잠긴 것 같다고 하여 수중매라는 별칭으로도 불림. 산 아래의 황매평전에는 목장지대와 고산 철쭉 자생지가 있으며, 통일신라시대의 고찰인 염암사지(사적131호)가 유명. |
| 97 | 황석산 (黃石山) 1,192 | 경상남도 거창군 함양군 | • 거망에서 황석으로 이어지는 능선에 있는 광활한 억새밭 등 경관이 아름답고 황석산성 등 역사적 유적이 있는 점 등을 고려하여 선정.<br>• 정유재란 당시 왜군에게 마지막까지 항거하던 사람들이 성이 무너지자 죽음을 당하고 부녀자들은 천길 절벽에서 몸을 날려 지금껏 황석산 북쪽 바위 벼랑이 핏빛이라는 전설이 있는 황석산성이 있음. |
| 98 | 황악산 (黃嶽山) 1,111 | 충청북도 영동군 경상북도 김천시 | • 전체적인 산세는 특징 없이 완만한 편이나 산림이 울창하고 산 동쪽으로 흘러내리는 계곡은 곳곳에 폭포와 소를 이뤄 계곡미가 아름다운 점 등을 고려하여 선정.<br>• 특히 직지사 서쪽 200m 지점에 있는 천룡대부터 펼쳐지는 능여계곡은 대표적인 계곡으로 봄철에는 진달래, 벚꽃, 산목련이 유명. |
| 99 | 황정산 (皇庭山) 1,077 | 경상북도 문경시 | • 울창한 산림이 암벽과 어우러져 경관이 아름다우며 황장목이 유명하고 조선시대 봉산 표지석이 있는 등 경관 및 산림문화적 측면을 고려하여 선정.<br>• 황장산으로도 불리며 『동국여지승람』, 『대동지지』, 『예천군읍지 』등에는 작성산으로 표기. |
| 100 | 희양산 (曦陽山) 999 | 충청북도 괴산군 경상북도 문경시 | • 산 전체가 하나의 바위처럼 보이고 바위 낭떠러지들이 하얗게 드러나 있어 주변의 산에서뿐만 아니라 먼 산에서도 쉽게 알아볼 수 있으며 기암괴석과 풍부한 수량이 어우러진 백운곡 등 경관이 수려하고 마애본좌상 등 역사유적이 있는 점 등을 고려하여 선정. |

# 관악산(冠岳山)

### 서울특별시 관악구·경기도 과천시·안양시
- 1차: 2020년 1월 9일(목), 맑음
- 2차: 2022년 11월 12일(토), 흐리고 비

관악산 정상석

관악산(629m)은 서울을 대표하는 산 중의 하나로 행정구역상 서울특별시와 경기도 안양시 및 과천시의 경계에 있는 산이다. 관악이라는 이름은 산의 모양이 삿갓처럼 생겼기 때문에 붙은 이름이라고 한다. 우암 송시열은 최치원의 광분첩석을, 추사 김정희는 산 위의 호인 단하시경을 음각하는 등 많은 학자와 문인들이 빼어난 산세를 예찬한 바 있다.

등산로는 여러 곳이기 때문에 본인 능력에 맞는 코스를 선택하면 된다. 특히 관악산은 무난한 코스 같으면서도 정상을 오르는 과정이 용이하지 않은 구간이 많아 그 맛을 더할 수 있다. 필자도 3~4회 관악산에 올랐지만, 오를 때마다, 계절에 따라, 동행자에 따라 그 느낌은 완연히 다른 것 같다.

관악산을 오르는 등산 코스는 다양하면서 편리하다. 등산객들에게는 축복이다. 복장만 갖추고 출발하면 된다. 지하철 사당역 4번 출구, 과천 정부청사역, 관악역, 안양 석수역, 서울대입구역에서 버스로 이동 등 다양하다.

1차 산행 시에는 회사에서 함께 근무한 중역 4명이 함께했다. 교통편은 지하철 2호선 서울대입구역 3번 출구를 나와 건너편에서 서울대행 버스 5511번, 5513번 편으로 서울대 '신공학관' 정류장에서 하차해서 관악산의 여러 등산 코스 중 경치가 가장 아름답다고 정평이 나 있는 '자운암' 코스를 선택했다. 다른 코스보다는 도보로 걷는 시간과 정상까지 최단 거리라는 등산 후기도 자운암 코스를 선택하는 데 영향을 주었다. 1차 산행 시에는 산행기를 쓸 계획 없이 다녀왔기 때문에 사진이 부족하여 2차 산행을 결정하게 된다.

2차 산행은 필자가 근무했던 회사에서 오랫동안 대표이사를 역임하고 지금은 유통회사를 운영하는 조주묵 대표와 함께하기로 한다. 기상대에 따르면 오후에는 비가 온다는 일기예보가 있어 오전 7시 20분경 지하철 서울대입구역에서 만나 버스로 서울대 공학관 정류장에 하차하여 우측 등산로를 따라 산행을 시작한다. 10여 분 남짓하게 오르자 능선 길과 계곡 길 갈림길이다. 의자가 마련되어 있다. 목을 축이고 스틱 등 장비 점검 후, 거리는 다소 멀지만, 많은 산객이 선호하는 계곡 길을 선택한다. 관악산은 워낙 경치가 빼어나 예로부터 경기의 금강이라고 부르기도 하고, 금강산과 동일하다 하여 '소금강'이라 부르기도 한다. 또 서쪽에 있는 금강산이라 하여 '서금강'이라고도 한다. 관악산을 특히 바위가 많고 험한 산이라 하여 개성 송악산, 가평 화악산, 파주 감악산, 포천 운악산과 더불어 경기도 5악의 하나로 꼽히고 있다. 가을 단풍과 바위의 조화는 한 폭의 수채화를 연상케 하고 봄에 피는 철쭉도 장관을 이루는 산으로 정평이 나 있다.

관악산은 좋은 정기가 이르는 산으로 충신과 효자 효부가 많이 배출되었다고 한다. 고려시대에는 강감찬 장군과 조선시대 신지하 선생이 대표적인 인물이다. 관악산과 가까운 낙성대는 강감찬 장군을 기리는 사당이 모셔져 있다. 산언저리에 위치한 호수 공원도 관악산 등산에 빼놓을 수 없는 아름다운 곳이다.

1차 산행 시에는 정상까지 오르는 등산로에 눈이 없었지만, 정상 가까운 응달진 곳과 삿갓바위 후면에 있는 소나무에 내린 눈은 어떤 그림보다 아름다웠다. 관악산의 기암절벽 위에 석축을 쌓아 터를 마련하고 지은 이 암자는 원래 신라의 승려 의상대사가 신라 문무왕 17년(677년)에 이곳에서 인근에 있는 관악사를 건립할 때 함께 건립한 것으로 의상대라 불렀다고 한다.

이왕 올라온 김에 비좁은 바윗길을 따라 불당이 마련된 연주대 응진전(應眞殿)에도 들렀다. 필자를 제외한 세 분은 응진전에 모셔진 부처님 앞에서 두 손을 모으고 소원을 빌기도 했다. 그곳에는 연세 지긋하신 아주머니 한 분이 계셨다. 인사를 건네자 커피 한 잔씩 마시고 가라고 했지만, 순간 여기까지 물을 운반하려면 너무 힘들 것 같은 생각이 들어 마음만 고맙게 받기로 했다.

연주대(戀主臺)의 주소는 경기도 과천시 중앙로 산 12-1번지로 되어 있으며 경기도 기념물 제20호로 지정되어 있다. 관악사와 의상대는 연주암과 연주대로 이름이 바뀌었는데 그 내력에 대해서 두 가지 이야기가 전해지고 있다. 하나는 조선 개국 후 고려에 대한

**관악산 연주대**

연민을 간직한 사람들이 이곳에 들러 개성을 바라보며 고려의 충신열사와 망해 버린 왕조를 연민했다고 하여 연주대라 불렀다는 이야기고, 다른 하나는 조선 태종의 첫 번째 왕자인 양녕대군과 두 번째 왕자인 효령대군이 왕위 계승에서 멀어진 뒤 방랑하다가 이곳에 올라 왕위에 대한 미련과 동경의 심정을 담아 왕궁을 바라보았다 하여 연주대라 이름 지었다는 이야기가 있다.

두 이야기 모두 연민을 불러일으키는 내용으로, 이것은 연주대의 주변 경관이 워낙 뛰어난 절경인 데다 한눈에 멀리까지 내려다볼 수 있는 위치여서 붙은 전설로 생각된다. 현재의 건물은 세 평 남짓한 맞배지붕으로 조선 후기에 지어진 것을 최근에 해체 복원한 것이다.[4]

그 바로 뒤에는 우뚝 솟은 말바위가 있어 이 바위에 올라타면 득남할 수 있다는 전설도 있다. 전설에 의하면 조선왕조 개국 초에 무학대사의 권유를 듣고 태조는 도읍을 한양에 정함에 즈음하여 이 연주대에 친히 올라 국운 장구를 빌며 원각, 연주 두절을 짓고 서울을 비추는 화산 불길을 진정시키고자 꾀하였다고 한다. 그 뒤 임금 자리를 아우인 충녕대군(세종)에게 양보한 양녕대군(이제)과 효령대군이 이곳에서 시간을 보냈다고 전해진다.[5]

역사적으로 양녕대군은 충녕대군에게 임금 자리를 양보한 것으로 알려져 있다. 그러나 실제 내막은 그렇지 않았을 수도 있었을 것 같다. 임금의 재목이 되지 못한 행위를 했기 때문이라는 게 후세 역사가들의 평가다. 예술적 재질을 타고난 양녕은 궁중의 생활이 싫었다. 그래서 눈치를 보는 그런 생활에 염증을 느낀 나머지 노래와 그림, 그리고 시를 지으며 유랑생활을 했다고 전해진다.

그가 읊었던 시 한 수를 번안(飜案)해 본다.

---

4  관악산 연주대(yeonjudae) 안내판의 글 내용.
5  유남해, 한국학 중앙연구회, 한국학 중앙연구원.

題僧軸(제승축) - 양녕대군 이제(李禔: 1394~1462)
山霞朝作飯 蘿月夜爲燈 獨宿孤庵下 惟存塔一層
(산하조작반 라월야위등 독숙고암하 유존탑일층)
너울너울 산 노을로 아침밥을 지어 먹고
담장이 넝쿨에 비친 달로 등불을 삼았네
외로운 암자 아래에서 홀로 깊은 잠에 취해 자는데
오직 한 층만이 외롭게 남아 있는 저 탑을 지켜 낸 이 누구요

이제(양녕대군, 李禔: 1394~1462년)의 이 시는 스님이 입고 있는 두루마리를 보면서 시상을 일으켰던 것이 시적인 배경이 되고 있다. 그래서 시인의 마음을 이해할 수 있을 것 같은 작품이다.[6]

정상 직전 헬기장을 지나자 연주암을 배경 삼아 기념을 담는 전망대가 나타난다. 몇 팀이 기념을 담느라 분주하다. 마치 중국 장가계에 온 듯한 이국적인 맛을 풍기며 감탄사가 절로 나온다. 조주묵 사장께서 멋진 포즈를 취한다.

서울대 공학관을 출발한 지 약 두 시간 후 정상에 도착한다. 그동안 잔뜩 흐려 있던 날씨가 삿갓바위 주변으로 햇볕이 쨍쨍하다. 명산의 이름값을 하는 걸까? 이미 많은 산객이 삿갓바위 주변 넓은 바위 곳곳에서 여유를 즐기고 있다. 삿갓바위를 배경으로 기념을 담기 위해 10여 명이 순서를 기다리

**관악산 정상 기념**

---

6  장희구, 시조·시인, 문학평론가.

고 있다. 우리도 차례가 되어 앞뒤 분들과 사진 찍기 품앗이를 하고 잠시 쉬다가 과천향교 코스로 발길을 내디딘다. 등산로 좌측에 위치한 연주암으로 향한다.

연주암에 도착하자 많은 산객이 축대에 걸터앉아 휴식을 취하고 있다. 우리도 준비해 간 간식으로 요기하고 잠시 경내를 관람한다. 특히 통일원 종각과 삼층석탑[7]이 눈에 들어온다. 10시 남짓한 시간임에도 필자를 비롯하여 하산하는 사람과 올라오는 산객들로 붐비기 시작한다. 그중 특히 단체로 관악산을 찾은 선생님들이 길게 줄을 잇는다.

하산길이 급경사는 아니더라도 대부분 계단으로 조성되어 있다. 1시간 정도 내려와서 목을 축이는 사이 그동안 애지중지하게 아끼던 삼각대가 없어진 것을 알았다. 음료수와 간식을 먹기 위해 세 번 정도 쉬면서 등산 가방을 풀 때 분실된 것 같으나 다시 올라갈 자신이 없이 포기하기로 한다. 2년간 함께하며 수천 장의 기념을 남기는 데 결정적인 역할을 한 귀한 장비였는데……

쉬엄쉬엄 느린 걸음으로 2시간 후 과천향교(果川鄕校)[8]에 다다른다. 향교의 역사 등을 살펴보고 지하철역을 향해 걸어가는 계곡 길 주변에는 바람과 함께 새빨갛게 물든 단풍과 샛노란 은행잎이 도로 위를 장식한다. 앞에 걷던 조 사장도 아쉬운 듯 힐끗 뒤로 고개를 돌린다. 인근에 점심 먹을 식당이 마땅찮아 관악역에서 전철 편으로 사당역

---

7 연주암 삼층석탑: 경기도 유형문화재 제104호, 연주암 삼층석탑의 높이는 3.6m이다. 바닥에는 납작하고 평평한 넓은 돌(지대석, 바닥 돌) 1장을 깔아 터를 잡았다. 바닥 돌 뒷면에는 연꽃을 돌려 장식하고, 그 위에 기단(기초가 되는 단)은 4장의 평평한 돌을 엇물리게 세워서 만들었다. 기단의 4면과 탑신(탑의 몸통 부분) 몸돌에는 수직으로 홈을 파서 기둥처럼 보이게 했다. 1층 지붕돌은 밑면의 받침이 4단인데, 2층과 3층은 3단으로 이루어져 있다. 꼭대기에는 노반(머리 장식 받침) 위로 양화(활짝 핀 연꽃 모양의 장식), 보주(구슬 모양의 장식)가 놓여 있다. 빗물이 떨어지는 낙수 면의 길이가 짧고, 탑신의 지붕돌이 두툼하고 받침 수가 줄어드는 등 만들어진 방법이 고려시대 석탑의 특징을 보이고 있다. 연주암 제공.

8 과천향교(果川鄕校): 향교는 조선시대 국가에서 설립한 지방 교육기관으로 지금의 중고등학교에 해당한다. 양민 이상이면 향교에 입학할 수 있었으며, 유생들은 시와 문장을 짓고 유학의 경전 및 역사를 주로 공부하였다. 또한 향교에서는 우리나라와 중국의 성현에게 제사를 지냈다. 과천향교는 조선 태조 7년(1398년)에 관악산 기슭에 창건되었다. 이후 숙종 16년(1690년)에 잦은 화재를 피하고, 유생들의 교육과 과거급제에 보다 좋은 자리로 여겨 지금의 위치로 옮겼다. 1944년 시흥향교·과천향교·안산향교를 과천향교로 통합하였으며, 1959년 명칭을 시흥향교로 개정하였다가 1996년 과천향교로 복원하였다.
1899년 발간된 『과천군읍지』에 따르면 당시 규모는 대성전(大成殿) 6칸, 명륜당(明倫堂) 10칸, 동·서재(東·西齋), 전사청(典祀廳), 고사(庫舍) 등 모두 24칸이라 기록되어 있다. 경기도 문화재 자료, 과천향교 제공.

으로 이동하여 해결하기로 한다.

1차 때는 '강릉동치미막국수' 집에서 4명이 넉넉하게 먹을 수 있는 것을 요청하자 코다리를 비롯하여 파전, 수육, 동치미 막국수 등 식당 사장님이 추천한 대로 주문해서 맛있게 먹었다. 오늘은 필자가 별식을 대접하려고 했으나 조주묵 사장께서 샤브샤브집 음식으로도 진수성찬이라며 안내한다.

식사 중 소낙비가 창문을 세차게 때린다. 불과 2시간 전 관악산 정상의 날씨와는 너무나 판이하다. 일기예보를 믿고 서두른 것이 주요한 셈이다. 다시 커피집으로 자리를 옮겨 향기 짙은 커피 한 잔으로 피로를 푼다. 조주묵 사장과는 약 2년 전, 천마산(2020년 9월 9일) 동반 후, 2년 2개월 만에 의기투합하여 관악산 산행을 마무리한다.

연주암 삼층석탑

연주암 범종각

관악산 송신탑

관악산 기상레이더 관측소 전경

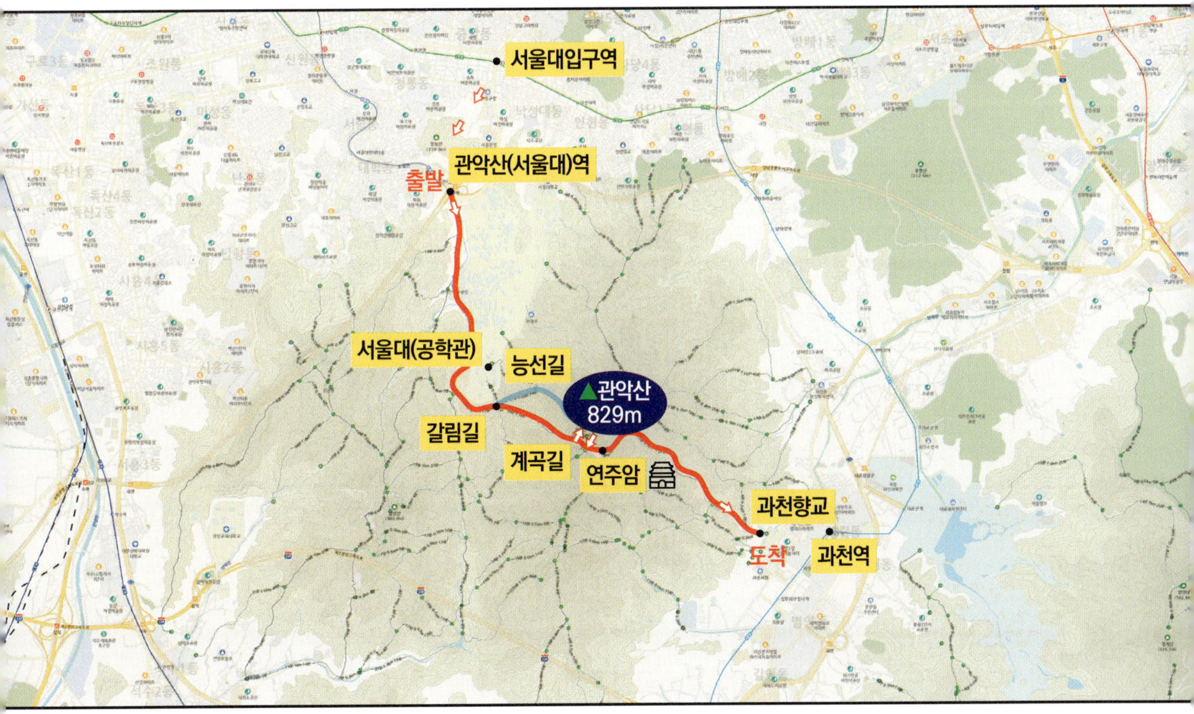

관악산 오늘의 등산로

47

## 북한산(北漢山)

### 서울특별시·경기도 고양시
- 2020년 4월 29일(수), 맑음

**북한산 백운대 정상석**

　북한산(北漢山/836m)은 행정상 서울특별시 강북구와 경기도 고양시와 연결된 단위 면적당 가장 많은 탐방객이 찾는 '국립공원'으로 기네스북에 등재되어 있을 정도로 유명한 산이다. 연평균 약 1,000만여 명이 북한산을 찾는다는 통계가 있다. 특히 북한산 둘레길은 서울 둘레길 제8코스 구간으로 전체 둘레길 157km 중 가장 긴 구간으로 34.5km다.

북한산 둘레길은 서울 도심에 있어 탐방객들의 사랑을 듬뿍 받고 있다. 또 백운대는 서울에서 가장 높은 산인 것도 의미가 크다. 북한산 정상인 백운대를 오르는 코스는 다양하다. 수년 전에는 우이동에서 정상에 오른 뒤 구파발 쪽으로 하산한 경험이 있어 오늘은 그 반대 코스로 잡아, 산행하기로 한다. 북한산 입구를 지나 백운대 정상을 오른 뒤 우이동으로 하산하는 코스를 정한다. 그러나 북한산 정상을 오르는 대표적인 코스로는 우이동, 정릉, 세금정, 북한산성 입구 등 다양하므로 본인의 취향과 능력에 따라 코스를 선택하면 좋을 것 같다.

오늘도 북한산은 100대 명산 등반 단짝인 이영석 박사와 함께한다. 지하철 3호선 구파발역 2번 출구에서 만나서 대로변 정류장에서 8772번 버스를 타고 '북한산성 입구'에서 하차한다. (대부분 산객은 여기에서 하차한다.)

북한산 안내도를 지나 조금 걷다 보면 계곡 길과 대서문(大西門) 길 갈림길이다. 대서문 방향으로 향한다. 대서문은 북한산의 정문이며 성문 16개 중에서 가장 낮은 곳에 있다. 1712년(숙종 38년)에 북한산성에 행차했을 때 이 대서문을 통해 성내로 들어갔다고 한다. 오래전 마을이 있을 당시에는 주민들이 대대로 이용했던 성문이기도 하다. 기둥의 문루는 1958년에 복원한 것으로 우진각 지붕 형태를 따르고 있다. 관영 건물이므로 지붕의 용마루와 추녀마루를 강화로 마감하였다.

문루 정면에는 여장을 설치하였는데, 한 장의 화강암으로 만든 것이 특징적이다. 북한산성의 대문 6곳 모두에는 이런 독특한 형식의 여장이 올려져 있다. 이 대서문을 통과하여 중성문을 거쳐 대남문에 이르는 길은 북한산성의 주요 간선도로였는데, 이 대문의 3곳을 맡아서 수비·관리하였던 군부대는 이영청 유영이었다.[9]

새마을교를 지나면 갈림길에서 이정표가 나타난다. 가파른 길(2.6km)과 완만한 길

---

9 대남문 현지 안내판에 쓰인 내용 요약.

(4.1km) 코스를 선택해야 한다. 우리는 가파르더라도 거리가 짧은 코스를 선택했다. 가끔은 상당한 경사가 있고 로프를 잡고 올라가야 하는 곳이 많으므로 반드시 등산용 장갑이나 면장갑을 준비할 것을 권한다.

깔딱고개를 어렵게 올라가면 '백운봉 암문'에 도착한다. 이제 정상까지는 300m 남은 거리다. 백운봉 암문이란? 주봉인 백운대(836m)와 만경대 사이에 자리한 성문으로, 북한산성의 성문 중 가장 높은 곳에 자리 잡고 있다. 1711년(숙종 37년) 북한산성 성곽을 축조하면서 8개 암문 중 하나로, 일제 강점기부터 위문(衛門)으로 불러 왔다. 암문은 비상시에 병기와 식량을 반입하는 통로이자, 때로는 구원병의 출입 도로로 활용된 일종의 비상 출입구다.

산성의 방어력을 높이기 위해 적이 비교적 쉽게 접근할 수 있는 고갯마루나 능선에 설치했다. 백운봉 암문은 여느 암문과 마찬가지로 성문상부에 문루(門樓)는 마련하지 않았다. 성문 양쪽은 장대석으로 쌓고 그 위 천장부분은 장대석 여러 매를 걸쳐 만들었다. 이런 양식의 성문을 아치 모양의 홍예식과 구분하여 평거식(平据式)이라 부른다. 원래 문짝이 있었으나 지금은 없어지고, 문짝을 달았던 원형의 지도리 돌과 일반문의 빗장에 해당하는 장군목(將軍木)을 걸었던 방형 구멍이 남아 있다.

정상 올라가는 길에 안내판 하나가 눈에 들어온다. '삼각산' 안내판이다. 삼각산의 구성은 백운대(836m), 인수봉(810.5m), 만경대(787m)로 구성되어 있다. 고려의 수도인 개성에서 볼 때 이 봉우리들이 마치 세 개의 뿔처럼 보인다 하여 삼각산이라 불렀다고 한다. 고구려 동명왕의 왕자인 온조와 비류가 남쪽으로 내려와 한산에 이르러 부아악에 올라가서 살 만한 곳을 정하였다는 전설이 있는데, 이때의 부아악이 삼각산을 뜻하는 말이다.

삼각산 봉우리는 쥐라기(1억 8천 년 전~ 1억 3,500만 년 전) 말에 형성된 대보 화강암(흑운모 화강암 또는 화강섬록암)으로 이루어졌다 한다. 서로 형상을 달리하는 반구형 형태를 보이며 산 사면의 경사는 대체로 70도 이상에 달한다. 주봉인 백운대의 정상에는 500㎡의 평탄한 공간이 있어 수백 명의 사람이 앉아서 탁 트인 주변 경관을 즐길 수 있다. 백운대 동쪽에 자리 잡은 인수봉은 뿔 모양의 바위 하나가 우뚝 솟은 형상을 하고 있으며, 암벽 등반 장소로 유명하다. 동남쪽에 솟은 만경대는 국망봉(國望峯)이라고도 불렀다. 만경대에는 무학대사에 얽힌 이야기가 있다. 태조 이성계의 왕사인 무학대사가 조선의 수도 후보지를 찾으려 순례할 때 백운대로부터 맥을 밟아 만경대에 이르러 서남 방향으로 가서 비봉에 이르렀다고 한다. 거기에 한 석비가 있었는데 "무학이 길을 잘못 들어 여기에 이른다."라고 적혀 있어서 길을 바꾸어 내려가 궁성 터인 오늘의 경복궁을 정하였다고 한다.[10]

마지막 바위 능선을 지나 정상인 백운대에 올라선다. 태극기는 등산모가 날아갈 정도로 세찬 바람과 함께 힘차게 펄럭인다. 시야에 들어오는 기암괴석이 장관이다. 백운대 정상석에 새겨진 836m라는 글씨가 아직은 선명하다. 과거 몇 번 올랐던 백운대와 70세가 넘어서 오른 오늘의 산행은 감회가 완연히 다르다. 생전에 다시 찾을 자신이 없기에 용량이 넘칠 정도로 많은 것을 눈과 마음에 담아 본다. 이 박사와 나는 여느 산객들처럼 기념사진을 몇 장 남기고 준비해 간 김밥과 이 박사가 항상 준비해 오는 오이와 찹쌀떡을 먹기 위해 자리를 잡았다. 주변에는 10여 개 팀이 요기하는데 옆으로 눈을 돌리자 청년 한 명이 혼자 망중한을 즐기고 있길래 김밥 한 줄을 건네자 고마움을 표

**북한산 정상 기념**

---

10  백운대 현지 표지판 글 내용.

하고, 그 청년은 필자에게 얼음이 채 녹지 않은 시원한 생수 한 병을 선물한다. 마침 준비해 간 물이 얼마 남지 않아 아껴 먹고 있던 차에 생수 한 병은 큰 에너지가 되었다.

지금까지 어렵게 올라온 길도 중요하지만, 온 길 못지않게 중요한 하산길이 남아 있다. 정상에서 바라본 수도 서울은 거대하면서도 아름답다. 시간 가는 줄도 모르고 지체하는 사이 산객의 수가 늘어간다. 정상을 뒤로하고 우이동 방향의 이정표를 따라 발걸음을 내디딘다. 오르막이 있으면 내리막이 있다고 했던가? 하산길도 무릎을 생각해서 쉬엄쉬엄 내려오다 보니 도선사까지 약 세 시간 정도 소요된 것 같다.

도선사에 도착해서 배낭을 정리한 후 산천을 바라보니 온통 연초록으로 물들여 놓은 것처럼 아름답다. 원형 벤치 옆자리에 아주머니 한 분이 독백처럼 말을 건넸다. 주변 산이 너무 아름다워 20여 분 이상 바라보고 있다고 한다.

이곳에서 우이역 전철까지는 20여 분 이상 걸어가야 하는 거리지만, 도선사 신도들이 이용하는 버스가 역까지 수시로 왕래한다며 아주머니께서 비신도들도 기부함에 1~2,000원 정도 돈을 내고 승차하면 된다고 하셨다. 우리도 석불 앞에 마련된 불전함에 돈을 넣고 버스 편으로 이동하여 전철역 부근에서 맛집을 찾아 식사하고 커피 한잔으로 피로를 풀고 지하철에 탑승하면서 오늘 북한산 산행을 마무리한다.

북한산 노적봉 측후면

북한산 거북바위

북한산 대피소 내부 전경

북한산 백운대 서북쪽 사면

북한산 오늘의 등산로

53

# 감악산(紺岳山)

### 경기도 파주시·양주시
### - 2020년 9월 4일(금), 맑음

감악산(紺岳山)은 행정상 파주시와 양주시 및 포천시에 연결돼 있는 해발 675m의 산이다. 2020년 7~8월 2개월 동안 이영석 박사와 서울 둘레길 157km를 완주한 뒤 대한민국 산림청이 지정한 우리나라 100대 명산 완등을 작정하고 첫발을 내딛는 뜻깊은 날이다. 이영석 박사와는 십수 년 전 암묵적으로 약속한 후 실행에 옮기는 역사적인 날이며, 필자 개인적으로는 2000년 회사를 퇴직하면서 '버킷 리스트(Bucket List)'에 포함된 숙제를 위해 행동에 옮기는 날이기도 하다.

**감악산 정상석**

어떤 일이든지 시작해야 결과를 얻을 수 있기에 '천 리 길도 한 걸음부터'라는 속담도 있듯이 포기만 하지 않는다면 완등하는 것은 시간문제이다. 마지막에 오를 100대 명산의 정상을 그리며 그 첫발을 내디딘다. 이를 환영이라도 하듯 날씨도 청명하다.

교통은 대중교통을 이용한다. 우리는 양주역에서 만나기로 한다. 승용차일 경우 서울을 중심으로 약 1시간 30분에서 2시간 정도 걸릴 듯하다. 양주역 바로 건너편에는 버스 정류장 3개 홈이 있다. 그중 3번 홈에서 25번 또는 25-1번 명진여객버스(의정부역-적성)로 한 시간 달려 법륜사 다음 정거장인 출렁다리(약수터 앞) 정류장에서 하차하면 바로 등산이 가능하다.

등산로 입구에는 다양한 메뉴가 표시된 맛집들이 많다. 우리는 점심을 간단히 하고 산행하기로 한다. 등산 후기에서 추천한 두부집에서 맛난 식사를 마친다. 여사장께서 친절하게 등산로를 안내해 주신다. 등산로 입구에 있는 만남의 광장 커피 향기가 좋다. 식당과 커피숍 두 곳 모두 지나칠 정도로 친절해서 기분이 좋다. 커피숍 아저씨의 조언에 따라 들머리를 법륜사 쪽으로 가서 정상으로 향한다.

며칠 전 많은 비가 내린 관계로 계곡에는 거울처럼 맑았고 물소리도 정겹게 들린다. 이정표를 따라 10여 분 남짓 떨어진 곳에 출렁다리가 있다. 녹색 산을 가로 잇는 출렁다리가 장관이다. 출렁다리를 배경으로 기념을 담고 본격적인 산행을 시작한다. 조금 직진하자 명당에 자리 잡은 태고종 법륜사가 눈에 들어온다. 입구에는 자연석에 '세계평화'라는 큰 글씨가 눈에 확 띈다. 해탈교를 건너 경내를 감상한다. 법륜사는 애초 의상대사가 세운 운계사가 소실되고 그곳에 다시 세운 사찰이라고 한다. 경내는 백옥으로 조각된 '관세음보살상'은 동양 최대 규모라고 한다.

감악산 초입 조형물

계곡을 따라 걷다 보면 등산로 옆에는 식수한 지 수십 년이 된 듯한 전나무와 잣나무가 빽빽이 있어 공기가 상쾌하다. 나무에서 내뿜는 신선한 피톤치드를 원 없이 들이켤 수 있어 기분이 상쾌하다. 계곡을 따라 올라가면 적당한 곳에 휴식할 수 있는 평상이 있어 그곳에 앉아 목을 축인다.

조금 더 걷다 보면 수많은 등산객의 흔적인 리본이 10m 넘게 빼곡하게 늘어서 '리본벽'을 이룬다. 감악산이 명산임을 증명이라도 하듯 바람에 펄럭인다.

감악산은 이름으로 봐서는 악산(岳山)으로 '악' 자가 들어가 있어 힘들 것 같지만, 초입부터 정상까지 완만한 경사를 이룬다. 감악산을 일명 서울의 관악산, 가평의 화악산, 포천의 운악산, 개성의 송악산과 함께 5대 악산으로 불리기도 한다. 감악산은 예부터 바위 사이로 검은빛과 푸른빛이 동시에 흘러나온다고 하여 감악(紺岳), 즉 감색 바위라고 불렀다. 감악산에는 원래 감악사, 운계사, 법륜사, 운림사 등 4개 사찰이 있었는데 현재는 옛 운계사 터에 재창건한 법륜사만 남아 있다고 한다. 법륜사에서 정상까지 가는 코스는 돌이 많은 너덜길이다. 그러나 개울을 끼고 산행하다 보면 물소리와 이름 모를 새소리를 들을 수 있어 지루함을 전혀 느낄 수 없다.

등산로 대부분은 숲 사이로 길이 나 있어 여름철에도 시원하게 오를 수 있다. 산 정상에 오르면 감악산 기념비가 반긴다. 바로 옆에는 군사시설로 추정되는 5~6층 남짓한 건물을 신축 중이다. 날씨가 워낙 화창한지라 강 건너 저 멀리에는 DMZ로 보이는 평지가 눈에 들어오고, 희미하게나마 북한 황해북도 개성시에 있는 송악산(松岳山)까지 육안으로 볼 수 있는 행운까지 얻는다.

산 정상 비석에는 감악산의 전설을 전하는 글이 있다. 비명은 '빗돌대왕비' 또는 '진흥왕 순수비'로 알려져 있다. 비석이 감악산 정상에 서게 된 이유에 대해서는 다음과 같은 이야기가 전해진다. 감악산 비는 애초 양주시 남면 황방리(초록지기마을) 입구 '간파고개' 도로변에 있었는데, 그 앞을 지날 때는 말을 타고 가던 행인들도 내려서 절을 하고 지나가야 무사히 고개를 넘었으며 이를 무시했을 시는 말에서 떨어지는 등 화를 당했다고 한다. 타지에서 이 내용을 모르고 지나던 행인들도 피해를 보게 되는 등 불편이 있어 감악산 신령님께 도움을 요청하는 제를 올리게 되었다. 어느 날 이 근방의 주민들이 같은 꿈을 꾸었는데, 감악산 신령이 나타나 소를 빌려 달라고 하였다. 다음 날 일어나 보니 꿈속에서 빌려주겠다고 한 주민들의 소는 땀을 뻘뻘 흘리고 있고 거절한 주민의 소들은 모두 죽어 있었다. 그런데 평상시 산모퉁이에 있던 비석이 어느새 감악산 정상으로 옮겨져 있었다고 한다. 이 소문이 퍼지면서 감악산 신령님의 행동이라고 여기고 치성을 드리는 사람들이 줄을 잇게 되었다고 한다.

현재도 감악산에는 영험이 있다고 하여 감악산 자락에 제당을 지어 놓고 주민들이 매년 제를 드린다고 한다. 아울러 양주시 남면 황방리(초록지기마을)부터 감악산 신령 제당을 지나 정상으로 연결하는 '전설의 숲길'을 조정하여 우리의 소중한 문화 자산을 전송하고 있다.[11]

또 감악산 산행에서 빼놓을 수 없는 자랑거리는 2016년 9월에 개통된 '출렁다리'다. 현장 기록에 의하면 길이 150m, 높이 45m, 폭 1.5m, 하중 20톤 덤프트럭 27대, 초속 30m의 태풍에도 견딜 수 있고, 진도 7의 내진에도 안전하며, 70kg 성인 900명의 무게를 견딜 수 있게 설계되어 건설되었다고 한다. 아쉬움은 코로나19로 인한 2.5m 사회적 거리두기를 위해 일정 기간 통로를 제한한다는 안내 글이 붙어 있다.

**감악산 출렁다리**

계곡 길을 따라 계속 오르다 보면 참나무, 상수리나무가 군락을 이루고, 군데군데 숯

---

11  양주 감악산 정상의 돌비석에 새겨진 내용.

을 구운 흔적이 있는 숯가마 터도 정겨움을 더해 준다. 기록에 의하면 감악산에는 숯가마 터가 헤아릴 수 없이 많으며 1960년대 말까지만 해도 숯을 굽는 사람들이 많았다고 한다. 숯을 만드는 과정은 참나무를 베어 통나무 부분을 1.2~1.5m 길이로 잘라, 가마 안에 가득 차도록 차례로 세워 쌓고 지붕을 만들어 흙으로 덮은 뒤 입구에서 불을 지핀 다음 움막에 거주하며 불을 살핀다. 나무에 불이 다 붙으면 공기가 들어가지 않도록 밀폐하고 식기를 기다려(약 7일) 가마를 열고 숯을 꺼내 포장하여 판매한다. 이처럼 감악산에는 오랜 세월 동안 산밖에 모르는 민초들에 의해 많은 양의 참숯이 생산되었다고 한다.

하산길은 반대 방향인 운계 능선을 따라 내려온다. 법륜사 계곡 길을 따라 오를 때와는 다른 맛을 느낄 수 있다. 능선 중간에서 바라본 파주시 풍광은 글로 표현할 수 없을 정도로 아름답게 펼쳐지고, 한 폭의 빼어난 수채화다. 하산해서 버스를 기다리는 사이 아침에 친절하게 등산로를 안내해 준 커피숍에서 빙수를 시켜 먹고 그릇을 반납하자 하루 두 번이나 가게를 이용해 줘서 고맙다며 사장님께서 서비스로 밀키스 두 캔을 덤으로 주신다. 많은 산행을 해 봤지만, 커피숍에서 고맙다며 대접받기는 처음이다.

**감악산 정상 기념**

나이 70이 훨씬 넘어 100대 명산 완등이 쉽지는 않지만 "네 시작은 미약하였으나 네 나중은 심히 창대하리라"(욥기 8:7)라는 성서 말씀을 마음에 담고 유종의 미를 거두고 싶다. 100대 명산 완등은 누가 시켜서가 아니라 필자 스스로 정한 계획이며, 자신과의 약속이다. 작은 바람이 있다면 사고 없이 100대 명산을 완등 후 언제일지 모르지만, 최대한 빠른 기간 내에 가칭 『대한민국 산림청이 선정한 100대 명산 이야기』라는 산행기 한 권을 꼭 남기고 싶다. 버스와 전동차 편으로 서울에 도착하면서 의미 있는 감악산 산행을 마무리한다.

 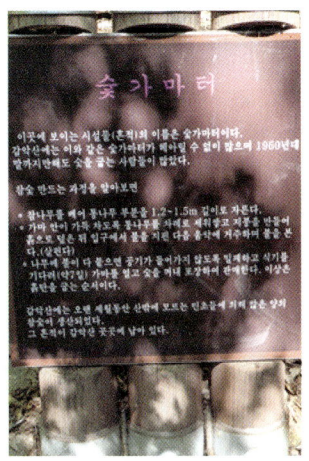 

감악산 고롱이와 아롱이 　　감악산 숯가마 터 흔적 　　감악산 법륜사 세계평화석

감악산 중턱에서 바라본 파주시 전경

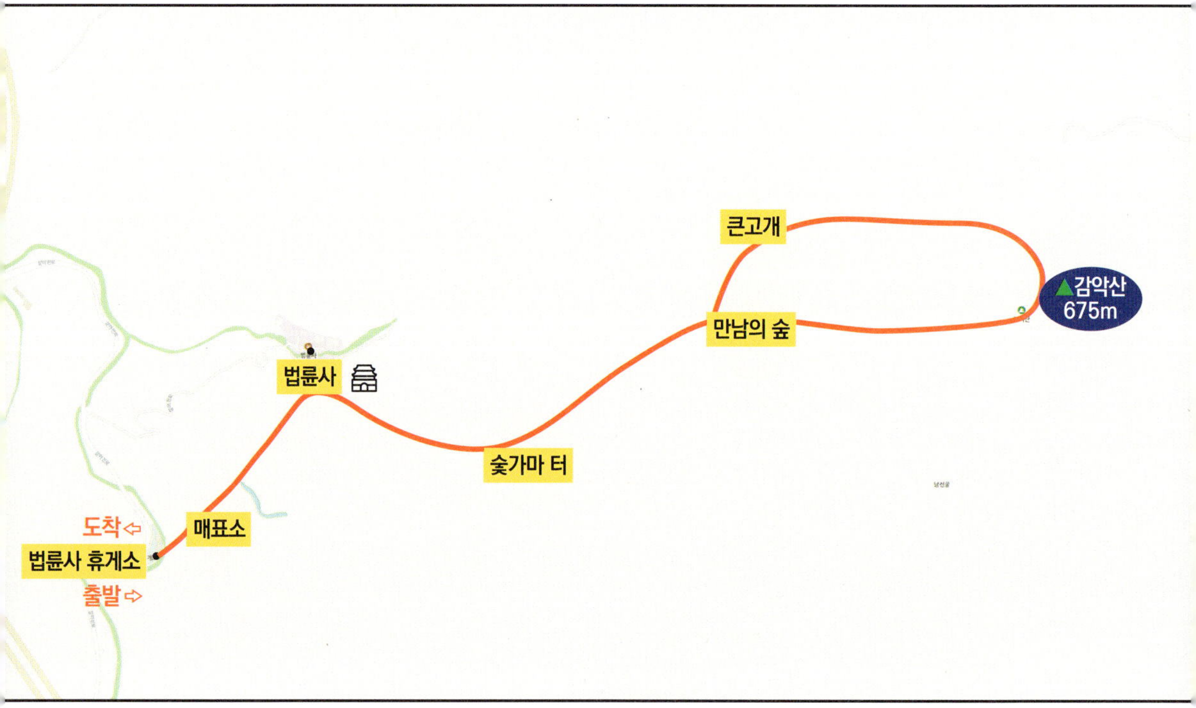

감악산 오늘의 등산로

# 천마산(天魔山)

## 경기도 남양주시

– 2020년 9월 9일(수), 맑고, 비

천마산(天摩山)은 경기도 남양주시 화도읍과 오남읍, 진접읍에 위치한 812m의 산이다. 북서쪽에 위치한 711m 높이의 철마산과 함께 광주산맥에 속한다. 46번 경춘국도의 마치굴부터 북쪽으로 3km 떨어진 거리에 있으며 1983년 군립공원으로 지정되었다.

천마산이란 이름은 고려시대 이성계가 사냥을 왔다가 산이 워낙 높고 험준하여 산이 높아 푸른 하늘이 손에 잡힐 것 같아 "손이 석 자만 더 길었다면 가히

**천마산 정상석**

하늘을 만질 수 있겠다(手長三尺可摩天)."라는 문구에서 유래되었다고 한다. 또한 천마산은 산세가 험하며 복잡하다고 하여서 예로부터 '소박맞은 산'으로 불리기도 했다고

한다.

　천마산은 위치적으로 남양주시의 한가운데에 우뚝 자리 잡고 있으며 남쪽에서 천마산을 바라보면 산세가 마치 달마대사가 어깨를 꽉 펴고 앉아 있는 형상을 하고 있어 웅장하고 차분한 인상을 준다. 산이 높아 겨울에는 흰 눈으로 덮여 설산을 이루고, 봄에는 신록이 아름다우며, 여름철에는 짙푸른 녹색을 띠고 가을이면 단풍이 그림같이 물들어 사시사철 아름답다고 한다. 서울에서 가까우면서도 산세가 험하고 봉우리가 높아 과거 임꺽정이 이곳에 본거지를 두고 마치고개를 주 무대로 활동했다고 전해진다.[12]

　오늘 산행은 단짝 이영석 박사와 전 아가월드 대표이사를 역임한 조주묵 대표와 함께한다. 경춘선 천마산역 2번 출구에서 만나서 산행하기로 한다. 천마산 산행은 대중교통 이용 시 버스보다는 전철을 이용하면 편리하다. 천마산역 2번 출구에서 하차하여 계단을 올라 건널목을 건너면 '천마산 탐방로' 입구 표지판으로 입장하면서부터 산행이 시작된다.

　천마산 정상을 오르는 데는 크게 세 가지 코스가 있다. 호평동 코스와 관리소 코스 및 천마산역 코스다. 가장 완만한 코스는 호평동 코스로 호평동 전철역에서 165번 버스를 타고 호평역에서 하차하여 오르는 코스로 약 2km 거리는 시멘트로 포장이 되어 있다. 포장 끝나는 지점에서 정상에 오르는 코스는 거리가 짧아 대체로 평이하다.

　우리 일행은 세 코스 중 가장 난도가 높은 천마산역 코스를 선택했다.

**천마산 정상 기념**

---
12　천마산 안내판에 기록된 내용.

계단이 많지 않으며 대부분 흙길로 조성되어 있다. 단점은 정상까지 오르는데 쉬어 갈 수 있는 의자가 전혀 마련되어 있지 않아 아쉬웠다.

당일 오후 늦게 비가 올 확률이 80% 넘는다는 일기예보를 참고하여 서둘러 정상에 올랐다. 정상에 오르자 먼저 도착한 두 팀이 정상석을 배경으로 멋진 포즈를 취하며 기념을 담고 있다.

우리 팀도 기념을 몇 장 남기고 적당한 자리에서 간식을 먹었다. 애초에는 보광사 쪽으로 하산하기로 계획했으나 갑자기 하늘이 어두워지기 시작하여 가장 단거리인 호평동 코스를 택한다. 앞이 보이지 않을 정도로 폭우가 쏟아진다.

등산로는 금세 도랑을 이룬다. 일행 중 한 명의 등산화가 폭우에 못 이겨 밑창이 떨어져 나가는 해프닝도 경험했다. 30분 남짓하게 내리던 폭우는 언제 그랬나 싶을 정도로 비가 그치고 푸른 하늘을 볼 수 있었다. 조금 더 내려오자 시멘트로 잘 포장된 임도에 다다른다.

때마침 한 통의 전화가 걸려 왔다. 회사에 오랫동안 함께한 한기한 부사장 전화다. 항암치료 중으로 목소리에 힘이 없었다. 우리 세 사람은 돌아가면서 안부를 묻고 이구동성으로 하루라도 빠른 회복을 위해 각자가 믿는 종교에 힘을 빌려 기도하자는 의견을 모은다. 빠른 쾌차를 빈다.

불편한 등산화를 신은 채 무난히 호평동에 도착한다. 오늘은 조주묵 사장이 한턱내겠다며 맛집으로 소문난 '옛날가마솥곰탕'에서 꼬리곰탕으로 늦은 점심을 먹고 근처 커피숍에서 차 한잔하면서 담소를 나눈다. 오늘 산행도 설레는 마음으로 시작하여 아쉬움을 남긴 채 마무리한다. 사업 관계로 늘 함께할 수는 없지만 가능하면 짬을 내어 참여해 줄 것을 조주묵 사장께 부탁하고 호평역에서 전철을 타면서 오늘 산행을 갈무리한다.

## ✪ 참고

천마산 기슭에는 서울권의 레저시설로 인기 있는 '스타힐리조트'가 있어 겨울철 스포츠로 많이 찾는 곳이다. 또한 천마산 동쪽 기슭에는 보광사(普光寺)가 있다. 대한불교조계종 소속의 사찰이다. 동명(同名)의 사찰로는 광양읍 보광사, 함평의 보광사 및 파주시 보광사가 있어 종종 혼동이 있다. 보광사는 경기도 남양주시 화도읍 가곡리 천마산 자락에 자리한 대한불교조계종 제25교구 본사인 봉선사의 말사이다. 남양주 천마산에 자리한 보광사는 1천여 년의 역사를 간직한 고찰이지만 많은 전란으로 인해 온전하게 지켜 오지를 못했다.

혼란한 격변기를 겪었지만, 화담당 유덕(和潭堂 攸德) 스님의 노력으로 보광사는 잃어버린 사역을 일부분 되찾고 중건의 발판을 마련할 수 있었다고 한다. 그 후 화담 스님의 유지를 이은 선우(善友) 스님은 직접 굴삭기를 운전하며 사찰의 재건에 나섰다. 이처럼 중장비를 손수 운전하며 불사를 이끌어 나가는 주지 스님의 솔선수범은 보광사와 불교의 자랑거리로 전해지고 있다.

보광사의 역사는 1851년(조선 철종 2년) 판부사(判府事) 이유원(李裕元)이 화담(華潭) 경화(敬和: 1786~1848년)를 위하여 창건하고, 1894년(고종 31년) 봉성(鳳城)이 중수하였다. 1950년 한국 전쟁 때 소실되는 큰 피해를 보아 남아 있는 대웅전과 삼성각, 요사채는 현대에 새로 지은 건물이다. 마당 한쪽에는 경기도 보호수로 지정된 소나무가 있고, 절 입구 쪽에는 약수터가 있다. 천마산에는 잣나무 등 690여 종의 식물이 자생한다고 한다.

천마산 등산로 입구

천마산 정상석

천마산 너덜길

천마산 정사에서 바라본 남양주시

오늘의 천마산 등산로

# 축령산(祝齡山)

### 경기도 남양주시·가평군
- 2020년 9월 16일(수), 맑음

**축령산 정상석**

 축령산(祝靈山)은 경기도 가평군 상면과 남양주시 수동면 경계에 있는 높이 886.2m의 산이다. 축령산에는 나무가 많은 것이 특징 중 하나이다. 특히 잣나무가 축령산을 거의 산을 덮고 있다고 해도 과언이 아닐 정도로 많다. 산을 오르는 곳곳에는 소나무와 잡목도 울창하여 지루함을 느끼지 못할 정도로 등산로가 아름답다. 축령산 정상을 오르는 코스는 시작부터 가파른 경사를 만나게 되지만 그렇게 지루하게 이어지지는 않는다. 특히 중간마다 밧줄을 이용해서 오르는 맛도 등산의 흥미를 더해 준다. 또 축령산에는 많은 편의시설(숙박 포함)을 갖추고 있어 가족끼리 산행과 휴식하기에도 안성맞

춤인 것 같다.

오늘 산행도 이영석 박사와 함께한다. 100대산 중 5번째다. 교통편은 자차 이용 시는 매표소를 통과하여 축령산 제1주차장 등 공간이 풍부하기 때문에 불편은 없을 것 같다. 이용료는 차종에 따라 차이가 있으며 성수기와 비수기에 따라 차이가 있으나 1,000~5,000원이다.

그러나 우리 팀은 대중교통을 이용하기로 하고 경춘선으로 '마석역'에 하차해서 1번 출구 바로 앞 정류장에서 마석역~축령산행 버스를 이용한다. 대원운수(30-4번)가 있다. 하루 10회 운행한다고 하는데 시간을 잘 맞추어야 알찬 산행을 할 수 있다. 특히 산행 후 귀가 시는 버스 출발 시각을 염두에 두고 하산 시간 관리를 할 필요가 있다. (버스 종점에 시간표가 있다.) 버스 종점에 하차하면 등산로 입구까지 한참을 걸어가 축령산 코스와 서리산 코스의 갈림길에서 코스를 결정한다.

마침 비가 내린 뒤라 계곡에서 흐르는 물소리가 시원함을 느끼게 한다. 축령산은 산의 형세를 잘 이용하여 휴양림이 조성되어 있고, 산림욕장, 휴식 공간, 넓은 평상 등 많은 편의시설이 골고루 갖추어져 있다.

축령산 등산은 역사적 가치도 덤으로 얻을 수 있어 의미가 크다고 하겠다. 전설이 내려오는 독수리 바위와 남이장군 바위를 만난다. 조선시대 남이장군이 심신을 수련했다는 남이바위와 수리바위가 변함없이 산을 지키며 등산객을 반겨 준다.

독수리 머리를 닮은 수리바위에 관한 기록도 흥미롭다. 예로부터 축령산은 골이 깊고 산세가 험해 다양한 야생동물이 많이 살았다고 한다. 그중 독수리가 유난히 많이 살았는데, 이 바위 멀리서 보면 독수리 머리 모양이라고 하여 '수리바위'라고 부르게 되었다. 실제로 얼마 전

**축령산 남이바위**

까지만 해도 독수리 부부가 둥지를 틀고 살았다고 한다.[13]

정상을 향해 조금 더 오르면 남이바위가 나타난다. 기록에 의하면 조선시대 명장 남이장군은 한성의 동북 요충지인 축령산에 올라 지형지물을 익혔다. 장군은 산에 오르면 이 바위에서 무예를 닦고 심신을 수련하며 호연지기를 길렀다는 기록이다. 이 바위에 깊게 파인 자국은 그때 남이장군이 앉아 있던 자리라고 한다. 남이는 세조의 총애를 받던 뛰어난 장군으로 '이시애 난'을 평정하여 더욱더 유명해진 전설 같은 인물이며 그에 관한 수많은 이야기가 전해 온다.[14] 우리는 남이바위를 배경으로 기념을 담으며 굳은 각오를 다짐한다.

축령산은 백두대간 한북정맥의 지선에 자리한 해발 886.2m의 명산으로 남쪽으로는 남양주시 수동면 외방리와 북쪽으로는 가평군 상면 행현리를 경계로 우뚝 솟아 있는 바위가 절경인 아름다운 산이다.

서북 방향 능선의 서리산(832m)과 쌍봉을 이루고 있으며, 지명의 유례는 조선 왕조를 개국한 태조 이성계와 관련이 있다. 이성계가 왕이 되기 전 이곳으로 사냥을 왔는데, 한 마리도 잡지 못하자 몰이꾼의 말이 이 산은 신령스러운 산이라 산신제(山神祭)를 지내야 한다고 하였다. 그 말에 따라 산 정상에 올라 제(祭)를 지낸 후 멧돼지를 다섯 마리 잡았다는 전설이 있으며, 이때부터 고사(告祀)를 올린 산이라 하여 축령산으로 불리게 되었다고 한다.[15] 그래서 그런지 등산로 여러 곳에는 흙이 채 마르지 않은 금방 지나간 듯한 돼지들의 흔적이 곳곳에 남아 있다. 등산로에는 멧돼지 출범 주의보 안내판도 눈에 띈다.

축령산에 빼놓을 수 없는 '축령백림'은 가평 8경 중의 하나로 불린다. 가평 8경 중 제1경은 청정호수를 자랑하는 '청평호반'이다. 청평호반은 1944년 청평호 준공으로 만들어진 호수로 수상 스키어들이 선호하는 곳이라고 한다.

---

13  수리바위: 경기도 남양주시 수동면 외방리 산 28번지에 있으며, 중생대 쥐라기 화강암으로 약 1억 5천 년에서 2억 년 사이에 마그마(magma)가 지하 깊은 곳에서 천천히 식어서 만들어진 암석. 축령산 수리바위 안내판 기록 내용.
14  남이바위[남이석(南怡石)]: 남양주시 수동면 외방리 산 28번지에 있으며, 중생대 쥐라기 화강암으로 약 1억 5천 년에서 2억 년 사이에 형성된 것으로 각형의 장석 반정이 특징적으로 관찰됨. 축령산 남이바위 안내 내용.
15  축령산 매표소 안내 유인물 내용.

제2경은 1980년 4월에 건립된 인공 '호명호수'다. 청정에너지 개발을 위해 해발 538m 호명산 정상에 148,760㎡(약 45,000평) 규모로 조성한 이 호수는 백두산 호수를 연상케 한다고 전해진다. 호명호수는 전기를 얻기 위해 건립된 국내 최초 '양수발전소'라고 한다.[16]

축령산 자연휴양림 안내석

제3경은 용추계곡(용추구곡)으로 해발 900m 칼봉산의 발원지에서 형성되는 계곡으로 알려져 있다. 하늘에서 용이 내려와 누워 있는 형상을 한 기암괴석이 있고, 가끔 용녀가 내려와 목욕한다는 전설이 있는 신비스러운 곳으로 매년 5월 철쭉 축제가 연인산에서 벌어지기도 한다.

제4경은 '명지산'(명지단풍)이다. 명지산은 경기도에서 두 번째로 높은 1,267m 높이로 한라산 지리산 다음으로 곤충이 풍부한 지역이라고도 한다. 가을이면 명지산 전체가 물감을 칠한 듯 천연색을 띠는 단풍이 절경으로 소문나 있다. 9월 중순임에도 온 산천은 아직도 푸르기만 하다.

제5경은 '도마치계곡'(적목용소)으로 이곳은 환경청이 고시한 경기도 내 유일의 청정지역이며 천연기념물인 '열목어'가 서식하기도 한다. 여름에도 추위를 느낄 만큼 숲과 물이 조화를 이루고 태고의 신비가 살아 있는 곳이다. 제6경은 '운악산'(운악망경)으로 해발 935m로 특히 기암괴석이 절경을 이루고 있다. 도내에서 힐링하기 가장 좋은 곳 중 하나로 꼽히고 있다.

---

16 호명호수: 1980년 국내 최초로 건설된 양수식 발전소인 호명호수 양수발전소의 상부 저수지 역할을 하는 인공 호수이다. 조선일보, 2011년 4월.

제7경은 '축령산'(축림백림)으로 수령이 40~70년 된 잣나무가 산림의 70%를 이루고 있다. 국내 잣 생산의 40% 이상을 생산한다. 송진 내음이 심신을 취하게 하고, 계곡을 따라 흐르는 물과 기암괴석이 조화를 이뤄 환상에 빠질 정도로 경치가 빼어난 곳이다. 제8경은 '유명산'으로 설악면에 위치한 해발 864m로 기암괴석이 자태를 자랑하고 있으며, 계곡에는 바닥까지 훤히 들여다보이는 박쥐소, 용소, 마당소 등이 있다.[17]

**축령산 정상 기념**

9월 중순인데도 마치 늦가을처럼 하늘은 청명하고 적당히 불어오는 바람은 더위를 잊게 한다. 계속 능선을 따라 오르자 경사도가 제법 있는 능선이 나오고 드디어 독수리 머리와 비슷하다고 하여 이름 붙은 수리바위를 만나게 된다. 인공적으로는 도저히 불가능한 자연의 섭리에 감탄하지 않을 수 없다. 독수리 부리 밑으로 내려다보이는 경치와 저 멀리 솟아오르는 뭉게구름은 탄성을 자아내게 한다. 여느 분재사의 손길도 비교할 수 없는 바위 위의 소나무는 신비스럽기까지 하다. 산행 시작 후 한 시간 남짓하게 오른 것 같다.

수리바위를 지나, 가끔 나타나는 바위지대는 고정 로프가 도움을 준다. 능선을 따라 몇십 분 오르다 보면 유서 깊은 남이장군[18]이 수련하였다는 남이바위에 도달한다. 잠깐 고개를 우측 벼랑으로 돌리면 칼날 같은 바위는 보기만 해도 다리를 후들거리게 한다. 남이 바위를 배경으로 기념 촬영을 하고 역사적 기록판을 살펴본다. 남이 바위에서 내려다본 풍광은 가히 절경이다. 가슴이 뻥 뚫린다. 목을 축이고, 계속 능선을 따라 진행

---

17 블로그 https://a84888008.tistory.com/71, 2020년 9월 19일, 18시 인용.
18 남이장군 시(북정가) 소개: 白頭山石 磨刀盡/豆滿江水 飮馬無/男兒二十 未平國/後世誰稱 大丈夫(백두산의 돌은 칼을 갈아 사라지고/두만강의 물은 말을 먹여 없애고/남자 이십 세에 나라를 평안케 하지 못하니/후세에 누가 대장부라 부르겠는가). 그러나 이 시로 인해 간신 유자광의 역모로 28세에 사지가 찢기는 죽음을 당했다.

하다 보면 멀리 봉우리 하나가 눈에 들어온다.

잘 정비된 마지막 나무 계단을 오르면 정상을 알리는 태극기가 휘날리고 옆에는 정성을 깃들어 쌓아 올린 돌탑과 삼각점, 그리고 각 방향을 알리는 조망 안내판이다. 남이바위에서 2~30분 소요된다. 한북정맥의 산이자, 경기 5악 중의 하나인 운악산의 수려한 모습이 가깝고, 우측 멀리는 가을 단풍이 아름답기로 유명한 가평 8경 중 4경인 '명지산'이 눈에 들어온다.

애초 산행 계획은 서리산을 둘러 하산하는 코스로 잡았으나 시간이 촉박한 관계로 아쉬움을 뒤로한 채 절고개 사거리에서 전망대를 거쳐 축령산자연휴양림 코스로 하산했다. 절고개에서 하산길인 골짜기로 접어들면 본격적인 잣나무 숲이 시작된다. 하산길의 잣나무 숲은 장관이다. 나무 사이로 흐르는 맑은 물은 손만 씻고 지나칠 수 없도록 유혹한다. 바위를 짚고 엎드려 들이켠 냉수는 배 속까지 시원하게 한다.

버스 시간표를 확인 안 한 채 종점에 도착하니 방금 버스가 출발했다고 한다. 시간표를 확인한 결과 한 시간 후에야 다음 차를 탈 수 있다. 기다리는 사이 종점 앞 식당에서 '순두부전골'로 늦은 점심을 먹고, 버스 편으로 약 한 시간 이동하여 마석역에 도착하여 전철을 탔는데 KTX '경춘 신혼 열차'라 한다. 일반 전철이 아닌 관계로 별도 요금을 지불하고 청량리역에서 하차하여 오늘의 일정을 마무리한다. 9월 중순의 축령산은 한산했다. 모두가 코로나19 영향이다. 하루속히 백신이 개발되어 코로나19 바이러스가 박멸되고, 마스크에서 해방되어 경제가 활성화되기를 기대해 본다.

축령산 수리바위 안내

축령산 등산로 조형목

정상에서 바라본 동두천시 전경

축령산 독수리바위를 배경으로

축령산 오늘의 등산로

# 소요산(逍遙山)

## 경기도 동두천시·포천시
- 2020년 9월 25일(금), 맑음

소요산(逍遙山)은 행정구역상 경기도 동두천시 소요동, 걸산동과 포천시 신북면의 경계에 걸쳐 있는 해발 587m의 산이다. 소요산은 산세가 웅장하지는 않지만, 경기 소금강이라고 할 만큼 경승지이다. 주봉인 의상대는 서울시에서 약 44km

소요산 정상석(의상대)

거리에 있으며, 동두천 시청에서 약 5km 떨어진 곳에 있다.

645년 신라의 원효대사가 개산(開山)하여 자재암을 세웠고, 이후 고려 광종 25년부터 소요산이라고 불렀으며, 1981년에 국민관광지로 지정되었다.

기록에 의하면 소요산은 화담 서경덕, 봉래 양사언과 매월당 김시습이 이 산에서 자주 소요하였다고 하여 '소요산'이라 부르게 되었다고 전한다. 봄에는 진달래와 철쭉, 여름에는 시원한 계곡과 폭포, 가을에는 오색 단풍으로 경관이 매우 빼어나 휴양하기 좋은 장소이다.

소요산은 하백운대(440m), 중백운대(510m), 상백운대(559m)를 비롯해 나한대

(571m), 의상대(587m), 공주봉(526m) 등 여섯 개 봉우리가 말발굽 모양의 능선과 기암괴석으로 절묘하게 이루어져 있다. 마치 만물상을 연상케 한다. 특히 원효대사와 요석공주의 분위기를 느낄 수 있는 그림이나 장치물이 곳곳에 있어 눈길을 끌게 한다. 요석공주의 별궁 터와 원효대사가 수도했다는 원효 터, 산자락에 아담하게 자리 잡은 자재암, 원효폭포, 청량폭포 등의 명소가 있어 산객뿐만 아니라 일반 관광객이 많이 찾는 곳이다.

특히 많은 관광객이 찾는 자재암은 신라 중엽 원효대사가 개산(開山)하였으며, 고려 광종 25년(974년)에 각규대사가 왕명을 받아 정사를 세웠으나 고려 익종 7년(1153년)에 소실되었고, 이후 여러 차례 소실과 재건을 되풀이하다 한국전쟁 때 소실된 것을 1961년에 재건하였다. 소요산에는 이 외에도 조선을 개국한 태조 이성계의 행궁지(行宮地)도 남아 있다.[19]

오늘 산행은 단짝인 이영석 박사와 대중교통을 이용하여 소요산역에서 10시에 만나기로 한다. 소요산역에서 상가를 가로질러 매표소를 통과하여 일주문 쪽을 향한다. 일주문을 향해 오르기 시작하는 계곡 등산로부터 청아한 물소리가 발걸음을 가볍게 한다. 곳곳에는 원효대사와 요석공주의 스토리텔링

**칼바위 등산로**

이 있다. 의상대나 공주봉, 자재암을 가기 위해서는 반드시 통과해야 하는 대리석 교량을 건너야 하는데 이름하여 '속리교'다. 속세와의 인연을 끊는다는 의미에서 붙은 이름이라 한다.

---

19 자료 제공, 동두천시.

본격적인 산행에 앞서 동두천시에서 제공하는 등산 코스 안내판이 나타난다. 소요산 등산 코스는 일반적으로 3개 코스로 조성되어 있다. 제1코스로는 일주문~자재암~하백운대~자재암~일주문 코스로 주로 초보자가 선호하는 코스이고, 제2코스는 일주문~자재암~하백운대~중백운데~상백운대~칼바위~선녀탕~자재암~일주문 코스로 중급자 코스다. 제3코스는 일주문~자재암~하백운대~중백운대~상백운대~칼바위~나한대~의상대~공주봉~구절터~일주문을 완주하는 가장 상급자 코스가 있다.

대부분 산객은 일주문을 통과하여 자재암을 거쳐 하백운대에서 시계 방향으로 돌아오는 코스를 선호한다고 한다. 그러나 우리 팀은 정상봉인 의상대에 오르는 것이 목적이기 때문에 공주봉 쪽으로 향한다. 시작과 동시에 경사도가 심하다. 그나마 다행인 것은 대부분의 등산로에 로프가 설치되어 있어 힘을 안배하는 데 많은 도움을 받을 수 있다. 땀을 흘리며 원효대사가 요석공주를 위해 이름을 지었다는 공주봉에 오르자 산 아래 동두천 시내가 한눈에 들어온다.

동두천시에서 제공하는 공주봉 안내에 따르면 소요산에 자재암을 창건하고 수행하던 원효 스님을 찾아온 요석공주가 산 아래 머물면서 그 남편을 사모했다고 하는데, 이 공주봉의 이름은 남편을 향한 애끓는 사모를 기려 붙은 명칭이라 한다. 잠깐 숨을 돌려 목을 축이고 오늘의 목적지인 의상대를 향에 급히 발걸음을 옮긴다.

의상대까지는 1.2km 남았다는 이정표다. 쉬엄쉬엄 조심스럽게 발걸음을 옮기는 사이 어느덧 정상인 의상대[20] 도착이다. 정상 표지석은 바위 사이에 청돌로 비스듬히 제작되어 있다.

평일이라 다른 등산객은 보이지 않는다. 대부분 의상대까지 오르지 않고 중간 등산로로 하산하는 것 같다. 마침 외국인 여성 한 분이 연신 땀을 훔치며 도착한다. 반갑게 인사를 나누고 정상석을 배경으로 서로 간 사진 찍기 품앗이한다. 적당한 곳에 자리하

---

20 의상대: 동두천의 명산인 소요산의 주봉으로 마차산을 바라보았을 때 앞으로는 동두천시의 상하봉암동이 바라보이며 그 건너편으로 파주의 감악산이 보인다. 뒤편으로는 소요산 지맥과 국사봉, 왕방산, 해룡산, 칠봉산이 마치 용의 등처럼 휘감아져 보인다. 이름의 유래는 조선 태조가 소요산에 머물며 자재암을 크게 일으킨 후 자재암을 둘러싼 소요산의 여러 봉우리가 불교와 관련된 이름으로 불렸는데, 자재암을 창건한 원효의 수행 동반자인 의상을 기려 소요산의 최고봉을 의상대라 부르게 되었다. 경기도, 동두천시.

여 준비해 온 과일과 따뜻한 매실차로 목을 축인다. 오늘도 이 박사께서는 어김없이 찹쌀모찌를 준비해 왔다. 가을바람과 함께 짙은 송진 내음이 산행에 묘미를 더한다.

충분한 휴식을 가진 뒤 나한대로 향한다. '나한대' 쪽으로 가는 길이 그렇게 고봉은 아니지만, 어느 고급 수석도 흉내 낼 수 없을 정도로 희귀하고 뾰족한 암릉들이 군데군데 아름답게 자태를 뽐내고 있다. '나한대'는 소요산에서 두 번째로 높은 봉우리(571m)다. 기록에 의하면 '나한'이란 의미는 불교를 수행하여 해탈의 경지에 이른 이름으로 신라시대 원효에 의해 창건되고, 고려 초에 나옹 등 여러 고승들이 수행하였던 장소라고

**소요산 자재암의 청량폭포**

한다. 특히 조선 태조가 이곳에 머물며 절의 면모를 일신한 이후, 자재암이 크게 번성하자 절을 둘러싸고 있는 주위 봉우리들을 불교와 관련된 명칭으로 부르는 중에 이곳을 나한대라 부르게 되었다고 전한다.[21]

나한대를 지나 선녀탕 입구 갈림길에서 함께한 이 박사께 선녀탕 코스로 하산 의사를 물었더니 의외로 완주하자는 의견이다. 코스 중 가장 난코스인 칼바위를 지나 상~중~하 백운대를 향해 발걸음을 내디딘다. 암로인 칼바위 등산로는 기암괴석과 송곳 같은 바위들이 한참 동안 이어진다. 여기에 더하여 바위틈에서 꿋꿋이 자태를 뽐내며 서 있는 노송과 조화는 한 폭의 동양화다. 칼바위에 대한 기록은 칼날처럼 날카롭고 뾰족

---

21  나한대 안내도 내용.

하며, 편마암들의 바위라는 의미로, 상백운대에서 시작하여 선녀탕 입구 하산로까지, 500m가량 연속으로 이어지는 구간이다. 뒤편으로 소요산 지맥과 국사봉, 왕방산, 해룡산, 철봉산이 연결되어 마치 용의 등처럼 동두천의 동북천을 휘감고 있다.[22]

오늘 산행할 여섯 봉우리 중 네 번째인 상백운대에 도착한다. 상백운대의 안내도에 의하면 산세의 웅장함과 극치를 이루는 단풍과 청량한 하늘 전체에 유유히 흐르는 흰 구름이 어우러져 문자 그대로 작은 금강산이라 부르게 되었다고 한다. 조선을 개국한 태조가 왕자의 난으로 실각한 이후 소요한 아래 행궁을 짓고 머물며 불교 수행으로 자신의 회한을 달랬다고 한다. 그가 백운대에 올라 지은 시가 있어 전한다.

> "넝쿨을 휘어잡으며 푸른 봉우리에 오르니 흰 구름 가운데 암자 하나 놓였네."

계속 전진하여 중백운대를 거쳐 마지막 봉우리인 하백운대에 도착한다. 하백운대 안내도에는 매월당 김시습이 이곳에 머물면서 노래한 시가 마음을 안정시킨다.

> "내 나라 산천이 눈 아래 펼쳐지고 중국 땅 강남조차 보일 듯하이.
> 길 따라 계곡에 드니 봉우리마다 노을이 곱다.
> 험준한 산봉우리 둘러섰는데 한 줄기 계곡물이 맑고 시리다."

드디어 천년고찰 자재암이 눈에 들어온다. 독성암의 원효 샘 약수와 '청량폭포'의 세찬 흰 물줄기는 5시간 고된 산행의 고단함을 잊게 한다. 소요산을 대표하는 '자재암'은 대한불교조계종 제25교구 교총 본사인 봉선사의 말사(末寺)로 원효대사가 이곳에서 수행 도중에 관세음보살을 친견하고서 자재무애의 수행을 쌓은 곳이라고 하는 데에서 그 명칭이 유래하였다.

자재암을 뒤로하고, 108계단을 내려오면서 오늘 산행을 마무리한다. 중간에 휴식을 자주 한 관계로 4시간 남짓한 코스에 약 5시간이 소요되었다. 나이를 생각하지 않고

---

22  칼바위 안내도 내역.

강행군을 한 것 같다.

이른 점심 겸 저녁을 해결하기 위해 15~16년 전, 회사 간부들과 등산 후 식사했던 '옥류식당'이 눈에 들어와 그 식당에 들렀다. 나는 옛날 주인이 아직도 운영하는지 궁금해서 물었더니 '옥류식당' 상호는 그대로 사용하고 있으나 본인은 4년 전부터 운영한다는 대답이다.

50세가 채 안 된 듯한 남자 사장은 친절하게 맞아 주었다. 남자 사장은 본인이 직접 콩을 갈아 두부를 만든다며 두 사람이 식사할 수 있는 메뉴를 추천해 주었다. 생두부와 해물순두부를 추천

의상대 정상 기념

받았는데 깔끔하고 맛도 있고 가성비도 좋았다. 소요산을 찾는 등산객에게 추천하고 싶다. 소요산 교통편은 전동열차 이용 시는 1호선 종점인 소요산역 1번 출구로 나와 차도를 건너 소요산을 향하는 골목길을 따라가면 된다. 등산객 모두가 이용하는 길이다. 그러나 전동열차를 이용할 경우 출발 시간에 대한 상당한 간격이 있기 때문에 소요산역에 하차하여 시간표를 확인하고 계획을 세우는 것이 시간 관리에 도움이 된다. 승용차 이용 시는 소요산 입구에 넓은 주차장이 마련되어 있다.

소요산 일주문

소요산 구정터

소요산 요석공원 설명

소요산 공주봉에서 내려다본 동두천시 전경

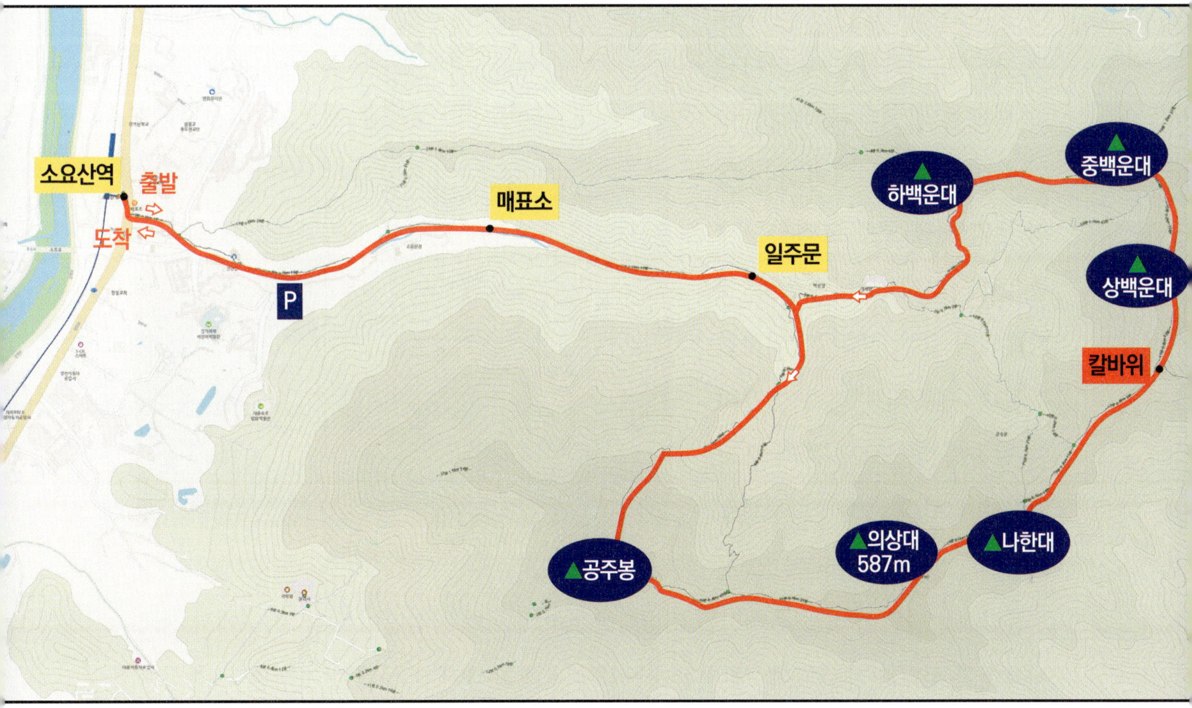

소요산 오늘의 등산로

# 마니산(摩尼山)

## 인천광역시 강화군

- 2020년 10월 2일(금), 흐리고 비

마니산(472.1m)은 행정상 인천시 강화군 화도면에 있으며, 단군 시조의 전설이 내려오는 곳으로 강화군에서 제일 높은 산이다. 기록을 통해 마니산의 유래를 살펴보면 마니산의 원래 의미는 '우두머리'라는 뜻의 두악(頭嶽)으로 고려사,『세종실록지리지』,『태종실록』에 기록되어 있다. '마니'는 머리를 뜻하며, 민족의 머리로 상징되어 민족의 영산으로 불려 오고 있다. 마니산은 사면이 급경사로 화강암이 넓게 분포되어 있다.

**마니산 정상 표시목**

정상에는 단군이 하늘에 제사를 지냈다는 높이 6m의 참성단이 있다. 이곳에서 전국 체육대회 성화가 채화되며, 해마다 개천절에는 개천 대제가 성대히 거행된다. 참성단

(塹城壇) 내에 있는 수령 50년, 높이 4.8m 소나무는 국가지정문화재 제502호로 지정되어 있다.

매년 10월 3일 제천행사가 있으며, 전국체전 성화가 칠 선녀에 의해 이곳에서 봉화를 체화하는 의식이 열린다. 또 마니산은 위치상 우리나라 국토의 중심이자, 백두산 천지와 한라산 백록담의 중심에 있는 민족의 영산으로 불린다. 동쪽 기슭에는 함허동천 야영장과 신라 선덕여왕 때 창건한 '정수사'가 있으며 경내의 법당은 보물 제161호로 지정되어 있다. 마니산은 1977년 3월 31일 국민관광지로 지정되었으며 전국에서 많은 관광객이 선호하는 곳 중 하나다.

오늘 산행도 단짝인 이영석 박사와 신촌에서 만나 대중교통으로 이동한다. 신촌에서 2000번 버스를 타고 강화터미널에 하차하여, 다시 700-1번 버스로 마니산 입구까지 이동한다. 신촌에서 강화터미널까지는 예정 시간보다 한 시간 이상 지체되어 도착했다. 강화터미널에서 마니산까지는 약 30분 전후 소요된다. 인터넷 등에 나와 있는 자료는 변경 이전 내용이 표기되어 있으므로 산행 시 다시 알아보고 시간 계획을 잡을 것을 권한다. 2호선 신촌역 부근에서 출발한다는 2000번 버스는 운행하지 않은 지 오래고, 3000번은 신촌~강화터미널까지만 왕복 운행한다. 2호선 신촌오거리에서 강화까지는 왕복 2차선으로 건설되어 있어 막히면 꼼짝달싹을 할 수 없다.

마니산 정상을 오르는 등산로는 단군로, 계단로, 함허동천 능선로, 계곡로 및 정수사 등 다양하며 대체로 잘 정비되어 있다. 산행의 들머리인 매표소를 지나자 '단군로'와 '계단로'로 갈라지는 삼거리다. 두 코스 중 계단이 심하고 단축 코스인 계단로를 선택한다.

출발부터 셀 수 없이 많은 계단이 숨을 가쁘게 한다. 계단로 초입에서 정상에 오르기 위해서는 1,164개의 계단을 밟아야 한다. 1차 160계단은 '기를 받는 코스'로, 특별한 날 또는 송구영신 때 많은 사람이 찾는다고 한다. 160계단을 오르면 또다시 1,004계단이 기다린다. 역시 경사가 가파르다. 거친 숨을 몰아쉬며 정상에 도착한다. 여러 팀이 각자 준비해 온 간식을 먹으며 여유를 부린다. 정상에는 가시거리가 전혀 나오지 않는다. 휴대폰으로 기념을 담아 보지만 아름다운 단풍은 간데없고 안개와 구름에 가려 마치 눈이 내린 것처럼 뿌연 그림뿐이다.

헬기장 가장자리에 앉아 목을 축이고 지근에 있는 참성단에 들렀으나 철문이 굳게 잠겨 있었다. 단기 4353년 개천절 행사도 코로나로 인해 취소되었다는 관리인의 설명이다. 모든 것이 코로나 핑계다. 그렇게 중요한 행사인데, 아쉬운 마음이다.

참성단는 사적 제136호로 단군께서 하늘에 제사를 지내던 제단이라고 전해 오고 있다. 일명 '마니산 제천단'이라고도 한다. 자연석으로 기초를 둥글게 쌓고 단은 그 위에 네모로 쌓

**마니산 참성단**

았다. 아래 둥근 부분의 지름은 8.7m이며, 상단 네모의 한 변의 길이는 6.6m의 정방형 단이다. 상방하원(上方下圓) 즉, 위가 네모이고 아래가 둥근 것은 천원지방의 사상인 '하늘은 둥글고 땅은 네모다'는 생각에서 유래된 것으로 여겨진다.

고려시대에 임금이나 제관이 참성단에서 제사를 올렸으며, 조선시대에도 제사를 지냈다고 전해진다. 참성단은 고려 원종 11년(1270년)에 보수했으며, 조선인조 17년(1639년)에 다시 쌓았고 숙종 21년(1700년)에 다시 보수했다는 기록이다.

애초 산행 코스는 화도 매표소를 들머리로 정상을 오른 후 '함허동천야영장'으로 하산할 계획이었으나 비가 많이 내린 관계로 함허동천야영장 코스는 계단과 바위가 많아 위험하다는 등산객의 말을 듣고 아쉽지만 원점 회귀를 결정한다.

하산은 계단로가 아닌 '단군로' 코스를 선택한다. 거리는 다소 멀지만 계단로와 다른 경험을 하고 싶었다. 아기자기한 맛을 느낄 수 있는 코스다.

오늘은 추석 다음 날이라 등산객들은 그렇게 많지 않지만, 드문드문 가족 단위로 추

석 연휴에 산행을 통해 우의를 다지는 모습이 보기 좋다. 하산길에 산을 오르는 특별한 가족을 만났다. 부모와 어린 삼 남매가 산행을 하는 가족으로 아빠는 막내를 등에 업고 산을 오르고 꼬마 어린아이가 맨 앞에서 가족을 이끈다. 하도 기특하여 나이를 물었더니 8살이라고 씩씩하게 큰 소리로 대답한다. 필자도 함께 파이팅을 외치고 안전하게 다녀오라는 말을 건넸다. 아름답고 행복해 보였다.

단군로를 따라 내려오다 보면 삼칠이(372) 계단을 만난다. 계단 중간쯤에 널따란 전망대가 설치되어 있다. 때마침 비가 그치고 잿빛으로 시야를 흐리게 하던 구름과 안개도 시야에서 비켜 준다. 눈앞에 펼쳐지는 저 멀리 황금 들판과 바다와 맞닿은 지평선 위의 구름의 조화는 감탄이 절로 난다.

산행 쉼터가 있는 곳에 마니산과 연관된 시문 몇 점을 접할 수 있어 잠시나마 마음을 맑게 한다. 조선 후기 문신인 죽석 서명보의 참성단 시문, 화남 고재형, 화암 유형석의 시문 등이 눈길을 준다. 화암 유형석의 시문 「눈 덮인 마니산」을 소개한다.

마니산 정상 기념

"천단은 잠자는 듯 옛 터전은 드문 것인데
신화는 계속하여 전해 오는구나
험준한 길이니 남북으로 끊겨 있고
영산은 변함없이 이제나 저제나 한결같아
만대에 걸친 백성은 번영하고 있지
우리나라의 성화는 빛나도다.
아득한 옛일이니 줄곧 알고자 하네
참성단은 오랜 궁궁이 풀로 희미하게 보이는구나."

특히 화남 고재형 선생은 개화기 문인으로 국운이 저물어 가자 환갑인 나이에 강화도의 200여 마을을 순회하며 쓴 심도 기행은 유명하다.

"마니산 상상봉에 앉아 있으니
강화섬이 한 조각배를 띄운 것 같으네
단군 성조께서 돌로 쌓은 자취는 천 리를 버리고 있으니
수만 년 동안 물과 더불어 머물러 있네."

성인들의 시는 언제나 마음에 휴식을 제공한다. 등산로 초입의 '천부인 광장'은 단군신화 속 신단수를 상징하는 8개의 조형물로 8도 홍익인간 이념이 전파되어 한민족의 통합과 화합을 기리고자 하는 염원을 담은 장소라 한다.

바닥에는 청동거울 및 비파형 동검과 청동방울이 조각되어 있다. 청동거울은 악귀를 쫓아내고, 비파형 동검은 청동기 문화와 고조선의 상징으로 한반도 전역에서 발견되었다고 한다. 방울은 사람이나 도깨비 얼굴 모양 등으로 새겨 있으며, 잡귀를 쫓는 데 사용되었다고 한다.

**마니산 천부인 광장**

대중교통을 이용하다 보면 아름다운 광경도 많이 보지만, 아쉬움을 느낄 때도 종종 있다. 극히 일부 기사(버스, 택시)의 불친절이다. 시골 버스 승객은 연세 드신 분이 많은데 다소 불친절하다. 방송으로 흘러나오는 안내도 덜컹거리는 버스 안에서는 잘 들리지 않을 때가 많다. 기사분들의 생계는 결국 승객이 있기 때문임을 인지해 주었으면 하

는 아쉬움이다. 특히 관광지 기사는 그 지역의 홍보대사 같은 존재임을 잊지 않았으면 하는 바람이다. 물론 친절한 기사님이 훨씬 많다. 운전기사의 친절 교육이 요구되는 부분이다.

산행을 마치고 내려오는 길에 버스 창 너머로 보이는 강화도의 모습은 풍성하고 아름답다. 논은 황금 들판을 이루고 밭에는 탐스러운 포도송이가 풍년을 노래한다. 여러 가게 앞에는 강화도 특산물의 하나인 순무 김치가 눈길을 끈다. 산행 중 인적이 없을 때 마스크를 벗고 맑은 공기 실컷 마실 수 있어 행복했다. 오늘 날씨가 흐린 관계로 서해안의 해안선과 아기자기한 섬들과 영종도 근처의 장봉도, 신도 등의 모습을 볼 수 없어 아쉬움의 남는다. 생전에는 다시 올 수 없을 것 같아 발걸음이 무겁다.

주차장 도착이다. 이 박사께서 아침에 마셨던 커피가 생각난다며 주차장 옆에 있는 커피숍에 다시 들러 진한 커피 한잔으로 피로를 푼다. 마니산 입구 주차장은 규모가 크기 때문에 승용차 이용자는 주차 불편은 없어 보인다. 주차는 무료라고 한다.

갈 때 워낙 시간이 지체되어 서울 오는 길은 마니산 입구에서 700-1번(강화~인천) 버스를 타고 신설된 '김포 골드라인'(양촌~김포공항) 구래역에 하차하여 김포공항에 와서 전철 편으로 귀가하면서 유서 깊은 마니산 산행을 마무리한다. 코로나19가 하루라도 빨리 박멸되어 전 국민이 자유롭고 활력 넘치는 날이 하루속히 오기를 소망하며, 고생하는 의료진에게 감사한 마음을 전한다.

마니산 참성단 모형

1955년 전국채전 성화 채화 장소

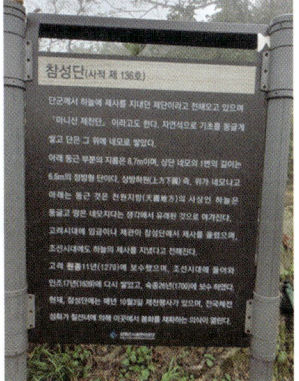
마니산 참성단 안내

372 계단에서 바라본 들녘·바다·구름

마니산 오늘의 등산로

# 유명산(有明山)

### 경기도 양평군·가평군
### – 2020년 10월 7일(수), 맑음

유명산은 경기도 가평군 설악면 가일리에 위치한 해발 862m의 산이다. 가평군 문화관광 안내에 따르면 유명산은 산 이름으로 널리 유명해진 산이다. 원래 지형도상에는 산 이름이 없었던 것을 1973년 엠포르 산악회가 국토 자오선 종주

**유명산 정상석**

등산 중 이 산에 이르자 당시 일행이었던 진유명 씨의 이름을 따라 산 이름을 붙인 것이다. 그러나 옛 지도에는 이곳 일대에서 말을 길렀다 해서 '마유산'이라는 산명이 분명히 있으나 지금은 유명산으로 통칭하고 있다. 양평 쪽에서 오르는 코스는 광활한 초원지대의 탁 트인 시원함을 즐길 수 있어 또 다른 산행의 묘미가 있다. 등산로는 대부산과 동일한 코스를 이용할 수도 있고 대부산, 소구니산을 연계하여 능선 종주 산행을 할 수도 있다. 정상에 서면 전망 또한 일품이다.[23] 특히 유명산은 휴양림으로 유명하다. 국

---

23  가평군 문화관광 안내(031-582-8830).

립유명산자연휴양림은 1989년 개장한 우리나라 최초의 휴양림이다. '국립유명산자연휴양림'은 흔치 않게 산림청에서 직접 운영한다고 한다. 또 유명산에서 빼놓을 수 없는 것이 유명산 계곡인 '유명농계(有明弄溪)'이다. 무려 계곡 길이가 5km나 된다. 워낙 유명하여 가평 8경[24] 중 하나로 8경에 해당한다. 기암괴석 사이 계곡에서 흐르는 물은 많은 등산객의 마음을 사로잡는다. 이루 헤아릴 수 없을 정도의 많은 소(沼)가 있는데 그 중 용이 하늘로 올라갔다는 전설을 지닌 용소, 박쥐가 산다는 박쥐소, 마당같이 넓은 마당소 등과 용문산에서 흘러내린 물줄기와 합쳐서 생긴 유명계곡은 어디에서도 볼 수 없는 시원한 물을 선사할 뿐만 아니라 마치 인공 연못을 연상케 할 정도로 아름답다. 5km나 되는 긴 계곡은 대부분 크고 작은 암반으로 이루어져 있다. 계곡의 등산로는 완만한 편이지만 너덜지대로 대부분 돌길이다.

오늘도 대중교통을 이용한다. 2호선 잠실역 5번 출구를 나와 70m 정도 직진하면 버스 정류장이 있다. 잠실에서 출발하여 유명산행 버스는 자주 운행하지 않기 때문에 시간을 확인하는 것이 필요하다. 평일과 주일 및 공휴일 운행 시간도 각각 다르다. 청량리에서 8005번 버스를 이용하거나 전철과 버스로 환승해서 가는 방법으로는 춘천행 KTX나 전철 편으로 청평역에 하차하여 청평터미널에서 유명산 버스 종점에 하차한다.

오늘 산행도 단짝인 이영석 박사와 함께한다. 우리는 잠실에서 아침 8시 출발 버스를 타고 약 1시간 후 유명산

**유명산 계곡 암로**

---

24  1경(청평호반), 2경(호명호수), 3경(용추계곡), 4경(명지산), 5경(도마치계곡: 적목용소), 6경(운악산), 7경(축령산: 축령백림), 8경(유명산: 유명농계).

종점에 도착한다. 들머리인 등산로 입구까지는 도보로 약 7분 거리다. 대부분의 승객은 설악버스터미널에 하차하고 세 명만 종점까지 왔다. 승객 중 여성 한 분이 친절하게 등산로 입구까지 안내해 주고 본인이 운영하는 가게로 가자며 커피까지 한잔 대접해 주신다. 입산 가능 시간은 9시부터다. 장비를 점검 후 매표소에서 인적 사항을 기록하고 산행을 시작한다.

정상을 오르는 등산로는 휴양림을 거쳐, 능선을 타고 정상에 오른 뒤 계곡으로 내려오는 코스와 계곡로를 따라 정상에 오른 후 능선으로 하산하는 코스 중 우리는 능선 코스를 선택했다. 경사도는 높았지만 바윗길이 그리 많지 않고 흙길이 많아 지루하지 않다. 특히 20여 분 이상 소요되는 잣나무 숲길은 다른 등산로에서는 맛볼 수 없는 자연의 신비함을 느낄 수 있다. 수십 년간 단련한 근육을 자랑이라도 하듯 등산객들에게 내민 울퉁불퉁한 나무뿌리는 생김새가 특이하여 눈을 즐겁게 한다.

이른 시간이라 다른 등산객은 보이지 않았다. 고도를 높여 은빛 억새가 넓게 펼쳐진 작은 평원을 지나자 돌로 쌓아 올린 시설 위에 가로형으로 된 유명산 정상석이 이방객을 반긴다.

우리 둘만이 유명산 전체를 가진 기분이다. 정상에 서자 사방에는 겹겹의 산들이 모두 유명산을 향해 달음박질이라도 하듯 준비 자세를 하고 있다. 가을바람에 넘실대는 억새밭이 장관이다.

산 정상을 중심으로 북쪽으로는 북한강, 청평호 및 남쪽에는 남한강이 멀리 시

**유명산 정상 기념**

야에 들어오고, 가까이는 용문산과 화악산, 명지산이 보인다. 특히 다음 주에 오를 용문산 정상에 서 있는 군부대의 시설물과 조화를 이루고 있는 능선이 아름답다. 정상석 뒤

편 소나무 아래에 누군가가 의자와 간이 식탁을 준비해 놓았다. 고마운 마음으로 준비해 온 간식을 먹고 휴식 후 계획한 대로 계곡로로 향한다.

  안내 표시에 따라 한참을 내려오면 멀리서 들려오는 물소리가 발걸음을 재촉한다. 그러나 이때부터 시작되는 5km 너덜길은 지루할 법도 하지만 거울처럼 맑은 시내와 청아한 물소리가 발길을 물가로 옮기게 한다. 계곡의 풍광과 물소리가 너무 아름다워 동영상으로 담아 본다. 계곡의 상류부터 마당소, 용소를 지나 끝자락에 위치한 '박쥐소'에 이르러 손을 잠시 담그고 세수를 한 것뿐인데 흐르던 땀은 순식간에 멈추고 더위도 말끔히 가신다. 긴 계곡으로 이어지는 등산로는 크고 작은 소(沼)와 담(潭)이 어우러지면서 장관을 이룬다.

  아침에 친절하게 길을 안내해 주고 커피까지 대접받은 식당(향토마당)에 가서 계곡 중간에서 주문한 '잡어매운탕'을 맛나게 먹고 잠실 가는 버스 시간이 여의찮아 택시로 설악까지 가서 700-1번 버스를 타고 잠실에 하차하여 2호선 전철을 탄다. 다음 주 용문역에서 만나기로 약속하고 가평 8경의 하나인 유명산 산행을 마무리한다.

유명산 단풍       유명산 등산 안내도       유명산 등산로

유명산 정상에서 바라본 전경

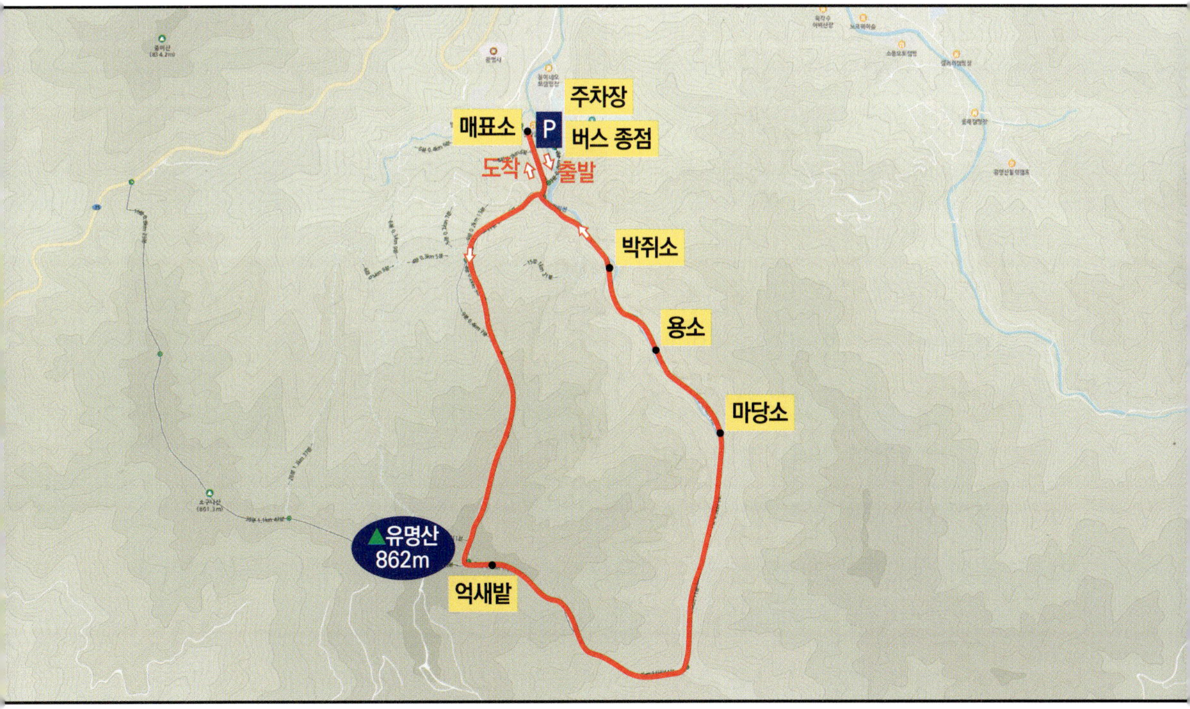

유명산 오늘의 등산로

# 용문산(龍門山)

## 경기도 양평군
### - 2020년 10월 14일(수), 흐리고 맑음

용문산은 행정구역상 경기도 양평군에 소재한 산으로 경기도를 대표하는 산 중의 하나이며 경기도의 금강산이라 부를 만큼 아름다운 산이다. 용문산은 양평을 대표하는 산이며 높이가 해발 1,157m로 경기도에서 산림청이 선정한 100대 명산 중 세 번째로 높은 산이다.

남으로 백운봉, 동으로는 중원산과 도일봉을 거느리고 있어 양평지역 어디에서도 볼 수 있을 만큼 산세가 크다. 정상인 가섭봉 주변으로 용문봉, 장군봉이 암릉을 이루고 있어 경관이

**용문산 정상석 및 조형물(가섭봉)**

빼어나며, 상원계곡, 용계계곡 등 기암괴석이 어우러진 수려한 경치의 계곡을 여럿 품고 있다. 산의 남동쪽 기슭에 천년고찰 용문사와 상원사가 있다. 용문산국민관광지나 연수리 쪽에서 정상으로 오를 수 있는 여러 등산 코스가 있다. 백운봉을 오른 후 장군

봉을 거쳐 용문산, 용문봉에 이르는 남북종주나 중미산에서 소구니산, 유명산을 거쳐 용문산으로 오르는 동서종주도 당일 코스로 도전해 볼 만하다.[25]

2007년 11월 17일 개방된 용문산 정상은(1,157m) 그동안 공군 제8145부대가 위치해 1966년 군사시설 보호 구역으로 묶여 40여 년 이상 출입이 통제된 관계로 옛 이름인 '가섭봉(迦葉峰)'이라는 지명이 사라질 위기에 빠졌다. 따라서 주민들 사이에선 그동안 용문산 최고봉의 본래 지명인 '가섭봉'의 유래 확인 및 표지석 설치를 준비하는 등 지명 확인 작업에 나섰다.

아직도 정상은 주민 접근이 허용되지 않고 등산로를 석문 쪽으로 우회하고 있다. '가섭봉'에는 산림청 소유 공중파 방송 중계 기지국 및 각종 행정관서 무선 안테나와 군사시설 및 KT 중계 기지국 등으로 민간인 출입이 제한되고 있다.

용문산의 유래는 '용이 드나드는 산', '용이 머무는 산' 등으로 전해 온다. 그러나 용문산의 원래 이름은 '미지산(彌智山)'이라고 한다. '미지'는 '미리(彌里)'의 옛 형태라고 한다. 그러나 '미지산'에서 '용문산'으로 언제 바뀌어 불렸는지 정확하지는 않다. 다만 조선 태조 이성계가 용이 날개를 달고 드나드는 산이라 하여 '용문산'이라 칭했다는 설화가 있다.[26] 특히 용문사는 대경대사가 창건하였다고 전하며, 일설에는 경순왕(927~935년 재위)이 친히 행차하여 창사하였다고도 한다. 고려 우왕 4년(1378년) 지천대사가 개풍 경천사의 대장경을 옮겨 봉안하였고 조선 태조 4년(1395

**용문산 정상 기념**

---

25  자료 출처: 양평군청(031-773-0088).
26  용문산 등산 안내도.

년) 조안화상이 창건하였다고 전하고 있다.

세종 29년(1447년) 수양대군이 모후 소헌왕후 심 씨를 위하여 보전을 다시 지었고 세조 3년(1457년) 왕명으로 중수하였다. 성종 11년(1480년) 처안 스님이 중수한 뒤 고종 30년(1893년) 봉송대사가 중창하였으나 순종 원년(1907년) 의병의 근거지로 사용되자 일본군이 불태웠다. 1909년 취운 스님이 큰방을 중건한 뒤 1938년 태욱 스님이 대웅전, 어실각, 노전, 삼성각, 범종각, 지장전, 관음전, 요사, 일주문 등을 새로 중건하고 불사리탑, 미륵불을 조성하였다. 경내에는 권근이 지은 보물 제531호 정지국사부도 및 비와 천연기념물인 은행나무가 있다. 기록에 의하면 용문사 앞의 은행나무는 천연기념물 제30호로 수령이 1,100년이 넘은 것으로 추정하고 있으며 높이는 무려 42m이고 뿌리 둘레는 약 15.2m이다. 우리나라 은행나무 가운데 가장 높고 오래되었다. 나무줄기 아래쪽에 혹처럼 큰 돌기(突起)가 나 있는 것이 특징이다. 나이가 많은 나무임에도 불구하고 매년 약 350kg 정도의 열매를 맺는다고 한다. 이 은행나무에 대한 전설은 신라의 고승인 의상대사가 짚고 다니던 지팡이를 땅에 꽂았더니 뿌리를 내려 나무가 되었다는 설과 신라의 마지막 태자였던 마의태자가 나라를 잃은 슬픔을 안고 금강산으로 가는 길에 심었다는 설도 있다.

나라의 재앙이 있으면 이 은행나무가 소리를 내어 알렸다고도 전한다. 조선 고종이 세상을 떠났을 때 큰 가지 하나가 부러져 떨어졌다고 한다. 정미의병(1907년) 때 일본군이 용문사에 불을 질렀으나 용문사 은행나무만 타지 않았다. 오랜 세월 속에서도 불타지 않고 살아남아 용문사 입구를 지키고 있다고 하여 '천왕목(天王木)'이라고도 불린다.

용문산 자락에는 '용문산자연휴양림'이 있으며, 휴양림에는 펜션 및 민박을 할 수 있는 숙박시설도 갖추고 있다. 또 넓은 주차장과 크고 작은 식당도 많다.

오늘 산행도 이영석 박사와 함께한다. 교통편은 동서울종합터미널에서 용문버스터미널을 왕복하는 버스 편이 있고, 전동차는 '경의중앙선'을 이용하여 용문역에 하차하여 용문산 주차장까지 운행하는 버스를 이용하면 된다. 우리는 용문역에서 만나기로 하여 전철을 탔는데 덕소까지만 운행한다고 하여 '양정역'에 하차해서 지평행 전동차를 기다리는 사이 70대 중반쯤 연세 드신 머리카락이 하얀 할머니 한 분도 함께 내렸다. 내리자마자 할머니께서는 가방에서 '하모니카'를 꺼내더니 마루 벤치에 앉아 '메기의 추억'을 비롯하여 '반달', '울 밑에 선 봉선화', 찬송가인 '내 진정 사모하는' 등을 멋들어지게 연주했다. 다음 전동차를 기다리는 약 15분여 동안 7곡 정도를 연주한 것 같다. 나는 박수를 치며 다가가서 아름다운 연주 잘 감상했다며 봉사활동을 하시느냐 여쭸더니 경력은 4년 정도 되었는데 양로원 등에서 연주를 계획하고 있다는 대답이다. 아침 시간부터 좋은 노래 선물을 받아서 기분이 좋았다. 할머니께서도 건강하게 오래도록 아름다운 마음으로 연주하시길 기원한다.

용문산 정상(가섭봉)을 오르는 길은 용문사에서 회귀하는 코스와 용문사에서 마당바위가 있는 계곡 길을 거쳐 정상에서 상원사로 내려오는 코스가 일반적이다. 우리는 이른 시간에 산행을 시작한 관계로 용문사에서 상원사를 경유하여 정상을 거쳐 마당바위 코스를 선택했다. 상원사에서 장군봉을 오르는 동안 다른 등산객은 만나지 못했다. 지난주 유명산과 마찬가지로 용문산 전체를 전세 낸 기분이다.

장군봉(1,065m)에서 기념 촬영을 하고 목을 축일 무렵 젊은 등산객 두

**용문산 장군봉**

명을 볼 수 있었다. 기대하고 장군봉에 도착했는데 1,065m 봉우리에 대한 대접이 너무 야속한 것 같다. 정상석 하나가 덩그러니 서 있다. 장군봉에서 정상으로 가는 길은 대체로 무난하다. 그러나 용문산 정상이라고 생각하고 오르는 최고봉 자리는 군사시설로 막혀 갈 수 없었다. 최고봉인 '용문산 가섭봉'은 장군봉을 출발하여 한참을 돌아 마

지막 가파른 나무 계단을 올라야 접할 수 있다. 정상 바로 밑에 있는 전망바위가 발길을 유혹한다. 전망바위에 오르자 첩첩이 싸인 산들이 파도처럼 출렁이며 이곳을 향하여 밀려온다.

**용문산 하산 시 너덜길**

잘 정비된 마지막 목재 데크 계단을 오르면 정상인 가섭봉이다. 정상에서 바라보는 풍광은 고생스럽게 올라온 보상을 해 주고도 남았다. 정상을 알리는 조형물은 여느 산 정상석과는 다르다. 화강암으로 된 아담한 '용문산' 정상석 옆에는 용문사의 자랑거리 중 하나인 은행나무 잎을 형상화한 조형물이 금박으로 조화를 이루고 있으며 조형물 뒤에는 안전을 위한 널따란 데크가 정상을 기억하고 싶은 산객에게 안도감을 준다.

서쪽에는 용문산 줄기의 하나인 백운봉이 우뚝 서 있고 북쪽으로는 2020년 10월 7일 100대 명산 중 8번째로 다녀온 유명산이 내려다보인다. 천 고지 이상에서 맛볼 수 있는 풍광도 하산길의 재촉으로 오래 담을 수 없다. 준비해 간 간식을 먹는다. 진수성찬은 아니더라도 꿀맛이다. 지나가는 산객에게 계란과 포도 몇 알을 건네준다. 마당바위 코스 하산길은 대부분 너덜지대로 구성되어 있어 고생을 많이 했다. 특히 함께한 이 박사가 너무 힘들어하는 것 같아 미안한 생각이 든다.

하산길도 다른 산객은 없었다. 우리 두 사람만이 지루한 너덜길을 쉬엄쉬엄 걸었다. 한참을 내려오니 용문산의 자랑 중 하나인 마당바위가 유혹한다. 기록에 의하면 마당바위는 집 마당처럼 넓고 평평하여 붙은 이름이라 한다. 평균 높이 약 3m, 바위 둘레가 무려 19m이며 용문산 주차장에서 약 3km 거리에 있다. 계곡을 오르내리는 등산로 옆에 있고 맑은 계곡물이 흐르고 주위는 작은 단풍나무가 붉게 물들어 있어 우리 일행이 긴 너덜길을 내려오면서 충격을 받은 무릎의 이완을 위해서도 바위 위에 올라 잠시

지만 땀을 식히는 시간은 꿀맛이다. 용문사 옆 산기슭에는 6기의 기념비가 세워져 있다. 한국 민족 독립운동 발상지비, 화서연원 독립운동 기념비, 양평 의병 기념비, 용문산 항일투쟁 기념비, 화서 선생어록비 등 6기의 비석을 세우는 목적은 역사적으로 일본제국주의자들이 침략하였을 때 경기도 양평이 '국가의 원기'로서 한국 근대 민족운동의 발원지였음을 밝히고, 양평군 용문산을 근거지로 항일투쟁을 전개한 구국지사들의 거룩한 독립정신을 선양하고자 하였으며, 용문사, 상원사가 명실공히 외세침략기에 호국 고찰의 기능을 하였음을 알리기 위함이라고 기록되어 있다. 이 기념비는 2015년 건립되었다.

무거운 다리를 이끌고 용문사에 하산하니 어느덧 해는 서산마루에 걸렸다. 늦은 점심 겸 이른 저녁 식사를 하기 위해 식당을 찾던 중 메뉴판을 보고 '송림식당'에 들렀다. 빠르고 가장 맛있는 메뉴를 추천받았다. 선지해장국이 별미라며 권하다. 감자전을 추가로 주문했다. 시장한 터라 반찬도 깔끔하고 가성비 대비 맛도 있었다.

식사 후 용문역까지는 식당 인근에서 버스를 이용했다. 서울로 오는 교통수단은 시간 절약을 위해 일반 전동차가 아닌 청량리행 무궁화 열차를 이용했다. 용문역 출발 약 40분 후면 청량리역에 도착한다. 일반 전철보다는 50여 분 시간을 단축할 수 있다. 무궁화 열차 이용을 권하고 싶다. 이영석 박사와는 다음 주 포천에 소재한 백운산에서 만날 것을 약속하고 오늘 용문산 산행을 마무리한다.

용문사 일주문

용문사 은행나무 이력

용문산 기념비

용문산 정상에서 바라본 전경

용문산 오늘의 등산로

# 백운산(白雲山)

### 경기도 포천시·강원도 화천군
- 2020년 10월 23일(금), 맑음

산림청이 정한 우리나라 100대 명산 중 백운산이란 명칭은 세 개나 된다. 전남 광양의 백운산, 강원도 정선의 백운산, 그리고 경기도 포천시 이동면과 강원도 화천군 사내면의 경계를 구분 지어 주는 백운산이다. 포천 백운산 주변에는 광덕산, 국망봉, 박달봉 등의 산들이 있다. 오늘의 백운산 산행은 경기도 포천에 있는 백운산(903.1m)이다.

특히 포천의 백운계곡은 여름철에 많은 사람이 찾기로 유명하다. 시원하게 흐르는 개울물과 조화를 이루고

**백운산 정상석**

있는 바위들은 한 폭의 그림과도 같다. 오늘은 전형적인 가을 날씨다.

산행은 이영석 박사와 오전 8시경 동서울종합터미널에서 만나 사창리행 버스 편으로 광덕고개에서 하차하여 산을 오르기로 계획하고 아침부터 서둘렀으나 코로나의 영

향으로 배차 시간이 조정되었다고 한다. 광덕고개를 경유하는 버스는 10시 20분에 출발하는 관계로 차선책으로 포천행 버스를 타고 포천시외버스터미널에서 하차한다. 들머리인 광덕고개까지는 택시를 이용한다.

설에 의하면 광덕고개는 '캐러멜 고개'라고도 한다. 광덕고개의 구불구불한 언덕이 마치 낙타(Camel)의 등 같은 모양이라 했다는 설과 한국전쟁 시 이 고개를 순찰하던 지역 지휘관이 운전병의 졸음을 쫓기 위해 캐러멜을 주었다 하여 캐러멜 고개라고 전해 온다는 설이 있다. 아무튼 재미있는 이름이다. 광덕고개는 포천시 이동면 도평리 백운동에서 강원도 화천군 광덕리로 넘어가는 고개다.

광덕고개에 도착하자 주차장에는 승용차 몇 대가 주차해 있을 뿐 등산객은 우리 외에는 보이지 않았다. 지역 토산품을 파는 아주머니께 등산로를 묻자 친절하게 안내해 주신다. 화장실은 수리 중이라는 안내 종이가 부착되어 있다. 기온이 쌀쌀한 날씨인지라 가벼운 준비 운동으로 몸을 풀고 산행 채비를 한다.

등산로 입구에는 오래되고 녹슨 철 계단이 기다린다. 철 계단을 통과하자마자 약간 오르막 능선이다. 산행은 해발 660m부터 시작된다. 백운산 정상까지는 3km 거리다. 등산로는 대체로 완만한 편이며 오르내리막과 평평한 비탈길이다.

오늘이 24절기 중 하나인 상강(霜降)이다. 한로(寒露)와 입동(立冬) 사이에 들며, 아침과 저녁의 기온이 내려가고, 서리가 내리기 시작할 절기다. 상강에는 서리가 내리고 바람이 차가워지며 조석으로는 추위가 시작되는 시기로 음력으로는 9월 말, 양력으로는 10월 23일경이다. 공교롭게도 오늘이 10월 23일, 신기할 정도로 정확하게 일치한다.

본격적인 가을 단풍철은 아니지만, 주변의 산은 붉은 옷을 갈아입을 채비에 한창이다. 등산로는 참나무를 비롯하여 잡목들이 많은 편이다. 정상이 가까워질수록 단풍 색깔은 더욱 짙어진다.

등산로에 떨어진 낙엽 밟는 소리에 뒤를 따르던 이 박사가 한마디 거든다. 바스락거리는 소리가 너무나 정겹고 아름답게 들린다고 한다. 눈앞에는 유난히도 빨갛게 물든 단풍나무 한 그루가 반긴다. 가을 산행에 운치를 보탠다. 광덕고개를 출발하여 한 시간 정도 산행하다 보면 등산로 우측에 마치 금방이라도 먹잇감을 낚아채듯 입을 크게 벌리고 있는, 두꺼비처럼 생긴 바위를 만난다. 바위 주변에 자리 잡고 오이와 매실차 한 잔으로 목을 축인다. 우리는 이렇게 아름다운 풍경을 함께 감상하며 담소를 나눌 수 있는 이 시간이 너무 행복함을 실토한다. 오늘이 100대 산 중 10번째로 나머지 91개 산도 건강하게 무사히 등정했으면 좋겠다는 희망을 안고 정상을 향한다.

광덕고개를 출발한 지 두 시간이 채 되지 않아 정상 도착이다. 정상에는 헬기장과 삼각점이 조성되어 있으

**백운산의 두꺼비바위(가칭)**

며, 정상석은 2008년 10월 1일 포천시가 화강암으로 다시 제작하여 세운 것으로 기록돼 있다. 정상석 뒷면에는 포천 출신의 서예가이자 조선 후기 명필가인 양사언의 시조가 눈길을 끈다.

"녹기금백아심(綠綺琴伯牙心)/거문고 타는 백아의 마음은
종자시지음(種子始知音)/종자기만 알아듣는다오
일고부일음(一鼓復一吟)/한 번 타면 또 한 번 읊조리니
냉냉허뢰기요잠(冷冷虛瀨起遼岑)/맑디맑은 바람 소리 먼 봉우리에 일고
강월연연강수심(江月娟娟江水深)/강, 달은 아름답고 강물은 깊기도 해라"

정상 주변에는 삼면이 잡목으로 가려져 있어 조망이 좋지 않은 편이다. 그나마 광덕고개 쪽으로 광덕산이 대표선수답게 우뚝 서 있다. 동쪽에는 다음 주에 오를 예정인 명지산과 화악산이 손짓한다.

정상석을 배경으로 기념을 남기고 명당자리를 찾아 준비해 온 음식으로 소풍 온 기

분을 낸다. 꿀맛이다. 혹시나 다른 산객을 만나면 기념사진 촬영을 부탁하려고 한참을 기다렸지만 만날 수 없었다. 지금껏 서울 경기 지역 9개 산을 오르면서 정상에서 한 명의 등산객도 만나지 못한 것은 오늘 처음이다.

개별 사진만 남기고 아쉬움을 뒤로한 채 하산을 결정한다. 좌측으로 향하면 주봉보다 높은 도마치봉(937m)을 거쳐 가는 코스가 있지만, 우리는 곧바로 흥룡사 쪽을 향한다. 정상에서 하산하는 등산로도 대체로 무난하다. 해발 900m 넘는 봉우리치고는 너덜길도 거의 없는 편이

**백운산 정상 기념**

다. 중간중간에 바윗길이 있으나 친절하게 고정 로프와 철로 된 'ㄷ' 자 징이 박힌 등산로가 조성되어 있어 안전하게 내려올 수 있다. 새삼 안전한 산행을 할 수 있도록 수고해 준 관계자분들께 감사한 마음이다.

'백운'이란 이름의 유래는 중암 김평묵, 면암 최익현 선생에게서 기인한다. 중암과 면암은 이 계곡을 매우 사랑하여 1년에 한 번씩 이곳에 모여 맑은 물에 발을 담그고 탁족 놀이를 즐겼으며, 새소리, 바람 소리를 벗 삼아 시도 짓고 글도 쓰고, 세상 이야기를 하고 맑은 물을 마시며 풍류를 즐겼다고 한다. 중암과 면암이 눈을 감자 열흘간이나 비가 내려 선비들의 슬픔을 더했으며, 특히 이곳 계곡을 일본인들이 어찌 알고 찾아드는 날이면 비가 억수같이 쏟아져 계곡은 물로 뒤덮였다고 한다. 그래서 인근의 작은 연못이나 산정 호수가 넘쳐 연못 둑을 무너뜨리는 바람에 물난리를 겪기도 했다. 반면 선비들이 이곳에 들러 학문을 논하면 흐리던 하늘도 활짝 개고, 어느새 남녘에서 흰 구름이 계곡을 따라 오

백운산 정상 기념

르며 고개를 넘어간다고 하여, 백운계곡과 백운산이란 이름을 붙였다고 한다.[27]

백운산 정상에서 흥룡사까지는 약 1시간 30분 정도 소요된다. 흥룡사는 신라 말기에 도선국사가 창건하였다고 전해진다. 도선이 나무로 세 마리의 새를 만들어 날려 보냈더니, 그중 한 마리가 백운산에 앉아 이곳에 절을 세운 것이라고 하는데 내원사에서 백운사로 되었다가 다시 흥룡사로 이름이 바뀌었다고 전해진다. 6·25전쟁 때 건물이 많이 소실되어 지금은 대웅전과 요사채만 남아 있다. 흥룡사 경내를 관람하고 도로에 나오자 마침 운 좋게도 3번 시내버스가 대기한다.

일동버스터미널에서 동서울종합터미널행 버스를 타려면 1시간 이상 여유 시간이 있다. 표를 발권해 놓고 식사하려고 식당을 찾았으나 평일이라서 그러한지 영업하는 식당이 많지 않았다. 뒷골목에 있는 감자탕집에 들어갔다. 방 안에는 외박 나온 10여 명의 군인의 군화가 바깥에 가지런히 놓여 있고 그들만이 사용하는 거친 언어들이 바깥으로 새어 나온다. 50여 년 전에 청주 중앙공원 옆 '쟈니막걸리'가 생각나는 시간이다. 병사들은 식당 주인아주머니를 어머니로 부르기에 아들이 함께 있나 싶어 물어봤더니 자주 나와서 식사를 하면서 정이 들어 엄마라고 부른다고 한다. 사이다, 콜라 등 음료는 무료로 서비스해 준다고 한다. 우리에게도 음료수 값은 받지 않았다. 시간이 되어 승차했는데 금요일 오후 시간이라서 지체가 많이 되었다. 가끔 느끼는 일이지만 오늘도 기사의 불친절이 하루 산행에 오점을 남기게 한다. 앞좌석이 4자리 남아 있는데도 굳이

---

27  구암카페 https://guamcafe.tistory.com/2929, 2020년 10월 25일 접속

제일 뒷좌석에 가서 앉으란다. 우리는 가는 중 다른 승객을 태우기 위해서 비워 두는 것으로 생각하고 제일 뒷좌석에 가서 5명이 비좁게 앉아 2시간 30분 동안 불편한 가운데 동서울종합터미널까지 왔다.

하차하면서 함께한 이 박사가 왜 앞자리를 비워 놓고 복잡하게 뒷좌석에 앉게 하느냐고 따졌더니 원래 비워 놓는 자리라며 말이 안 되는 기사의 대답이다. 버스 기사의 친절 교육이 아쉽다. 대중교통으로 백운산 산행을 하려면 버스 시간 조절을 잘해야 한다. 다음 주에 오를 명지산을 기대하며 2호선 전철을 타면서 백운산 산행을 마무리한다.

백운산 광덕고개

백운산 정상

백운산 백운계곡

백운산 중턱에서 바라본 전경

백운산 오늘의 등산로

# 명지산(明智山)

## 경기도 가평군

- 2020년 10월 28일(수), 맑음

명지산은 행정구역상 경기도 가평군에 속해 있으며 최고봉인 주봉인 명지산 제1봉의 높이는 1,267m로 경기도에서 화악산(1,468m)에 이어 두 번째 높은 산이다. 명지산은 1991년 도립공원으로 지정되었으며 특히 깊은 계곡이 많아 여름철 피서객들이 많이 찾는 곳이다.

정상에 오르면 화악산을 비롯하여 광덕산, 칼봉산 등의 산이 조망되며 남쪽으로 눈을 돌리면 북한강의 여유로움을 감상할 수 있다.

**명지산 정상석**

오늘도 이영석 박사와 함께 대중교통을 이용한다. 경춘선으로 가평역에 하차하여 33-4번 버스로 오늘 산행의 들머리인 익근리 주차장에 도착한다.

산행은 익근리 매표소를 통과하면서부터 시작된다. 입구에는 명지산 군립공원 종합

안내도가 세워져 있다. 우리는 사향봉 코스가 아닌 명지폭포를 거쳐 제1봉인 명지산 코스를 선택했다. 이른 시간이라 공기가 상쾌하다. 계곡을 따라 흐르는 청량한 물소리가 이방인들의 길동무가 되어 준다.

매표소를 지나 약 1km 정도 지나자 '승천사' 일주문이 반긴다. 승천사(昇天寺)는 비구니 승려들이 수도하는 사찰이라 그러한지 다른 사찰처럼 유별나게 화려하지 않은 느낌이다. 경내로 발길을 옮겨 거대한 미륵불을 비롯하여 범종각, 대웅전, 참불전, 삼선각 등을 관람한다.

매표소를 통과하여 갈림길까지 약 4km 구간은 동네 마실 길을 걷는 수준으로 평이하다. 승천사에서 약 50여 분 직진하다 보면 명지폭포 안내판이다. 폭포는 하산 시 둘러보기로 하고 통과한다.

갈림길에서 우측으로 진입한다. 등산로는 가파르고 고도를 올리기 시작한다. 바윗길 구간도 많고 상대적으로 다른 명산에 비해 정비가 부진한 편이다. 조망도 거의 없는 편이다.

정상이 가까워져 오자 등산로는 통나무 계단으로 조성되어 있다. 설치한 지 오래돼서인지 계단 사이가 움푹 파여 있어 오르기가 불편할 뿐 아니라 계단의 높이도 불규칙적이다. 매표소를 출발한 지 약 4시간 지난 후 드디어 제1봉인 명지산 정상 도착이다. 정상에서 내려다본 풍광은 가히 일품이다. 비 오듯 흐르는 땀방울도 후들거리던 다리도 금세 잊게 한다. 함께한 이 박사도 만족한 표현이다.

1,267m 정상에서 멋진 산세를 카페 삼아 준비해 온 모과차로 여유를

**명지산 제2봉 정상석**

즐긴다. 구름 한 점 없는 쾌청한 가을 날씨다. 시력이 좋지 않음에도 산들이 또렷하게 눈에 들어온다. 이 시간 정상에서 바라보는 이 절경을 우리 두 사람만이 보기에는 너무 아까운 마음이다.

명지산의 또 다른 명물은 '명지단풍'이다. 명지단풍은 가평 4경 중 하나에 속할 만큼 아름답다고 한다. 물감을 칠한 듯한 명지산 단풍도 자연의 이치에 따라 잎사귀는 자연에 돌려주며 내년을 기약하고 그 흔적의 줄기는 한 폭의 수묵화를 그려 낸다. 그러나 오늘은 낙엽으로만 밟아 볼 뿐, 눈으로 볼 수가 없어 아쉬움이 진하게 남는다.

정상 동쪽으로는 다음 주에 오를 예정인 경기도에서 제일 높은 화악산이 눈앞에 있고, 연인산, 국방봉, 칼봉산 등의 크고 작은 능선이 파노라마처럼 펼쳐진다. 남서쪽에는 슬픈 전설이 깃들어 있는 '아재비 고개'[28]와 연인산이 연결되어 있다. 정상석을 배경으로 기념을 담는다. 정상석은 바위가 많은 곳에 세워져 있어 정상석을 배경으로 기념사진을 찍기에 상당히 위험한 곳에 세워져 있다. 희망하건대 용문산 정상처럼 나무 데크를 설치해 놓으면 좋겠다는 생각이 든다.

정상을 오르는 등산로 주변에는 굴참나무를 비롯한 잡목들이 대부분이

**명지산 정상 기념**

---

28  명지산과 연인산 백둔리 아재비 고개 전설: 아재비 고개에는 아기를 잡아먹었다는 전설이 있다. 옛날 가뭄으로 굶주리던 가난한 시골 임산부가 몸을 풀기 위해 친정으로 가는 도중 고개 중턱에서 정신이 혼미해진 상태에서 아기를 낳고 의식을 잃었다. 얼마간 시간이 흘러 정신을 차리고 싱싱한 물고기 혹은 암탉, 돼지 등을 잡아먹은 뒤 다시 정신을 잃고 말았다. 얼마 후 깨어난 산모는 자신이 잡아먹은 것이 물고기가 아닌, 자기가 낳은 갓난아기였음을 알고 미쳐 버렸다고 한다. 사람들은 아기를 잡아먹은 고개라는 의미로 '아재비 고개'라 불렀다고 전한다. 등산객, 표윤 2023년 6월 3일, 재구성.

고 소나무는 간혹 눈에 띌 정도다. 반세기 이상 자란 것으로 예상되는 자작나무가 많은 것도 특징이다.

　기념 촬영을 마치고 정상 뒤쪽 군사시설로 사용 흔적이 있는 곳에 가니 평평한 바닥에 비닐로 된 돗자리도 있다. 편하게 앉아서 준비해 온 음식으로 요기한다. 옆에는 탄창을 보관하는 국방색 네모난 통이 있어 호기심에 열어 보니 부패한 비상식량이 꽉 차 있었다. 분명 탄창통을 분실한 병사는 꾸중을 듣지 않았을지 살짝 걱정된다. 50년 전 군대 생활이 문득 생각난다.

　식사 후 하산은 정상에서 1.2km 떨어진 명지 2봉(1,250.2m)을 향한다. 표시목과 표지석 두 개가 세워져 있다. 2봉 역시 널따란 암봉으로 조망이 빼어났다. 2봉에서 능선을 타고 계곡까지 내려오는 길은 대부분 흙길로 산행하기 편한 길이다. 초보자에게 권하고 싶은 코스다. 그러나 낙엽이 많아 미끄러워 대문에 주의가 요구되는 구간이기도 하다.

　1봉 정상에서 오후 3시가 채 못 되어 출발했는데 예상보다 시간이 많이 소요되었다. 계곡에 도착하니 날이 어두워지기 시작한다. 하산할 때 들르려고 아껴 놓았던 '명지폭포'[29]는 물소리를 듣는 데 만족해야 했다. 전설이 깃든 곳인데 아쉬움이 많이 남는다.

　예비용으로 준비해 간 휴대폰 손전등 불을 켜고 3km 이상을 걸었다. 음력 9월 12일 밤, 나무 사이로 비치는 휘황찬란한 달빛은 무거운 발걸음을 옮기는 데 다소 힘을 보탠다.

　우여곡절 끝에 마을 어귀에 도착해 식당을 찾았으나 모두 문이 닫혀 있다. 식사도 거른 채 택시를 불러 가평역에 도착했으나 역 부근에도 식당의 불은 모두 꺼져 있다. 마침 가평역에서 8시 출발하는 청춘열차를 탈 수 있어 용산역까지 빨리 올 수 있어 다행이었다. 오래도록 기억될 하루가 지나갔다. 오늘 산행을 함께한 이 박사의 건강이 걱정된다.

---

29　명지폭포 안내 기록에 의하면 옛날 명주실 한 타래를 모두 풀어도 바닥에 닿지 않았을 정도로 폭포의 깊이가 깊다고 하여 붙은 이름이다. 명지산정에서 동쪽으로 뻗어 내려오는 명지계곡의 수십 년 묵은 고목, 기암석 등과 폭포수의 큼직한 물 받침이 서로 어우러져 명지계곡의 으뜸으로 경관을 이루고 있다. 높이 7~8m 폭포 주변에 군데군데 소를 끼고 넓은 공간이 있어 쉬어 가기에 제격인 곳이기도 하다.

명지산 개구리남매(?)바위

명지산 생태계 보전 지역

명지산 승천사 비구니 탑

명지산 정상에서 바라본 전경

명지산 오늘의 등산로

# 화악산(華岳山)

## 경기도 가평군·강원도 홍천시
- 2020년 11월 5일(목), 맑음

화악산은 행정구역상 경기도 가평군 북면과 강원도 화천군 사내면의 경계에 소재한 산이며 경기도에서 가장 높은 산으로 해발 1,468m이다. 경기 5악[30]이라 일컫는 산 중에서도 으뜸 산이다. 그러나 화악산의 정상인 신선봉은 군사지역으로 출입이 제한되어 있다.

정상인 신선봉(1,468m)을 중심으로 우측에는 응봉(1,436m), 좌측에는 중봉(1,446.1m)이 형제처럼 자리하고 있어 이들을 일명 '삼 형제봉'이라고 부르기도 한

**화악산 주봉 정상석**

---

30  경기 5악: 관악산, 화악산, 운악산, 감악산, 송악산.

다. 등산객들이 오를 수 있는 실질적인 화악산의 정상은 중봉이다.

가평군 자료에 의하면 화악산은 지리적으로 한반도의 정중앙에 위치한다. 우리나라 지도를 볼 때 전남 여수에서 북한 중 강진을 잇는 국토 자오선(127도 30분)과 위도 38도선을 교차시키면 두 선이 만나는 지점이 바로 화악산이다. 현재 화악산 정상은 군사시설이 들어서 있으므로, 이를 대신하는 중봉이 한반도의 중심이란 뜻이다. 교통편은 자차를 이용 시는 화악터널이나 공군부대 앞 철조망이 처진 곳에 주차할 수 있으나 군사보호구역이라 터널 앞에 주차하는 것이 공공질서 차원에서 바람직해 보인다. 대중교통은 가평역까지 전동차 또는 경춘선 청춘열차를 이용하면 편리하다. 가평역에서 화악터널 쪽으로 운행하는 버스가 있으나 운행 시간의 틈이 너무 길어 택시를 이용하여 화악터널까지 가서 산에 오르면 시간을 단축할 수 있다.

화악터널 가기 직전 공군 제8979부대와 공군 제8386부대 이정표가 나온다. 그곳에서 하차하여 오르면 편한 등산을 할 수 있다. 여기서부터는 군용도로로 콘크리트 포장이 잘돼 있다. 20여 분 남짓하게 오르면 제8979부대와 제8386부대로 갈라지는 곳이 나온다. 8979부대 쪽은 응봉산 쪽으로 출입이 통제되어 있다. 8386부대 방향으로 오르면 된다. 그런데 출입제한을 알리는 철조망 문이 가로막고 있다. 산행 후기를 보면 철조망 우측 공간으로 들어가라고 하여 용기를 내어 통과하려는 순간 '응봉' 공군부대에서 마이크로 이 지역은 군사보호구역이니 출입을 통제한다는 소리를 듣는 순간 섬뜩했다. 철조망을 우회 통과하여 콘크리트 도로를 1시간 정도 올라가다 보면 반가운 이정표를 발견하게 된다. 중봉 정상까지 0.7km 남았다는 표시다. 마음이 다소 놓인다. 1시간 오르는 동안 군인들이 탑승한 봉고차 비슷한 차 한 대가 전부였다. 손을 흔드니 선임 탑승자도 답례해 주어 그제야 안심이 되었다. 입동이 이틀 남았지만, 지난밤이 추웠기 때문인지 등산로의 곳곳에는 고드름과 얼음을 볼 수 있었다.

군용도로가 끝나는 지점에서 갈림길이 나온다. 여기서는 길이 헷갈리기 때문에 진입로를 잘 선택해야 고생을 덜 하게 된다. 실제 산을 오르는 거리는 약 200m로 짧은 거리지만, 가파르고 험한 너덜길이다.

정상 높이를 생각해서 마음의 준비를 단단히 하고 왔으나 전체적으로는 평이한 코스

화악산 중봉 직전 등산로

라는 생각이다. 그러나 정상에 올라서는 순간 화악산이 왜 경기도에서 최고봉인지 실감이 난다. 중봉에 서면 사방이 모두 뚫려 있어 조망은 가히 일품이다. 북쪽으로는 촛대봉이 보이고 1, 2주 전에 다녀온 명지산과 백운산이 눈에 들어온다. 다른 등산객이 한 명도 없는지라 준비해 간 삼각대를 펴고 기념을 몇 장 담은 후, 주위를 촬영하는 사이 바로 옆 초소에서 보초를 서던 군인이 다가오더니 군사시설이 촬영되었으면 삭제해 달라는 정중한 부탁을 한다. 그 자리에서 바로 삭제했다. 하산은 당초 새들이 춤을 춘다는 '조무락골'을 거쳐 '38교' 구경을 하려는 계획을 했으나, 홀로인지라 오던 길로 회귀하기로 결정한다.

특히 가평지역은 6·25전쟁 때 '가평지구 전투'로도 유명하다. 기록에 따르면 가평지구 전투는 1951년 4월 23일 중공군의 제5차 공세 시에 사창리 지역 국군 제6사단 방어 전선이 돌파되어 중공군이 가평 방면으로 돌파해 수도 서울이 다시 공산군의 손아귀에 들어갈 위기에 처한 상황에서 영연방(영국, 호주, 뉴질랜드, 캐나다) 제27여단이 전투에 참여해 5배나 많은 중공군을 필사적으로 막아 냈다. 중공군의 5차 공세를 완전히 좌절시켜 북한강을 넘지 못하게 함으로써 사기가 급격히 저하되었고 국군과 UN군은 새로운 방어진지를 구축할 수 있는 시간을 확보하게 되었다. 이로 인해 가평은 한국전쟁 역사에서 거대한 전투의 장이 되었고 영연방 27여단은 세계 전쟁사에 길이 빛날 대승을 거두었으며 이를 기념하는 행사가 매년 4월 마지막 주에 열리고 있다고 한다.

택시 기사의 말에 의하면 이곳은 가평에서도 가장 시골 지역으로 60년대 초반까지만 해도 화전민들이 대다수 살았으나 박정희 대통령 시절 가구당 38만 원씩 이주비를 주고 모두 이주시켰다고 한다. 기사님의 가정도 이주 대상으로 가평읍으로 이주하였다고 한다. 지금은 그 화전 터에 낙엽송과 잣나무가 울창한 숲을 이루고 있음을 볼 수 있다. 긴 계곡에는 셀 수 없을 정도의 많은 민박 펜션이 경치 좋은 곳에 자리하고 있다. 민박이 들어서기 전까지만 해도 1급수에만 서식하는 산천어와 꺽지의 어종이 주류를 이루었다고 한다.

화악산 정상 기념

지난여름에도 코로나 때문에 관광객이 줄어 민박업체들이 어려움을 겪었다고 한다. 정부 발표에 의하면 아직도 하루에 100명이 넘는 코로나 양성 확진자가 나타나고 있으니 언제 백신 치료제가 나와 마스크에서 해방될지 마음이 착잡하다.

한반도의 중심이자 경기도 최고봉인 화악산 중봉! 높은 가을 하늘과 함께 오래도록 기억될 듯하다.

화악산 건너편 응봉

화악산 중봉 정상석 뒷면

화악산 군용도로 길

화악산 중봉에서 바라본 명지산

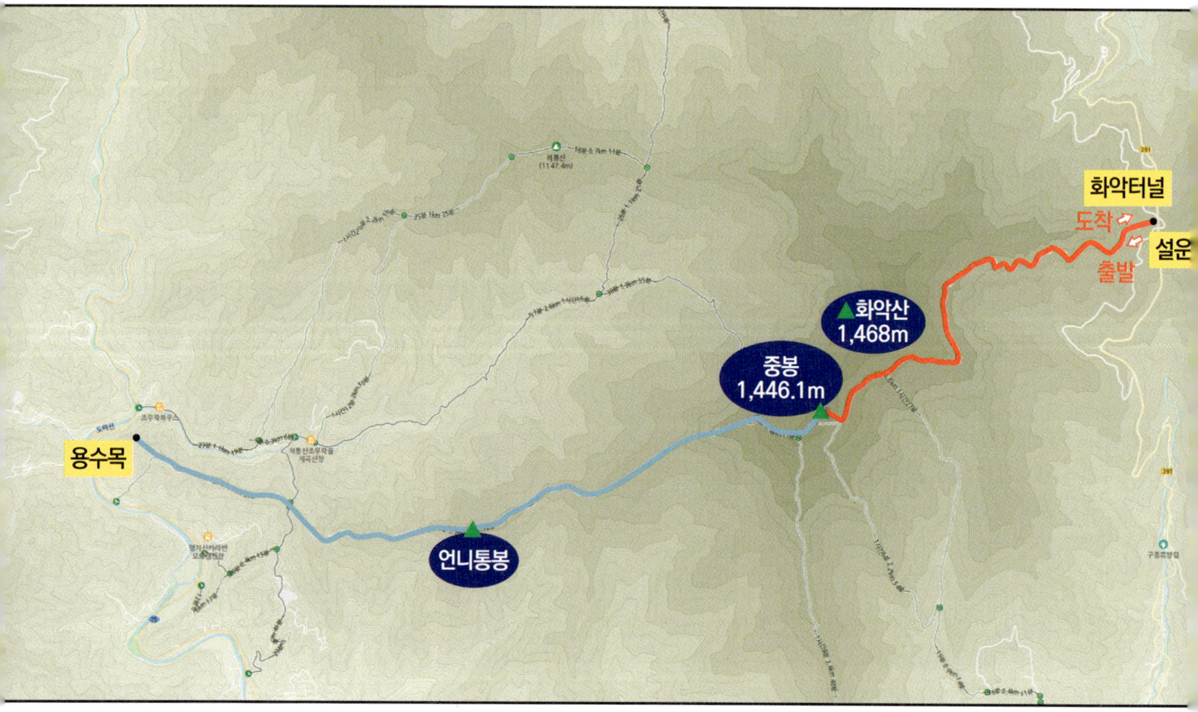

화악산 오늘의 등산로

# 운악산(雲岳山)

## 경기도 가평군·포천시

- 2020년 11월 11일(수), 맑음

운악산(雲岳山)은 행정구역상 경기도 포천시 화현면과 가평군 하면의 경계에 위치한 산으로 해발 937.5m이다. 주봉인 만경대를 비롯하여 워낙 경관이 뛰어나 '경기 소금강'이라 불리기도 한다. 또한 관악산, 감악산, 화악산, 송악산과 더불어 경기 5악으로도 유명하다. 운악산 자락에는 천년고찰 현등사가 있고 운악산의 명소로 불리는 운악 8경[31]도 아름다움에 키 높이를 견준다.

현등사는 신라 법흥왕 때 창건된 절로서 신라 말기에 도선이 중창하고, 현재까지 다섯 차례 중창했다고 한다. 고려 희종 때 보조국사 지눌이 재건하여 현등사(懸燈寺)라 불렀다고 한다. 사찰 안으로 들어가면 고풍스러움과 특히, 좌측 언덕 위에 자리한 만월보전(약

운악산 정상석

---

31  운악 8경: 백년폭포, 오랑캐소, 눈썹바위, 코끼리바위, 만경대, 무우폭포, 큰골내치기 암벽, 노채애기소.

사전)은 아름다움은 물론 신비한 생각까지 들게 한다. 현등사는 신라, 고려, 조선, 근대에 이르기까지 많은 고승이 머물렀던 유서 깊은 고찰(古刹)이다. 우리나라 최초의 적멸보궁이며, 경기도 3대 기도성지(현등사, 강화도 부문사, 관악산 연주암)이기도 하다.

오늘 산행은 대중교통을 이용하기로 하고 경춘선 전철로 청평역에 하차하여 1번 출구로 나와 현리까지는 43번 버스를 이용한다. 현리에서 운악산까지 운행하는 버스는 배차 시간이 여의치 않은 관계로 시간을 단축하기 위해서 택시를 이용한다. 매표소에 도착했으나 코로나 영향인지 관리 직원이 없다.

등산 코스를 알리는 안내판이다. 3개 코스가 명시되어 있다. 제2코스가 무난하고 제3코스는 전문가 코스라고 안내한다. 필자는 왼쪽인 '무우폭포'를 지나 절고개를 거쳐 정상에 오른 뒤 하산은 현등사 코스를 선택하여 산행을 시작한다.

기록에 의하면 무우폭포는 운악산 현등사에 오르는 길 옆에 위치한 작은 폭포로, 무우(舞雩)는 안개처럼 부옇게 내리는 비를 뜻하기도 하고, 기우제를 지내는 제단은 말하기도 한다. 폭포에서 물보라가 이는 모습이 안개비처럼 보여 무우폭포라고 불렀을 수도 있다. 또는 무우귀영(舞雩歸詠)이라 하여 자연을 벗 삼는 즐거움을 뜻하는 고사성어에서 유래된 것이라는 이야기도 있다.

현등사 일주문을 지나 한참을 걷다 보면 널따란 바위가 눈에 들어온다. 일명 '민영환바위'이다. 구한말 궁내부 대신이었던 충정공 민영환 선생께서 기울어 가는 국가의 운명을 걱정하던 장소로 전하고 있다. 1906년 나세환 등 12인의 의지로 바위에 새긴 암각서가 남아 있어 민영환바위로 부르게 되었다.

일주문을 지나 현등사까지는 약 30분 이상 콘크리트 포장도로를 걸어야 도착할 수 있는 거리다. 숨이 찰 정도로 빠른 발걸음으로 경내로 들어갔으나 인기척이 없다. 스님도 볼 수가 없었다. 현등사에는 삼층석탑, 지진탑, 지장보살 등은 문화재로 지정되어 있다.

현등사를 중심으로 한 주위의 배경은 한 폭의 동양화처럼 아름답다. 현등사에서 물한 바가지로 목을 축이고 본격적인 산행을 시작한다. 정상을 향해 한참을 오르다 보면 등산로 우측에 '코끼리바위'를 만나게 된다. 기록에 의하면 코끼리바위는 자연석으로 형상화된 암석으로 옆모습이 마치 코끼리 얼굴의 길게 늘어진 코와 비슷하여 코끼리바위라고 부르고 있으며, 자연의 신비함을 감상할 수 있다. 나무로 조각이라도 한 듯 코끼리 코 모양이 비슷하다. 코끼리바위를 지나 '절고개'까지는 가파른 너덜길이 이어진다. 절고개에 마련된 나무 의자에 앉아 휴식을 가진 후 정상으로 향한다. 정상에 약간 못 미쳐 건너편에 '남근바위'[32]가 또 눈길을 끈다.

마지막 힘을 다해 정상 도착이다. 정상에는 가평군과 포천시에서 서로가 자랑이라도 하듯 정상석 두 개가 있다. 아마 경계선을 의미하는 것 같다. 포천시에서는 운악산(雲岳山)으로 정상석이 세워져 있고, 가평군에서는 운악산 비로봉(雲岳山毘盧峯)이란 글씨체로 정상석이 큼직하게 세워져 있다. 가평군에서 세운 비로봉 바위의 높이가 배 정도 크고 웅장하다. 이 중 운악산 비로봉 정상석의 뒷면에 새겨진 시 한 수를 소개한다.

운악산에서
운악산 자락 현등사
위로는 돌 구르고 아래는 물소리
천 년 전부터 뭇 지식인의 발길 이어져
밝고 환한 날에도 오고 감 멈추지 않네

정상석을 배경으로 기념을 몇 장 남기고 하산길은 오를 때와는 다른 '망경로 능선' 코스를 선택했다. 하산길 초입에는 운악산에서 조망이 가장 뛰어난 '만경대'가 안전한 하산길을 안내하듯 발걸음을 멈추게 한다. 만경대 전망대에서 내려다보는 기암괴석과 깊은 계곡의 절벽은 한 폭의 그림이다. 깎아지른 듯한 절벽 위 바윗길과 철제 계단을 내려와 병풍바위(일명: 인도승을 내친 바위)[33]를 배경으로 준비해 간 간식을 먹기 위해 자

---

32 남근바위: 남근바위의 유래는 한국·중국 등 유교문화권에서는 칠거지악(七去之惡) 중 삼불거(三不去) 외에는 남편이 일방적으로 이혼할 수 있는 풍습이 있었으며, 남근석(바위)은 예로부터 아들을 낳게 소원하는 상징의 대상이 되었다. 남근 형상과 비슷한 자연물에 대하여 여러 가지 명칭들이 있으나 대부분 남근석(바위)이라고 부른다. 운악산 정기를 이어받아 소원을 비는 곳이기도 하다.

33 병풍바위: 옛날 법흥왕(514년) 인도승 '마라하마'가 이 산을 오르다 병풍처럼 펼쳐져 있는 바위와 맞닥뜨렸는데 정신이 헛갈리고 사리를 분별하지 못할 지경이었다. 그러나, 이것도 부처님의 뜻이라 여겨 바위를 오르기 시작했으나 자꾸만 미끄러졌다. 마치 바위가 오르지 말라고 내치는 듯했다. 결국 마라하마는 바위에 오르지 못하고 그 자리에서 고행을 하다 죽었다고 한다.

리를 잡자 갑자기 짐승 두 마리가 필자 옆에 와서 자리를 잡는다. 깜짝 놀라 옆을 보니 검은 염소 두 마리다. 농가에서 사육한 것인지 산에서 자생한 짐승인지는 알 수 없다. 해발 700m가 넘는 곳까지 왜 올라왔는지도 알 수 없다. 준비해 간 오이를 반으로 잘라 주었으나 오이는 맛이 없는지 냄새만 맡다가 입맛이 없는지 새까만 주둥이로 밀어낸다. 다시 귤껍질을 벗겨 주자 알맹이는 먹지 않고 귤껍질만 두 마리가 사이좋게 나눠 먹는다. 염소를 뒤로하고 하산길을 재촉한다. 하산길 좌측의 병풍바위의 풍광은 가히 장관이다. 그야말로 한 폭의 병풍이 운악산에 웅장하게 펼쳐진다. 자연의 섭리에 감탄할 뿐이다. 탄성이 절로 난다.

연이어 '미륵바위'가 눈앞에 펼쳐진다. 인위적으로 다듬은 듯한 비경 역시 일품이다. 경기·인천·서울 14곳 중 병풍바위와 미륵바위의 정경이 단연 으뜸이다. 절경을 바라보고 있노라면 산행에서 느껴지는 피로를 보상받고도 남는다. 미륵바위에서 바라보면 맨 좌측 광덕산에서 시계 방향으로 백운산, 국망봉, 청계산으로 이어지는 한북정맥이 눈에 들어온다. 하산길 전체는 '절고개 코스'보다는 더 험하고 주의를 요하는 코스다. 그런데도 하산길은 전체적으로 난도는 낮은 편이라 다행이라는 생각이다. 초·중급자라면 현등사 계곡을 거쳐 절고개 코스로 정상을 오른 뒤 하산은 '망경로 능선'(미륵바위 쪽) 코스를 권하고 싶다. 미륵바위를 지나 한참을 내려오면 '눈썹바위'를 맞이한다. 사람의 눈썹과 흡사하다고 하여 붙은 이름 같다. 눈썹바위에 대한 글을 소개한다. 기록에 의하면 옛날에 한 총각이 계곡에서 목욕하는 선녀들을 보고는 치마를 하나 훔쳤다. 총각은 치마가 없어 하늘에 오르지 못한 선녀를 집으로 데려가려고 했지만, 선녀는 치마를 입지 않아 따라갈 수 없다며 고개를 내저었다. 그 말에 총각은 덜컥 치마를 내주었고, 치마를 입은 선녀는 곧 돌아오겠다며 하늘로 올라갔다. 총각은 선녀 말만 믿고 하염없이 기다리다 이 바위가 되었다는 내용이다. 한 총각의 애달픔이 고스란히 녹아 있는 전설이다.

너덜길을 내려오다 보니 아침에 올라가던 현등사 갈림길을 만난다. 콘크리트 포장도로 끝날 무렵 일주문 옆 '삼충단(三忠壇)'이 발길을 멈추게 한다. 삼충단은 가평군 향토유적 제12호로 일제의 침략에 항거하다 순국한 조병세, 최익현, 민영환 선생의 뜻을

**운악산 미륵바위**

기리기 위해 1910년에 만든 제단이다. 1905년 을사조약이 체결되자 조병세는 "결고 국중사민서(訣告國中士民書)"라는 유서를 남기고 자결하였으며, 최익현 의병을 조직하여 싸우다 체포되어 단식하다 순국하였다. 민영환은 덕수궁 대한문 앞에서 상소를 올렸으나 받아들여지지 않자 유서를 남기고 자결하였다. 일제강점기에 없어진 단을 1989년 복원하였으며 2005년 현재의 자리로 이전하였다 한다. 순국선열들에게 잠시 묵념을 드림으로 약 5시간의 운악산 산행을 마무리한다.

운악산의 명물 중의 하나인 순두부를 맛보지 않을 수 없어 '할머니손두부'집에 들러서 순두부 정식으로 이른 저녁 식사를 맛있게 했다. 식당 주인아저씨와 따님이 매우 친절히 대해 주었다. 순두부는 얼마든지 먹으라며 권했고 택시까지 호출해 주신다. 생전 다시 올

**운악산 정상 기념**

기회가 있다면 또 오고 싶은 마음이다. 대중교통을 이용할 경우 버스 배차 시간이 촘촘하지 않아 애로가 있는 것 외는 사랑하고 싶은 산이다.

**현등사 만원보전**

**운악산 남근바위**

**운악산 삼충단**

병풍바위 전경

운악산 오늘의 등산길

# 마이산(馬耳山)

## 전라북도 진안군

- 2020년 11월 16일(월), 맑음

마이산(馬耳山)은 행정구역상 전라북도 진안군 마령면 동촌리와 진안읍 단양리 경계에 있는 산으로 높이는 해발 687.4m이다. 명성 제12호로 지정되어 있다. 기록에 따르면 서로 등을 지고 있는 두 개의 기이한 모습의 이 두 봉우리는 노령산맥의 줄기인 진안고원과 소백산맥의 경계에 자리하여 섬진강과 금강의 분수령을 이룬다.

흙이 전혀 없이 퇴적암(역암)으로만 된 두 봉우리가 흡사 말의 귀와 같은 모습이어서 마이산이라고 부른다. 동쪽 숫마이봉의 높이

**마이산 정상(암마이봉)**

는 681m이고, 서쪽 암마이봉은 687.4m이다. 두 봉우리는 약간의 공간을 두고 서로 마주 보고 있다. 숫마이봉 중턱에 화엄굴(華嚴窟)이라는 갈라진 틈이 있는데, 그 안에서

샘물이 솟아오른다. 화암굴 속의 약수를 마시고 산신에게 빌면 아들을 얻는다고 전해지고 있다. 마이산은 바위산이지만 희귀관목이 군데군데 자라며, 산 주변에는 마이산 8경인[34] 은수사[35], 금당사[36], 탑사[37] 등 유서 깊은 사찰이 있다.

산 남쪽 계곡에는 개울을 따라 굽이굽이 돌아가는 길가에 벚나무가 줄지어 있어 봄이면 벚꽃이 장관을 이룬다. 또 마이산의 또 다른 이름으로는 신라시대에는 '서지산', 고려시대에는 '용출산'이라고도 했으며 조선시대부터 산의 모양이 말의 귀와 흡사하다 하여 '마이산'이라고 부르게 되었다고도 한다.

산 전체가 거대한 암석산으로 사방이 급경사로 이루어졌으며, 남쪽과 북쪽 사면에서는 섬진강과 금강의 지류가 각각 발원한다는 표시판이 두 봉우리 사이 공간에 설치되어 있다. 두 산봉은 동서 방향으로 우뚝 솟아 있으며 정상은 암마이봉 정상(687.4m)에 정상석이 세워져 있다. 각 봉우리의 남쪽 면은 건조하여 식생이 매우 빈약하며, 풍화작용 등으로 봉우리의 겉면이 동굴 형태의 구멍이 생기는 '타포니'[38]가 현저하게 나타나 있음을 볼 수 있다.

마이산은 자연경관과 은수사, 금당사 등의 사찰을 중심으로 1979년 10월에 도립공원으로 지정되었다. 총면적은 약 16.9㎢로 은수사는 숫마이봉 기슭에 자리하고 있으며, 암마이봉 남쪽 기슭에 있는 탑사(塔舍)는 전라북도 기념물 제35호로 지정되어 있다.

..........................

34  마이산 8경: 화엄굴, 타포니현상, 역고드름, 은수사, 탑사, 탑영제, 금당사, 이산묘.
35  은수사: 고려의 장수였던 이성계가 왕조의 꿈을 꾸며 기도를 드렸던 장소로 전해지는데, 기도 중에 마신 샘물이 은같이 맑아 이름이 은수사라 이름 붙은 사찰이다. 현재 샘물 곁에는 기도를 마친 증표로 심은 청실배나무가 천연기념물로 지정되어 위용을 자랑하고 있고 왕군의 상징인 금척(金尺)을 받는 몽금척수수도(夢金尺授受圖)와 어좌 뒤의 필수적인 그림인 일월오봉도(日月五峰圖)가 경내 태극전에 모셔져 있다. 또한 신라시대 때부터 소중한 제사를 지내던 소사(小祀) 터의 기록과 태종실록(太宗實錄)을 바탕으로, 매년 군민의 날 10월 11일 산신제를 지내는 마이산 산신 제단이 바로 뒤 숫마이봉 아래에 있다. 한국불교태고종.
36  금당사: 마이산 남부에 위치한 사찰로 보물 제1266호 괘불탱화와 그 외 문화제 2점을 보유하고 있다.
37  암마이봉(687.4m) 앞쪽 기슭에 1백여 개의 석탑들이 세워져 있다. 석탑들은 폭풍이 몰아치면 흔들리기는 하나 무너지지는 않는다.
38  타포니: 암석이 물리적·화학적 풍화작용을 받은 결과 암석의 표면에 형성되는 요형(凹型)의 미지형을 풍화혈이라고 하는데, 타포니는 풍화혈 중에서도 특히 암석의 측면(암벽)에 벌집처럼 집단으로 파인 구멍을 가리키는 말이다. 풍화혈은 해안이나 화강암 산지에서 흔히 나타나는데, 비가 내린 후 물이 괴거나 그늘이 져서 주변보다 습하기 때문에 입상붕괴가 선택적으로 촉진될 수 있는 부위에 형성된다.

마이산 숫마이봉

자연석으로 쌓아 올린 원추형 기둥과도 같은 80여 개의 돌탑이 있다. 쌓아 올린 지 오랜 세월이 지났으나, 수많은 태풍과 비바람에도 쓰러지지 않고 원형 상태를 유지하고 있다고 하니 신비하기까지 하다.

이 탑들은 전북 임실군 태생인 이갑용이란 처사가 25세 되던 해인 1885년 이곳에 들어와 억조창생 구제와 만민의 죄를 속죄하는 탑을 쌓으라는 계시를 받아서 혼자 탑사를 축조하기 시작했다고 기록되어 있으며 이갑용 처사의 기념 동상이 세워져 있다. 이갑용은 낮에는 열심히 돌을 모으고 밤에 탑을 쌓았다고 한다. 또 이곳에는 정화수를 떠 놓고 기도를 드리면 그릇에서 고드름이 위로 뻗쳐오른다는 이야기도 있다. 겨울에 한번 사실 여부를 확인해 보고 싶은 마음이다. 금당사 남쪽 1km 아래에 위치한 이 산묘에는 단군 성조, 조선 태조·세종·고종의 위패를 모신 회덕전과 대한제국 말기의 애국지사·의병장 33위를 모신 영광사가 있다.

오늘 교통편은 수원에 거주하는 추기평 선생이 함께하기로 하여 강남역에서 전철로 수원 광교 중앙역에서 만나 승용차를 이용했다. 월요일이라 소통은 원활했다. 약 3시간 후에 도착할 수 있는 거리다. 주차는 마이산 남부 주차장에 무료로 주차할 수 있다. 주차 후 장비를 점검하고 본격적인 산행을 위해 직진하다 보면 그림 같은 호수(탑영제)가 나타난다. 멀리 마이산을 배경으로 기념을 담는다. 한 폭의 그림이다. 마이산 정상인 '암마이봉'을 오르는 등산 코스는 여러 곳이 있다고 한다. 오늘은 남부 주차장을 거쳐 마이산 탑사 방향으로 직진하다가 비로봉 코스를 알리는 이정표를 따라갔다.

초입부터 경사도가 심하다. 암마이봉 남쪽 면이 감탄을 자아내게 한다. 다른 산객은 한 명도 없었다. 비로봉을 회귀하여 암마이

**암마이봉 정상 기념**

산 가장 하단부를 돌아 정상 입구에서 기다리던 추 선생과 함께 정상에 오른다. 암마이봉 입구에는 경사도가 70~80%라는 표시판이다. 추 선생의 건강을 고려하면 왕복이 힘들 것 같아, 힘에 부치면 중간에 기다리라고 조언했으나 정상까지 오르겠다고 한다. 중간지점 전망대에서 숫마이산을 배경으로 기념사진을 찍어 주고 몸 상태를 묻자 끝까지 가 보겠다고 한다. 계단 폭은 점점 좁아지고 바윗길이 기다리고 있다. 드디어 정상에 도착했다. 강한 의지로 불편한 몸을 이끌고 정상에 성공했다. 대단한 정신력이다.

정상의 풍경은 미세먼지로 인해 가시거리는 좋지 않았다. 멀리서 볼 때의 마이산은 뾰족하게 생긴 바위 같지만, 정상에는 암반이 아닌 널따란 공간과 갖가지 나무들이 마음을 편안하게 한다. 다른 산객이 없어 삼각대를 펴고 기념사진을 담는다. 마주 보는 숫마이산 정상에는 산세가 험하고 위험하여 일반인들의 출입은 허용하지 않는다고 한다. 아쉬움이 남는다.

무사히 하산하여 길 양쪽으로 늘어선 식당 거리로 들어선다. 식당마다 진안 지역의

명물 중 하나인 흑돼지를 재료로 한 전문 식당이 많다. 오전에 친절하게 인사를 받은 '벚꽃마을'로 향한다. 가장 인기 있고 맛있는 메뉴를 묻자 '참나무장작 등갈비 정식'을 추천한다. 가성비도 좋고 맛도 있었다. 특히 참한 종업원이 친절하게 서빙을 해 줘서 산행에 즐거움을 더한다. 태생적으로 친절이 몸에 밴 것처럼 보였다. 사람 냄새가 나서 좋다. 다시 서울로 돌아와 가까운 시일 내에 함께 산행을 약속하고 의미 있는 오늘 산행을 마무리한다. 장거리 운전을 위해 고생한 추 선생의 수고에 감사한 마음을 전한다.

마이산 탑사

섬진강과 금강지류 발원지 표시

숫마이산 남쪽 면

은수사 앞에서 바라본 마이산 전경

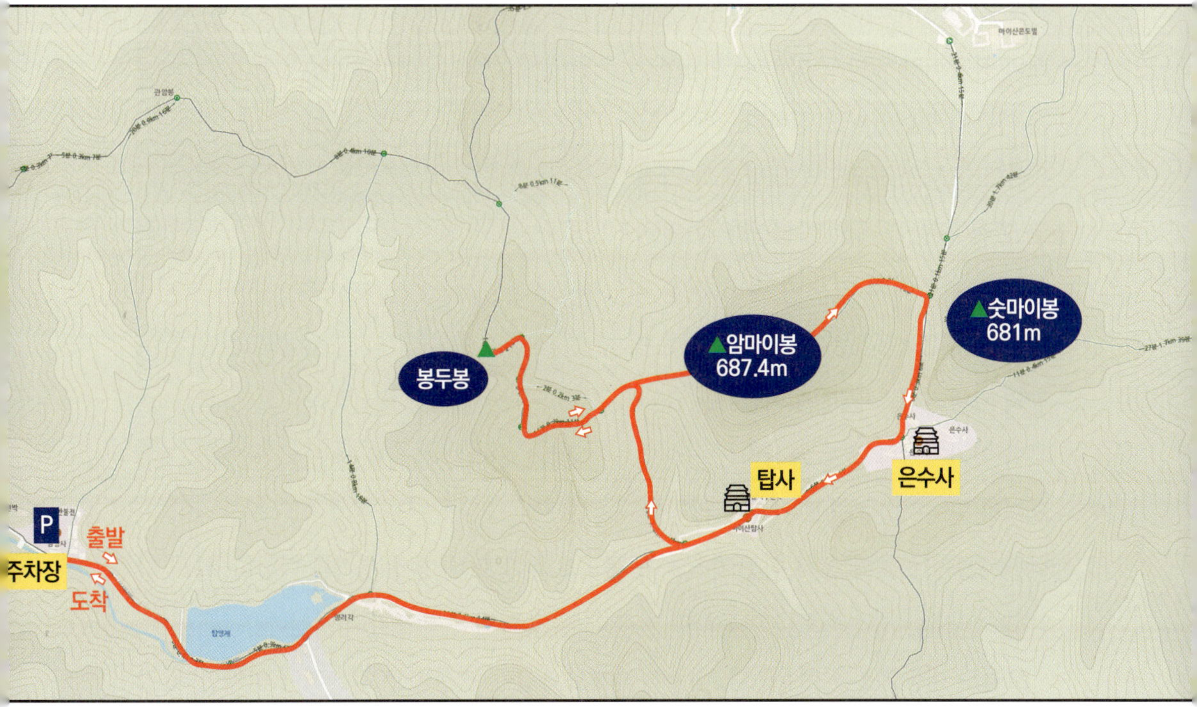

마이산 오늘의 등산로

# 삼악산(三岳山)

## 강원도 춘천시

**- 2020년 11월 24일(화), 구름 후 맑음**

삼악산은 행정구역상 강원도 춘천시 서면에 위치한 그렇게 높지 않은 산이다. 주봉인 용화봉(654m)을 비롯하여 청운봉(546m)과 등선봉(632m) 등 3개의 봉우리가 있다고 하여 삼악산이라는 이름이 붙여졌다고 전한다.

삼악산은 경춘국도의 의암호가 감싸고 있어 풍광이 매우 아름답다. 기암괴석으로 이루어져 있으며 다소 거칠고 험한 편이다. 산의 높이에 비해 여러 모양의 기암괴석과 분재에 버금가는 소나무와 아기자기한 폭포는 삼악산 산행의 묘미라 할 수 있다. 규모는 크지 않지만,

**삼악산 정상석**

상원사를 비롯하여 유서 깊은 흥국사를 둘러보는 것도 산행에 재미를 더한다. 특히 삼악산 계곡에는 등선폭포를 비롯하여 여러 개의 크고 작은 폭포가 이어진다.

오늘도 대중교통을 이용한다. 청량리역에서 경춘선 전동차로 강촌역에 하차한다. 강

촌역에서 상원사를 통과하는 버스가 있기는 하나 코로나 영향으로 배차간격이 여의찮아 들머리인 의암댐 매표소까지 약 7km는 택시(8,000원)로 이동한다.

　삼악산 정상을 오르는 대표적인 코스는 등선폭포를 들머리로 정상에 오른 뒤 상원사 쪽으로 하산하는 경우와 반대 방향으로 산행을 할 수 있다. 필자는 오늘 의암댐 매표소를 출발해서 정상에 오른 뒤 등선폭포 쪽으로 하산하는 코스를 정하고 산행을 시작한다.

　의암호 매표소를 지나 상원사를 향해 조금 오르다 뒤를 돌아보면 그림 같은 의암호 풍경이 눈앞에 펼쳐진다. 상원사를 지나 정상으로 오르는 등산로는 수직에 가까운 급경사를 이룬다. 다행히 고정 로프와 'ㄷ' 자 징으로 안전장치를 해 놓았다. 애써 주신 관계자분들에게 세삼 고마운 마음을 전하고 싶다.

　정상 오르기 전 약 700m 구간은 많은 바위와 너덜길로 조성되어 있고, 등산로 주변에는 갖가지 모양의 바위와 팔뚝만 한 소나무 뿌리도 눈요기하기에 부족함이 없다.

　정상이 가까워지자 의암댐 상류 너머 좌측에서 우측으로 화악산, 북배산, 삿갓봉, 용화산, 오봉산, 사명산, 소양댐, 봉의산, 구봉산, 향로산, 가리산, 대룡산 등이 병풍처럼 펼쳐지고 의암호 가운데 '붕어섬'은 한 폭의 산수화. 너무나 아름다운 풍경이다. 혼자지만 탄성이 절로 나온다. 그러나 붕어섬 전체가 태양광 패널로 덮고 있어 아쉬움이 남는다. 붕어섬은 약 10만여 평으로 1990년대 초까지만 해도 울창한 수림으로 덮여 발 디딜 틈 없던 자연 그대로 섬이었다고 한다. 1990년대 말 축제에 맞춰 보여 주기식 메밀밭을 만들었다가 2012년도 생태 보고의 자리에 태양광발전소가 들어선 것이다.

　의암호의 풍경이 점점 멀어져 가는 사이 정상에 도착한다. 정상에서 내려다보이는 의암호와 북한강 풍광 역시 환상적이다. 멀리는 3주 전(2020.11.5.)에 다녀온 화악산이 반갑게 인사한다. 그러나 유감스럽고 짜증 나는 것은 '용화봉' 정상석을 누군가 돌멩이 등으로 긁어 상처를 내 놓았다. 왜 저런 행동을 했는지? 상식적으로 도무지 이해가 안 된다.

　정상에는 친구로 보이는 여성 두 분과 남자 한 분이 쉬고 있다. 여성 한 분이 초콜릿을 권한다. 고마움 표하고 기념 촬영을 품앗이한다. 남자분은 시원한 막걸리가 있다며 함께 한잔하자고 한다. 술을 못한다고 양해를 구한 뒤 안전한 산행을 당부하고 먼저 등선폭포 쪽으로 발걸음을 옮긴다. 계곡까지는 대부분 흙길이고 경사가 심하지 않아 전혀 어려움이 없다.

산기슭에는 '흥국사'라는 아담한 사찰이 발걸음

**등선 계곡의 입구 모습**

을 멈추게 한다. 흥국사는 궁예가 창건하여 왕건과 싸운 곳 중 한 곳이다. 흥국사가 제공하는 현지 기록에 따르면 신북면 발산리에 있던 부족국가 형태를 이루고 있던 맥국이 적의 침공을 받아 천해요새인 삼악산으로 궁궐을 옮기고 적과 대치하였으며, 서기 894년경 후삼국시대(후고구려) 궁예가 왕건을 맞아 싸운 곳으로 흥국사를 세워 나라의 재건을 염원했다고 한다. 당시 산성의 중심에 궁궐이 있던 곳을 지금도 '대궐 터'라고 부르며, 기와를 구웠던 곳을 '왜(와) 데기', 말 등을 매어 두었던 곳을 '말골', 칼싸움을 했던 곳을 '칼봉', 군사들이 옷을 널었던 곳을 '옷바위'라고 부르고 있다.

서문과 북문에서 적을 맞아 싸웠다고 하며, 절은 옛날 그대로 흥국사라 일컫고 속칭 '큰절'이라고 부른다고 한다. 그 후 여러 번 전란에 불탄 것을 광무 2년에 다시 중수하였다가 퇴락하고 협소한 관계로 불기 2529년에 대웅전 17평을 궁창하였다고 기록되어 있다. 아담한 대웅전에는 촛불만 켜 놓고 마당 정리하는 스님 한 분이 계셨으나 잘 관리가 되지 않은 것 같아 아쉬움이 남는다. 유서 깊은 사찰인데 오래도록 삼악산을 지켜 줬으면 하는 바람이다.

또 삼악산에는 삼악산성지(三岳山城址)를 빼놓을 수 없다. 삼악산성지는 강원도 문화재자료 제50호이다. 1984년 8월 1일 춘성 군수께서 세운 비석에 새겨진 내용을 살펴보면 이 산 정상 능선을 따라 옛 산성이 있다. 삼국시대(三國時代) 이전에 쌓은 맥국(貊

國)의 성지(城址)라 하기도 하고 한때 철원에 도읍을 정하고 이 일대에 세력을 뻗치던 후삼국시대의 궁예(弓裔)가 성을 쌓은 것이라 전하기도 한다. 뒤로 북한강의 거친 물결이 놓이고 앞에는 서울로 향하는 석파령(席破嶺) 고갯길이 놓인 교통의 요충지대로 삼악산의 험준한 지형을 이용한 이 산성(山城)은 삼악산의 험준한 봉우리와 봉우리를 연결하는 능선을 따라 동서로 길게 놓여 있다. 유래는 알 수 없으나 아득히 먼 옛날 이 고장 삶의 터전을 지키려는 의지가 담긴 고산성(古山城)이 위치한 산록(山麓)에 이 비를 세운다고 화강석에 새겨져 있다.

흥국사를 뒤로하고 오늘 날머리인 '등선폭포'를 향해 내려오는 동안 개울물은 얼굴이 비칠 정도로 맑고 투명하다. 협곡과 폭포, 담과 소, 은은한 물소리를 친구 삼아 내려오다 보면 철재 다리 밑으로 '주렴폭포'를 만난다. 2단으로 구성된 폭포로 주위가 아름답다. 조금 더 내려오다 보면 비룡폭포가 또 감탄을 자아내게 한다. 마치 옥그릇에 물을 담아 놓은 듯하다. 바로 이어서 '백련폭포'를 만난다. 바위와 조화를 이루고 있어 신비스럽기까지 하다. '등선 제2폭포' 역시 다른 폭포와 경쟁이라도 하듯 아름다운 자태를 뽐낸다. 우렁찬 물소리가 계곡을 꽉 채운다. '승학폭포'는 가장 면적이 넓은 소를 이루고 있다. 넉넉함을 느끼게 한다. 마지막 피날레를 장식하는 폭포는 '등선 제1폭포'다. 물줄기가 가장 세차고 폭포의 맏이답게 탄성이 절로 난다.

계곡 초입에서 뒤돌아본 계곡은 마치 태곳적 동굴 속을 걸어 나온 듯한 기분이다. 등선폭포 계곡은 험한 바위산 사이로 좁은 입구만 열려 있어서 근대 이전에는 찾는 이도 드물었다고 한다. 1910년을 전후하여 북한강 강변을 따라 도로가 만들어지

**삼악산 정상 기념**

고, 1930년대 후반 경춘선이 개설되면서 강촌역이 생김으로써 명성을 얻게 되었고 등선폭포란 이름도 그 이후에 붙여졌다고 한다. 정상을 오르는 코스는 크게 상원사에서 오르는 코스와 등선폭포에서 오르는 코스가 있으나 경험상 상원사 능선을 출발하여 정상을 거쳐 등선폭포 계곡으로 하산할 것을 권하고 싶다. 정상에서 매표소까지는 약 1시간 30분 정도 거리다. 상원사 코스가 바위 능선으로 가파르기는 하나 아주 힘들지는 않다. 등선 폭포 입구에는 춘천시와 춘천도시공사가 등선폭포에 대한 안내 글[39]을 알루미늄 판에 새겨 놓았다. 삼악산의 등선폭포 계곡은 이국적인 맛을 물씬 풍긴다. 시간이 되면 다시 한번 찾고 싶다.

삼악산 등선제1폭포

삼악산 흥국사 대웅전

삼악산 비룡폭포

---

39 등선폭포: 이곳 등선폭포는 일명 '차돌'이라고 하는 규암으로 대부분 형성되어 있다. 규암(硅巖, Quartzite, 사암(砂巖) 또는 규질암(硅質巖)이 변성작용을 통해 형성된 단단한 입상의 암석. 지금부터 약 5억 7천만 년 전에서 25억 년 전에 퇴적된 모래 암석들이 높은 압력과 온도를 받아 굳어진 것.)에 지각운동이 일어나면서 규암의 절리(암석의 나란한 결)들이 갈라져 만들어진 것이 바로 등선폭포와 같은 협곡이다. 규암은 특성상 쉽게 풍화되지 않는 관계로 잘게 부서지지 않고, 절리에 따라 덩어리째 떨어지다 보니 이곳처럼 가파르고 날 선 협곡이나 폭포가 만들어졌다. 이에 비해, 바로 인근에 소재한 구곡폭포는 성분상 규암의 중간 경계를 이루는 편마암이 침식되면서 형성된 것이다. 등선폭포 현지 글 내용.

삼악산 정상에서 바라본 의암호 상류 전경

삼악산 오늘의 등산로

## 팔봉산(八峯山)

**강원도 춘천시·홍천군**
**- 2020년 11월 27(금), 구름 후 맑음**

팔봉산은 행정구역상 강원도 홍천군 서면에 있는 해발 328m의 산이다. 팔봉산 옆으로는 홍천강이 굽이쳐 흐르고 있어 한 폭의 수채화를 보는 듯하다. 총 8개의 봉우리가 흡사 형제처럼 이루어져 있다고 하여 팔봉산이라 한다. 암벽을 오르내리며 팔에 근육을 마음껏 발휘해야만 비로소 마지막 8봉을 정복할 수 있다. 마치 장애물 경기를 하는 기분이다. 최고 328m의 나지막한 높이지만 난이도는 여느 산 못지않다. 그러나 아기자기하면서도 스릴을 만끽할 수 있다. 팔봉산은 홍천 9경[40] 중 제1경에 속

**팔봉산 제8봉 표지석**

할 만큼 아름답고 의미 있는 산이다. 팔봉산 산행은 봉우리마다 바위로 형성되어 있어

---

40   홍천 9경: 1경(팔공산), 2경(가리산), 3경(미약골), 4경(금학산), 5경(가령폭포), 6경(공작산 수타사), 7경(용소폭포), 8경(살둔계곡), 9경(가칠봉삼봉약수).

스틱은 준비하지 않아도 되며, 오직 밧줄과 철 계단, 산객들의 편의를 위해 위험한 곳마다 지자체에서 'ㄷ' 자 징이나 철판으로 고정해 놓은 안전 발판을 이용하면 된다. 다시 한번 산객들의 안전을 위해 애써 주신 관계자분들에게 고마운 마음을 전한다. 생전 처음 찾은 산이지만 산세가 너무 아름답다. 정상에서 팔봉산 언저리를 끼고 흐르는 홍천강 줄기를 바라보노라면 시인이 된 기분이다.

강원도 지역이 영하권이라는 뉴스를 듣고 이른 시간 전철을 이용하여 경춘선 전동차를 타고 처음 가 보는 김유정역에 하차하여 버스 편을 이용하려 했다. 하지만 코로나 영향으로 팔봉산 가는 버스가 자주 없다고 해서 택시로 등산로 입구 매표소에 도착해서 입산을 위한 인적 사항을 기록하고 산행을 시작한다. 매표소 아저씨가 주민등록증을 확인하더니 혼자 산에 오르느냐고 물으신 후 걱정하는 표정으로 길이 미끄러우니 조심해서 다녀오라 하셨다. 매표소 입구 중앙에는 남근석이 용감하게 자리를 지키고 있고, 양측에도 나무로 조각한 사람 키만 한 남근목[41] 두 개가 웃음을 자아내게 한다.

매표소 휴게소에서 여장을 확인한 다음 들머리 길 입구 조그마한 출렁다리로 들어서면서 산행을 시작한다. 이른 시간이라 그런지 산객이 보이지 않는다. 제1봉을 향해 숨 가쁘게 전진하다

**제6봉 앞 고사목**

---

41  남근목 이야기: 홍천군 팔봉산은 봉우리가 암벽으로 이루어져 있고 곳곳에 추락 위험 요소가 있다. 20여 년 전부터 이곳에는 등산 사고가 빈발하여 생명을 잃는 경우가 있었다. 그러나 뚜렷한 묘책이 없었는데 어느 날 지나가는 한 노인이 이 산은 음기가 너무 세서 사고가 자주 발생하니 이를 다스려 보라는 것이었다. 이에 팔봉산 상인회 및 관광지 관리사무소에서는 남근목을 입구에 세워 음기를 중화시키고 장승을 세워 돌아가신 혼령을 달래고자 한다. 홍천군 팔봉산 관광지 관리사무소, 2014.4.9.

보면 전망대가 나온다. 홍천강을 배경으로 아름답게 자리 잡은 농촌 마을과 주변 산들의 조화는 아름답기 이를 데 없다. 고향을 떠올리게 한다.

1봉에서 기념 촬영을 하고 내리막과 오르막을 반복하여 팔봉산의 주봉인 2봉에 도착한다. 조망이 막힘이 없다. 2봉 옆에는 소규모의 당집과 삼부인당[42]의 시설물이 자리한다. 역시 험한 바윗길이다.

제3봉에서 4봉으로 가는 사이 '해산굴' 안내가 눈에 띈다. 산모가 아이를 낳는 고통처럼 통과하기 어렵다는 곳이다. 등산객도 없고 해서 그냥 철 계단 길로 제4봉을 향했다. 차례대로 제5, 6봉을 숨 가쁘게 오른다. 6봉 바로 앞에는 100년은 훌쩍 넘은 듯한 고사목 소나무 한 그루가 세월의 무상함을 알리듯 외롭게 절벽을 지키고 있다. 자연의 이치를 거스를 수 없어서일까? 이 형태에서라도 오래도록 산객들에게 즐거움을 주었으면 하는 바람이다. 나무든 사람이든 나이가 들면 자리를 비켜 주어야 하는가 보다. 마치 장래 필자를 보는 느낌이다. 제7봉을 통과하여 마지막 8봉에 도착한다. 팔봉산은 높은 편은 아니지만, 봉우리마다 손으로 로프와 바위를 잡고 오르내리는 암릉 등반에 재미를 더한다. 1봉에서 출발하여 8봉까지 각 봉우리 간 거리가 멀지 않아 지루함은 전혀 느껴지지 않는다.

삼각대를 펴서 기념사진을 남기고 나니 손이 시릴 정도로 쌀쌀하다. 8봉은 여덟 개의 봉우리 중 가장 낮지만, 정상석 주위에 소나무가 많고 상대적으로 공간이 널찍하다. 홍천강의 물줄기를 바라보며 준비해 온 따뜻한 차 한잔 들이켜는 기분은 경험해 보지 않고는 표현을 할 수 없을 정도로 운치가 있다. 100대 명산 중 16번째 산행이다. 오기 전에는 높이가 상대적으로 낮기 때문에 쉽게 생각하겠지만 각 암봉마다 난이도는 꽤

---

42 삼부인당: 팔봉산 2봉 정상에 위치한 이 당집은 3婦人(李氏, 金氏, 洪氏) 神을 모시는 곳으로 지금부터 400여 년 전인 조선 선조(1590년대) 때부터 팔봉산 주변 사람들이 마을의 평온을 빌고 풍년을 기원하며 액운을 예방하는 당굿을 해 오는 곳이다. 삼부인 중 이 씨는 시어머니, 김 씨는 며느리, 홍 씨는 시누이라고 한다. 팔봉산 당산제는 지금까지 유일하게 전승되어 오는 부락제로서 매년 음력 3월 보름과 9월 보름에 전통적인 굿과 제사를 지내면서 나라와 백성이 평안하고 관광객이 산과 강에서 무사 안녕하기를 축원한다. 팔봉산 굿 놀이는 칠성, 산신 삼부인 신을 모시는 3마당으로 되어 있는데 팔봉산 당굿을 보면 무병장수하고 각자의 소원이 성취된다고 하여 도처에서 많은 사람이 굿 놀이를 보러 온다.

높다. 초보자가 단독으로 8봉을 정복하기에는 다
소 어려운 코스이므로 가능하면 동행자와 함께하
면 좋을 것 같다. 그러나 암봉들 사이마다 다소 쉬
운 우회로가 표시되어 있으므로 굳이 무리하지
말고 본인의 실력에 맞춰서 산행하기를 권한다.

또 봉우리마다 적당한 코스에서 하산할 수 있도
록 등산로가 조성되어 있다. 8봉에서 하산길은 거
의 수직에 가까운 암벽과 철 계단을 타고 내려와
야 하므로 주의가 필요하다. 양팔에 힘을 다하여
철 손잡이와 씨름하다 보면 넉넉한 홍천강이 반
겨 준다. 산행을 마친 초겨울 홍천강 바람은 여유

제8봉 기념

를 느끼게 한다. 강변 자락 길을 따라 500여 m 남짓 걷다 보면 아침에 출발한 매표소
에 도착한다. 1봉에서 출발하여 8봉까지 8개 봉우리마다 멋과 스릴 넘치는 암벽으로
구성된 운치 있는 산이다. 팔봉산과 유유하게 흐르는 홍천강이 오래도록 기억에 남을
것 같다.

팔봉산 제1봉 표지석       팔봉산 제4봉 옆       팔봉산 주봉인 제2봉

팔봉산 제3봉에서 바라본 홍천강

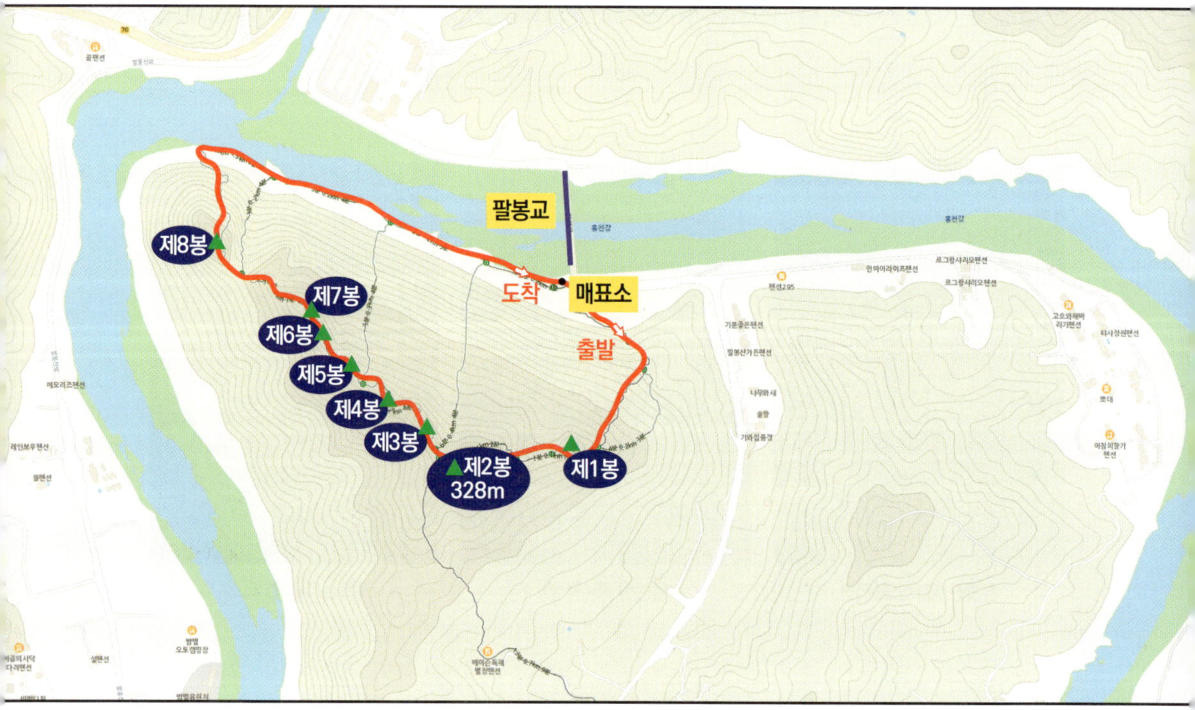

팔봉산 오늘의 등산로

# 오봉산(五峰山)

## 강원도 춘천시·화천군
– 2020년 12월 1일(화), 구름 후 맑음

오봉산은 행정구역상 강원도 춘천시 북산면과 화천군 간동면에 연결되어 있는 해발 779m의 산이다. 오봉산은 소양댐 건너편에 있는 청평사 뒤편에 솟아 있는 나한봉, 관음봉, 문수봉, 보현봉, 비로봉 등의 다섯 봉우리를 가리킨다. 다섯 봉우리는 마치 청평사를 감싸 안듯 나란히 연이어 있다. 오봉산은 기암과 절벽, 폭포 그리고 송림이 조화를 이루고 있어 더욱 멋스럽다. 거기에 더하여 오봉산 기슭에는 유서 깊은 천년고찰 청평사가 있어 많은 관광객이 찾는 곳이기도 하다.

**오봉산 정상석**

오늘도 대중교통을 이용한다. 경춘선으로 춘천역에 하차한다. 시간이 되면 용화산을 연계해 볼까 하는 마음으로 춘천역에서 택시를 타고 서둘러서 배후령을 향했으나 오늘부터 동절기 기간 배후령으로 가는 교통편을 통제하는 관계로 도로에 바리케이드를 쳐 놓았다.

　기사님의 말을 빌리면 12월 1일인 오늘부터 동절기 차량 통제를 한다고 한다. 하필 오늘부터다. 하는 수 없이 소양호 선착장으로 황급히 방향을 돌리지 않을 수 없었다.

　교통편의 경우 전동차로 춘천역에 도착하여 소양강을 거쳐 청평사 쪽으로 산행할 경우 춘천역에서 11번이나 12번을 이용해서 선착장까지 갈 수 있다. 배후령으로 가는 버스도 있다고는 하나 여의찮아 택시를 이동하려다 도로를 통제하는 관계로 어쩔 수 없이 선착장으로 향했다. 소양댐[43] 선착장에 10시 30분에 도착했으나 배는 11시 정각에 출발한다고 한다. 승객은 청평사에 간다는 신도 한 분과 필자 두 명뿐이다. 약 15분 가는 동안 선장께서 오봉산에 대한 안내를 친절히 해 주신다. 특히 청평사 선착장에서 4시 30분에 마지막 배가 출발하기 때문에 늦지 않도록 당부하신다.

　선착장을 출발하여 10여 분 갔을 때쯤 앞에 보이는 산이 오봉산이라 일러 준다. 기차와 더불어 소양강의 찬 바람을 마시며 배를 타고 산을 오른다는 것은 큰 기쁨이 아닐 수 없다. 소양호 선착장에서 유람선을 타고 15분쯤 들어가면 춘천의 명찰인 천년고찰 청평사가 있는 오봉산 입구 선착장에 닿는다.

　청평사 선착장에서 청평사 아래까지는 음식점과 관광지가 조성되어 있다. 청평교를 지나 약 2~30분 길을 걸으면 오봉산 허리께에 천년 고찰 청평사다. 기록에 의하면 청평사는 973년 고려 광종 24년에 백암선원으로 창건되어 1,000년 이상을 이어 온 선원이다. 고려시대에는 이자현, 원진국사 승형, 문하시중 이암, 나옹왕사 등이, 조선시대에는 김시습, 보우, 환적당, 환성당 등이 이곳에 머물렀다. 고려선원에 머문 당대 최고

---

43　소양댐: 소양강댐(昭陽江dam)은 강원도 춘천시 신북읍과 동면의 소양강에 위치한 북한강 유역의 유일한 다목적 댐이다. 1967년 4월 15일 착공되어 1973년 10월 15일 완공되었다. 흙과 돌로 만들어진 사력(砂礫) 댐으로, 댐의 길이는 530m, 높이는 123m이다. 대한민국에서 가장 큰 사력식 댐으로, 저수량이 29억 톤인 인공 호수 소양호가 있다. 다목적 댐과 호수 전체를 한 바퀴 도는 유람선과 청평사로 가는 유람선이 운행되고 있다.

★ 역사: 1967년 4월 15일 착공되어 1973년 10월 15일 완공되었다. 소양강댐은 경부고속도로와 서울 지하철 1호선과 함께 박정희 대통령 시대의 3대 국책 사업으로 꼽힌다. 본래 처음 도안은 콘크리트 중력식으로 설계되었다. 도쿄대 출신으로 이뤄져 세계 유수의 댐을 건설해 온 일본 공영의 설계였다. 그러나 정주영 회장은 비용을 3분의 1로 낮추면서도 훨씬 튼튼한 사력식 공법을 제안했다. 일본 회사로부터 무식쟁이라는 소리까지 들었지만, 공사비 절감, 전쟁 위협 등을 염두에 둔 박정희는 정주영의 편을 들어 줬다. 그리하여 1967년 2월 24일 1차 공사는 현대건설로 결정되었다. 나무위키, 2022년 7월 25일 접속.

의 고승과 학자들은 학문과 사상을 전파하였고 뛰어난 문인들은 시문(詩文)으로 이곳의 자연과 문화를 노래했다. 청평사는 아름다운 자연환경에 시문과 설화가 어우러진 곳이다. 고려시대 이자현은 37년간 청평사에 머물면서 청평사 주변 계곡에 암자(庵子)와 정자(亭子) 연못 등을 조성하였는데 이렇게 조성된 고려선원은 자연과 인문학적 의미가 매우 크다.

구송폭포를 비롯한 많은 폭포가 계곡을 수놓고 있으며, 자연 그대로 보존된 선동(仙洞)과 서천(西川) 계곡, 이들을 에워싼 부용봉의 바위들이 청평사 주변을 장식하고 있다. 또한 고려 초기에 건

**오봉산 구멍(홈)바위**

립된 삼층석탑, 이자현이 조성한 영지, 한국 서예사에 빛나는 문수원기비(文殊院記碑)와 시장경비(施藏經碑), 사찰 주변의 노란 매화 군락지, 조선시대 스님들의 사리(舍利)를 안치한 부도, 비를 기원하던 기우단(祈雨壇) 터, 하늘에 제사 지내던 천단(天壇)과 제석단(帝釋壇) 터, 공주 설화 유래가 전해지는 회전문(回轉門) 등은 고려선원의 풍부한 인문 자원이다.

청평사로 가는 길목에 아홉 가지의 청아한 소리를 내며 물이 떨어진다는 구성폭포와 식암폭포, 두 줄기 폭포, 공주탕[44], 강가에는 평양 공주와 상사뱀의 전설로 유명한 공주

---

44 공주탕: 공주 설화에서 공주가 목욕재계하였다는 곳이다. 공주 설화는 중국 당나라 태종의 딸 평양 공주가 상사뱀을 구송폭포 아래에 떼어 놓고 절에 올라 인간 세상에서 물든 마음을 깨끗이 씻어 내고 스님의 옷을 만들어 가사불사(袈裟佛事)를 한 공덕으로 상사뱀이 윤회를 벗어나 해탈하였다는 이야기이다. 불교에서 목욕은 단순히 몸을 씻는다는 의미 외에도 착하지 않은 마음까지도 함께 씻어 낸다는 의미를 갖고 있다. 현장 글 내용.

굴과 공주탑을 비롯하여 우리나라 연못의 시조로 손꼽히는 영지(남지)[45] 등을 만날 수 있다. 길 우측의 거북바위도 길을 안내한다.

어차피 원점 회귀 코스인지라 정상을 향해 올라갔다. 청평사에서 정상으로 오르는 능선은 암릉과 기암괴석과 소나무가 어우러져 있다. 특히 중간쯤에 홈바위(구멍바위)를 통과할 때는 산행의 맛을 더욱 진하게 느끼게 한다. 배낭을 멘 채 통과하기는 어려울 정도로 협소하다. 청평사에서 정상까지 약 2시간 정도면 도착할 수 있다.

12월 첫날 영하권이지만 땀이 온몸을 적신다. 정상에는 오석(烏石) 화강암

**오봉산 정상 기념**

으로 선명하게 새겨진 정상석이 반긴다. 오늘도 정상에 올랐지만 다른 산객은 만날 수 없었다. 적요(寂寥) 가운데 즐거움을 느껴 본다. 삼각대를 펴고 기념을 몇 장 담고 간식으로 요기를 간단히 한 후 바로 하산길로 접어든다. 정상의 조망은 보통이다. 청평사까지 1시간 10분 정도 소요되었다. 청평사에 들어서도 한산하기는 마찬가지다. 몇 사람 정도가 눈에 띄었다. 예외 없이 마스크를 하고 있다. 주중(화요일)이기 때문만은 아닌 것 같다. 모든 원인은 코로나 때문이다. 회전문을 돌아 대웅전 경내를 기웃거린다. 500년 된 주목 한 그루가 극락전을 지키고 있다.

...........................
45 영지: 이 연못은 고려시대 이자현이 조성한 것으로 고려 초기 김시습의 한 시에도 언급되어 있다. 영지는 전체적으로 직사각형의 연못으로 부용봉에 있던 견성암이 연못에 비친다고 하여 지어진 이름이다. 지금도 연못에 물결이 일지 않으면 부용봉이 물속에 그림자처럼 비치는 모습을 볼 수 있다고 한다. 예전에는 장마가 지거나 가뭄이 들어도 물이 늘거나 줄지 않았다고 한다. 이렇게 정원의 일부처럼 만든 연못을 연지라고 하는데 사찰이나 궁궐에 이런 연못을 조성하는 경우가 많았다. 현장 글 내용.

초행이라 산행에 걸리는 시간을 예측할 수 없어 최대한 속도를 낸 결과 예상보다 이른 시간에 산행을 마칠 수 있었다. 선장님의 당부로 서두른 덕분이다. 시간적 여유가 있어 청평사를 둘러본 후 3시 30분 출발하는 배에 승선한다. 만수위 소양호의 물살을 가르며 선착장으로 향하는 선미에 앉아 바라본 오봉산의 풍광은 감탄이 절로 난다. 다만, 코로나19의 영향으로 산을 찾는 사람이 없어 아쉬울 뿐이다. 하루속히 치료제가 나와 많은 사람이 함께 유람선을 이용했으면 좋겠다. 빗살 치는 소양호의 석양 물빛이 더욱 아름답다. 물살을 가르는 유람선과 주변 경관이 어울려 한 폭의 아름다운 그림을 연상케 한다. 댐 부근에는 커피숍, 물 문화관, 휴게소 등의 편의시설이 있어 휴식을 할 수 있다.

　선착장에서 하선하여 계단으로 올라가서 대기 중인 11번 시내버스에 승차하여 춘천역에 도착한다. 춘천의 명물 막국수와 닭갈비 1인분을 시켜 먹고 닭갈비 2인분을 추가로 주문하여 배낭 깊숙이 넣고 청춘열차를 탄다.

　배후령으로 가는 도로 통제로 1, 2, 3, 4봉을 오르지 못한 점이 아쉽다. 오봉산은 내 평생 다시 찾기 어려울 것 같은 생각이 들어 서운한 마음이다. 그러나 기차와 배를 타고 산과 호수가 어우러진 호반의 도시 춘천에서 먹은 막국수와 닭갈비 맛은 오래도록 기억에 남을 것 같다.

오봉산 구성폭포

오봉산 척번대

오봉산 청평사 범종각

소양호 선상에서 바라본 오봉산

오봉산 오늘의 등산로

# 용화산(龍華山)

### 강원도 춘천시·화천군
### – 2020년 12월 4(금), 구름 후 맑음

용화산은 행정구역상 강원도 춘천시 사북면과 화천군의 경계를 이루는 산으로 해발 878.4m이며 주봉은 만장봉이다. 기암과 바위가 연이어지는 바위 산행으로도 인기가 있다. 용화산은 이렇듯 아기자기하고 스릴 넘치는 등산로를 자랑한다. 이 산에서 지네와 뱀이 서로 싸우다 이긴 쪽이 용이 되어서 하늘로 올라갔다 하여 용화산이라는 이름이 생겨났다는 전설도 전해진다. 김부식의 『삼국사기(三國史記)』에는 고대국가인 맥국(貊國)의 중심지였다고 기록되어 있다.

**용화산 정상석**

북부지방산림청 춘천국유림관리소 기록에 따르면 용화산은 강원도 춘천시 사북면과 화천군 하남면의 계에 솟은 바위산이자 춘천의 의암댐, 소양댐, 춘천댐, 화천댐에 포위된 천혜의 성벽이다. 고성2리 양통골로 용호산에 들어서면 가장 먼저 바위 봉우리들이 눈에 들어온다. 춘천시 방면으로는 깎아지른 바위 절벽을 이루고 있는데, '새가 난다' 하여 이름 붙여진 새남바위를 비롯해 하늘벽 촛대바위, 층층바위, 득남바위 등의 기암과 함께 용화산 정상에서 흘러내리는 만장봉 너럭바위에서 바라보는 하늘벽 촛대바위의 경치가 일품이다. 용화산에는 옛날 춘천지방에 있던 고대국가 맥국의 성문 역할을 하던 배후령, 성불령, 사여령, 큰고개 모래재 등의 고갯길 10여 곳의 흔적이 남아 있다.

용화산은 인근 주민의 정신적 영산(靈山)이자 명산으로서, 옛날에는 가뭄이 들면 화천군에서는 군수가 제주(祭主)가 되어 기우제를 지내기도 하였고, 요즘도 해마다 열리는 용화축전 때 산신제를 지낸다고 한다. 용화산의 안개와 구름은 예로부터 성불사의 저녁 종소리, 기괴한 돌, 원천리 계곡의 맑은 물 등과 함께 화천 8경(華川八景)[46]이라 불렀다.[47] 정상에서는 남쪽으로 춘천시를 에워싼 대룡산, 금변산, 삼악산이 보이고 서쪽으로는 화천 8경 중 하나인 화악산이 눈에 들어온다.

**용화산 등산로 자연석**

오늘도 대중교통을 이용한다. 경춘선 전동열차를 타고 춘천역에 도착하여 버스는 배차 시간을 잘 맞출 수가 없는 관계로 들머리인 '사여교'까지는 택시(21,000원)로 이동한다. 자차를 이용할 경우 사여교에서 등산로 쪽으로 올라가면 주차할 수 있는 적당한 공간이 많이 있다. 또 큰 고개 주차장에 주차하고 정상으로 오르는 코스가 있으며, 이 경우 시간을 많이 단축할 수 있다.

......................
46   화천 8경: 1경(파로호), 2경(딴산), 3경(비수구미계곡), 4경(평화의 댐), 5경(용화산), 6경(비래바위), 7경(용담계곡), 8경(화악산).
47   네이버(두산백과), 2020년 12월 4일 검색.

사여교를 출발하여 정상을 향해 양통개울을 끼고 계속 직진하는 길은 평지 내지 흙길이어서 편히 걸을 수 있다. 약 30분 정도 걷다 보면 양통계곡과 만나는 지점에 '폭발물 처리장'이 나온다. 조금 못 미쳐 폭발물 처리로 출입을 금한다는 경고판이 있어 주위를 살폈으나 인기척이 없어 그대로 직진하여 '큰고개'에 도착했다. 사여교에서 출발하여 큰고개까지 소요되는 시간은 약 1시간 정도다. 정상을 향해 맞은편 등산 코스로 접어들자마자 가파른 경사와 바윗길 시작된다. 그러나 거리가 멀지 않은 구간이라 초보자도 쉽게 오를 수 있다.

조금만 오르면 명품 소나무와 곰같이 생긴 바위를 만난다. 기념하기 좋은 장소이나 삼각대 설치가 귀찮아 그대로 통과한다. 오늘도 만나는 산객 없이 홀로 산을 오른다. 등산로 우측은 오금이 지릴 정도로 낭떠러진 반면 좌측에는 손으로 빚어 놓은 듯한 동글동글한 바위, 근육 자랑하듯 울퉁불퉁한 바위들이 용화산의 진가를 알린다. 정상을 오르는 동안 산 대부분이 바위산이다. 오히려 어느 정도의 암릉과 험한 등산로는 산객들에게 경각심을 불러일으키는 계기가 되는 것 같다.

**용화산 정상 기념**

우측 건너편에는 만장대와 칼바위 풍경이 눈을 매료시킨다. 황홀하다. 너무 멋지다. 감탄사가 저절로 나오는 비경이다. 등산하는 맛이 절로 난다. 정상에 도착하니 한 팀이 식사를 끝내고 하산 준비를 하고 있다. 어느 쪽으로 하산하는 물어본즉 큰고개 주차장에 주차하고 왔기 때문에 큰고개 쪽으로 회귀한다고 한다.

삼각대를 펴서 기념사진을 남기고 따뜻한 영지버섯 차로 목을 축인 뒤 양지바른 곳에서 간식을 먹고 고탄령까지 가서 능선으로 하산하려고 했으나 한참을 내려오다 보니 안부 계곡 쪽으로 접어들고 말았다. 100여 m 정도 내려온 것 같다. 다시 올라갈 엄두가 나지 않아 그대로 하산했다. 사여교까지는 평이한 흙길이다. 점심을 먹으려고 식당을 찾았으나 영업을 하는 곳이 없다. 버스 편이 여의찮아 춘천 택시를 불러 춘천역에 도착하여 지난 화요일 식사한 막국숫집에 들러 늦은 점심을 먹은 후 전동열차를 타면서 아쉬움이 남는 용화산 산행을 마무리한다.

용화산 촛대바위

용화산 폭발물 처리장

용화산 곰바위

사여교에서 바라본 용화산 정상

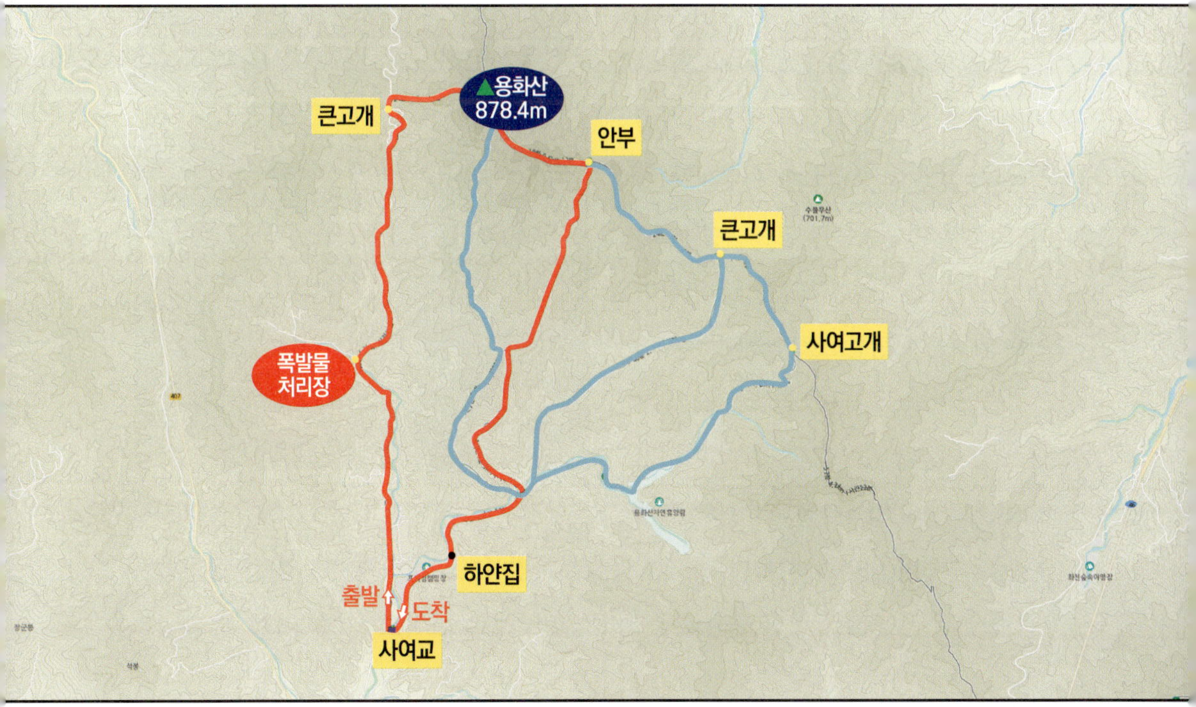

용화산 오늘의 등산로

# 공작산(孔雀傘)

## 강원도 홍천군
- 2020년 12월 9일(수), 맑음

공작산은 행정구역상 강원도 홍천군 화촌면과 동면에 경계를 이루고 있는 해발 887m의 산이다. 홍천군 국유림 관리사무소 기록에 의하면 공작산은 우뚝 솟은 봉우리와 산세가 마치 공작새가 날개를 활짝 펼친 것처럼 아름답다고 하여 붙은 이름이라 한다. 봄에는 철쭉 군락지, 여름에는 맑고 풍부한 물과 울창한 산림, 수려한 경관으로 인하여 산림청 100대 명산으로 선정되었다.

가을에는 울긋불긋한 단풍을 즐길 수 있으며 겨울 눈 덮인 산을 등반할 때면 공작산 백설의 아름다움과 수목이 펼치

**공작산 정상석**

는 눈꽃 향연을 만끽할 수 있다. 공작릉 등산로는 정상으로 향하는 가장 짧은 능선이다.

안골은 주 능선으로 향한 등산로 중 가장 완만하여 초보자도 산행하기에 알맞은 코스로 맑은 물이 흐르는 계곡을 따라 걸을 수 있어 지루하지 않다.

공작산 방문을 환영이라도 하듯 웅장한 암벽인 문바위가 문바위골에서 산객을 맞이한다. 지방도 406번 노선에서 당무·군업 방향으로 차량으로 3분여 거리에 있는 공작현은 2개의 암봉과 철쭉군락으로 이뤄져 있으며 가장 긴 노선으로 수타사까지 종주할 수 있다.

오늘도 대중교통을 이용한다. 동서울종합터미널 5번 홈에서 홍천행 버스를 타면 1시간 10분 후 홍천종합버스터미널에 도착한다. 홍천종합버스터미널에서 공작산 가는 버스가 있으나 하루 몇 번 운행하지 않으므로 들머리인 공작저수지(노천저수지)까지는 택시(24,000원)로 이동한다. 코로나 영향 때문인지 공작산 정상에 오를 때까지 산객은 보이지 않는다.

정상에 도착하니 홍천에서 오신 한 팀(5명)이 식사하고 있다. 반갑게 인사를 나누고 사진 찍기를 품앗이한다. 친구들끼리 의기투합하여 지난 4월부터 매주 수요일을 산행 날짜로 정하여 100대 산을 오르고 있으며 오늘이 30번째라 한다. 필자는 19번째지만, 100대 산 완등에 대한 숙제는 필자가 먼저 끝낼 것 같은 생각이 든다.

공작산 정상은 암봉과 노송이 어우러져 한 폭의 동양화를 연상케 한다. 산세는 높이에 비해 아기자기할 뿐만 아니라 산 정상 부근의 바위와 소나무의 조화는 멋스럽고 아름답다. 공작산 정상의 조망은 매우 뛰어나다. 홍천군 일원이 한눈에 들어온다. 정상석 뒤편에 진달래 군락지가 있으나 아름다운 꽃을 볼 수 없어 아쉬운 마음이다. 서북쪽으로는 다음에 오를 가리산의 기상관측소도 눈에 들어온다.

공작산은 여러 등산 코스가 있으나 오늘은 공작저수지(노천저수지)에서 출

**공작산 등산로**

공작산 정상 기념

발하여 '문바위골' 능선으로 정상을 오른 뒤 하산은 '공작릉' 능선을 타고 하산하는 코스로 정한다. 정상에서 서남쪽 능선을 이용하면 영서지방에서 가장 오래된 고찰인 수타사(壽陀寺)[48]로 연결된다.

오를 때 등산로는 오르내리막이 반복되며, 거리는 약 3.2km로 왕복 4시간 정도다. 정상에서 30분 이상 달콤한 휴식을 취한다. 정상에서 맛보는 따뜻한 매실차 한잔의 맛은 일품이다. 도심의 카페에서 마시는 차 맛과는 사뭇 다른 느낌이다.

하산길은 계속 내리막이고 대부분 흙길이다. 다만, 낙엽이 워낙 많이 쌓여 겨울철에는 미끄러움에 조심해야 한다. 공작산 전체 산행의 난도는 그렇게 높은 편이 아니므로 초·중급자도 무리 없이 산행할 수 있다.

하산 등산로 옆에 희귀하게 생긴 오래된 노송과 굴참나무가 눈을 즐겁게 한다. 또 4~50년이 넘을 듯한 낙엽송도 빽빽하다. 자연이 우리 인간에게 제공하는 혜택을 만끽한다. 이러한 아름다운 숲길을 걷는 자체만으로도 행복감을 느낀다.

날머리인 '공작저수지'에 도착한다. 주변에 커피숍이 한 곳 있으나 문이 닫혀 있다. 코로나 영향 때문인 것 같다. 하루속히 박멸되어 생기 도는 사회로 회복되기를 소망한다. 초겨울의 공작저수지 모습을 카메라에 몇 장 담고 공작교 삼거리에서 택시로 홍천종합버스터미널을 거쳐 귀가하면서 공작산 산행을 마무리한다.

----

48  수타사: 대한불교조계종 제4교구 본사인 월정사의 말사이다. 영서지방의 사찰 중 가장 오래된 고찰로 홍천군 동면(東面) 덕치리에 있다. 공작산을 배경으로 신라 성덕왕 7년(서기 708년)에 원효대사에 의하여 창건되었으며, 당시에는 우적산(牛寂山) 일월사(日月寺)라는 이름으로 불렀다. 창건 이후 영서 지방의 유명한 사찰로 꼽히다가 1457년(세조 3년)에 지금의 위치로 옮기면서 수타사라 칭하였다. 월인석보와 3층 석탑, 홍우당부도 등 지정문화재 이외에도 1364년에 만든 종과 부도 거리 등 역사적으로 가치가 높은 유물들을 소장하고 있다. 자료: 수타사.

공작산 정상 방향 표시판

공작산 등산로

공작산 공작(노천)저수지

공작산 정상에서 바라본 전경

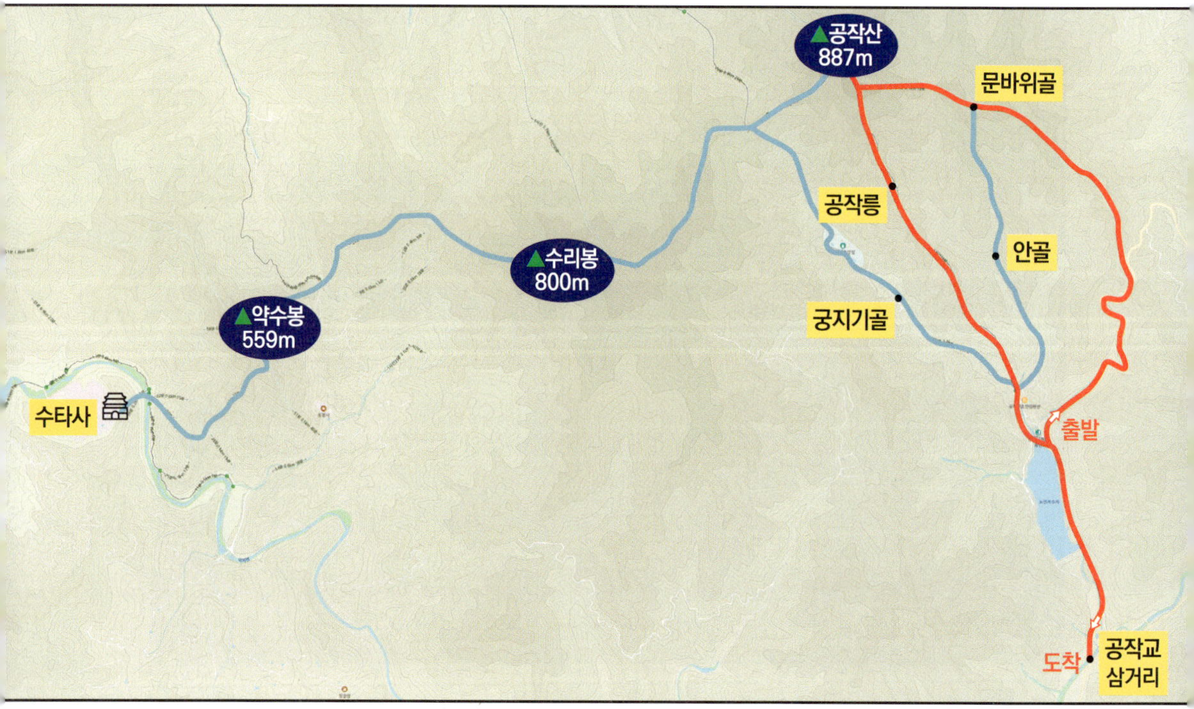

공작산 오늘의 등산로

# 가리산(加里山)

**강원도 홍천군**

- 2020년 12월 11(금), 구름·맑음

가리산은 행정구역상 강원도 홍천군 두촌면, 화촌면, 춘천시 북산면 동면에 연결되어 있는 해발 1,051m의 산이다. 홍천군 산림과에서 제공한 기록에 따르면 가리산은 산림청이 선정한 대한민국 100대 명산 첫 번째이며, '홍천 9경' 중 2경이다.

가리산은 단으로 묶은 곡식이나 땔나무 따위를 차곡차곡 쌓아둔 큰 더미를 뜻하는 순우리말로 산봉우리가 노적가리처럼 고깔 모양으로 생긴 데서 유래하였다고 한다. 가리산에 자생하고 있

**가리산 정상석**

는 주요 산림 수종은 갈참나무, 물푸레나무, 굴참나무 등 다양한 수종의 보고로 사시사철 관광객들이 끊이지 않고 특정한 위치에서만 보인다는 사람의 얼굴을 닮은 '큰바위

얼굴' 감상과 정상 부근 바위 사이에서 흘러나오는 석간수로 갈증을 해소하는 것도 가리산 산행의 또 다른 즐거움의 하나다.[49] 가리산은 홍천강의 발원지이기도 하다.

가리산 정상을 오르는 코스는 국도 44번을 이용하는 '야시대리' 코스와, '가리산자연휴양림' 코스, '소양강' 코스 등이 있다. 필자는 가리산자연휴양림에서 정상을 오르는 코스를 택한다.

교통편은 대중교통을 이용한다. 이른 아침 등산 장비를 챙겨 2호선 전철 편으로 동서울종합터미널에서 홍천행 급행버스에 오른다. 정확하게 1시간 10분 후 홍천종합버스터미널에 도착이다. 홍천종합버스터미널에서 역내리행 시내버스 편이 있다고 하나 배차 간격이 워낙 많이 나는 관계로 택시를 이용한다. 역내리까지 버스로 이동할 경우 국도에서 휴양림까지 약 5km는 대중교통이 없다고 한다. 들머리 격인 두촌면 천현리에 자연휴양림이 자리하고 있다. 1998년 7월 개장한 '가리산자연휴양림'은 노송·기암괴석이 조화를 이루는 데다 다목적 광장·민속놀이장 등 다양한 편의시설을 갖추고 있어 사계절 가족 휴양지로 주목받고 있다. 통나무집을 비롯하여 많은 펜션이 자리하고 있다.

산림욕장, 맨발로 걸을 수 있는 산책로 조성도 잘 되어 있다. 아쉬운 점은 코로나로 인하여 관광객이 한 명도 보이지 않는다. 휴양림을 출발하여 조금 걷다 보면 다수의 펜션 마을이 나타나고, 등산로 우측에는 '가리산 강우레이더관측소'[50] 관리동이 나온다. 관리동과 관측소 방향으로 모노레일이 설치되어 있다. 아마도 이 모노레일은 관측소 관리나 산불 방화 등에 이용하는 것 같은 생각이다.

들머리인 자연휴양림 출발 약 30여 분 후 합수곡 삼거리 도착이다. 좌측 등산로인 '무쇠말재'[51]로 향한다. 정상에 오른 후 시계 방향으로 가십고개에서 능선을 타고 다시

...........................

49  홍천군 산림과 제공, 가리산의 유래.
50  가리산 강우레이더관측소: 이 관측소는 가칠산 남쪽 봉우리에 2011년부터 2016년까지 한강홍수통제소에서 강우레이더를 관측하여 과학적으로 한강의 홍수를 예보할 수 있으며, 투자된 비용은 관측소 건설에 260억 원, 관리동에서 관측소까지 모노레일을 잇는 공사비 50억 원 등 약 310억 원을 투입하였다고 한다. 이곳에서는 한강 상류인 소양호 상공의 구름과 홍천강 상공의 구름을 관측하여 활용하는데 그 자료들이 매우 유용하다고 한다. 가리산 현지 글.
51  무쇠말재의 전설: 옛날 이 일대가 큰 홍수가 나서 물바다가 되었을 때 무쇠로 배 터를 만들어 배를 붙들어 놓았다 하여 무쇠말재라 하는데 그 당시 모든 사람이 죽고 송 씨네 오누이만 살아남았다 한다. 가리산 현지 글 내용.

휴양림으로 하산하는 코스로 잡았다.

정상을 향해 계속 흙길을 지나다 보면 좌측에 뿌리가 다른 두 나무의 몸통이 합쳐져 하나가 된 사랑의 나무인 '연리목'[52]을 만난다. 스토리가 재미있어 소개한다.

무쇠말재를 지나 가리산 정상으로 올라가기 전 삼거리에 도착하면 샘터(석간수)로 가는 이정표다. 1,000m가 넘는 곳에 샘이 나오다니? 신기하기도 하고 목도 축이고 싶은 욕망이다. 그러나 생각을 바꾸어 곧바로 정상인 제1봉을 향한다.

**가리산 연리목**

철제 가드레일을 잡고 철판을 딛고 직각에 가까운 암벽 틈새로 악전고투하며 위험한 구간을 지나 정상 도착이다. 막힘이 없이 사방이 모두 조망된다. 여태껏 오른 21개 명산 중 가장 훌륭한 조망이다. 탄성이 절로 난다.

겹겹이 쌓인 크고 작은 산들이 이곳을 향해 달려올 채비다. 다른 산객 없이 필자 독차지다. 남쪽으로는 강우레이더 관측소와 서쪽에는 삼악산, 북서쪽의 용화산, 멀리는 진한 코발트색의 소양호도 눈에 들어온다.

홍천군에서 2015년에 다시 세운 말끔한 정상석이 반긴다. 바로 옆에는 '해병대 가리

..........................................

52  연리목: 뿌리가 다른 두 나무의 몸통이 합쳐져 하나가 된 것을 말하는데, 부부간의 금실이 좋거나 남녀 간의 애정이 깊은 것을 비유한다고 한다. ○○ 대학교 ○○ 교수는 연리목은 보통 수종이 같거나 유사한 나무끼리 결합하여 이루어지고, 소나무의 경우 송진이 있어 소나무 외(外)에 특히 활엽수가 달라붙을 경우에는 활엽수가 고사하기 마련인데, 가리산 연리목은 생물학적으로 종(種) 자체가 다른 침엽수인 소나무와 활엽수인 참나무가 한 번도 아닌 세 번씩이나 감아 올라, 한 몸을 이룬 우리나라에서 찾아 보기 힘든 희귀목이라고 했다. 가리산 연리목은 새천년이 시작되던 2000년 5월 서로 사랑하면서도 부모의 반대로 결혼하지 못한 커플이 우연히 가리산 등반을 왔다 발견하고, 연리목을 서로 두 손으로 껴안고 입맞춤을 한 후 부부의 연을 맺었다는 이야기가 전해지면서 전국적으로 갖가지 사연으로 정상적 커플이 되지 못한 수많은 남녀가 함께 등산을 와 사랑을 비는 명소가 되고 있다. 가리산 자연휴양림 제공.

산 전투 기념비[53]가 함께 정상을 지키고 있다. 바람이 세차게 분다. 삼각대를 펴고 기념을 담는다.

눈앞에 보이는 2봉과 3봉을 향한다. 바위에 박힌 쇠 파이프 닥터를 딛고 조심해서 좁은 바윗길을 따라 오른다. 2봉에서는 멀리 희미하게 명지산과 화악산이 보이고 서쪽으로는 삼악산이 눈에 들어온다. 그동안 다녀온 산이라 감회가 새롭다. 2봉에서 바라본 1봉의 풍광은 장관 그 자체다. 웅장하고 아름답다. 제2봉에서는 가리산 명물 중의 하나인 '큰바위얼굴'[54]을 감상할 수 있다. 바위가 마치 사람의 얼굴 형상이다.

**가리산 정상 기념**

제3봉에서 간식을 곁들인 충분한 휴식을 취한다. 가리산 정상 부근에 우뚝 솟아 있는 3개의 암봉은 장관이다. 정상부의 3개 암봉은 험한 바위 봉우리로 세심한 주의가 필요하다.

하산은 가삽고개 쪽으로 향한다. 조금 내려오면 소양호 쪽으로 가는 물로리 안내판

---

53 ① 전투 기간: 1951.3.19.~1951.3.5.(7일간)
　② 전투 부대: 해병대 제1연대, 북괴군 제6사단 예하 1,500여 명
　③ 전과 및 피해: 전과(적 사살 121명, 포로 39명, 따발총 25정, 장총 8정, BAR 2정, M1 5정 노획), 피해(전사 31명, 부상 91명, 실종 2명)
　④ 의의 및 성과: 국군과 유엔군의 총반격 시 미 제9군단 진격의 걸림돌인 가리산을 확보하여 총반격 작전에 크게 기여함.
54 가리산 큰바위얼굴: 지금으로부터 250여 년 전인 조선조 영조 대왕 후반기, 이곳 가리산이 소재한 두촌면 천현리에 ○○○ 성을 갖는 ○○이라는 선비가 있었는데, 그는 어려서부터 총명하고 활달하여 공부를 잘했고, 틈틈이 가리산 정상에 올라 휴식과 책을 읽고 호연지기를 키워 왔으며, 스무 살 되던 해에 과거에 장원 급제하여 판서까지 오르는 벼슬을 했다고 한다. 그 후 ○○○ 판서가 앉아서 공부하며 호연지기를 키우던 가리산 제2봉의 암벽이 조금씩 사람 얼굴을 띠며 변하기 시작했고, 사람들은 이 바위를 가리산 '큰바위얼굴'이라고 부르기 시작했다고 한다. 가리산 큰 바위 얼굴의 소문이 전해지면서 지역에 사는 많은 청년과 선비들은 ○○○ 판서가 했던 대로 가리산 제2봉에 올라 학업과 휴식과 호연지기를 키우면서 많은 이들이 과거에 급제하여 벼슬길에 올랐다고 전해 오고 있다. 최근에는 대학 수능시험을 준비하는 고3 수험생을 둔 학부모들이 가리산 큰바위얼굴을 찾아 기도하면 수능 대박을 얻는다는 이야기가 전국적으로 입소문을 타면서, 각종 시험을 준비하는 수험생과 학부모들이 가리산 제2봉에 올라 큰 바위 얼굴에 전하며 기도하는 진풍경 속에 많은 등산객이 찾는 지역의 명소가 되고 있다. 제공, 가리산 자연 휴양림.

이 나온다. 소양강댐을 경유해서 뱃놀이 여행의 묘미를 맛볼 수 있으나 교통이 불편(1일 2회 운행)한 관계로 포기한다.

　가리산에서 흥미로운 스토리 하나를 소개하면 '천자 묘'에 관한 이야기다. 땅 기운이 인물을 만든다는 풍수지리 이론이 깃든 곳이다. 풍수 이론은 지구를 구성하는 산과 강을 유기체로 간주하는 미시적 관점이며, 혈을 찾기 위한 방법론이다.[55] 가리산 깊은 곳에 있는 천자 묘는 근방에 살든 머슴이 이곳에 자신의 부친의 묘를 이장한 뒤 중국에 가서 천자가 되었다는 전설이 서린 곳이다.

　이러한 전설적인 명당 때문에 전국에서 수많은 사람이 찾는다고 한다. 천자 묘에 가기 위해서는 소양호에서 배를 타고 춘천시 북산면 물로리(勿老里)를 통해서 가는 방법과 가리산에서 내려가는 방법이 있다. 물로리는 늙지 않는다는 뜻이라고 한다. 배편을 이용할 경우 시간을 확인해야 한다.

　다시 합수곡 삼거리에 도착하여 잠시 휴식 후 계곡의 아름다운 물소리를 들으며 여유로운 발걸음으로 자연휴양림에 도착한다. 약 4시간 30분의 산행을 마치고 아침에 이용한 택시로 홍천종합버스터미널을 거쳐 동서울종합터미널행 버스를 타고 귀가하면서 평생 기억에 남을 가리산 산행을 갈무리한다.

가리산 큰바위얼굴

가리산 강우레이더 관측소

해병대 가리산 전투 기념비

---

55　지종학, 가리산 천자 묘 가는 길, 2010.1.11.

정상 후면에서 바라본 가리산 정상

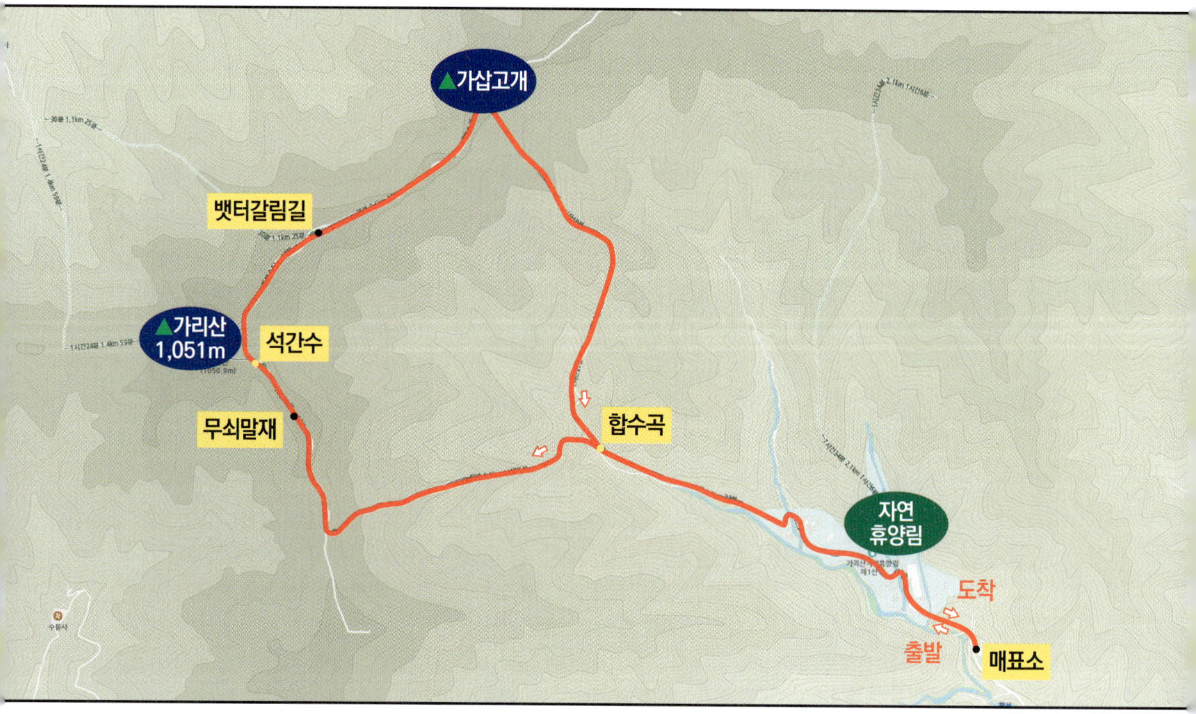

가리산 오늘의 등산로

# 태백산(太白山)

## 강원도 태백시·영월군·경상북도 봉화군
- 2020년 12월 23(수), 구름

    태백산은 행정구역상 강원도 태백시와 경상북도 봉화군에 걸쳐 있는 해발 1,567m의 산이다. 그러나 태백산의 대부분 면적은 강원도 태백시에 속해 있다. 태백산은 1989년 5월 13일 태백산도립공원으로 지정되었다가 2015년 4월 9일 강원도에서 태백산국립공원 지정을 건의하여 2016년 4월 15일 심의를 통과하여 2016년 8월 22일에 우리나라 22번째 국립공원으로 지정되었다. 태백산은 백두대간에 솟아 있는 설악산, 오대산, 함백산 등과 함께 예로부터 민족의 영산으로 알려져 있으며 태백산

**태백산 정상석**

이란 명칭은 높고 큰 봉우리에 자갈과 모래가 널려 있어 멀리서 바라보면 흡사 흰 눈이 쌓여 있는 것처럼 보이는 데서 유래되었다고 한다. 태백산 주변에는 태백산보다 높

은 함백산(1,573m)을 비롯하여 장산(1,409m), 구운산(1,346m), 연화봉(1,053m) 등 1,000m 이상의 수많은 고봉과 연봉을 이루고 있다. 해발고도가 높은 정상부에는 고산식물이 많이 자생하고 있으며, 특히 태백산 주목 군락은 유명하다. 태백산에는 2,800여 그루의 주목이 자생하며 이 중 가장 큰 나무의 지름은 1.44m이고 수령은 500년 이상이다.[56] 태백산은 오랫동안 천(天), 지(地), 인(人), 즉 하늘과 땅과 조상을 숭배해 온 고대 신앙의 성지였다.

정상에는 태고 때부터 하늘에 제사를 지내는 천제단(天祭壇)[57]이 있어 매년 개천절에 태백제를 열고 천제를 지낸다. 특히 태백산은 우리나라 3신산(三神山)[58] 중의 하나로 일찍이 이중환의 『택리지』에서도 조선의 12대 명산[59]에 속할 정도로 유명한 산임이 기록되어 있다.

'코로나 바이러스 감염증-19'의 3단계로 내일(12월 24일)부터 신년도 3일까지 11일간 전국의 국·공립공원이 폐쇄된다는 뉴스가 발표된 뒤라 더욱 오늘 산행의 의미가 있는 것 같다. 오늘 산행은 상명대학교 박사과정 후배인 고영아 선생과 함께한다. 특히 고영아 선생은 필자가 모교에서 강의 시 출퇴근을 도와준 분이다. 서울고속버스터미널이나 동서울종합터미널에서 태백버스터미널로 이동하여 버스나 택시로 이동해서 산행을 할 수도 있다.

아침 7시 전에 강남을 출발하여 영월 상동을 거처 첩첩산중인 꼬불꼬불한 지방도를

---

56 한국민족문화 대백과, 한국학 중앙연구원.
57 태백산 천제단(天祭壇): 하늘에 제사를 올리기 위해 돌로 만든 제단이다. 천제단은 태백산 정상에 있는 천왕단을 중심으로 한 줄로 놓여 있다. 천왕단의 북쪽에 장군단이 있고, 천왕단의 남쪽에 하단이 있다. 제단을 세운 시기는 정확히 알 수 없으나 태백산은 예로부터 신령한 산으로 섬겨져 제천의식의 장소가 되었다. 『삼국사기』를 비롯한 여러 사료에서 부족국가 시대부터 이곳에서 천제를 지냈다고 기록하는 것으로 미루어 역사가 매우 오래되었음을 알 수 있다. 지금은 개천절에 나라의 태평과 번영을 기원하는 제사를 지내고 있다. 해마다 열리는 강원도민 체전의 성화에 불을 붙이는 장소이기도 하다.
58 삼신산(三神山): 중국 전설의 발해만(渤海灣) 동쪽에 있다는 봉래산(蓬萊山), 방장산(方丈山), 영주산(瀛州山)으로, 이곳에 신선(神仙)과 불사약(不死藥)과 황금(黃金)·백은(白銀)으로 만든 궁궐이 있다는 『사기(史記)』의 기록이 있는데 지리산은(방장산)에 대비되고, 금강산(봉래산), 한라산(영주산)이다, 한국민족문화대백과, 한국학중앙연구원.
59 12대 명산(名山): 이중환의 『택리지(擇里志)』에 나온 것으로, 금강산, 설악산, 오대산, 태백산, 소백산, 지리산, 속리산, 덕유산, 칠보산, 묘향산, 가야산, 청량산이 여기 속한다.

따라 목적지로 향한다. 휴식 없이 3시간 남짓 주행하여 등산로 입구에는 10시경 도착했다. 태백산 정상에 오르는 코스는 다양하다. 우리가 선택한 코스는 백단사에서 출발하여 정상에 오른 뒤 유일사 방향으로 하산하는 코스였다. 주차는 백단사 입구 주차장에 주차 후 단단히 채비하고 이정표를 따라 백단사 등산로로 진입한다. 다른 산객은 아무도 없었다.

출발하자마자 고영아 선생이 힘들어하는 모습이 역력하다. 숨이 차고 귀까지 먹먹하다고 한다. 혈압이 높은지 여쭈어봤으나 정상이라고 하니 그나마

**태백산의 주목**

안심이 되었다. 등산로는 잔설로 덮여 있어 미끄럽기는 했지만, 거의 흙으로 된 길이라 큰 어려움 없이 오를 수 있다. 초보 산객에게 권하고 싶은 코스다. 백단사 입구에서 약 1시간 정도 오르자 산은 온통 새하얀 옷으로 갈아입는다. 고영아 선생도 어려운 고비를 넘기고 얼굴에 생기가 돈다. 단종비각에 도착하니 온 천지가 하얗다. 생전 처음 보는 광경이다. 이곳은 단종대왕을 모신 단종비각[60]과 한국 명수 100선 중 으뜸인 용정(龍井)이라는 샘물이 나오는 곳이다. 기록에 의하면 용정 수는 천제를 지낼 때 제수로 사용된, 우리나라에서 가장 높은 곳(해발 1,470m)에 위치한 샘물로 동해에서 떠오르는

---

60  단종비각: 조선 제6대 임금인 단종이 영월에 유배되자 전 한성부윤 주익한은 태백산의 머루 다리를 따서 자주 진상하였다. 어느 날 과일을 진상하러 영월로 가는 꿈을 꾸게 되었는데, 곤룡포 차림으로 백마를 타고 태백산으로 오는 단종을 만나는 꿈이었다. 이를 이상하게 여겨 영월에 도착해 보니 단종이 그날로 세상을 떠났다는 것이었다. 그 후 1457년 영월에서 승하한 단종이 태백산 산신령이 되었다고 전해지고 있으며, 단종의 영혼을 위로하고 산신령으로 모시는 제를 음력 9월 3일에 지내고 있다. 지금의 각은 1955년 망경대 박묵암 스님이 건립한 것이며, 오대산 월정사 탄허 스님의 친필로 쓰인 비문이 안치되어 있다.

아침 햇살을 제일 먼저 받아 우리나라 100대 명수 중 으뜸에 속한다고 한다. 용정의 유래는 용각(龍閣)을 짓고 용신에게 제(祭)를 올려 예로부터 용정(龍井)이라 불리고 있다고 한다.

단종이 죽어서 태백산의 산신령이 되어 있다는 전설도 있다. 산꼭대기에서 샘물이 나오는 것이 신기하다. 기온이 차갑지만, 설경에 취해 물 한 바가지로 목을 축인다. 고영아 선생도 연거푸 두 바가지를 들이켠다. 기온이 점점 내려가는 속도가 빠르고 눈을 제대로 못 뜰 정도로 눈보라가 휘몰아친다. 그러나 기분은 상쾌하다.

사람 소리가 들리는 것으로 봐 정상이 가까워져 온 것 같다. 마지막 나무 계단 길을 올라 드디어 정상에 도착한다. 주위가 온통 하얗다. 이 와중에도 몇 팀이 다투어 기념을 남기려고 부지런히 셔터를 누른다. 몸을 가눌 수 없을 정도로 바람이 세차다. 칼바람을 피해 보려고 천제단 안으로 자리를 옮겨 봤으나 마찬가지다. 태백산(太白山)이란 큼직한 글씨가 새겨진 웅장한 정상석은 이름에 걸맞게 산객들의 사랑을 독차지한다. 우리도 서둘러 정상석을 배경으로 기념을 몇 장 담고 우일사 코스로 향한다. 우일사 코스를 들어서자마자 억새밭도 온통 순백이다. 이어서

**태백산 정상 기념**

태백산의 명물인 주목 군락을 만나게 된다. 능선 역시 은세계가 펼쳐진다. 말로 표현할 수 없을 정도로 장관이다. 환상적이다. 갖가지 모양으로 생긴 주목은 백옥 같은 옷을 두르고 산객을 유혹한다. 함께한 고영아 선생은 추위도 잊은 채 연신 감탄을 자아낸다. 다른 산객도 비경에 취해 비명을 지르기까지 한다. 대충 봐도 수백 년 세월을 견디어 온

일부 주목은 시멘트의 도움을 받아 연명하고 있어 안타까운 마음이다. 그러나 살아 있는 반쪽은 여전히 푸르름을 유지하고 있어 신비스럽기까지 하다. "살아서 천년, 죽어서도 천년"을 견딘다는 주목이 오랫동안 태백산을 찾는 산객에게 즐거움을 주기를 기원해 본다. 갖가지 나뭇가지에 걸린 상고대는 세찬 바람에도 흐트러짐 없이 아름다운 자태를 유지하고 있다. 산객들에게 코로나로 얼룩진 경자년을 마무리하고 일주일 앞으로 다가온 희망찬 신축년 새해 선물을 안긴다. 이 시간 태백산 정상에 있다는 것 자체가 행복하다. 정상을 출발하여 우일사 주차장에 도착하여 따듯한 차 한잔으로 몸을 녹인 뒤 백단사 주차장으로 이동하여 승용차로 3시간을 달려 서울로 돌아와 시래깃국 한 그릇으로 허기를 달래고 감동에 찬 오늘 태백산 산행을 마무리한다. 고영아 선생의 수고로 편안한 산행을 할 수 있었다.

태백산 주목

태백산 단종비각

태백산 천제단

태백산 정상 능선의 상고대

태백산 오늘의 등산로

# 덕항산(德項山)

## 강원도 태백시·삼척시
- 2021년 1월 5(화), 구름·맑음

덕항산은 행정구역상 강원도 삼척시 신기면과 태백시에 걸쳐 있는 해발 1,071m의 산이다. 태백산맥 줄기의 산으로 백두대간[61]의 분수령을 이루고 있으며 천연기념물(제178호)인 환선굴(幻仙窟)은 동양 최대의 석화 동굴로 불리기도 한다.

태백시에서 70년 이상 살고 있다는 택시 기사의 말에 의하면 덕항산은 화전민들이 많이 살던 곳이라고 한다. 그래서인지 등산을 하다 보면 산에는 온통 하늘을 찌를 듯한 낙엽송이 많다. 또한 덕항산(德項山)이라는 이름도 옛날 먹거리가 부족해 한 평의 경작지가 아쉬웠던 때 삼척지역 사람

**덕항산 알루미늄 정상 표시판**

들이 이 산을 넘어가면 화전(火田)을 할 수 있는 평지가 많아 덕을 봤다는 의미에서 '덕메기산'으로 불렸던 것을 한자로 표기하면서 유래했다고 한다. 6·25전쟁이 발발한 것

---

61 백두대간: 백두산에서 발원된 큰 산줄기라는 의미로 백두산에서 시작하여 지리산까지 이루는 산줄기며, 강하나 하천 등 물줄기에 의해 한 번도 잘리지 않고 한반도의 가장 큰 국토 줄기를 형성하는 산줄기이다. 덕항산 정상 소재 표시글 내용.

도 모를 정도로 백두대간 턱밑의 깊은 산으로 화전민들의 눈물과 땀이 서려 있는 곳이기도 하다.

애초 오늘 등산로는 '외나무골교'(구, 하사미교)를 출발하여 예수원을 거쳐 정상에 오른 뒤 환선굴로 하산하는 계획을 세웠으나 11시 30분에 태백에 도착한 관계로 코스를 단축할 수밖에 없었다.

예수원 쪽으로 가는 버스 배차 시간을 맞출 수 없어 택시로 외나무골교에 하차하여 찬 겨울바람을 맞으며 예수원을 향한다. 가을걷이가 끝났고 절기적으로 '소한(小寒)'이라 동네에는 사람을 볼 수 없다. 적막이 흐른다.

계곡을 향해 약 30여 분 직진하다 보면 예수원 건물이 멀리 눈앞에 들어온다. 길 좌측에 고 대천덕 신부님 추모비와 "토지는 하나님의 것이라"라는 레위기 25장 23절 말씀 중 일부가 큼직한 돌에 새겨져 있다.

예수원은 미국 성공회 사제인 대천덕 신부가 1965년에 중보기도의 집으로 설립한 기독교 초교파 수도 생활 공동체라고 한다. 예수원에 대해서는 필자가 출석하는 담임목사님으로부터 설교 시간에 몇 번 언급하신 적이 있었던 터라 어떤 곳인지 한 번은 와 보고 싶은 곳이다. 예수원 역시 인적이 고요하다. 하얀 비닐 줄에 코로나19로 '출입 금지'라는 표시가 마음을 무겁게 한다. 돌을 쌓아 건축한 예수원 건물은 엄숙한 느낌이 든다. 내가 아는 상식으로는 예수원은 2박 3일 동안 기도와 예배만 드리는 곳으로 알고 있다. 예수원 시설을 막 벗어날 무렵 경쾌한 종소리가 조용한 계곡의 기

덕항산 예수원 입구 표지석

지개를 켜게 한다. 종소리가 메아리가 되어 돌아올 정도로 고요하다.

　어디를 둘러봐도 덕항산 산행 코스에 대한 이정표가 없다. 조금 직진하다 보면 산악회 리본이 여기저기 경쟁하듯 매달려 있어 리본을 따라 방향을 잡는다. 예수원에서 약 3~4분 정도 걷다 보면 갈림길이 나온다. 11시 방향은 덕항산 정상 아래에 있는 쉼터 방향으로 올라가는 길이고, 1시 방향은 구부시령 방향으로 가는 길이다. 덕항산 정상만 찍고 오려면, 1시 방향으로 올라갔다가 11시 방향으로 하산하면 된다.

　필자는 1시 방향으로 오르는 길을 택한다. 예수원에서 30~40분 오르면 구부시령(九夫侍嶺) 삼거리에 다다른다. 기록에 의하면 태백 하사미의 골에서 삼척 도계읍 한내리로 넘어가는 고개로 예전에 기구한 운명을 타고난 부인이 있었는데 서방을 얻으면 계속 죽고 또 죽고 하여 무려 아홉 서방을 모셨다고 한다. 그래서 아홉 서방을 모시고 산 여인의 전설에서 구부시령으로 부르고 있다고 기록하고 있다.

　이곳에는 유난히도 산악회의 리본들이 즐비하다. 구부시령 삼거리 쉼터에서 따뜻한 모과차 한 잔으로 추위를 달랜 후 속도를 더하여 약 30분 후 덕항산 정상에 도착한다.

정상에는 기대와는 다르게 딱히 정상을 알리는 표지가 없어 두리번거리게 한다. 자세히 살펴보니 두 개의 알루미늄 받침대 위 타원형 간판에 덕항산 정상이라는 표시와 등산로 방향을 가리키는 이정표가 정상을 대신하고 있다. 정상을 알리는 글씨마저 페인트가 벗겨져 보기에 흉할 정도다. 관리가 아쉽다. 정상에 오르자 바람이 세차게 분다.

　손이 시리다. 삼각대를 설치하여 기념을 몇 장 담고 서둘러 사거리 쉼터 쪽으로 이동한다. 사거리 쉼터에서 간식을 먹고 시간을 단축하기 위해서 '동산고뎅이'

**덕항산 정상 기념**

코스를 진입하려다 보니 출입 금지 표시판이다. '고뎅이'는 삼척 사투리로 '경사가 급한 언덕'을 뜻한다고 하니 겨울철이라 위험 방지를 위해 등산로를 폐쇄한 것 같다.

하산은 애초 계획한 대로 지각산을 거쳐 환선굴 쪽으로 하산하든지 아니면 예수원 쪽으로 원점 회귀하는 방법이다. 시간상으로 지각산(환선봉)과 장암재를 경유해서 환선굴 관람을 못 함은 아쉽지만, 다음 기회로 미루고 예수원 쪽 하산을 결정한다.

쉼터 삼거리에서 예수원 쪽으로 하산길은 지극히 평범한 흙길이다. 아침에 출발했던 외나무골교에서 택시를 이용하여 태백버스터미널에서 동서울행 버스를 타고 3시간 후 서울에 도착한다. '환선굴'과 '대금굴' 관광에 잔뜩 기대를 걸고 어둠 속에 집을 나섰던 산행은 진한 아쉬움이 남는다.

그러나 소한(小寒)인 오늘 차가운 바람을 맞으며 덕항산 산행을 대과 없이 마칠 수 있어 감사한 마음이다. 천호대교 버스 안에서 바라본 석양은 오늘따라 유난히 아름답다.

덕항산 정상 삼각점

덕항산 떡시루 돌(일명)

덕항산 기린나무(일명)

덕항산 정상에서 바라본 태백시

덕항산 오늘의 등산로

# 태화산(太華山)

**강원도 영월군·충청북도 단양군**

- 2021년 1월 14(목), 맑음

태화산은 행정구역상 강원도 영월읍과 충청북도 단양읍 영춘면에 경계를 이루고 있는 해발 1,027m의 산이다. 영월에는 두 개의 100대 명산이 있으며 그중 하나가 태화산이다. 다른 하나는 인근에 있는 백덕산이다.

태화산 등산로 종합 안내 내용에 따르면 강원도 영월군 남면, 김삿갓면과 충청북도 단양군 영춘면의 경계에 있는 산으로 영월 8경 중 여섯 번째인 태화 단풍으로 유명하다. 『신증동국여지승람』에는 대화산(大華山)이라는 기록이 있다. 영월 사람들은 화산이라고도 한다. 태백산맥의 줄기인 내지산맥(內地山脈)에 속하는 산이다. 북서쪽에는 국지산(菊池山), 동북쪽에는 응봉산, 동남쪽에는 마대산 등이 있다. 산의 북쪽에

**태화산의 두 정상석**

서부터 동쪽·남쪽 등을 남한강이 감싸 흐른다. 북쪽으로 7km 지역에 영월읍이 있다.

태화산은 정상을 중심으로 사면이 모두 다소 험하고 급경사다. 삼면이 남한강에 에워싸여 있어 더욱 아름답다. 산림청에서 태화산을 100대 명산으로 선정한 기록을 살펴보면 영춘지맥이 시작되는 태화산은 경관이 아름답고 고구려 시대에 쌓았던 토성인 태화산성(泰華山城)[62] 등 역사적 유적이 있고 고씨동굴(高氏洞窟: 천연기념물 제219호)이 소재하고 있는 점을 고려하여 선정했다고 한다.

오늘 산행은 대중교통을 이용하기 위해 새벽부터 서둘러 동서울종합터미널을 향한다. 7시에 첫차가 있는 줄 알고 도착했으나 8시 30분에 첫차가 출발한다고 한다. 코로나로 인하여 모든 버스 노선이 변경되었기 때문에 사전 확인이 필요하다. 동서울에서 출발하여 영월버스터미널까지는 약 2시간 소요된다. 태화산 정상 코스는 흥교, 큰골, 팔괴리(오그란이), 고씨굴에서 오르는 길이 있다. 오늘 산행 코스는 팔괴리 등산로를 선택한다. 영월버스터미널에서 팔괴리 등산로 입구까지 택시 요금은 10,000원이다. 등산로 진입에서 비포장도로를 따라 한참을 올라갔으나 토목공사를 하려는 도로이고 등산로가 아니다. 다시 내려와서 좌측에 있는 인가 마당을 기웃거리고 있는데 할머니께서 방에서 나오시더니 친절하게 등산로를 안내해 주신다. 얼마 전까지 이정표가 있었는데 어느 날 없어졌다는 말씀이다. 고맙다는 인사를 드리고 눈 덮인 너덜길을 오른다.

인기척이 없다. 쌓인 눈은 발목까지 차고 경사도는 점점 높아만 간다. 아이젠을 꺼내 착용하고 정상을 향하지만, 산과 길이 구분 안 될 정도로 눈이 많이 쌓여 있다. 크고 작은 짐승의 발자국이 있어 그나마 다행이라는 생각이다. 정상이 가까워질수록 눈 두께

---

62 강원도 영월군 영월읍 팔괴2리에 소재하며 석성과 토성이 혼합된 양식으로 성터에서는 고구려 시대의 것으로 보이는 기와 조각이 발견된다. 정양성, 대야성, 영춘위 온달성, 태화산성 등 네 개의 성들은 동일한 목적을 위하여 동일한 시기에 축조된 것으로 볼 수 있다. 정양성, 대야성, 온달성 이 3개소에 있는 성이 석성이므로 실전용이라고 한다면 4개 성 중에서 제일 높은 위치에 있는 태화산의 토성은 적정을 감시하고 그 상황을 우군에게 연락하는 사령탑 역할을 하던 곳으로 볼 수 있다.
옛날 어느 집안에 남매 장수가 있었다. 그 어머니는 성 쌓는 내기를 시켜서 이기는 자식을 키우기로 하였다. 아들인 왕검에게는 정양리의 돌성을 쌓게 하고 딸은 태화산의 흙성을 쌓게 했는데 어머니가 보니 딸이 아들보다 먼저 완성할 것 같으므로 흙성을 무너뜨리자 딸은 흙더미에 깔려 죽고 말았다. 그래서 왕검성은 지금도 완벽한 상태로 남아 있으나 태화산성은 무너졌다는 전설이 이 지방에 전해 온다. http://cafe.daum.net/cho61144/4I6W/924?svc=-cafeapiURL, 2021.1.15.

는 점점 깊어지고 정강이까지 차오른 눈을 헤치며 오르자니 숨소리는 거칠어지고 온몸의 근육은 뻐근하기만 하다.

하산이 걱정된다. 등산을 포기할까 하는 생각이 들 정도로 발걸음을 옮기기가 힘들 정도다. 정상으로 올라가는 등산로 좌측에 마련된 소나무 전망대에서 남한강을 바라보는 순간 지금까지 힘들게 올라온 보상을 받고도 남는 기분이다. 전망대에서 조망되는 남한강과 조화를 이루는 설산은 한 폭의 그림이다. 영하 8도의 차가운 날씨지만 추위를 잊게 한다. 출발한 지 3시간 지나 정상에 도착한다. 정상에는 경계와 위치 등을 알리는 기준점이 되는 '삼각점'을 중심으로 양쪽으로 두 개의 정상석이 세워져 있다. 강원도 영월군과 충청북도 단양군에서 각각 세운 정상석이다.

**태화산 정상 기념**

그때까지 산객은 나 혼자뿐이다. 기념을 남기려고 삼각대를 설치하는 순간 인기척이 있어 눈을 돌리니 반대편에게서 젊은 청년 한 분이 급히 올라온다. 설치 중이던 삼각대를 접고 그분께 부탁해서 기념을 남긴다. 하산 코스를 물으니 정상에서 2.8km 떨어진 흥교 주차장에 주차하고 왔기 때문에 그곳으로 회귀한다고 한다. 그 청년의 거주지는 동해이고 오전에 이미 오대산 산행을 마치고 태화산을 올랐다고 한다. 대단한 체력 같았다. 그 청년이 오른 코스는 양지바른 곳으로 쌓인 눈도 거의 없는 쉬운 길이라 한다. 필자의 애초 하산 계획은 고씨굴 쪽이었으나 쌓인 눈 때문에 자신이 없는 터라 그 청년과 함께 흥교(興教)<sup>63</sup> 쪽 하산길로 들어선다.

하산길은 전체가 흙길이고 정상에 오를 때와는 완연히 달랐다. 초보자나 단순히 정상에 오르는 것이 목적이라면 이 코스를 권하고 싶다. 바위나 너덜길도 없는 편한 길이다. 그러나 오를 때 워낙 고생한지라 다리가 후들거린다. 청년의 빠른 걸음에 보조를 맞추기 힘들 것 같아 먼저 보내고 천천히 흥교 주차장에 도착하여 택시로 영월버스터미널에서 오후 6시 출발하는 동서울행 버스를 타고 전철로 사무실에 와서 환복 후 오늘 산행을 마무리한다. 그 청년 덕분에 쉽게 하산할 수 있었다. 귀한 분을 만난 셈이다. 5억 년의 신비를 간직한 유서 깊은 고씨굴(천연기념물 제76호)을 보지 못한 것은 아쉬움이 남지만, 눈 덮인 태화산 산행은 오래도록 기억에 남을 것 같아 기분이 좋다.

태화산 정상석(단양군)　　태화산 정상석(영월군)　　눈 위의 태화산 나무

---

63　흥교(興教): 태화산 등산로 돌머리 입구에 자리한 흥등사 터는 본래 『신증동국여지승람』에 기록된 "흥교사는 강원도 영월군 태화산에 있다."라는 문구를 통해 대략적인 위치만을 가늠할 수 있었으나 21세기에 접어들면서 이루어진 학술조사를 통해 정확한 위치가 확인된 곳으로 통일신라 말 후고구려를 건국한 궁예와 관련된 전설이 전해져 내려오는 곳이다. 『삼국사기(三國史記)』 열전(列傳 第10 궁예) 조에 따르면 "헌인왕 또는 경문왕의 아들이었던 궁예가 신분을 숨긴 채 살다가 10살이 될 무렵 세달사로 출가했다."라고 하는데, 그곳이 흥교사라는 기록이 남아 있어 같은 곳임을 알 수 있다. 『삼국유사』 탑상(塔像) 제4낙산 이대성 관음정취조신(二大聖 觀音定聚調信) 조에도 "옛날 경주가 서울이었을 때, 세달사(지금의 흥교사)의 농장이 명주 내리군에 있었다."라고 하여 그 이후의 어느 시점에서 사찰의 명칭이 바뀌었음을 짐작할 수 있다. 건물터, 계단식 석축 등 총 17곳의 유구지가 발견된 흥교사 터에서는 1960년대부터 금동물상과 청동여래좌상이 발굴된 바 있고, 2012년 시행된 발굴 작업에서는 흥교(興教)라는 글자가 새겨진 기왓장이 출토되는 등 다양한 고고학적 증거들이 발견된 곳이다. 한국민족문화대백과사전.

태화산 전망대에서 바라본 남한강

태화산 오늘의 등산로

# 도봉산(道峯山)

## 서울특별시 의정부·경기도 양주시

- 2021년 1월 22일(금), 구름·맑음

　도봉산은 행정구역상 서울시 도봉구를 비롯하여 경기도 의정부시와 양주시에 걸쳐 있는 해발 726m(신선대 정상)의 산이다. 환경부와 북한산국립공원 도봉사무소에 따르면 도봉산은 북한산과 더불어 서울의 명산으로 알려져 있으며, 화강암의 기암괴석들로 그 경관이 수려하다. 최고봉인 자운봉(紫雲峰)과 만장봉(萬丈峰), 선인봉(仙人峰) 등 세 봉이 도봉산을 대표하는 봉우리들이다.

　서쪽으로는 다섯 개의 암봉이 나란히 줄지어 있는 오봉산이 있다. 우람한 암봉, 아기자기한 암릉 등이 있는 도봉산은 경관이 수려할 뿐 아니라 산세가 아름다우며 전철 및 버스 등 대중교통을 이용할 수 있어 접근성이 뛰어나 사계절 두루 인기가 있다.

신선대 정상 표시목

　1983년에 국립공원으로 지정되었다. 도봉산을 산림청이 100대 명산으로 선정한 것은 최고봉인 자운봉을 중심으로 만장봉, 선인봉, 원도봉계곡, 용어천계곡, 송추계곡 등 경관이 수려하고 수도권 시민의 휴식처인 점 등을 고려하여 선정되었다. 암벽 등산에 최적지이며, 산중에 있는 60여 개 사찰 중 가장 오래전 건축된 천축사(天竺寺)를 비롯하여 회룡사(回龍寺), 망월사(望月寺), 보문사(普門寺), 광륜사(光輪寺), 쌍용사, 대원사 등 유명 사찰이 있다.

기상 예보에서 비가 조금 내리고 날씨가 매우 흐리다는 안내 때문에 아침까지는 산에 오를 생각 없이 사무실에 출근했다가 구름이 걷히기에 등산복으로 갈아입고 전철 편으로 도봉산역에 도착하여 11시부터 산행을 시작한다.

다양한 코스 중 오늘 필자가 선택한 코스는 도봉산역에서 출발하여 도봉탐방지원센터~도봉서원~갈림길~도봉산장~천축사~마당바위~신선대를 거쳐 정상에 오른 후, 하산은 원도봉계곡 길(망월사역) 코스다. 1시간 동안은 평탄한 길이다. 그 이후에도 특별히 어려움 없이 무난하게 오를 수 있다. 1시간 남짓 오르면 천축사(天竺寺)[64]에 다다른다.

계단을 오르자 수많은 불상이 줄지어 서 있다. 신기한 광경이다. 기록에 의하면 천축사 목조석가삼존불(天竺寺木彫釋迦三尊佛)은 서울특별시 유형문화재 제347호로 지정되었으며, 이 불상은 석가모니불, 제화갈라보살, 미륵보살로 구성된 삼존불이라 한다. 1573~1619년 사이에 조성되었으며 1713년에 진열(進悅)을 비롯한 조각승에 의해 중수되었다. 본존불인 석가모니불은 전체적 형상이 원만하며, 둥근 얼굴에 콧날이 우뚝하고 입가에는 미소를 띠고 있다. 오른손은 아래로 내려서 땅의 신(地神)을 부르는 항마촉지인을, 왼손은 엄지와 가운뎃손가락을 맞댄 설법인의 수인을 맺고 있다. 좌우에 배치된 제화갈라보살과 미륵보살은 화려한 보관을 쓰고 얼굴은 부드럽고 자비스럽다. 양손은 엄지와 가운뎃손가락을 맞댄 설법인을 맺고 있다. 17세기 전반에 활동했던 현진(玄眞) 유파의 조각승들이 조성한 것으로 추정된다.

정상을 향해 중간쯤 오르면 '마당바위'를 만나게 된다. 날씨가 흐려 가시거리가 전혀 없다. 고양이 세 마리가 먹을 것을 찾는 태도로 다가왔으나 준비해 간 것이 없어 빈손

---

64  천축사: 대한불교조계종 직할 교구 소속 사찰. 신라 673년 의상대사가 의상대에서 수도할 때 제자를 시켜 암자를 짓게 하고, 옥천암이라 한 것에서 출발하였으며, 고려 명종 때 근처 영국사(寧國寺)의 산내암자가 되었다. 1398년에는 함흥에서 돌아오던 태조가 옛날 이곳에서 백일기도하던 것을 상기하여 절을 중창하고 천축사라 사액(賜額: 이름을 지어 내려 줌)하였다고 하며 1474년에 성종의 왕명으로 천축사를 중창하였다.

으로 돌려보낸다. 오늘의 목적지인 신선대 정상 직전까지는 안개로 인해 앞만 보고 가야 했다. 신선대로 오르는 마지막 구간은 난간을 잡고 올라가야 하며 얼어 있어 매우 미끄럽다. 겨울철에는 주의가 필요한 구간이다.

마지막 밧줄을 잡고 정상에 오르는 순간 탄성이 절로 나온다. 정상 아래와는 불과 몇십 미터 차이인데 그 풍광은 하늘과 땅 차이다. 세 팀을 정상에서 만났는데 이구동성으로 무릉도원이 따로 없다며 하산 시간을 늦춘다.

주중이고 코로나19 영향으로 산객의 숫자가 적어 오랫동안 머물 수 있었다. 신선대 정상은 여느 가을 날씨보다 맑고 하늘이 푸르다. 바람 한 점 없다. 워낙 명산(名山)이라 날씨도 대접을 해 주는구나 하는 생각이다. 구름 너머 보이는 곳이 '백운대'라고 한다. 마치 구름 위에 떠 있는 기분이다.

**신선대 정상 기념**

정상 건너편의 암봉들은 흡사 병풍을 펼쳐 놓은 듯 장관을 이룬다. 도봉산의 3봉[65](선인봉, 만장봉, 자운봉 등)은 약 1억 5천만 년 전 중생대 쥐라기에 형성된 거대한 화강암으로 오랜 세월을 거치며 비바람에 의해 기묘하게 형성된 봉우리로 저마다의 특색을 지니고 있다. 도봉산 최고봉인 자운봉(740m)은 깎아지른 듯한 기암괴석으로 수억 년 동안 도봉산 정상을 지키고 있다. 일반 산객의 접근이 어렵다. 도봉산을 오르는 대부분은 자운봉 건너편에 있는 신선대(726m)가 정상을 대신한다. 신선대 정상에 서면 도봉구의 모습이 한눈에 들어온다. 포대 능선과 연결된 오봉산과 그 뒤로 펼쳐지는 북한산의

---

65 ① 선인봉: 선인(仙人)이 도를 닦은 바위
② 만장봉: 만장(萬丈)이나 되어 보이는 높은 봉우리
③ 자운봉: 상서로운 자줏빛 구름이 에워싸고 있는 봉우리

아름다운 풍광도 일품이다.

신선대의 황홀함에 벗어나 홀로 하산 길로 접어든다. 계획한 대로 '원도봉계곡'을 거쳐 망월사역으로 향한다. 길 전체가 흙길이다. 하산 길목에 있는 안내판 앞에 멈추어 선다. 이곳(호원동)은 의정부시 홍보대사인 우리나라가 배출한 걸출한 산악인 엄홍길 대장이 3살 때인 1963년부터 40살(2000년)까지 37년간 살았다는 집터다. 엄 대장이 이곳에서 도봉산을 오르내리며 산과 인연을 맺었고 세계 최초로 히말라야 8,000봉 16좌를 완등하는 쾌거를 이루었다는 기록이다.

신선대 건너편 절경

대원사와 쌍용사를 거쳐 망월사역으로 가는 길에 수제비 한 그릇으로 허기를 때우고 전철을 타면서 도봉산 산행을 마무리한다.

도봉산 마당바위

도봉산 뱃살 테스트

도봉산 신선대 건너편 바위

**도봉산 신선대 정상에서 바라본 건너편 절경**

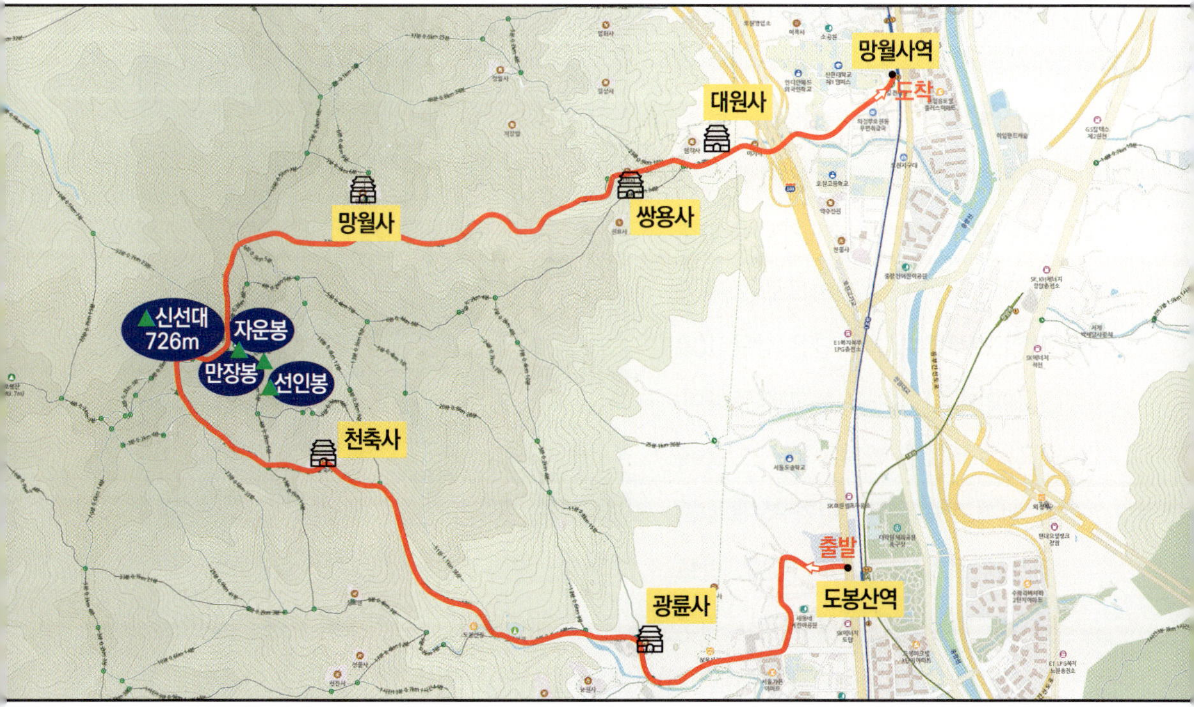

**도봉산 오늘의 등산로**

183

# 오대산(五臺山)

### 강원도 강릉시·홍천군·평창군
- 2021년 1월 26일(화), 맑음

**오대산 정상석(비로봉)**

　오대산은 행정구역상으로 강원도 강릉시와 홍천군, 평창군과 연결된 해발 1,563m의 산이며 1973년도에 국립공원으로 지정되었다. 오대산의 유래를 살펴보면 한계산(寒溪山) 동쪽이 설악산(雪嶽山)이고 설악산 남쪽이 오대산이다. 산이 높고 크며 골짜기가 깊어 산 기운이 최대로 쌓인 것이 다섯 개이므로 오대(五臺)라고 부른다. 최북단은 상왕산(象王山)인데 산이 매우 높고 험준하며, 정상은 비로봉(毗峯)이다. 그 동쪽 두 번째로 높은 봉우리가 북대(北臺)인데 감로정(甘露井)이 있다. 비로봉 남쪽이 지로봉(地爐峯)이고, 지로봉 위가 중대(中臺)인데 산이 깊고 기운이 맑아 조수(鳥獸)가 살지 않는다. 승 효례(曉禮)가 이곳에 부처를 모신 것이 없으니, 이곳이 가장 깊은 산중이다. 중대에서 조금 내려오면 사자암(獅子庵)이 있는데 우리 태상신무왕(太上神武王, 태조)이 창건한 것으로, 참찬문하부사(參贊門下府事) 권근(權近)에게 명하여 사자암기(獅子庵記)를 짓게 하였다. 옥정(玉井)이 있는데 아래로 흘러 옥계(玉溪)가 된다. 북대 동남쪽이 만월봉(滿月峯)이고 그 북쪽이 설악산이다.[66]

한편 김무홍의 산행기(2019)에서는 중심부 중대(中臺)를 비롯하여 동대, 서대, 남대, 북대가 오목하게 원을 그리며 다섯 개의 연꽃잎에 쌓인 연심(蓮心)과 같다는 데서 이름이 유래되었다 한다.

또 이장화는 오대산 유래에 대하여 태백산맥 줄기에 있는 삼선봉에 동·서·남·북·중대의 오대(五臺)가 있다고 하여 전해지는 이름이라고 소개하고 있다.[67]

오대산에는 신라 선덕여왕 12년(643년)에 자상 율사가 창건한 월정사(月精寺)가 있고, 선재길[68] 끝자락에 있는 상원사(上院寺)는 신라 문무왕 때 보천·효명 두 왕자가 불법에 뜻을 품고 오대산으로 들어가서 형은 진여원이라는 암자를 지어 수도했고, 동생은 북대 자리에 암자를 짓고 수도 정진했다. 신문왕이 아들에게 왕위를 이어 줄 것을 간청했으나 보천은 거절하고 동생인 효명이 왕위를 계승했다. 보천이 기거하던 진여원이 지금의 상원사다. 그 외 상원사의 산내 암자인 적멸보궁(寂滅寶宮)[69], 북대사, 중대사, 서대사 등의 사찰이 있다. 오대산은 신라시대 자장율사가 전국을 순례하다가 당나라 오대산과 산세가 비슷하다며 붙여 준 이름이라고도 한다.[70]

오늘 산행도 대중교통을 이용한다. 동서울종합터미널에서 첫차인 6시 40분에 출발하는 주문진행 버스를 타고 약 두 시간 후 진부시외버스터미널에 도착한다. 진부시외

---

66  허목, 김내일(역), 『오대산기(五臺山記)』 산천하(山川下), 한국고전번역원, 2006.
67  이장화, 『산이 그리움을 부른다』, 도서출판 조은땅, 2021, p.161.
68  월정사에서 상원사까지 약 8.8km의 길로 1960년대 말 월정사와 상원사 사이에 도로가 나기 전부터 스님과 신도가 오가던 비밀스러운 숲길이었다. 최병일 기자, 한국경제, 2021.1.29.
69  적멸보궁: 석가모니불의 사리를 봉안한 사찰 건물을 뜻한다. 적멸보궁에서 제공하고 있는 안내에 따르면 대한민국 보물 제1995호로 적멸보궁의 적멸은 번뇌의 불꽃이 꺼져 고요한 상태 즉 열반의 경지에 이름을 말하고 보궁은 보배스러운 궁전을 의미하므로 적멸보궁이란 곧 부처님의 진신사리를 모시는 궁전이라는 뜻이다. 부처님의 진신사리가 모셔져 있어 법당 안에는 따로 불상을 조성하지 않고 불단만 설치하는 것이 특징이다. 한반도에는 5곳의 적멸보궁이 있다. (양산 통도사, 설악산 봉정암, 오대산 상원사, 정선 정암사, 영월 법흥사)
70  김병일 기자, 한국경제, 2021.1.29.

**오대산 상왕봉**

버스터미널에서 상원사까지 버스를 타면 쉽게 이동할 수 있다. 동일한 장소에서 평창 시내버스가 출발하며 약 40여 분 후면 상원사 종점에 도착한다. 주의할 점은 월정사행 버스를 이용하면 8km 이상 거리가 남으므로 상원사행 버스를 타야 종점에 하차하여 바로 산행을 할 수 있다. 상원사 종점에 도착하면 큰 표지석 바위에 한자로 멋들어지게 오대산 상원사 적멸보궁이란 '금박 글씨'가 눈에 확 들어온다.

안내도를 따라 산행 길에 접어들면 넓은 임도가 이어진다. 적멸보궁 쪽으로 들머리를 잡는다. 한참을 직진하면 작은 도랑을 건너서부터 본격 산행이 시작된다. 적멸보궁에서 설치한 속이 비어 있는 '마애불탑'이 돌계단 옆에 여러 개 설치되어 있다. 그 불탑 안에는 스피커 시설이 되어 있어 불경이 은은하게 울려 퍼져 산객들의 마음을 편안하게 한다. 사자암을 지나자마자 약간의 공간이 마련되어 있다. 산객 두 명이 아이젠을 꺼내 착용한다. 필자에게도 아이젠을 착용할 것을 권한다. 그분들을 따라 만반의 준비를 하고 오늘의 목적지인 비로봉 정상을 향한다. 등산로에는 눈이 생각보다 많이 쌓여 있다.

기온은 차갑지만 바람이 불지 않아서 그나마 다행이란 생각이다. 약 두 시간 후 비로봉에 도착한다. 정상에서 바라본 조망도 일품이다. 정상 주변의 크고 작은 나무는 영하의 기온과 세찬 바람이 만들어 낸 상고대로 온천지가 하얗다.

지난달 태백산 상고대에는 미치지 못하지만 장관이다. 이 맛에 겨울 산을 많이 찾는 것 같다. 상고대는 겨울이면 어디서나 쉽게 볼 수 있는 것이 아니라 최적의 조건을 알고 그 조건에 맞는 날이어야 볼 수 있다. 일반적으로 해발 1,000m 이상이고 습도는 90% 이상일 때 상고대가 생길 확률이 높다고 한다. 다만 영하의 날씨라도 해가 중천에 뜨면 눈이 녹을 수 있기 때문에 상고대를 즐기려면 눈이 녹기 전에 산에 올라야 한다.

정상에서 바라본 전경은 맨눈으로 부족할 정도로 장쾌하다. 멀리 설악산 쪽으로 보이는 대청봉, 중청봉도 온통 흰옷을 두르고 있다. 정상에는 3개 팀이 기념 촬영을 하고 한쪽에서는 점심 먹을 준비를 하고 있다. 다른 산객에게 부탁해서 기념을 남기고 따뜻한 차 한잔으로 추위를 달래고 원점 회귀를 할까 생각하는 순간 연세가 듬직한 남자분이 동행하자고 제안한다. 흔쾌히 답하고 어느 코스로 하산할지 물어본즉 본인이 15년 전에 와 본 경험이 있다면서 상왕봉을 거쳐 두로령으로 하산하는 것이 어떠냐고 물어보

**오대산 정상 기념**

았다. 거리는 멀지만, 시간이 충분할 것 같아 의기투합(?)하여 상왕봉을 향한다. 최근에 내린 눈은 전혀 녹지 않았고 눈 두께도 종아리를 덮을 정도다. 비로봉에서 한참(4km)을 숨 가쁘게 걸어 해발 1,491m인 상왕봉(象王峯)에 도착했다. 동행자분도 힘에 부쳐 보인다. 그렇다고 되돌아가는 것도 자존심이 허락하지 않았다. 준비해 간 간식은 눈을 쓸어 낸 바위 위에 앉아 간단히 해결하고 두로령으로 향한다. 산객은 우리 둘뿐이다. 이유인즉 두로령 쪽 등산로에 눈이 너무 많아 적멸보궁 코스나 다른 양지바른 등산로를 선택한 것 같다. 갈수록 태산이란 말이 절로 나온다. 그러나 아이젠과 눈의 마찰로 인한 뽀드득거리는 소리는 정겹다. 또 등산로 옆에는 흰 밀가루를 뒤집어쓴 듯한 주목들이 가슴을 뛰게 한다. 생전에 오대산 설경을 다시 볼 수 없을 것 같은 생각이 든다. 사진을 통해 기억하고 싶어 셔터를 누른다. 하산길이라 내리막길만 있는 줄 알았는데 오르내리막의 연속이다. 5개 능선을 반복한 것 같다. 태어나서 가장 오랜 시간(약 5시간 30분) 동안 순백 위에 수많은 발자국을 새긴다.

드디어 두로령(頭老嶺)에 도착한다. 백두대간의 두로령은 홍천군의 내면 명개리와 평창군 진부면 동산리를 잇는 고개로 해발 1,310m이다. 이곳에서 1.6km 떨어진 두로

봉(1,422m)이 백두대간의 마루 등이 지나며 북으로는 응복산(鷹伏山/1,360m), 남으로는 동대산(1,434m) 등이 이어져 있다.

"이곳 백두대간은 한민족 생명의 원천이며 삶의 바탕을 이루는 중심축이기에 아끼고 보호하는 마음을 함께하고자 이곳에 표지석을 세운다."라고 북부지방 산림청 홍천국유림관리소가 웅장한 기념 표지석을 세워 놓았다. 두로령 기념석을 배경으로 기념을 남기고 우측 임도로 접어든다.

널따란 길이지만 자갈이 많고 눈이 녹지 않아 지루한 길이다. 여기서부터 버스 종점까지는 약 4km 거리다. 4시에 출발하는 진부행 버스를 타기 위해서는 부지런히 발길을 재촉해야 한다. 계획대로 버스를 타고 진부역에서 청량리행 기차를 이용하려고 역에 들렀으나 8시까지는 이미 예매가 끝났고 표가 없다는 직원의 말이다. 택시를 타고 진부시외버스터미널에 도착했으나 동서울행 차편은 8시 이후에 있으므로 원주를 경유해서 서울로 가는 편이 시간을 단축할 수 있다고 한다. 원주를 거쳐 동서울종합터미널을 통하여 집에 도착하니 밤 10시가 넘었다.

가끔 산행하다 보면 예기치 않은 일이 일어나기도 한다. 순간은 고되지만, 이 모든 것도 산행 일부가 아니겠는가. 오늘 자연으로부터 덤으로 얻은 순백의 등산로는 운치를 더한 겨울 서정을 분에 넘치도록 만끽할 수 있어 좋았다. 반나절 동안 함께 산행한 그분도 인생 후반을 건강하게 보내기를 기원한다. 오대산 산행을 이렇게 마무리한다.

오대산 두로령 기념탑

오대산 적멸보궁탑

오대산 등산로 옆 보호수

오대산 정상(비로봉)에서 바라본 전경

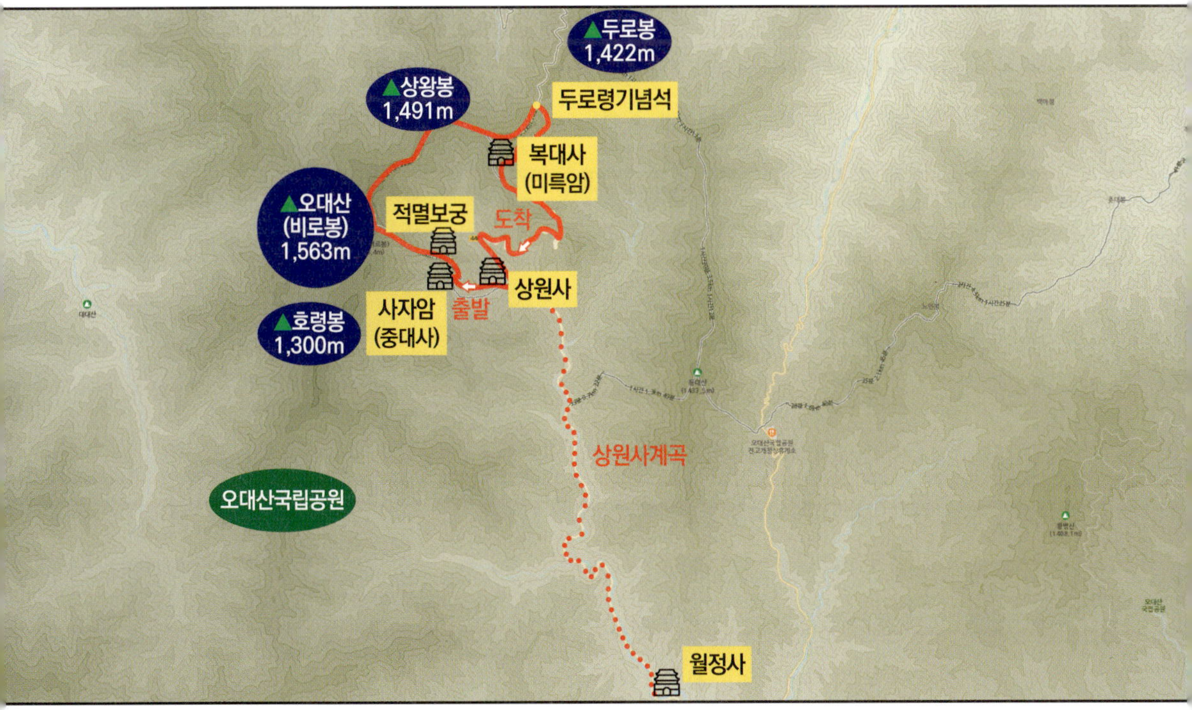

오대산 오늘의 등산로

# 가리왕산(加里王山)

**강원도 정선군 정선읍·평창군 진부면**

- 1차: 2021년 2월 5일(금), 흐림·맑음(중도 포기)
- 2차: 2021년 10월 26일(화), 맑음

◆ **제1차 산행 2021년 2월 5일(금), 흐림·맑음(중도 포기)**

가리왕산에 오르기 위하여 새벽부터 서둘러 동서울종합터미널에서 6시 40분 삼척행 첫차를 타고 두 시간 후 진부시외버스터미널에 도착한다. 코로나19로 인하여 버스 배차 시간이 여의찮아 택시(30,000원)로 발심사 등산로까지 이동한다. 정상에 오르는 진입로는 크게 장구목이 코스와 숙암분교 코스, 심마니교 코스, 매표소를 출발하여 세곡임도 코스 등이 있으나 필자는 대중화되지 않은 발심사 코스를 선택했다.

2~3일 전까지 내린 눈으로 인해 발심사 등산로 입구까지 택시가 들어갈 수 없어 약 300여 m 못 미쳐 하차하여 아이젠을 착용하고 발심사에 도착한다. 길은 온통 눈으로 덮여 있다. 발심사에 들러서 등산로를 물어보려고 했으나 인기척이 없다. 사찰 마당에

가리왕산 정상석

는 눈이 수북이 쌓여 있고 계단 구분이 안 될 정도로 적설량이 많다. 발심사 극락보전을 카메라에 한 컷 담는다.

  등산로가 발심사 뒤편에 있으려니 어림짐작하고 30여 분을 헤맸으나 찾지 못하고 다시 입구로 내려와서 조그마한 눈 덮인 오솔길 같은 진입로로 산행을 시작한다. 입구가 드러나 있지 않아 초행 산행을 하는 산객은 헤매기에 십상일 것 같아 이정표 설치가 아쉽다.

  등산로 입구는 발심사에 들어가기 전 개울을 건너자마자 좌측으로 방향을 잡아야 한다. 초입부터 눈의 두께는 발목 위까지 올라오고 홀로 산행하는지라 포기할까 하다가 이왕 왔으니 갈 수 있는 곳까지 가 보자는 심정으로 산을 오른다.

  등산로 구분을 할 수 없지만, 우여곡절 끝에 마향치 사거리와 임도가 있는 넓은 공간에 도착한다. 이곳 역시 많은 이정표가 있지만, 어디에도 가리왕산 정상을 가리키는 이정표는 없다. 산행 후기의 기억을 더듬어 계단 쪽으로 방향을 잡고 산행을 시작한다. 쌓인 눈으로 계단의 구분이 없고 계단 전체가 빙벽처럼 얼어 있다. 난간을 붙잡고 계단을 어렵게 오른다. 계단 끝자락에 정선강릉부삼산봉표 기념석[71]이 나타난다. 조형물 기념을 위해 한 컷 남긴다.

  여기서부터는 눈의 두께가 점점 더 두꺼워지기 시작한다. 무릎까지 파묻히는 눈을 헤치려고 용을 써 보지만, 속도를 낼 수 없다. 이미 등산로의 구분은 불가능하다.

  이정표는 전혀 없고 그나마 등산객의 빛바랜 리본이 간혹 매달려 있어 방향을 잡는다. 사람은 물론 그 흔한 짐승 발자국도 전혀 없다. 능선 길이라 칼바람이 분다. 정상을 포기하고 돌아서기를 세 번, 걸어온 길이 아까워 좀 더 힘을 내 본다. 눈의 두께는 무릎 위를 넘어 넓적다리까지 올라온다. 드디어 녹슨 이정표 하나를 발견한다. 자연보호 팻말이다. 정상이 1.5km 남았다는 표시판이다. 마지막 안간힘을 써 본다.

---

71  정선강릉부삼산봉표: 강원도 유형문화재 제113호로 강원도 정선군 정선읍 회동리 산 1번지에 있는 이 표지석은 국가에서 일반인의 채삼은 물론 출입을 금지시켜 산삼의 주산지를 보호하기 위하여 설치한 표석으로 관련 기록이 없어 정확한 설치 연대는 알 수 없으나 지명의 기록으로 보아 조선시대의 것으로 추정되며 국내에서 유일하게 발견 보존되고 있다. 비석의 크기는 높이 79cm, 상륜 폭 27cm, 두께 10cm, 하단 폭 36cm, 두께 8cm로 전면은 자연 면이고 측면과 후면은 거칠게 치석(齒石)되어 있다. 비석의 위치는 정선읍 회동리 도룡골과 평창군 진부면 창전리를 넘어가는 마항(馬項)재(일명 말목재)의 정선군과 평창군의 경계 지점(해발 1,050m)으로 동쪽 가리왕산(해발 1,560m)과 서쪽 중왕산(해발 1,376m)으로 둘러싸여 있다. 현장 표지석 글 내용.

오르막과 내리막 능선을 반복하는 사이 눈의 두께는 허리춤까지 올라온다. 정상까지는 500~600m가 채 남지 않은 지점이다. 도저히 발을 옮길 수가 없는 형편이다. 되돌아가는 것도 막막하다는 생각이 든다. 일단 포기하고 정상 정복은 내년 봄으로 미루고 아쉬운 발길을 돌린다.

우여곡절 끝에 마항치 사거리에 거의 닿을 즈음 나무에 걸려 앞으로 사정없이 꼬꾸라져 수 바퀴를 구른 뒤 겨우 나무뿌리를 잡고 멈출 수 있었다. 순간 불길한 생각이 든다. 우선 사물이 보여 안심은 되었다. 정신을 차리고 얼굴을 만져 보니 손바닥에 피가 고일 정도다. 마항치 사거리에 있는 평상에 앉아 휴대전화로 얼굴을 촬영해 보니 그렇게 심한 정도는 아니다. 후들거리는 다리를 안정시키고 따뜻한 차 한잔으로 목을 축인 후 그래도 아는 길인 발심사 쪽으로 하산한다.

등산로 입구에 내려와서 보니 오를 때는 보지 못했던 산림청에서 게시한 입산 금지 표시판이 있다. 봄철에는 2월 1일부터 5월 15일까지이고, 가을철에는 11월 1일부터 12월 12일까지다. 입산 금지를 어긴 셈이다. 아침에 이용한 택시를 호출해 놓고 내려가는데, 5~60여 m 앞에 한 분이 차를 세워 놓고 서 있었다.

절에 오신 분이 눈 때문에 서 있는 줄 알았으나 산림청 소속 제복을 입고 입산을 통제하는 분이다. 말씀인즉 2월 1일부터 5월 15일까지(105일)는 입산 금지 기간이며 무단 입산 시 벌금 30만 원을 부과한다는 것이다. 입산 금지 기간인 줄 몰랐지만, 행정 규정을 이행하겠다는 의사를 표하고, 입금 방법에 관한 대화를 나누던 중 필자 얼굴에 피가 흐르는 것을 보더니 안쓰러운 표정으로 어디서 왔느냐며 물으시고 조심해서 귀가하라는 덕담을 해 주셨다.

약 20여 분을 걸어가자 택시가 도착했다. 기사님이 상당히 친절하신 분이다. 이런저런 얘기를 나누다 보니 서울 서초구 서이초등학교에서 다년간 근무하신 분으로 성함은 이길홍 님이시다.

점심시간에 집에 가서 필자에 대해 이야기를 했더니, 70세가 넘어 100대 산을 오르는 용기와 열정에 박수를 보내고 건강하게 100대 산 정복을 바라는 뜻이라며 집에 있는 고구마 한 봉지를 선물로 주셨다. 고마운 마음이다. 산행기가 완성되면 한 권을 보내

주겠다고 약속했다.

새벽부터 서둘러 일찍 끝날 줄 알았던 산행은 예상외로 험난하게 마무리되었다. 가리왕산의 두꺼운 눈의 설경은 환상인 동시에 고통이었고, 오래도록 남을 추억 하나를 추가한 것에 만족한다.

만물의 영장이라고 하는 그 누구도 몇 시간 후에 겪을 일을 예측할 수 없고 혹시나 하는 본인 스스로가 재단한 호기심이 예측 불가능한 결과를 낳은 것 같다. 미래에 대한 긍정의 호기심이 지루하기 쉬운 여생에서 탈피할 수 있기를 소망하며 미완의 가리왕산

**가리왕산 주목 및 마가나무**

산행을 마무리한다. 해가 바뀌면 나머지 반쪽을 위해 또 찾아야 할 가리왕산이다.

◆ **제2차 산행 2021년 10월 26일(화), 맑음**

2021년 2월 5일 1차 산행 시 등산로에 눈이 약 50여 cm까지 쌓여 정상 500~600여 m 지점에서 산행을 포기한 지 8개월 만에 다시 찾은 가리왕산이다. 특히 가리왕산은 매년 봄철과 가을철 두 번에 걸쳐(2월 1일부터 5월 15일까지, 11월 1일부터 12월 15일까지) 산불 방지 등으로 입산 금지 기간이라 서둘러 산행을 계획했다.

교통편은 청량리역에서 6시 22분에 출발하는 강릉행 KTX 열차로 진부(오대산)역에 하차한다. 소요 시간은 1시간 24분이다. 참고로 동서울종합터미널에서 6시 40분 출발하는 버스가 있으나 열차 이용 시 1시간 정도 단축할 수 있다.

진부역에 하차하여 2월 5일에 이용한 친절한 택시 기사님 편으로 들머리인 발심사 등산로 입구까지 이동한다. 들머리는 일반적으로 장구목이와 가리왕산자연휴양림을 많이 선호하는 것 같다.

기사님은 필자가 거주하는 부근 초등학교에서 여러 해 동안 근무한 분으로 친절이

몸에 밴 것 같다. 이동 중 기사님 친구분으로부터 전화가 걸려 왔다. 내용인즉 친한 친구 한 분이 별세하셨다는 부고 내용이다. 흐느끼는 소리가 뒷좌석에 있는 필자에게까지 들릴 정도로 애통함과 비통함이 느껴지는 전화 내용이다. 택시 안이 잠시 정적이 흐른다. 기사분의 연세가 올해 79세로 고인도 비슷할 것 같다. 남의 일 같지 않아 잠시 상념에 잠긴다.

지난 2월 1차 산행 시 눈이 워낙 많이 쌓여 등산로 입구를 찾느라 고생했던 기억이 난다. 들머리를 출발해서 개울 길을 지나 30여 분 오르면 임도가 나오는 곳이 마항치 사거리다. 쉴 수 있는 커다란 평상 두 개가 마련돼 있다. 평상에 앉아 목을 축이고 계단을 향한다. 발심사 코스 중 유일한 계단이다. 계단 위 30여 m 지점이 1차 산행 시 거꾸로 꼬꾸라져 얼굴이 피투성이가 된 곳이라 감회가 새롭다.

정상까지는 평범한 흙길이다. 발심사 출발 약 2시간 후 정상에 도착한다. 코로나 영향인지 오늘도 다른 산객 없이 필자 혼자다. 바람이 제법 세차게 분다. 가시거리가 좋고 산행하기는 최고의 날씨다. 날씨가 맑아 눈앞에 아름다운 풍광이 펼쳐진다. 겹겹의 능선이 물결치듯 자태를 뽐낸다.

정상에는 커다랗게 쌓은 돌탑이 눈에 띈다. 돌탑 좌우로 정상을 알리는 정상석이 반긴다. 삼각대를 펴고 앙증맞은 정상석을 배경으로 기념을 담고 즐기는 사이 장구목이 쪽에서 올라온 두 팀이 도착한다. 안양에서 온 50대 중반으로 보이는 부부

**가리왕산 정상 돌탑 전경**

팀과 속초에서 온 젊은 청년이다. 부부 팀은 남편이 워낙 등산을 좋아해서 10여 년 전부터 매주 함께 다닌다고 한다. 자청해서 두 팀에 기념사진을 찍어 준다.

정상석 뒷면에는 가리왕산의 유래를 소개하는 글이 있어 소개한다. 야사(野史)에 의하면 가리왕산은 갈(褐)왕이 난(亂)을 피하여 현재 절터라고 부르는 서심퇴(西心堆)에 거처하였다 하여 갈왕산(褐王山)이라 부르던 것이 가리왕산으로 변하였다고 기록하고 있다.

하산은 애초 계획된 대로 이끼 폭포가 유명한 장구목이 코스다. 정상에서 장구목이 입구까지 거리는 4.2km로 표시되어 있다. 하산 초입부터 심한 경사다. 조금 내려가면 가리왕산의 자랑거리 중 하나인 주

**가리왕산 정상 기념**

목 군락이다. 주목의 수는 많지 않지만 살아서 천년, 죽어서 천년 간다는 주목이다. 고사하여 생명체를 완전히 잃고 상처투성이가 된 주목도 가끔 눈에 띈다. 인고의 세월 동안 태풍과 모진 비바람을 이겨 내며 얼마나 오랜 세월 동안 가리왕산을 지켰는지 언뜻 계산이 되지 않는다. 속을 완전히 드러내고 꺾이고 볼품없지만, 그 고고함에는 변함이 없다.

정상에서 2km 정도 내려오면 가리왕산의 명물인 이끼 폭포가 시작된다. 제일 먼저 제9폭포를 만난다. 감탄이 절로 난다. 아름답고 신비하기까지 하다. 계곡의 바위와 널브러진 고목에는 온통 이끼로 진녹색 빛을 띠며 바위 사이에서 흘러내리는 계곡물은 맑다 못해 옥빛을 띤다.

조금 더 내려오면 제8폭포 역시 신비스럽기는 마찬가지다. 이렇게 제1폭포까지 약 2km가량 거리를 태고의 분위기를 경험하는 기분으로 내려오면 쉬운 등산로가 장구목이 입구까지 이어진다. 이처럼 이끼 폭포가 형성되려면 경사 있는 곳에 연중 물이 흘러야 하고 습해야 육상에서 이끼 식물이 자란다고 한다.

국내에서 대표적인 이끼 폭포는 충북 영동군 물한계곡 상류 이끼 폭포와 충북 영동

군 천태산 3단 폭포, 지리산 뱀사골 실비단 이끼 폭포 등이다. 이처럼 이끼 폭포는 흔하지 않다. 가리왕산 이끼 계곡의 옥색 폭포는 태고의 원시림을 연상케 한다. 아침에 이용한 택시로 진부역에 와서 청량리행 844 KTX 열차로 상경하면서 두 번째의 가리왕산 산행을 갈무리한다.

발심사 극락보전

가리왕산 강릉부 삼산 봉표

발심사 등산로 입산 금지 표시

가리왕산 등산로에 쓰러진 고목(제1차 산행 시 촬영)

가리왕산 이끼 제8폭포 전경(제2차 산행 시 촬영)

가리왕산 오늘의 등산로

# 금정산(金井山)

**부산광역시·경상남도 양산시**

**- 2021년 2월 24일(화), 구름·맑음**

금정산은 행정구역상으로 부산시와 경남 양산시에 연계된 해발 801.5m의 산이다. 금정산은 산림이 울창하고 큰 바위들이 많아 상당히 웅장한 편이다. 특히 시원한 조망, 아담한 높이로 길게 이어진 산성, 산자락에는 명찰 범어사가 있어 관광객과 산객의 사랑을 받는 곳이기도 하다. 금정산의 유래는 산 정상에 금빛을 띤 샘이 있다는 데서 유래되었다는 설도 있다. 또 주위에는 동래온천을 비롯하여 금강공원, 산성유원지 등 위락시설도 많이 있다.

**금정산 정상석**

금정산 정상(고당봉)을 오르는 코스는 다양하다. 많은 코스 중 필자는 범어사를 들머리로 하여 북문광장을 지나 정상에 오른 뒤 동문을 거쳐 산성마을로 하산하는 코스를 정했다. 교통편은 서울시 수서에서

SRT 편으로 부산역에 도착하여 지하철 1호선으로 범어사역 5번 출구로 나와 버스나 택시를 이용하면 된다. 자차를 이용할 때 범어사 주차장에 주차 후 원점 회귀하면 된다. 주차료는 3,000원이다. 주차 공간은 충분하다. 오늘은 특별히 부산에 거주하는 장녀가 범어사까지 승용차로 수고해 줘서 편하게 산행을 할 수 있었다. 아침 8시 40분에 범어사 도착이다. 범어사 부근에는 벌써 홍매화가 자태를 맘껏 뽐낸다. 산에는 잔설이 남아 있지만 어느덧 봄은 이미 우리 곁에 성큼 다가와 있는 것 같다. 범어사 경내에는 사람은 보이지 않고 스피커로 부처님 말씀만 은은하게 흘러나온다. 범어사 담벼락은 흙과 기와가 규칙적으로 어우러져 더욱 고찰의 운치를 돋운다.

경내를 30여 분 관람 후 산행을 시작한다. 진입로를 몰라 이리저리 살피는 중 카메라를 여러 개 맨 사진작가로 보이는 한 분이 홍매화를 피사체 삼아 연신 셔터를 누른다. 조심스럽게 먼발치에 서서 셔터를 멈추기만 기다렸다. 초행길이라 등산로를 여쭸더니 코스별 특징까지 친절하게 안내해 준다. 고마운 마음으로 인사를 하고 본격적인 산행을 시작한다.

등산로는 산행 시작부터 완만하고 계단 길로 잘 정돈된 상태다. 범어사 입구를 출발하여 매표소를 거쳐 금강암 옆을 지나 등산로를 따라 평지인 북문[72]까지는 약 70여 분 소요된다. 북문 사거리 근처에는 세심정(洗心井)이란 우물과 '금정산탐방지원센터'가 위치한다. 지원센터 건물 옆에는 '고당봉 낙뢰 표석비'가 유리 상자 속에 가지런히 세워져 있다. 기록에 따르면 이 표석비는 1994년 12월 23일 금정산 고당봉 정상에 건립하여 사랑을 받아 왔으나 2016년 8월 1일 천둥·번개를 동반한 집중 호우 시 낙뢰로 파손되어 이곳에 옮겨 보존한다는 내용이다.[73]

---

72 금정산성 북문(北門, 사적 제215호), 범어사에서 서편으로 1.6km, 고당봉에서 남쪽으로 흘러내린 주 능선이 원효봉을 향해 다시 치켜 오르는 자리에 있다. 금정산성 4문 가운데 북문이 가장 투박하고 거칠다. 이 성문에는 아치형의 장식도 없고 규모도 다른 성문보다 작다. 육축 상부에는 정면 1칸, 측면 1칸으로 익공계 팔작지붕 단층 문루이며, 성문의 폭은 정면 250cm이고 측면은 350cm이다. 성문 광장 세심정 일대는 원효대사께 화엄경을 설파한 곳이라 '화엄벌'이라 불렸다. 일제 강점기에는 범어사 3월 만세운동(1919년) 거사를 위해 기미독립선언서와 독립운동 관계 서류를 가지고 경부선 물금역에 내려 금정산 고당봉을 넘어 청련암으로 온 통로도 북문이었다고 전해지고 있다. 금정구 문화관광과.
73 고당봉 표석비 건립 범시민 추진위원회, 2016.10.26.

또 바위 하나가 눈길을 끈다. 내용인즉 "금정산아 너는 무등산의 영원한 벗이어라." 라는 문구가 적혀 있다. 광주 장원 산악회와 부산 용마 산악회가 자매결연하여 1995년 5월 21일에 세운 기념석이다. 아마 영호남 화합 차원에서 세운 듯하다는 생각이다.

오늘 산행을 결론부터 정리하면 큰 수고를 하지 않았음에도 횡재를 한 기분이다. 눈이 호강한 날이다. 출발부터 바위와 나무들이 여느 산행에서는 볼 수 없는 아름다움이 느껴진다. 명찰인 범어사가 괜히 관광객의 사랑을 받는 곳이 아니구나 하는 생각이다.

북문에 이르면 금정산탐방지원센터 옆에 있는 세심정(洗心井) 약수가 있다. 물 한 바가지로 목을 축이고 고당봉 정상을 향한다. 가뭄이 아무리 들어도 세심정은 마르지 않는다고 한다.

데크 계단을 열심히 올라 멋지고 커다란 바윗덩어리로 이루어진 정상에 닿는다. 정상(고당봉)[74]에서 바라본 조망은 가히 일품이다. 정상 주변에는 크고 작은 기암괴석의 화강암들이 노출돼 갖가지 모양이다. 하늘을 우러러 기도하는 모습이 있는가 하면, 블록 쌓기를 완성하지 못하고 그만둔 것 같

**영·호남 산악인 우정 기념석**

---

74  고당봉(姑堂峰, 801.5m)은 금정산의 주봉으로 부산 전경과 부산 앞바다가 한눈에 들어온다. 고당봉은 범어사에서 산길을 따라 2.5km를 올라가면 1시간이 걸리며, 금정산성 북문에서 0.9km의 거리에 있어 바로 올려다보인다. 금정산의 최고봉이면서 금샘(金井)과 불가분의 관계를 맺고 있다. 고당봉의 이름은 여러 가지가 있었으나 금정구에서는 1994년 8월 '금정산 표석비 건립추진위원회'를 구성하여 그 이름을 찾는 고증작업이 추진되었다. 여기서 '고당봉(姑堂峰)'과 '고당봉(高幢峰)'의 두 가지 의견이 나왔으나 오랜 토론 끝에 "우리나라의 모든 산에는 산신이 있고, 고려 때까지 내려오는 모든 산신은 여신이었다. 금정산의 고당봉도 할미 신이므로 할미 고(古), 집 당(堂)의 고당봉(姑堂峰)이 옳다."라는 우리나라 고유의 샤머니즘의 민속신앙에서 고당봉과 연계하는 학자 및 향토 사학자들의 의견을 받아들여 고당봉(姑堂峰)으로 확정되어 표시비를 세웠다. 금정구 문화관광과(051-519-4081).

은 층층 바위, 바위 맨 꼭대기의 다람쥐를 닮은 모양과 본드를 붙인 듯한 주사위 형상은 자연의 신비함을 느끼게 한다. 드문드문 심어 놓은 듯한 바위들은 어머니 젖가슴처럼 부드러우면서도 웅장하다.

　우측으로 눈을 돌리면 멀리 광안대교가 눈에 담기는가 하면, 북서쪽으로는 양산시가 바로 앞뜰처럼 가깝게 느껴진다. 황금색으로 보이는 것이 부산대학병원이라고 한다. 구름은 다소 끼어 있어도 대기가 깨끗해서인지 맑은 풍경이다.

　북문 광장 좌측 동문으로 가는 쭉 뻗은 길은 마치 신작로처럼 뻥 뚫려 있다. 정상에서 30여 분 이상 머물러도 지루함을 전혀 느낄 수 없을 정도로 풍광이 아름답다. 주말에는 정상석을 배경으로 기념을 담기 위해 긴 줄을 선다고 하나 평일이라 두 팀밖에 없다.

　다시 북문으로 내려와 동문 쪽으로 조금 가다 보면 원효봉(해발 687m)에 다다른다. 조망이 너무 좋다. 계단에 걸터앉아 한동안 조망을 즐긴 후 제4망루 쪽으로 향한다.

　제4망루는 의상봉과 조화를 이루고 있어 더욱 운치가 있다. 제4망루 안으로 들어가 건너편 풍광을 기념에 담고 제3망루를 향한다. 제3망루[75]는 하산길 좌측 암반 위에 6개의 주춧돌 위에 아슬하다 싶을 정도로 절벽 위에 세워져 있다. 주변에는 여러 모양의 암반들이 서로 자랑하듯 경쟁이다.

　이른 새벽부터 솜씨를 발휘해서 정성스

**금정산 정상 기념**

---

75　금정산성 제3망루, 사적 제215호, 금정산성 제3망루는 동문 북쪽 약 1km 지점에 암반이 솟아오른 절벽 위에 절묘하게 얹혀 있듯이 자리하고 있다. 이 망루는 금정산의 유명한 나비바위와 부채바위 주변의 천구만별(千龜萬鼈, 천 마리의 거북과 만 마리의 자라)의 모습을 한 바위와 어울려 그 아름다운 자연경관의 찬탄을 자아낸다. 제3망루는 능선 동쪽으로 돌출되게 이어진 암반 사이 경사면에 축대를 쌓고 정면 2칸과 측면 1칸의 맞배식(추녀가 없이 용마루까지 측면벽이 삼각형으로 된 집) 망루이다. 망루의 서쪽 10여 m 전방 바위 면에는 '번위돈(番威墩)'이라는 음각이 새겨져 있어 돈대(墩臺, 성안 높직한 평지에 높게 축조한 포대(砲臺)였음을 말해 주고 있다. 금정구 문화관광과.

럽게 준비해 준 장녀의 명품 김밥을 먹기 위해 해운대 앞 바다가 조망되는 널따란 바위에 자리를 잡는다. 주위 풍광에 취해 100대 명산 27번째 산행 중 가장 맛난 점심을 먹은 것 같다. 자식 키운 작은 보람을 느낀다. 부산역에서 서울행 기차를 타기 위해 마지막 목표지점인 동문(東門)[76]을 향해 발걸음을 재촉한다. 평탄한 길이다. 동문도 여느 성문처럼 아름답다. 스승과 제자가 경쟁할 정도로 정성을 다해 짓게 해서 그러한지 어딘가 모르게 스승의 솜씨가 묻어 나오는 것 같은 느낌이다. 필자 혼자만의 선입견 때문일까? 이제 공식적인 산행을 마무리하고 산성마을에서 온천장 가는 203번 버스를 타고 온천장 정류장에 하차하여 부산지하철 1호선을 타고 부산역에서 수서행 SRT 기차를 타고 상경하면서 유서 깊은 금정산 산행을 마무리한다.

금정산 북문    금정산 제3망루    금정산 동문

76 금정산성 동문(東門), 사적 제215호, 동문은 금정산 주 능선의 해발 415m의 잘록한 고개에 위치하고 있으며 전망이 아주 뛰어나고 동래읍성에서 가장 근접하기 쉬워 금정산성의 으뜸 관문으로 자리하고 있다. '금정산성 부설비'의 기록에 의하면 "1807년(순조 7년) 늦가을에 토목공사를 일으켜 한 달 만에 동문이 완성되었다."라고 한다. 동문은 홍예식문[(虹霓式門): 무지개 형태]으로 문 폭은 300cm, 홍예의 높이는 340cm이다. 동래부사 정현덕(재임 1867~1874년)이 동문과 서문의 재건에 힘을 쓰고 있을 때의 이야기가 있다. 그는 두 성문을 아주 완벽하게 세우기 위해 이름난 석공을 수소문한 끝에 사제지간인 두 석공을 찾아 스승에게는 동문을, 제자에게는 서문을 짓게 하였다. 서문을 맡은 제자는 기술이 앞서 정교한 아름다움을 살려 스승보다 먼저 짓게 되었다고 한다. 당시 스승은 제자의 뛰어난 기술을 시기하고 질투하여 사람들은 그 스승을 미워하고 제자의 기술을 칭송하였다. 그러나 이 사제는 동문과 서문 공사가 끝난 뒤에는 힘을 합쳐 밀양 영남루 공사를 하였다는 이야기가 전해지고 있다. 금정구 문화관광과 제공.

금정산 제4망루에서 바라본 전경

금정산 오늘의 등산로

# 치악산(雉嶽山)

**강원도 원주시·횡성군**

**- 2021년 2월 25일(목), 구름**

치악산은 행정구역상으로 강원도 원주시와 횡성군에 연결된 해발 1,288m의 산이다. 치악산에 대한 유래는 몇 가지가 전해 오나 종합하여 정리하고자 한다. 치악산은 원래 적악산(赤岳山)으로 불렸다. 치악산으로 부르기 시작한 것은 조선시대의 일로 남쪽 남대봉 언저리에 위치한 상원사에 전해 내려오는 꿩의 보은 전설로 말미암은 것이라고 한다. 전설에 따르면 경북 의성에 사는 한 나그네가 과거를 보려 한양을 향해 가던 중 적악산을 오르다가 구렁이에게 물려 죽기 직전의 꿩 한 마리를

**치악산 정상석**

구해 주게 된다. 산길을 가던 선비는 날이 어두워지자 여자 혼자 사는 오두막집에 묵었는데 낮에 죽인 구렁이의 암컷이 수컷의 복수를 하기 위해 주인 여자로 둔갑한 것이었

다. 곤히 잠든 사이 선비를 덮친 구렁이는 첫닭이 울기 전 상원사 종이 세 번 울리면 살려 주겠노라는 불가능한 제안을 했다. 폐사로 버려진 상원사 종이 울릴 리 만무하건만 어찌 된 일인지 아무도 없는 상원사에서 종소리가 세 번 울리는 기적 같은 일이 일어났다. 간신히 목숨을 부지한 선비가 날이 밝자마자 상원사로 달려가 보니 거미줄 가득한 종루 바닥에 머리 깨진 꿩 세 마리가 죽어 있었다. 생명을 구해 준 선비에 대하여 꿩이 가족의 목숨으로써 은혜를 갚았다는 이 보은의 전설로 인해 그 후 이 산 이름을 꿩 치(雉) 자를 써서 치악산으로 불리게 되었다.[77]

치악산은 1984년 12월 31일 국립공원으로 지정되었으며 지정 면적은 약 182.09 km²이다. 치악산은 영서지방의 명산으로 산세가 매우 장엄하고 험준하다. 치악산에는 치악 8경[78]이 있다. 치악산은 주봉인 비로봉(1,288m)을 비롯하여 남대봉(1,181m), 향로봉(1,043m), 매화산(1,085m) 등으로 연결되어 있다.

치악산에는 산세가 수려하고 명당이 많아 한때 70개가 넘을 정도로 크고 작은 사찰이 있었다고 한다. 지금도 구룡사를 포함하여 상원사, 석경사, 연암사, 관음사, 보문사, 국형사, 입석사 등의 사찰이 있어 많은 사람이 찾고 있다. 치악산을 오르는 코스는 여러 곳이 있으나 오늘 필자가 선택한 코스는 구룡사를 들머리로 하여 정상을 거쳐 황골로 하산했다. 새벽부터 서둘러 동서울종합터미널에서 7시 20분에 출발하는 원주행 버스로 1시간 40분 후 원주시외버스터미널에 도착한다. 원주시외버스터미널 앞에서 41번 버스를 타면 한 시간이 채 걸리지 않아 등산로 입구 종점에 도착할 수 있다. 배차 시간은 코로나 관계로 약 한 시간 간격으로 운행한다고 한다.

오늘은 고맙게도 원주에서 교육사업을 하는 황현숙 대표께서 승용차로 구룡사 입구 등산로까지 직접 운전해 주셨다. 오랜만에 만난지라 커피라도 마시려고 했으나 이른 시간인 관계로 여의찮았다. 마침 버스 종점 옆 식당에 불이 켜져 있다. 커피 한잔하고 싶다고 하자 젊은 사장님이 친절하게도 따뜻한 율무차를 내놓았다. 커피 두 잔을 부

---

77  한국민족문화대백과 사전, 김무흥, 다음 사이트 내용 인용, 2021년 2월 27일 접속.
78  치악 8경: 제1경 비로봉 미륵불탑, 제2경 상원사, 제3경 구룡사와 구룡계곡, 제4경 성황림(천연기념물 제93호), 제5경 사다리병창, 제6경 영원산성, 제7경 태종대와 부곡계곡. 제8경 기암괴석 입석대 등이다.

탁하자 커피믹스 한 봉지가 전부란다. 커피 한 잔을 나눠 마시고 아쉬움을 뒤로한 채 등산로에 진입한다. 평탄한 길을 조금 걷다 보면 유서 깊은 사찰인 구룡사를 만난다. 구룡사[79]는 원주 8경 중 제1경이다.

치악산 황장금표 글씨

등산로 입구에서 장비를 점검하는데 아이젠을 빠뜨려 놓고 왔다. 조금 전 버스 종점 사장님 말에 의하면 정상 부근에 빙판이 많아 아이젠 없이는 산행이 거의 불가능하다는 말을 들은 후라 불안했다. 얼마 전 등산 중 사고가 발생하여 헬리콥터로 이송했다고 한다. 그렇다고 등산을 포기할 수는 없고 가는 데까지 가 보자는 심산으로 용기를 낸다. 구룡사를 지나자마자 얼음 아래로 흐르는 맑은 물소리를 들으며 기분 좋게 출렁다리를 건너면서부터 산행이 시작된다. 세렴폭포 갈림길에서 경사도가 심한 능선 코스인 '사다리병창[80] 코스를 선택했다. 골짜기 코스보다는 빙판이 덜할 거라는 생각에서다. 처음부터 가파른 계단길이다. 정상(비로봉)까지는 편도 5.6km이다. 데크와 돌계단의 반복이다. 수천 개의 계단을 오른다. 시간이 지날수록 숨이 차고 다리가 후들거린다. 정상 1.1km 전부터는 그야말로 등산로 전체가 빙판이다. 난간과 씨름하며 정상을 500여 m 남기고 더는 자신이 없었다. 되돌아가려고 뒤를 돌아보니 완전 빙벽 수준이다. 이를 두고 설상가상, 진퇴양난이라

---

79  치악산 구룡사(雉岳山龜龍寺): 신라 승려 의상이 666년 문무왕 6년에 창건. 원래 지금 절터의 깊은 연못에는 아홉 마리의 용이 살고 있었는데, 의상이 못을 메우고 절을 지으려 하자 용들은 비를 내려 온 산을 물로 채웠다. 이에 의상이 부적 한 장을 그려 연못에 넣자 갑자기 연못물이 말라 버리고 용 아홉 마리는 도망쳤다고 한다. 이를 기념하기 위해서 구룡사라 하였다고 전한다. 1706년(숙종 32년) 중수되었고, 여지도서 원주 목조에는 구룡사는 85칸이다. 강원도 유형문화재 제24호인 대웅전과 강원도 유형문화재 제145호 보광루가 있다. 2003년 대웅전이 불에 타 2004년 실측자료를 바탕으로 복원하였다. 구룡사에 이르는 길에는 곧게 자란 소나무가 군락을 이루고 있는데 이는 조선시대에 세운 황장금표(黃腸禁標)와 관련이 있다. 구룡마을 입구와 치악산 정상 부근 황장외금표(黃腸外禁標)가 있으며 이러한 예는 전국에서 유일하다. 치악산국립공원 사무소.
80  사다리병창길: 구룡사 큰골에서 세렴폭포와 갈라지는 곳에서 시작되는 바위로 된 치악산의 주 탐방로에 해당한다. 바위 모양이 사다리를 곤두세운 것 같다고 하여 '사다리병창'이라 부르며, 병창은 영서 지방의 방언으로 '벼랑', '절벽'을 뜻한다. 환경부, 국립공원공단.

하던가?

등산로를 피해 산으로 들어가 나무를 잡고 우여곡절 끝에 출발한 지 4시간 20분 만에 비로봉 정상에 도착한다. 정상 한쪽에 여성 한 분이 간식을 먹고 있다. 삼각대를 설치하고 정상 기념을 남긴다. 아침에 세렴폭포 갈림길에서 상견례를 나눈 부자(父子) 팀이 계곡 등산로 코스로 정상에 도착한다. 정상에는 총 세 팀이다. 하산이 걱정이다. 동해에서 왔다는 여성분이 '입석사' 쪽에서 올라왔는데 등산로에는 눈도 없고 평이하다고 한다. 마음속으로 구세주를 만난 기분이다. 동행해도 좋겠는지

**치악산 정상 기념**

의향을 물어본즉 흔쾌히 허락한다. 오를 때와는 비교가 안 될, 그야말로 꽃길이다. 정상에서 조금 내려오니 소나무가 군락을 이룬다. 길가에 바위 하나가 눈에 들어온다. 호기심에 가까이 가본즉 황장금표(黃腸禁標)[81]라는 글씨가 바위에 한자로 희미하게 새겨져 있다. 잘 조성된 등산로를 조금 더 내려오다 보면 조망이 확 트인 '쥐너미재 전망대[82]'에서 피로를 덜어 낼 수 있다. 흐린 날씨에도 원주 시내가 한눈에 들어온다. 정상을 출발

---

81  비로봉 황장금표(毗盧峯黃腸禁標): 황장금표는 황장목(黃腸木: 왕실에 진상하던 색이 누렇고 질이 좋은 소나무)의 벌채를 금지한다는 경고문이며 18세기 전후에 설치된 것으로 추정된다. 치악산은 조선시대 전국에 분포한 60개소 황장목 봉산(封山: 벌채를 금지 한산) 가운데 유명한 곳으로 구룡사 매표소 입구의 황장금표(강원도기념물 제30호), 그 인근 새재골 마을 입구의 황장외금표(1993년 발견)와 2016년에 추가로 발견된 이곳 비로봉 황장금표 등 현재 국내에서 유일하게 세 개의 황장금표가 있는 산이다. 치악산국립공원 사무소.

82  쥐너미재: 옛날 범골에 범사(凡寺)라는 절이 있었는데 쥐가 너무 많아 스님들이 쥐 때문에 절을 떠났고, 그 후에 많던 쥐들까지 꼬리에 꼬리를 물고 줄을 지어 고개를 넘었다 하여 붙여진 이름이다.

하여 하산길에 접어든 지 2시간 만에 입석사에 도착한다. 돌로 축대를 높이 쌓은 계단 위에 건축되어 있다. 입석사는 1090년 고려 선종 7년에 조성된 흥양리마애불좌상과 입석 석탑 및 인근에 있는 입석대가 유명하다고 한다. 갈 길이 멀어 바깥에서 근성으로 살핀 뒤 사진 한 컷을 담고 포장된 내리막길을 약 2km 가까이 걸어 치악산국립공원 황골탐방지원센터에 도착한다. 큰 주차장이 마련되어 있지만, 자동차는 한 대도 보이지 않는다. 20여 분을 더 걸어가 피로를 풀 겸 하산길에 동행한 이름 모르는 산객과 커피 한 잔 나누고 택시로 원주시외버스터미널에서 버스로 동서울종합터미널을 경유하여 지하철에서 하차하면서 오늘의 모든 산행을 마무리한다.

**치악산 입석사 대웅전**     **치악산 구룡사 일주문**     **치악산 사다리병창길**

치악산 쥐너미재 전망대에서 바라본 원주시 전경

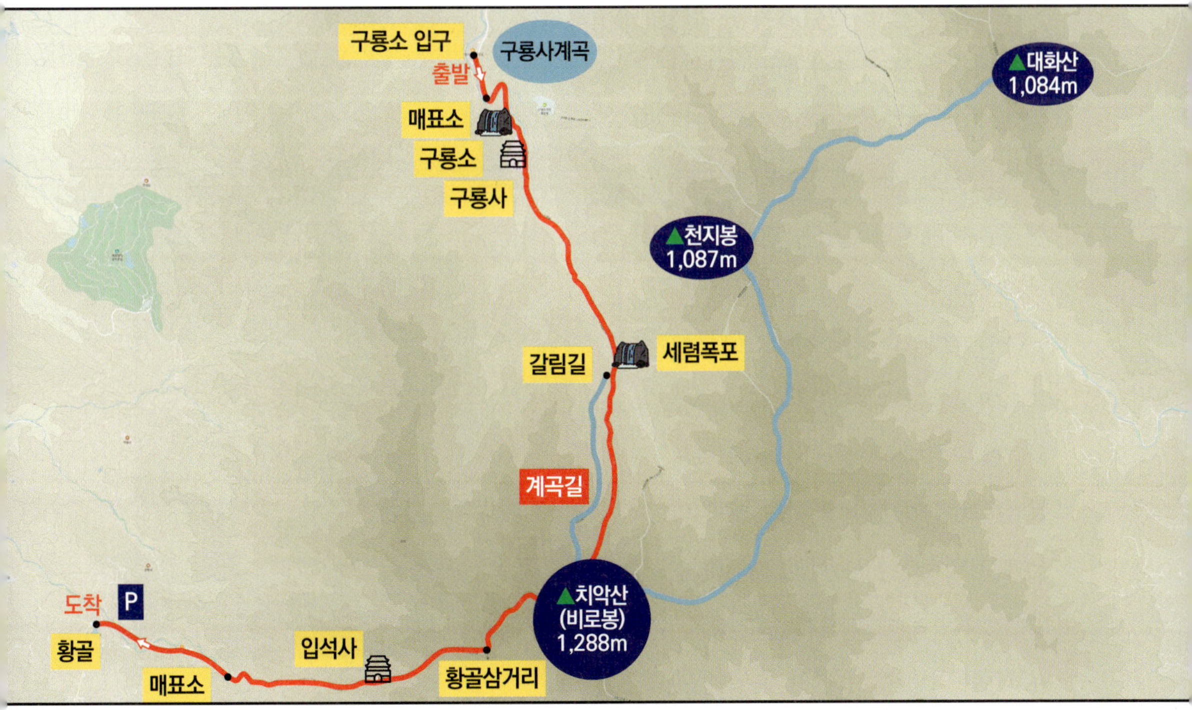

치악산 오늘의 등산로

# 칠갑산(七甲山)

## 충청남도 청양군

– 2021년 3월 3일(수), 구름·맑음

칠갑산은 행정구역상으로 충청남도 청양군 정산면, 대치면, 장평면, 남양면 등 4개 면에 걸쳐 있는 해발 561m의 산이다. 칠갑산의 유래는 동쪽의 두솔성지(자비성)와 도림사지, 남쪽의 금강사지와 천장대, 남서쪽의 정해사, 서쪽의 장곡사가 모두 연대된 백제인의 얼이 담긴 천년 사적지이다.

국립공원 칠갑산 지부에 따르면 역사적으로 살펴보면 『동국여지승람』 권지 18 정신현 산천편에 한서쪽 16리에 있으며 옛 성의 터가 있는데 자비성(慈悲城)이라 부른다(左縣西十六里 有古 城其號 慈悲城: 又見 靑陽縣). 사찰 주변이 성으로 에

칠갑산 정상석

워싸인 것은 전국에서 희귀한 현상으로, 전하는 이야기에 따르면 백제 왕자 또는 왕족의 교육을 하던 사찰이란 설과 국가의 중대사 또는 외국의 사신을 영접하던 삼국시대의 불교 전성기의 유적이라 한다. 또한 칠갑산은 만물 생성의 7대 근원인 '칠(七)' 자와 싹이 난다는 뜻의 '갑(甲)' 자로 생명의 시원(始源) 칠갑산(七甲山)이라 경칭하여 왔다. 또한 이 산은 산정을 중심으로 일곱 군데로 뻗어 있고, 금강 상류인 지천과 양화천을 굽어보는 일곱 장수가 나올 '갑(甲)' 자형의 일곱 자리 명당이 있어 칠갑산이라 불렀다는 설도 있다. 칠갑산의 명칭은 원래 칠악산(七岳山)으로 알려져 있다.

칠갑산은 정상을 중심으로 아흔아홉 계곡을 비롯한 까치내, 냉천계곡, 천장호 등 비경지대가 우산살처럼 펼쳐져 있어 볼거리가 많다. 1973년 3월 6일에 충청남도 도립공원으로 지정되었다.

칠갑산 하면 모든 사람이 '어머니'를 떠오르게 하는 주병선의 '칠갑산' 노래를 빼놓을 수 없다. 그 외에도 천년고찰인 칠갑산 장곡사는 신라 때 고찰로 두 개의 대웅전이 있는 절로 유명하다. 경내에 5점의 보물과 비자나무 밥통, 목어(木魚) 등이 보존돼 있다. 장곡사 주차장 장승공원엔 벚꽃과 어우러진 유채꽃 단지가 조성되어 있다. 현재 전국 최대장승인 칠갑산 대장군(10.5m)은 물론 300여 개의 전국 마을 장승을 볼 수 있다. 청양에서 가장 아름다운 곳인 청양 10경[83]도 청양의 자랑거리다. 오늘 교통편은 센트럴시티터미널에서 7시 20분 고속버스로 청양까지 이동한다(요금 10,900원). 정산시외버스터미널에 하차해서 출렁다리 코스로 가는 방법도 있다(택시 6,000원).

칠갑산 정상을 오르는 등산로는 산장로를 비롯하여 사찰로, 장곡로, 휴양로, 천장로,

---

83 ① 우산성: 충청남도 기념물 제18호.
② 장곡사: 다른 사찰에서 볼 수 없는 상·하의 대웅전.
③ 칠갑산도립공원 : 칠갑산의 이름은 천지 만물을 상징하는 칠(七)과 갑(甲) 자를 따왔다고 전해진다.
④ 천장호 출렁다리: 천장 호수를 가로지르는 명물로 총길이 207m.
⑤ 칠갑산 천문대: 스타파크는 국내 최대 구경 보유.
⑥ 지천구곡: 99굽이에 아홉 가지 경관.
⑦ 다락골 줄무덤성지: 천주교 탄압 시 순교자 묘지.
⑧ 칠갑산 장승공원: 100년 전부터 장승제를 올렸던 한국 최고의 장승 문화 보존지.
⑨ 고운식물원: 국내 최대 규모의 식물원 중의 하나.
⑩ 칠갑산도립공원.

칠갑로, 지천로 등 여러 경로가 있으나 필자는 칠갑산 주차장을 출발하는 산장로를 선택했다. 청양 시외버스 터미널에서 칠갑산 주차장(한치고개)까지 택시 요금은 13,000원이다.

복장을 점검하고 본격적으로 산행을 시작한다. 초입부터 평탄하고 순탄한 등산로다. 등산로에는 칠갑산의 유래를 새겨 놓은 큼직한 화강석과 칠갑산 노랫말을 새겨 놓은 흰색 기념석이 반긴다. 더불어 콩밭 매는 아낙네의 동상도 정겹다.

**콩밭 매는 아낙네 동상**

콩밭 매는 아낙네야 베적삼이 흠뻑 젖는다
무슨 설움 그리 많아 포기마다 눈물 심누나
홀어머니 두고 시집가던 날 칠갑산 산마루에
울어 주던 산새 소리만 어린 가슴 속을 태웠소

'칠갑산' 노래의 가사다. 조운파 선생이 작사한 이 노랫말은 실화를 바탕으로 했다고 전한다. 가난을 못 이겨 늙은 홀아비에게 열여섯 살 딸을 시집보낸 홀어미의 눈물겨운 얘기를 담았다고 한다. 노래비를 출발하여 자비정[84]까지 약 2km 구간에는 '칠갑산 어머니의 길'이라는 표시판들이 여러 곳에 세워져 있다. 이 표시판들에는 자식을 낳고 기

---

84  자비정은 백제의 산성 자비성이 있었을 것으로 추정되는 자리에 세워진 정자로, '春二月築角山城'라고 하며 조선시대 대동여지도를 만든 고산자 김정호는 청양 지역을 소개하며 "현 서쪽 시오리 각산에 도솔성이 있다. 자비성이라고도 한다."라고 하였다. 이와 같은 근거로 칠갑산의 옛 이름은 각산이며 백제시대 전술 전략가로 탁월한 정치력을 지녔던 무왕은 칠갑산에 성을 쌓았던 것으로 추측해 보건대 백제는 산성의 나라라 할 정도로 무수한 산성이 나오지만 이처럼 역사 자료에 성을 축성했다는 기록은 극히 드물어 칠갑산의 자비성은 군사적으로나 정치적으로 중요한 역할을 했을 거라 사료된다. 청양군은 이를 기념하기 위해 1998년 4월에 자비정을 준공하였으며 특이한 점은 대개의 정자가 육각정 혹은 팔각정인 데 비해 이곳 자비정은 칠각정이란 점이다. 칠갑산도립공원.

르고 결혼시키면서 기뻐하고, 슬퍼하고, 그리워하는 모정이 글과 판화식 그림으로 표현돼 있다.

그중 유독 '그리움'이란 제목의 글귀가 필자의 발걸음을 멈추게 한다. 내용인즉 "지금 내 곁에 있음에도 어머니가 그리운 것은 내가 나이를 먹어서가 아니라 어머니가 늙어가기 때문이다. 사랑합니다."이다. 필자의 어머님은 2018년 8월 101세의 일기로 소천하고 지금은 이 세상에 안 계신다. 자식이 어찌 어머님의 깊은 마음을 헤아릴까마는 그래도 늙으신 어머님께서 계셨으면 얼마나 좋을까 하는 아쉬움이다. 사랑합니다. 어머님!

직진하다 보면 등산로 우측에 우뚝 솟은 충혼탑과 국내 최대구경을 보유 중인 칠갑산 천문대(STAR PARK)가 나타난다. 천문대에는 국내 최대 구경급인 304mm 굴절망원경 및 360° 회전 가능한 7m 원형 돔을 보유하고 있다. 기념을 위해 사진 한 장을 남긴다.

마지막 계단을 숨차게 올라 정상에 도착한다. 출발한 지 한 시간 남짓한 시간이다. 정상에는 세 팀이 넓게 마련된 광장에 드문드문 앉아서 간식으로 즐겁게 보내고 있는 풍경이다. 기념사진을 남기고 하산은 출렁다리가 있는 천장로를 선택한다. 하산길도 오르내리막을 반복하는 길이지만 평범하다. 100대 명산 중 29개째인 오늘은 보너스를 얻은 기분이다. 마음이 가볍다. 천장로 출렁다리 입구에 도착한다. 출렁다리 전망대에서 호수를 보는 순간 가슴이 뻥 뚫린다. 천장호를 가로지르는 출렁다리는 가히 일품이다. 주변 환경과도 아름다운 조화를 이룬다. 정상에서 천장호까지는 3.6km다. 마지막 목재 데크를 내려오면 왼편에 용과 호랑이의 전설을 기록한 안내판과 모형이 있다. 내용인즉 칠갑산 아래 천장호는 천년의 세월을 기다려 승천하려던 황룡이 자기 몸으로 다리를 만들어 한 아이의 생명을 구했고, 이를 본 호랑이가 영물이 되어 칠갑산을 수호하고 있어, 이곳을 건너 칠갑산을 오르면 악을 다스리고 복을 준다는 황룡의 기운과 영험한 기운을 지닌 호랑이의 기운을 받아 아이를 낳는다는 전설이 있다는 재미있는 내용이다.

충남 청양군 천장호 출렁다리는 2007년 11월부터 2009년 7월까지 길이 207m,

높이 24m, 폭 1.5m의 현수교형 출렁다리를 천장호 수면 위에 준공 설치하였다.[85] 2017년까지는 우리나라에서 가장 긴 출렁다리였지만, 2019년도에 개통한 충남 예산 예당호 출렁다리(402m)[86]와, 전북 순창 적성면에 설치한 채계(釵笄)산 출렁다리(270m)에는 미치지 못한다. 관광객이 아무도 없다. 혼자 이 다리를 독차지한다. 출렁다리 중간 교각에는 세계에서 가장 큰 빨간색의 고추와 구기자 형상을 자랑으로 설치해 놓았다.

출렁다리 건설은 지방마다 앞다투어 경쟁을 벌이고 있다. 전국에 출

칠갑산 정상 기념

렁다리는 약 160개, 이 중 100개 넘는 다리가 2010년 이후 건설되었다고 한다. 대표적으로 논산의 탑정호 출렁다리는 동양 최대 길이의 현수교로 길이가 600m에 달한다. 탑정호를 가로지르는 다리로 몸무게 75kg 사람 기준 약 5,000명이 동시에 건널 수 있도록 설계되었다고 한다. 그 외에도 포천 한탄강 하늘다리는 2018년 5월에 개통한 길이 200m, 높이 50m에서 한탄강 협곡을 전망할 수 있다.

이 밖에도 삼척시에(033-571-2604) 따르면 삼척시는 국비 20억 원과 폐광지역개발기금 195억 원 등 총 215억 원의 예산을 들여 통리협곡 일원에 대한 관광자원화 사

---

85  KRI 한국기록원, 2017년 6월 18일 인정.
86  예당호 출렁다리: 우리나라에서 가장 큰 저수지인 예당호(둘레 40km, 너비 2km)를 상징하는 402m의 국내 출렁다리. 내진설계 1등급을 받은 튼튼한 다리로 성인 3,150명을 동시에 수용할 수 있고, 폭 5m, 보도 폭 1.8m로 가족이 함께 걷기에 충분하다. 예당호.

업을 올해부터 추진한다고 9일 밝혔다. 통리협곡을 가로지르는 출렁다리와 탐방로 등을 조성하는 것이 주요 사업이다. 출렁다리는 통리협곡 내 자리한 미인폭포 일원에 높이 170m, 길이 346m 규모로 설치될 예정이다. 2023년 하반기부터 공사를 시작하여 107억 원을 들여 도계읍 통리협곡 미인폭포 일원에 길이 327m의 출렁다리를 조성할 계획이라고 한다.

출렁다리를 지나 언덕길을 오르면 잘 조성된 공원에 갖가지 조형물이 눈을 즐겁게 한다. 날씨가 완연한 봄날이다. 주차장 부근에는 갖가지 기념품을 파는 가게와 식당이 즐비하다. 점심을 먹기 위해 메뉴판을 살피는 중 식당 사장님께서 맛있는 음식이 있다기에 여쭈니 들깨칼국수가 유별나게 맛있다기에 한 그릇 먹고 택시로 정상 정류장으로 이동한다. 요금은 6,000원이다. 정산에서 서울남부터미널 버스를 타고 서울에 무사히 도착함으로 오늘 유서 깊은 칠갑산 산행을 갈무리한다.

칠갑산 자비정

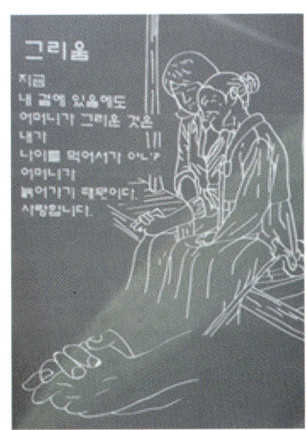
'그리움' 판화

칠갑산 천문대

칠갑산 천장호 출렁다리

칠갑산 오늘의 등산로

# 계룡산(鷄龍山)

대전광역시·충청남도 공주시·논산시·계룡시

- 2021년 3월 5일(금), 맑음

계룡산은 행정구역상으로 대전광역시, 공주시, 논산시, 계룡시 등 4개 시와 연결되어 있는 해발 845m(관음봉: 766m)의 산이다. 계룡산은 주봉인 천황봉에서 쌀개봉, 삼불봉으로 이어진 능선이 흡사 "닭 벼슬을 쓴 용"처럼 생겼다는 뜻을 담고 있다. 조선 초기 태조 이성계가 신도안(현 계룡시)에 도읍을 정하려고 이 지역을 답사하였을 당시, 동행했던 무학 대사가 산의 생김새를 보고 금계포란형(金鷄抱卵形: 금 닭이 알을 품은 형국)이요, 비룡승천형(飛龍昇天形:

**계룡산 관음봉 정상석**

용이 날아 하늘로 올라가는 형국)이라 했는데, 두 주체인 닭(鷄)과 용(龍)을 따서 계룡산

(鷄龍山)이라 부르게 되었다고 전해지고 있다. 계룡산국립공원이 전하는 기록에 따르면 계룡산은 1968년 12월 31일에 경주, 한려해상과 함께 제2호 국립공원으로 지정되었다.

계룡산 동쪽의 동학사[87], 서쪽의 갑사, 남쪽의 신원사는 천년고찰로 각 사찰의 고유한 역사와 특색을 가지고 있다. 생물자원으로는 멸종위기종 수달, 삵, 담비를 포함하여 약 3,750여 종의 동식물들이 서식 중이며 대륙 이동설의 증거인 이끼도롱뇽이 사는 곳이기도 하다.

오늘 산행도 대중교통를 이용한다. 어제 인터넷으로 예약한 서울남부터미널에서 출발하는 첫차(7시)를 타기 위해서 새벽부터 서두른다. 1시간 40여 분을 달려 동학사삼거리에 도착한다. 안개가 자욱하다. 커피라도 한잔하려고 주위를 살폈지만, 문을 연 가게가 없다. 인기척 없이 조용하다. 동학사행 107번 버스가 다닌다고 하나 코로나로 배차 시간이 맞지 않아 이정표를 따라 동학사에 도착할 때까지 버스는 오지 않았다. 일주문을 지나 동학사 계곡과 남매탑으로 가는 등산로가 나온다. 오늘 필자는 은선폭포가 있는 동학사계곡을 거쳐 관음봉과 연천봉에 오른 뒤 갑사 버스 종점을 날머리로 하는 코스를 잡았다.

일주문을 거쳐 관음암을 돌아본 뒤 서둘러 은선폭포를 향한다. 처음부터 계속 너덜길이다. 이른 시간이라서인지 등산객이 보이지 않는다. 속도를 더하여 10시가 조금 지나 은선폭포를 볼 수 있는 데크에 도착한다. 이유인즉 동학사계곡을 2010년 12월 31일부터 2029년 12월 31일까지 야생동물(이끼도롱뇽) 보호 및 계곡 오염 방지를 위해

---

[87] 동학사(東鶴寺): 713년 당나라 스님 상원(上願) 조사가 지은 상원암에 연원을 두고 있다. 상원암은 은혜를 갚으려는 호랑이 덕분에 여인을 만난 상원 조사가 여인과 의남매를 맺고 함께 도를 닦았던 곳이다. 성덕왕 23년(724년) 회의(懷義) 화상이 두 분을 기리기 위해 쌓은 탑이 현재 상원사지에 남아 있는 남매탑(보물 제1284호), 공주 청량사지 오층석탑(보물 제1285호), 공주 청량사지 칠층석탑이다. 고려 태조 3년(920년)에 도선(道詵)국사가 지금의 동학사 자리에 사찰을 중창한 뒤 태조의 원당이 되었다. 고려 태조 19년(936년), 신라가 망하자 류차달이 이곳에 신라의 시조와 박제상을 제사하기 위해 동학사(東鶴祠)를 건축하였고, 이후 사찰이 번창하자 절 이름도 동학사(東鶴寺)로 바꾸었다. '동학'이라는 이름은 동쪽에 학 모양의 바위에서 유래한다고 전한다. 영조 4년(1728년) 신천영의 난으로 사찰과 사당 모두가 소실된 것을 순조 14년(1814년) 월인 선사가 신축하였으며, 고종 원년(1864년) 만화 보선선사가 중창하였다. 동학사 제공.

탐방로를 제외한 구 야영장부터 은선폭포에 이르기까지 출입을 금지해 놓았기 때문이다. 은선폭포에서 한 시간이 지나 마지막 깔딱고개인 324계단을 숨차게 오르면 앞에 실질적인 정상인 관음봉이다.

눈앞에 주봉인 천황봉(846.5m)이 위용을 드러내고 있으나 군사시설로 인하여 등산객의 접근을 제한한다. 정상에는 신원사와 갑사에서 올라왔다는 두 팀이 경치를 즐기고 있다. 관음봉에 올라 사방으로 눈을 돌리면 가벼운 무릎 통증 정도는 머리에서 지워진다. 고맙게도 국립공원에서는 정상 바로 가까운 곳에 등산객이 편히 쉬도록 넓은 평상과 육각형의 아름다운 정자까지 마련되어 있다. 따듯한 차 한 잔으로 목을 축인 후 기념을 남기고 10여 분 정도 휴식 후 연천봉을 향한다.

**한갑수 박사 글**

연천봉에서 바라본 건너편 천황봉의 자태도 오래도록 기억에 남을 비경이다. 연천봉에 오르기를 권하고 싶다. 계룡산국립공원에서 제공한 기록에 의하면 연천봉은 신원사 탐방로의 대표적인 봉우리로 산봉우리가 구름과 맞닿았다고 하여 연천봉이라 부르고 주변에 있는 동운암은 구름 위에 올라탔다는 의미로 붙은 이름이라 한다. 다시 갑사 갈림길로 내려와 휴식 공간에서 점심을 먹은 후 갑사 쪽을 향한다.

시작부터 계곡에 내려올 때까지 대부분이 너덜길이다. 거울같이 맑은 갑사의 계곡물은 아직도 차갑기만 하다. 갑사계곡은 계룡산국립공원의 7개 계곡 중 "춘 마곡 추 갑사(봄에는 마곡계곡, 가을에는 갑사계곡)"라는 말이 있을 정도로 단풍이 빼어난 곳이다. 특히 갑사계곡 아홉 명소 중 하나인 용문폭포는 아무리 심한 가뭄에도 물이 마르지 않고 흐르는 영험함 때문에 기우제나 산제 등 무속 행사의 장소로 주목을 받는 곳이라고 한다.

갑사는 해묵은 노송과 느티나무 숲이 우거진 곳에 있으며 화엄종 10대 사찰의 하나이며 5개의 암자를 거느리고 있다. 갑사에 들러 사진 몇 장을 남기고 일주문을 막 지나자마자 좌측 연못에는 수많은 개구리의 울음소리가 발길을 유인한다. 외국인 4명도 신기한 듯 연못가에서 개구리 구경에 즐거움을 보탠다.

오늘이 마침 24절기 중 하나인 경칩(驚蟄)이다. 경칩은 우수와 춘분 사이에 있는 절기로 양력 3월 5일 또는 6일경이다. 이때가 되면 모든 생명체 봄기운을 받아 싹이 나면서 생장(生長)을 시작한다. 그리고 봄 우레가 소리를 내기 시작하면서 온갖 곤충이 활발하게 움직인다.

**계룡산 정상 기념**

경칩을 지나면 도화는 붉게 피고, 자두는 희게 피며, 꾀꼬리는 밝게 울고, 제비는 돌아온다. 봄의 중간이라고 할 수 있는 시간이기 때문에 봄기운이 완연하면서 모든 것이 새로운 활동을 시작한다. 이것을 일러 봄 우레가 모든 벌레를 놀라게 한다고 말한다. 동학사 입구의 벚나무에도 어김없이 꽃이 만개하여 상춘객을 기다릴 텐데 코로나 때문에 벚꽃 구경이 여의찮을 것 같아 마음이 아프다. 코로나가 모든 것을 망치게 한다. 하루속히 박멸되기를 기원한다.

산행을 마무리하고 차 한잔하기 위해 내려가는 길옆에 흡사 로켓처럼 생긴 엄청나게 큰 돌 비석 하나가 궁금증을 가지게 한다. 1992년 5월 8일 어버이날을 기념하여 문학 박사요 교육학 박사이신 한갑수 박사님이 '젊은이들에게 부탁하는 글'이 새겨져 있다. 내용인즉 부모님에 대한 효도와 어려운 사람이 주위에 있으면 덕을 베풀면 경사스러운 일이 뒤따른다는 내용이다.

    냉커피 한 잔으로 갈증을 풀고 공주행 2시 20분 버스로 타고 서울고속 버스터미널에 무사히 도착한다. 다음 산행지를 생각하며 30번째 100대 명산 나들이를 마무리한다.

계룡산 동학사 일주문　　　　　계룡산 갑사 일주문　　　　　계룡산 은선폭포

계룡산 관음봉에서 내려다본 동학사계곡 전경

계룡산 동학사 관음암 전경

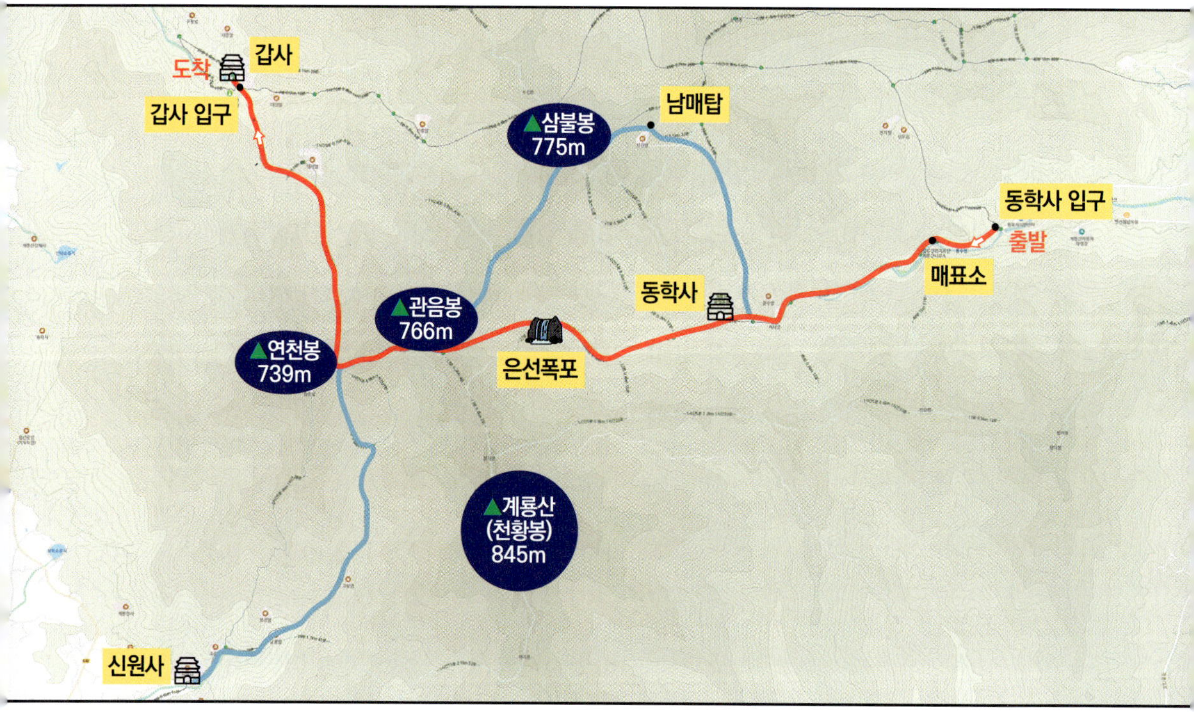

계룡산 오늘의 등산로

# 덕숭산(德崇山)

## 충청남도 예산군
- 2021년 3월 10일(수), 맑음·흐림

　덕숭산은 행정구역상으로 충청남도 예산군에 있는 해발 495m의 산이다. 덕숭산의 유래에 대하여 여러 설이 있지만, 수덕사 주지 스님(김 법장)이 정리해 놓은 수덕사 관음바위[88]에 새겨진 글로 갈음하고자 한다.

---

88　수덕사 관음바위의 전설: 이곳은 관세음보살이 현신(現身)하신 성역이다. 백제시대에 창건된 수덕사가 통일신라시대에 이르기까지 오랜 세월이 흐르는 동안 가람은 극히 퇴락이 심해 대중창불사(大重創佛事)를 하게 되었다. 그러나 당시의 스님들은 불사금을 조달하기에 많은 어려움을 겪고 있었다. 그러던 어느 날 묘령(妙齡)의 여인 한 명이 찾아와서 불사를 돕기 위해 공양주를 하겠다고 자청하였다. 미모(美貌)가 빼어난 여인인지라 수덕 각시라는 이름으로 소문이 원근에 퍼지게 되었다. 심산궁곡(深山窮谷)인 수덕사에 이 여인을 구경하려고 오는 사람이 연일 인산인해(人山人海)를 이루었다. 그중 신라의 대부호(大富豪)요 재상의 아들인 '정혜'라는 사람이 청하기까지 이르렀다. "이 불사가 원만 성취되면 청혼을 받아들이겠다."라는 여인의 말을 듣고 이 청년은 가산(家産)을 기울여 10년 걸릴 불사를 3년 만에 원만히 끝내고 낙성식을 보게 되었다. 낙성식에 대공덕주(大功德主)로서 참석한 이 청년이 수덕 각시에게 같이 떠날 것을 독촉하자 "구정물 묻은 옷을 갈아입을 말미를 주소서." 하고 옆방으로 들어간 뒤 기척이 없었다. 이상함에 그 방문을 열고 들어가려 하자 여인은 급히 다른 방으로 사라지려 하고 가는 여인의 모습에 당황한 청년이 여인을 잡으려 하는 순간 옆에 있던 바위가 갈라졌다. 여인이 그 속으로 들어가는 것을 잡으려 하자 버선 한 짝만 남기고 사라지니, 인홀불견(因忽不見), 사람도 방문도 없어지고 크게 틈이 벌어진 바위 하나만 나타나 있었다. 그 바위가 갈라진 사이에서는 봄이면 기이하게 버선 모양의 꽃이 지금까지 피고 있다. 그 여인의 이름이 수덕이었으므로 그로부터 수덕사라고 부르게 되었다. 관세음보살이 현신하신 후 들어가신 바위를 사람들은 관음바위라고 부르게 되었고 수덕 각시 바위라고도 부르고 있다. 그로부터 관세음보살이 헌신한 이곳에 기도하면 모든 소원이 성취된다는 소문이 경향 각지에 퍼지자 소원을 비는 인적이 끊이지 않았으나, 수덕사는 부처님의 법맥을 이어 오는 경허·만공스님의 가풍을 진작하는 선찰(禪刹)로써 자칫 기복에 치우칠 우려가 있어 이를 더 이상 구전(口傳)치 않았다. 그러나 이곳을 찾는 많은 불자의 심원(心願)에 따라 이 성역에 헌신했던 관음보살을 봉조(奉造)하게 되었사오니 신심으로 참배 기도하는 이는 관음의 신통(神通) 묘용(妙用)의 가피를 모두 얻을 것이라 믿는다. 불기 2538년 11월 동짓날, 수덕사 주지 스님, 김 법장.

일반인에게 덕숭산은 잘 알려져 있지 않으나 천년고찰 수덕사[89]는 워낙 유명한 사찰이라 많은 사람이 수덕사 관광을 하면서 가족이나 친구끼리도 가볍게 오를 수 있는 산이다.

덕숭산은 우리나라 산림청이 선정한 100대 명산에 속하며 1973년 도립공원으로 지정되었다. 산행 거리는 길지 않은 편이며, 휴식을 포함해서 왕복 3시간이면 충분하다. 아기자기한 계곡의 기암과 수덕사에는 국보급, 보물급 건축물도 많은 편이다. 수덕사 선(禪) 미술관도 덤으로 관람할 수 있다.

오늘 산행도 대중교통을 이용한다. 일찍부터 서둘러 서울고속버스터미널(호남선)에서 예산으로 향하는 버스 편으로 호기심을 가득 품고 유서 깊은 수덕산을 향해 출발한다. 100대 명산을 오른 지 오늘이 31번째다. 속리산을 등산하려다 수덕사에서 역사 탐방한다는 가벼운 마음으로 행선지를 변경한다. 아침 7시 10분, 다소 이른 시간이라서인지 버스 승객은 총 4명뿐이다. 왠지 미안한 마음이다. 코로나19 영향 때문일까? 언제부터인가 버스나 기차 여행에 소소한 재미를 느낀다.

**덕숭산 정상석**

기차, 버스, 지하철, 택시 등 제각기 다른 느낌과 감정이다. 코로나로 인해 기차나 버스 안에서 향기 나는 커피나 음료수를 마실 수 없어 아쉽다. 서울고속버스터미널을 출발하여 두 시간이 약간 못 미쳐 예산고속버스터미널에 도착한다. 예산종합버스터미널

---

89  수덕사: 백제시대 사찰인 수덕사의 창건에 관한 정확한 문헌 기록은 현재 남아 있지 않으나, 학계에서는 대체로 백제 위덕왕(威德王, 554-597) 재위 시에 창건된 것으로 추정하고 있다. 수덕사 제공.

에 도착하기 약 20여 분 전에 '덕산스파' 정류장에 잠시 들렀다가 예산으로 향했다. 그런데 기사님께 수덕사에 가려면 여기서 하차하면 어떠냐고 묻자 귀찮은 듯 자기는 모른다는 퉁명스러운 대답이다. (참고: 덕산스파 정류장에 하차해서 수덕사 가는 택시를 타면 30분 이상 시간을 단축할 수 있다.) 하는 수 없이 예산종합버스터미널에 가서 동일 장소에서 수덕사 가는 시내버스를 타고 약 40분 후 수덕사 버스 종점에 도착한다.

아침이라 산객은 별로 보이지 않는다. 매표소를 거쳐 일주문을 지나자 길 우측 돌 조각상 앞에 발걸음을 멈춘다. 오줌싸개 꼬마가 키를 머리에 쓴 조각상이다. 카메라에 담는다. 조각상 옆 돌에 새겨진 글귀도 마음에 들어온다.

"삼일동안 닦은 마음은 천 년의 보배요,
백 년의 탐물은 하루아침 이슬과 같네."

경칩이 지난 이른 봄 수덕사로 들어가는 길옆 화단에 원추리가 긴 겨울잠에서 깨어난 듯 파릇파릇하게 싹을 틔운다. 수덕사에는 약 30여 년 전 회사 직원들과 한 번 온 경험이 있으나 당시 구체적인 기억이 나지 않는다. 그러나 낯설지 않고 편안한 마음이다. 대웅전

**수덕사 법고각**

마당을 거쳐 전월사 코스로 정상을 향한다. 시작부터 정상에 오를 때까지 등산로는 거의 돌로 된 계단 길이다. 조금 오르다 보면 '향운각'이라는 작은 암자가 자리하고 입구에 '관세음보살입상'을 만난다. 1924년 만공스님이 관세음보살의 위덕을 기려 조성한 석상이라고 한다.

인근에는 스님들의 수행 공간인 갈대 지붕을 입힌 '소림초당'도 눈길을 끌게 한다. 물

론 묵언수행 중이라 접근은 금지다. 조금 더 오르면 비구니 스님만 거처한다는 '정혜사'와 석문을 만난다. 이곳 역시 묵언수행 중이라는 입간판이 출입을 통제한다.

덕숭산에는 다른 사찰보다 유별나게 묵언수행 한다는 안내 표시판이 많다. 스님은 한 명도 보지 못했다. 자연스럽게 송춘희를 비롯한 여러 가수가 부른 수덕사 여승의 슬픈 사랑 이야기를 노래한 '수덕사의 여성' 노랫말을 떠올리게 한다. 애절한 노래로 너무나도 유명하신 일엽스님이 이 노래의 주인공이라고 한다.

> 인적 없는 수덕사에 밤은 깊은데/흐느끼는 여승에 외로운 그림자
> 속세에 두고 온 님 잊을 길 없어/법당에 촛불 켜고 홀로 울적에
> 아~ 수덕사에 쇠북이 운다.

하산 코스는 정혜암과 만공탑이 있는 코스로 내려온다. 약 두 시간 반 정도의 산행을 마치고 수덕사 경내를 관람한다. 대웅전과 관음바위, 칠층석탑, 법고각(法鼓閣)[90] 등 많은 유물을 두루 살핀다. 특히 법고각의 빛바랜 단청이 굉장히 아름답다. 수덕사 대웅전(국보 제49호)은 영주 부석사 무량수전과 함께 우리나라에서 가장 오래된 목조건물 중 하나이다. 그래서인지 멋스럽고 기풍이 넘친다.

일부 사람들은 수덕사에는 여승(女僧)만 있는 줄 안다. 아마 노래 제목 영향을 받아서일까? 그러나 수덕사는 여승보다는 남자(男子) 스님이 더 많다고 한다. 수덕사에서 유일하게 여승(女僧)이 거처하는 곳이 '견성암(見性庵)'이라 한다. (그러나 필자가 직접 확인은 못 했다.) 견성암은 등산길 초입에 있으며 여느 사찰과 건축양식이 조금 다르다.

---

90 수덕사의 법고각: 수덕사의 종무소 조인정사 앞에 있다. 범종각과 같은 규모로 정면 3칸 측면 2칸의 다포계 집이다. 지붕 역시 팔작지붕이다. 법고각은 소리를 통해 뭇 중생들에게 부처님의 진리를 전달해 주고자 하는 사물이 봉안된 곳이다. 범종은 맞은편의 종각 안에 봉안했기에 이곳 법고각에는 법고 목어, 운판이 있다. 밤낮으로 눈을 감지 않고 수행 정진해야 하는 수행 납자(衲子)를 경책하는 의미로 만들어진 복어는 처음에 단순한 물고기 모양이었다가 차츰 용두어신(龍頭魚身)의 형태로 전이 되었다. 수덕사의 목어는 물고기의 형상이나 입안에는 여의주를 물고 있다. 법을 전하는 북, 법고가 올려져 있는 법고대는 조수좌(鳥獸座)의 일종으로 거북의 등 문양(귀갑문)이 조형되어 있으며, 법고의 높이는 97cm이고 지름 100cm로 천의를 날리며 주악을 울리는 주악 비천상이 그려져 있다. 전체 모양 자체가 구름의 형상으로 만들어진 운판은 하늘을 나는 생명들에게 부처님의 진리를 전달해 주는 상징적 의미를 지니고 있다. 곧 운판이 울리면 하늘을 날아다니는 중생들이 제도되고, 무주고혼은 천도될 수 있는 것이다. 수덕사 제공.

견승암은 석조건축물이다.

  수덕사 관람을 마치고 일주문 옆 커피숍에서 따뜻한 봄볕 아래 차 한 잔 마시고 선(禪) 미술관으로 발길을 옮긴다. 마음을 사로잡는 작품들로 가득했다. 고승들의 선묵. 선서화, 고암 이응로 화백과 같은 근현대 작가들의 다양한 작품을 접할 수 있다. 선 미술관 관람을 마지막으로 수덕사를 떠난다. 내 생애는 두 번 다시는 오지 못할 것 같은 마음이 든다.

덕숭산 정상 기념

  주차장 쪽으로 내려오면 식당과 커피숍 등이 여러 곳 있다. 요기를 위해 살피던 중 산채 메밀막국숫집(조선옥)이 눈에 들어온다. 들어서자 식당 여사장님이 친절하게 맞이한다. 막국수를 권한다. 주문을 한 후 면을 직접 뽑아서 나온 음식으로 여느 막국수보다는 맛이 좋다. 덤으로 준 메밀로 빚은 만두 맛도 일품이다. 어느덧 3시가 넘었다. 예산행과 홍성행 버스 중 홍성 가는 버스가 먼저 도착해서 홍성을 거쳐 서울고속버스터미널에 도착하면서 100대 명산 중 31번째 산행을 마무리한다.

수덕사 일주문      수덕사 칠층석탑      수덕사 소림초당

수덕사 대웅전과 삼층석탑 전경

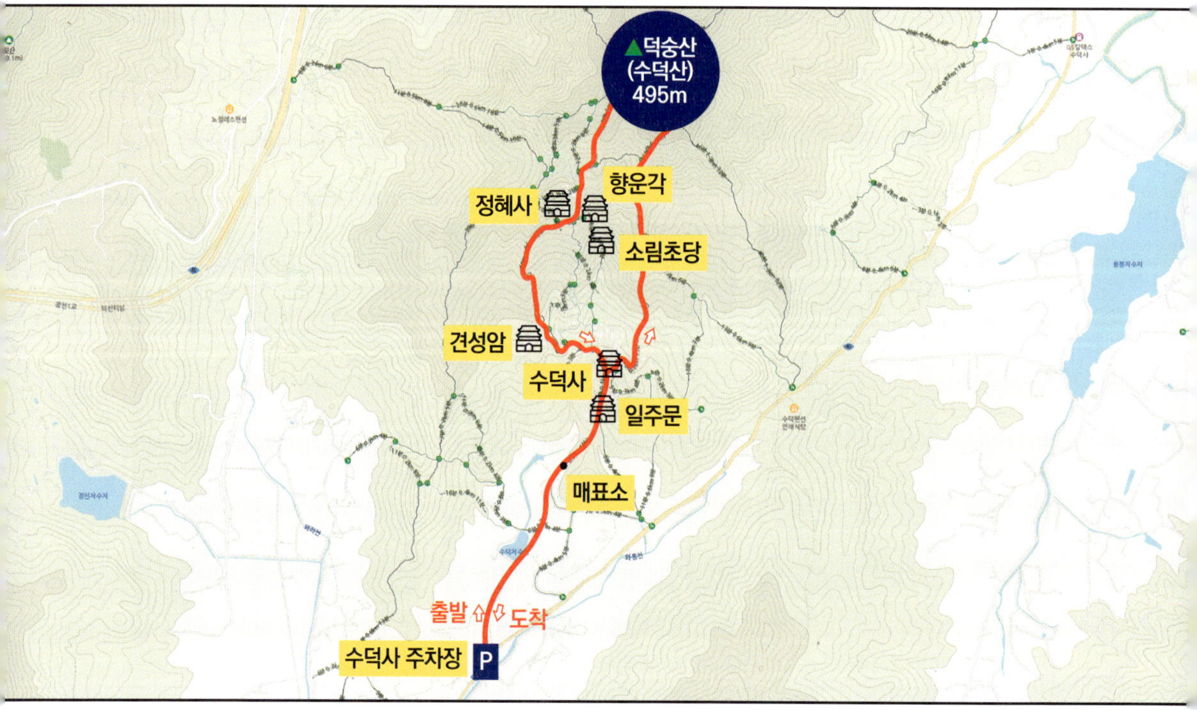

덕숭산(수덕사) 오늘의 등산로

# 백덕산(白德山)

**강원도 영월군·평창군·횡성군**

- 2021년 3월 17일(수), 맑음

백덕산은 행정구역상 강원도 영월군과 평창군, 횡성군 등 3개 군에 걸쳐 있는 해발 1,350m의 산이다. 정상봉에 있는 설명에 따르면 백덕산은 평창 산림문화 8경으로 평창군 방림면 운교리와 영월군 무릉도원읍 법흥리에 위치한 산으로 평창 이남 쪽으로는 가장 높은 산이다. 백운이 뒤덮인 상봉의 경관 때문에 백덕이라는 이름이 붙여졌다고 한다. 겨울에 설경이 매우 아름답고 북쪽으로는 해심무덤봉 남쪽으로는 신선봉 동쪽으로는 사래산이 있다.

**백덕산 정상석**

또 한편으로는 백덕산을 일명 사자산 또는 사재산이라고도 부르기도 한다. 3월 중순이지만 산 이름에 걸맞게 정상 부위에는 아직도 눈과 얼음이 남아 있어 아이젠을 착용하지 않고는 정상을 오르기 어려울 정도다.

오늘도 대중교통을 이용한다. 백덕산을 오르는 코스는 크게 문재터널을 출발하여 사자산을 거쳐 정상으로 오르는 코스와 운교리 상동마을 쪽으로 오르는 코스, 먹골에서 출발하는 코스, 관음사에서 출발하는 코스 등이 있다. 여러 코스 중 필자는 운교리를 출발하여 정상에 오른 뒤 흥원사(관음사)로 하산하는 코스를 선택했다.

새벽부터 서둘러 동서울종합터미널에서 정선행 첫차인 7시에 출발하는 흥업 여객버스로 이동한다. 찐빵으로 유명한 안흥을 지나 '운교리' 정류장에 하차하여 백덕산을 오르는 코스를 선택한다. 8시 50분에 운교리 정류장에 도착했다. 전형적인 농촌 풍경 그대로다. 등산로를 찾을 수 없어 두리번거리던 중 텃밭에서 삽질하는 아저씨께 등산로를 물었더니 친절히 안내해 준다. 고마운 마음 전하고 등산 장비를 점검한다. 운교리를 출발하여 등산로 입구까지 약 15분 동안은 농로로 이어지며 포장이 잘돼 있다.

본격적인 산행 길에 접어들면 오르막이 계속되지만 평이하다. 약 1시간을 오르면 임도가 나온다. 임도 어느 곳에도 정상을 알리는 이정표가 없다. 건너편 산 쪽을 바라보면 산악회에서 나무에 매달아 놓은 여럿의 리본이 눈에 들어온다. 어느 이정표보다 믿음이 가는 길라잡이다. 임도를 가로질러 고도를 높이다 보면 사자산(獅子山)과 백덕산(白德山) 사이에 있는 당재(堂峙) 고개에 다다른다.

옛날 이곳 산마루에 당집이 있었기 때문에 당재(堂峙), 즉 당고개라 불리게 되었다고 전한다. 여느 산과 마찬가지로 정상을 쉽게 내주지 않는다. 정상에 가까워질수록 산세는 거칠어진다. 마지막 로프를 잡고 올라 드디어 정상에 발자국을 남긴다. 운교리를 출발한 지 약 2시간 30분 후다. 정상까지 오는 동안 산객은 한 명도 보이지 않는다. 규모가 아담한 흰색 화강암으로 된 정상석이 반길 뿐이다. 정상에 서니 남쪽으로는 소백산 줄기와 서쪽으로는 치악산맥이 마치 파도가 넘실거리듯 한눈에 들어오고, 동쪽으로는 오대산과 멀리는 지난 1월 21일 정상을 눈앞에

**백덕산 정상 기념**

두고 눈이 허리춤까지 차는 관계로 포기하고 돌아온 가리왕산이 눈에 들어온다. 5월 15일 이후 입산 금지 기간이 해제되면 다시 올라야 할 산이다.

100대 산 중 32번째이지만 산 전체를 전세(?) 내어 40분 이상 머물면서 정상에서 조망을 감상하기는 처음이다. 바람 한 점 없이 청명한 날씨다. 하산을 위해 자리를 뜨려는 순간 건장한 젊은이 두 명이 먹골에서 올라온다며 숨을 가쁘게 몰아쉰다. 하산은 승용차로 왔기 때문에 먹골로 회귀한다고 한다. 의례적인 간단한 덕담과 서로 간 격려 말을 나누고 먼저 관음사 쪽으로 향한다. 하산 등산로는 처음부터 빙판길이다. 다시 아이젠을 착용한다. 하산길 중간중간 너덜길도 있지만 대체로 평이한 편이다.

하산길에 이름 있는 바위들을 만나게 된다. 촛대바위[91], 부부바위, 신선바위[92] 등 제각기 의미 있는 모양들이다. 세 바위 중 부부바위는 형상으로는 선뜻 이해가 안 된다. 한참을 내려오다 보면 급경사 길과 다소 완만한 신선바위가 있는 갈림길을 선택해야 한다. 필자는 거리상으로는 약 1km가 멀지만

**백덕산 촛대바위**

---

91 촛대바위: 옛날 신선들이 내려와 신선바위 위의 바둑판에서 바둑을 둘 때 바둑에서 진 신선의 편을 들던 청년들이 홧김에 옆에 있던 바둑판을 굴려 버린 후 신선들이 더 이상 신선바위를 찾지 않게 되자, 신선들의 노여움을 풀고 마음의 평안을 위한 제를 지내기 위하여 제사상을 차려 놓고 촛대로 사용하였다는 바위로 이곳에서 소원을 빌면 마음의 정화와 개인의 소원이 이루어진다고 알려져 그때부터 촛대바위라는 정설이 내려오고 있다. 영월군.

92 신선바위: 이 바위는 신선들이 즐겨 머물던 곳으로 겨울 햇살 따사롭던 어느 날 흰 수염 신선과 까만 수염 신선이 이 바둑에서 바둑을 두는 동안 동네 청년들이 양쪽으로 나누어 내기하다가 까만 수염 신선이 불계승을 거두자 흰 수염 신선에게 걸었던 청년들이 아쉬워하며 나무를 하러 가기 위해 도끼를 집어 드는데 도끼 자루가 썩어 나무를 못 하게 되자 화가 난 청년 서너 명이 바둑판을 법흥사 쪽으로 굴려 버려 더 이상은 신선들의 대국을 볼 수 없게 되었다는 전설이 남아 있다. 동부지방 산림청 영월 국유림관리소.

신선바위라는 호기심에 신선바위 코스를 선택한다. 한참을 내려오니 신선바위 전망대와 신선바위의 자태가 기대에 부응한다. 기념을 한 장 담는다. 바위 위로 올라가는 로프가 있으나 자신이 없어 그냥 지나친다. 약 2시간 후 흥원사에 도착한다. 인기척이 없다. 검은 개 한 마리가 울안에서 짖어 댄다. 경내를 잠시 둘러본 후 차 한잔하면서 교통정보를 얻으려고 했으나 2~300m를 걷는 동안 가게 문을 연 집이 없을 뿐만 아니라 사람 구경을 할 수 없다.

 30여 분을 걸어 법흥사 입구 시내버스 정류장에 도착해서 버스 배차 시간을 확인해 본 결과 버스가 도착하려면 한 시간 이상을 더 기다려야 했다. 마침 안내판에 개인택시 전화번호가 있어 전화했더니 20분 후에 도착했다. 탑승 후 영월버스터미널로 가자고 했더니 영월보다는 제천에서 상경하는 것이 택시비도 절약하고 시간도 단축할 수 있다고 한다. 제천에서 오후 6시에 출발하는 동서울행 버스로 약 두 시간 후 동서울종합터미널에 도착하면서 백덕산 산행을 마무리하고 다음 주에 오를 행선지를 생각한다.

백덕산 신선바위   백덕산 흥원사 전경   백덕산 등산로 괴목

백덕산 정상에서 바라본 전경

백덕산 오늘의 등산로

# 금수산(錦繡山)

## 충청북도 제천시·단양군
– 2021년 3월 23일(화), 구름·맑음

금수산은 행정구역상 충청북도 제천시 수산면과 단양군 적성면에 연결된 해발 1,016m의 산이다. 기록에 의한 금수산 유래를 살펴보면 금수산은 원래 백악산(白岳山)이라 불리었으나 퇴계 이황 선생이 단양군수로 재임 시 가을 단풍의 경치가 마치 비단에 수를 놓은 것 같다고 하여 비단 금(錦) 자에 수놓을 수(繡) 자를 써서 금수산이라 이름을 바꾸었다고 전해진다.

해발 1,016m의 주봉에 오르면 남서(南西)로 남한강의 충주호가 그림처럼 휘감아 돌고 동(東)으로는 소백산맥, 남(南)으로는 월악산이 한눈에

**금수산 정상석**

들어온다. 산의 끝자락에 있는 말목산은 말(馬)의 몸을 닮았으며 깎아지른 듯한 암벽과 충주호의 비경이 어우러져 천하의 절경을 이루며 특히 이곳의 가을 단풍은 금강산을 방불케 할 정도로 아름답다고 한다.

또한 금수산은 산의 형상이 마치 미녀가 누워 있는 것처럼 이마, 코, 입, 턱, 가슴, 발 등의 모습이 뚜렷하여 보는 이로 하여금 감탄을 자아내게 하며 성리학의 대가인 역동

(易東) 우탁(禹倬)[93](1263~1342년) 등 많은 인재를 배출한 12 품달촌(品達村)[94] 귀인을 출산한다는 전설이 전해져 내려온다.[95]

 오늘 산행도 대중교통을 이용한다. 동서울터미널에서 제천행 7시 출발 첫차로 1시간 50분 달려 제천버스터미널에 도착한다. 금수산행 버스 편은 코로나로 인해 배차 시간의 간격이 긴 관계로 택시로 이동한다. 금수산 정상에 오르는 코스는 대표적으로 상천 휴게소를 출발하는 코스와 상학 주차장을 출발하는 코스, 상리를 출발하는 코스가 일반적으로 산객이 많이 이용하는 코스라고 한다. 그러나 필자가 선택한 코스는 충주호의 주변에 있는 '능강교' 코스를 선택한다. 청평호(충주호)의 아름답고 시원한 전경도 덤이라서 좋다.

 등산로를 알리는 이정표가 없다. 코로나 영향인지 음식점이 있으나 인기척이 없다. 개(犬) 짖는 소리만 요란스럽다. 능강교를 끼고 좌측 계곡을 선택한다.

**금수산 화전민 집터**

 능강계곡을 따라 한참을 걷다 보면 TV 프로그램 〈나는 자연인이다〉에서 한 번 본 듯한(그러나 확실하지는 않다.) 우리나라 통일을 위해 돌탑을 쌓는다는 유별난 분이 사는 거처를 발견하게 되지만 인기척이 없다. 돌탑 사이에 통일 기원이라고 적힌 문구가 있다. 사람이 있으면 돌탑을 쌓은 사연을 들어 보려고 했으나 허사였다. 정성을 다해 쌓아 올린 여러

---

93 역동(易東) 우탁은 원나라를 통해 들어온 정주학(程朱學) 서적을 처음으로 해득하여 이를 후진에게 가르쳤으며, 경사(經史)와 역학(易學)에 통달한 인물이다. 또한 군왕의 패륜 행위를 바로잡기 위해 지부상소(持斧上疏)를 감행한 강직한 선비였다.

94 품달촌(品達村): 충북 단양군 적성면의 금수산(錦繡山) 아래 골짜기로 윗말(上里), 아랫말(下里), 가마실(玄谷里), 텃골(基洞里)에 걸쳐 있는 긴 골짜기를 통틀어 말한다. 그림 바위가 있는 금수산 아래에 자리해 경치 좋기로 이름이 나 있어, 풍수지리(風水地理)상 '정감록(鄭鑑錄)'에서 말하는 십승지지(十勝之地)로 꼽혀 오던 곳이기도 하다. 예부터 명현(名賢)이 많이 나고 높은 관직에 오른 사람이 많아 당상관(堂上官) 마을, 즉 품달촌(品達村)으로 불리게 됐다. 품달은 당상관에 오를 때 나타내는 푯대(보람)를 품계(品階)라 하는데, 품갓, 품띠, 품등, 품옷, 품자리, 품패 들을 가지고 자리에 깔고 몸에 달고 쓰고 입고 차고 두르고 들고 지니게 하였다. https://blog.daum.net, 2021년 3월 24일 접속.

95 제천시, 극지탐험가 최종열 외.

개의 크고 작은 돌탑을 감상하며 계곡 길로 직진한다.

약 1시간 정도 가다 보면 '능강구곡[96]'의 맨 위에 위치한 '취적대'(翠適臺)의 아름다움을 즐길 수 있다. 푸른 비취 같은 색깔의 웅덩이 물이 유난히 아름답다. 또 능강계곡 등산로에는 1960년대 화전민 26세대가 살았던 화전민 터 안내가 있다. 계곡 주변에서 논밭을 일구고 산비탈에는 산전을 개간하면서 생활하던 터가 남아 있다. 고향 생각이 난다.

능강교를 출발하여 1시간 30여 분 쯤, 금수산 중턱에 못 미치는 곳에 삼복염천에만 얼음이 난다는 빙혈이 있다. 기록에 따르면 이 얼음골은 산기슭이 돌무더기로 뒤덮인 너덜(talus)이란 지형에 자리 잡고 있다. 일명 한양지(寒陽地)는 금수산 중턱 능강구곡의 발원지이기도 하다. 지대가 높은 산봉우리가 남북을 가로막아 햇빛이 드는 시간이 짧아 겨울철 바위 암석이 차가워지고 물이 얼어 삼복지경에도 여름철에 얼음이 나는 곳이라 하여 한양지(얼음골)라 한다.

**금수산 정상 기념**

얼음은 초복에 가장 많고, 중복에는 바위 틈에 얼음이 있고 말복에는 바위를 들어내

---

96 능강구곡(凌江九曲): 제천시 수안면 금수산 심곡의 한양지(漢陽地) 유곡 양편에 기암괴석과 청산이 있고 청솔로 이루어진 숲 사이 십리계곡에 차고 많은 계류가 굽이치고 돌아 흐르면서 천하절경의 9곡을 이루니 이를 능강구곡이라 한다.
제1곡(쌍벽담): 두 절벽 사이에 용이 살았다는 연못
제2곡(몽유담): 꿈속에서 노닐던 연못
제3곡(와운폭): 구름이 누워서 흘러가는 듯한 폭포
제4곡(관주담): 진주 꾸러미처럼 영롱한 연못
제5곡(용주폭): 진주 같은 물방울이 튀어 오르는 폭포
제6곡(금병대): 비단 병풍으로 두른 듯한 자연 대석
제7곡(연자탑): 제비가 날아갈 듯한 바위
제8곡(만당암): 너럭바위에 앉아서 천렵과 시를 지었던 곳
제9곡(취적대): 검푸른 취적담 위로 솟아오른 바위
능강구곡 중 제1곡에서 4곡은 충주댐 건설로 청풍호 물속에 잠기었고, 제6곡(금병대)은 홍수 때 떠내려와 계곡 가운데에 있다.

면 얼음이 있으며 이 얼음을 캐어 먹으면 만병이 통치된다고 하여 여름에 많은 피서객이 즐겨 찾는 곳이라 하나 아쉽게도 코로나 영향인지? 아니면 철이 일러서 그런지 홀로 얼음골 옹달샘에서 물 한 바가지로 목을 축이고 정상으로 발걸음을 향한다.

얼음골재 삼거리에 도착했으나 이정표가 없다. 우측으로 가면 망덕봉이고 좌측으로 올라야 금수산 정상이다. 정상부가 가까워질수록 경사도 가파르고 계단이 많다. 드디어 정상 도착이다. 나무 데크로 넓은 공간이 조성되어 있다. 삼각대를 펴고 기념을 남긴다. 세찬 봄바람이 방해하지만, 생전에는 다시 금수산 정상을 오를 자신이 없을 것 같아 30분 이상 머물면서 따듯한 차 한잔을 마시며 정상의 경치를 원 없이 눈과 마음에 담아 본다.

정상에서는 주변의 멋진 풍광을 조망할 수 있다. 북쪽으로는 신선봉, 지나온 능강계곡도 시야에 들어온다. 청풍호반이 그림처럼 펼쳐지고 남쪽으로 월악산이 아련하다. 동쪽 먼 거리에는 단양의 시멘트 광산과 소백산 천문대의 흰 지붕도 눈에 들어온다. 하산은 거리가 상대적으로 짧은 단양 쪽 상학 주차장 코스로 정한다.

초입부터 계단과 경사가 가파른 곳이 일부 있으나 초·중급자일 경우 능강교에서 정상에 오른 뒤 상학 주차장 코스를 권하고 싶다. 정상 출발 약 한 시간 후 임도를 만난다. 조금 더 내려가면 아름다운 펜션 단지를 거쳐 날머리인 상학주차장에 도착한다. 택시 편으로 단양공용버스터미널로 이동하여 동서울행 버스를 타고 상경하면서 오늘 아름다운 금수산 산행을 마무리한다.

금수산 취적대

금수산 얼음골

금수산 등산로 옆 돌탑

금수산 등산로 전경

오늘의 금수산 등산로

# 도락산(道樂山)

**충청북도 단양군**

– 2021년 3월 26일(금), 맑음

도락산은 행정구역상 충청북도 단양군 내강면과 단성면에 접해 있는 해발 964m의 산이다. 산의 일부는 월악산국립공원에 속해 있다. 단양군 하면 우선 단양 8경을 떠오르게 한다.

청풍명월(淸風明月)의 고장이기도 하다. 청풍명월은 맑은 바람과 큰 달처럼 부드럽고 우아한 사람들이 많다는 이유로 충청도(사람)를 가리키는 별칭이기도 하다. 그 외에도 정도전(鄭道傳)이 이성계와 담소 중 조선팔도 사람들의 특

도락산 정상석

징[97]에 대해 대화를 나눈 일화가 있어 소개한다. 특히 도락산은 오래전부터 '도를 즐기는 산'으로 알려진 단양의 명산이다.

도락산(道樂山)의 유래는 우암 송시열이 "깨달음은 얻는 데는 나름대로 길이 있어야 하고, 여기에 더하여 즐거움도 함께해야 한다."라는 뜻에서 산 이름을 도락산이라 불렀다고 하는 일화가 전해 온다.

오늘 산행도 대중교통편을 이용한다. 동서울종합터미널에서 7시에 출발하는 단양행 첫차다. 단양시외버스공영터미널까지는 2시간 30분 소요된다. 산행 코스는 월악산 단양분소 주차장(상선암 휴게소)을 들머리로 하여 원통암 쪽으로 하산하거나, 정상을 회귀하는 코스가 있고, 내궁기 마을을 출발하여 단양분소 주차장으로 하산하는 코스 등이 있다.

필자는 고려의 마지막 왕인 공민왕이 숨어 살았다는 내궁기 마을을 출발하여 정상에 오른 후 제봉을 거쳐 단양분소 쪽으로 하산하는 코스를 잡았다. 버스 편이 여의치 않아 택시를 이용하여 내궁기 등산로 입구에 도착하여 장비를 점검하고 산행을 시작한다. 봄의 초입인 3월 하순 산행 입구에 들어서

**도락산 등산로의 괴석**

---

97 조선팔도 사람들의 특징: 어느 날 이성계가 정도전과 담소를 나누던 중 조선팔도 사람들의 특징을 말해 보라 하였다. 그러자 정도전이 "경기도 사람은 경중미인(鏡中美人)으로 거울에 비친 미인과 같고, 충청도 사람은 청풍명월(淸風明月)이라 맑은 바람 속에 밝은 달과 같으며, 전라도 사람은 풍전세류(風前細柳)이며 바람에 흔들리는 버들가지와 같고, 경상도 사람은 송죽대절(松竹大節)로서 소나무와 대나무처럼 절개가 굳고, 강원도 사람은 암하고불(岩下古佛)이라 바위 아래 오래된 부처와 같으며, 평안도 사람은 산림맹호(山林猛虎)로 숲속의 호랑이같이 사나우며, 함경도 사람은 이전투구(泥田鬪狗)로 진흙밭에서 싸우는 개와 같사옵니다."라고 하니 이성계가 인상을 찌푸리며 못마땅해하자 "석전경우(石田耕牛)와 같이 돌밭을 가는 소처럼 강인하옵니다." 했다고 한다. https://cafe.daum.net, 2021년 3월 27일 접속.

자 잡목 사이 여러 군데에서 활짝 핀 진달래와 동백꽃이 봄이 왔음을 실감케 한다.

숨을 가쁘게 몰아쉬며 정상을 향해 속도를 높인다. 하늘은 맑고 미세먼지도 없는 것 같다. 다른 산객이 없으니 마스크 부담도 없다. 철 난간과 밧줄을 잡고 오를수록 눈앞에 펼쳐지는 절경에 감탄사가 절로 난다.

등산로는 다소 험난하지만 눈앞에 펼쳐지는 바위와 조화를 이루고 있는 산세는 일품이다. 이렇게 아름다운 진경산수화를 건강한 가운데 감상할 수 있다는 것은 분명 축복이고 행운이 아닐 수 없다. 조금 더 오르자 등산로 옆 바위틈 사이에 버티고 있는 고사목(枯死木)과 청송(靑松)의 자태는 가히 압권이다. 자연의 섭리와 위대함을 엿볼 수 있는 광경이다.

내궁기 출발 약 두 시간 후 마지막 암벽 능선을 통과하자 정상석이 반긴다. 그러나 정상은 사방이 잡목으로 막혀 있어 조망은 좋지 않은 편이다. 정상에는 다른 산객이 없다. 삼각대를 펴고 기념을 남긴 후 진달래와 나뭇가지 끝에서 기지개를 켜고 나오는 연녹색 정원을 카페 삼아 준비해 온 음식으로 점심을 즐긴다. 충분한 휴식을 가진 뒤 하산을 준비하는 중 양쪽에서 3팀이 정상에 도착한다. 오늘 처음 만나는 산객이다. 간단한 인사를 나누고 두 팀에게 사진을 찍어

**도락산 정상 기념**

주고 먼저 하산길로 들어선다.

　하산을 위해 조금 내려오면 큰 암반이 있는 신선봉 '너럭바위'다. 신선봉은 도락산에서 전망이 가장 멋있는 곳이라고 한다. 내려다본 경관도 마음을 들뜨게 한다. 특히 너럭바위 위에는 적지 않은 물이 고여 있는 일명 '바위우물'이 있다. 숫처녀가 물을 퍼내면 물이 마르기 전에 소나기가 쏟아져 다시 물을 채운다고 한다. 수일간 화창한 날씨였음에도 마르지 않고 물이 고여 있다는 자체가 신비스럽기까지 하다.

　도락산 삼거리를 거쳐 '채운봉' 코스가 아닌 제봉 쪽으로 발길을 옮긴다. 인간의 힘으로는 도저히 흉내 내지 못할 바위가 마주 보며 속삭이듯 자태를 뽐내고 옆에는 고사목 한 그루가 지키고 있다. 제봉(해발 817m)에서 상선암 주차장까지는 1.9km 거리다.

　부지런히 하산하여 정류장에 이르니 단양행 버스가 도착할 시간이라 버스 편으로 30여 분 후 단양시외버스공영터미널에 도착한다. 버스표를 예매 후 시간적 여유가 있어 옆 건물 4층에 있는 커피숍에 들어 차 한잔하며 내려다본 남한강 상류의 경관도 오늘 도락산 산행의 마지막을 장식하는 데 부족함이 없다. 34번째 도락산 산행은 가장 멋스럽고 인상적인 산행 중의 하나로 기억에 오래도록 남을 것 같다.

도락산 등산로의 고사목

남한강 상류 전경

도락산 제봉의 이정표

도락산 너럭바위 우물을 배경으로 한 전경

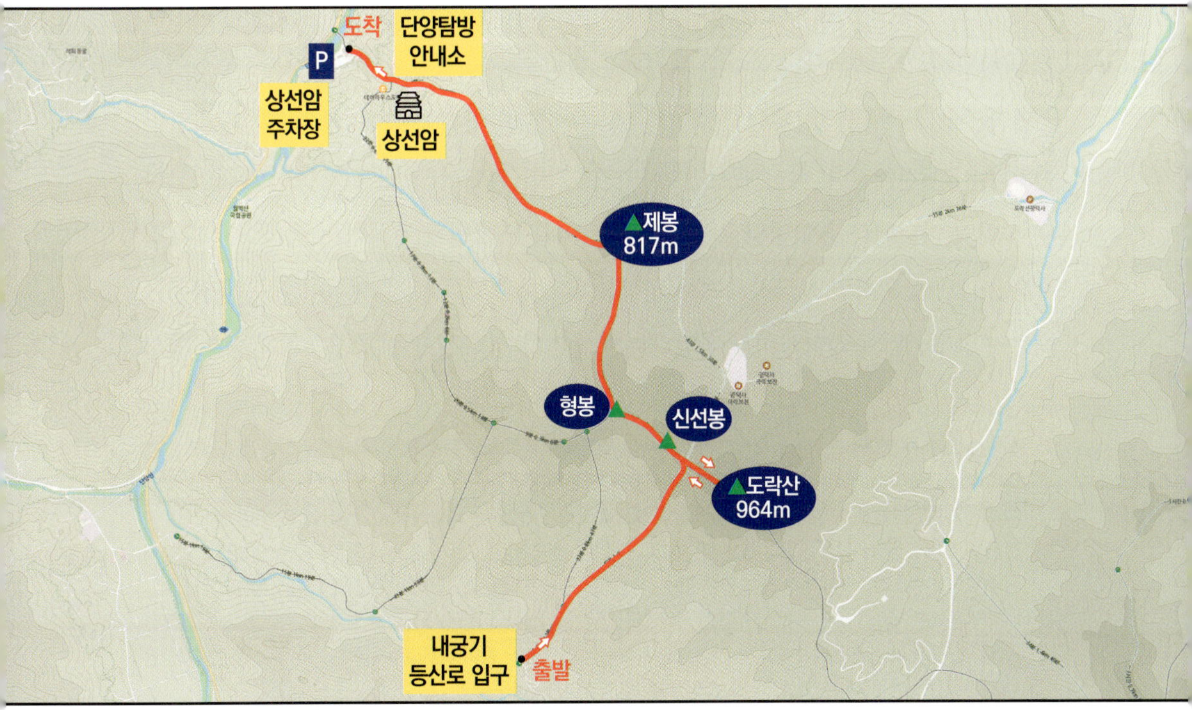

도락산 오늘의 등산로

# 월악산(月岳山)

## 충청북도 충주시·제천시·단양군·경상북도 문경시
- 2021년 3월 30일(화), 구름·맑음

    월악산은 행정구역상 충청북도 충주시, 제천시, 단양군과 경상북도 문경시에 걸쳐 있으며 최고봉인 영봉(靈峰)의 높이는 해발 1,097m이다. 1984년 12월 31일 국립공원으로 지정되었으며 우리나라 5대 악산(岳山) 중 하나이다. 월악산은 하봉, 중봉, 영봉(상봉)으로 이루어진 대표적인 바위산이다. 영봉[98]은 신령스러운 봉우리를 뜻하는 산으로 한반도에서는 백두산과 월악산을 꼽기도 한다.

    월악산이란 이름은 "영봉에 걸린 달", 즉 달이 뜨면 영봉에 달이 걸린다고 하여 붙여진 이름이라 전해진다. 상상해 보건대 거대한 암반 위에서 달이 뜨는 광경을 바라본다면 시인이 아니더라도 아름답고 신비스러운 이름이 작명될 듯하다는 생각이 든다. 김무홍(2019)에 의하면 삼국시대에는 월형산이라 하였고, 후백제 견훤이 이곳에 궁궐을 지으려다 무산되어 와락산이라 하였다는 이야기가 전해 오고 세종실록지리지에 "명산

---

98  월악산 영봉: 제천시와 충주에 걸쳐 있으며 삼국시대, 영봉위로 달이 떠오르는 모습이 너무 아름다워 월형산(月兄山)이라 불렸고 고려 초기에는 '와락산'이라 불리기도 했다고 전해진다. 이는 왕건이 고려를 건국하고 도읍을 정하려 할 때 개성의 송악산과 중원의 월형산이 경쟁하다 개성으로 도읍이 확정되는 바람에 도읍의 꿈이 와락 무너졌다 하여 붙여진 이름이다. 월악산의 주봉인 영봉은 험준하고 가파르며 높이 150m, 둘레 4km나 되는 거대한 암반으로 형성되어 있으며 신령스러운 봉우리라 하여 영봉 또는 나라의 큰 스님이 나온다고 하여 국사(國師峯)라 불리었으며 옛날 나라의 중요한 제사인 소사(小祀)를 지냈던 산이기도 하다. 우리나라 산 중에서 정상을 영봉이라 부르는 곳은 백두산과 월악산 둘뿐이다. 영봉에서 보이는 전경은 충주호와 남산, 계명산 등이 어우러져 웅장하고 수려한 경관을 감상할 수 있고 맑은 날에는 치악산과 소백산도 조망할 수 있다. 월악산국립공원 제공.

**월악산 정상석**

은 월악이요."라 하였으며 『신증동국여지승람』, 『여지도서』 등 여러 옛 지도에 빠짐없이 기록될 정도로 명산으로 인식됐다. 오늘 산행의 교통편도 대중교통을 이용한다. 동서울종합터미널에서 6시 30분에 출발하는 충주행 버스를 타고 충주공용버스종합터미널에 8시에 도착한다. 월악산으로 가는 버스편을 알아본즉 역시 코로나로 인해 배차 시간 틈이 너무 길어 등산로 입구인 보덕암까지 택시로 이동한다. 기사님도 등산을 많이 다니신 분이라 월악산에 대해서 상세한 안내를 해 주신다.

산행 코스는 보덕암을 들머리로 하여 하봉, 중봉을 거쳐 영봉에 오른 뒤 신륵사 코스로 하산한다. 장비를 점검하고 보덕암에 잠깐 들렀으나 이른 시간이라 그런지 사람은 보이지 않고 빨래만 가지런히 널려 있다. 때마침 월악산 언저리에서 불어오는 봄바람에 못 이겨 은은하게 울려 퍼지는 풍경 소리가 산사의 잠을 깨운다. 보덕암은 사찰이라기보다 이름 그대로 암자다.

등산로는 초입부터 상당한 오르막이다. 보덕암 출발 후 1시간 30분 정도 오르면 하봉에 다다른다. 철 계단과 철 다리 등을 거쳐 중봉에 도착한다. 감탄사가 나올 정도로 산세가 아름답다. 거대한 암벽 위에 자리한 영봉이 가까워질수록 인간의 나약함과 자연에 대한 위압감이 느껴진다. 수직에 가까운 철제 사다리를 타고 절벽을 올라야 한다. 공포를 느낄 정도다. 미끄러지지 않도록 각별히 주의를 해야 한다. 계단 중간쯤에서 한숨을 돌려 지나온 중봉과 하봉 쪽으로 고개를 돌린다. 장쾌한 봉우리들이 푸른 소나무와 어우러져 멋진 장관을 연출한다. 한 폭의 그림이다. 좁은 계단과 철 계단에 의지하여 조심스럽게 발걸음을 옮기는 사이 정상인 영봉에 도착한다.

하늘은 맑고 천하가 내 발아래다. 탄성이 절로 나온다. 가까이는 중봉을 비롯한 수많은 봉우리, 멀리는 짙은 코발트빛의 충주호 등 일망무제(一望無涯)하여 아쉬울 뿐이다. 오늘따라 하늘에는 구름 한 점 없다. 충주호의 검푸른 물은 마치 대한민국 지도를 연상케 하고 하늘과 맞닿은 수평선을 공짜로 감상할 수 있도록 날씨도 한몫한다. 축복이다. 정상석을 중심으로 안전하게 데크 공간이 마련되어 있다. 바로 옆에는 등산객이 충분히 쉴 수 있는 넓은 공간이다. 새삼 시설물을 관리하는 관계인에게 고마운

월악산 실륵사 3층 탑

마음이다. 영봉을 배경으로 기념을 남기고 3팀이 식사를 하는 곳으로 이동하여 간단한 인사를 나누고 탁 트인 풍광을 감상하며 꿀맛 같은 점심을 먹었다. 처음이자 마지막 월악산 산행이라는 생각에 발이 안 떨어진다. 30여 분 이상 정상에 머물면서 풍광을 즐긴다. 하산 코스는 몇 군데 있으나 애초에 계획했던 대로 신륵사 쪽으로 길을 잡는다.

신륵사까지 이어지는 등산로는 돌계단과 오래된 나무 계단이 다소 부담을 주지만 수십 년 된 소나무며 잡목, 봄을 알리는 이름 모를 갖가지 꽃들, 가끔 들려오는 새 소리가 피로함을 풀어 준다. 정상에서 출발한 지 1시간 30분 후 신륵사[99]에 도착한다. 경내에

---

99  신륵사: 신라시대 진평왕 4년(582년)에 아도화상이 창건했다고 추정하고 있으며 그 이후 문무왕 재위 때(661~681년)에 원효대사와 조선 초기에 자초(1327~1405년)가 중창한 뒤 명종(1545~1567년) 때 다시 유정이 중창하였으며 6·25동란 때 폐사되어 없어진 것을 1960년대에 다시 중창하여 지금까지 전해지고 있으며 대한불교조계종 제5교구의 본사인 법주사의 말사이다.

는 인기척이 없다. 고풍스러운 이미지의 극락전(極樂殿, 충청북도 유형문화재 제132호)이 중심을 잡고 있으며 극락전 앞에 삼층석탑[100]이 길손을 맞는다. 보덕암은 이름 그대로 아담한 규모의 암자다. 경내 바깥, 정자 우측에 월악산 노래비가 근사하게 세워져 있다.

아침에 보덕사까지 이용한 택시 기사님께 연락을 취한 후 정자에 걸터앉아 주현미가 부르는 애절한 월악산 노래를 휴대전화로 여러 번 반복하여 들으면서 피로를 푼다. 산행하는 데 수고했다며 기사님이 건네준 시원한 박카스 맛이 오늘따라 유별나게 느껴진다.

월악산 보덕암

영봉 부근의 철 계단

월악산 노래비

---

100  신륵사 삼층석탑: 석탑은 부처의 유골을 모신 조형물로 실제로 유골을 모시지 않은 경우에도 상징적으로 부처를 모신 곳으로 여겨진다. 제천 신륵사 삼층석탑은 고려시대 초기에 만들어진 것으로는 보기 드물게 꼭대기의 머리 장식이 잘 남아 있는 탑이다. 두 겹의 바닥 돌 위에 몸돌을 3층으로 올리는 통일신라시대의 석탑 양식을 이어받았으며, 몸돌 위에 올린 지붕돌 세 개는 네 모서리가 조금씩 들려 있다. 1981년에 탑을 조사할 때 바닥 돌 안쪽에서 사리함 조각과 길이가 4cm쯤 되는 작은 흙 탑이 108개나 나왔는데, 모두 국립청주박물관에 옮겨 보관하고 있다. 제천 신륵사 제공.

월악산 정상에서 바라본 청평호 전경

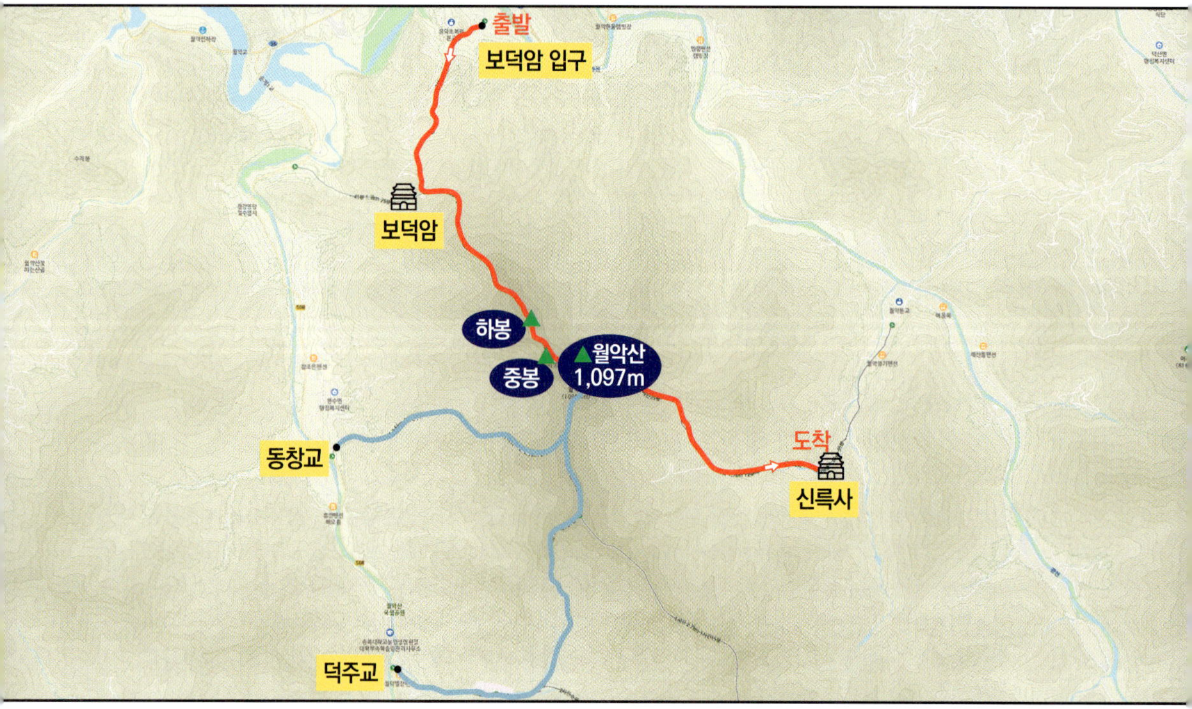

월악산 오늘의 등산로

## 백운산(白雲山)

**강원도 원주시·정선군·평창군·충청북도 제천시**

- 2021년 4월 3일(금), 구름·맑음

백운산은 행정구역상 강원도 정선군, 평창군, 원주시 및 충청북도 제천시에 연결된 해발 882.4m의 산이다. 산림청이 강원도 백운산을 100대 명산에 선정한 사유에 따르면 백운산은 동강의 가운데에 있어 경관이 아름답고 조망이 좋으며 생태 보존 지역으로 지정되었기 때문이라 한다. 흰 구름이 늘 끼어 있는 데서 산 이름이 유래되었다고 한다. 조양강(朝陽江)을 모아 남한강으로 흐르는 동강 및 천연기념물로 지정된 백룡동굴(白龍洞窟)도 유명하다.

**백운산 정상석**

오늘 교통편은 대중교통이다. 동서울 출발 정선행 첫차(7시)를 타고 평창에서 하차한다. 그러나 평창에서 백룡동굴로 가는 버스는 코로나 영향으로 운행하지 않는다고 한다. 평창에서 하차하지 말고 면소재지(面所在地)인 미탄 정류장에서 하차해서 버스나 택시를 이용하기를 권한다. 필자는 배차 시간이 여의찮아 오늘 산행의 들머리인 잠재교까지는 택시를 이용한다. 산행은 잠재교를 건너면서부터 시작한다. 잠재교 밑으로는 동강의 맑은 물이 유유히 흐른다. 잠재교를 건너자 마을 초입에 등산로를 알리는 이정표를 만난다. 이정표를 따라 좌측으로 직진하면 삼거리가 나오고, 삼거리에서 약 100여 m 지나서 민가 앞마당을 통과하여 농노를 따라 조금 가면 등산로에 진입한다. 초입은 좁은 오솔길이다.

본격적인 산행이 시작되면서 우측인 동강 쪽으로는 오금이 저릴 정도로 심한 급경사와 절벽을 이루고 있다. 세심한 주의가 요구되는 구간이다. 약 1시간을 오르다 동강 쪽으로 눈을 돌리면 거대한 동강의 물줄기가 섬 같은 산을 에둘러 굽이굽이 감싸고 흐른다. 가파른 경사는 계속된다. 그러나 바라보는 위치에 따라 동강의 멋진 모습이 시시각각이라서 기분이 좋다. 전혀 새로운 느낌이다. 마치 한 마리의 공룡이 물을 먹기 위해 누워 있는 형상이다. 좌측 물줄기는 우리나라 지도를 연상케 하고 디귿(ㄷ) 모양의 물줄기는 물이 거꾸로 흐르는 모양새다. 그러나 물의 속성은 높은 곳에서 낮은 곳으로 흐르고 앞에 장애가 있으면 돌아가는 원칙에는 변함이 없는 것 같다.

도덕경에 나오는 상선약수(上善若水), 수유칠덕(水有七德)[101]은 모두 물에 대한 표현을 통해 인생을 지혜롭게 살아가라는 노자의 말씀이 문득 떠오른다. 계절상으로는 초

---

101 물이 가진 일곱 가지 덕목:
 ① 겸손: 낮은 곳을 찾아 흐른다.
 ② 지혜: 막히면 돌아갈 줄 안다.
 ③ 포용력: 구정물도 받아 준다.
 ④ 융통성: 어떤 그릇에나 담긴다.
 ⑤ 인내: 계속된 반복으로 바위도 뚫는다.
 ⑥ 용기: 장엄한 폭포처럼 작은 물방울이 되어 흩어지고 떨어진다.
 ⑦ 대의: 유유히 흘러 바다를 이룬다.
 『도덕경』, 노자.

봄이지만 전신이 땀범벅이다. 숨을 몰아쉬면서 밧줄을 잡는 순간 정선군의 군화(群花)인 동강의 그 유명한 '할미꽃' 몇 포기가 반긴다. 여느 할미꽃과는 다르게 고개를 숙이지 않고 하늘을 쳐다보고 피어 있는 자태가 더없이 고고하고 아름답다. 산행에 힘을 보탠다.

강원도 정선군에서는 매년 3월 말~4월 초 동강 일대에서 자라는 희귀식물이자 정선의 특산식물인 동

**백운산 등산로 할미꽃**

강할미꽃(학명: Pulsatilla tongkangensis)을 소재로 한 지역 축제가 정선읍 광하리 동강생태체험학습장에서 열릴 만큼 유명하다고 한다.

정상까지 오르는 동안 중간에 이정표가 없다. 하산하는 젊은 남녀 한 팀을 처음 만난다. 반갑게 인사를 나누고 헤어진다. 잠재교를 출발하여 약 두 시간 만에 정상에 도착한다. 정상석이 두 개다. 부드러운 모양의 화강암에 한글 표기 정상석과 바로 뒤쪽에는 자연석에 한문으로 표시한 정상석이다.

일기예보상 백운산에는 구름이 끼고 흐린 날씨라는 예보였지만 지금 백운산 정상의 하늘은 맑고 따뜻한 봄바람이 불어오는 전형적인 봄 날씨. 삼각대를 펴고 정상석을 배경으로 기념을 몇 장 담는다.

정상석 뒤쪽에는 이름 모르는 나약한 풀 한 포기가 봄날의 따사로운 햇살에 보답이라도 하듯 고개를 내민다. 정상은 잡목이 둘러싸고 있어 조망이 원활하지 않지만 조금만 비켜서면 나뭇가지 사이로 동강 주변의 그림 같은 풍경을 감상할 수 있다. 정상에서

점심을 곁들여 약 1시간 정도 머문 후에 하산(下山) 준비를 한다. 하산 이정표는 '문희마을' 하나뿐이다. 거리는 4km를 가리킨다. 무릎 보호대를 착용하고 하산길로 접어든다. 초입은 순탄한 흙길이다. 중간중간에 경사가 심한 곳도 있지만 다행히 지그재그로 등산로가 조성되어 있어 큰 어려움 없이 산행을 할 수 있다. 정상 출발 약 1시간 30분이 채 못 되어 문희마을에 도착한다. 커피숍 등 모든 가게는 문이 닫혀 있다. 문희마을이란 이름은 마을을 지키던 개의 이름이 문희여서 그대로 마을 이름이 되었다고

**백운산 정상 기념**

한다. 마을에도 인기척이 전혀 없다. 도로 가까이 내려올 무렵 주차장 끝 위치에 '백룡동굴' 시설이 눈에 들어오길래 가까이 가 봤으나 그곳에도 사람이 없다. 버스 정류장이 있으나 운행 시간표가 없다. 옆에 택시 호출 전화번호가 있어 호출해 놓고 절벽을 끼고 굽이쳐 흐르는 동강으로 발길을 옮긴다. 강물은 수심이 상당히 깊지만, 강바닥이 훤히 들여다보인다. 물고기가 여유를 부린다. 유난히 물빛이 아름답다. 강가로 내려가 흐르는 동강에 얼굴을 씻고 발을 담근다. 4월 초순이지만 동강의 물은 차기만 하다.

  택시를 타고 미탄면에 도착한다. 미탄에 도착한 시간은 2시가 채 되지 않았다. 동서울 가는 버스는 4시 30분에 도착한다고 한다. 영월을 경유하더라도 시간을 크게 단축할 수 없을 것 같아 정류장에서 쉬던 중, 중년 신사 한 분이 SUV 차를 세우더니 목적지를 물으신다. 서울행 버스를 기다린다고 하자 제천에 가는 길이니, 동행하자고 한다. 양해를 구하고 승차한다.

대화 내용으로 미루어 목회자 느낌이 나서 무슨 일을 하는지 여쭈었더니 미탄리에서 교회를 개척해서 목회하는 목사님이라는 대답이다. 필자도 서울 사랑의 교회에 출석한다고 하자 고 옥한흠 목사님의 목회 철학에 대해서 침이 마르도록 칭찬하신다. 약 40분간 대화를 나누는 사이 제천버스터미널에 도착한다. 고마운 마음에 주유비로 소액을 드리려 했으나 극구 사양하며 오히려 동행해 줘서 고맙다는 말씀이다. 목사님을 위해 기도하겠다는 약속을 하고 헤어진다. 굽이쳐 흐르는 동강의 물줄기, 친절하신 목사님, 바위틈에 핀 할미꽃이 오래 기억될 것 같은 백운산 산행이다.

백운산 정상 삼각점

동강의 모습

문희마을 등산로 입구

백운산 정상에서 바라본 동강 전경

백운산 오늘의 등산로

#  서대산(西臺山)

## 충청남도 금산군

– 2021년 4월 6일(화), 맑음

서대산은 행정구역상 충청남도 금산군 추부면과 군북면에 경계해 있는 해발 904m의 산이다. 정상에는 기상레이더 관측소가 있으며 충청남도에서 제일 높은 산이다. 산의 중·상부 지역에는 기암괴석과 절벽이 절경을 이룬다. 서대산은 소나무보다는 잡목이 주류를 이루고 있으며 육중한 바위가 많은 산이다. 서대산의 명칭은 한때 옥천군 이원면에 살았던 송시열 선생이 이 산을 보고 '서쪽에 있는 대(臺)'라는 뜻에서 서대산이라 불렀다는 일설이 있다.

봄철 산불 예방 기간 중이라 서대산 등산로 개방 여부를 금산 군청에 확인한 결과 일부 구간은 통제하지만, 주 등산로는 산행이 가능하다고 한다. 군청 직원이 매우 친절하다. 추부 정류장에서 하차하면 시간

서대산 정상석

도 절약할 수 있다고 일러 준다.

오늘 교통은 대중교통을 이용한다. 경부선 서울고속버스터미널에서 금산행 첫차인 6시 30분 출발 고속버스를 타고 군청 직원이 알려 준 대로 금산터미널 도착 약 10여 분 전 추부면 정류장에 하차했다. 서대산 방향으로 가는 버스 또는 택시를 이용하면 되는데, 필자는 버스 시간이 여의찮아 개덕사 주차장까지는 택시(12,000원)로 이동한다.

개덕사 바로 우측에 상상 이상으로 큰 폭포가 호기심을 불러일으킨다. 30여 m 정도 될 듯한 높은 곳에서 하얀 포말을 내뿜으며 아래로 떨어지는 폭포수는 바라보는 것만으로도 기분이 상쾌해진다. 아침 햇살을 받아 물보라까지 더한다. 폭포 아래 형성된 넓고 깊은 소(沼)는 짙푸른 색을 띤다. 가까이 다가서자 물기를 머금은 시원한 봄바람이 온몸을 감싼다.

때마침 여성 한 분이 쓰레기봉투를 들고 분리 작업을 위해 주차장 쪽으로 내려온다. 인사를 하자 필자에게 운이 참 좋으시다는 말을 건넨다. 이유인즉 장마철을 제외하고는 연중 이렇게 넉넉한 수량을 볼 기회가 많지 않다고 한다. 수량이 많을 때라야 폭포의 아름다운 광경을 볼 수 있다고 한다. 필자의 생각으로도 참 운이 좋은 것 같다. 이 폭포는 서대산에 있는 절 이름을 따서 개덕폭포로 불리다가 최근 서대폭포라고도 부른다고 한다. 개덕폭포는 아무리 가뭄이 들어도 물줄기가 마르지 않는 것으로 전해지고 있으나 골짜기가 깊지 않기 때문에 수량이 많지 않아 가뭄이 조금만 들어도 폭포의 물줄기가

**서대산 개덕폭포**

말라붙는다고 한다. 이곳에서 서산대사가 득도했다는 설도 있다. 폭포 주변의 웅장한 수직 단애(斷崖)는 기세가 대단하다.

개덕사는 고려 때 창건된 것으로 추정하고 있으나 자세한 기록은 전해지지 않고 있다. 사찰 부근에 있는 옛 절터에서 고려 때 것으로 추정되는 기와 조각이 많이 출토됐기 때문이라고 한다. 서대사 터였던 성심사는 1947년 정대신행(鄭大信行) 보살이 개덕사(開德寺)라는 이름으로 재창한 것으로 알려져 있다. 사찰 가까이 서대산드림리조트가 있다.

개덕사에서 정상을 오르는 코스는 좌·우측으로 두 개의 등산로가 있다. 필자는 폭포 우측 코스를 선택한다. 초입부터 오르막길이다. 그러나 많은 진달래가 등산로 양쪽에 활짝 피어 있어 지루함이 거의 느껴지지 않는다. 날씨까지 화창한지라 중간중간에서 내려다본 시골 마을의 경치가 정겹고 아름답다.

한참을 오르다 보면 닭 벼슬처럼 생긴 일명 닭벼슬바위를 만난다. 정상에 못 미쳐 옥녀탄금대 이정표다. 궁금하여 발걸음을 옮겨 봤으나 밧줄을 쳐 놓았길래 나무 사이로 사진 한 장을 남기고 정상을 향한다. 그러나 옥녀탄금대는 신비스러운 기도 장소로도 알려져 있다. 개덕사를 출발한 지 약 두 시간 만에 정상에 도착한다. 정상석은 여느 정상석과는 좀 다르게 돌탑 가운데 표지석이 설치돼 있다. 정상에서는 사방의 전경을 볼 수 있다.

오늘도 서대산 등산은 혼자 전세(?)다. 필자 이외는 산객이 한 명도 없다. 삼각대를 설치하여 기념을 남기고 정상석 옆에서 식사하고 기상레이더 관측소 시설물 공간에서 망원경으로 먼 곳의 경치를 관람한다. 정상 바로 앞에는 서대산 기상레이더 관측소 건물이 있다. 금강 유역의 집중 호우와 상시 폭우를 관측할 수 있는 시설물로 홍수 예보 시스템 설치 계획에 따라 2011년 179억 원을 들여 준공했다고 한다. 지

**서대산 정상 기념**

상 4층 레이더동과 지상 3층 관리동으로 이루어져 있으며 접근이 쉽도록 산 아래 관측소 관리동에서 정상까지 모노레일이 연결되어 있다. 반경 100km 이내의 강우 상황을 실시간 관측할 수 있다고 한다. 산객을 위해 망원경 두 대가 설치되어 있다.

이 밖에도 서대산에는 사자바위, 닭벼슬바위, 옥녀탄금대, 북두칠성바위, 마당바위, 용바위 등 신기하고 아름다운 바위 명소들이 많다. 그중 사자바위와 북두칠성바위는 기억에 오래도록 남을 것 같다. 정상에서 긴 휴식을 가진 뒤 하산길로 들어선다. 일불사 흥국사 쪽은 통제된 등산로라 갈 수 없다고 한다.

장군봉과 헬기장을 거쳐 사자바위 갈림길에서 이정표상 마당바위와 용바위가 있는 계곡 쪽으로 방향을 잡는다. 계곡 길은 거의 너덜길이다. 조망도 없다. 하산 끝자락에 커다란 용바위가 나타나는데 아무리 살펴봐도 용의 모습은 발견할 수 없다. 다만 산객들이 오가며 바위에 기대어 놓은 나무 지팡이 수십 개가 바위를 지탱하는 흉내를 내고 있다. 그 옆에는 서대산 전적비(西臺戰跡碑)가 외로이 서대산 입구를 지키고 있다.

임도로 나오면 정상에 있는 강우레이더 관측소를 관리하는 강우레이더 행정동으로 여겨지는 2층 규모의 아담하고 깨끗한 시설물을 통과하여 개덕사 쪽으로 내려가서 아침에 이용한 택시 편으로 추부면 소재지에서 강남행 버스를 이용하여 상경하면서 서대산 산행을 갈무리한다.

서대산 개덕사

서대산 기상레이더 관측소

서대산 사자 바위

서대산 정상에서 바라본 전경

서대산 오늘의 등산로

# 대둔산(大芚山)

### 충청남도 금산군·논산시·전라북도 완주군
### - 2021년 4월 9일(금), 맑음

대둔산은 행정구역상 충청남도 금산군, 논산시와 남쪽으로는 전라북도 완주군 운주면에 걸쳐 있는 해발 878m의 산이다. 충청남도와 전라북도 양쪽이 각각 도립공원으로 지정하여 관리하고 있다.

대둔산은 흙보다는 기암괴석이 많다. 봉우리마다 깎아 세운 듯한 바위산의 위용과 아름다움을 일컬어 일찍이 '호남의 금강' 또는 '작은 설악산'이라 불릴 만큼 아름다운 산이다.

대둔산의 원래 이름은 '한듬산'이었다. '듬'은 두메, 더미, 덩이, 뜸(구역)의 뜻으로 한듬산은 '큰 두메의

**대둔산 정상탑**

산', '큰 바윗덩이의 산'을 말한다. 한편, 한듬산의 모습이 계룡산과 비슷하지만 산태극

수태극의 큰 명당자리를 계룡산에 빼앗겨 '한이 들었다' 해서 '한듬산'이라는 유례도 있다. 일제 강점기에 이름을 한자화하여 '한'은 대(大)로 고치고 '듬'을 이두식으로 가까운 소리가 나는 둔(芚) 또는 둔(屯) 자로 고쳐서 대둔산이 된 것이라 한다.[102]

특히 입석대와 임금바위를 연결하는 길이 50m, 폭 1m, 높이가 무려 81m나 되는 '금강구름다리'와 수직에 가까운 '삼선 127 철 계단'은 대둔산의 자랑거리로 부족함이 없다.

오늘도 대중교통을 이용한다. 서울고속버스터미널(경부선)에서 6시 30분에 출발하는 금산행 첫차다. 금산 종점 10여 분을 남기고 '추부면' 정류장에 하차하여 버스나 택시로 이동하면 된다. 버스는 대둔산공용버스터미널에 하차하여 도보로 가는 방법과 택시로 등산로 입구 케이블카 타는 곳까지 가는 방법이 있다. 필자는 시간 단축을 위해 택시(20,000원)를 이용한다.

연세 드신 어른 세 분이 케이블카로 향하며 함께 탑승하자고 권한다. 필자는 하산 시 탑승 여부를 고려하기로 하고 장비 점검 후 등산로에 진입한다. 등산로 초입에 의미 있는 돌로 된 커다란 기념탑 하나가 발걸음을 멈추게 한다. 다름 아닌 '동학농민혁명[103] 대둔산 항쟁 전적비'이다. 동학농민혁명의 평가는 역사적 호불호가 있으나 많은 사람이 목숨을 잃은 것은 안타까운 일이다. 등산로는 너덜길에 오르막이다. 등산로 좌측에 '동심바위'가 마치 두 눈과 코, 입에는 무엇인가 물고 있는 형상을 하고 있다. 기록에 의하면 동심바위는 신라 문무왕 때 국사 원효대사가 처음 이 바위를 보고 발길이 떨어지지 않아 3일을 이 바위 아래서 지냈다는 전설 속에 지금도 이곳을 찾는 이의 발길을 멈

---

102 김무홍, 『대한민국이 엄선한 100대 명산』, 지식과감성, p.138.
103 동학농민혁명: "19세기 말 조선은 조정의 실정으로 인하여 민심이 혼란하고 국력이 쇠진하였다. 그 틈을 탄 일본이 대륙침공의 야심을 갖고 조선을 침략하였다. 이때 조선의 농민들이 봉기하여 부패한 조정과 일본군에 맞서 싸웠다. 1894.10.10. 전봉준(소후)을 필두로 전라도 삼례에서 수십만의 동학농민혁명군이 기포(起包)하여 서울로 북진하는 도중 동년 12월 초에 공주전투에서 무기의 열세로 인하여 퇴각할 때 최공우를 중심으로 한 고산(高山)·동산(銅山)·화산(華山) 군현의 동학농민군 천여 명이 이곳 대둔산(大芚山)의 험준한 지형을 이용하여 3개월간 항쟁하였다. 1895.2.18. 거점인 대둔산 석두골(798m)에서 농민군 지도자급 25명이 끝까지 싸우다가 장렬한 죽음을 맞이하였다. 이때 동학 접주 김석순(金石醇)은 한 살쯤 되는 여아를 품에 안고 150m 절벽에서 뛰어내려 자결하였다 하니 얼마나 처참한 역사의 현장인가! 이곳에서 희생된 영령을 추모하고 우리나라 근대사에 빛나는 동학농민 혁명정신을 이어받아 21세기 새로운 민족사의 거름으로 삼고자 한다." 전적비 현장의 내용, 완주군.

추게 한다고 기록하고 있다.

대둔산의 명물 중 하나인 구름다리는 2021년 2월 16일부터 2021년 7월 31일까지 공사 관계로 수리한다는 완주군 체육공원과의 안내로 직접 건너 볼 수 없이 아쉬움이 남는다. 그러나 삼선바위의 위용이 그 아쉬움을 대신하고도 남는다. 고려 말 한 제상이 딸 셋을 거느리고 나라가 망함을 한탄하여 이곳에서 평생을 보냈다. 제상의 딸들이 선인으로 돌변하여 바위가 되었는데 그 바위 형태가 삼 선인이 능선 아래를 지켜보는 모습과 같다 하여 삼선바위(三仙岩)라 이름하였다고 한다.

**대둔산 삼선 철 계단**

드디어 삼선 철 계단을 오를 차례다. 창원에서 단체로 대둔산을 찾았다는 8명 중 4명은 포기하고 4명이 철 계단을 오르기로 하고 진입했으나 그중 한 명은 몇 계단을 오르더니 고소공포증이 있다며 얼굴이 창백해지면서 포기한다.

필자가 스틱을 접어 배낭에 넣고 계단에 진입하려는 순간 중간쯤 오르던 젊은 분이 어르신은 절대 오시면 안 된다고 경고(?)한다. 노약자나 심장이 약한 사람은 우회하라는 안내문이 있기는 하지만, 포기하면 후회할 것 같아 난간을 단단히 잡고 바로 앞에서 오르는 청년의 발뒤꿈치만 보면서 무사히 의무를 완수한다. 등줄기에 식은땀이 흐르고 다리가 후들거려도 스릴 만점이다. 철 계단 꼭대기 전망 바위에 올라 눈앞에 펼쳐지는 절경의 감상과 기념을 몇 장 담는다.

가파른 계단을 지나 드디어 정상인 마천대 도착이다. 마천대는 거대한 스테인리스를 소재로 '개척탑(開拓塔)'[104]이라는 큰직한 글씨가 쓰여 있다. 계절은 봄철이지만, 하늘은 마치 가을 날씨처럼 맑고 푸르다. 사방은 암릉에 기암괴봉, 적당한 소나무, 연녹색 빛의 산세와 꽃들이 어우러져, 한 폭의 산수화를 보는 듯하다. 정상에는 창원에서 온 단체 팀과 다른 두 팀이 점심을 먹기 위해 자리를 잡는다. 평일이라 산객은 많지 않다. 기념사진을 담고 정상에서 긴 휴식을 취한 후 하산하기로 한다. 애당초 날머리는 유서 깊은 태고사(太古寺) 쪽으로 잡았던 하산 계획을 수정하여 케이블카를 이용

대둔산 정상 기념

하고 싶은 호기심에 원점 회귀 하기로 한다.

케이블카는 20분마다 운행되고 있어 별도 예약은 하지 않아도 가능하다. 요금은 할인하여 편도 8,000원이다. 약 5~6분 소요되는 거리지만 케이블카에서 내려다본 경치도 장관이다.

아침에 이용한 택시를 호출해 놓고 차 한잔 마시는 사이 택시가 도착한다. 아침과 같이 아주머니께서 함께 오셨다. 이용해 줘서 고맙다며 추부 5일장에서 이름 있는 집에서 붙인 전이라며 부추와 깻잎을 곁들인 맛있는 전을 선물해 주신다.

산행기가 출간됐을 때 꼭 연락해 주면 서점에 가서 구입하겠다는 말씀이다. 계획대

---

104  개척탑 연혁: 이 개척탑은 1970년 11월에 완주 군민의 정성을 모아 군청 청원을 비롯하여 많은 군민이 자재를 직접 운반하여 해발 878m 위에 10m 높이의 콘크리트 탑으로 건립하여 대둔산의 상징으로 등반객의 사랑을 받아오다 1989년 기존 콘크리트 탑 위에 스테인리스관으로 정비하여 오늘에 이르고 있다. 1989년 10월, 완주군.

로 산행기가 완성되면, 고구마를 선물로 주신 강원도 오대산 기사님, 박카스로 더위를 잊게 한 월악산 기사님, 대둔산 산행 시 금산의 명물이라며 맛있는 부추전을 준비해 주신 기사님 부부, 버스 종점을 묻는 필자에게 냉커피와 얼린 생수까지 건네시며 100대 산 완등을 위해 기도하시겠다는 김영수 관리인, 통영 사량도 산행 시 만난 쑥떡과 포도와 토마토 대접받은 젊은 부부 외에도 몇 분에게 선물하고 싶다.

하산 시 케이블카를 이용한 관계로 산행 시간이 예상보다 많이 단축되었다. 추부에서 출발하는 버스 시간이 여의찮아 대전으로 이동하여 고속버스로 서울고속버스터미널에 도착하면서 오늘 대둔산 산행을 갈무리한다.

대둔산 동심 바위

동학농민혁명 전적비

대둔산 구름다리 전경

등산로에서 바라본 대둔산 절경

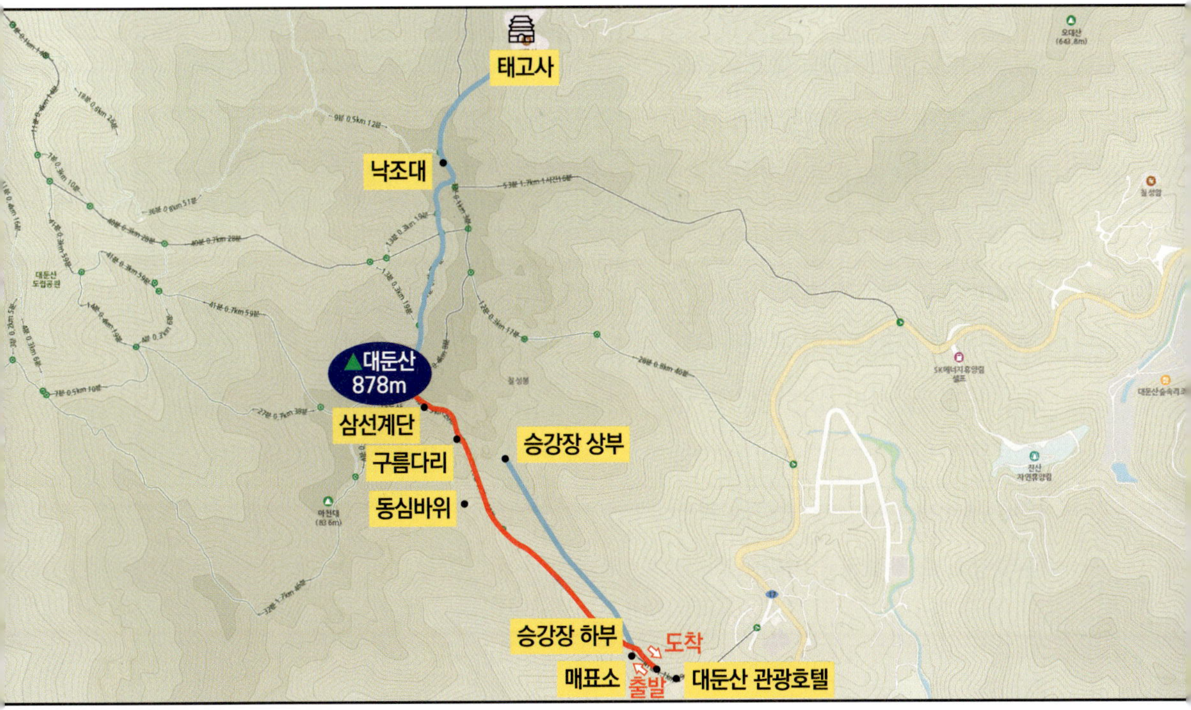

대둔산 오늘의 등산로

## 천태산(天台山)

**충청북도 영동군·충청남도 금산군**
- 2021년 4월 14일(수), 맑음

천태산은 행정구역상 충청남도 금산군 제원면과 충청북도 영동군 양산면에 경계를 이루고 있는 해발 714.7m의 산이다. 충청북도와 영동군에 따르면 '충북의 설악'이라고 부르는 천태산은 기암절벽과 태고의 천연 숲이 심산유곡의 맑은 물과 장엄한 산세를 이루고 주위에는 서기 668년 문무왕 때 세운 영국사와 천연기념물 제233호인 은행나무가 있으며, 원각국사비, 삼층석탑 등 많은 보물과 함께 자연경관과 동·식물 서식 환경이 우수하여 '충북의 자연환경 명소'로 지정된 곳이기도 하다.[105]

천태산 정상석

---

105  충북지사, 영동군수, 2001.2.14.

오늘은 충청남·북도에 있는 10곳의 100대산 중 아홉 번째로 천태산을 오르기 위해 서울고속버스터미널에서 6시 30분에 출발하는 금산행 버스로 이동한다. '부추' 정류장에서 하차하여 대중교통편이 여의찮아 택시를 이용하여 영국사 우측에 있는 A 코스에서 산행을 시작한다.

그러나 여러 가지를 고려할 때 기차 편으로 영동역에서 천태산 입구까지 운행하는 버스로 이동하기를 권한다. 자차를 이용할 경우는 천태산 주차장을 이용하면 편리하다.

산행은 A 코스로 정상에 오른 뒤 경치가 좋다고 소문난 D 코스로 하산 계획을 잡는다. 지난날 전국적으로 많은 비가 내린 관계로 먼지도 없고 날씨가 맑아서 등산하기에는 최고의 날씨다.

천태산은 전체가 바위산이라 해도 과언이 아닐 정도로 웅장하고 품격 있는 바위가 많다. 등산 초입부터 밧줄을 잡고 올라야 한다. 특히 75m의 바위를 오르는 코스는 암벽을 타는 기분으로, 아찔하기는 해도 천태산을 오르는 매력을 느낄 수 있을 뿐만 아니라 본인의 체력의 상태를 확인해 보는 기회이기도 하다. 굵은 로프를 잡고 힘들게 오르자 축하라도 하듯 시야가 모자랄 정도로 멋진 조망이 눈앞에 펼쳐진다. 천태산은 등산로가 대부분이 바위산이라 정상에 오를 때까지는 스틱이 필요 없는 코스다. 오르는 중간중간 확 트인 경치는 땀의 대가를 받고도 남는다.

출발한 지 약 2시간 정도면 정상에 도착할 수 있는 거리다. 정상은 충청남·북의 경계라고 하나 충청남도 금산군 연합 산악회에서 바위 위에 세운 정상석이 세워져 있고 옆에도 다른 정상석 하나도 함께 자리하고 있다. 평일이고 코로나 영향인지 정상에 오를 때까지 한 팀을 만났다. 정상에서 기념을 남기고 김밥이지만, 진수성찬 못지않은 점심을 먹는 사이 두 팀이 도착한다. 의례적인 인사지만 서로를 격려한다. 두 팀을 먼저 보낸 후 30여 분 정상에 머물다가 애초 계획한 D 코스로 향한다.

4월 중순 늦은 봄이지만 하늘은 가을처럼 높고 푸르며, 맑고 시원한 바람이 산행에 묘미를 보탠다. 2주 전 백운산을 오르기 위해 동강 가를 거닐 때 강바람 못지않은 시원한 바람이다. 정상 주위는 온통 연녹색으로 여름을 재촉한다. 자연의 섭리에 감사할 뿐이다. 정상 바로 아래의 삼거리에서 헬기장 쪽으로 가다 보면 경치가 좋은 D 코스를 알리는 안내판이 나온다. 하산길의 풍광도 가히 일품이다. 특히, 영국사와 정상 중간 지점인 '전망석'에 올라가 바라본 절경은 감탄사를 절로 나게 한다. 건너편에 펼쳐진 바위와 조화를 이루는 소나무는 한 폭의 거대한 산수화를 방불케 한다. 남고개 삼거리를 거쳐 영동 8경 중 제1경인 영국사에 도착한다. 대웅전 공사를 하는 인부 몇 명이 있을 뿐 사람 보기가 귀하다. 경내를 두루 관람한다. 영국사 대웅전[106]과 영국사 삼층석탑[107]에 대한 안내를 살펴본다.

**영국사 삼층석탑**

교통편을 알아보기 위해 영국사에서 약 1km 거리에 있는 주차장으로 향한다. 바로

---

106 영국사 대웅전: 충청북도 유형문화재 제61호, 이 건물은 주존불로 석가여래좌상을 모신 불전이다. 대웅전은 정면 3칸 측면 2칸의 다포식 맞배지붕으로 현재의 건물은 조선 중기 이후에 지었으며 고종 30년과 1934년에 중수하였으나 1980년에 해체 복원하여 지금의 모습을 갖추었다. 이 사찰은 원각국사가 신라 법흥왕 14년 또는 신라 문무왕 8년(668년)에 창건하였다고 전한다. 고려 문종 때 대각국사가 국청사라 했으나, 공민왕이 난을 피하여 이곳에서 국태민안을 기원하였으므로 영국사라 했다고 한다. 경내에는 보물 제534호로 지정된 원각국사비가 있다. 영국사 대웅전 안내판.

107 영국사 3층 석탑: 보물 제533호, 이 탑은 신라 시대에 만들어진 일반형 석탑으로서, 2중 기단 위에 3층으로 만든 몸돌을 세운 것이 특징이다. 원래 옛 절터에 넘어져 있던 것을 1942년 주봉 조사(朱奉 祖師)가 이곳으로 옮겨 와 복원하였고, 대웅전 건물이 향하고 있는 동쪽을 바라보고 있다. 이 탑을 옮겨 세울 때 2중 기단의 위층과 아래층이 바뀌었던 것을 2003년 문화재 보수 정비 사업 때 원래의 모습으로 복원하였다. 신라 후기 9세기 말경에 건립된 작품으로 추정하고 있으며, 재료는 화강암이다. 상륜부의 다른 부재들은 일부가 없거나 훼손되어 사찰 내에 보관 중이며, 현존하는 통일신라 후기 탑 중 우수한 작품으로 평가받고 있다. 영국사 3층 석탑 안내판 내용.

**천태산 정산기념**

아래 그 유명한 은행나무가[108] 한껏 자태를 뽐낸다. 천태산 영국사 일주문을 지나서 우측에 삼단폭포를 만난다. 수량이 아주 많지는 않지만, 주변과 잘 어울려 빼어난 절경을 관람할 수 있다. 폭포수가 3단계를 거쳐 흘러내려 붙여진 이름으로 예전에는 '용추폭포'로 불리었다고 한다. 특히, 기암절벽과 송림의 어울림이 멋지다. 조금 더 발길을 옮기면 삼신할멈바위가 나타난다. 영동군에서 제공한 안내에 따르면 바위가 가로로 층층이 쌓여 있는 모습이 할머니의 쭈글쭈글한 주름을 연상시키는 삼신할멈바위는 상어흔들바위와 함께 천태산을 대표하는 바위 중 하나다. 층층에 쌓인 바위틈에 작은 돌을 던져서 떨어지지 않으면, 삼신할미가 자식을 점지해 준다는 소문이 있으며, 지금까지도 그 덕에 아이를 가졌다고 하는 사람이 많다고 한다.

계곡 끝날 무렵에는 천태산이 충북의 설악을 알리는 기념비가 세워져 있다. 주차장에 도착해서 대중교통편을 알아보니 10여 분 남짓 걸어가면 버스 정류장이 나타난다고 한다. 천태산 입구에서 좌측은 옥천 방향이고 우측은 영동 방향이다. 영동행 버스가

---

108  현장 안내에 따르면 이 은행나무는 높이가 31m, 가슴높이의 둘레는 11m이며, 나이는 천 살 정도로 추정된다. 가지는 2m 높이에서 갈라졌으며, 동서 방향으로 25m, 남북 방향으로 22m 정도 퍼져 있다. 서쪽까지 중 하나는 밑으로 자라서 끝이 땅에 닿았는데, 여기서 자란 새로운 나뭇가지는 높이가 5m 이상이나 되고, 가슴 높이의 지름이 20cm가 넘는다. 이 은행나무는 국가에 큰 어려움이 있을 때마다 소리를 내어 운다고 하며, 가을에는 이 나무와 주변의 경관이 하나로 어우러져 절경을 이룬다. 영국사 은행나무 안내판 내용.

먼저 와서 승차한다. 복숭아꽃이 무릉도원을 이룬다. 포도의 고장이라 그러한지 포도밭에는 이제 겨우 잎사귀가 눈을 뜬 포도나무 위에 비닐이 전시회 작품처럼 아름답다. 영동의 포도밭은 전국에서 가장 넓으며, 일교차가 커서 당도가 높아 인기가 높다고 한다.

   버스 탑승 후 약 30분 후 영동역에 도착한다. 무궁화호 열차를 타고 2시간 30분 후 서울역에 도착한다. 포도와 곶감의 고장 영동 천태산 산행을 오래도록 기억하고 싶다. 다음 주에 오를 계획인 민주지산도 기대가 된다.

천태산 삼신할멈바위

천태산 은행나무

천태산 영국사 일주문

천태산 전망석을 배경으로 바라본 전경

천태산 오늘의 등산로

# 민주지산(岷周知山)

## 충청북도 영동군·금산군·전라북도 무주군

- 2021년 4월 20일(화), 맑음

민주지산은 행정구역상 충청북도 영동군, 전라북도 무주군 설전면과 경계를 이루고 있으며 해발 1,241.7m의 산이다. 주변에는 각호산(1,202m)을 비롯하여 석기봉(1,200m)과 삼도봉(1,176m) 등 1,000m 이상 높이의 산이 능선을 이루고 있다. 특히 삼도봉은 충청북도, 경상북도 및 전라남도를 가르는 정점이기도 하다. 물한계곡은 주변이 울창한 숲으로 둘러싸여 있으며 폭포와 담소의 조화도 아름답다.

정상을 오르는 대표적 등산로 입구는 물한계곡, 도마령, 자연휴양림, 대북동마을, 해인산장 앞에서 출발하여 정상에 오른 뒤 다양한 코스를 선택하여 하산할 수 있다. 그중 오늘 필자가 선택한 코스는 민주지산 자연휴양림을 들머리로 정상에 오른 뒤 물한계곡 쪽으로 하산하는 코스를 계획한다.

**민주지산 정상석**

오늘은 청명(淸明)과 입하(立夏) 사이에 있는 24절기 중 여섯 번째인 곡우(穀雨)다. 곡우는 태양의 황경(黃經)이 30도인 날로 대체로 4월 20일 또는 21일이다. 곡우는 농작물이 자라는 데 도움이 되는 봄비가 내리는 날이라는 뜻이다. 이때부터 농촌에서는 못자리를 준비하여 본격적인 농사철에 접어든다.

기차를 타고 가는 차창 너머 들판에는 절기에 맞추기라도 하듯 바쁘게 움직이는 농부들의 손길이 가끔 눈에 띈다.

새삼 절기(節氣)는 일상에서 얻은 경험이 자연과 조화를 이루는 시간적 지침이기에 현대인의 생활에서도 적극적인 의의와 문화적 가치가 있는 것 같다.

서울에서 민주지산으로 가는 버스 편은 코로나로 인해 거의 운행하지 않아 기차 편으로 이동한다. 황간역에서 하차하면 거리상 시간을 단축할 수 있으나 서울역에서 첫차가 7시 40분에 출발하는 관계로 시간 단축을 위해 서울역에서 7시 13분에 출발하는 경부선 무궁화로 영동역에 하차한다. 영동역 건너편 버스 정류장에서 물한계곡으로 가는 버스를 이용할 수 있다.

자연휴양림으로 가는 버스는 코로나로 배차 시간이 원활치 않아 들머리인 등산로 입구 주차장까지는 택시로 이동한다. 주차장에서 등산로 입구까지 약 3km는 소방도로로 큰 어려움 없이 걸어갈 수 있다. 아직 다른 등산객은 눈에 띄지 않는다. 물소리와 이름 모를 새소리를 들으며 산을 오른다. 등산로 입구에서 정상까지는 2시간이 채 걸리지 않는 거리다. 마지막 나무 데크 구간을 제외하면 등산로 대부분이 평이한 돌계단으로 이루어져 있다.

마지막 힘을 다해 정상에 도착한다. 사방이 막힘이 없다. 충청도와 경상도 전라도의 먼 곳까지 조망할 수 있다. 특히 무주 쪽 산은 완연한 녹색을 띤다. 흰 화강암에 멋지게 새겨진 정상석을 배경으로 서둘러 기념을 담고 계곡에서 불어오는 시원한 초

**천리행군 순직자 기념비**

여름의 바람에 땀을 식힌 후 준비해 온 소박한 음식으로 시장기를 해결한다. 마시는 물 한 모금, 바케트 맛도 꿀맛이다. 여러 팀이 정상 주변에 흩어 앉아 음식으로 웃음꽃을 피운다.

정상에서 30분 이상 머문 후 하산은 애초 계획대로 물한계곡 쪽으로 향한다. 하산길 역시 돌계단 등으로 잘 정비된 평이한 등산로다. 계곡에 내려오자 부부가 개울물에 발을 담그고 땀을 식히며 쉬어 가기를 권한다. 아무리 바쁘더라도 잠깐 시간을 내어 휴식을 취한다. 초여름이지만 깊은 산에서 흐르는 계곡물은 손발이 시릴 정도로 차갑지만 상쾌하다. 부부도 서울에서 왔다며 물한리에서 1박 후 산행한다고 한다. 일주일에 한 번 정도 함께 산을 찾는다고 한다. 금실이 좋은 부부 같다.

정상에서 출발하여 두 시간 이전에 황룡사(鳳龍寺)[109]에 도착한다. 사찰 규모는 생각보다 크지 않다. 출렁다리를 지나면 처음 만나는 것이 큰 바위다. 이름하여 '장군바위'[110]라 한다. 장군바위 바로 앞에 있는 아담한 삼성각(三星閣)[111]과 조화를 이룬다.

일주문을 지나 차 한잔 마시면서 교통편을 알아보려고 했지만, 코로나 영향으로 영업을 하는 곳이

**민주지산 정상 기념**

------

109  황룡사: 옛날 물한계곡 안에 있었던 신구암(神龜庵)이란 절을 복원하는 의미를 담고 삼 도(충북 영동, 경북 김천, 전북 무주)가 만나는 점인 삼도봉의 정기를 이어받아 부처님의 법령을 빌어 민족 화합과 남북통일, 국태민안의 성취라는 서원 아래 불기 2516년(서기 1972년)에 창건한 사찰이다. 황룡사의 사명(寺名)은 물한계곡 깊은 곳에 있기에 봉황 황, 룡 룡 자를 절의 이름으로 정함으로써 좌청룡, 우백호라는 협시의 기운을 대신하게 하였다. 황룡사 주지 종림 스님.

110  황룡사 장군바위: 물한계곡 안의 한천팔경 중의 하나로서 그 옛날 훌륭한 장군이 있어 삼도봉에서부터 내려오면서 이 장군바위를 딛고 뛰어서 대웅전 앞의 바위를 디디며 무술 연습을 하였다고 하여 '장군바위' 또는 '뛰엄바위'라 하였다. 황룡사 장군바위는 예로부터 아들이 없는 사람이 지극하게 정성을 들이면 아들을 꼭 점지하여 주는 신통력 있는 바위로서 유명하다. 황룡사 제공.

111  삼성각: 칠성 여래(정면 탱화)와 산신(우측 탱화) 그리고 독성(좌측 탱화)의 삼신을 한 곳에 모셔 놓은 전각을 말한다. 칠성 여래는 인간의 재물과 수명장수를 관장하고 산신 역시 인간의 재수와 길흉화복을 관장하며 독성은 십육나한 중의 한 분이시면서 나반존자라고도 하는데 홀로 깨우침을 얻었다 하여 독성이라 한다. 말법 중생을 구제하는데 칠성과 산신은 특히 기도의 영험이 매우 뛰어나므로 칠성 기도와 산신 기도를 통하여 가피를 입은 지역의 불자들이 상당수 있다. 황룡사 제공.

없다. 길 우측에는 충청북도지사와 영동군수가 공동으로 세워 놓은 물한계곡과 민주지산에 대한 안내 글이 발걸음을 멈추게 한다. 내용인즉, 맑은 물이 끝없이 흐른다는 물한계곡은 3도의 분수령을 이루는 삼도봉을 비롯하여 해발 1,000m 이상의 준령을 이루는 민주지산·석기봉에서 발원하여 심산유곡을 이루어 자연경관이 수려할 뿐 아니라, 숲속에는 우리나라 전체 식물 종의 16%가 자생하고, 각종 야생동물이 서식하여 충북의 '자연환경 명소 100선' 중 10걸로 지정된 곳이라는 내용이다.

조금 더 내려오면 도로 우측에 1998년 4월 1일 공수 특전 여단이 천리행군 중 민주지산을 지나가는 과정에서 폭설과 이상 기온으로 인하여 고(故) 김광석 대위를 포함 부사관 5명이 사망하고 1명이 실종한 사건을 기리기 위해 순직자 위령비를 세워 놓았다. 잠시 고개를 숙인다. 1999년도에 〈아! 민주지산〉이라는 영화를 촬영하기도 했다. 순직한 장병들의 명복을 빈다. 국가로부터 제대로 예우받고 있는지 궁금해진다. 버스 정류장에 도착했지만, 버스를 타려면 두 시간 이상을 기다려야 한다. 하는 수 없이 아침에 이용한 택시를 불러 대전역으로 이동한다. 영동역에서 15시 43분에 출발하는 기차를 놓치면 그다음 기차(무궁화 편)는 17시 40분이다. 대전역에서 KTX를 타면 수서역까지는 약 50여 분이면 도착한다. 오늘 민주지산 산행이 벌써 40번째다. 앞으로 60곳만 오르면 스스로 정한 숙제를 끝낼 수 있다.

황룡사 장군바위

민주지산 용화천 발원지

민주지산 물한계곡 안내

민주지산 정상에서 바라본 전경

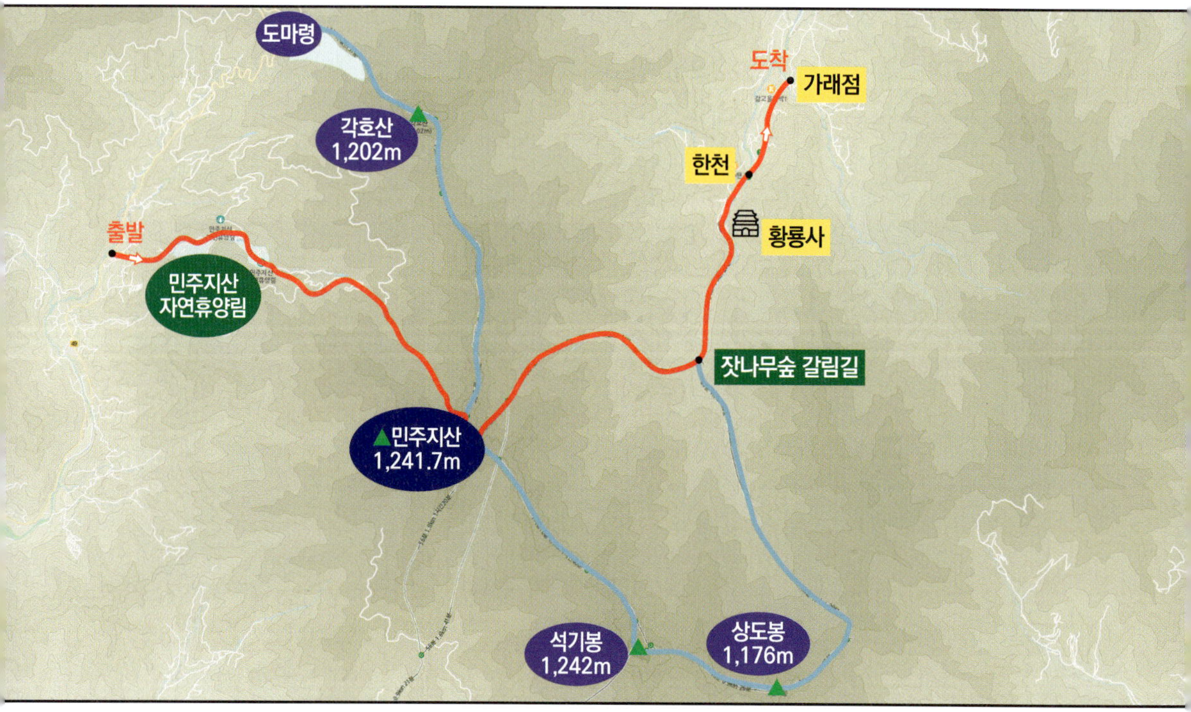

민주지산 오늘의 등산로

# 두타산(頭陀山)

## 강원도 동해시·삼척시

- 2021년 4월 26일(월), 맑음

두타산은 행정구역상 강원도 동해시 삼화동과 삼척시 하장면과 미로면에 연결되어 있는 해발 1,353m의 산이다. 산림청과 동해시에 따르면 두타(頭陀)는 의식주에 대한 탐욕과 세상의 모든 번뇌(煩惱) 망상(妄想)을 버리고 수행·정진한다는 불교적 의미가 함축되어 있는데, 부처가 누워 있는 산의 형상에서 붙여진 이름이라 기록하고 있다.[112] 특히 깎아지른 암벽과 무릉계곡의 명성은 많은 등산객에게 알려져 있다.

**두타산 정상 표지석**

---

112  두타산: 백두대간의 한줄기로 예로부터 삼척 지역의 영적인 모산(母山)으로 숭상되었고 오늘날까지 우리나라 100대 명산 가운데 한 곳으로 전 국민의 사랑을 받고 있다. 산의 동북 중턱에 있는 쉰움산은 돌우물이 50개 있어 오십정산(五十井山)이라 부르는데, 여기에 산제당(山祭堂)을 두고 봄가을에 제사하며 기우(祈雨)도 하였다. 고려 충렬왕 때에 동안거사(東安居士) 이승휴(李承休)는 두타산 천은사(天恩寺)에서 『제왕운기(帝王韻紀)』를 저술하였다. 제왕운기는 민족주의적 시각으로 우리 역사를 서술한 사서(史書)로서 우리민족은 단군을 시조로 하는 단일민족임을 강조하고 발해를 우리역사에 편입시켜 서술함으로써 단군조선~삼한 통일신라~발해~고려로 이어지는 역사적 전통성을 확립하였다. 산림청·동해시.

오늘도 대중교통편을 이용한다. 서울 경부선 고속버스터미널에서 동해행 첫차인 6시 20분에 출발하여 9시 30분에 동해시종합버스터미널에 도착한다. 동서울종합터미널이나 기차를 이용할 수도 있으나 가장 이른 시간에 동해에 도착하는 교통편을 선택했다.

두타산을 오르는 코스는 대개 무릉계곡 주차장에서 삼화사를 거쳐 오르는 경우와 천은사를 들머리로 하여 오르는 경우, 댓재를 출발하여 정상에 오르는 경우 등이 있으나 필자가 선택한 코스는 일반적으로 단축 코스라는 산행 후기를 참조하여 댓재에서 출발한다. 버스 편이 여의찮아 택시를 이용하여 댓재 주차장에 도착하면서 본격적인 산행을 시작한다.

주차장 맞은편에는 황장산과 두타산을 연결하는 큼직한 화강암 입석이 백두대간 댓재의 위치를 알린다. 가능하면 쌍폭과 용추폭포, 베틀바위를 다녀올 계산으로 서둘러 정상을 향한다.

댓재 코스는 해발 810m 지점부터 시작한다. 댓재에서 정상까지 거리는 6.1km이다. 등산로 초임에는 완만한 경사를 이루지만 정상까지는 오르막, 내리막, 비탈길을 반복하며 산행해야 한다. 녹록한 코스가 아니다. 날씨는 매우 쾌청하고 미세먼지도 없는 최상의 날씨다.

중간쯤까지는 이렇다 할 경치는 없으나 통골재를 지나면서부터 우측에 펼쳐지는 절경이 눈에 들어오는 순간 감탄이 절로 나온다. 등산로의 이름 모를 많

**두타산 정상 기념**

은 종류의 꽃들도 길손을 반긴다. 특히 '얼레지꽃'이 여러 곳에 군락을 이루고 있다. 용추폭포로 가는 등산로에는 얼레지꽃 서식지가 있을 정도로 유명하다. 동해시에서 제공한 기록에 따르면 얼레지의 이름은 얼룩무늬가 있어 얼레지라고 불리며 백합과의 숙근성 여러해살이풀이다. 관엽 관화 식물로 크고 고운 꽃이 무리를 지어 피며 4월에 길이 25cm 정도의 꽃대가 나오고 한 개의 꽃이 밑을 향해 매달린다. 꽃잎은 6개이고 피 첨형(尖形)이며 길이는 5~6cm, 폭 5~10cm로서 꽃 색깔은 자주색이다. 연한 잎은 뜯어 먹기도 하는데 독이 있어 많이 먹으면 설사를 한다고 한다.

연속된 오르내리막 길을 지나 드디어 정상에 도착한다. 정상에는 화강암으로 된 정상석과 동해시 자연보호위원회가 세운 정상석 두 개가 각각 따로 세워져 있다. 정상에서 바라보는 경치는 사방이 막힘이 없으며 공간도 넉넉하고 휴식할 수 있는 의자도 여러 곳에 마련되어 있다. 정상에는 세 팀이 휴식을 즐기고 있다.

식사를 곁들인 30여 분의 휴식을 가진 뒤 하산은 무릉계곡 쪽으로 정한다. 무릉계곡 초입까지는 댓재에서 정상까지 거리와 동일한 6.1km이다. 한 팀은 청옥산 쪽으로 간다며 서둘러 자리를 먼저 뜬다.

등산로는 다소 경사가 심한 편이며 너덜길이 많아 주의가 필요하다. 그러나 약 1시간 이상 계속되는 등산로 양쪽에는 진달래가 터널을 이룬다. 소나무와의 조화는 인위적으로 만들어 놓은 꽃동산을 연상케 한다. 하산길의 비경도 일품이다.

자연의 위대함과 인간의 나약함이 대비되는 순간이다. 두타성(頭陀城)에서 바라보는 맞은편에 병풍처럼 펼쳐진 경관은 가히 압권이며 마치 괴석(怪石) 전시장을 방불케 한다. 거북바위를 비롯한 주위의 조화도 다른 곳에서는 볼 수 없는 장면들이다.

두타산의 험준한 지세를 이용하여 이곳 두타산성(山城)[113]에 대한 역사를 공부한다. 서둘러 베틀바위와 쌍폭 및 용추폭포를 다녀오려고 계획했으나 시간상 도저히 불가능

---

113 두타산성(頭陀山城): 이곳에 산성을 쌓은 것은 신라 파사왕 23년 서기 102년에 일이라 한다. 1414년(태종 14년) 삼척 부사 김맹손(金孟孫)은 이성을 중축하고 주위 2,500m, 높이 2m의 석성(石城)을 만들었다. 1592년 선조 25년 임진왜란이 일어났을 때 많은 사람이 난을 피하여 이 산성에 모였고 의병장 최원흘(崔元屹)을 중심으로 한 젊은 의병들이 이 성을 공격하는 왜적(倭敵)을 만나 용감히 싸워 왜병을 전멸시킨 싸움터다. 세월이 흘러 성터는 허물어졌으되 이곳이 선인의 호국정신(護國精神)이 깃든 곳이기에 표석을 세워 후세에 전한다. 1988.11.1. 동해시장.

할 것 같아 1km 거리에 있는 두 곳의 폭포를 향해 빠른 걸음을 재촉한다. 쌍폭포에서 토해 내는 물줄기가 장관이다.

양쪽 계곡에서 비슷한 높이와 수량이 같은 소(沼)에 모여 깊고 큰 웅덩이를 이룬다. 어떻게 깊은 산속에 이런 폭포가 있을까 싶은 정도다. 바로 위에 있는 용추폭포(龍湫瀑布)[114]도 이에 뒤질세라 위용을 드러낸다. 시간이 아무리 촉박하더라도 폭포만 보고 발길을 돌리면 아쉬움이 남을 것 같아 소(沼)에 다가가서 얼굴을 씻는 순간 흐르던 땀이 싹 멈춘다.

**두타산 쌍폭포**

장군바위와 병풍바위의 모양도 멋스럽다. 이어지는 등산로 좌측에 학소대(鶴巢臺)가 나타난다. 무릉정공(武陵亭公) 최윤상(崔潤祥)의 무릉구곡가(武陵九曲歌)[115]가 시성을 자극한다. 학소대는 상류의 동굴에서 흘러내리는 물줄기가 이곳을 지나는데 이 바위에 학이 둥지를 틀고 살았다 하여 학소대라 부른다고 기록하고 있다. 공식적인 산행을 끝

---

114 용추폭포: 청옥산에서 발원한 물이 흘러내리며 3단의 단애(斷崖)에서 세 개의 폭포를 만들고 있다. 상·중단 폭포는 항아리 모양으로 되어 있고 하단 폭포는 둘레가 30m나 되는 검은 웅덩이를 이루는데, 조선시대 가뭄이 들면 이곳에서 기우제를 지냈다고 한다. 하단암벽 오른쪽에는 정조 21년(1797년) 12월에 용의 독을 바라보면서 삼척 부사 유한준의 글씨라고 알려진 용추(龍湫)가 식각되어 있고, 바위 전면에 무인(戊寅) 모춘(暮春)에 광릉귀객(廣陵貴客)이 썼다고 하는 별유천지(別有天地) 글귀는 선경(仙境)과 같은 무릉계곡의 뛰어난 경치를 표현하고 있다. 폭포 현장 안내판 내용.

115 맑고 시원한 곳에 내 배를 띄우니 학(鶴) 떠난 지 이미 오래되어/대(臺)는 비었네/높은 데 올라 세상사 바라보니/가버린 자 이와 같아 슬픔을 견디나니.

내고 삼화사(三和寺)에 다다른다. 경내에는 불교 관련 공부를 하는 대학생으로 보이는 젊은 학생 10여 명이 승복을 갖춰 입고 탑을 중심으로 두 손을 모은 채 탑돌이 행사를 하고 있다. 사찰 바깥의 12지간 조각상도 이채롭다.

  시간 관계상 베틀바위를 눈에 담지 못한 것은 아쉽지만, 오래도록 기억에 담고 싶은 두타산이다. 택시 편으로 동해시종합버스터미널에 도착하니 오후 6시 30분 출발 버스가 시동을 건다. 기사님께 양해를 구하고 급히 승차권을 발권해서 버스에 오른다. 피로감을 이기지 못해 잠이 든 상태에서 서울고속버스터미널에 도착하면서 오늘 산행을 갈무리한다.

두타산 거북바위      두타산 얼레지꽃      두타산 용추폭포

두타산 정상에서 바라본 전경

두타산 오늘의 등산로

# 황매산(黃梅山)

## 경상남도 합천군·산청군
- 2021년 4월 30일(금), 구름·맑음

    황매산은 행정구역상 경상남도 합천군과 산청군에 연결되어 있는 해발 1,113.1m의 산이다. 황매산 현지에서 제공한 기록에 따르면 황매산은 태백산맥(太白山脈)의 장엄한 기운이 남으로 치달아 마지막으로 큰 흔적을 남기니 이곳의 황매산이다. 정상에 올라서면 주변의 풍광이 활짝 핀 매화 꽃잎 모양을 닮아 풍수지리적으로 '매화 낙지'의 명당으로 알려져 황매산이라 불린다고 한다.[116]

---

116  황매산(黃梅山): 황매의 황(黃)은 부(富)를, 매(梅)는 귀(貴)를 의미하며 전체적으로는 풍요로움을 상징한다. 또한 누구라도 지극한 정성으로 기도하면 한 가지 소원은 반드시 이루어진다고 하여 예로부터 뜻있는 이들의 발길이 끊이지 않고 있다. 정상인 황매봉은 산청군 차황면 법평리 산4번지이며, 동남쪽 능선은 기암절벽으로 천하의 절경을 이루어 작은 금강산이라 불리고 있다. 수십만 평의 고원에 깔리는 철쭉의 융단과 억새평원이 장관을 이루며 멀리 서쪽으로 지리산 천왕봉과 웅석봉, 필봉산 그리고 왕산을 한눈에 바라볼 수 있다.
① 황매산의 봄: 수십만 평의 고원에 펼쳐지는 철쭉 군락의 붉은 향기가 현기증을 느끼게 한다.
② 황매산의 여름: 가슴을 꿰뚫어 버리는 시원한 솔바람과 고산지대 특유의 자연 풍광은 삶에 지친 현대인의 가슴을 어루만져 주기에 충분하다.
③ 황매산의 가을: 능선을 따라 일렁이는 그윽한 억새의 노래와 보리수 열매의 농익은 향기는 풍요로움을 안겨 준다.
④ 황매산의 겨울: 기암과 능선을 따라 핀 눈꽃과 바람, 햇살이 부리는 조화는 황매산 경치의 절정을 이룬다. 황매산은 효의 산이며 3무(三無)의 산이다. 이성계를 도와 조선을 건국한 무학대사가 황매산에서 수도를 할 때 어머님이 그의 뒷바라지를 위해 산을 오르내리다가 칡덩굴에 걸려 넘어지고, 땅 가시에 긁혀 상처가 나고 뱀에 놀랐다는 사실을 알고 황매산 산신령에게 지극정성으로 100일 기도를 드렸다. 이후 지금까지 뱀과 따가시, 그리고 칡덩굴이 자라지 않아 3무 삼무(三無)의 산이라 불리고 있으며, 무학대사의 어머님에 대한 지극한 효의 실천과 사랑은 천년의 시공을 넘어 전설로 이어져 오고 있다. 황매산 현지 안내판. 2021년 4월 30일 현재.

오늘도 대중교통편이다. 서울남부터미널에서 8시 정각에 출발하는 산청행 첫차다. 새벽에 눈을 뜨니 비가 내린다. 산행을 망설이다가 황매산은 오후에 갠다는 휴대전화의 일기예보 안내를 믿고 출발한다. 약 3시간 후면 산청버스터미널에 도착한다. 택시로 등산로 입구 주차장으로 이동한다. 눈앞에 펼쳐지는 철쭉을 보는 순간, 와! 하는 감탄이 절로 터져 나온다.

황매산 정상석

황매산 철쭉

평일이라 황매산을 찾는 이는 그리 많지는 않다. 코로나 영향으로 올해도 공식적인 축제 행사는 없다고 한다. 자연이 제공하는 이 아름다운 광경을 많은 사람이 감상하면 일상에서 활력을 얻을 텐데 하는 아쉬움이 남는다. 등산로 초입에 황매산 부자(소원) 징검다리를 만난다. 예로부터 이곳 '돌팍샘'에서 흐르는 물을 밟거나 징검다리를 건너 황매산을 오르내리면 부자가 되고, 지극한 정성으로 기도하면 한 가지 소원이 반드시 이루어진다는 이야기가 구전(口傳)으로

**황매산 정상 기념**

내려오고 있음을 기록하고 있다. 우측으로 돌아 황매산성(黃梅山城)을 통과하여 정상으로 향한다. 능선에는 몸을 가눌 수 없을 정도로 세찬 바람이 분다. 황매산성에서 바라본 철쭉은 마치 넘실거리는 파도에 선홍색을 덧입혀 놓은 것과 흡사하다. 자연의 위대함에 탄성을 보탤 뿐이다.

정상이 가까워질수록 바람 소리는 더욱더 세차다. 일부 관람객들은 바람에 못 이겨 발길을 돌리기도 한다. 똑바로 걸을 수 없을 정도다. 바람을 뚫고 정상에 오른다. 정상 표지석이 두 개다. 예쁘게 생긴 큼직한 바위와 다른 하나는 바위 꼭대기에 사각 모형의 작은 정상석이다. 먼저 온 팀들이 정상석을 배경으로 기념을 담으려고 줄을 선다. 바로 앞 팀과 사진 찍기를 품앗이한다. 발아래 펼쳐지는 수십만 평의 대지 위에 넘실거리는 철쭉의 융단과 능선을 중심으로 합천 쪽 억새의 조화가 장관을 이룬다. 정상 부근의 철쭉은 아직 수줍음을 보인다. 다음 주 어린이날을 전후로 더욱 짙은 분홍색으로 갈아입을 것 같다. 애초 산행 코스는 오트 캠핑장을 들머리로 하여 장박정류장 쪽으로 하산할 예정이었으나 철쭉에 충실하기로 하고 원점 회귀 하기로 한다.

황매산은 능선까지 접근성이 워낙 좋고 도로가 잘 정비되어 있어 가족 단위는 물론

연세 높은 어르신들도 즐길 수 있는 장소다. 하산길에 점심을 먹기 위해 바람이 잔잔한 철쭉 군락지 쪽으로 가니 가족 단위로 음식을 준비해서 소풍을 오신 분들도 눈에 띈다. 바람의 심술은 계속된다. 다시 황매산 제단과 황매산성을 거쳐 하산하여 택시로 산청 버스터미널까지 이동한다.

**황매산 황매화**

황매산 입구에서 주차장까지 오르내리는 길 양쪽에는 철쭉 못지않게 아름다운 '황매화'가 즐거움을 보탠다. 기사님은 개인의 취향임을 전제로 황매화가 더 정이 간다고 한다.

황매화는 황매산 철쭉을 보러 가는 동안 사람들의 마음을 설레게 하는 꽃길이다. 산청군 차황면 경계 지점인 달음재부터 주요 도로변 약 10km에 걸쳐 황매화가 만개해 길손을 반긴다. 노란색으로 매화를 닮았다고 해서 붙여진 이름이라 한다. 꽃말은 높은 기풍, 숭고의 의미를 지니며 복스럽고 단아한 모습이다. 황매산 오가는 가장자리를 가득 메우고 있는 샛노란 황매화 꽃길은 황매산을 다시 찾는 데 전권대사 역할로도 부족함이 없을 것 같다. 기념을 위해 카메라에 담는다. 따뜻하고 바람이 적은 음지나 가로수 아래에서 잘 자라는 특성이 있으며, 다년생이어서 한 번 심으면 매년 꽃길 조성을 위해 특별히 추가 비용을 들이지 않아도 되는 장점이 있다고 한다. 황매화는 가로수가 되어 멋을 더한다. 오늘 황매산 철쭉은 만개는 아니더라도 원 없이 꽃구경한 하루다. 택시로 산청버스터미널에 도착해 오후 4시 45분 출발하는 서울행 표를 예매해 놓고 커피숍을 찾았으나 보이지 않아 다방에 들러 시간을 보낸 후 오후 8시가 조금 지나 서울남부터미널에 도착하면서 황매산 산행을 마무리한다.

황매산 제단 　　　　　 황매산 황매산성 　　　　　 황매산 소원 다리

황매산 황매산성을 배경으로 정상 전경

황매산 오늘의 등산로

# 팔공산(八公山)

## 대구광역시 군위군·경상북도 영천시
- 2021년 5월 3일(월), 맑음

팔공산은 행정구역상 대구광역시, 영천시와 군위군에 연결되어 있는 해발 1,193m의 산이다. 팔공산은 신라시대에는 부악(父岳), 중악(中岳) 또는 공산(公山)이라 했으며, 고려시대에 공산이라 했다가 조선시대에 들어 지금의 팔공산이라는 이름으로 불리고 있다고 한다. 또한 불교문화의 중심지로 대한불교조계종 제9교구 본사인 동화사를 비롯한 많은 사찰이 잔재해 있다.[117] 팔공산이라는 명칭에 대해서 김무홍(2019)은 후삼국 시대 견훤이 서라벌 공

**팔공산 정상 표지석**

---
117 신명호,『한국 100대 명산 산행안내』, 깊은솔, 2019, p.170.

약 때 공산(팔공산) 동수에서 고려 태조 왕건을 포위하였으나, 신숭겸이 태조로 가장하여 대신 전사함으로써 태조가 겨우 목숨을 건졌다 하며, 당시 신숭겸과 김락 등 장수 8명 모두가 전사하여 팔공산이라 부르게 되었다고 한다. 또 다른 설로는 원효대사가 8명의 중국 승려를 득도시킨 것과 관련된 설, 중국의 지명에서 따왔다는 설 등도 전해 오고 있다.

오늘도 대중교통편이다. 수서역에서 출발하는 8시 부산행 SRT 고속열차를 타고 1시간 40분 후 동대구역에 도착한다. 커피 한잔하면서 산행 코스를 확인하고 역사 앞으로 나와 우측으로 돌아가면 가운데 정류장에서 동화사행 1번(급행)을 타면 약 40여 분 후에 종점 정류장에서 하차한다. 정상에 오르는 코스는 여러 군데가 있으나 필자는 수태골 들머리로 정상에 오른 후 하산은 케이블카를 이용하는 것으로 결정한다. 동화사 버스 종점 정류장에 하차하여 대구 시민 안전 테마파크를 지나 직진 방향으로 15분 정도 걸으면 '수태골'이라는 큼직한 이정표가 나온다. 주차장이 마련되어 있으며 차량이 여러 대 주차되어 있다.

주차장을 지나면서부터 산행의 시작이다. 평범한 등산로가 계속된다. 조금 지나면 길 우측에 연리목(連理木)이 발길을 잠시 멈추게 한다. 뿌리가 서로 다르며 가까이 자라는 두 나무가 만나 합쳐지는 상태로 두 나무의 가지가 다른 나무와 맞닿아 결이 통하면 연리지(連理枝), 뿌리가 그러하면 연리근(連理根), 줄기가 겹치면 연리목(連理木)이 되며 한 나무로 자라는 현상이다. 연리목의 모습은 두 남녀의 지극한 사랑에 비유되어 '사랑나무'로도 부르는데 연리목이 만들어지는 과정이 마치 부부가 만나 한 몸이 되는 과정과 닮았기에 두 나무가 서로 맞닿아 한 나무가 되는 연리(連理) 현상은 『삼국사기』와 『고려사』에도 기록이 전해 오면서 조상들은 연리 나무가 나타나면 귀하고 경사스러운 길조(吉兆)로 여겼다고 한다.[118]

2020년 12월 11일 필자가 산행 시 접한 홍천 '가리산' 등산로에 있는 연리목은 소나무와 참나무가 세 번이나 감아 올려, 한 몸을 이루고 있어 우리나라에 있는 연리목 중 찾아 보기 힘든 희귀목으로 기록하고 있다. 보기 드문 희귀한 연리목을 산행 중 두

---

118 팔공산 등산로 현지 연리(連理)에 대한 소개 글.

번이나 볼 수 있는 행운을 얻었다.

수태골 등산로를 직진하다 보면 커다란 바위에 수릉봉산계(綏陵封山界)[119]라는 글씨가 새겨져 있어 흥미를 돋운다.

수태골에서 1시간 정도 오르다 보면 수태폭포 안내가 눈에 들어와 폭포 쪽으로 발길을 옮긴다. 폭포의 높이는 상당하나 수량이 많지 않아 폭포 맛을 제대로 느낄 수는 없다. 등산로에 오소리 한 마리가 나타난다. 등산객이 건네준 사과를 맛있게 먹어 치우고 부족하다는 듯 필자에게 다가온다. 손으로 만져도 도망을 가지 않는다. 산객 한 명이 토마토 한 개를 주어도 먹지 않는다. 과자를 건네 봤지만 입맛에 맞지 않은 것 같다. 산행하면서 처음 산 동물과 가까이한 경험이다.

**동봉 석조약사여래입상**

여기부터 정상까지는 계속 너덜길이다. 정상에 오르기 직전 나무 사이에 팔공산 8경[120] 중 하나인 '팔공산 제천단(祭天壇)' 비석이 외롭게 서 있다. 내용인즉 하늘과 땅이 맞닿은 천왕봉은 옛날 조상들이 국태민안을 기원하며 하늘에 제사를 지내던 성지이

---

119  수릉봉산계표석(綏陵封山界標石): 대구광역시 동구 신무동에 있는 조선시대의 표석이다. 1995년 5월 12일 대구광역시의 문화재자료 제33호로 지정되었다. 팔공산에 자리 잡은수릉(조선 헌종의 부친인 익종의 능)과 향탄(왕실에서 사용하는 목탄)의 보호를 위해 산의 출입을 금지하고 있는 일종의 푯말이다. 현지 글 내용.

120  팔공산 8경: ① 무심봉(無心峰)의 흰 구름, ② 제천단(祭天壇)의 소낙비, ③ 적석성(積石城) 밝은 달, ④ 백리령(百里嶺) 쌓인 눈, ⑤ 금병장(錦屛墻) 단풍, ⑥ 부도폭포(浮屠瀑布), ⑦ 약사봉(藥師峰) 새벽별, ⑧ 동화사(桐華寺) 종소리. 케이블카 승강장 입구 비석 글.

다. 조상들의 얼이 담겨 있는 제천단을 자손만대 길이 보존하기 위해 표지석을 세웠다. 2004년 7월 24일. 달구벌을 찾는 모임으로 새겨져 있다.

  수태골에서 쉬엄쉬엄 약 3시간 만에 정상에 도착한다. 정상에는 산객이 아무도 없고 정상 바로 아래 양지바른 곳에 마련된 널찍한 바위 위에서 도란도란 모여 점심을 먹고 있다. 정상 표지석 주위에는 통신사 기지국 등으로 여겨지는 철탑 등이 9개나 설치되어 있다. 정상 표지석은 명성에 걸맞지 않고 초라하다. 자연석에 써 놓은 글씨마저도 선명하지 않다. 데크라도 만들어 놓았으면 하는 아쉬움이 남는다. 삼각대를 펴서 정상에 대한 기념을 남기고 허기를 달랜다. 땀이 비 오듯 흐른다. 생수를 세 병 준비해 왔는데 이미 두 병은 동이 났다.

**팔공산 정상 기념**

  경치가 아름다운, 건너편에 있는 동봉(東峯)을 향한다. 동봉 오르기 전 산자락에는 대구광역시 유형문화재 제20호인 '팔공산 동봉 석조약사여래입상(石造藥師如來立像)'이 바위에 커다랗게 조각되어 있다. 내용인즉 이 불상은 서쪽을 향해 바로 세운 전체 높이 6m의 거대한 약사여래입상이다. 약사여래는 동방의 정유리(淨瑠璃) 세계에 있으면서 중생의 고통을 없애 주는 것이기 때문에, 이 불상도 역시 서쪽으로 향하고 있다. 정면을 향한 입상은 상투 모양의 육계를 갖추고 두 볼은 풍만하며 입가의 약간 미소를 띠고 있다.

  마지막 계단을 오르면 동봉 정상이다. 비로봉이 개방되기 전까지 팔공산 정상 역할을 대신한 곳이기도 하다. 동봉에서 바라본 비로봉과 철탑의 조화는 여느 도시의 굴뚝을 연상케 한다. 하늘은 푸르고 맑다.

  갓바위와 동화사는 20여 년 전 초등학교 동창회 때 다녀간 경험이 있는지라 호기심에 팔공산 케이블카를 경험해 보기 위해 애초 계획한 대로 케이블카 승차장 쪽으로 향한다. 케이블카는 상시로 이용할 수 있다고 한다. 많은 사람이 휴게소 쉼터에서 각종 전을 비롯하여 갖가지 음식으로 오후 시간을 즐긴다. 종업원에게 먹거리를 추천받아 식사 후 케이블카를 타고 하산한다. 7~8분가량 소요되는 거리다. 케이블카는 혼자 승차하여 주위의 싱그러움을 즐긴다. 대로변에 나오니 건너편에 아침에 이용한 1번 급행버스가 보인다. 동대구역에 와서 수서행 SRT 편으로 상경하면서 팔공산 산행을 갈음한다.

팔공산 제천단

팔공산 정상 부근 시설물

등산로의 오소리 모습

팔공산 정상 부위 능선 전경

▲비로봉 1,193m
동봉 1,167m
수태골폭포
케이블카 승강장 상부
팔공스카이라인
수릉봉 산계 표석
출발 수태골 등산로
도착
케이블카 승강장 하부

팔공산 오늘의 등산로

# 소백산(小白山)

충청북도 단양군·영천시·대구광역시 군위군

- 2021년 5월 11일(화), 맑음

소백산은 행정구역상 충청북도 단양군, 경상북도 영주시와 풍기군에 연결되어 있는 산으로 해발 1,439.5m이다. 특히 소백산은 합천의 황매산, 지리산 바래봉과 더불어 우리나라 대표적인 철쭉 군락지로 그 명성이 유명하다. 소백산 일대는 웅장한 산세가 많으며, 676년 의상대사가 창건했다는 천년고찰 영주 부석사에는 우리나라에서 가장 오래된 목조건물 중 하나인 부석사무량수전(浮石寺無量壽殿)[121]이 있다. 2018년에 유네스코 세계문화유산으로 등재되기도 했다. 소백산은

**소백산 정상 표지석**

---

121  부석사무량수전(浮石寺無量壽殿): 무량수전은 1962년 12월 20일에 국보 제18호로 지정되었으며 부석사의 본당으로 극락정토의 아미타여래불을 모시고 있다. 경북 안동의 봉정사 극락전과 함께 한국에서 가장 오래된 목조 건축물이다. 정확한 건조 연대는 알 수 없으나 고려 중기 후반경의 건축물로 추측된다. 부석사 제공.

1987년 12월 국립공원으로 지정되었다.

오늘 교통편은 청량리에서 6시에 출발하는 안동행 KTX를 타고 7시 20분에 단양역에 도착한다. 단양역에서 산행의 들머리인 단양읍 청동리 등산로 입구까지는 택시로 이동한다. 등산로 입구로 들어서자 좌측에는 아름다운 공원이 조성되어 있고 그곳에는 '다리안국민관광지 조성 기념탑'이 있고 바로 옆에는 '고산자 김정호 선생 추모비'가 가지런히 세워져 있다.

이른 아침이라 다른 산객은 보이지 않는다. 오른쪽 천동계곡에는 간밤에 내린 비의 영향으로 많은 수량(水量)의 흙탕물이 바위에 부딪히며 흐르는 소리가 고요한 천동계곡을 잠에서 깨운다. 깊은 골짜기에서 불어오는 신선한 공기, 5월의 봄바람을 타고 전해 오는 싱그러운 풀 내음, 이 순간 천동계곡은 코로나와 미세먼지 걱정 없는 청정 지역이다. 조금 더 걷다 보면 세계 최초 3극점 7대륙 정상에 발자취를 남긴 세계적인 산악인의 한 사람인 허영호 산악인을 기리기 위한 기념비가 그의 무게만큼이나 큼직한 바윗돌에 이름이 새겨져 있다.

바로 뒤쪽 계곡에는 다리안폭포(橋內瀑布)[122]가 운치를 한껏 보탠다. 원시림 사이로 흐르는 계곡을 따라 약 3km 정도를 걷다 보면 천동탐방지원센터 건물과 매표소가 나온다. 계곡과 더불어 걷는 등산로는 평이하다. 또 다른 천동탐방지원센터에 널따란 휴식 공간이 마련되어 있다. 과거에

**소백산 다리안폭포**

---

122  다리안폭포(橋內瀑布): 이 폭포가 있는 지역으로 들어오려면 입구 골짜기에 놓여 있었던 구름다리를 건너야만 했다고 하여 다리안폭포라는 이름이 붙여졌다고 전해진다. 폭포수의 흐름은 삼단 폭으로 크고 작은 소(沼)를 이루고 있으며, 용이 승천할 때 힘껏 구른 발자국이 크게 찍힌 곳이 소가 되었다고 하여 용담폭(龍潭瀑)이라고도 부른다. 현장 안내 글.

는 이곳에서 오이와 간단한 음식을 판매했다고 하나 지금은 폐쇄된 상태다. 코로나가 끝나고 재개점하면 소백산을 찾는 산객들에게는 달콤한 휴식처가 될 것 같다.

정상이 얼마 남지 않은 곳에는 외로이 소백산을 지키는 고사목이 이목을 끈다. 쉬어 가도록 널따란 평상도 마련되어 있다. 음료수로 목을 축인 뒤 주목 군락지를 지나 정상 쪽으로 향한다. 비로봉으로 향하는 주 능선인 평원을 가로질러 폐타이어로 만들어 놓은 데크를 걷노라면 마치 서부영화 속의 주인공이 된 듯한 착각이 들 정도로 멋진 풍경이 정상에 오르는 동안 지속된다. 데크 양쪽에는 이름 모를 꽃들이 세찬 바람과 추운 겨울에도 죽지 않고 견디어 냈다는 듯 존재감을 드러내고 있다. 철쭉의 모습을 기대했으나 이제 막 꽃망울의 눈을 틔우기 위해 애를 쓰는 모습이 대견스럽게 느껴진다.

등산로 초입에서 출발하여 약 4시간 만에 정상에 도착한다. 하늘은 맑고 푸르다. 정상의 조망은 막힘이 없다. 사방이 필자 발아래다. 정상에는 몸을 제대로 겨눌 수 없을 정도로 세찬 바람이 불지만, 가슴이 뻥 뚫리고 가슴이 뛴다. 멀리는 1, 2 연화봉을 비롯한 소백산 천문대가 선명하게 눈에 들어온다. 20여 년 전 회사직원들과 천문대를 거쳐 1, 2 연화봉을 산행한 기억이 새삼스럽게 떠오른다. 모두가 건강하게 지냈으면 좋겠다.

여러 등산로에서 올라온 산객 10여 명이 정상 표지석인 비로봉(毘盧峯)을 배경으로 기념을 남기기 위해 분주하게 움직인다. 바람이 영향으로 일부 산객의 등산모가 날아간다. 산객 한 명이 인정 사진을 남기기 위해 타월을 펴는 순간 방패연이 되어 공중으로 날아간다. 인정 사진을 찍기 바쁘게 모두가 서둘러 자리를 뜬다. 필자는 생전에는 다시 소백산 정상을 밟을 자신이 없는지라 30여 분 동안 세찬 바람을 견디며 사방의 경관을 머리와 가슴에 담아 둔다.

멋스럽게 하늘을 수놓은 뭉게구름, 연녹색 옷으로 갈아입은 소백산은 바람 따위는 아랑곳하지 않고 늠름한 자태를 뽐낸다. 정상에서 하산하는 코스는 다양하다. 죽령 주차장(11.3km) 코스를 비롯하여 천동주차장(6.8km), 희방사(6.7km), 어의곡 주차장 등 여러 코스가 있다. 필자는 애초 계획했던 어의곡탐방지원센터 코스로 발걸음을 옮긴다. 국내 3대 철쭉의 연분홍 융단 같은 황홀한 광경을 보지 못함은 안타깝지만 하산 등산로 초입에 만개한 진달래가 아쉬움을 대신해 준다. 공교롭게도 진달래와 철쭉은 꽃말도 비슷하다. 진달래의 꽃말은 '사랑의 기쁨'이고 철쭉의 꽃말은 '사랑의 즐거움'이라 한다. 비로봉에서 목재 데크의 등산로를 지나 국망봉 삼거리에서 어의곡 코스에 접어들면 너덜길로 된 내리막길이 계속된다. 어의곡 주차장까지 거리는 비로봉에서 5.1km 거리다. 약 2시간 30분 정도 걸린다.

소백산 정상 기념

전체 산행 구간은 대체로 무난한 편이지만 하반부로 내려올수록 경사도가 심한 편이다. 정상에 오를 때와 하산 시 공히 원시 상태가 잘 보존된 곳으로 힐링하기에는 부족함이 없다. 특히 하산길의 전나무 코스는 일품이다. 하산 후 무릎의 휴식을 위해 차 한잔하려고 영업하는 카페가 있는지 살펴봤지만 역시 코로나 영향으로 문을 연 가게가 없다. 서둘러 아침에 이용한 택시를 불러 단양시외버스공영터미널로 가서 동서울행 버스를 타고 상경하면서 100대 명산 44번째 소백산 산행을 갈무리한다.

소백산 김정호 선생 추모비

소백산 허영호 산악인 기념비

소백산 등산로 고사목

소백산 정상에서 바라본 전경

소백산 오늘의 등산로

 # 계방산

**강원도 홍천군·평창군**

**- 2021년 5월 18일(화), 맑음**

계방산(桂芳山)은 행정구역상 강원도 홍천군 내면, 평창군 용평면·진부면에 연결된 산으로 해발 1,577.4m이다. 계방산은 한라산(1,950m), 지리산(1,915m), 설악산(1,708m), 덕유산(1,614m)에 이어 우리나라에서 다섯 번째로 높은 산이다. 계방산은 봄철 산불 예방과 자원 보호를 위해 지난 2월 1일부터 5월 15일까지 입산 통제로 인해 산행이 금지되어 오다가 5월 16일부터 해제되었다. 개방을 기다리다 오늘 일정을 잡았다. 100대 명산을 오른 지 45번째다.

**계방산 정상석**

산림청이 계방산을 우리나라 100대 명산으로 지정한 이유는 계방산에는 약초와 야생화 등이 많이 서식하고, 주목과 철쭉나무 등 군락을 이루고 있으며 생태계 보호 지역으로 지정된 점 등을 고려하여 2011년 1월에 편입되었다.

계방산을 오르는 코스 중 하나인 운두령(雲頭嶺/1,089m)은 우리나라에서 자동차로 오를 수 있는 고개 중 정선 고한읍의 만항재(1,330m), 지리산 정령치(1,172m)에 이어 세 번째로 높은 곳이기도 하다. 운두령은 평창군과 홍천군의 경계 지점이다.

교통은 청량리역에서 6시 22분에 출발하는 KTX 열차 편으로 1시간 20분 후 진부(오대산)역에 하차한다. 버스를 이용할 경우 동서울종합터미널에서 진부시외버스터미널까지 약 2시간 10분 걸린다.

진부에서 운두령으로 운행하는 버스가 있었으나 코로나 영향으로 운행이 중단되었다고 한다. 오늘 산행의 들머리인 운두령까지는 진부역에서 택시로 이동한다. 운두령은 해발 1,089m로 정상까지 표고(標高) 차이가 약 490m 불과하므로 부담 없이 산행이 가능하다.

이른 시간임에도 운두령 주차장 옆 가게 문이 열려 있다. 오랜만에 보는 광경이다. 아주머니께서 지역 특산물인 산나물과 약초 등을 밖에 진열하신다. 간단한 간식이 필요하다고 하자 강원도 특산물 중 하나인 감자떡을 권한다. 8개에 3,000원이다.

장비를 점검하고 본격적인 산행을 시작한다. 계방산 탐방로 입구라는 가파른 나무 계단을 올라가면 능선이 이어진다. 약 50여 m 올라가 뒤돌아서 좌측으로 눈을 돌리자 산언저리의 운무가 한 폭의 그림처럼 눈앞에 펼쳐진다. 자연의 신비함에 감사할 뿐이다. 계방산의 운해를 감상하기 위해 잠을 설치는 사람이 많다는 말이 실감 나는 광경이다.

운해는 햇빛과 연관되기 때문에 정상에 오르는 시간을 단축해야 한다. 갑자기 마음이 급해지고 굵은 땀방울이 이마에 흘러내린다. 정상을 오르는 내내 나

**계방산 정상 기념**

무 사이로 운무를 관람할 수 있다. 시간이 흐를수록 운무의 양이 줄어든다. 열심히 힘을 다했지만, 운두령에서 출발하여 약 2시간 30분 만에 정상 도착했다.

정상의 날씨는 맑고 하늘은 푸르다. 사방이 막힘이 없다. 바람도 땀을 식힐 정도로 적당히 불어온다. 산행하기에 최상의 조건을 모두 갖춘 날씨다. 우선 운무의 상태를 살핀다. 이미 태양이 중천에 뜬 후라 정상 부근의 운무는 일부 걷혔지만, 아직도 사방 원근 거리(遠近距離)에는 한 폭의 수채화가 되어 마음을 들뜨게 하고 탄성을 자아내게 한다.

계방산은 계수나무 계(桂) 자와 꽃부리 방(芳) 자를 쓰며 뜻으로는 계수나무 향기가 나는 산이라고 환경부와 오대산국립공원 사무소가 제공한 안내에서 확인할 수 있었다. 정상 표지석을 중심으로 시곗바늘 방향으로 설악산과 가칠봉, 소 계방산, 비로봉, 효령봉 등이 계방산 정상을 향해 달려올 기세다.

주위 사람을 아랑곳하지 않고 혼자 중얼거리며 휴대전화로 자연의 위대함을 담는다. 시간이 흐를수록 운무의 양은 엷어지거나 줄어든다. 다소 이른 시간이지만 발아래 펼쳐진 경관을 벗 삼아 운두령 가게에서 준비해 온 감자떡과 차 한잔을 마시며 충분한 휴식을 가진 뒤 거리가 다소 멀고 험한 코스이지만 '이승복 생가' 쪽으로 하산 코스를 정한다.

마침 인천에서 온 일행 4명도 같은 코스로 동행하자고 권한다. 처음 10여 분 평탄한 길을 지나면 초입에 오래된 주목 군락지가 운치를 더해 준다. 수백 년이 넘을 듯한 고사목은 살아서 수명을 다하고 죽어서도 산객들에게 주목(注目)받는다. 주목 군락지를 지나 약 30여 분 구간은 너덜길이다.

그러나 계곡에서부터 이승복 생가까지는 많은 수량(水量)의 물소리와 등산

**계방산 이승복 생가**

로 양옆에 피어 있는 '얼레지꽃'이며 이름 모를 새소리까지 길동무해 주니 지루함이 전혀 느껴지지 않는다. 콸콸 소리를 내며 흐르는 맑은 개울물이 유혹한다.

무릎 부담도 덜고 발의 피로를 풀기 위해 등산화를 벗고 발을 물에 담그는 순간 30초를 견디기 어려울 정도로 차갑다. 땀이 한순간에 멎는다.

약 1시간 가까이 계곡을 따라 내려오면 참혹한 비극의 현장인 이승복[123] 어린이(당시) 생가에 다다른다. 사건 이후 필자도 언젠가는 한번은 방문해 보고 싶은 곳이었다. 일가족 4명이 무장공비에게 잔학하게 죽임을 당한 비극의 현장이다. 1968년 11월 2일 울진·삼척 지방에 침투한 북한 무장공비에게 참혹하게 살해당한 이 장소가 바로 이승복 어린이가 출생하여 학교에 다니고 가족과 함께 생활했던 곳이라니 머리가 저절로 숙여진다. 늦었지만 다시 한번 고인들의 명복을 빈다.

현장 기록에 의하면 당시 이곳에서 살고 있던 이승복 군의 가족 7명 중 할머니와 아버지는 이웃집 이삿짐을 나르러 집을 나섰고, 집에는 어머니, 형, 남동생. 여동생 그리고 이승복 군과 5명이 있었다. 늦은 밤 울진·삼척으로 침투한 무장 공비 잔당 5명이 집으로 들이닥쳐, 그들은 "나는 공산당이 싫어요!"라고 항거했던 이승복 군과 일가족을 무참히 살해하여 아이들 3명은 외양간 뒤쪽의 오지랑 물속에 처넣고, 어머니와 형은 퇴비 더미에 파묻고 도주했다. 그러나 형은 무장 공비의 칼에 36곳을 찔리고도 구사일생으로 살아남아 이웃집으로 가서 도움을 청하여 살 수 있었다.

그 후 빈집으로 있다가 화전민 가옥 철거에 따라 헐리고 돌담과 집터만이 남아 있던 것을 2000년 이승복 일대기 기록영화 촬영을 위하여 당시 주민과 생존자의 증언 및 사진 판독 등의 고증을 거쳐 ㈜씨네이스트가 주민 강규혁님 등의 도움을 받아 복원하였다고 기록하고 있다.

---

123 이승복: 1959년 강원도 평창군 진부면 도사리에서 3남 1녀 중 둘째로 태어났고, 사망 시점에서 속사초등학교 계방분교 2학년이었다. 1968년 말 울진·삼척 무장 공비 침투사건 때 어머니, 남동생, 여동생과 함께 북한 간첩에 의해 살해되었다. 무장 간첩들은 삶은 옥수수를 먹고 가족 5명을 안방에 몰아넣은 채 "남조선(남한)이 좋으냐, 북조선(북한)이 좋으냐."라고 질문하며 북한 체제 선전을 하자, 이승복은 "나는 공산당이 싫어요."라고 했다. 그 결과 이승복이 공비들의 양 손가락에 입을 찢기고 돌로 맞아 비참한 죽음을 당했다. 사고 당일 어머니와 동생 승수와 승자도 함께 살해되었다. 조선일보, 1968년 12월 11일 기사 참조.

속사IC 방향 5km 지점에 '이승복기념관'이 현충 시설로 운영되고 있다고 한다. 당시 만행이 얼마나 참혹했는지는 가족의 시신이 발견된 팻말 표시로도 대충 짐작이 간다. 기록에 의하면 1968년 10월 30일 세 차례에 걸쳐 120명의 무장 공비가 울진·삼척 지구 해상으로 침투한 사건으로 잔당 5명이 아군의 추적을 피해 북으로 도주하던 중 이곳에 침투하여 저지른 만행이다.

이승복의 할머니와 아버지는 이때 사건으로 많은 고통을 겪으며 살다가 돌아가셨다. 이승복의 친형인 이학관(당시 15세)은 무장 공비에게 칼에 36군데나 찔리고도 구사일생으로 생존하여 공비의 만행을 알렸다고 한다.

마당 한쪽에 있는 짚으로 만들어진 화장실의 모습이 눈길을 끈다. 오늘도 커피 한잔 하면서 여유를 찾아 보려고 했으나 문을 연 시설은 없다. 매표소 옆 캠핑장 벤치에서 휴식 후 아침에 이용한 택시로 오대산 역에서 청량리행 기차를 타고 상경하면서 100대 명산 45번째 산행을 마무리한다.

계방산 등산로 돌탑

계방산 이승복 생가 안내 표시

계방산 정상에서 바라본 운무

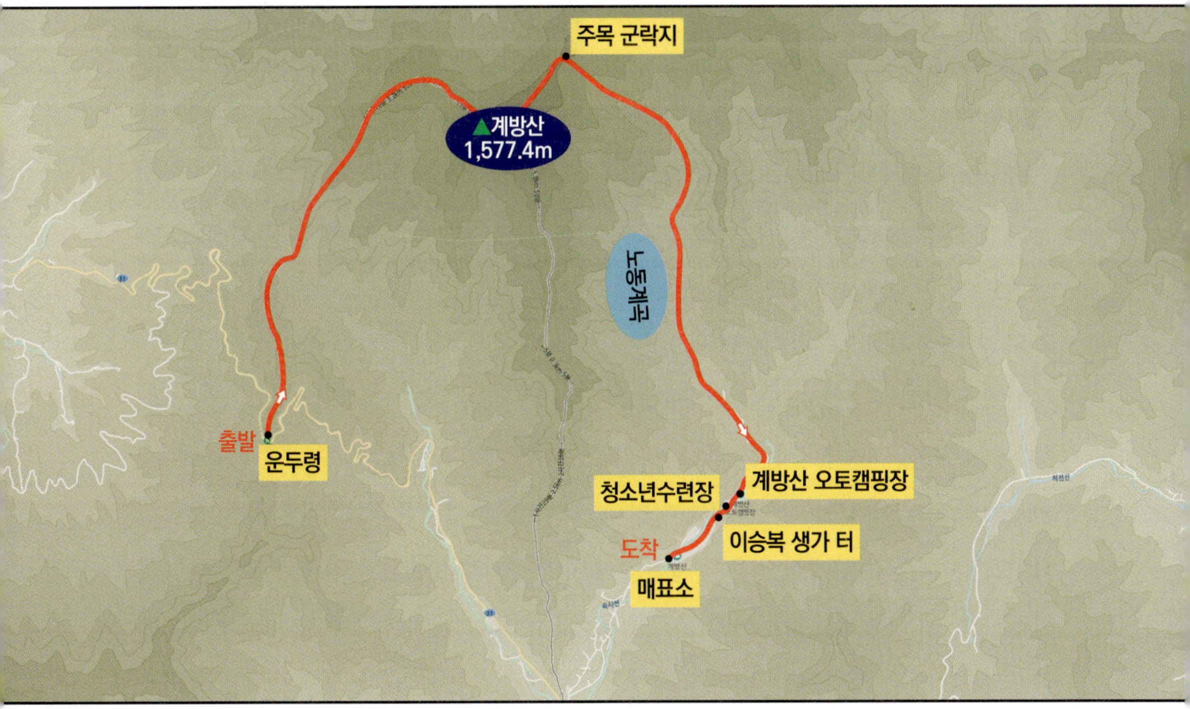

계방산 오늘의 등산로

# 명성산(鳴聲山)

### 경기도 포천시·강원도 철원군
### - 2021년 5월 22일(토), 맑음

명성산은 행정구역상 경기도 포천시와 강원도 철원군에 연결된 산으로 해발 923m의 산이다. 명성산은 광주산맥에 속하며 대성산, 복계산, 복주산 등의 고봉들이 연호하고 서남쪽으로 산세를 유지하여 흐르다가 솟은 산이다.

이 산세는 기암절벽으로 준험하며 산수와 계곡이 아름답고 절경을 이룬다. 철원 8경의 하나인 삼부연폭포와 용화저수지 등 명승지가 다수 분포되어 있다. 궁예가 철원에 도읍을 정하고 통치하던 중 서기 918년 자기의 심복 부하였던 왕건에게 쫓겨 이 산의 8부 등선에 자리

**명성산 정상 표지석**

잡고 있는 석성(石城)에서 최후의 결전을 벌이다 중과부적(衆寡不敵)으로 전의를 상실한 궁예가 이 산중에서 통곡하며 군사들에 해산 명령을 내리자 모두 태봉국의 비운을 울음으로 터트려 통곡했다 하며 그 후에도 가끔 이 산중에서 슬픈 울음소리가 들려왔

다 하여 '명성산' 또는 '울음산'이라고 부르게 되었다고 한다. 이 산정(山頂)에는 왕건의 군사를 막기 위해 궁예가 쌓아 놓은 성지가 남아 있다.[124]

오늘도 대중교통을 이용한다. 동서울종합터미널에서 6시에 출발하여 운천으로 향하는 첫차이다. 운천리 정류장까지 교통비는 7,500원이며 약 1시간 30분 정도 소요된다. 코로나의 영향으로 버스 배차 시간이 원활하지 않아 등산로 들머리인 '신안고개' 입구까지는 택시(16,000원)로 이동한다. 많은 산객이 산정호수 주차장을 기점으로 정상에 오르기도 하지만, 필자는 하산 후 산정호수에서 맛있는 음식과 여유 있는 시간을 가질 계획으로 신안 고개를 들머리로 선택했다.

산행은 7시 30분부터 시작한다. 산행을 시작한 지 30여 분 지나면 좌측에 엄청나게 큰 암벽과 암벽 우측에서 흘러내리는 폭포를 만난다. 바위 위로 흐르는 물은 마치 거울처럼 맑다. 배낭을 내려놓고 차가운 물로 더위를 시키며 절경을 눈에 담는다. 정상까지는 약 2시간 30분이면 도착한다. 정상에 오를 때까지 다른 산객 없이 필자 홀로다. 삼각대를 펴고 정상 기념을 남기고 하산 준비를 하려는 즈음 산정호수 쪽에서 세 팀이 한꺼번에 합류한다.

의례적인 인사를 나눈 뒤 삼각봉(906m)을 향한다. 삼각봉 표지석 뒷면 글씨가 시선을 멈추게 한다. 양사언(楊士彦)의 태산가(泰山歌)[125]다. 삼각봉 초입부터는 평범한 능선 길이다. 경치가 확 트여 막힘이 없다. 마음껏 자연을 즐길 수 있다. 능선에서 내려다본 남쪽 기슭에 자리 잡은 산정호수는 한 폭의 수채화요 동양화다. 정상에서 약 1시간 30분 후 명성산 중턱에 자리한 팔각정에 도착한다. 팔각정을 중심으로 삼면에는 수도권 최대의 억새 군락지가 광활하게 펼쳐진다. 30여 년 전 친구들과 와 본 적이 있으나 지금과는 느낌이 완연히 다른 것 같다. 새롭게 설치된 나무 데크는 억새밭 전체를 가장 가까이

---

124 명성산 정상에서의 안내, 철원군 제공.
125 태산가(泰山歌), 양사언, 1517년(중종12)~1584년(선조17년) 조선.
태산수고시역산(泰山雖高是亦山) 태산이 높다 하되 이 또한 산이로다/등등불이유하난(登登不已有何難) 끊임없이 오르고 또 오르면 어찌 어렵다 하리/세인불긍노신력(世人不肯勞身力) 사람들은 힘써 노력도 하지 아니하고/지도산고불가반(只道山高不可攀) 다만 산이 높아 오를 수 없다 말하네.
삼각봉 표지석 뒷면.

에서 감상할 수 있도록 통로를 만들어 놓았다.

가을이 오면 황금빛 물결이 넘실거릴 억새의 모습을 생각만 해도 기분이 좋아진다. 작년에는 코로나로 축제가 열리지 못했지만 매년 '산정호수 명성산 억새꽃 축제'가 열린다니 손주들과 가을에 다시 와 봐야겠다. 억새꽃 축제는 1997년부터 매년 9월 말에서부터 10월 초 사이에 열린다고 한다.

주위의 울창한 산림과는 다르게 이곳이 억새밭으로 유명하게 된 것은 한국전쟁 당시 치열한 전투로 인하여 나무들이 모두 불타서 잿

**명성산 삼각봉 표지석**

더미가 된 곳에 자연스럽게 억새밭이 형성되었기 때문이라고 한다. 명성산 산행은 평일에는 군부대 사격 연습 관계로 거의 통제되다시피 하므로 정상까지 오르려면 주말에 산행 날짜를 잡는 것이 좋다.

오늘 필자가 주말에 명성산을 찾은 이유도 주중에는 사격훈련이 있다고 하여 46회 산행 중 처음으로 주말 산행 일자를 잡은 것이다. 그러나 특별한 경우가 아니면 평일에도 팔각정까지는 제한하지 않는다고 한다. 팔각정에 올라 확 트인 억새밭을 감상한 후, 억새밭 우측 외곽을 반 바퀴 돌고 산정호수 쪽으로 향한다. 팔각정 바로 밑에는 예쁜 새빨간 우체통 하나가 눈길을 끈다. 이름하여 '1년 후에 나에게 쓰는 편지' 우체통이다. 친근감이 간다. 우체통 바로 옆에는 포천시에서 세워 놓은 큼직한 화강암에 한자(漢字)로 "鳴聲山"이라고 새긴 표지석이 있다. 높이도 922.6m로 표기되어 있다.

처음 명성산을 찾는 사람 중 일부는 이곳이 명성산 정상인 줄 착각할 수도 있을 것 같다. 아니나 다를까 젊은 두 분이 정상에 왔으니 하산하자고 한다. 여기가 정상이 아님을 필자가 일러 주니 멋쩍은 웃음을 지으며 정상석을 배경으로 기념사진을 남긴 뒤 하산을 서두른다.

팔각정에서 산정호수 주차장까지 거리는 3.8km이다. 억새밭을 지나고부터 등산로 좌측 계곡에는 많은 수량의 물이 흐른다. 크고 작은 소(沼)와 폭포(瀑布)가 절경이다. 대

명성산 정상 기념

표적으로 나연폭포, 비선폭포, 등룡폭포 등이 명성산 계곡에 더 친밀감을 느끼게 한다. 그중 특히 등룡폭포는 규모뿐만 아니라 비경도 가히 일품이다. 비선폭포를 지나면 십여 명 이상이 둘러앉아도 남을 널따란 바위가 눈길을 끈다. 그곳으로 내려가 장비를 풀고 물속으로 몸을 담근다. 무릎이 한결 편하다.

충분한 휴식을 가진 뒤 산정호수에 도착한다. 산정호수는 포천의 대표적인 국민관광지로 명성산의 산봉우리가 호수에 반사되어 더욱 아름다운 풍경이다. 호수길 주변은 둘레길도 잘 조성되어 있어 수변 데크와 울창한 숲길, 조각공원 등 볼거리가 즐비하다.

주말이라 가족 단위로 산정호수를 찾은 관광객이 많은 것 같다. 특히, 가족과 함께 놀이기구를 즐기는 어린이의 모습이 보기가 좋다. 민물고기 매운탕으로 점심을 해결하고, 산정호수 선상에서 아이스커피로 더위를 식힌 후 1386번 버스를 타고 도봉역을 경유하여 2호선 전철로 사무실에 도착한다. 다가오는 가을 어느 날 명성산 계곡의 가을 단풍과 억새의 광경을 기대하며 오늘 산행을 마무리한다.

명성산 등룡폭포

명성산 우체통

명성산 팔각정

명성산 억새밭 전경

명성산 오늘의 등산로

# 방태산(芳台山)

### 강원도 인제군·홍천군
- 2021년 5월 26일(수), 구름·맑음

방태산은 행정구역상 강원도 인제군과 홍천군이 연결된 산으로 해발 1,444m이다. 방태산은 계곡이 깊고 물이 흐르는 계곡 바닥 대부분은 바위로 이루어져 있으며 바위 위로 맑은 물이 흐른다. 래프팅으로 유명한 내린천이 방태산 상류에서 시작된다.

북쪽에 위치한 방태산자연휴양림은 1997년에 조성되었으며 주억봉과 구룡덕봉 계곡 자락에 자리하고 있으며 전국에 있는 많은 휴양림 가운데서도 가장 인기 있는 곳 중의 하나로 꼽힌다. 코로나의 악조건임에도 계곡 부근에는 캠핑 시

**방태산 정상 표지석**

설이 여러 군데 눈에 띈다. 택시 기사님의 말에 의하면 지금도 주말에는 가족 단위로 많은 관광객이 모여든다고 한다. 오랜만에 들어 보는 반가운 소식이다.

오늘도 대중교통편을 이용한다. 동서울종합터미널에서 양양행 첫차인 6시 30분 출

발하는 버스를 타면 인제터미널까지 1시간 30분이면 도착한다. 서울~양양 고속도로가 개통되면서 방태산 가는 편이 한결 쉬워졌다. 동서울종합터미널에서 8시 15분에 출발하는 버스로 현리까지 갈 수 있으나 시간 관리를 위해서는 인제터미널에 하차하여 방태산자연휴양림 가는 교통편을 이용하는 것이 시간을 단축할 수 있다. 그러나 코로나 영향으로 배차 시간이 여의찮아 택시로 이동한다. 자연휴양림 매표소 입구에 도착하자 관리하는 분이 밖에 나와서 승차한 상태에서 창문을 내리고 온도 책정 후 즐거운 산행 하라는 친절한 덕담을 건넨다. 고맙다는 인사를 하고 등산로 입구인 제2주차장에서 도착한다. 직업의식이 투철한 직원을 만나 기분이 좋다.

애초 산행 코스의 기점은 '개인약수터'에서 출발하여 정상을 거쳐 방태산자연휴양림으로 하산하려 했으나 교통편 관계로 자연휴양림 원점 회귀로 산행 코스를 변경했다. 개인약수는 1891년경에 발견된 약수터로 우리나라에서 가장 높은 곳(해발 약 1,000m)에 있는 탄산 약수로 위장병에도 효험이 높다고 하여 일반인들도 더러 찾는 곳이라고 전해진다.

방태산은 전쟁 시 난리를 피해 숨을 만한 피란처 중 하나로 꼽힐 만큼 숲이 울창하며 곳곳에는 원시림 상태를 연상케 할 정도로 자연환경이 잘 보존되어 있다. 제2주차장에서 출발해서 약 1시간 동안은 계곡에서 흐르는 많은 양의 물소리와 새소리를 들으며 즐거운 마음으로 산행을 할 수 있다. 약 1시간 지난 지점에 매봉령 갈림길이 나온다. 주억봉으로 오르는 지당골 코스와 매봉령 방향으로 등산로가 구분된다. 주억봉 코스는 경사도가 심하고 매봉령 코스는 상대적으로 완만한 코스라는 산객들의 정보를 믿고 하산 시 무릎을 고려하여 주억봉 코스를 선택한다. 지당골 코스는 정상까지 수천 개의 돌계단을 소화해야 정상에 오를 수 있는 코스다. 정상까지 오르는 동안 천혜의 숲길뿐 풍경은 전혀 볼 수 없다.

제2주차장에서 쉬엄쉬엄 약 2시간 남짓 후면 정상에 도착한다. 그러나 정상에 오르면 1,444m가 증명하듯 주의의 대부분 봉우리는 맏이 격인 주억봉을 향해 머리를 조아리는 모습이다. 방태산 정상 표시는 두 곳에 설치돼 있다. 하나는 '방태산 주억봉'이라는 표시목(木)이고, 다른 하나는 바로 위쪽에 아담한 화강암 받침대 위에 마치 등산모(登山帽)를 벗어 놓은 듯한 모양의 방태산(주억봉) 정상석이다. 주억봉 정상에서 북쪽에서 시계 방향으로는 가리산과 안산, 대승령, 귀떼기청, 점봉산, 설악산, 화채봉, 복안령이 파노라마처럼 펼쳐진다.

필자가 정상에 도착하자마자 먼저 와 있던 여성 산객 두 명이 서둘러 하산하고 정상에는 필자만 남는다. 세찬 바람이 분다. 기념을 위해 삼각대를 설치하는 순간 삼각대가 바람에 못 이겨 넘어진다. 간신히 사진 몇 장을 남기고 바람이 잔잔한 양지바른 곳에서 꿀맛 같은 점심을 먹은 후 하산길로 접어든다.

**방태산 정상 표시목**

주억봉에서 구룡덕봉(1,388m)까지는 약 1시간 정도의 거리다. 구룡덕봉에 서면 조망이 확 트이고 멀리는 작년 12월 다녀온 가리산과 설악산이 눈앞에 또렷하다. 넓은 공터인 구룡덕봉에는 주변을 조망할 수 있는 나무 데크가 동, 남, 북으로 세 군데 설치되어 있어 야영하기에 편리할 것 같다. 태양광 안테나로 보이는 시설물이 흉물처럼 넘어지고 어수선하게 널브러져 있어 아쉬움이 남는다. 북쪽으로는 점봉산과 설악산, 남쪽으로는 오대산과 계방산이 조망된다. 여기에서 개인약수 산장으로 하산하는 코스도 있지만, 애초 계획한 대로 경사가 완만한 북쪽 능선을 타고 방태산자연휴양림 쪽으로 하산한다.

구룡덕봉 아래쪽의 헬기장을 지나 임도길 왼쪽 옆으로 나란한 숲길을 따라 내려가다 보면 매봉령 방향을 알리는 안내판이 나타나는 지점에서 임도길과 헤어지며 방태산자연휴양림 쪽으로 향한다. 오를 때보다는 완만한 하산길이다. 하산 끝자락 무렵 짧은 거리지만 등산로 양쪽에서 흘러내리는 물소리는 마치 오케스트라 연주를 하듯 귀를 즐겁게 하고 양쪽 계곡에서 불어오는 시원한 강바람은 초여름 방태산을 찾는 산객에게 큰 선물을 안긴다. 풀 내음 실컷 맡으며 제2주차장에 도착한다. 아침에 지나친 방태산의

방태산 정상 기념

비경인 적가리골 이단폭포와 마당바위 관람을 위해 발길을 천천히 옮긴다. 특히 가을 단풍철과 겨울철에 많은 사진작가가 찾는다는 이단폭포가 장관이다.

이단폭포에서 조금 더 내려가면 넓적한 마당바위가 기다린다. 마당바위에서 등산화를 벗고 소(沼)를 가득 채운 물에 두 발을 담그는 순간 차가움이 뼛속까지 파고든다. 등줄기에서 흘러내리던 땀은 순식간에 멈추고 맑은 물로 세수하고 나니 세상 부러운 것이 없는 순간이다. 이것이 바로 신선놀음이 아닌가 싶은 정도의 감정이다. 경험해 보지 않고는 표현할 수 없는 기분이랄까? 마당바위를 독차지하고 충분한 휴식 후 아침에 이용한 택시를 불러 인제터미널 부근에서 기사님이 추천해 준 인제 막국수로 이른 저녁을 먹고 동서울종합터미널을 통해 귀가하면서 100대 명산 중 47번째인 방태산 산행을 마무리한다.

방태산 관폭정

방태산 정상 삼각점

방태산 마당바위

방태산 이단폭포

방태산 오늘의 등산로

315

# 황악산(黃嶽山)

## 경상북도 김천시
- 2021년 6월 2일(수), 구름·맑음

황악산은 행정구역상 경상북도 김천시 대항면과 충청북도 영동군 매곡면, 상촌면과 연결된 해발 1,111m의 산이다. 황악산은 특히 가을에 단풍이 아름답기로 유명하다.

오늘도 대중교통을 이용한다. 서울역에서 6시 16분 출발 김천행 ITX 새마을 1001 열차다. 김천역에는 8시 50분에 도착한다. 서울고속버스터미널에서 구미종합터미널에 도착하는 버스 편 이용도 가능하다.

황악산을 오르는 코스는 일반적으로 괘방령을 들머리로 정상에 오른 뒤 직지

**황악산 정상 표지석**

초등학교로 하산하는 경우와 직지사에서 출발하여 정상에 오른 뒤 형제봉과 신선봉을 거쳐 직지사로 하산하는 경우다. 괘방령은 예로부터 있던 고개로 당시 선비들이 과거 시험을 보기 위해 오가던 길이며 보부상들도 즐겨 이용했던 길이라고 한다.

김천역에서 택시로 직지사 매표소까지 이동 후 운수 계곡을 들머리로 하여 정상에 오른 후 하산은 형제봉과 신선봉을 거쳐 직지사로 하산하는 코스로 정했다. 매표소에서 운수계곡을 지나 운수암까지 약 3km 남짓한 거리는 좁지만, 포장이 잘돼 있다. 운수암까지 승용차 출입도 가능하지만, 주차 장소는 마땅하지 않아 보인다. 운수암 좌측 등산로에서 본격적인 산행을 시작한다. 경사도가 어느 정도 있으나 대체로 무난하다. 6월 초순, 온 산은 짙은 연녹색이다. 겨우 10여 분 산행을 했는데 몸은 땀범벅이다. 숨이 가쁜 상황이지만 가끔 불어 주는 시원한 바람이 싱그러운 풀 내음을 덤으로 배달해 준다.

등산로 주변에 가끔 한 그루씩 있는 싸리꽃이 유난히 아름답다. 어디서 날아왔는지 모르지만 벌 몇 마리가 싸리꽃에 앉아 바쁜 날갯짓으로 꿀을 채취하는 모습에 잠시 눈을 멈춘다. 산행 내내 조망이 없어 아쉬웠는데 때마침 등산로 좌측에 하늘이 열리는 선유봉(1,045m) 전망대에 도착한다. 전망대 앞에 있는 사람 얼굴 형태의 커다란 바위 하나가 눈을 부릅뜨고 황악산을 지킨다. 멀리는 김천 시내가 한눈에 들어온다.

들머리에서 황악산 정상까지는 약 2시간 30분 후면 도착한다. 정상에 도착하니 조망이 열리고 가을을 재촉하는 듯 하늘은 맑고 푸르다. 정상에는 김천시가 세운 큼직한 표지석이 반긴다. 정상석 후면[126]에 길상지지(吉祥之地)의 산임을 알리

**황악산 선유봉 인근 얼굴바위**

---

126 황악산은 주중령에서 삼도봉으로 이어지는 백두대간으로 비로봉(1,111m), 신선봉(944m), 백운봉(770m), 운수봉(740m) 등으로 이루어져 있으며, 산줄기 중간에서 가장 높은 산으로 큰 악(岳)에 한반도의 중심에 위치한다고 하여 다섯 방위를 상징하는 오방색(五方色)의 중앙을 가리키는 황(黃) 자를 딴 것으로 황악산(黃嶽山)이라 하며 정상에 오르면 하는 일들이 거침없이 성공하는 길상지지(吉祥之地)의 산이다. 정상석 후면 글씨 내용, 2013.8.20. 김천시장.

는 글이 새겨져 있다. 정상 표지석 앞에는 영동군과 김천시, 산림청이 공동으로 제공하는 황악산에 대한 안내 표시판[127]이 있다.

정상에 오르자 김천에서 오신 장년 5명이 김밥과 떡, 막걸리를 곁들인 점심을 먹으며 정을 나눈다. 필자에게 막걸리와 떡을 권한다. 산행하면서 만나는 산객들은 대부분 친절하다. 하산 코스를 물으니 직지사 원점 회귀 한다고 한다. 필자가 형제봉을 거쳐 신선봉 쪽으로 간다고 하니 등산로가 험하다며 조심하라고 당부한다. 그중 한 분은 오늘로 황악산에 50번째 오른다고 한다. 무슨 사연이라도 있는지 궁금하다고 하자 특별한 이유는 없고 그냥 황악산이 좋다는 대답이다. 거기에 무슨 말이 필요하겠느냐? 그냥 좋다는데……

정상의 바람은 더욱 시원하다. 충분한 휴식 시간을 가진 뒤 홀로 형제봉을 향한다. 능선 길이다. 출발부터 경사도가 심하다. 백두대간 능선을 따라 오르내림을 하는 사이 형제봉[128]에 도착한다. 조

**황악산 정상 기념**

----

127 황악산: 황악산은 충북 영동군과 경상북도 김천시에 걸쳐 있는 산으로 추풍령에서 삼도봉으로 이어지는 웅장한 산줄기의 시작 지점이다. 높은 산임에도 석산(石山)이 아니라 토산(土山)이어서 흙의 의미를 담은 황(黃) 자를 써서 황악산이라고 하였다. 과거에 학이 많아 살아서 황학산(黃鶴山)이라고도 한다. 황악산은 주봉인 비로봉과 함께 백운봉(770m), 신선봉(944m), 운수봉(740m)이 있으며, 천룡대로부터 펼쳐지는 능여(能如)계곡은 황악산의 대표적인 계곡이다. 추풍령과 괘방령을 지나 다시 웅장한 백두대간의 산세를 보이는 곳이며, 신라 눌지왕 2년(418년)에 창건하여 조계종 제8교구 본사인 직지사가 있으며, 영동군 매곡면 지역에도 많은 사찰의 유적지가 있다. 황악산 정상 표시판의 글. 영동군, 김천시, 산림청.

128 형제봉: 형제봉은 약 300m 거리를 두고 남쪽으로 우뚝 솟은 두 개의 봉우리가 마치 우애 깊은 형제의 모습과 닮았다고 하여 붙은 이름으로 해발고도는 1,044m이다. 형제봉 정상부 일대의 식생은 침엽수가 매우 우세하게 나타나며, 비탈면 하단은 참나무 등의 활엽수와 침엽수가 혼재된 혼합림을 이루고 있다. 형제봉 일대는 1,000m 이상의 고봉이 이어져 도로나 마을 등 인위적인 토지 이용이 거의 없어 자연 상태의 지형 및 생태환경이 비교적 잘 보존된 곳이다. 형제봉 현지 안내 글, 영동군, 김천시, 산림청 제공.

금 더 능선을 타고 내려오면 바람재와 신선봉 방향의 갈림길이다. 물 한 모금으로 갈증을 달래고 바람재가 아닌 신선봉으로 향한다. 급격하게 가파른 등산로가 계속된다.

　나무 계단과 돌계단이 이어진다. 무릎에 무리가 온다. 드디어 신라불교의 성지 중 하나인 직지사[129]에 도착한다. 생각보다 사찰 규모가 크다. 경내에 들러 사진 몇 장을 휴대폰에 담고 상가 쪽을 향한다. 도로 주변에 상당한 규모의 조각공원이 형성되어 있다. 아침에 이용한 택시로 김천역에 도착한다. 오후 5시 14분에 김천역에 도착하는 ITX 열차를 타고 서울역을 거쳐 시원한 물냉면으로 저녁을 해결하고 집에 도착한다. 오르내리막이 유독 많았던 황악산 산행이다. 특별히 위험 구간은 없지만, 계단이 워낙 많은 산이라 만만하지는 않다는 생각이 든다. 초여름 짙은 녹음 속에서 48번째 숙제를 완성했다.

황악산 직지사 일주문

직지사 등산로 글씨

황악산 정상 삼각점

---

129　직지사: 직지사는 신라 눌지왕 2년(418년) 아도화상이 창건하였다. '직지(直指)'라는 명칭은 '직지인심 견성성불(直指人心 見性成佛)'이라는 선종의 가르침에서 유래되었다. 신라 선덕여왕 14년(645년) 자장율사가 중수하였으며 경순왕 4년(930년) 천묵대사가 2차 중수하였다고 전한다. 고려 태조 19년(936년) 능여조사가 중창하여 큰스님들을 많이 배출하고 '동국제일가람'이라 일컬었다. 조선 정종 원년(1399년) 중건이 있었고, 성종 19년(1488년)에 학조대사가 중수하여 조선 8대 사찰 가운데 하나로 사세를 크게 흥성시켰다. 이곳은 많은 국사, 왕사가 수도 정진하던 곳으로, 임진왜란 때 큰 공을 세운 사명 대사가 출가한 곳이기도 하다. 벽계 정심 선사가 조선조의 법난 때 이곳에 칩거하여 한국 선종의 대맥을 이었다. 선조 29년(1576년) 왜적의 방화로 모든 전각, 당우가 소실된 것을 선조 35년(1602년)부터 중창하기 시작하여 약 60년 만인 현종 3년(1662년)에야 완전히 복구하였다. 근세에 들어서는 고종 연간에 일부 중수가 있었으며, 1963년부터 30여 년간에 걸쳐 현재의 전각과 당우를 중창, 중수하였다. 사찰 내에는 대웅전(보물 제1576호), 대웅전삼존불탱화(보물 제670호), 석조약사여래좌상(보물 제319호), 대웅전 앞 동·서 삼층석탑(보물 제606호), 비로전 앞 삼층석탑(보물 제607호), 청풍료(淸風寮) 앞 삼층석탑(보물 제1186호) 등의 중요 문화재와 많은 건축물이 보존되어 있다. 직지사 경내 안내 글 내용.

황악산 선유봉에서 바라본 전경

황악산 오늘의 등산로

#  비슬산(毗瑟山)

대구광역시 달성군·경상북도 청도군·경상남도 창녕군

- 2021년 6월 7일(월), 맑음·구름

비슬산은 행정구역상 대구시, 달성군, 청도군, 경남 창녕군에 걸쳐 있는 해발 1,084m의 산이다. 산줄기는 대체로 완만한 편이고 너덜지대 구간이 더러 있다. 정상의 남서쪽은 바위벽으로 흡사 병풍을 둘러놓은 것과 같다. 주 능선 남쪽에는 참꽃(진달래) 군락지가 거대한 분지를 이루고 있으며 조화봉(1,058m)이 자리하고 있다. 서쪽으로는 낙동강이 굽이쳐 흐르고 있어 더욱 운치를 돋운다.

**비슬산 정상석**

현지 기록에 따르면 비슬산은 정상부의 바위 생김새가 신선이 앉아 비파를 타는 형상이어서 '비슬산(毗瑟山)'으로 불리고 있으며 팔공 비슬로 지칭하고 있고, 북쪽의 팔공산은 남성의 산, 남쪽의 비슬산은 여성의 산으로 비유되며 최고봉은 천왕봉(天王峯)이다. 비슬산에 관한 지명이 처음으로 등장하는 고문헌은 일연스님의 『삼국유사』에 '여상우포산'(내가 일찍이 포산에 살때)이란 기록으로, 현재 테크노플리스 입구에 있는 지역 명문고인 포산고등학교도 이 지명과 무관하지 않다고 한다.

2014년 3월 1일, 대견사 개산일에 비슬산 최고봉 지명이 대견봉에서 천왕봉으로 변경되었다. 이는 최고봉 지명에 대한 착오를 바로잡은 것으로 일부 유림들이 1997년 명확한 역사적 근거와 행정 절차도 미흡하여 비슬산 최고봉에 대견봉으로 표지석을 설치하였으나, 역사적 자료·지명 전문가 및 교수들로 구성된 지명심의위원회의 심의·의결을 거쳐 비슬산의 최고봉 지명을 천왕봉으로 변경하고 대견봉 표지석은 당초의 대견봉으로 이설하고, 현재의 천왕봉 표지석을 새로이 설치하였다. 또한 주민들도 오랫동안 천왕봉 등으로 불러 왔었고 비슬산의 산신은 정성천왕(靜聖天王)으로 한 가지 소원은 꼭 들어주신다고 믿고 있으며, 정상부 능선 북쪽 200m 부근에는 천왕샘이 있다. 명품 참꽃 군락지도 비슬산에서 빼놓을 수 없는 자랑거리다.

오늘도 대중교통을 이용한다. 수서(SRT)역에서 5시 30분에 출발하는 부산행 KTX편으로 동대구역에 하차한다. 동대구역에서 1호선 전철 편으로 종점인 '설화명곡역' 7번 또는 8번 출구로 나와서 현풍행 빨간색 급행버스를 타고 현풍에 하차하여 택시로 이동한다. 택시 요금은 미터기 요금과 무관하게 10,000원이다. 비슬산 천왕봉에 오르는 코스는 휴양림을 들머리로 오르는 경우와 유가사에서 출발하여 대견사를 거쳐 휴양림 쪽으로 하산하는 코스 등이 있으나 필자는 유가사를 들머리로 정상에 오른 후 하산은 진달래 군락지를 거쳐 대견사 쪽으로 하산하는 코스를 택한다. 유가사 주차장에 도착하니 주차장 한쪽에 엄청난 큰 바위에 고려 충렬왕 때 일연이 지은 『삼국유사』 포산이성조(包山二聖條)에 관기, 도성, 반사, 첩사를 찬양하는 시인 '보각국사일연시비(普覺國師一然詩碑)'[130]가 발목을 잡는다. 포산(包山)은 비슬산의 옛 이름이며 비슬산의 명칭

---

130 보각국사일연시비: 이 작품은 보각국사의 시 중에서도 압권인 천고의 절조라고 기록하고 있다. 신라시대 포산(苞山: 비슬산) 남령(南嶺)에 관기·북암혈(北岩穴) 도성이 수도하며 서로 내왕하던 중 도성이 관기를 맞이할 때는 북향하여 쉬어 맞이했다 한다. 반사, 첩사 또한 속세와 인연을 끊고 초근목피(草根木皮)로 암혈(岩穴)에서 수도하던 중, 달 밝은 밤 바위에 앉아 선정(禪定)에 들어 바람 따라 날았다는 보각국사의 성시(聖時)를 돌에 새겨 세상에 알린다. 유가사 주차장의 바위에 새겨진 보각국사 일연의 시비.

도 여기서 비롯되었다고 한다. 유가사는 대구 동화사의 말사로 신라 흥덕왕 2년에 도성 국사에 의해 창건되었다. 경내를 잠시 관람한 후 산행을 시작한다.

본격적인 산행은 유가사 마당 앞을 통과하면서 시작된다. 산행을 시작해서 약 40여 분까지는 평이한 숲길이 이어진다. 싱그러운 풀 내음에 기분이 상쾌하다. 짙은 녹음과 숲이 우거진 계곡을 지나면 경사가 가팔라진다. 숨이 점점 거칠어질 즈음 정상을 향하는 갈림길이다. 정상까지 300m 거리를 단축할 수 있는 급경사 코스와 완만한 코스로 구분된다. 필자는 거리가 짧은 급경사 코스를 선택한다.

**대견사 마애불상**

유가사 출발 약 2시간 후 정상에 도착이다. 정상에서 바라본 사방의 풍경은 막힘이 없다. 멀리 서남쪽에는 코발트 빛깔의 낙동강이 눈을 맑게 하고 시야를 돌리면 가야산이 조망된다. 때마침 불어오는 시원한 바람도 정상에 오른 맛을 보탠다.

정상 표지석 인근에는 산객이 쉬어 갈 수 있도록 예쁜 정자 두 채가 세워져 있다. 정자에서 점심을 곁들여 한 시간 정도 휴식을 취한 뒤 참꽃 군락지로 향한다. 참꽃 군락지 능선에 접어들자 쟁반을 닮은 듯한 분지가 나타난다. 서부 영화의 한 장면을 연상케 한다.

5월 초순경 만개했다가 진달래 꽃잎은 완전히 떨어지고 없지만, 눈앞에 펼쳐지는 푸른 연녹색의 거대한 평원에 잠시 넋을 뺏긴다. 제1, 2, 3 전망대를 차례로 밟아 본다.

전망대에 따라 느낌도 완전히 다르다. 내년 5월 초순 참꽃이 만개할 무렵 다시 한번 비슬산을 찾고 싶다. 천제단을 지나 고개를 넘어 대견사(大見寺)에 도착한다. 현지 기록에 따르면, '크게 보고', '크게 느끼고', '크게 깨우친다'는 뜻의 대견사는 서기 810년(신라 헌덕왕) 보당암(寶幢庵)으로 창건(創建), 세종 때 대견사로 개칭되었으며, 하늘에 맞닿은 절로 북(北) 봉정, 남(南) 대견이라 할 만큼 전국 최고 도량으로 일연 스님(1206~1289년)이 22세(1227년) 승과 장원 급제 후 초임지 주지로 22년간 (1249년) 주석(駐錫)하셨던 곳이다.[131] 이후 고려 말 몽골 침입으로

**비슬산 정상 기념**

폐허가 된 사찰을 1371년 중창(重創)하였으며, 한일합방 후 비슬산의 산세와 대견사가 대마도를 당기고, 일본의 기를 꺾는다는 속설에 의거 1917년 6월 23일 강제 폐사 후 약 100여 년 동안 폐사지로 방치되어 왔다.

---

131 대견사 보충 설명: 대견사 복원을 위해 2012년 1월 20일 대한불교조계종 제9교구 본사 동화사 주지(성문)와 달성군(군수 김문오)이 협약을 체결, 달성군청 핵심 사업인 비슬산 관광 명소화 사업과 병행 추진하여 2014년 3월 1일, 삼일절에 개산식(開山式)을 가지고 정식사찰로 재등록하였다. 건물은 국가무형문화재 제74호 최기영 대목장이 총괄 감독하였으며, 3도(경상, 전라, 충청)와 3산(지리산, 가야산, 덕유산)을 조망할 수 있는 천하명당의 전통적인 비보사찰(裨補寺刹)로 부처님 진신사리(眞身舍利)를 모셔 놓은 8대 적멸보궁(寂滅寶宮)이다. 대견사 현지 안내 설명 내용.

대견사 좌측에 접해 있는 암굴의 남쪽 입구 우측 바위 위에 마애불(磨崖佛)상[132]이 음각되어 있다. 또 대견사 터 인근에 있는 삼층석탑[133]은 가파른 절벽 위에서 자태를 뽐내고 있고, 인근에 있는 부처 바위도 호기심을 불러일으킬 만하다. 대견사 경내를 둘러보던 중 산객으로 보이는 한 분이 마애불상 앞에 서서 기록을 열심히 살피면서 잘못된 내용이라며 알려 준다. 대견사 마당 한쪽에는 천년(千年)샘이 있다. 플라스틱 용기가 가지런히 걸려 있다. 연거푸 두 잔을 들이켜니 갈증이 싹 가신다.

그분은 필자에게 소재사(消災寺)가 있는 계곡 쪽으로 하산하니 동행할 것을 권한다. 동행자와 함께하는 관계로 전기차를 타 보지 못한 점이 못내 아쉬웠다. 전기차가 대견사 가까운 곳에서 출발하는 것을 모르고 경사진 계곡 길을 고생하며 동화사의 말사 중

---

132 마애불(磨崖佛): 마애불 문양을 살펴보면 하부에는 연화대좌를, 대좌의 상면으로는 아래가 넓은 5개의 원형을 중복되게 새겨 놓고 원형의 아래로는 고사리 문양을 대칭되게 새겨 놓아서 화염문에 휩싸인 부처의 모습을 형상화한 것으로 보인다. 이러한 문양은 연꽃 좌대 위에서 부처가 선정에 드는 모습을 수행의 다섯 단계로 그려 낸 것으로 남원 승련사 뒷산에서 발견된 밀교 문양인 유가심인과 거의 동일하다. 승련사의 유가심인은 그 옆에 '옴마니반메훔'의 글귀가 새겨져 있는 반면 이곳의 암각은 하단부가 인위적으로 훼손되어 유실되었는데, 유실된 부분에 '옴마니반메훔'의 글귀가 새겨져 있었을 가능성이 있다. 또한 문양이 새겨진 바위의 상면에도 정을 박은 흔적이 남아 있는데, 문양을 절취하기 위해 시도된 것으로 생각된다. 우리나라에 정통 밀교 수행법이 전래되었음을 말해 주는 유가심인은 극락 만다라의 세계를 표현한 것으로 깨달음을 최고 순간을 공으로 표현하고 그 위쪽은 부처의 모습을 형상화하는 등 우주의 이치를 보여 주고 있다. 아울러 이러한 밀교 문양의 존재 주변의 유가읍, 유가사 등의 지명과 관련지어 볼 때, 비슬산 일대의 밀교와의 연관을 알 수 있는 중요한 자료라 할 수 있다.

133 견지사 삼층석탑: 대구광역시 유형문화재 제42호로 비슬산 주봉인 천왕봉에서 남쪽으로 약 2km, 해발 약 950m에 위치한 이 탑은 중국 당나라의 황제가 절을 짓기 위하여 명당을 찾아 헤매다 9세기 신라 헌덕왕 때 이곳 비슬산에 터를 잡아, 절과 삼층석탑을 건립하고 대국에서 본 절이라 하여 대견사라 이름 지었다는 전설이 있다. 절을 처음 세웠을 때는 구층석탑(또는 육층석탑)이라 전해지기도 한다. 이 탑은 일반적인 탑과 달리 절벽의 바위를 바닥 돌로 하고 그 위에 2층 기단의 삼층석탑을 세웠다. 하층 기단에도 양쪽 모서리 부분과 가운데에 기둥 무늬를 돋을새김했고, 위층 기둥돌과 몸돌에도 양쪽 모서리에만 기둥 무늬를 돋을새김했을 뿐 별다른 꾸밈이 없어 소박하다. 지붕돌에는 4단의 지붕돌받침과 2단의 괴임돌을 조각하였다. 기단부에 퇴화 현상이 있고, 전체적으로 보면 탑 모양이 가늘고 높게 올라가 상승감이 있다. 이 탑은 절의 창건과 같이하는 통일신라 후기(또는 고려 접기)에 제작된 것으로 보인다. 현재 절은 임진왜란 때 허물어져 버리고 빈터에 주춧돌과 석축만이 남아 있으며 삼층석탑도 허물어져 있던 것을 달성군에서 1988년도에 높이 3.67m의 삼층석탑으로 복원하여 오늘에 이르고 있다. 대견사 현장 글 내용.

하나인 조화봉 남서 중턱 해발 430m에 위치한 소재사(消災寺)[134]에 닿는다. 현지 기록에 따르면 최초 창건 시기는 신라 시대로 전해지고 있으나 자세한 개산 연대는 미상이다. 소재사에서 택시 편으로 현풍에 와서 급행버스(8번)로 종점인 대곡역에서 1호선 전철로 동대구역을 거쳐 수서행 KTX 편으로 상경하면서 뜻깊은 비슬산 산행을 마무리한다.

소재사 일주문

대견사 부처바위

비슬산 측우 관측소

---

134 소재사(消災寺): 『사기(寺記)』에 따르면 1358년(고려 공민왕 7년)에 진보(進寶)법사가 중창했고, 1457년(조선 세조 3년)에 활륜(活輪)선사가 중건하였으며 1510년(조선 중종 5년) 선주외암(홈사)이 중수하였다. 현 대웅전은 정면 세 칸, 측면 세 칸의 맞배지붕 건물로 1673년에 지었으며, 1857년(조선 철종 8년)에 법로(法盧) 화상이 중수하였고, 그 후 몇 차례의 보수 흔적이 있다. 대웅전 내에는 본존불 석가여래를 중심으로 좌우로 약사불(藥師佛)과 연등불(燃燈佛)이 협시(脇侍)하고 있는 특이한 형태의 삼세불(三世佛)과 관음, 지장보살의 벽화를 모시고 있다. 전각의 형태로 보아 학술적으로나 문화재로서의 가치가 매우 높다. 명부전 내에는 대웅전 삼존불과 같은 시기에 조성 봉안된 장대한 목조지장보살좌상(木造地藏菩薩坐像)을 중심으로 석조 명부시왕을 비롯하여 판관(判官), 녹사(錄事), 사자(使者), 장군(將軍) 및 동자상(童子像)이 봉안되어 있다. 소재사는 절 이름에서 보듯이 모든 재앙을 소멸한다는 뜻이 있는 지장 도량으로 대웅전 보수 시 발견된 상량문에서는 현재는 모두 폐사지(廢寺祉) 상태이나 암자와 더불어 상주 대중이 300여 명에 이를 정도로 그 규모가 큰 사찰이었으며 수많은 고승 대덕이 배출된 도량이라 전한다. 삼성각(三聖閣) 역시 맞배집 구조로 산신, 용왕, 독성을 봉안하고 있다. 비슬산 소재사 현지 글 내용.

비슬산 정상에서 바라본 경관

비슬산 오늘의 등산로

 금오산(金烏山)

## 경상북도 구미시
– 2021년 6월 16일(수), 구름·비

　금오산은 행정구역상 경상북도 구미시, 칠곡군 북삼읍, 김천시 남면에 연결되어 있는 해발 976m의 산이다. 금오산은 경사가 심해 임진왜란 때 왜적을 방어하는 요새로 알려지고 있다. 고려 말 왜구의 침입을 막기 위해 쌓은 금오산성[135](2km)이 아직도 일부 남아 있다. 금오산 정상은 분지를 형성하고 있으며 정상 아래는 기암괴석으로 둘러싸여 있다. 달이 걸린다고 하여 정상석의 표시도 '금오산 현월봉'으로 표시되어 있다.

　교통은 편리한 편이다. 기차(구미역)를 이용하든지 서울의 경우 서울고속버스터미널 또는 동서울종합터미널을 이용할 수 있다. 필자는 서울역에서 6시 16분에 출발하는 부산행 새마을 열차 편으로 구미역에 도착하여 택시(5,100원)로 금오저수지를 거쳐 들머리인 매표소에 도착한다.

　주차장에서 매표소를 지나 포장이 잘된 길을 따라가다 보면 우측에 금오산 관광호

---

135　금오산성: 경상북도 기념물 제67-1호로 정상부와 계곡에 이중으로 축조한 산성이다. 외성의 길이 약 3,700m, 내성이 약 2,700m이며, 성벽 높이는 지세에 따라 다소 차이가 있으나 북문 근방은 약 3m, 험준한 절벽 위는 1m 정도이며 고려시대 이전부터 있었던 것으로 여겨진다. 고려 말 왜구의 침입 대 주변 지역의 백성들이 들어와 지켰다. 그 후 조선 태종 10년(1410년)에 나라에서 크게 고쳐 쌓았으며, 왜란·호란 직후와 고종 5년(1868년)에 계속해서 고쳐 쌓았다. 성내에는 고종 때 대원군의 지시로 세운 '금오산성 중수송공비(金烏山城 重修頌功碑)'가 있는데 이것은 산성과 건물을 중수한 후 세운 기념비로 백성의 생업 종사 및 태평성대를 구가한다는 내용이 담겨 있다. 금오산 현지 글 내용.

텔이 나온다. 일기예보상 금오산은 새벽에 비 온 후 흐리다는 정보다. 현지에 도착하자 부슬비가 내리다 그치기를 반복한다. 등산로는 물이 고여 질퍽거리고 특히 계단이 상당히 미끄럽다. 등산로 초입부터 여러 개의 돌탑이 눈에 들어온다.

금오산 정상석

조금 직진하다 보면 등산로 우측에 운흥정(雲興井)이란 신기한 석간수가 있다. 궁금하여 가까이 다가서자 센스에 의해서 자동으로 물줄기가 포물선을 그린다. 입만 벌리면 바로 물맛을 볼 수 있다. 현지 설명에 따르면 지하 168m, 1일 120톤의 담백한 맛을 지닌 알칼리성 석간수로 시민의 자랑이요 휴식처인 영산(靈山) 금오산, 그 수려한 품속에 모든 생명의 어머니이자 근원인 소중한 물줄기가 솟아올라 통수하니 시민의 이름으로 사랑하고 오래도록 보존하여 주기를 바란다는 구미시장 명으로 당부 글씨가 새겨져 있다.

길을 따라 조금 더 가면 아담한 해운사(海雲寺) 절을 만난다. 사찰 가까운 곳에는 27m 높이에서 수직으로 시원하게 떨어지는 대혜폭포(大惠瀑布)[136]가 눈앞에 펼쳐진

---

136 대혜폭포(大惠瀑布): 해발 400m 지점에 있는 수직 27m 높이의 이 폭포는 대혜폭포 또는 대혜비폭(大惠飛瀑)이라 하며 떨어지는 소리가 금오산을 울린다고 하여 명금폭포(鳴琴瀑布)라는 별명도 있다. 금오산 정상 부근의 분지에서 발원하여 긴 계곡을 따라 흘러내리는 폭포수는 이 고장 관개(灌漑)의 유일한 수자원이 되니 큰 은혜의 골이라 하여 대혜골이라 했고 주변의 경관은 경북 8경 또는 소금강이라고도 한다. 또한 물이 떨어지는 일대의 움푹 파인 연못이 있어 욕담이라 하니 선녀들이 폭포의 물보라가 이는 날 무지개를 타고 내려와 주변 경관과 옥같이 맑은 물에 탐하여 목욕을 즐겼다고 한다. 금오산 도립공원 관리사무소 제공.

다. 주위가 잘 정비돼 있으며 넓은 휴식 공간이 마련되어 있다. 여러 명의 관광객이 의자에 앉아 떨어지는 폭포수를 바라보며 상념에 잠기는 표정이다.

폭포 좌측에 사진 한 장이 눈을 크게 뜨게 한다. 반가운 얼굴이다. 고 박정희 대통령 사진이다. 박정희 대통령에 대하여 역사가들의 평가는 뒤로하더라도 많은 사람은 박정희라는 이름 석 자에 대한 향수가 아직도 많이 남아 있다. 필자도 그중 한 사람에 속한다. 더군다나 그 중

자연보호운동의 발상지

요한 '자연보호운동'이 여기서 시작되었다는 글을 보는 순간 코끝이 찡해진다. 내용인즉 1977년 박정희 대통령께서 이곳 대혜폭포에 도착하자 깨진 병 조각과 휴지가 널려 있는 것을 보고 "자, 우리 청소 작업부터 하자."라고 말하면서 바위틈에 박힌 유리병 조각을 일일이 주웠다고 한다.

이날 행사가 자연보호운동을 전국적으로 확산시키는 계기가 되었다고 기록하고 있다. 기분이 좋다. 당시에는 사람을 만나면 "재건합시다", "잘살아 보세", 특히 "새벽종이 울리네 새 아침이 밝았네"로 시작하는 새마을 노래[137]가 새삼 필자의 뇌리를 스친다. '새마을 운동'은 고 박정희 정부 시절, 우리나라에서 활발히 전개되었고 특히 농어촌 근대화 사업이라고 기억된다.

본격적인 산행이 시작되자 거의 대부분 등산로가 나무 데크와 돌계단으로 조성되어 있다. 그러나 지금까지 산행한 50곳 중 가장 정비가 잘돼 있는 것 같다. 정상을 향해 오

---

137 새마을 노래: 새벽종이 울렸네/새 아침이 밝았네/너도 나도 일어나/새 마을을 가꾸세/살기 좋은 내 마을/우리 힘으로 만드세/초가집도 없애고/마을 길도 넓히고/푸른 동산 만들어/알뜰살뜰 다듬세/살기 좋은 내 마을/우리 힘으로 만드세/서로서로 도와서/땀 흘려서 일하고/소득 증대 힘써서/부자 마을 만드세/살기 좋은 내 마을/우리 힘으로 만드세/우리 모두 굳세게/싸우면서 일하고/일하면서 싸워서 새 조국을 만드세/살기 좋은 내 마을/우리 힘으로 만드세.

르다 보면 제1단계 지점으로 금오산 등반 코스 중 가장 숨이 찬 지점이라 하여 예로부터 할딱고개라 불렀다고 하며, 눈앞에 펼쳐진 아름다운 경치를 감상하면서 다시 한번 숨을 고르라고 금오산 관리소장 명의로 안내하고 있다.

좌측 전망대 격인바위에 오르면 짙게 낀 안개 뒤로 희미하게나마 구미시와 구미저수지가 눈앞에 펼쳐진다. 정상을 향해 속도를 더하다 보면 삼거리에서 정상에 오르는 갈림길이 나온다. 마애석불과 오형돌탑, 약사암이 있는 코스다. 비탈길을 따라가다 보면 오형 돌탑을 만난다. 산의 일부 전체가 돌탑이다. 오형 탑은 금오산의 '오'와 손자 형석의 '형' 자를 합성하여 오형 돌탑이라 명했다고 한다. 꿈도 펼치지 못한 어린 나이의 손자를 세상에서 떠나보낸 할아버지가 손자 형석을 그리며 눈물로 쌓아 올린 탑들이라고 하는데 눈물겨울 정도로 많고, 크고, 정성스럽게 쌓아 올린 탑들이다. 우리나라 최초의 우주인 '이소연'을 기념하는 우주선을 닮은 탑도 경이롭다. 손자 형석을 위한 할아버지의 심정을 표현한 글귀의 내용도 애처롭다.

돌탑을 뒤로하고 금오산 마애석불 쪽으로 향한다. 인기척이 없다. 안개 자욱한 비탈길은 한참을 가다 보면 정상 북쪽 자연 암벽에 보물 제90호인 구미(龜尾) 금오산 마애여래입상(金烏山 磨崖如來立像)이 조각되어 있다. 현지 기록에 의하면 이 불상은 높이 5.5m, 자연 암벽 모서리가 튀어나온 부분에 좌우를 나누어 입체적으로 불상을 조각했다는 점이 독특하다. 이 입상은 크게 광배(光背), 불신(佛身), 연화대좌(蓮華臺座)의 세 부분으로 이루어져 있다. 광배는 불상을 뒤에서 감싸는 빛을 표현한 것이며, 불신은 불상의 몸체, 연화대좌는 불신을 모신 연꽃 장식의 자리를 말한다.

이 불상은 고려시대 조성된 것으로, 눈매가 가늘고 입이 작아 신라시대 불상과 다르다고 한다. 손은 중생들의 소원을 모두 성취하게 해 준다는 여원인(與願印)[138] 자세를 하고 있다.

...................
138  여원인(與願印): 왼손을 내려서 손바닥을 밖으로 향하게 한 손 모양.

정상 바로 아래 위치한 약사암[139]으로 향한다. 가시거리가 10m도 채 안 될 정도로 안개가 자욱하다. 출렁다리 출입을 금하고 있다. 사찰을 둘러본 뒤 동국제일문(東國第一門)을 통과하여 정상에 오른다. 산객이 한 명도 없다. 정상석이 두 개다. 앞에 있는 정상석이 먼저 세운 것으로 미군 부대가 있어 미군기지 반환 전인 2014년 9월 이전까지 있었던 옛 정상석이며 실제 정상은 해발 10m 위에 새로운 정상석이 있다.

바람이 세차게 부는 가운데 삼각대를 펴고 기념을 담는다. 눈앞에

금오산 정상 기념

전경만 볼 수 있다. 안개가 걷힐까 하는 마음에서 바위 뒤쪽에서 허기를 해결하는 시간을 벌었지만, 안개는 더욱 짙어만 가고 빗줄기는 점점 굵어진다.

서둘러 폭포수 코스로 접어든다. 코스 초입에 음수대가 있다. 생광스러운 약수다. 수질검사를 완료한 음용수로 안심하고 마실 수 있다고 금오산 도립공원 관리사무소에서

---

139  약사암: 약사암은 경상북도 유형문화재 제362호(2005년 3월 14일 지정)로 신라시대 의상대사(625~702년)가 창건한 절이라 한다. 현지 기록에 따르면 이곳에는 구미 약사암 석조여래좌상이 유명하다. 석조여래좌상은 약사암 약사전에 모신 불상이며 신라 말 혹은 고려 초에 조성된 것으로 추정된다. 금을 두껍게 입혔으나 재료는 화강암으로 보인다. 새로 금칠을 하기 전인 1960년대 사진에 의하면 원만한 얼굴 모습에 완전한 형태의 석가여래상임을 알 수 있다. 특히 영남지역의 석불 연구에 귀중한 자료이자 중요한 신앙 대상으로 여겨진다. 약사암 중수기(藥師庵 重修記)에 의하면 본래 질산에 있던 석불, 3구 3형제 불 가운데 1불이라고 한다. 그중 1구는 김천 직지사에 다른 1구는 중산면의 수도산 수도암(修道庵)에 봉안하였다고 한다. 보물 제296호인 수도암 약광 전 석불좌상의 설명문에 금오산 약사암에 있는 석불, 직지사 양사 전의 석불(보물 제319호)과 함께 3형제라 하고 그중 한 석불이 하품하면 다른 두 석불은 따라서 재채기한다는 전설이 있다고 소개하고 있다. 현지 안내 글 내용.

안내한다. 물을 마실 수 있는 용기는 마련되어 있지 않다. 손을 씻고 손바닥을 그릇 삼아 연거푸 들이켜며 갈증을 푼다. '할딱고개'에 도착하니 안개가 거의 걷히고 구미시와 금오저수지가 선명하게 눈에 들어온다.

약 두 시간 만에 대현폭포에 도착하자 무릎에 이상 신호가 온다. 무릎 보호대를 착용하고 아침에 지나친 해운사 경내를 관람한 뒤 케이블카(약 800m) 편으로 하단부에 도착 후, 오후 3시 30분경 금오저수지(金烏貯水池)에 도착한다. 안개가 거의 걷힌 금오저수지는 신비스러울 정도로 아름답다. 데크로 된 길을 따라 저수지 위를 걸으며 여유로운 시간을 가진 뒤 택시 편으로 구미역에서 기차를 타고 상경하면서 50번째 의미 있는 금오산 산행을 갈무리한다.

금오산 마애여래입상　　　금오산 오형돌탑　　　금오산 대혜폭포

할딱고개에서 바라본 구미시

금오산 오늘의 등산로

# 신불산(神佛山)

**울산광역시 울주군**

- 2021년 6월 22일(화), 흐림·비

**신불산 정상 표지석**

　신불산은 행정구역상 울산광역시와 울주군에 속해 있는 해발 1,159m의 산이다. 신불산은 '영남알프스'로 불리는 산 중의 하나로 배내봉(966m)의 시발점인 배내고개를 거쳐 이어지는 산줄기는 간월산(1,069m), 바람도 쉬고 간다는 영남알프스의 관문인 간월재(900m)의 광활한 억새평원을 지나 신불산과 영축산으로 연결되어 있다. 신불산은 1983년 11월에 울주군에서 군립공원으로 지정했다.

　영남알프스는 영남지방의 중심지역에 있는 산악지대로 울산시를 비롯하여 경상북도와 경상남도 등 3개 사치구에 걸쳐 있다. 특히 간월재의 억새평원이 유럽의 알프스에 버금가는 아름다운 곳이라 하여 붙여진 이름이라 한다.

오늘도 대중교통편을 이용한다. 수서에서 5시 30분 부산행 KTX로 울산(통도사)역에 7시 42분에 도착한다. 거리가 멀지 않은 관계로 택시(8,500원)로 등산 들머리인 간월산장 주차장(복합웰컴센터)에 도착한다. 신불산을 오르는 코스는 대표적으로 배내고개 코스와 간월산장에서 오르는 코스가 있다.

필자는 간월산장에서 출발하여 신불산 정상에 오른 뒤 다음 코스인 간월봉 정상을 거쳐 배내봉을 통과하여 날머리는 배내고개로 정하고 산행을 시작한다. 신불산 주차장에 도착하니 산객은 보이지 않는다. 생전 처음 보는 '국제 클라이밍장'도 신기해 보였다. 화장실 시설도 우수하다.

산행을 시작한 지 약 30여 분 후 홍류폭포(虹流瀑布)에 도착한다. 현지 기록에 의하면 홍류폭포는 신불산 정상과 공룡능선 사이에서 발원한 물줄기는 계곡을 흘러내려 약 33m의 절벽에서 떨어지며, 봄에는 무지개를 연출하고 겨울에는 고드름에 매달리고 흩어져 내리는 물은 백설이 되어 쌓이는 비경을 연출한다고 소개하고 있다. 새벽에 내린 비로 적지 않은 수량의 물줄기가 더위를 잊게 한다.

여기서부터 본격적인 산행 시작이다. 경사의 각도가 점점 심해진다. 홍류폭포에서 칼바위까지는 거의 수직에 가까울 정도로 경사가 심하다. 계단과 너덜길이 이어진다. 신불산 공룡능선의 경치는 탄성이 절로 나올 정도로 비경이다. 바위 능선 마루는 흡사 낙타 등처럼 울퉁불퉁하고 송곳처럼 뾰족하다. '신불산 공룡능선'은 영남알프스 중 가장 험한 곳이지만 산악인들이 가장 많이 찾는 필수 코스라 한다. 능선 마루의 등산로는 교차할 수 없을 정도로 아슬아슬하고 스릴 만점이다. 왜 영남의 알프스라 부르는지가 실감 날 정도로 아름답다.

생전에 이러한 비경을 보는 것 자체만으로도 축복이다. 아쉬운 점이 있다면 운무로 인해 원거리에 있는 경치를 볼 수 없다는 점이다. 날씨가 시샘하는 것 같다. 칼바위 능선을 지나 정상에 도착한다. 가슴이 뻥 뚫린다. 정상석은 커다란 화강암으로 아름답게 조각되어 위용을 뽐낸다. 바로 옆에는 수만 개로 추정되는 돌로 정성껏 쌓아 올린 원통형의 돌탑이 이웃이 되어 외로움을 달랜다. 정상에는 부부로 보이는 한 팀이 휴식을 취하고 있다. 배내골에서 올라와서 영축산으로 하산한다고 한다. 휴대폰으로 기념사진 품앗이를 하고 정상 부근에서 점심을 먹고 충분한 휴식 후 간월산으로 향한다.

간월재를 지나 간월재 삼거리인 휴게소를 가는 등산로 양쪽은 대형 목장을 방불케 하는 수만 평의 초록색 억새가 넘실거린다. 가을의 황금빛 억새의 물결을 상상만 해도 기분이 좋아진다. 억새밭 초입에는 넓은 공간의 쉼터가 마련되어 있다. 여러 팀이 각자 준비해 온 먹거리를 펼쳐 놓고 자연을 벗 삼아 마치 소풍 온 듯 웃음꽃을 피운다. 나무 데크의 등산로를 지나 영남알프스의 관문인 간월재[140] 삼거리에 도착한다. 간월재는 해발 900m에 있으며 기념을 위해 높은 돌탑과 표지석을 세워 놓았다. 삼거리에는 서구풍의 삼각형 모양의 간월재 휴게소 건물도 이국적이다. 매점에는 라면 등 간단한 요기를 할 수 있고 각종 마실 거리도 준비되어 있다.

간월산은 1,069m로 여기서도 약 170여 m 올라야 한다. 잘 정비된 등산로 우편에 신기한 '간월산 규화목'[141]이 눈길을

간월산 규화목

---

140 간월재: 신불산(神佛山)과 간월산(肝月山) 두 형제봉 사이에 갈마처럼 잘록한 간월잿마루는 영남알프스의 관문이다. 이 왕고개를 일러 선인들은 '왕방재' 또는 '왕뱅이 억새만디'라 불렀다. 밥물처럼 일렁이는 5만 평의 억새밭은 백악기 시대 공룡들의 놀이터이자 호랑이나 표범과 같은 맹수들의 천국이었다. 간월산 표범은 촛대바위에 숨어 지나가는 길손을 노렸고, 간월산을 지키던 소나무는 목재 화석이 되었다. 간월재 서쪽 아래에 있는 왕방골은 우리 민족사의 아픔을 오롯이 간직한 골짜기이다. 사방이 산으로 에워싸인 원시림 협곡이라 박해받던 천주교들의 은신처였고, 한때는 빨치산의 아지트(사령관 남도부)가 되기도 하였다. 지금도 왕방골에는 생쌀을 씹으며 천주의 믿음을 죽음으로 지킨 죽림굴과 숯쟁이가 기거하던 숯막이 남아 있다. 왕방골 산발치에 있는 파래소폭포는 소원 한 가지를 들어준다고 하여 '바래소'로 불린다. 간월재는 삶의 길이기도 했다. 배내골 주민, 울산 소금 장수, 언양 소 장수, 장꾼들이 줄을 지어 넘었다. 주민들은 시월이면 간월재에 올라 억새를 베어 날랐다. 벤 억새는 다발로 묶어 소질매에 지우고, 사람들은 지게에 한 짐씩 지고 내려와 억새지붕을 이었다. 현지 안내 글.

141 간월산 규화목: 화산활동이나 홍수 등 강한 힘에 의하여 파괴된 목재조직이 산소가 없는 수중환경으로 이동하여 매몰된 후, 지하수에 용해되어 있던 다양한 무기물들이 오랜 시간에 걸쳐 목재조직의 세포내강 또는 세포간극에 물리·화학적으로 침적 또는 치환되어 형성된다. 간월산 규화목은 국립문화재연구소 자연 문화재연구실의 "한국의 지질다양성" 울산지역 조사 중 발견되었으며, 해부학적 조직 분석 결과 나자식물(침엽수) 목재의 특징이 관찰되었다. 생존 당시의 모습 그대로 매몰·보존된 현지성화석으로 생육 기간 중의 환경조건에 대한 정보를 가지고 있어, 한반도 및 울산의 중생대 식물상과 고환경 연구에 중요한 정보를 제공한다. 울주군 간월산 현지 설명 내용.

끈다. 마치 둥근 곱돌화로가 불씨를 보호하듯 원형철망으로 안전하게 보호되고 있다. 어제 하지를 지나서인지 날씨는 초여름을 느끼기에 부족함이 없다.

경사진 나무 계단을 오르자 땀이 흥건하게 몸속으로 배어든다. 건너편 신불산을 뒤로하고 속도를 더하여 해발 1,069m의 간월산 정상에 도착한다. 마치 신불산의 정상 표지석과 쌍둥이처럼 닮은 화강암 정상석이 산객을 맞이한다. 간월산에서 땀을 식힌 후 오르내리막을 수회 거친 후 마지막 봉우리인 배내봉(966m)에 도착한다.

배내봉 정상에는 등산객은 없고 정상석 주위에는 여러 모양의 깔끔한 돌들이 가지런히 늘어져 있다. 돌탑을 쌓을 용도는 아닌 듯한데 의문이 든다. 냇가에서 수거한 것으로 보이는 흙이 전혀 묻지 않은 깨끗한 돌이다. 이제 오늘 등산의 날머리인 배내고개 정류장을 향한다. 하산길은 내리막 경사 길로 대부분 나무 계단으로 조성되어 있으며 그 수는 어림잡아도 최소 1,000개는 훨씬 넘을 것 같다. 2주 전부터 찾아온 무릎 통증이 우려된다. 아직도 올라야 할 산이 49개 남았다. 어금니를 꽉 물고 다짐한다. 내가 낸 숙제인데…….

배내산 정상에서 100여 m 정도 내려올 즈음, 중년 한 분이 지게를 지고 산에 오르기에 늦은 시간에 지게를 지고 어디 가느냐고 물으니 정상 바닥에 있는 형태의 돌을 지고 간다는 대답이다. 무슨 사연이라도 있느냐고 물었더니 그냥 좋아서라는 대답만 하고 바삐 서두른다. 하산길 우측 바위 밑에 약수터다. 이름하여 '배내봉 아람 약수터' 앞에서 걸음을 멈춘다. 빨간색 플라스틱 용기 두 개가 가지

**신불산 정상 기념**

런히 놓여 있는 것으로 봐 식수로 짐작되어 두 바가지로 갈증을 푼다. 나무 계단에 걸터앉아 휴식 중에 때마침 돌을 지고 배내봉을 오르던 그분도 내려와서 물 두 바가지를 연신 들이켜더니 언제나 이곳의 물은 오염되지 않은 차고 순수한 맛을 간직하고 있다며 한 바가지 더 마신다. 며칠 전에는 약수를 마시는 꿈을 꾸었다며 새까맣게 탄 얼굴에 하얀 치아가 드러날 정도로 해맑게 웃으신다.

필자는 그 돌의 목적이 무엇이며 왜 그 힘든 일을 하시는지 궁금하다고 했더니 울주군 소재 높은 산 세 곳에 돌탑을 쌓았는데 무너진 곳이 있어 배내봉 정상만큼은 수백 년을 견딜 수 있는 돌탑을 쌓아 산객들에게 즐거움을 제공하고 싶어 시간을 내어 시냇가에서 돌을 수거하여 지게로 이동한다는 대답이다. 이런저런 얘기를 하면서 배내고개 주차장에 도착한다. 행선지가 어디냐고 물으시기에 서울에서 왔다고 했더니 당신께서 자동차가 있으니 석남사 주차장까지 데려다주겠다고 하신다.

때마침 소낙비가 내리는지라 동승하여 대화를 나누면서 석남사 주차장에 도착하여 차 한잔 후 아침에 이용한 택시로 울산역에 도착하여 KTX 편으로 서울역에 도착 후 귀가하면서 신불산 51번째 산행을 마무리한다. 건강이 허락되면 은빛 물결 넘치는 가을날, 억새끼리 주고받는 소리를 듣고 싶다.

신불산 홍류폭포

간월산 정상 표지석

배내봉 정상 표지석

신불산 공룡능성

신불산 오늘의 등산로

# 가지산(加智山)

## 울산광역시 울주군·경상북도 청도군·경상남도 밀양시
– 2021년 6월 29일(화), 구름·맑음

　가지산은 행정상 울산광역시 울주군, 경상북도 청도군, 경상남도 밀양시에 걸쳐 있는 해발 1,241m의 산이다. 1979년 11월에 도립공원으로 지정된 가지산[142]은 영남알프스 산 중 최고봉이다. 정상에 오르면 계절과 무관하게 사방을 조망할 수 있어 가슴이 후련해진다. 특히 가지산의 봄철 철쭉과 가을 단풍이 아름답기로 유명하다.

　일기예보 시에 전국적으로는 가끔 소나기가 내리지만, 가지산은 구름과 흐림으로 예보하는 과학(?)을 믿고 새벽부터 서둘러 장비를 챙긴다. 오늘도 대중교통편을 이용한다. 수서에서 5시 30분에 출발하는 부산행 SRT 열차로 울산(통도사)역에 하차한다. 소요 시간은 2시간 12분이다. 가지산 정상을 오르는 코스는 일반적으로 석남사 주차

---

142　가지산: 가지산은 경상남도 밀양시 산내면과 울산광역시 울주군 상북면 및 경상북도 청도군 운문면 경계에 있는 산이다. 높이는 1,241m이며, 태백산맥의 끝자락에 딸린 산이다. 주위의 운문산(1,190m), 천황산(1,189m), 고헌산(1,033m) 등과 더불어 태백산맥의 남쪽 끝 산악지대를 형성한다. 위의 산 외에 신불산(1,159m), 간월산(1,069m), 영축산(일명 취서산: 1,081m)과 함께 영남의 알프스로 불리며, 이들 가운데 가장 높다. 봄이면 진달래, 여름이면 녹음, 가을이면 단풍, 겨울이면 눈으로 사계의 아름다움을 표현해 주고 있다. 밀양강의 지류인 산내천(山內川), 무적천(舞笛川)의 발원지이며, 남쪽의 천황산 사이 산내천 하곡부(河谷部)의 산내면 시례에는 한여름에도 얼음이 어는 얼음골이 있다. 정상 부근에는 바위 능선이 많고 나무가 거의 없는 대신 사방이 탁 트여 가을이면 곳곳이 억새밭으로 장관을 이룬다. 높이 약 40m의 쌀바위도 유명하다. 동쪽 상북면 계곡에는 통도사(通度寺)의 말사이자 비구니 도량인 석남사(石南寺)가 있다. 이곳에 절의 창건자인 도의국사(道義國師) 사리탑인 석남사 부도(보물 제369호)와 석남사 삼층석탑(울산광역시 유형문화재 제22호) 등의 문화재가 있다. 인근의 영취산 천성산(812m) 등과 함께 1979년 11월 도립공원으로 지정되었다. 가지산 현지 안내 글.

장에서 출발하는 경우와 석남터널을 들머리로 하는 경우, 울주군과 청도군의 경계에 위치한 운문고개에서 오르는 코스가 대표적이다. 삼양마을을 출발하여 갈림길인 아랫재에서 운문산 정상이나 가지산 정상을 오른 뒤 삼양마을로 원점 회귀 하며 운문산과 가지산을 연계하여 산행을 하기도 하지만 체력 등을 고려하여 무리하지 않기로 결심하고 가지산만 목표로 정한다.

가지산 정상석

단거리 코스인 석남터널 우측을 들머리로 정한다. 울산역에서 택시로 석남터널까지 고정 요금으로 20,000원이다. 터널 입구 주차장에는 가게들이 여러 개 있어 아침 식사도 할 수 있고 차도 마실 수 있는 환경이다. 석남터널 코스는 가장 짧은 거리지만 경사도가 심한 편이며 계단이 많다. 그러나 우려할 정도는 아니며 초보자거나 쉬엄쉬엄 가도 2시간 남짓 시간이면 정상에 오를 수 있는 거리다.

초여름 녹음에 등산로는 그늘이 져 있지만 10분 정도 오르자 이마와 등에는 온통 땀범벅이다. 조금 더 오르다 보면 등산로 좌측에 간이매점이 있다. 차 한잔하기 위해 접근해 봤으나 사람이 없다.

아쉬움을 뒤로한 채 숨을 몰아쉬며 정상을 향한다. 짧은 바지로 환복하는 순간 40대 중반으로 보이는 장년 두 명이 빠른 걸음으로 올라온다. 반갑게 인사를 나눈다. 울산에 거주하는 분으로 자주 가지산을 찾는다고 한다. 이런저런 얘기 가운데 나이를 묻길래 대답했더니 본인들도 30년 후 등산을 할 수 있도록 지금부터 건강관리를 잘하자며 등산 가방을 풀더니 초콜릿(자유시간)을 한 움큼 건네준다.

이어서 시원한 막걸리도 준비해 왔으니 정상에서 대접하겠다기에 약주는 하지 못한

**가지산 쌀바위**

다고 정중히 사양하고 먼저 발길을 옮긴다. 한참을 오르니 조망이 확 트인 중봉(해발 1,165m)에 도착한다. 마치 가을바람처럼 시원한 바람이 사방에서 불어온다. 건너편에는 안개가 한 폭의 동양화를 연상할 정도로 운치 있는 장면을 연출한다.

오르내리막을 반복하는 사이 정상까지 400m 남았음을 알리는 이정표가 마음을 가볍게 한다. 그러나 언제나 그러하듯 정상을 쉽사리 내어주지 않는다. 숨소리가 더욱 거세지는 사이 유럽의 여느 산을 연상케 하는 가지산 정상에 도착한다. 영남알프스 9봉[143] 중에서도 맏형 노릇을 톡톡히 하듯 정상은 사방이 막힘이 없고 풍광은 감탄을 자아내게 한다.

안개도 거의 걷히고 산은 온통 초록 옷으로 갈아입고 군데군데 우뚝 솟은 바위들과의 조화는 한 폭의 동양화를 연상케 한다. 계곡 아래는 유서 깊은 석남사가 눈에 들어오고 뒤로는 조금 전 지나온 중봉이 수줍은 듯 고개를 숙인다.

왼쪽으로는 다음 주에 오를 운문산이 반기며 손을 내밀고 있고 저 멀리 건너편에는 재약산이 언제 오를 건지 약속받아 내려는 표정으로 바라본다.

정상석을 배경으로 기념을 담으려는 순간 흰색 강아지 한 마리가 옆으로 다가와서 아는 척한다. 손을 내밀자 더 가까이 다가와 꼬리를 흔든다. 처음에는 들개인가 생각했는데 정상 바로 아래 가지산 명물 중 하나이자 간이음식점인 산장에서 기른다고 한다. 산장 안으로 들어가니 젊은 남자 사장님이 친절히 맞이한다. 메뉴를 묻자 대충 써 놓은

---

143　영남알프스 9봉: 가지산(1,241m), 간월산(1,069m), 신불산(1,159m), 영축산(1,081m), 천황산(1,189m), 재약산(1,108m), 고현산(1,034m), 운문산(1,188m), 문복산(1,015m). 울산시 홍보 내용.

가지산 정상 기념

메뉴판을 가리킨다. 제일 인기 있는 것을 묻자 오뎅 라면을 권한다.

한 그릇에 5,000원으로 1,241m 가지산 정상에서 맛보는 김치를 곁들인 오뎅 라면은 오래 기억될 것 같다. 전기도 없고 수돗물도 나오지 않기 때문에 모든 식재료와 식수 등은 산 아래에서 직접 지게로 옮긴다고 한다. 라면을 먹으려는 순간, 여성 두 명과 남자 한 명이 산장 안으로 들어온다. 산행 후기에서 오뎅 라면이 유명하다며 주문한다. 여성분들은 소풍 오는 마음으로 먹을거리를 충분히 준비해 왔다며 배낭에서 자두를 꺼내 함께 먹자며 권한다. 산정에서 먹는 자두 맛도 별미다.

그동안 필자가 만난 산객 대부분은 친절했던 것 같다. 정상에서 충분한 휴식 후 여성 두 분은 석남터널 주차장에 주차해 둔 관계로 원점 회귀가 불가피하다며 그곳으로 하산하고 거제에서 온 윤경원 대표와 필자는 쌀바위 코스로 향한다.

하산길 우측에 거대한 바위가 바로 명성이 자자한 쌀바위(해발 1,109m)다. 이를 기념하기 위해 2003년 1월 9일 쌀바위 산우회에서는 쌀바위 기념석이 세워져 있다. 쌀바위에는 스님이 새벽 기도하려고 갔다가 바위틈에서 한 끼분의 하얀 쌀을 발견하고 그 쌀로 밥을 지어 부처님께 공양한 다음 자신도 먹었는데, 그다음 날도 계속 같은 자리에 동일한 양만큼 쌀이 놓이게 되자 마을 사람들이 이를 알게 되었고, 흉년이 들면서 스님의 만류에도 불구하고 마을 사람들이 쌀을 구하기 위해 바위틈을 쑤시자 더는 쌀은 나오지 않고 천둥번개가 치고 물만 똑똑 떨어지고 말았다는 전설이 있다.[144]

----

144 김무홍, 『대한민국이 엄선한 100대 명산』, 2019, p.58~59.

바위 아래에서 쳐다본 쌀바위는 규모가 엄청나게 클 뿐만 아니라 마치 입을 벌리고 있는 두꺼비 같기도 하고 위치에 따라 여러 동물의 형상을 나타낸다. 하산길 임도가 시작되는 쌀바위 좌측에는 '쌀바위대피소'라는 간판이 있다. 간단한 음료수 등이 준비된 곳이다. 동행하는 윤 대표와 함께 시원한 냉커피로 땀을 식힌다. 천장에는 수많은 등산회가 제공한 리본이 저마다 얼굴을 알리려고 다툼을 벌인다. 때마침 윤 대표는 준비해 온 것이 있다며 등산 가방에서 플라스틱 용기에 가득한 시원한 수박을 내놓는다. 오늘은 초콜릿을 시발로 자두와 수박까지 내놓는다. 식복(食福)이 터진 날이다.

동행하던 윤 대표와는 추후 기회가 되면 함께 산행하자는 약속을 하고 헤어진다. 이정표에 따라 윤 대표는 석남사로 향하고 필자는 지난주 신불산에서 하산 중 발목을 삐끗한 관계로 상대적으로 경사도가 완만한 운문 고갯길로 접어든다.

서기 824년 신라 흥덕왕 때 도의국사가 창건했다는 석남사를 지나친 점이 못내 아쉽다. 특히 석남사는 비구니들의 수련 도량으로 큰 역할을 하는 곳이란다. 필자의 여동생도 울산에서 주지 스님으로 활동하고 있어 더욱 그러한 마음이다. 운문고개에서 아침에 이용한 택시로 울산역에 도착하여 KTX로 서울역을 경유해 전철로 사무실에 도착하면서 52번째 가지산 산행을 마무리한다.

가지산 중봉

가지산 정상 산장

가지산 이규진 추모비

가지산 쌀바위 위에서 바라본 전경

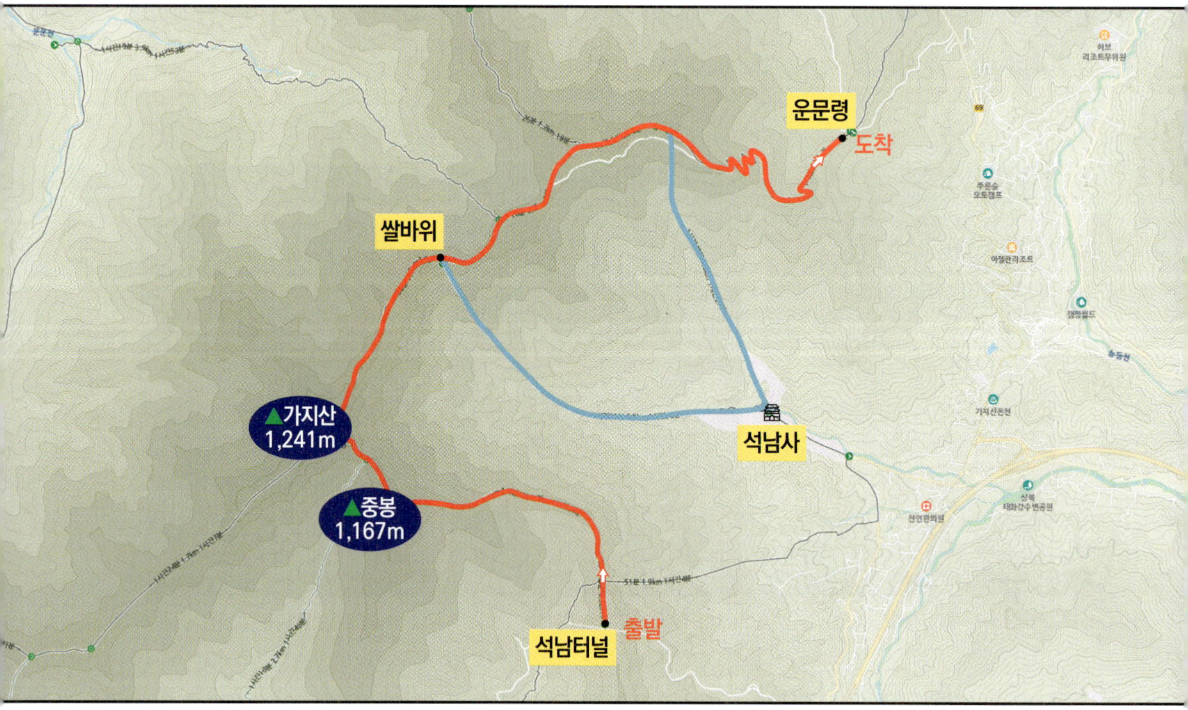

가지산 오늘의 등산로

# 응봉산(鷹峯山)

**강원도 삼척시·경상북도 울진군**

**- 2021년 7월 5일(월), 구름·맑음**

응봉산은 행정구역상 경상북도 울진군 북면 덕구리 온정마을과 강원도 삼척시 원덕읍 사곡리의 경계에 위치하며 해발 998.5m로 일명 매봉산이라 불린다. 산세는 매우 험난하고 서쪽에는 샷갓재가 있다. 전설에 의하면 울진에 어느 조씨(趙氏)가 사냥 중 놓친 매를 이곳에서 찾아 응봉(鷹峰)이라 하였고, 고려 말경 여러 사냥꾼이 사냥하던 중 산의 동쪽 기슭에서 자연 용출되는 온천을 발견하였다고 한다. 온천수는 41℃로 중탄산과 나트륨이 가장 많이 함유되어 있어 피부병, 신경통, 빈혈증 등에 효험이 큰, 세계 제일가는 수질의 덕구온천이 있다.[145] 특히 울창한 적송과 정상을 기준으로 동쪽인 울진

**응봉산 정상 표지석**

---

145  정상 표지석 후면 글 내용, 1983년 11월 23일, 울진군수.

방면의 덕구온천과 서쪽 삼척지역의 덕풍계곡은 많은 관광객과 등산객이 선호하는 관광지다.

오늘도 대중교통을 이용한다. 동서울터미널에서 7시 10분에 출발하는 울진행 첫차로 '부구 버스 정류장'에 하차한다. 3시간 40분 소요된다. 부구버스터미널에서 택시(14,000원)로 응봉산 산불감시초소로 이동한다. 응봉산 정상을 오르는 코스는 덕구온천 콘도를 들머리로 하는 코스와 삼척 덕풍마을에서 오르는 코스 등이 있다. 덕풍마을에서 오르는 코스는 계곡의 비경이 아주 뛰어나 여름에 많은 관광객이 찾는다고 하나 상대적으로 거리가 먼 편이다. 산불감시초소 옆으로 시작되는 산행은 계단으로 시작한다. 정상까지 거리는 5,670m이다. 감시초소에서 정상까지 거리 표시는 500m 단위로 화강암 표지석에 글씨를 표기해서 세워 놓은 것도 특이하다.

전날 내린 많은 비의 영향으로 땅은 다소 질퍽거리지만, 매미 소리가 온 산천을 꽉 메운다. 싱그러운 풀 내음이 기분을 상쾌하게 한다. 약 20여 분 후 모래재에 도착한다. 땀이 온몸에 스며든다. 짧은 등산복 바지로 갈아입고 나니 발걸음이 한결 가볍다.

정상이 얼마 남지 않은 지점에서 학생 한 명이 거친 숨을 몰아쉬며 올라온다. 대학교 2년을 마치고 입대를 기다린다고 한다. 전공을 물어봤더니 소방학과를 다니며 전역 후 소방공무원이 되기 위해 준비 중이라고 한다. 나이가 들어 공부를 시작했는데 공부가 쉽고 재미있다고 한다. 필자도 환갑이 훨씬 넘어 공부를 시작했다고 하자 청년 역시 꼭 훌륭한 소방공무원이 되어 소임을 다하는 것이 꿈이라고 한다. 기특한 생각을 가진 청년을 만나서 덩달아 기분이 좋다.

산행을 시작한 지 약 3시간이 걸려 정상에 도착한다. 오를 때와는 달리 정상의 조망은 환상적이다. 사방이 막힘이 없다. 동해 쪽으로는 바다가 눈앞에 가깝게 들어오고 멀게는 그동안 다녀온 함백산, 태백산 등이 희미하게 보인다. 그 학생도 이런 기분에 정상에 오르는 것 같다고 한마디 거든다. 정상에서 학생과 바나나로 담소를 나눈 후 시간 관계로 먼저 하산길로 접어든다. 하산 코스는 원탕 코스인 덕구계곡 입구를 날머리로 정한다. 약 7km 거리다.

하산 초입부터 경사도가 심하다. 하산 등산로 역시 나무에 가려서 전망은 신통치 않으나 나무 사이로 보이는 좌측의 비경은 웅장하고 한 폭의 그림이다. 등산로 내내 함께하는 적송(금강송)은 아름답기 그지없으며 수십 년 단련해 온 울퉁불퉁한 근육들은 안전한 등산을 위해 계단을 만들어 준다. 신비감을 느낀다. 계곡이 가까워지자 물소리가 후들거리는 다리의 부담을 덜어 준다.

응봉산 덕구계곡의 볼거리 중 하나인 13개의 교량[146] 중 13교량인 '포스교'[147]가 반긴다. 포스교를 지나자 계곡을 꽉 채운 엄청난 수량의 물이 발길을 유혹한다. 계곡에서 손과 얼굴을 씻고 원탕[148]을 향

응봉산 정상 기념

---

146 응봉산 덕구계곡 13개 교량: ① 1교량: 금문교(미국), ② 2교량: 서강대교(한국), ③ 3교량: 노르망디교(프랑스), ④ 4교량: 하버교(오스트레일리아), ⑤ 5교량: 크네이교(독일), ⑥ 6교량: 모토웨이교(스위스), ⑦ 7교량: 알라밀라교(스페인), ⑧ 8교량: 치향교(한국), ⑨ 9교량: 청운교, 백운교(대한민국), ⑩ 10교량: 트리니티교(잉글랜드), ⑪ 11교량: 모도에가와교(일본), ⑫ 12교량: 장제이교(중국), ⑬ 13교: 포스교(영국).

147 포스교: 영국에서 1890년에 건설한 교량으로 연장이 무려 2,530m나 되는 교량으로 1879년 티교의 붕괴 직후에 건설된 교량이기에 과잉 설계되었다는 평가를 얻으며 '세상에서 가장 추악한 철의 괴물'이라는 비난도 받았지만, 100여 년이 넘게 영국을 대표하는 교량으로 아직까지 그 위용을 자랑하고 있다. 교량으로는 처음으로 강철이라는 신소재를 사용해 '최초의 강철 소재 교량'이라는 기록을 세웠으며, 또한 최초의 캔틸레버식 트러스교 중 하나이다. 응봉산, 현지 안내 글.

148 덕구온천 원탕: 약 600여 년 전 고려 말기 때 사냥꾼들이 사냥하다가 큰 멧돼지를 발견해 활과 창으로 공격하여 큰 상처를 입혔다. 상처를 입고 도망을 가던 멧돼지가 어느 계곡에 들어갔다 나오더니 쏜살같이 사라지는 것을 이상하게 여긴 사냥꾼들이 그 계곡을 살펴보니 자연으로 용출되는 온천수가 있는 것을 발견하고 이때부터 덕구온천이라 하였다. 이 온천수는 칼슘, 칼륨, 철, 염소, 중탄산, 불소, 나트륨, 마그네슘, 라듐, 황산염, 탄산, 규산이 함유된 온도 42.4℃의 자연 용출 온천수다. 온천수의 효험으로는 신경통, 류마티스성 질환, 근육룡, 피부질환, 중풍, 당뇨병, 여성 피부미용에 탁월한 효과가 있다고 한다. 응봉산 현지 설명 내용.

한다. 원탕은 정상에서 약 3km 지점에 있으며 응봉산 명물 중 하나로 발 온천[149]을 할 수 있도록 공간을 조성해 놓았다. 늦은 시간 때문인지 아무도 없다. 마치 발 모양의 노천 발 마사지 원탕 시설에는 따뜻하고 금방 채워 놓은 듯한 온천수가 등산화를 벗게 한다. 상경 시간이 촉박하지만 울진에서 1박을 하더라도 잠시 발을 담그기로 작정하고 약 30여 분의 시간을 투자한다. 피로가 싹 가시는 느낌이다. 혼자 전체 계곡을 독차지하며 여유를 즐긴다.

**응봉산 덕구계곡 원탕 온천수**

바로 옆에는 3단으로 돌탑을 쌓아 올린 원통에서 뜨거운 자연 용출 온천수가 물줄기를 뿜어 댄다. 하루 약 2천 톤이 자연 용출되지만 일일 사용량은 300톤 정도라 나머지 용천수는 흘려보낸다고 한다. 현지에서 제공한 설명에 의하면 저절로 뜨거워지는 돌, 줄무늬 흰 돌 영향이라 한다. 덕구계곡에 흔히 나타나는 줄무늬 흰 돌은 땅속 천연 보일러에서 열을 만드는 역할을 할 수 있다. 이 암석은 열을 잘 내는 성분을 다른 보통 암

---

149 발 온천: 발 모양 형태로 담아 둔 자연 분출 온천수에 발목 관절에서부터 위로 25cm 정도까지의 부위를 20~30분 정도 담근 후 맑고 깨끗한 덕구계곡의 찬물에 2~3분 정도 발을 담가 주어야 한다. 그 까닭은 긴장이 풀어지고 근육이 이완된 상태에서 움직이게 되면 발목에 무리를 줄 수 있기 때문이다. 피로감을 풀어 주고 신진대사를 활발히 해 주며, 고열, 미열 등의 체열을 내리는 작용도 한다. 냉해지기 쉬운 혈액순환을 높여 주고 신장 부종(浮腫), 불면증, 당뇨, 감기 등에 효험이 있다고 한다.

석들보다 많이 가지고 있어서, 실제 땅속 깊은 곳에서 스스로 높은 열을 낸다고 한다. 줄무늬 흰 돌이 많은 덕구계곡의 땅 아래에서 데워진 물이 땅 위로 올라온다면 온천수가 될 수 있다.

노천 발 마사지 온천탕 주위 울타리에는 깨끗하게 세탁된 발수건도 10여 개 걸려 있다. 관계자분들에게 거듭 감사한 마음이다. 덕구계곡 입구에서 약 4km의 가깝지 않은 거리임에도 오늘 이곳을 찾는 관광객이나 산객에게 편의를 제공하고 있다.

쉼터를 지나 약 600여 m 내려오다 보면 등산로 우측의 효자샘[150]에서 나오는 시원한 물로 더위를 식힌다. 빨강, 파랑 각각 두 개씩의 용기가 가지런히 걸려 있다. 11교를 지나 내려오는 등산로 좌측에 연리지 나무가 있다. 연리지(連理枝)란 당초 뿌리가 다른 나뭇가지가 서로 엉켜 마치 한 나무처럼 자라는 것으로 효성이 지극함을 나타냈으나 현재는 남녀 사이 혹은 부부애가 돈독함을 비유하기도 한다고 한다. 필자가 지금까지 53회 산행하는 동안 가리산을 포함, 구미 금오산, 응봉산 등 세 곳에서 연리지를 만났다. 이것도 산행의 덤으로 얻은 행운이다. 부구에서 출발하는 막차 시간을 최대한 맞춰 보려고 빠른 걸음으로 덕구계곡 콘도 주차장에 도착해서 아침에 이용한 택시를 불러 서둘러 부구버스터미널에 갔으나 서울행 막차가 5시 35분에 이미 출발한 후다.

울진 밤바다 구경이나 하며 하루를 쉬어 가기를 마음먹고 바다 가까이 있는 숙박시설 쪽으로 향하던 중, 기사님이 어딘가 전화를 하더니 오후 6시 45분에 출발하는 서울행 막차가 있다며 호산버스터미널로 가자고 한다. 터미널에 도착하니 버스 한 대가 대기하고 있다. 출발 시간이 30여 분 남았다.

버스 기사님과 이런저런 얘기를 나누고 있는 사이 40대 초반으로 여겨지는 한 분이 등산 배낭을 메고 온다. 동해까지 간다고 한다. 셔츠는 물이 흘러내릴 정도로 젖어 있

---

[150] 효자샘(일명 신선샘): 옛날 모친의 병을 치료하던 돌이라는 총각이 전국 방방곡곡을 다녔지만, 묘약이 없어 100일 기도를 드리던 마지막 날 꿈에 매봉여산이 "이른 새벽에 산에 오르면 중턱에 물이 고여 있을 터이니 그 물을 정성껏 떠다 음용토록 하라." 하였다. 이튿날 새벽부터 정성을 다하여 가파른 언덕을 오르던 중 허기에 지쳐 도저히 오를 수 없어 쓰러졌다가 어렴풋이 정신을 차려 보니 그곳에 샘이 있었다. 그 물을 담아 어머님께 봉양하자 어머님의 병이 쾌유했으므로 이 샘물을 효자샘으로 부르게 되었으며 효험이 신기하여 신선샘이라 칭하기도 한다. 응봉산 현지 설명 내용.

고 온몸은 땀범벅이다. 어느 산에 다녀왔는지 물었더니 등산이 아니고 '새파랑'이란 전국 일주 코스가 있다고 한다. 임진각 통일각에서 출발하여 부산까지 도보로 걷는 코스로, 본인도 얼마 전부터 걷기 시작했으며 시간 나는 대로 능력에 맞는 구간을 선택하여 혼자 걷는다고 한다. 생전 처음 듣는 이름이고 궁금하다고 했더니 친절히 설명해 준다. 젊은이가 음료수 3개를 가지고 와서 버스 기사와 필자에게 건넨다. 동해까지 1시간가량 동행하면서 이런저런 대화를 나눈다. 100대 명산 산행이 끝내고 건강이 허락한다면 새파랑 코스도 도전해 보고 싶다. 친절한 택시 기사님 덕분에 울진에서 숙박하지 않고 당일 응봉산 산행을 할 수 있었다. 아침 4시에 기상하여 밤 11시 40분에 귀가함으로써 응봉산 53번째 산행을 갈무리한다.

응봉산 13교량 포스교

응봉산 효자샘

응봉산 등산로 금강송

응봉산 정상에서 내려다본 전경

응봉산 오늘의 등산로

# 점봉산(點鳳山)

**강원도 인제군·양양군**

- 2021년 7월 14일(수), 맑음·구름

점봉산은 행정구역상 강원도 인제군과 양양군에 연결된 산으로 해발 1,424m(곰배령: 1,164m)이다. 점봉산은 상대적으로 사람들의 발길이 많지 않은 관계로 생태 보호가 원시 상태로 가장 잘 보호된 곳 중에 하나다. 점봉산은 산행 전 먼저 탐방 예약한 후 현장에 도착하여 입산 허가서를 받아야 입산할 수 있다. 숲나들e 사이트에 접속해서 예약하면 점봉산 곰배령 산림 생태탐방에 대한 안내를 신청자 휴대전화 및 신청한 메일로 예약 확인서와 함께 보내 준다. 국유림을 포함하여 입산과 관련된 업무에 종사하는 직원 대부분이 친절하지만, 특히 점봉산 산림생태관리센터에 전화에 응대하는 여직원은 유독 더 친절한 것 같다.

**곰배령 정상 표지석**

현지 소개하는 글에 따르면 곰배령이라는 명칭은 산세의 모습이 마치 곰이 하늘로 배를 드러내고 누운 형상이라 하여 붙여진 이름으로 다양한 풀과 야생화가 자생하고 있어 천상의 화원으로 불린다.

오늘도 대중교통을 이용한다. 동서울종합터미널에서 6시 30분에 출발하는 인제행 첫차를 타고 1시간 30분 후에 인제터미널에 도착한다. 동일 장소(인제터미널)에서 마을버스로 현리 정류장에 도착한다. 소요 시간은 약 40여 분 정도다. 현리에서 곰배령 생태관리센터 인근 마을까지 운행하는 버스가 있으나 입산 시간 이전에 맞추기 위해 택시로 이동한다. 대중교통편을 이용할 때 세심한 시간 관리가 필요하다. 곰배령을 탐방하려면 당일 11시까지는 현장에 도착해야 입산할 수 있기 때문이다. 센터 관리 요원들의 말에 의하면 시차별 각 150명씩 9시, 10시, 11시 하루 총 450명만 입산할 수 있다고 한다.

점봉산에는 우리나라에서 자생하는 식물 종의 약 20%에 해당하는 854종의 나무와 꽃들이 자생하는 곳으로 유네스코가 지정한 생물권 보전 지역이기도 하다. 특히 점봉산은 월·화요일이 휴무이므로 탐방 날짜를 잘 조정해야 한다. 탐방관리센터에 도착하면 코로나 기간이라 체온 체크와 예약에 따른 인적 사항을 확인하고 신분증으로 본인 여부 확인 후 인제국유림관리소에서 제공하는 플라스틱으로 제조된 입산 허가증을 받는다. 하산 시 반납해야 하므로 보관을 잘해야 한다. 9시 20분경에 도착했는데 주차장에는 이미 많은 차가 주차되어 있었다. 주차장 규모도 상당히 크다. 입산 허가를 받아 장비를 다시 한번 점검하고 산행을 시작한다. 등산로가 마치 동네 둘레길과 비슷한 환경으로 걷기에 편하다. 한참을 걷다 보면 아담한 마을이 하나 나타난다. 그 유명한 강정마을이다. 택시 기사의 말에 의하면 오래전에는 화전민이 많이 거주했고 교육 등의 사유로 도시로 이사하고 지금은 10여 가구 정도가 생활

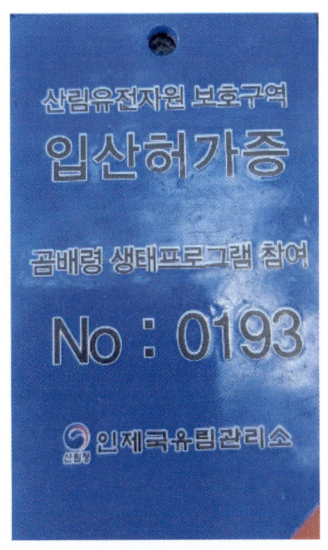

**입산 허가증**

한다. 소득은 주로 명이나물(일명 산마늘)이고, 일부는 약초로도 소득을 올린다고 한다.

옛날에 눈이 올 때 미끄러지지 않기 위해 설피[151]를 신고 다녔다고 하여 지금도 설피마을로 부르고 있다. 평범한 등산로는 1시간가량 계속된다. 등산로 옆 계곡의 물소리가 길동무해 주니 전혀 지루함이 없다. 일기예보상 오후에 비가 온다기에 서둘렀지만 하산 시까지 비는 오지 않아 더욱 즐거운 산행을 할 수 있었다. 등산로는 온통 활엽수가 터널을 만들어 주니 초여름의 더위도 피할 수 있어 산행하기에는 안성맞춤이다. 곰배령에 오르는 코스는 제1코스와 제2코스가 있다. 필자는 제1코스로 등산하여 하산은 제2코스로 정한다.

생태관리센터를 출발하여 약 두 시간이 채 못 되어 곰배령 평원에 도착한다. 많은 사람이 자연에 취한 듯 아우성친다. 어떤 산객은 비명을 지른다. 곰배령 정상석을 기념에 담기 위해 긴 줄을 서서 차례를 기다린다. 지금까지 보지 못한 광경이다. 평일임에도 불구하고 많은 산객이 천상의 화원인 곰배령을 향해 모여든다.

이름 모를 갖가지 꽃과 식물들… 시원한 바람까지 산객들의 마음을 들뜨도록 부추긴다. 일기예보상 오후에 곰배령 지역에 비가 온다기에 다음 주로 미룰까 하는 생각도 잠시 하다가 비를 맞을 각오로 새벽부터 서둘러 비옷까지 준비해서 이곳에 온 보람은 넘치고도 남는다. 곰배령 정상석을 중심으로 광활하게 펼쳐진 평원에는 이름 모를 꽃들의 개성 넘치는 자태와 아름다움을 어찌 우둔한 인간의 능력으로 우열을 가릴 수 있겠는가? 공짜로 베푸는 자연 앞에 "겸손하여지자! 겸손하여지자! 겸손하여지자!"라고 중얼거려진다.

정상에는 5만여 평의 평원이 산객을 맞이한다. 여름꽃인 바람꽃을 비롯하여 곰취, 둥근이질풀, 노루오줌, 참당귀, 금강초롱꽃, 까실쑥부쟁이 등 혼자 보기에는 너무 아까운 마음이다. 함께했으면 하는 많은 사람을 떠올리게 한다. 30여 분을 정상에서 머문 뒤 아쉽지만 제2코스로 하산 발걸음을 내딛는다. 가까운 곳에 쉼터와 점심 식사 하는 장소가 표시되어 있어 그곳을 향한다. 쉼터에는 20여 명이 자연을 벗 삼아 각자 준비해

---

151  설피(雪皮): 눈에 빠지지 않도록 신 바닥에 대는 넓적한 신.

온 음식으로 웃음꽃을 피운다. 필자도 옆에 자리한 사람과 의례적인 인사를 나누고 나무 계단에 앉아 요기한다. 소풍 온 기분이다. 연세가 듬직하신 부부는 천안에서 곰배령 천상의 화원을 보기 위해 어제 와서 근처에서 숙식 후 올라왔다고 하며 준비해 온 과일을 건넨다. 산을 찾는 대부분 사람은 마음의 여유가 있는 것 같다. 연이어 화성에서 단체로 온 산객 20여 명이 도착한다. 자리를 내어 주고 서둘러 자리를 뜬다.

대부분 제1코스로 원점 회귀 한다고 한다. 필자는 계획했던 제2코스

**곰배령 정상석 기념**

로 향한다. 동행하는 사람이 없는지라 휴대전화를 꺼내 곰배령 노래를 감상한다. 원작자인 조은성의 목소리는 자연 속에 파묻혀 애잔함을 자아내고, 임영웅이 부르는 곰배령은 또 다른 느낌으로 추억의 한 페이지에 담는다. 제2코스에는 오리내리막이 반복되기도 하지만 철쭉 군락지와 주목 군락지를 관찰할 수 있어 1코스로 등산 후 2코스로 하산하기를 권하고 싶다. 철쭉꽃은 지고 그 자리에 파란 순이 돋아나 내년을 준비하고 있고, 주목은 이름값을 하듯 천 년 동안 점봉산을 묵묵히 지키고 있다. 철쭉 군락지를 지나고 하산까지 너덜길과 경사진 길을 1시간 30분가량 걷다 보면 시원한 계곡물이 유혹한다. 그러나 멀지 않은 곳에 동네가 있는 관계로 물에 들어가지 못하게 표시줄이 쳐져 있다. 하산길 내내 조망은 없다. 그러나 목청을 자랑하는 매미 소리와 지저귀는 이름 모를 새 소리를 벗 삼아 약 4시간에 걸친 천상의 화원인 곰배령 산행을 마무리할 시간이다.

아쉬움이 있다면 점봉산 정상(1,464m)까지 260여 m를 눈앞에 두고 오를 수 없다

는 점이다. 상세한 이유는 알 수 없으나 국가에서 선정해서 지정한 100대 명산임에도 생태적 가치가 높은 곳이라 보호되어야 하는 이유만으로는 선뜻 이해가 가지 않는다. 그러나 우리 후손을 위해 보존할 가치가 있다면 곰배령까지 산행도 감사할 뿐이다. 차제에 지방자치단체나 관계 당국에서도 점봉산에 오르고 싶은 수많은 산객의 마음을 헤아려 주시길 기원하고 싶다. 입산 시 허가증을 반납하면서 계곡에 들어가 발이라도 담그고 싶다고 했으나 계곡 출입을 금한다는 대답이다. 버스를 타기 위해서는 20여 분 이상을 걸어가야 정류장이 있다길래 아침에 타고 온 택시를 불러 현리시외버스터미널에 도착하니 홍천행 버스가 대기하고 있다. 홍천을 거쳐 서울로 가면 30여 분을 단축할 수 있다고 한다. 현리에서 홍천종합버스터미널까지는 1시간이 소요된다. 아침에 인제터미널에서 현리까지는 마을버스로 이동했다(40분 소요). 홍천에서 동서울터미널까지 약 1시간 소요된다.

오늘 곰배령 산행은 지금까지 54회 산행 가운데 가장 평범한 코스 중 하나로 보너스를 얻은 느낌이다.

전망대에서 내려다본 곰배령

곰배령 전망대에서 바라본 전경

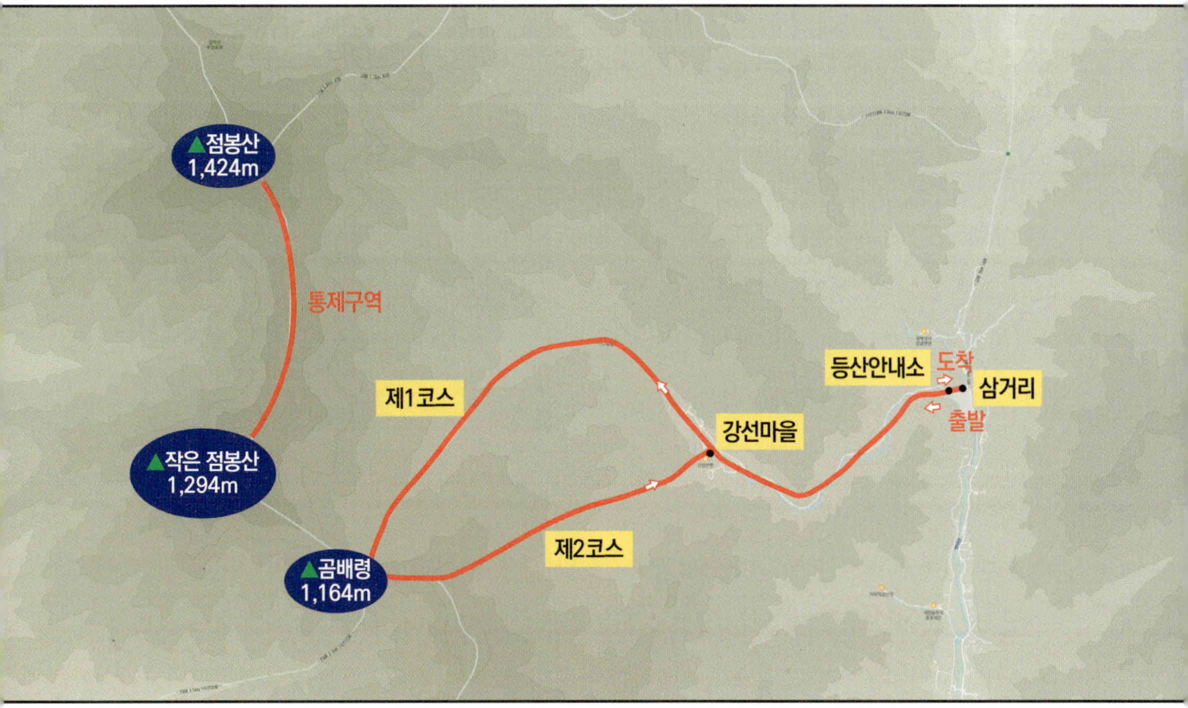

점봉산 오늘의 등산로

# 운문산(雲門山)

### 경상남도 밀양시·경상북도 청도군

– 2021년 7월 20일(화), 맑음

운문산은 행정구역상 경상남도 밀양시와 경상북도 청도군에 걸쳐 있는 산으로 해발 1,188m이다. 영남알프스 9봉 중의 하나로 특히 석골계곡의 기암괴석과 2km 정도의 빼어난 계곡이 유명하다. 오늘도 대중교통을 이용한다. 수서에서 5시 30분에 출발하는 부산행 SRT 301 열차로 울산역(통도사)에 도착한다. 소요 시간은 2시간 10여 분이다. 열차 창가에 앉아 바라본 바깥의 푸른 들녘은 바라보기만 해도 마음이 넉넉해진다. 뭉게구름 너머로 얼굴을 내미는 태양도 알곡이 영그는 것을 재촉한다.

**운문산 정상 표지석**

오늘 산행 들머리는 상양마을(상양복지회관)에서 출발하여 정상에 오른 뒤 몸 컨디션을 감안하여 원점 회귀 또는 석골사(石骨寺) 코스로 하산하는 계획을 세웠다. 울산역에서 상양마을 등산로 입구까지는 택시를 이용한다. 일기예보상 오늘 운문산 최고기온이 35도란다. 산행을 시작한 지 5분도 채 되지 않아 온몸은 땀범벅이다.

상양마을을 출발해서 아랫재까지 등산로는 숲속으로 걸을 수 있어 불볕더위는 피할 수 있으나 바람 한 점 없는 무더운 날씨다. 쉬다 가다를 되풀이하면서 1시간이 지나 아랫재 '운문산 생태·경관보존지역 환경 감시초소'에 도착한다. 초소에는 직원은 없었으며 문이 잠겨 있다. 감시초소 데크에 걸터앉아 충분한 휴식 후 운문산을 향한다. 우측으로 가면 3주 전에 다녀온 가지산 방향이다. 지금까지 걸어온 길보다는 경사도가 심하다. 날씨가 무덥고 평일이라 그런지 산객이 없다. 거친 숨을 몰아쉬며 오르는데 두 분이 하산한다. 비슷한 연배라 생각했는지 나이를 묻는다. 그분들보다는 한참 아래일 것 같다며 본인 나이를 알려 준다. 필자의 나이를 말했더니 바로 형님이라며 어디서 왔는지 물으며 손을 내민다. 100대 명산을 등정 중이며 산행기를 준비하고 있다고 말하자 완성되면 꼭 구매하고 싶다며 전화번호를 알려 준다. 출간되면 기념으로 선물하겠다 약속하고 정상을 향한다.

등산복이 몸에 감길 정도로 땀이 흐른다. 짧은 바지로 갈아입고 나니 한결 발걸음이 가볍다. 상양마을 출발 2시간 30분 만에 정상에 도착한다. 사방은 막힘이 없다. 얼굴에는 비 오듯 땀이 흘러내리고 수건은 행주가 된 지 이미 오래다. 마침 불어오는 시원한 바람은 말로 표현이 부족한 정도로 감사하고 고단했던 몸에 생기가 돈다. 저 멀리 3주 전에 올랐던 신불산과 가지산, 영축산이 눈에 들어오고 다음 주에 오를 예정인 재약산이 손짓한다. 또 산 아래에는 그림을 그려 놓은 듯한 많은 농지가 마음을 더욱 풍성하게 한다.

정상에는 중학생 정도로 보이는 학생과 부모님이 나무 그늘에서 점심을 먹는 중이고, 장년 한 분이 석골사 쪽에서 막 도착한

**운문산 정상 기념**

다. 숨을 고를 시간도 없이 휴대전화를 건네며 사진 촬영을 부탁한다. 필자도 정상석을 배경으로 기념을 남기고 하산 코스를 고민하고 있던 차에 장년이 필자에게 석골사 코스로 하산하기를 권한다. 특히 약 2km 정도 이어지는 계곡물이 일품이고 코스도 무난하다고 재차 권한다.

오늘처럼 계곡물이 간절한 적이 없었던 것 같다. 점심을 곁들여 정상에서 30여 분의 시간을 보낸 뒤 석골사 쪽으로 발길을 옮긴다. 정상에서 약 300~400m 지점 등산로 좌측에 상운암(上雲庵)이라는 암자가 나타난다. 물소리가 나는 쪽으로 따라갔더니 남자 스님이 공손히 합장하신다. 스님 하시는 말씀이 물맛이 참 좋다며 마시고 잠시 쉬어 가기를 권한다. 두 그릇을 연거푸 들이켜자 더위가 가실 정도로 차갑고 배 속까지 시원해진다. 암자는 그 흔한 기와지붕도 아니고 고급스러운 자재도 아닌 소박한 재료로 겨우 비바람을 면할 수 있을 정도의 시설이다. 그러나 넓은 터에서 내려다보는 경치는 어느 규모 있는 사찰 못지않을 만큼 빼어나다. 혼자 기거하시는지 여쭈어보니 그렇다고 하신다. 조금 머물다가 물 한 바가지를 더 마시고 고맙다는 인사를 하고 석골사로 향한다.

하산길은 약간의 너덜길과 돌계단으로 조성되어 있다. 그러나 30여 분을 내려가면 계곡의 물소리가 들리기 시작한다. 바람도 시원하게 불어온다. 땀을 식힐 크고 작은 소(沼)가 많다. 적당한 곳에 등산화를 벗고 발을 담근다. 넓은 바위에 누워 30여 분간 망중한을 즐긴다. 몸에 열을 완전히 식힌 후 배낭을 메고 석골사로 향한다.

그러나 300여 m도 채 걷지 않았음에도 또 땀이 온몸에 흘러내린다. 한참을 걷다가 다시 물가로 가서 이번에는 아예 알몸으로 웅덩이 안으로 들어간다. 금세 더위가 싹 가신다. 손가락만 한 물고기 여러 마리가 동무하자며 달려든다. 몸을 식힌 후 숲길을 걷는 사이 어느덧 석골사 도착이다. 사찰 주위에 있는 상당한 규모의 석골폭포가 장관을 이룬다. 삼단으로 흘러내리는 물줄기가 경쾌한 소리와 함께 하얀 포말을 품으며 소에 떨어진다. 소(沼) 가장자리에는 장년 세 명이 등산복을 입은 채 물놀이를 즐긴다. 두 번에 걸쳐 찬물 찜질을 하고 열을 식힌 탓인지 발걸음이 한결 가볍고 무릎의 통증도 느낄 수 없을 정도로 기분이 좋다. 여름의 등산과 계곡의 차가운 물은 최고의 궁합이라 혹서기임에도 산행이 싫지 않다.

    유서 깊은 석골사(石骨寺)[152]로 발길을 옮긴다. 특히 극락전 건축물이 예술적이라 카메라에 담는다. 경내에 자리한 가게에 들러 시원한 커피 한 잔으로 휴식을 가진 뒤 아침에 이용한 택시를 불러 울산역에서 SRT 352 열차 편으로 상경하면서 55번째 운문산 산행을 마무리한다.

운문산 아랫재 감시초소

운문산 석골폭포

운문산 석골사

152  석골사(石骨寺): 석골사는 대한불교조계종 제15교구 본사인 통도사 말사로 경상남도 밀양시 산내면 원서리 운문산에 있는 사찰이다. 삼국유사에 따르면 신라 진흥왕 12년(560년) 비허(備虛)법사가 짓고, 보양(寶壤)법사가 중창한 것으로 추정되고 있으며 현재 경상남도 지정문화재 제44호 전통사찰로 지정되었다. 『삼국사기』 기록에 따르면 보양은 고려의 건국을 도와주기 위하여 태조 왕건에게 산전 격퇴의 작전을 일러 준 명승으로 알려져 있다. 또한 임진왜란 시 관군과 의병이 함께 주둔하여 왜병과 싸웠고 인근의 백성들이 집결하여 피난한 곳이었다는 기록이 『밀주구지(密州舊誌)』 등에 보이고 있다는 것은 이곳 석골의 요새 적인 산새와 아울러 이적의 유서를 더해 준다. 한때 석굴사(石窟寺) 또는 노전사라고도 불렀다. 1592년(조선 선조 25년) 임진왜란 때 의병들이 활약하던 곳이었으며, 1753년(영조 11년) 임진왜란 때 소실된 일부를 함화(숨花)가 중창한 뒤 오랫동안 명맥을 이어 오다가 1950년에 불에 탔고, 1980년대에 복원하여 오늘에 이른다. 건물로는 극락전과 칠성각·산신각·요사채 2동이 있고 유물로는 석조아미타삼존불과 절구·석탑 재료 등이 전한다. 이 중 석조아미타삼존불은 극락전에 있으며, 석탑 재료는 기단과 보주 등만 발굴되었다. 특히 석골사는 아미타삼존불의 원력으로 중생의 깨달음과 소원성취의 기도처이며 극락왕생 발원의 귀의처이다. 석골사 현지 안내 글.

운문산 정상에서 바라본 밀양시 전경

운문산 오늘의 등산로

# 재약산(載藥山)

## 울산광역시 울주군·경상남도 밀양시
- 2021년 7월 27일(화), 맑음

재약산은 행정구역상으로 울산광역시 울주군과 밀양시에 걸쳐 있는 해발 1,108m의 산이다. 일부 자료나 등산 후기에 남긴 기록에는 천황산(天皇山/1,189m)과 혼용하여 사용하고 있으나 산림청이 재약산을 100대 명산에 명기한 이상 천황산은 재약산의 인근에 있는 명산으로, 영남알프스의 9봉 중 하나로 그 가치를 부여함이 마땅하리라 여겨진다. 두 개의 산을 구분해야 할 하나의 근거로 밀양시청 관광체육과(전화: 055-359-5787)에서 발행하여 관광객들에게 제공되고 있는 관

**재약산 정상 표지석**

광 안내 지도(2020년 10월 발행)에 의하더라도 재약산과 천황산은 구분하여 표기하고 있다. 재약산 중턱에는 삼복더위에도 얼음이 어는 천연기념물 제224호인 얼음골이

있고, 진덕여왕 때 창건한 천년고찰 표충사가 있는 곳이기도 하다. 표충사는 사명대사의 얼이 서려 있는 곳으로 사명대사의 유품전시관이 있다. 오늘도 대중교통을 이용한다. 수서 SRT 역에서 출발하는 5시 30분에 출발하는 부산행 301 열차로 울산역에 7시 42분에 도착한다.

 기온이 35도가 넘는 관계로 산에 오를 때 케이블카를 이용하기로 하고 택시로 밀양 얼음골 케이블카 하층부 호박사 주차장에 도착한다. 이틀 전 전화로 문의할 때(자동 안내)는 케이블카 첫 출발이 9시 20분이라는 안내가 있어 바깥에 있는 커피숍에서 차 한 잔 마시고 있는 중 이미 케이블카는 하단부를 출발하여 이동하고 있다. 서둘러 체온을 체크하고 시설 안으로 들어가서 물어보니 8월은 8시 20분부터 운행한다고 한다. 안내 직원들이 친절해서 기분이 좋다. 편도 표만 구입해서 정상에 오른 뒤 하산은 표충사로 계획을 세우고 편도 표만 구매하려고 했으나 왕복권만 판매한다고 한다. 효율적인 인력 운용 때문으로 생각되지만, 필자 같은 생각을 하는 산객도 많을 텐데 지방자치단체에서 한번 고려되었으면 하는 생각이다. 안내 직원이 동승하여 친절하게 설명해 준다. 얼음골 케이블카는 국내 최장 거리의 왕복식 케이블카로 선로 길이만 1.8km에 달하며 해발 1,020m 상부 승강장까지 소요 시간은 약 10분 정도이다. 20분 간격으로 운행되고 한꺼번에 50인까지 승차할 수 있는 대형 케이블카이다.

 이동 중 얼음골 계곡과 천황산의 경관을 조망할 수 있다. 케이블카 상단에 도착했을 때 아직 태양의 이글거림은 숨 고르는 중이고 바람이 시원하게 분다. 그러나 올해 들어 가장 기온이 높다는 일기예보가 있고 난 뒤라 본격적인 산행에 앞서 각오를 다지고 장비를 최종 점검하고 정상에 오를 준비를 끝낸다. 건너편에는 이미 다녀온 가지산을 비롯하여 운문산과 백운산의 봉우리들이 낯설지 않다. 안내직원의 설명에 의하면 마음이 착한 사람의 눈으로 백운산 백호 형상의 바위를 볼 수 있다고 한다. 살펴본즉 마치 호랑이가 입을 벌리고 포효하고 있는 백호 형상이 눈에 들어온다.

 승강장 상부에 내리면 초입부터 잘 정돈된 데크 길이 약 300여 m 이어지는데 이름하여 '하늘사랑길'이라 부른다. 등산로 바닥은 가마니가 깔려 있어 안전한 산행을 즐길 수 있다. 케이블카에 내려 약 1시간 후면 천황산에 도착한다. 천황산을 오르지 않고 재약산으로 곧바로 가는 등산로가 있으나 필자는 천황산을 거쳐 재약산에 오른 뒤 표충사를 관람하기로 코스를 잡는다. 천황산에 도착하는 순간 기후가 갑자기 변하여 안개가 정상을 감싼다. 다른 산객이 없는 관계로 삼각대를 펴고 기념을 남기는 순간 구름은 거짓말처럼 걷히고 이글거리는 태양이 얼굴을 내민다. 땀이 온몸을 적신다.

천황산 정상은 사방이 확 트여 막힘이 없다. 높고 낮은 산들이 제각기 자기만의 자태를 자랑이라도 하듯 얼굴을 내민다. 멀리 가지산 쪽에 운무가 장관이다. 재약산의 운해는 소문이 자자할 정도로 유명한 곳이라고 한다. 운무를 볼 수 있어 운이 좋은 것 같다. 오늘 산행의 최종 목적지인 재약산으로 발걸음을 내딛는다. 천황산 정상에서 재약산까지 거리는 1.8km라고 표시되어 있다.

눈 아래 천황재가 눈에 들어온다. 천황산 정상에서 천황재 분기점까지는 내리막이지만 정비가 잘된 데크 길이라 어려움이 없다. 천황재에는 엄청난 규모의 억새밭이 산객들의 마음을 설레게 한다. 이곳에는 또 널따란 나무 데크와 나무 탁자로 된 의자가 산객들을 기다리고 있으나 내리쬐는 태양의 위력 탓으로 자리가 텅 비어 있다. 그러나 바람에 넘실거리는 억새의 장관은 일품이다. 재약산 정상을 향해 고도를 높인다. 약간의 숲 그늘이 반복되는 가운데 재약산 정상에 도착한다.

**천황산 정상 표지석**

정상 표지석은 바위 위로 올라가야 만날 수 있다. 재약산 정상도 사방이 확 트였다. 가지산을 비롯하여 신불산과 운문산, 재약산 정상에 발자국을 남김으로써 울주군, 밀양 지역에 위치한 100대 명산 4개를 오르는 숙제를 끝난 것 같아 마음이 홀가분하다. 정상석 아래 마련되어 있는 쉼터에서 충분한 휴식을 가진 뒤 조금 전 지나온 사자평원 억새 군락지를 향한다. 이 순간 바람과 함께 출렁이는 녹색 파도의 물결이 계절의 변화로 인하여 지금과는 완연히 다른 은빛 옷으로 갈아입고 산객의 마음을 사로잡을 그날을 머릿속에 그려만 봐도 기분이 좋아진다.

예정대로 억새 군락지 갈림길에서 천년고찰이 있는 표충사로 향한다. 다른 산객들은 아무도 없이 홀로다. 그나마 숲 그늘이 있는 길이 많아서 불볕은 피할 수 있으나 땀은 비 오듯 전신에 스며든다. 걷다 쉬기를 반복하면서 내원암에 도착한다.

경내를 돌아보고 시원한 물소리가 들려오는 계곡으로 발길을 옮긴다. 계곡에는 깊은 웅덩이가 많다. 배낭을 벗어 놓고 속옷 차림으로 깊은 웅덩이로 뛰어든다. 30여 분 동안 물속에서 열을 식히고 나니 피로가 확 풀린다. 물은 한기를 느낄 정도로 차갑다. 바위를 침대 삼아 긴 휴식을 가진 뒤 표충사로 향한다. 처음 와 보는 표충사는 명성답게 규모가 상당하다. 경상남도 기념물 제17호인 표충사[153]는 임진왜란 때 승병을 이

재약산 정상 기념

---

[153] 표충사: 신라 무열왕 원년인 654년에 원효대사가 지었는데 원래는 죽림사(竹林寺)라고 하였다. 이 절에서 829년에 인도 승려 황면선사(黃面禪師)가 다섯 색깔 구름을 본 뒤 삼층석탑을 세우고 부처님 진신사리를 봉안했다고 한다. 마침 흥덕왕의 왕자가 나병을 치료하려고 신령스러운 산과 약수를 찾아다니다가 죽림사에 머물고 있었는데, 선사의 법력으로 약수를 마시고 완쾌됐다. 이때부터 '신령한 약수'가 있다고 하여 영정사(靈井寺)로 부르게 되었다. 고려 충렬왕 때는 『삼국유사』를 지은 일연국사가 승려 1,000여 명을 모아 불교를 크게 일으키기도 했다. 표충사(表忠寺)라는 이름은 사명대사의 고향인 밀양 무안에 있던 사당 표충사를 1839년 영정사로 옮겨 오면서 붙였다. 사당 표충사는 사명, 서산, 기허 등 임진왜란 때 활약한 세 대사를 모신 곳으로 표충서원(表忠書院)이라는 사액을 받았다. 표충사에 있는 주요 문화재로는 청동향로에 무늬를 새기고 그 속을 은실로 메워 장식한 표충사 청동은입사향완(국보 제75호), 표충사 삼층 석탑(보물 제467호), 표충사 삼층 석탑 출토 유물 일괄(보물 제1944호)이 있다. 표충사 석등(경상남도 유형문화재 제14호), 사명대사가 입었던 가사와 장삼(국가민속문화재 제29호) 등 사명대사의 유품 300여 점도 보존돼 있다. 경내지에는 대광전을 비롯한 20여 동의 전각과 표충서원이 있다. 표충사 현지 기록 내용.

끌고 나라를 구하는 데 앞장선 사명대사의 호국정신이 깃든 사찰임을 기록하고 있다. 경내에는 임진왜란 때 승병을 일으켜 나라를 구하는 데 앞장선 서산, 사명, 기허스님 등 세 대사를 추모하기 위해 세운 사당인 표충서원이 있다. 표충서원은 경상남도 유형문화재 제52호로 지정되었다. 경내를 관람한 뒤 아침에 이용한 택시 편으로 울산역에서 수서행 SRT 편으로 상경하면서 재약산 산행을 마무리한다.

재약산 대원암

밀양 얼음골 호랑이바위

표충사 효봉 대종사 사리탑

**재약산 정상에서 바라본 천황재 전경**

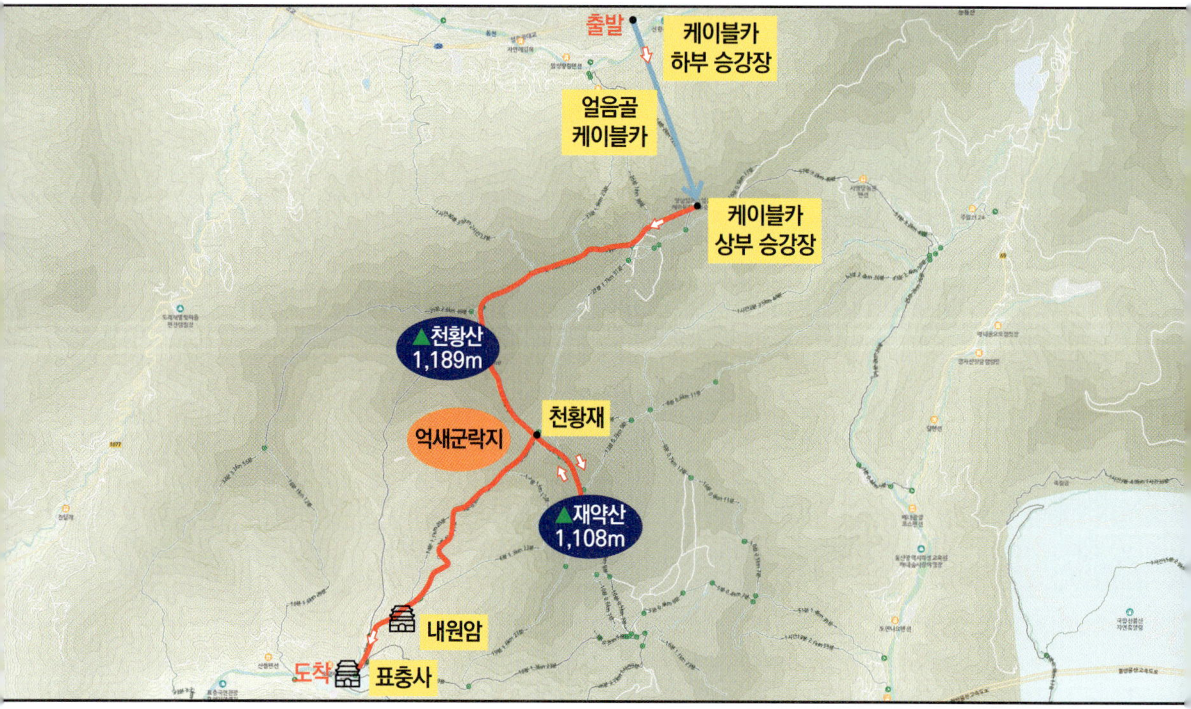

**재약산 오늘의 등산로**

# 천성산(千聖山)

### 경상남도 양산시
– 2021년 8월 4일(수), 구름·맑음

    천성산은 행정구역상으로 경상남도 양산시 웅상읍과 상북면·하북면의 경계에 있는 해발 922m의 산이다. 가을 절기가 시작되는 입추가 5일 앞으로 다가왔지만, 장마철로 연일 찜통더위는 더욱 기승을 부린다. 현지 기록에 따르면 천성산은 태백 산계에 속하며, 남서쪽에 골짜기를 사이에 두고 마주 있는 산을 원효산(元曉山)이라 하였는데, 양산시에서 이전의 원효산을 천성산 주봉으로 하고, 이전의 천성산을 천성산 제2봉으로 명칭을 변경하였다. 원효대사가 당나라에서 온 1,000명의 승려를 화엄경(華嚴經)으로 교화하

천성산 2봉 정상 표지석

여 모두 성인으로 만들었다는 전설에서 '천성산'이라는 이름으로 불렸다고 하며, 많은 계곡과 폭포 및 뛰어난 경치로 인해 예로부터 소금강산(小金剛山)이라 불렸다.

    천성산은 가지산, 운문산, 신불산, 영축산과 함께 영남알프스 산군에 속한다. 원효암

을 비롯하여 홍룡사(紅龍寺), 성불사(成佛寺), 미타암(彌陀庵) 법수원 등의 여러 사찰과 혈수폭포(血水瀑布) 등의 명승지가 산재한다. 제2봉의 북서쪽 사면(하복면 용연리)에는 통도사(通度寺)의 말사(末寺)인 내원사(內院寺)가 있다. 희귀한 꽃과 식물·곤충들의 생태가 잘 보존된 화엄늪과 밀밭늪은 생태학적 가치가 매우 높으며, 봄에는 진달래와 철쭉이 만산홍을 이루고 가을에는 울창한 억새밭이 장관을 이룬다. 특히 산 정상은 동해의 일출을 가장 먼저 바라볼 수 있는 곳으로 유명하기도 하다.[154]

교통은 대중교통편으로 이동한다. 수서역에서 5시 30분에 출발하는 부산행 SRT 열차를 타고 울산역에 하차한다. 천성산까지는 택시를 이용한다. 오늘 들머리로 미타암 주차장에서 정상에 오른 뒤 하산은 내원사 쪽으로 계획한다. 미타암 주차장에 도착하자 산객이 타고 온 것으로 여겨지는 자동차 세 대가 주차되어 있다. 주차장 옆에 가게가 있으나 평일이고 코로나 영향으로 문을 닫은 상태다. 등산로 20여 m 갈림길 지점에서 동화사와 미타암으로 향하는 이정표가 나타난다. 어느 곳으로 가든지 약 500여 m 오르면 미타암에 도착할 수 있다. 경험상 우측 등산로 쪽으로 오르는 것이 무릎에 무리가 덜한 것 같다.

미타암에 도착하여 경내를 둘러보고 암자 옆에 있는 간이 우물에서 물 한 바가지로 목을 축이고 정상을 향한다. 지금 천성산 정상인 제1봉은 한국전쟁 당시 지뢰가 매설된 관계로 제2봉을 정상으로 간주하여 목표를 수정한다. 정상의 높이는 별 차이가 없으나 1, 2봉이 구분되어 있다. 위치도 1, 2봉이 상당히 떨어져 있

**천성산 원적봉**

---

154 미타암 입구, 천성산 안내 글.

다. 약 1시간 정도 산행하다 보면 원적봉 쪽으로 향하는 이정표가 나온다. 필자는 원적봉 쪽으로 향한다. 등산로는 비좁고 산객이 없다. 30여 분 후 원적봉에 도착한다. 조망은 좋은 편이다. 토요 산사랑 산악회에서 아담한 화강암 표지석을 세워 두었다. 원적봉은 해발 807m이다.

원적봉(圓寂峰)[155]은 신라시대 원효대사(元曉大師, 617~686년)의 설화와 불교의 성운이 서린 성지이며, 천성산의 옛 이름도 원적산(圓寂山)이라고 기록하고 있다. 조금 더 가다 보면 잔치봉의 이정표가 나온다. 역시 사람이 많이 다니지 않은 것 같은 등산로다. 잔치봉[156] 표지석은 벽산샘 산악회에서 세워 놓은 표지석이다. 해발 765m이다. 이곳은 말 그대로 잔치를 벌였던 바위이며 일명 걸뱅이 잔치바위라고 한다.

기온은 36도를 가리킨다. 천성산 제2봉으로 향하는 이정표도 없고 등산로도 확실하지 않다. 그 흔한 산악회 시그널도 귀하다. 능선을 따라 직진하였더니 계곡이다. 계곡이 상당히 깊다. 계곡에는 물이 그리 많지 않으나 웅덩이 몇 군데가 있다. 시간이 넉넉한지라 등산화를 벗고 발을 담그고 땀을 식힌다. 물속에 발을 담근 상태에서 이른 점심을 먹는다. 앞에 좁은 등산로가 눈에 들어온다. 길을 따라 30여 분 이상 오르니 고개가 나

---

[155] 원적봉(圓寂峰): 신라시대 원효대사(元曉大師 617~686)의 설화와 불교의 성운이 서린 성지이다. 천성산의 옛 이름은 원적산(圓寂山)이다. 원적이란 모든 덕이 원만하고 모든 악이 적멸(寂滅)하는, 즉, 모든 것이 부족함이 없이 가득하고 번뇌의 세상에서 완전히 벗어나는 산이라는 뜻이다. 원효대사는 이곳에서 수도하며 당나라에서 온 1천 제자에게 화엄경을 설한 곳으로 전해 오고 있다. 원호는 소년 시절 화랑도에 들어가 수련하다가 황룡사(黃龍寺)에서 스님이 된 뒤 당시의 풍조에 따라 의상(義湘)과 함께 당나라 유학길에 올랐다. 그러나 여행 도중 굴속에서 자다가 해골에 괸 물을 마시고는 "진리는 밖에서 찾을 것이 아니라 바로 자기 자신에게서 찾아야 한다."라는 깨달음을 득하고는 되돌아왔다. 원효는 이곳 천성산에서 수련 정진하며 득도한 뒤 일심사상(一心思想), 화쟁사상(和諍思想), 무애사상(無碍思想) 등 3대 불교사상 체계를 정립시켰다, 철저한 자유는 민중 삶에 있고 어느 종파에도 치우치지 않는 원효의 화엄 사상은 바로 이곳 천성산을 무대로 구전되어 내려오는 수많은 원효 설화에 잘 나타나고 있다. 또한 원효는 646년경 이곳 천성산에 원효암, 미타암을 비롯해 89개 암자를 세웠다. (천성산 조계암 상량문 기록) 그러나 현존하는 것은 9개 암자에 불과하고 대부분 멸실되었거나 터만 남아 주춧돌만 덩그러니 남아 있는 곳이 있다. 원적봉 현장 안내 글, 양산시.
[156] 잔치봉: 말 그대로 잔치를 벌였던 바위이다. 일명 걸뱅이 잔치바위라고 부른다. 천성산 아래 웅상지역은 평산마을, 주진마을, 주남마을, 심호마을 등 여러 마을이 있다. 옛날 농경지 사회 시절 이러한 마을에서 수시로 일어났던 혼사, 장례 등 각종 경조사 때 또는 평시에도 걸인들이 각 마을로 내려가 동냥해서 모아 온 음식들을 한데 모아 모든 걸인이 함께 나눠 먹으며 애환을 달래고 정을 나누던 장소이다. 또한 치열했던 민족상잔의 6·25 동란이 끝난 직후 북서쪽 아래 깊은 골짜기에는 미처 북으로 가지 못한 빨치산들이 은신하며 이 잔치봉을 통해 밤이면 마을에 내려와 약탈을 일삼는 등, 잔치봉이 은신처의 창구 역할을 했다는 이야기도 전해져 온다. 잔치봉 현장 안내 글, 양산시.

타난다. 고개에도 그 흔한 이정표는 없다. 좌측으로 조금 오르니 제2봉으로 가는 이정표가 나온다.

드디어 목적지인 천성산 제2봉에 도착한다. 전망이 일품이다. 사방이 확 트였다. 규모가 있는 정상 표지석은 다소 불편한 곳에 세워져 있다. 산객 한 명이 휴식 중이다. 사진 찍기를 품앗이 하고 약 30여 분 동안 휴식을 가진 뒤 정상에서 내려다보이는 내원사 쪽으로 향한다. 약 5~60여 m 내려갈 때쯤 하산이 불가하다는 경고문이다. 이유인즉 나무 계단 철거공사를 하므로 하산 코스를 폐쇄한다는 문구다. 하는 수 없이 정상으로 회귀하

**천성산 제2봉 정상 기념**

여 임도 쪽으로 내려오니 편한 길이 나온다. 이정표도 여러 곳에 있다. 임도를 따라 계속 내려오면 커다란 바위에 새겨 놓은 '천성산(千聖山) 철쭉제'의 장소를 알리는 표지석이 세워져 있다. 주변에는 상당히 넓은 공터와 쉴 수 있는 의자도 여러 개 마련되어 있다. 또 여러 행선지와 거리를 명시한 이정표가 있다. 온몸은 땀에 젖어 있다. 나무 의자에서 앉았다 일어나자 의자에 물이 고일 정도다. 그러나 지금도 방호복을 입은 채 격리된 신종 코로나 바이러스 감염증(코로나19) 환자와 싸우고 있는 간호사와 의료진의 헌신하는 모습이 머리를 스친다. 새삼 그분들께 고마운 마음을 전한다.

미타암 방향으로 하산하기로 한다. 미타암까지 거리도 600여 m 정도로 단거리다.

미타암 하산 코스에 접어들자 철쭉나무가 터널을 이루고 넘실거리는 푸른 억새가 하산 발걸음을 가볍게 한다. 봄의 연분홍 철쭉과 가을의 은빛 억새를 상상해 본다.

　원적봉과 잔치봉을 오르지 않고 미타암에서 곧장 오르는 이 코스를 선택하면 가장 단거리로 편안하게 천성산 제2봉을 오를 수 있다. 초보자라면 이 코스를 선택하기를 권한다. 지뢰 제거 작업으로 인하여 천성산 제1봉을 오르지 못한 점과 계단 제거 작업으로 내원사 관람을 하지 못한 점은 아쉬움이 남지만, 천성산을 끝으로 영남알프스라 부르는 신불산, 가지산, 운문산, 재약산 및 천성산 등 5개 산을 큰 대과 없이 산행을 마칠 수 있어 홀가분한 마음이다.

천성산 미타암 대웅전

천성산 잔치봉

천성산 철쭉제 기념비

천성산 제2봉 정상 전경

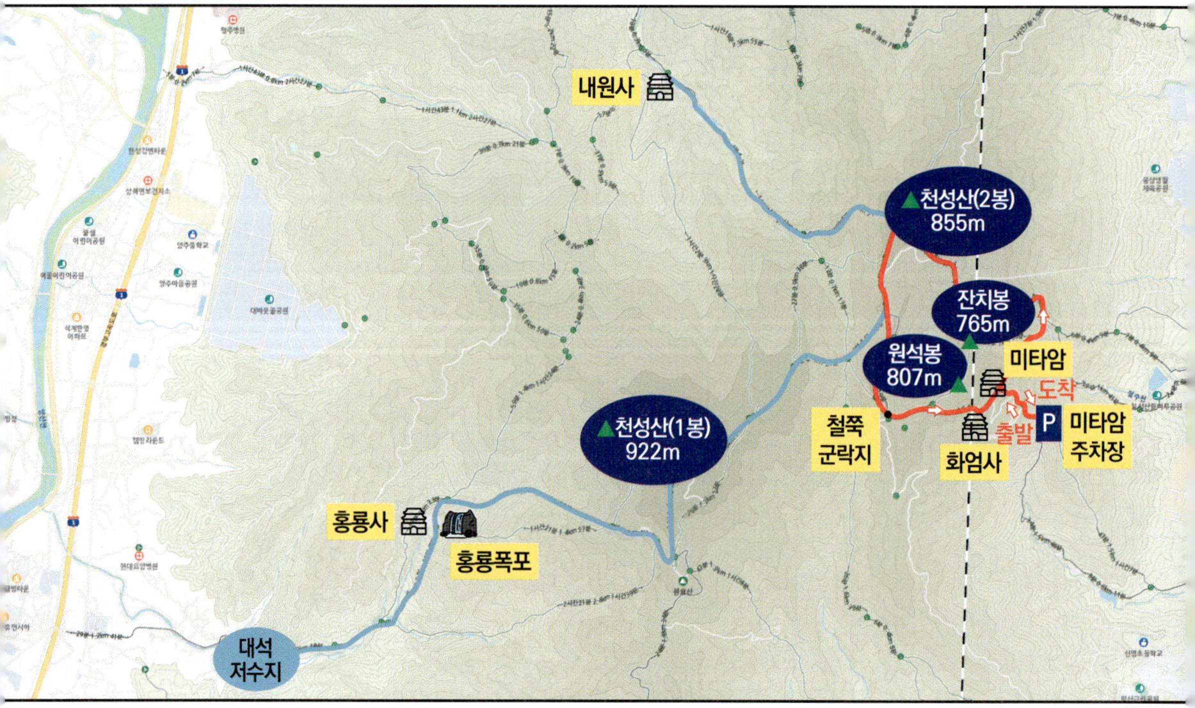

천성산 오늘의 등산로

# 남산(南山)

### 경상북도 경주시
### - 2021년 8월 11일(수), 맑은 후 소나기

경주 남산은 행정구역상으로 경상북도 경주시에 있는 해발 468m의 산이다. 남산이 100대 명산에 선정된 이유를 살펴보면, 남산에는 불상 80여 체를 비롯하여 탑 60여 기, 절터가 무려 110여 개소가 산재해 있으며 경주국립공원으로 지정하는 등 신라시대 역사 유물의 보고이며, 보물 제91호인 마애여래좌상, 칠불암 마애석불 등이 있어 선정되었다고 한다. 신라 천년의 고도인 경주시 전체가 역사박물관이라 해도 과언이 아니다.

**남산(금오산) 정상 표지석**

오늘 교통편도 대중교통을 이용한다. 수서역에서 5시 30분에 출발하는 부산행 301 열차로 신경주역에 도착한다. 소요 시간은 2시간이다. 신경주 역사가 시내와 상당히 떨어져 있어 버스를 타고 경주시외버스터미널에서 다시 버스로 용장마을까지 이동할 수 있으나 필자는 신경주역에서 오늘의 들머리인 삼릉 주차장까지 택시

(20,000원)로 이동한다.

필자는 여태껏 경주에 남산이 있는지 알지 못했으며, 20여 년 전 필자가 근무하던 회사 간부들과 토함산과 불국사를 여행한 경험이 전부다. 차제에 천년고도인 경주에 있는 남산을 산행한다는 것은 큰 행운이고 마음이 설레기도 한다.

많은 기대를 안고 새벽부터 서둘러 등산 배낭을 챙겨 수서로 향한다. 코로나의 영향으로 좌석 배치는 모두 차창 쪽이다. 차창 너머로 잘 정돈된 전(田)에는 벼가, 답(畓)에는 과일이 풍년을 예약하듯 영글고 있다. 푸른 들판을 바라보는 것만으로도 마음이 여유로워진다.

경주국립공원에 따르면 남산은 신라의 궁궐인 월성의 남쪽에 있는 산으로서 북쪽의 금오봉(468m)과 남쪽의 고위봉(494m) 등 두 봉우리에서 흘러내리는 40여 개의 계곡으로 형성되어 있다.

남산은 신라왕조의 영산이며 불교의 성지로서 수많은 불교 유적을 통해 당시 신라인의 신앙 세계를 엿볼 수 있다. 불교 유적은 절터를 비롯하여 석불, 석탑 기타 석조물까지 많은 문화재가 남아 있다. 신라인들의 예술 문화가 깃들어 있는 역사의 산으로 인정받아 2000년에 세계문화유산으로 등재되었다.

첫 관람은 사적 제29호인 삼릉[157]이다. 삼릉을 중심으로 사방에 소나무들이 에워싸고 있다. 소나무 모양도 3개의 커다란 능인 삼릉을 보호하기 알맞게 구부러진 나무도 있고 비스듬히 누운 소나무 등 각자의 위치에서 보초를 서고 있는 느낌이다.

오늘 산행 코스는 삼릉을 기점으로 정상에 오른 뒤 용장마을로 하산한다. 평소에 한 번 가 보고 싶었던 포석정은 기사분께 부탁하여 지나가는 길에 잠깐 관람한다. 삼릉을 한 바퀴 돌고 본격적인 산행을 시작한다. 산행이 시작되면서부터 얼마 가지 않아 삼릉

---

[157] 경주 배동 삼릉: 사적 제219호, 이곳은 신라 제8대 아달라왕(阿達羅王, 154~184년 재위), 제53대 신덕왕(912~917년 재위), 54대 경명왕(景明王, 917~924년 재위)의 능이 모여 있다고 하여 삼릉이라 불린다. 모두 박씨 왕들이다. 아달라왕은 도로를 개통하는 등의 내치(內治)에 힘썼고 173년에 왜(倭)와 사신을 교환하였다. 신덕왕과 경명왕 때의 신라는 경주 지역을 다스리는 데 그쳤다. 국토 대부분이 궁예(弓裔)와 견훤(甄萱)의 세력권에 들어가 이미 신라의 국운이 기운 시기였다. 중앙에 있는 신덕왕릉은 1963년 도굴당하였는데, 굴식 돌방무덤으로 확인되었고 벽면은 병풍처럼 색이 칠해져 있었다. 서편의 경명왕릉은 경명왕이 세상을 뜨자 황복사 북쪽에서 화장한 후에 다른 곳으로 산골(散骨)하였다는 기록이 전해지기도 한다.

곡 제1사지 탑재와 불상을 접한다. 이는 계곡에 흩어져 있던 것을 한곳에 모아 정비하였다고 한다.

앉은 불상은 약합을 들고 있어 약사여래상이며, 옷 주름 조각이나 특별한 양식이 없어 시대를 알 수 없다. 또 한 점의 불상 조각은 여래입상이다. 허리 위와 발 대좌는 잃어버렸다. 옷의 주름 조각 모양으로 보아 9세기에 조성된 것으로 추정된다고 설명하고 있다. 2점의 탑재는 각기 다른 탑의 조각이라고 기록하고 있다. 부근에는 제2사지가 있고, 삼릉에서 약 1km 정도의 좌측 산언저리에 경상북도

용장사곡 석조여래좌상

유형문화재 제19호인 삼릉계곡 마애관음보살상[158]이 근엄한 자세로 남산을 지키고 있다. 높이 약 1.5m, 통일신라시대 8세기 중엽 이후 이 불상은 남산의 삼릉계곡에 있으며 돌기둥 같은 암벽에 돋을새김되어 있다. 또 한 가지 특이한 점은 머리가 없는 불상이 몇 점 나타난다. 이는 고려 말경 불교의 타락으로 민심이 흉흉하여 새로운 조선 왕조가 건국됨에 따라 억불숭유 정책의 영향으로 전국에 산재해 있던 많은 불상이 겪은 수난이라 한다. 계속 직진하여 나무 계단을 오르면 소박한 암자 하나가 나타나는데 상선암이다. 두 채의 건물 가운데 등산로가 나 있고 목을 축일 수 있는 샘물이 있다. 등산로 좌·우측을 가리지 않고 문화재급(?)의 보물들이 즐비하다. 마치 박물관을 통째로 경

---

158  삼릉계곡 마애관음보살상: 경상북도 유형문화재 제19호이며 높이 약 1.5m로, 통일신라시대 8세기 중엽 이후 이 불상은 남산의 삼릉계곡에 있으며 돌기둥 같은 암벽에 돋을새김되어 있다. 얼굴은 풍만하며 머리 위에는 삼면보관(三面寶冠)을 썼는데, 보관에는 작은 불상이 따로 조각되어 있어 이 불상이 관음보살임을 알 수 있다. 입술 주위에는 주칠(朱漆)의 흔적이 남아 있어 붉은빛을 띠고 있으며, 작게 표현된 입가에는 자비로운 미소가 뚜렷하다. 관음보살은 연꽃으로 표현된 대좌 위에 서 있는데 얇게 조각된 옷자락은 허리 아래까지 내려와 양다리에 U자 형으로 드리워져 있다. 오른손은 설법인(說法印)을 표시하고 있으며, 왼손에는 정병(淨甁)을 들고 있다. 삼릉계곡, 현지 글.

주 남산에 옮겨 놓은 것 같다.

등산로 좌측에 경상북도 유형문화재 제21호인 '삼릉계곡 선각육존불'[159]이 있는 곳으로 발길을 옮긴다. 불상 앞에서 두 명의 여인이 공손히 두 손을 모은다. 그 외에도 '삼릉계 제3사지 탑부재'[160], '3층 석탑 터', '삼릉계 석조여래좌상'[161]도 근엄한 모습으로 찾는 이에게 안전을 당부하는 인

삼릉곡 제1사지 탑재와 불상

----------

159  삼릉계곡 선각육존불: 경상북도 유형문화재 제21호로, 이 불상은 남산에서는 드물게, 선각으로 된 여섯 분의 불상이 두 개의 바위 면에 새겨져 있다. 안쪽 바위 면 가운데 본존이 오른 어깨에만 법의를 걸치고 연꽃 대좌(臺座)에 앉아 있다. 머리 둘레에 두광(頭光)만 새기고 둘레의 신광(身光)은 새기지 않았으며, 왼손은 무릎에 얹고 오른손은 들어 올린 모습이다. 그 좌우에는 연꽃 대좌에 두광만 조각되고 방울 3개를 꿰어 만든 목걸이를 한 보살 두 분이 서 있다. 보통 이 세 분을 석가삼존이라 부른다. 앞쪽 바위 면 가운데 본존이 서고 좌우의 보살은 꿇어앉은 모습으로 그려져 있다. 본존은 연꽃 위에 서서 왼손은 아래에, 오른손은 위에서 서로 마주 보게 하고 두광만 조각되어 있다. 그 좌우의 보살상(菩薩像)은 웃옷을 벗고 한쪽 무릎을 세운 모습을 하였다. 손에는 꽃 쟁반을 받쳐 들고 있는데, 두광만 조각되었으며 목에는 구슬 두 개를 꿰어 만든 목걸이를 하였다. 이를 아미타삼존이라고 한다. 오른쪽 암벽 위에는 당시 이들 불상을 보호하기 위한 법당(法堂)을 세웠던 흔적이 남아 있다. 경주 남산 현지 글.

160  경주 남산 삼릉계 제3사지 탑부재: 경상북도 유형문화재 제21호로, 옆에 있던 지붕을 2019년에 정비하였다. 두께는 22cm이며, 파손이 심하고 받침은 2단이다. 이곳에 다른 탑재가 없는 것으로 미루어 다른 절터에서 옮겨 온 것으로 추정하기도 한다. 삼릉계곡, 현지 글.

161  경주 남산 삼릉계 석조여래좌상: 보물 제666호로, 남산의 삼릉계곡 중부 능선에 자리하고 있는 이 불상은 항마촉지인(降魔觸地印)을 맺고 연화좌(蓮華坐) 위에 결가부한 석불좌상이다. 불상은 불두와 불신을 따로 제작하여 결합하였다. 이 불상의 얼굴은 파손이 심했기 때문에 2007~2008년 국립경주 문화재연구소에서 보수·정비하여 뺨과 코와 입 등 대부분을 복원하였다. 불상의 몸은 당당하면서도 안정감 있는 신체 표현이라고 할 수 있다. 가사(袈裟)는 왼쪽 어깨에만 두르고 오른쪽 어깨는 노출된 편단우견식으로 걸쳤는데, 이 가사는 얇게 몸에 밀착하여 신체의 윤곽 등이 드러나고 있다. 그리고 정강이에서 발목으로 옷 주름이 비스듬히 흐르고 있다. 광배는 간결하면서도 화염문(火焰紋)과 당초문(唐草紋)을 섬세하게 새겨 우수한 조형성을 보여 주고 있다. 한편, 연화좌는 상대(上臺)에 앙련(仰蓮)을 3단으로 새겼는데, 꽃잎 안에 다시 꽃잎을 새겼다. 팔각의 중대(中臺)에는 면마다 안상(眼象)을 두었으나 하대(下臺)에는 아무런 장식이 없다. 이 불상은 풍만하면서 당당하고 안정감 있는 신체 표현, 대좌와 광배의 간결하면서도 섬세한 조각 수법, 몸에 밀착시켜 입은 얇은 가사, 발목으로 흐르는 옷 주름 등으로 보아 석굴암 본존불상에서 완성된 통일신라시대 조각의 양식과 수법을 충실히 따르고 있으므로 8세기 후반에서 9세기 전반에 조성된 것으로 추정된다. 삼릉계곡, 현지 글.

자한 모습이다. 진본은 국립경주박물관에 소장되어 있고 원형 대비 5분지 1로 축소한 '삼릉계 삼층석탑' 및 웅장한 '삼릉계곡 마애석가여래좌상'[162]을 감상하며 정상 가까이에서 고개를 돌리면, 경주시와 농촌 풍경의 아름다움을 감상할 수 있다. 삼릉을 출발하여 많은 문화재를 감상하며 약 3시간 만에 남산의 정상인 금오산(金鰲山) 정상에 도착한다. 정상석을 남산이 아닌 금오산으로 부르는 것은 매월당(梅月堂) 김시습(金時習)이 쓴 우리나라 최초의 한문 소설 『금오신화(金鰲新話)』에서 비롯되었다고 한다. 정상에는 소나무 등의 나무로 막혀 있어 조망은 없으나 깨끗하고 넓은 공간에 쉴 수 있는 의자 두 개가 가지런히 놓여 있고, 두 팀이 쉬고 있다. 의례적인 인사를 나눈다.

기념을 위해 사진을 부탁하려 하자 머뭇거리는 눈치다. 코로나의 영향인 것 같다. 준비해 간 삼각대를 설치하고 기념을 몇 장 담는다. 먼저 온 두 팀이 자리를 뜨고, 그 자리에서 점심을 곁들인 충분한 휴식을 가진 뒤 애초

**남산(금오산) 정상 기념**

---

162 삼릉계곡 마애석가여래좌상: 유형문화재 제158호로, 거대한 바위벽에 6m 높이로 새긴 이 불상은 남산에서 두 번째로 큰 불상이다. 얼굴의 앞면은 고부조로 원만하게 새겨진 반면, 머리 뒷부분은 바위를 투박하게 쪼아 내었다. 짧은 목에 삼도는 없고, 건장한 신체는 네모난 얼굴과 잘 어울린다. 오른손은 가슴 앞에서 설법인을 짓고 왼손은 손바닥을 위로 하여 결가부좌한 다리 위에 올려놓았다. 불상의 신체는 거칠고 억세게 선각하였고, 좌대는 부드러워지다가 희미하게 사라져 버린 듯하다. 이러한 조각 수법은 불교가 바위 신앙과 습합하여 바위 속에서 부처님이 나오시는 듯한 모습을 표현하였다. 입체감 없는 신체 표현, 거칠고 치졸한 옷 주름 선 등으로 보아 9세기 물상 양식을 반영하는 거대 불상이다. 경주남산 삼릉계곡, 현지 글.

계획한 용장골[163] 쪽으로 향한다. 조금 내려가니 임도가 나타난다. 기대치대로 보물 제186호인 '용장계곡 삼층석탑'이 나타난다. 조금 더 내려가면 디딤돌 4매를 조립하여 받침돌을 만들고, 그 위에 사각형 몸돌을 올려놓은 '경주 남산 용장계곡 탑상곡 제1사지(용지사지) 탑부재'가 나타나고, 부근에는 또 보물 제86호인 '경주 남산 용장사곡 삼층석탑'[164]도 눈길을 끈다. 조금 떨어진 장소에 '경주 남산 용장사곡 석조여래좌상'[165]을 만난다. 자연 암반 위에 원형으로 쌓아 올린 탑 모양은 흔하지 않은 형상으로 아름답다. 다만 불두(佛頭)가 없어 아쉬움이 남는다. 고도를 조금 더 낮춰 하산하다 보면 거대한 자연 암벽에 조각된 '경주 남산 용장사지 마애여래좌상'[166]이 자태를 뽐낸다. 용장계곡

---

163 용장골(茸長谷): 용장 계곡은 금오봉과 고위봉 사이 골짜기로 남산에서 가장 큰 계곡이며 용장사지 등 18개소의 절터와 7기의 석탑, 그리고 삼륜 대좌불 등 5구의 불상이 남아 있다. 이곳에서 400m 아래로 내려가면 용장사 터가 있는데 용장사는 이 계곡에서 가장 큰 사찰이었다. 용장사 터 동쪽 높은 바위 위에는 푸른 하늘을 배경으로 삼층석탑이 우뚝 솟아 장관을 이루고 삼층석탑 아래에는 삼륜대좌불과 마애여래좌상이 자리 잡고 있다. 용장사(茸長寺)는 통일신라시대 법상종을 개창한 대현(大賢)스님이 거주하신 곳이며 조선 세조 때의 대학자이자 승려인 설잠(雪岑) 스님, 매월당 김시습이 우리나라 최초의 한문 소설인 『금오신화(金鰲新話)』를 집필한 곳이기도 하다. 대현스님이 삼륜대좌불을 돌면 부처님도 따라 머리를 돌렸다고 하며, 그 뒤쪽 바위에 새겨진 마애여래좌상은 지금도 따뜻한 미소로 사바세계를 굽어보고 있다. 삼릉계곡, 현지 글.

164 경주 남산 용장사곡 삼층석탑: 보물 제186호로, 용장사는 매월당 김시습이 1435년부터 1498년까지 머물면서 『금오신화(金鰲新話)』를 썼던 곳이다. 이 석탑은 자연 암반을 깎아 세울 자리를 마련하고, 1층으로 된 바닥 돌 위에 3층의 몸돌을 올렸다. 무너져 절터 아래쪽 계곡에 흩어져 있던 것을 1922년에 복원하였다. 이때 2층 지붕돌에 사리를 넣었던 구멍만 있고 사리는 없어진 것으로 확인되었다. 바닥 돌은 모서리와 내부에 1개의 기둥만 새겼다. 몸돌은 2층부터 급격하게 작아진 지붕돌은 밑면에 4단의 계단식 받침을 두고, 처마는 모서리에서 치켜 올렸다. 탑머리 장식은 모두 없어졌고, 장식의 중심을 뚫어 세운 쇠기둥인 찰주(擦柱)를 끼웠던 구멍만 남아 있다. 용장계곡 아래에서 올려다보면 하늘 끝에 닿아 있는 것처럼 보여 신비롭다. 주변의 넓게 트인 자연경관과 조화를 이루어 경주 남산의 상징으로 여겨지는 탑이다.

165 경주 남산 용장사곡 석조여래좌상: 보물 제187호로, 경주 남산 용장사곡 석조여래좌상은 조각도 우수하지만, 불상을 받치고 있는 대좌(臺座)가 독특하다. 이 대좌는 자연 암반 위에 원반 모양의 돌을 층층이 쌓아 올린 형태로 우리나라에서는 보기 드문 예이다. 그 위에 앉은 불상은 머리를 잃었지만, 왼쪽 어깨 위에 부처의 옷인 가사와 옷을 고정하는 끈과 매듭이 새겨져 있다. 옷자락이 무릎 아래로 흘러 대좌를 덮고 있다. 손 모양은 일반적인 손 위치와 반대로 왼손은 손바닥을 아래로 하여 왼쪽 무릎 위에, 오른손은 손바닥을 위로 향하게 하여 다리 위에 두었다. 1920년 용장사라 새긴 기와가 발견되었다. 『삼국유사』에 "경덕왕(742~765년 재위) 시기의 승려 대현(大賢)이 용장사에 살았다. 절에는 돌로 만든 미륵장육상이 있었다. 대현이 이 장육상[1장(丈) 6척(尺) 크기의 불상, 사람의 키를 8척이라 하므로 두 배가 되는 크기의 불상]을 돌면 장육상도 역시 대현을 따라 얼굴을 돌렸다."라는 기록이 있다. 경주 남산 용장 사곡, 현지 글.

166 경주 남산 용장사지 마애여래좌상: 보물 제913호로, 이 불상은 자연 암벽에 조각된 것이며 높이 162cm로 균형 잡힌 신체에 단정한 이목구비가 돋보인다. 얼굴은 풍만하며 귀는 눈에서 목까지 굵고 길게, 머리카락은 나선형으로 표현되었다. 목에는 3개의 선으로 표현된 삼도(三道)가 뚜렷하다. 옷의 주름 선은 얇고 촘촘한 평행선으로 섬세하게 표현하였다. 왼쪽 어깨 바깥 부분에는 글씨가 새겨 있으나 많이 닳아 있어 판독이 어렵다.

에는 어제 내린 많은 비의 영향으로 수량이 풍부하다. 널따란 바위 군데군데 등산객이 신발을 벗은 채 삼삼오오 모여 웃음꽃을 피운다. 등산로 좌측에 또 절구통과 흡사한 '경주 남산 용장계 돌확'이 발걸음을 멈추게 한다. 계곡에 있던 돌확으로 분실과 훼손 방지를 위해 2019년 정비하였다고 한다. 돌을 우묵하게 판 절구 모양이다. 크기는 지름 75cm, 내부 홈의 크기는 약 25cm라고 기록하고 있다. 홈에는 물이 가득하다.

**경주 남산 용장계 돌확**

용장마을에 도달하기 직전 아름다운 교량이 마지막 인사라도 하듯 반긴다. 이름하여 설잠교(雪岑橋)다. 설잠(雪岑)은 김시습의 법호(法號)이다. 경주국립공원 사무소가 제공하는 설명에 따르면 신라시대 용장사가 있었다고 하여 골짜기를 용장골이라 불러 왔다고 한다. 용장사는 통일신라시대에 창건되었고 조선 초(1465~1470년) 매월당 김시습이 머물면서 금오산실을 짓고 유금오록(遊金鰲錄)에 155수의 시를 남겼고 특히 우리나라 최초의 한문 소설인 『금오신화』를 지은 곳이며, 또 속세를 떠나 산승(山僧)으로 있으면서 단종에 대한 변함없는 충절로 북향화(北向花)를 심었던 곳이기도 하다. 이 유서 깊은 용장골에 다리를 놓으매 매월당 김시습[167]을 기려 설잠교(雪岑橋)라 하였다고 한다.

---

167 김시습(1435~1493): 자는 열경(悅卿), 호는 매월당(梅月堂) 또는 동봉(東峯), 법호는 설잠(雪岑), 관향은 강릉이다. 경주국립공원 사무소.

기온은 35~6도를 오르내리는 무더운 날씨지만, 찬란한 천년고도 신라의 보물과 문화재를 직접 손으로 만져 보고 가까이서 눈으로 볼 수 있다는 것은 분명 축복이다. 오래도록 기억될 경주 남산의 삼릉계곡과 용장골의 산행 길이다.

용장사곡 삼층석탑

삼릉계곡 석좌여래좌상

용장계곡 설잠교

경주 배동 삼릉

남산(경주) 오늘의 등산로

# 대암산(大巖山)

**강원도 양구군·인제군**

- 2021년 8월 18일(수), 맑음

대암산은 행정구역상으로 강원도 양구군의 동면과 해안면, 인제군 서화면 경계에 있는 해발 1,309m의 산이다. 특히 대암산 용늪은 1997년 국내 최초로 람사르 국제 습지 협약에 등록되기도 한 곳이다.

국제 습지 보호협약인 람사르 협약에 등재된 우리나라 람사르습지는 현재 총 24개가 있다. 1998년 등재된 경상남도 창녕의 우포늪을 통해 '람사르 습지'라는 말이 대중화되었고, 전남 순천시 순천만이나 강화도 갯벌이 유명하다. 그러나 우포늪보다 먼저 등재된

**솔봉 정상석**

습지가 있다. 강원도 인제 서화면 서흥리에 위치한 대암산 용늪이다. 용늪이란 이름은 '승천하는 용이 쉬었다 가는 곳'이란 전설에서 유래했다고 전해진다. 용늪은 큰용늪과 작은용늪, 애기용늪이 있다. 습지보호지역을 가로지르는 탐방 데크가 설치되어 있다.

융단처럼 자란 습지식물이 서식하고 있으며 습지 전체 면적은 1.06㎢에 이른다고 한다.

 산림청이 대암산을 100대 명산으로 선정한 이유는 휴전선이 인접한 지역으로 각종 희귀생물과 원시림에 가까운 숲이 잘 보존되어 천연보호구역(천연기념물 제246호)으로 1973년에 지정·관리되는 등 우리나라 최대 희귀생물자원의 보고이기 때문이다. 대암산 정상부에 있는 약 3만㎡(9천여 평)가 넘는 풀밭 같은 넓은 초원에 큰 용늪과 작은 용늪의 고층습지가 있고, 그 주위가 마치 화채(punch) 그릇(bowl) 같아 펀치볼로 불리며 해안분지(亥安盆地)가 유명하다. 또한 대암산은 6·25전쟁 때 우리 국군에 의해 수복된 동부전선 가장 북쪽에 위치한 산이기도 하다.

 2020년 8월 27일부터 상황이 종료 시까지는 대암산 일원에서 발견된 야생 멧돼지, 아프리카 돼지 열병(ASF) 확산 방지 및 코로나 바이러스 감염증으로 인한 사회적 거리두기가 2단계 이상 격상됨에 따라 대암산 용늪 생태탐방을 전면 통제한다고 고지하고 있다.[168]

 오늘 산행도 대중교통을 이용한다. 동서울터미널에서 7시에 출발하는 양구행 첫차다. 소요 시간은 1시간 50분이다. 3일 전 입산이 가능한지 대암산 관리사무소에 문의한 결과 단체 입산은 제한하지만, 개인은 솔봉까지 가능하다고 귀띔한다. 양구버스터미널에서 오늘 들머리인 생태식물원까지 택시(20,000원)로 이동한다. 솔봉까지 산행이 가능하며 대암산 정상까지는 언제 해제될지 예상할 수 없다.

 생태식물원 등산로 입구에 도착하자 남녀 여러 명이 밭매기하고 있다. 밭은 3~5평 규모로 구분하여 수백 종으로 짐작되는 식물이 심겨 있고 이름을 각각 적어 놓았다. 마치 대규모의 주말농장을 연상케 한다. 궁금하여 물어봤더니 식약처에서 재배하는 약초들이라고 한다. 인근에는 양구 수목원이 있다. 약초 재배지를 벗어나 본격적인 산행을 시작한다. 경사도가 있지만 평이한 등산로다. 20여 분 올라가면 새로운 임도가 나온다. 임도를 가로질러 맞은편으로 직진하면 된다. 등산로 옆에는 마치 살아 움직이는 듯한

---

168 대암산 관리 사무소 및 등산로 입구 플래카드 게시.

멧돼지 형상의 조형물이 나타난다. 이어서 호랑이와 나뭇가지에 앉아 있는 올빼미 모습도 정겹다.

다른 산객은 한 명도 보이지 않는다. 매미 소리와 이름 모를 새 소리를 길동무 삼아 오늘의 목적지인 솔봉을 향한다. 이마에서 비 오듯 흐르는 땀을 훔치며 경사진 산을 계속 오른다. 인기척이라도 났으면 좋으련만……

생태식물원을 출발한 지 약 두 시간 후 오늘의 목적지인 솔봉에 도착한다. 정상에 가면 다른 코스에서 올라온 산객을 만날 수 있길 기대했으나 희망 사항일 뿐 30여 분이 지나도 인기척이 없다. 정상에는 2층 구조의 목재 정자각(팔각정)과 앙증맞은 솔봉 정상석이

**대암산 솔봉 팔각정**

외롭게 자리를 지킨다. 정자와 정상석을 배경 삼아 몇 장의 기념을 남긴다.

팔각정에 오르자 두 대의 망원경이 설치되어 있다. 망원경으로 바라본 북녘 하늘은 유난히 높고 푸르다. 기온은 30도를 오르내리지만, 북녘에서 팔각정으로 불어오는 시원한 바람은 이미 가을이 문턱까지 온 느낌이다. 금세 땀을 식힌다.

북으로는 개성으로 짐작되는 산이 시야에 들어오고 반대쪽으로는 양구읍 한가한 농촌 풍경이 한 폭의 아름다운 그림처럼 펼쳐진다. 빛바랜 팔각정 건물은 주야로 이곳을 지키느라 지쳐서인지 금방이라도 쓰러질 듯한 상태다. 안전을 위한 시설의 보완 조치가 요구된다.

삐걱거리는 팔각정 계단 밑에 이색적인 조형물 하나가 흥미롭다. 배우 '소지섭의 악수하는 철판 조형물'이다. 녹이 슨 조형물에는 악수하는 손 모양과 더불어 3줄의 글귀가 있다.

"몸으로 걷기보다 마음으로 걸어 보세요.
이제 당신만의 길이 시작됩니다."

팔각정에서 대암산 용늪까지 남은 거리는 6km라는 알림과 함께 출입 불가라는 안내판이 발길을 멈추게 한다. 하루속히 아프리카 돼지 열병(ASF) 및 코로나바이러스 감염이 소멸하여 2년 가까이 쓰고 다니던 마스크에서 해방되어 많은 산객이 마음껏 산행을 즐겼으면 하는 바람이다.

코로나19와 아프리카 돼지 열병 등으로 정상인 용늪에 올라 서식하고 있는 수많은 동식물을 비롯하여 국내 최초로 람사르 국제 습지에 등록된 평원을 보지 못한 것이 아쉽다. 기회가 되면 꼭 다시 찾고 싶다.

**대암산 솔봉 기념**

한국전쟁 당시 한미 연합군이 참여한 도솔산 전투를 비롯하여 펀치볼 전투에서 적과 격전을 치른 광치령 부근 전투[169]와 2014년 유해 발굴 안내가 마음을 숙연하게 한다.[170] 이 땅에 다시는 전쟁이 발발해서는 안 된다. 힘을 키워야 한다. 산행 코스는 생태식물원을 들머리로 정상에 올랐다가 광치계곡으로 하산하면 어렵지 않은 산행이 되기

---

169  광치령 부근 전투: 1951.4.22.~4.27.(6일간), 현재 지역은 적 12사단과 국군 5사단이 치열한 공방전을 실시하여 아군이 승리함으로써 전술적 요충지인 인제(원통)를 피탈 및 재탈환 하는 데 결정적 여건을 조성한 전투 현장이다. 당시 적 12사단이 양구~원통 선에서 선제공격을 개시하였지만, 국군 5사단이 이를 광치령 부근에서 효과적으로 방어하여 부대를 재편성 공격함으로써 인제를 탈환하였으며 이후 전과를 확대하여 1951년 6월에는 명당산과 신 캔자스 선인 펀치볼 남단~향로봉을 연결하는 선을 확보했다.

170  유해 발굴: 2014.6.16.~8.8. 총 76구 발굴(완전 유해 74구, 부분 유해 2구, 유품 161점). 2014년 12월 1일, 국방부 유해 발굴단·제3군단·양구군.

에 추천하고 싶다. 하루속히 코로나가 박멸되고 사회 각 분야가 정상적으로 작동하여 대암산 정상 용늪의 신비도 자유롭게 관람하는 날이 하루속히 오기를 바라는 마음 간절하다.

## ✪ 참고

2023년 8월 현재 대암산 용늪을 탐방하기 위해서는 미리 방문 신청을 해야 하며, 인제군 생태관광 홈페이지(sum.inje.go.kr)와 양구생태식물원 홈페이지(www.yg-eco.kr)에서 신청할 수 있다. 인제군은 방문 10일 전, 양구군은 20일 전에 신청해야 한다. 하루 탐방 가능 인원은 인제군은 150명, 양구군이 100명이다. 용늪 탐방 기간은 5월 16일~10월 31일이라고 한다.

대암산 옹녀 폭포

아프리카 돼지 열병 방지 안내

소지섭의 약수 조형물

솔봉 팔각정에서 바라본 북녘의 하늘과 산

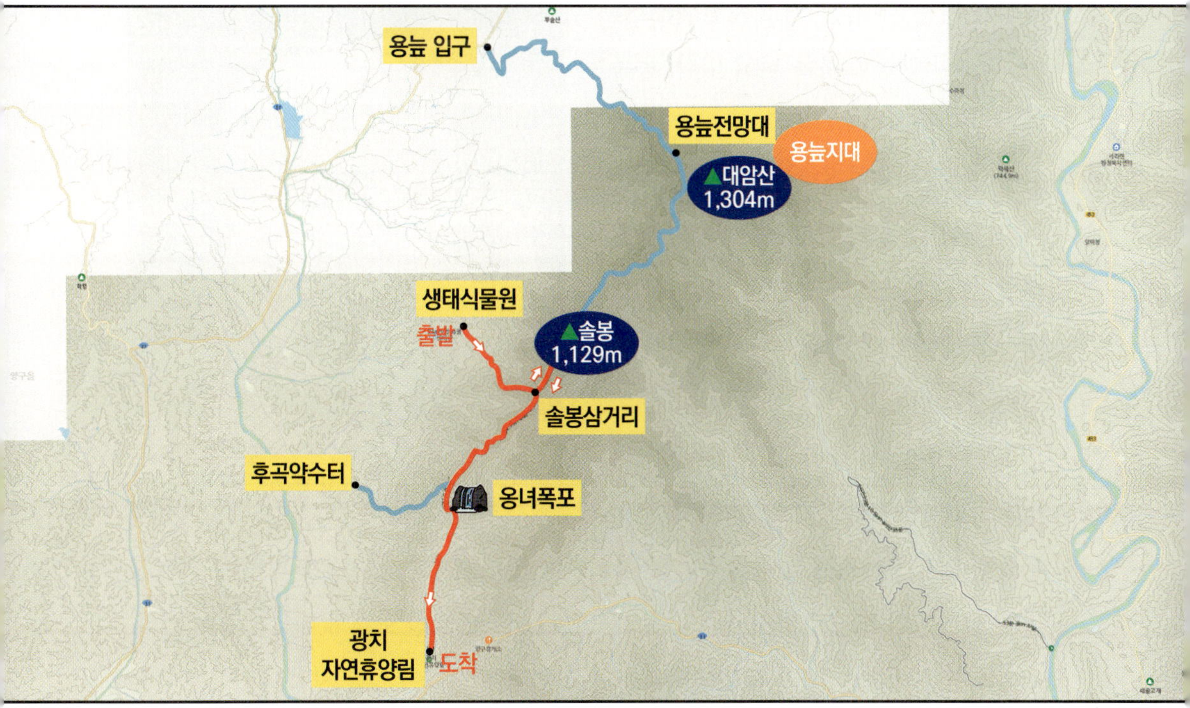

대암산 오늘의 등산로

# 내연산(內延山)

**경상북도 포항시·영덕군**

- 2021년 8월 26일(목), 맑음

내연산은 행정구역상 경상북도 포항시와 영덕군에 연결되어 있는 해발 711m의 산이다. 주봉인 삼지봉을 중심으로 서남쪽에는 내연산 최고봉인 향로봉(930m)이 맏형 노릇을 하고 있다. 동쪽에는 문수봉(628m), 북쪽에는 동대산이 감싸고 있다. 특히 8km 이상 이어지는 청하(내연)골에는 12개 폭포와 신라 진평왕 때 지명 스님이 창건한 천년고찰 보경사가 있어 많은 관광객의 발길이 이어지는 명소다.

내연산 삼지봉 정상석

보경사에는 보물 제252호인 원진국사비와 보물 제430호인 보경사 부도, 유형문화재 제203호인 보경사 오층석탑, 유형문화재 제254호인 보경사 적광전, 천연기념물 제11호인 보경사 탱자나무 및 문화재 자료 제231호인 보경사 대웅전 등이 있다. 조선 숙종은 청하골 12개 폭포를 둘러보고 그 절경에 반하여 시를 지어 남겼다는 숙종

어필의 각판(肅宗御筆 刻版)이 있는 곳이기도 하다. 지난주까지만 해도 35~6도를 오르내리던 수은주도 처서가 지나자 고개를 숙인다.

　오늘도 대중교통편을 이용한다. 서울역에서 5시 40분에 출발하는 포항행 KTX 열차를 타고 2시간 27분 후에 포항역에 도착한다. 포항역에서 내연산 등산로 입구인 보경사 주차장까지 택시로 이동한다. 보경사 일주문과 매표소를 통과하여 보광사 정문에 도착한다. 매표소를 통과하자 길 양쪽에 고풍스러운 자태를 뽐내는 울창한 송림이 기분을 상쾌하게 한다.

　경내는 하산 시 관람하기로 하고 바로 산행 길에 접어든다. 보경사 담장을 따라 조성된 시멘트 수로에는 많은 양의 물이 빠른 속도로 흐른다. 제12호 태풍 오마이스(OMAIS) 영향으로 경주, 포항 지역에는 3일 전(8월 23일) 많은 비가 내려 농작물의 피해가 막대할 뿐만 아니라 이곳 내연산 곳곳에도 태풍의 흔적이 역력하다. 우선 많은 수량의 물이 청하 계곡을 꽉 채운다. 등산로 일부는 파괴되고, 푹 파이고 질퍽거리며 군데군데에는 아름드리 소나무가 넘어져 등산로를 가로막고 있다. 이를 제거하는 인부들의 톱 소리가 요란하다.

　크고 작은 바위에 부닥치면서 거품을 토해 내며 흐르는 물줄기는 사납기까지 하다. 여기에 더하여 가을을 재촉하는 바람 소리와 이름 모를 새 소리, 땅속에서 평균 88개월을 견디다 세상에 나와 겨우 1개월 남짓 살다가 생을 마감하는 매미의 구슬픈 울음소리가 하모니를 이뤄 한 편의 장엄한 오케스트라를 듣는 기분이다.

　보경사 담장 옆 돌길을 따라 조금 걷다 보면 좌측 물길 건너편에 있는 서운암을 만난다. 이곳 서운암에는 11기의 부도가 있는 곳이기도 하다. 이곳도 하산 시 관람하기로 하고 정상을 향해 걸음을 재촉한다. 계곡이 온통 물난리다. 주 계곡은 물론이고 산 곳곳에서는 새로운 도랑을 만들어 많은 양의 물이 흘러내린다.

　일찍 서두른 산객들 일부는 넓은 바위에서 여장을 풀고 물속에 발을 담그며 휴식을 즐긴다. 정상을 향해 오르다 보면 삼거리 길이다. 폭포 쪽이 아닌 문수암(봉) 방향으로 향한다. 폭포는 하산길에 위로부터 내려오면서 관람하기로 한다. 경사진 등산로를 조금 오르면 좌측에 금방이라도 쓰러질 듯한 허술한 기와로 된 출입문이 나타난다. 문수암이다. 경내를 들어가 봤으나 인기척이 없고 대웅전 불당도 닫혀 있으며 앞마당에는 잡초만 무성하다.

보경사 일주문을 출발한 지 약 2시간이 채 못 되어 문수봉(해발 628m)에 도착한다. 지금까지 산객은 만나지 못했다. 문수봉까지 오르는 동안 조망은 별로 없고 평범한 숲길의 연속이다. 문수봉에서 삼지봉까지는 2.6km 거리다. 정상까지 등산로도 트레킹 정도로 별 어려움이 없다. 태풍이 지나간 후라 먼지 한 점 없는 쾌적한 날씨다. 정상이 가까워질수록 산자락을 훑으며 지나가는 바람이 나뭇잎을 춤추

**삼지봉 정상 기념**

게 한다. 때 이른 가을바람은 흐르던 땀방울을 멎게 할 정도로 시원하다.

문수봉을 출발하여 약 1시간 30여 분 후에 내연산의 주봉인 삼지봉에 도착한다. 정상은 나무로 둘러싸여 조망은 없다. 정상석이 두 개다. 군립공원에서 세운 정상석과 포항고등학교 OB 산악회에서 세운 정상석이다. 아쉬운 점은 표기해 놓은 정상의 높이가 1m 차이가 나는 점이다. 정상에 두 분이 식사하고 있다. 반가운 마음으로 인사를 건넨 뒤 기념을 담고 정상 주변에서 맛있는 식사를 하고 30여 분 머문 뒤 다시 문수봉 방향으로 발길을 옮긴다.

적당한 지점에서 폭포 쪽으로 방향을 잡아야 한다. 하산길도 혼자다. 2~6지점을 통과하여 2~4지점에서 '은폭포' 쪽으로 코스를 잡는다. 등산로는 비탈 오솔길이다. 미끄럽기는 해도 순탄한 숲길이 이어진다. 갑자기 살모사 한 마리가 머리를 쳐든다. 스틱으로 겁을 주니 도망간다. 구불구불한 길을 따라 한동안 내려오니 물소리가 들리고 곧 계곡이 나타난다. 물이 계곡을 꽉 채운다. 선일대 전망대에 오르기 위해서는 계곡을 건너야 하는데 수량이 너무 많아 건널 수 없다.

은폭포는 계곡에서 다시 200여 m 거슬러 올라가야 하기에 포기하고 연산폭포로 향한다. 협곡이 대단하다. 발길이 떨어지지 않을 정도로 멋지고 아름답다.

소금강 전망대로 향한다. 전망대에서 내려다본 협곡의 폭포와 건너편 절벽 위에 자리한 선일대(정자)[171]의 풍광은 직접 현장을 보지 않고는 글로 표현하는 것은 애초부터 무리라는 생각이 들 정도로 아름다운 풍광이다. 태초에 천지를 창조하신 하나님께 두 손이 저절로 모인다.

전망대로 향한다. 소금강 전망대 현장에는 '비하대 학소대'[172]에 대한 설명이 있

**내연산 선일대**

다. 전망대에서 조금 내려오다 보면 갓부처[173]라는 흥미로운 이정표가 나온다. 궁금하여 그곳으로 향한다. 한 가지 소원을 빌면 들어준다고 하는 돌 갓을 쓴 부처의 모습이

---

171 선일대(仙逸臺): 이곳은 "신선이 학을 타고 비하대(飛下臺)에 내려와 삼용추(三龍湫)를 완성한 후 이곳 선일대에 올라와 오랜 세월을 보냈다."라고 전해지는 곳이다. 조선 말 영조 9년인 1733년 봄부터 1735년 5월까지 청하 현감을 지낸 겸재(謙齋) 정선(鄭敾)이 이곳 일대를 그림으로 남겨 진경산수(眞景山水) 화풍(畫風)을 완성했다. 이곳에서 능선 쪽으로 20m 떨어진 곳에 암자 선열암(禪悅庵)이 있었으며, 지금도 그 흔적을 찾아 볼 수 있다. 전망대 건립: 2015년 11월, 현지 글 내용.

172 비하대 학소대: 관음폭포 및 감로담과 맞닿은 기암절벽으로 비하대 상부에는 수령 500년이 넘은 노송이 있는데, 정선의 '고사의송관란도'에 그려져 있는 소나무로 추정하기도 하여 이를 '겸재송'이라고 부르는 이도 있다. 경북 8경 중의 하나인 내연산은 낙동정맥이 울진 통고산, 청송 주왕산, 울진 백암산을 거쳐 남하하다 동쪽으로 가지를 뻗은 명산으로 곳곳에 비하대 등 암벽이 솟아 있으며, 특히 내연산과 천령산 사이의 협곡을 흐르는 12km 길이의 청하골에는 12개의 폭포가 저마다의 멋을 자랑한다. 겸재는 청하 현감으로 재직하는 동안 '청하 성읍도', '내연삼용추도 1, 2', '내연산 폭포(內延山 瀑布)', '고사의송관란도(高士倚松觀瀾圖)' 등 청하의 명승을 소재로 5점 정도의 그림을 그린 것으로 알려졌다. 내연산 소금강 전망대 현지 글 내용.

173 갓부처: 갓 부처님은 약사여래불로 중생들의 질병 치료, 수명연장, 액난소멸, 의복과 음식 등으로 중생을 구제하는 부처라고 기록하고 있다. 사비세계의 고통은 많은 것을 원할수록 고통스러울 수밖에 없다. 그러나 단 한 가지 소원만 빌어 보는 것이 방편이며 갓 부처는 한 가지 소원을 들어주시는 부처님으로 더도 덜도 딱 한 가지 소원만 빌어 보라고 기록하고 있다. 내연산 갓부처 옆 글 내용.

인자하다. 아직도 하고 싶은 것이 많은 터라 딱히 빌 소원 한 가지를 정하기 어려워 포기하고 계곡을 향한다.

삼보폭포와 보현폭포를 거쳐 12폭포를 역순으로 가장 마지막 폭포인 상생폭포에 도착한다. 높이는 그다지 높지 않지만, 폭우로 인하여 멍석을 말아 놓은 듯한 굵은 물줄기가 하얀 포말과 함께 굉음을 내며 수직으로 떨어진다. 바라만 봐도 더위가 싹 가신다. 4km가 넘는 내연산 청하계곡의 12개 폭포는 마치 폭포 전시장을 연상케 한다.

**보경사 오층석탑**

아쉬움이 남아 피로도 풀 겸 산객의 눈을 피해 한적한 곳에서 몸을 담근다. 겁 없는 물고기 여러 마리가 가슴 위로 올라와 재롱을 부린다. 더위를 완전히 식힌 뒤 보경사로 향한다. 경내를 한 바퀴 돌아본다. 그중 천왕문과 적광전(寂光殿) 뜰 가운데 있는 경상북도 유형문화재 제203호인 '포항 보경사 오층석탑'[174]이 눈길을 끈다. 탑을 보호하기 위한 쳐 놓은 철 울타리에 별도로 만들어 놓은 줄에 각자의 소원을 비는 리본이 빽빽이 걸려 있다. 세상살이가 너무 어려워서일까? 사연도 갖가지다.

----

174  포항 보경사 오층석탑(浦項寶鏡寺五層石塔): 천왕문과 적광전(寂光殿) 뜰 가운데 있으며 고려시대의 오층석탑으로 높이는 약 5m이다. 일명 금당탑(金堂塔)으로도 불린다. 보경사 금당탑기에 의하면 도인(道人), 각인(覺人), 문원(文遠) 등이 고려 현종 14년에 건립하였다고 한다. 1층 기단(基壇) 위에 5층의 탑신(塔身)을 올린 모습으로 지붕들은 밑면에 3단의 받침을 올렸고 네 귀퉁이에는 약간 들려 있다. 꼭대기에는 노반(露盤)과 복발(覆鉢)이 남아 머리 장식을 하고 있다. 전체적으로 높고 날렵한 느낌을 주는 석탑이다. 보경사 경내, 현지 글 내용.

보경사를 나와서 차 한잔하려고 식당가를 향하는 길에 '내연산 군립공원 안내소' 앞에서 친절한 직원 한 분을 만났다. 사무실에 들어와서 잠깐 쉬었다 가라며 커피와 시원한 생수 한 병을 주신다. 본인은 오랫동안 개인택시를 운행하다가 2년 전에 이곳에 취업하여 근무한다고 한다. 30여 분 동안 이런저런 얘기를 나누다 생광스럽게도 택시까지 불러 주신다. 열차를 타고 상경하면서 소박한 대접에 고마운 마음을 문자로 전한다.
　여건이 되면 12개 폭포만이라도 다시 찾고 싶은 마음이다. 포항역에서 KTX 편으로 상경하면서 60번째 내연산 산행을 마무리한다.

내연산 관음폭포(제6폭포)

내연산 연산폭포(제7폭포)　　　내연산 문수봉 정상석　　　보경사 일주문

내연산 상생폭포(12폭포 중 제1폭포)

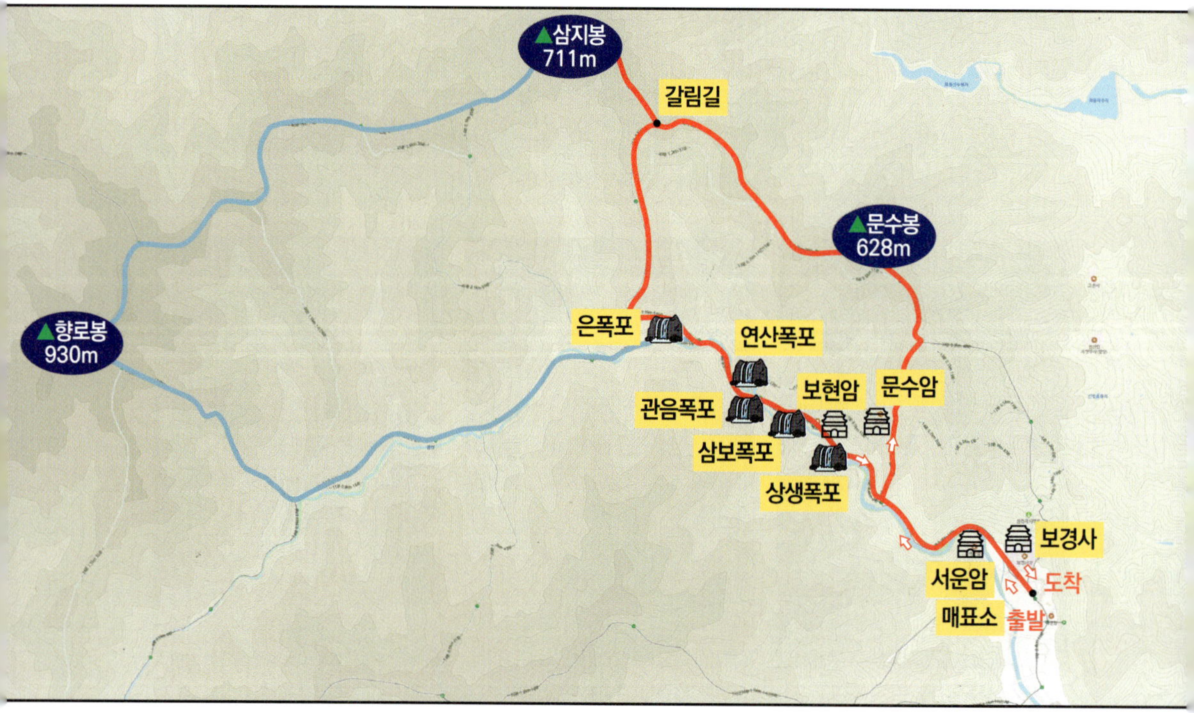

내연산 오늘의 등산로

# 주흘산(主屹山)

### 경상북도 문경시·충청북도 괴산군
- 2021년 9월 2일(목), 맑음

주흘산은 행정구역상 경상북도 문경시와 충청북도 괴산군의 경계를 이루는 해발 1,076m의 산이다. 문경새재와 더불어 일반에게 널리 알려진 산이다. 문경새재는 예로부터 영남지역에서 한양으로 가는 관문으로 제1관문을 주흘관, 제2관문을 조곡관, 제3관문을 조령관이라 하며 문경새재 관문은 사적 제147호로 지정되어 있다. 특히 계곡의 울창한 박달나무 숲과 새재길도 유명하다. 산 중턱에는 신라 문성왕 8년(846년)에 보조선사 체정(體淨)이 개창한 혜국사(惠國寺)가 있으며 절 아래 계곡에는 여궁폭포(파랑소)가 있다.

**주흘산 정상석**

문경시에 따르면 주흘산은 조령산, 포암산, 월악산 등과 더불어 소백산맥의 중심을 이루며 산세가 아름답고 문경새재 등의 역사적 사실이 담겨 있다. 또한 예로부터 나라의 기둥이 되는 큰 산으로 우러러 매년 조정에서 향과 축문을 내려 제사를 올리던 신령스러운 영산(靈山)으로 받들어 왔다. 문경의 진산(鎭山)이기도 한 주흘산은 '우두머리 의연한 산'이란 한자 뜻 그대로 문경새재의 주산이라고 소개하고 있다.

오늘도 대중교통을 이용한다. 동서울종합터미널에서 문경 점촌행 첫차로 문경버스터미널에 하차한다. 소요 시간은 2시간 10분이다. 주흘산을 오르는 여러 코스 중 월북사를 들머리로 하여 제1관문으로 하산 계획을 잡는다. 문경버스터미널에서 월북사까지 택시(7,500원)로 이동한다. 월북사를 우측에 두고 좁은 차도를 따라 10여 분 올라가면 본격적인 산행이 시작된다.

산행을 시작하여 약 30여 분 동안은 농로이다. 그러나 하루 전 내린 많은 비로 인하여 길은 질퍽거리고 잡초가 길 전체를 덮고 있다. 본격적인 산행을 시작하기 전 눈앞에 펼쳐지는 주흘산의 웅장한 바위들은 많은 기대를 하게 한다. 작은 실개천을 건너면서부터 정상까지는 경사가 심하며, 조망도 거의 없다. 대부분 숲길로 매미 소리와 이름 모를 새와 풀벌레 소리를 길동무 삼아 외로운 산행을 한다.

중간쯤에서 목을 축이는 사이 뒤에서 40대로 보이는 여성 한 분이 연신 땀을 닦으며 올라온다. 청주에서 왔으며 100대 명산 중 일곱 번째로 1일 2산(주흘산과 황장산)을 오를 계획이라며 함께하기를 권한다. 필자의 실력으로는 1일 2산은 자신이 없다고 하자 길을 앞선다.

월북사 입구를 출발한 지 2시간 30분 후에 정상에 도착한다. 마지막 데크 계단을 숨 가쁘게 오르면 앙증맞은 정상석이 반가이 맞이한다. 정상의 조망은 일품이다. 2시간 30여 분 동안 숲길 산행을 보상하고도 남는다. 멀리 산 너머 뭉게구름이며 그림 같은 농촌 풍경과 들녘, 모두가 한 폭의 그림 그 자체

주흘산 정상 기념

다. 정상에서 주위를 감상하는 사이 12시가 되었다. 문경읍에서 출발하는 동서울행 버스 시간이 14시 10분이고 다음 버스는 18시에 출발하므로 틈이 4시간이다.

옛 회사의 동료 중 한 사람이 하루 전 소천하였다는 비보를 접했다. 코로나 형국이라 문상객을 제한한다고 하지만 빈소를 찾아 예의를 표해야 마음이 편할 것 같다. 빠른 속도로 하산할 경우 14시 10분 출발 버스를 탈 수 있을 것 같아 점심을 거른 채 속도를 낸다. 주봉인 정상에서 제1관문까지 거리는 약 3.8km라고 표시되어 있다. 시작부터 가파른 나무 계단의 연속이다. 하산길 내내 그늘진 숲길이다. 산 중턱쯤 내려오는 등산로 좌측에 맑은 '대궐샘 약수'가 걸음을 멈추게 한다. 옆에는 알루미늄 바가지 6개가 가지런히 걸려 있다. 물맛이 좋아 두 바가지를 들이켠다. 정상에서 약 1시간 정도 내려올 무렵 물소리가 들리고 혜국사에 도착한다. 아쉬움을 뒤로한 채 시간상 혜국사를 통과한다.

조금 더 내려오면 주흘산의 명물 중 하나로 꼽히는 여궁폭포[175]에 도착한다. 수량이 풍부한지라 20m여 높이에서 굉음을 내며 매섭게 흘러내리는 흰 물줄기는 장관이다. 삼각대를 설치하고 기념을 담는 사이 흐르던 땀이 멈출 정도로 계곡 바람이 시원하다. 하루 전 내린 비로 계곡의 크고 작은 담소는 물로 가득하다.

폭포를 출발하고 30여 분 후 제1관문에 도착한다. 웅장한 제1관문(주흘관)을 통과하자 넓은 광장이 눈앞에 펼쳐진다. 관광객도 많이 보인다. 광장 좌측 밭에는 사과가 탐스럽게 가을을 알린다. 광장의 길은 편안하고 운치가 있다. 문경새재는 예로부터 높고 험한 고개로 심지어 새도 날아서 넘기 힘든 고개라는 조령(鳥嶺)의

문경새재 제1관문(주흘관)

---

175 여궁폭포: 수정같이 맑고 웅장하며 옛날 7선녀가 구름을 타고 내려와 목욕했다는 곳으로 그 형상이 마치 여인의 하반신과 같다고 하여 여궁폭포(일명 여심폭포)라 불리고 있다. 문경시 제공.

뜻이 있으며 과거 길에 올랐던 수많은 선비가 장원급제의 소망을 안고 걸었던 길이자 고향에 기쁜 소식을 전해 주는 희망의 길이기도 했다. 광장 끝자락에는 커다란 돌 기념비 두 개가 눈길을 끈다. 건설교통부가 지정한 '한국의 아름다운 길 100선'을 알리는 '문경새재 과거 길'과 1991년 3월 재경 새재회가 세운 '새재비(碑)'다.

주차장에서 급히 택시로 문경버스터미널에 도착하니 오후 2시 5분으로 10분에 출발하는 동서울행 버스를 탈 수 있었다. 점심을 거르며 급히 서두른 작은 소출이다.

2020년 9월 4일 필자의 버킷 리스트 숙제를 하기 위해 시작이 반이라는 옛 속담을 믿고 첫 산행지인 파주 감악산을 오른 지 1년째 되는 날이다. 1년간 큰 대과(大過) 없이 61곳을 산행할 수 있었던 것은 부모님께서 건강한 유전자를 물려주신 덕분이다. 하늘에 계실 부모님께 감사한 마음 올립니다. 소천한 동료의 빈소에 문상하기 위해 동서울행 버스를 타면서 유서 깊은 주흘산 산행을 갈무리한다.

주흘산 궁궐샘물

문경새재 과거 길

주흘산 여궁폭포

주흘산 월북사에서 바라본 주흘산 정상 부위

주흘산 오늘의 등산로

# 황장산(黃腸山)

## 경상북도 문경시

- 2021년 9월 9일(목), 맑음

황장산은 행정구역상 경상북도 문경시에 위치한 해발 1,077m의 산으로 월악산국립공원에 속해 있다. 산림청에서 황장산을 100대 명산으로 지정한 이유를 살펴보면 울창한 산림이 암벽과 어우러져 있는 데다 황장목이 유명하고 조선시대 봉산 표지석이 있는 등 경관 및 산림 문화적 측면이 좋은 점을 고려하여 선정하였다고 기록하고 있다. 『동국여지승람』, 『대동지지』, 『예천군읍지』 등에는 적산으로 표기돼 있기도 하다.

황장산 정상석

월악산국립공원 지역인 문경시 동로면에 위치한 황장산은 31년 만인 2016년에 탐방로를 개방했다. 황장산은 백두대간의 중심축이다. 기암과 소나무들이 어울려 분재공원 같은 느낌을 준다. 100대 명산이며 백두대간의 봉우리임에도 이제껏 굳게 닫혀 있던 산이 바로 문경의 황장산(1,077m)

이다. 1984년 12월 월악산국립공원이 지정된 이후 한 번도 코스 개방이 되지 않았으니 31년 만에 빗장을 푼 것이다. 총연장 5.6km의 탐방로다. 황장산의 이름은 금강송의 또 다른 명칭인 황장목이 많은 데서 유래한다. 대궐을 짓거나 왕실의 관 등을 만들 때 속이 누런 황장목을 썼다고 한다. 조선 숙종 때 이 산은 벌목과 개간을 금하는 봉산(封山)으로 정해져 관리됐다. 이때부터 황장산으로 불린 듯하다고 기록되어 있으며, 산의 옛 이름은 작성산이었다. 삼국시대엔 삼국 간 치열한 영토 다툼이 치러졌고 6·25 때는 빨치산과 토벌대, 북한군과 국군 간의 격전이 벌어졌던 곳이라고 한다. 월악산국립공원 지구 내 다른 지역보다 야생동물들이 상대적으로 많다고 한다.[176]

오늘도 대중교통을 이용한다. 동서울종합터미널에서 6시 30분에 출발하는 문경·점촌행 버스로 2시간 후 문경버스터미널에 도착한다. 황장산으로 가는 군내 버스가 운행되기는 하나 코로나로 인해 배차 시간을 맞추기가 여의찮아 택시(29,000원)로 이동한다. 기사님께서 차 트렁크에 사과 한 박스가 있다며 필요한 만큼 가져가라 하신다. 필자는 고맙다는 인사와 간식용으로 두 개를 집어 등산 가방에 넣었다.

오늘 등산 코스는 생달2리(안생달)를 들머리로 하여 정상에 오른 뒤 시계 방향인 우측 계곡으로 내려와 생달2리 동네 가운데 농로로 하산하는 코스다. 생달2리(안생달)인 '문경 오미자 와인동굴' 쪽으로 향한다. 승용차는 동굴 앞까지 갈 수 있으며 주차 공간도 충분하다. 오미자 와인동굴은 일제 강점기 때 금을 채광하던 광산을 개조하여 사용 중이라고 한다. 이른 시간이어서 문이 잠겨 있어 아쉬운 마음이다. 오전 10시 30분부터 오픈하며 와인, 차 한 잔 값이 7,000원이라는 메뉴판이 유리창 안에 게시되어 있다.

장비를 점검하고 본격적인 산행을 시작한다. 등산로는 양호하고 경사도 15도 정도로 양호한 편이다. 와인동굴을 출발하여 약 20여 분 후 작은차갓재에 도착한다. 등산로는 육산의 연속이다. 헬기장부터는 온통 소나무 군락지가 계속된다. 온 산은 싱그러운 초록색으로 물들고 소나무와 잣나무에서 내뿜는 신선한 솔향기는 어린 시절 고향 앞산을 떠올리게 한다.

---

176 문경시 홍보과, 2016.11.22.

등산로는 소나무 원시림이 계속된다. '황장목'이라고 하는데 황장목은 우리나라 전통 소나무 종으로, 노란색 속을 가진 나무라는 뜻이며 성장이 늦어서 뒤틀림 없이 단단하고 송진 함유량이 많아 썩지 않으므로 왕실의 장례용 관이나 궁궐을 짓는 데 사용되었다고 한다. 일반적으로 황장목을 '금강송'이라 부르고 있으나 이 명칭은 1928년 일제 강점기 일본 산림학자 우에키 호미키 교수가 그의 논문 "조선 소나무의 수상 및 개량에 관한 조림학적

**황장산 멧등바위 등산로**

고찰"에서 유래된다. 금강소나무로 명명한 이후 사라지고 금강송으로 널리 불리고 있다고 한다. 지금부터라도 바로잡아야 할 것 같다.[177]

　등산로 개방이 오래되지 않아서인지, 산 전체가 마치 원시림을 찾은 기분이다. 전망대를 지나 정상 500~600여 m 남겨 두고 드디어 황장산의 면모를 만끽할 수 있는 구간이 100여 m 이어진다. 바위와 소나무며 고사목 등, 눈앞에 펼쳐지는 풍광은 가히 일

---

177　김대중, 치악산 황장목 숲길 걷기 추진위원장, 2019.09.17. 황장목 숲길 걷기 축제는 이 황장금표를 스토리텔링한 걷기 문화축제로 2017년부터 개최하고 있다. 국립공원 치악산관리소 앞 제2주차장에서 출발해 세렴폭포까지 왕복 9km의 황장목 숲길을 걷고 구룡사 마당에서 음악회와 옻칠기 공예 및 한지 체험 등 다양한 문화행사도 마련된다. 참가 신청은 인터넷의 원주 "옻문화센터" 홈페이지를 통해 신청하거나 033)746-0957, 010-5361-4881로 하면 된다. 김대중 위원장은 "최고의 소나무를 뜻하는 황장목이란 멋진 우리 이름을 두고 일제 때, 금강소나무로 이름을 바꾼 것은 창씨개명"이며 일제 잔재이므로 공공기관은 물론 국민들도 쓰지 말아야 한다고 했다. 김대중 위원장과 통화함. 2023.9.14.

품이다. 감탄이 절로 나는 능선 길이 이어진다. 자연의 신비 그 자체다. 이름하여 '멧등바위'라는 곳이다. 멧등바위에서 바라본 전망은 장쾌했다. 북으로 도락산의 바위 봉우리가 시선을 끌고, 멀리는 소백산 연화봉이 눈에 들어온다. 오미자 와인 동굴을 출발하여 2시간이 채 못 되어 황장산 정상에 도착한다. 정상에는 쉴 수 있는 공터와 소박한 정상석이 반긴다. 각종 나무로 둘러싸여 조망은 전혀 없다. 오직 높고 푸른 하늘과 뭉게구름만이 가을임을 알린다. 정상에 다른 산객은 없다. 삼각대를 펴고 기념을 몇 장 담는다.

충분한 휴식을 가진 후 이정표에 따라 상달2리 마을로 하산 발걸음을 옮긴다. 300여 m 고갯마루에 월악산 국립관리소장 명의로 흔하지 않은 글귀가 적혀 있다. 백두대간 마루금인 이 지역은 한반도의 핵심 생태 축이자 자연 생태계의 보고인 국립공원 자연보존지구이며, 출입 금지 목적은 야생 동식물(산양, 솔나리 등) 서식지 보호를 위하여 개방할 수 없는, 특별히 보전해야 하는 지역으로 2008년 3월 1일부터 표시된 정규 탐방로 외 전 구간을 통제하며 위반 시는 자연공원법에 의거 과태

**황장산 정상 기념**

료를 부과한다고 기록하고 있다. 위치는 정상과 감투봉으로 갈라지는 삼거리다. 하산 등산로는 일부 너덜길도 있지만 대체로 무난하다. 계곡의 맑은 물은 크고 작은 담과 소를 가득 채우고 계곡에서 불어오는 바람은 걸음을 가볍게 한다. 정상을 출발한 지 약 1시간 20여 분 후 상달2리 마을에 도착한다.

오미자의 고장답게 길 양쪽 밭에는 온통 오미자밭이다. 가까이 가 본즉 푸른 덤불 속에서 빨갛게 익어 가고 있다. 생전 처음 보는 농작물이라 마침 풀을 뽑고 있는 아주머

니에게 양해를 구한 뒤 어떤 맛인지 몇 알을 따서 입에 넣어 봤으나 떫은 신맛이다. 본격적인 추수는 10월 초중순부터라고 한다. 마을 어귀 농가에는 일찍 추수한 잘 익은 오미자를 손질하는 연세 지긋하신 할머니의 손길이 바삐 움직인다. 문경지역에 아직도 오르지 못한 희양산, 대야산이 남아 있기는 하나 62번째 오른 황장산 산행도 의미가 크다고 하겠다.

황장산 출입 통제 안내

문경 오미자 마을

황장산 와인동굴

황장산 전망대에서 바라본 문경 농촌 마을 전경

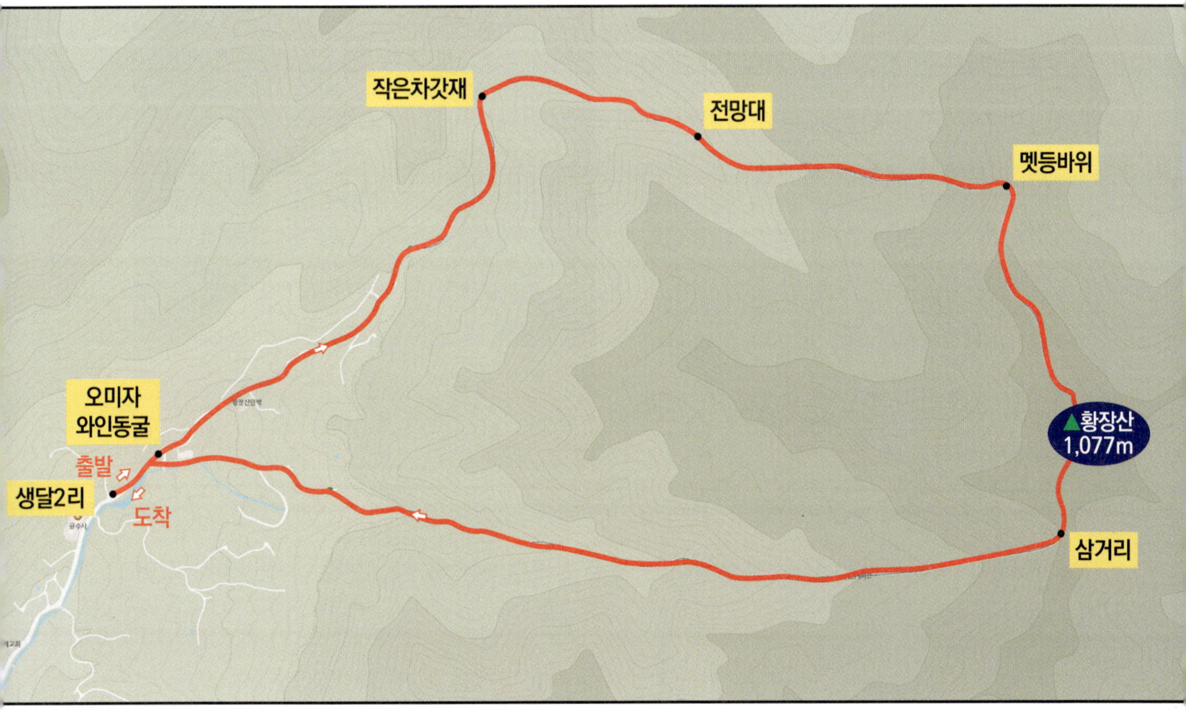

황장산 오늘의 등산로

409

# 희양산 (曦陽山)

경상북도 문경시·충청북도 괴산군

- 2021년 9월 14일(화), 맑음

희양산은 행정구역상 경상북도 문경시 가은읍과 충청북도 괴산군 연풍면 경계에 있는 소백산맥에 속한다. 북쪽에는 이화령과 시루봉이 있으며 동쪽에는 백화산, 서쪽에는 대야산과 조항산이 이어지고 남쪽에는 조령천이 흐르고 문경시 원복리 산자락에는 신라 헌강왕 7년(881년)에 도헌이 창건한 조계종 수도 특별 도량인 봉암사가 있다. 지질은 백악기의 흑운모 화강암이 주로 분포한다고 알려져 있으며 해발 999m이다.

**희양산 정상석**

오늘도 대중교통을 이용한다. 동서울버스터미널에서 6시 30분에 출발하는 문경·점촌행 버스로 약 2시간 후 문경버스터미널에 도착한다.

오늘 산행 코스는 은티마을을 시발점으로 지름티재를 거쳐 희양산 정상에 오른 뒤

성골을 경유하여 봉암사 코스로 하산 계획을 했으나 봉암사 쪽 등산로가 봉암사 측에서 임산물 관리 등으로 통제한다는 플래카드가 게시되어 있어 성터 갈림길 삼거리로 내려와 은티마을로 원점 회귀 하는 것으로 수정한다.

군내 버스가 운행되고 있으나 코로나로 배차 시간이 여의치 않아 들머리인 은티마을까지는 택시(22,000원)로 이동한다. 은티마을 입구에서 농가와 과수원을 가로질러 포장된 도로를 지나 마지막 농경지에서 조금 더 직진하면 길 좌측에 백두대간 희양산이라 적힌 큼직한 표지석이 반긴다. 정면에는 화양산과 구왕봉 등산 안내도가 친절을 베푼다. 제1코스와 제2코스 안내도에 따라 필자는 제1코스를 선택한다. 진행 방향으로 작은 개울을 건너 산림 도로를 따라 직진하면 지름티재와 희양폭포 쪽으로 가는 갈림길이다. 좌측 등산로를 따라 발길을 옮긴다. 경사진 숲길이다. 일부 구간은 너덜길이다. 지난주까지만 해도 요란스러울 정도로 열심히 울던 그 많던 매미는 흔적을 감추고 이름 모를 새 소리와 풀벌레 소리가 그 자리를 대신한다. 등산로 양쪽의 질서정연한 산죽과 적당히 불어오는 늦여름 바람은 발걸음을 가볍게 한다.

수량은 많지 않지만 희양폭포가 얌전하게 존재감을 알리려고 안간힘을 쓴다. 숲길이 계속되는 가운데 등산로 좌측에는 도서관을 옮겨 놓은 듯한 커다란 책바위 수개가 호기심을 자아내게 한다. 마치 희양산의 모든 궁금증을 해결이라도 하듯 질서 정연하게 차곡차곡 쌓여 있다. 고도를 높여 약 1시간 30여 분을 오르면 시루봉과 희양산, 은티마을을 가리키는 삼거리가 나온다. 지름티재다. 희양산 정상까지는 1km 남은 지점이다. 이곳에는 성을 쌓은 흔적이 아직도 생생하게 남아 있다. 특히

**희양산 미로바위 모습**

문경지역은 견훤이 전투를 벌인 곳이며 견훤산성, 궁터, 희양산성 등이 발견된 곳이기도 하다.

가을철이라서 그런지 등산로 주변에는 갖가지 앙증맞은 여러 가지 버섯들이 자태를 뽐내며 눈을 즐겁게 한다. 송이버섯이 나는 시기라 주민 전체가 예민해져 있다며 송이를 채취하거나 등산 배낭에 넣어 오다 적발되면 큰 낭패를 볼 수도 있다는 택시 기사의 얘기다. 혹여나 등산로 주의에 송이가 있는지 살펴보았지만, 눈에 띄지 않았다.

경사 길을 지나 정상을 500여 m 남겨 두고 희양산 절경을 만끽할 수 있는 능선이 100여 m 이어진다. 발아래 펼쳐지는 진초록 계곡의 능선과 맞은편 암벽 바위산, 저마다의 개성을 지닌 분재 같은 많은 소나무, 지평선이 닿을 듯한 산봉우리들, 말로 표현할 수 없을 정도로 풍광이 아름답다. 오늘 산행의 절정은 한 사람이 겨우 빠져나올 수 있을 정도의 좁은 바위 공간, 미로바위를 비롯한 예술작품 같은 바위로 가득한 길을 걷고 그 사이를 통과해 보는 신기한 경험이다. 이어지는 정상부

**희양산 정상 기념**

능선 맞은편에는 감탄을 자아내게 하는 장쾌한 풍광이 눈을 즐겁게 한다. 산행을 시작한 지 약 2시간 30여 분 만에 정상에 도착한다. 키 높이만 한 정상석은 암릉에서 약간 벗어난 안전한 곳에 자리하고 있다. 정상에 다른 산객이 없다. 따갑게 내리쬐는 가을 햇살, 희고 큰 뭉게구름 조각들, 산을 춤추게 하는 바람이 있어 외롭지 않다.

삼각대를 설치하고 기념을 담으려는 순간 삼각대가 흔들릴 정도로 바람이 강하다. 잠잠해지는 틈을 타 서둘러 몇 장을 남긴다. 정상석 앞에 휴식 공간이 있어 준비해 온 간식으로 요기하고 평소보다 단축된 휴식을 한 후, 오후 2시 10분에 출발하는 동서울행 버스를 타기 위해 무릎 보호대를 착용 후 빠른 행보로 하산길로 접어든다. 하산 코

스는 올라온 코스로 원점 회귀 하는 은티마을 코스다.

　무릎에 오는 무리를 무릅쓰고 걸음을 재촉한 결과 출발한 지 약 1시간 만에 동네 어구에 도착할 수 있었다. 아침에 이용한 택시로 문경버스터미널에 도착하니, 시간적 여유가 있어 차 한잔하면서 휴식을 한 뒤 서울행 버스를 타면서 100대 명산 63번째 희양산 산행을 갈무리한다.

희양산 책바위

희양산 등산로 고사목

희양산 성터

희양산 정상에서 바라본 전경

희양산 오늘의 등산로

# 대야산(大耶山)

경상북도 문경시·충청북도 괴산군
- 2021년 9월 23일(목), 약간 흐림

대야산은 행정상 경상북도 문경시와 충청북도 괴산군 경계에 있는 930.7m로 속리산국립공원에 속해 있으며 주 능선은 백두대간이다. 대야산은 계절마다 각기 다양한 특색을 지닌 산으로 특히 산 아래 용추계곡은 명성만큼 관광객들이 많이 찾는 곳이다. 오늘 교통편도 대중교통이다. 동서울터미널에서 6시 30분에 출발하는 문경행 첫차로 약 2시간 후 문경버스터미널에 도착한다.

군내 마을버스가 있으나 코로나 영향으로 배차 시간이 여의찮아 택시

대야산 정상석

(30,000원)로 들머리인 벌바위마을에 도착한다. 약 30분 소요된다. 삼송리 농바위마을로 정상에 오르기도 하지만 벌바위코스가 일반적인 것 같다.

용추계곡 쪽으로 식당을 가로질러 들어가면 용추가든 뒤 대야산 안내도가 있다. 여

기서부터 산행이 시작된다. 오늘이 24절기상 낮과 밤의 길이가 같다는 추분(秋分)이다. 추분은 백로(白露)와 한로(寒露) 사이에 있다.

　이틀 전에 내린 많은 양의 비로 계곡 전체가 물풍년이다. 용추계곡 대부분은 거대한 암반으로 구성되어 있다. 암반 위를 흐르는 수정 같은 맑은 물이 바쁜 산객들을 유혹한다. 등산로를 따라 조금 직진하다 보면 암수 두 마리의 용이 용추계곡에서 머무르다 하늘로 승천하다가 발톱이 바위에 찍혀 그 자국이 선명하게 남아 있다고 하여 부르는 용소암(龍搔巖)을 만난다.

　산행 시작 10여 분 남짓하게 가면 쉼터인 정자와 널따란 회백색 가운데 하트 모양의 독특한 용추(龍湫)[178]를 만난다. 자연의 섭리에 감탄이 절로 나며 아름답고 신비스럽다. 흥분된 상태에서 용추를 뒤로하고 편안한 오솔길을 따라 20여 분 걸으면 암반 위로 하얀 거품을 띠며 흐르는 물과 소(沼)를 감싸는 널따란 바위가 호기심을 불러일으키게 한다. 이름하여 월영대(月

**대야산 용추(폭포)**

--------

178　용추(龍湫): 폭포수가 떨어지는 지점에 깊게 패어 있는 웅덩이로 암수 두 마리의 용이 하늘로 오른 곳이라는 전설을 증명이라도 하듯이 용추 양쪽 거대한 화강암 바위에는 두 마리의 용이 승천할 때, 용트림하다 남긴 흔적이 신비롭게도 선명하게 남아 있다. 용추의 장관이야말로, 명소 중의 명소, 비경 중의 비경이 아닐 수 없다. 현지 안내 글 내용.

影臺)[179]이다. 용추계곡을 오르는 내내 우리나라 여름철 최고의 산행지답게 수려(秀麗)한 경관이 계속 이어진다.

 월영대는 피아골 계곡과 다래곡 계곡의 합수점이며 정상을 오르는 갈림길이다. 계단이 많고 경사진 피아골 코스보다는 상대적으로 편하고 볼거리가 많다는 밀재 방향으로 향한다. 월영대 삼거리에서 약 1시간 후 밀재에 다다른다. 정상까지 1km 남은 지점이다. 완연한 가을바람이 땀을 식혀 준다.

 통나무로 된 의자에 앉아 목을 축이는 사이 하남시에서 온 60대 부부가 도착한다. 오늘 처음 만난 산객이다. 조금 전 택시 기사께 간식용으로 선물받은 탐스러운 사과 하나를 건네고 자리를 비켜 주고 길을 앞선다. 바람의 영향으로 습도가 없어 기분은 상쾌하다.

 밀재에서 대야산 정상까지 등산로는 백두대간을 종주하는 사람들이 많이 이용하는 구간으로 제법 가파르고 희귀한 바위와 암릉이 많은 편이다. 거북바위, 코끼리바위 등 기묘하게 생긴 크고 작은 바위들의 모습도 장관이다. 집채만 한 바위와 좁은 바위틈을 지나는 구간은 대야산 산행 매력을 더욱더 강하게 느끼게 한다. 위험한 곳에는 가끔 로프가 도움을 주지만 방심은 금물이다.

 산행 시작한 지 2시간 30분 후 대야산 정상 도착이다. 바위산이다. 필자가 삼각대를 펴고 기념을 담는 사이 조금 전 만났던 하남에서 온 부부가 도착하고 연이어 피아골 쪽에서 젊은 청년 한 명이 합류한다.

 정상에서 조망은 막힘이 없고 하늘은 높고 뭉게구름이 갖가지 모양을 수놓는다. 대야산 정상에서 바라본 속리산 전경은 한 폭의 동양화다. 시계 방향으로 둔덕산(970m)을 비롯하여 조항산(954m), 청화산(984m) 멀리는 천왕봉(1,058m)과 문장대(1,054m), 묘봉(874m)에서 백악산(856m)으로 이어지는 크고 작은 봉우리들은 바라보고 있노라면 새삼 창조주의 위대한 능력에 고개가 숙여진다.

---

179 월영대(月影臺): 휘영청 밝은 달이 중천에 높이 뜨는 밤이면, 바위와 계곡을 흐르는 맑디맑은 물 위에 어리는 달빛이 아름답게 드리운다고 하여 월영대라고 한다. 경관이 너무나 아름다워 보는 이로 하여금 절로 감탄을 자아내게 한다. 현지 안내 글 내용.

그 사이 정상석 바로 옆쪽에 등산배낭을 비롯하여 반 병 정도 마신 소주, 캔 음료수, 침낭, 혁대, 스틱 등이 널브러져 있는데 사람이 없다. 주위는 온통 낭떠러지에다 숲이 우거져 있다. 불길한 예감이 들어 정상 한쪽에 적혀 있는 속리산국립공원 사무소로 신고하고 증거물 3점을 카톡으로 보낸 후 필자가 믿는 절대자에게 무사하기를 바라며 두 손을 모은다. 통화자에게 빠른 조치를 당부하고 무거운 마음으로 하산길로 접어든다.

대야산 정상 기념

하산은 피아골 코스를 선택한다. 시작부터 가파른 나무 계단이다. 군데군데는 밧줄을 잡고 조심스럽게 내려와야 하는 구간도 여러 곳 있다. 월영대까지는 약 1.9km 거리다. 약 1시간 만에 월영대에 도착해서 용추의 모습을 추가로 기념에 담고 발걸음을 재촉한다.

아침에 이용한 택시를 호출해 놓고 입구에 있는 고선사(古禪寺)에 잠깐 들렀으나 인기척이 없다. 경내 한쪽에 "?이뭣고."라고 큼직하게 새겨 놓은 글씨가 눈길을 끈다. 선뜻 이해가 가지 않는다.

택시 편으로 서둘러 문경버스터미널에 도착했으나 이미 8분 전에 동서울행 버스가 출발한 후다. 4시간을 기다릴 수 없어 간단히 요기하고 충주로 가는 버스를 타고 충주를 거쳐 상경하면서 문경에 있는 4개의 산행을 무사히 마치고 다음 주 봉화에 있는 청량산 산행을 기대하며 오늘 64번째 대야산 산행을 마무리한다.

초·중급자일 경우 용추계곡에서 밀재 코스로 정상에 오른 뒤 하산은 피아골 코스를 권한다. 대야산은 아름다운 계곡, 암릉과 바위의 조화를 이룬 산으로 오래도록 기억에 남을 것 같다.

※ 하루가 지난 2021년 24일 3시경 관리사무실에 전화로 확인해 봤으나 별도 실종 신고가 없었고, 송이버섯 채취 철이라 1~2일 더 기다려 본 후 다시 현장에 가서 조치할 예정이라는 대답이다. 인명 사고가 없기를 기도한다.

대야산 정상 부근 전경

고선사 대웅전

대야산 거북바위

정상에서 바라본 능선 길 및 전경

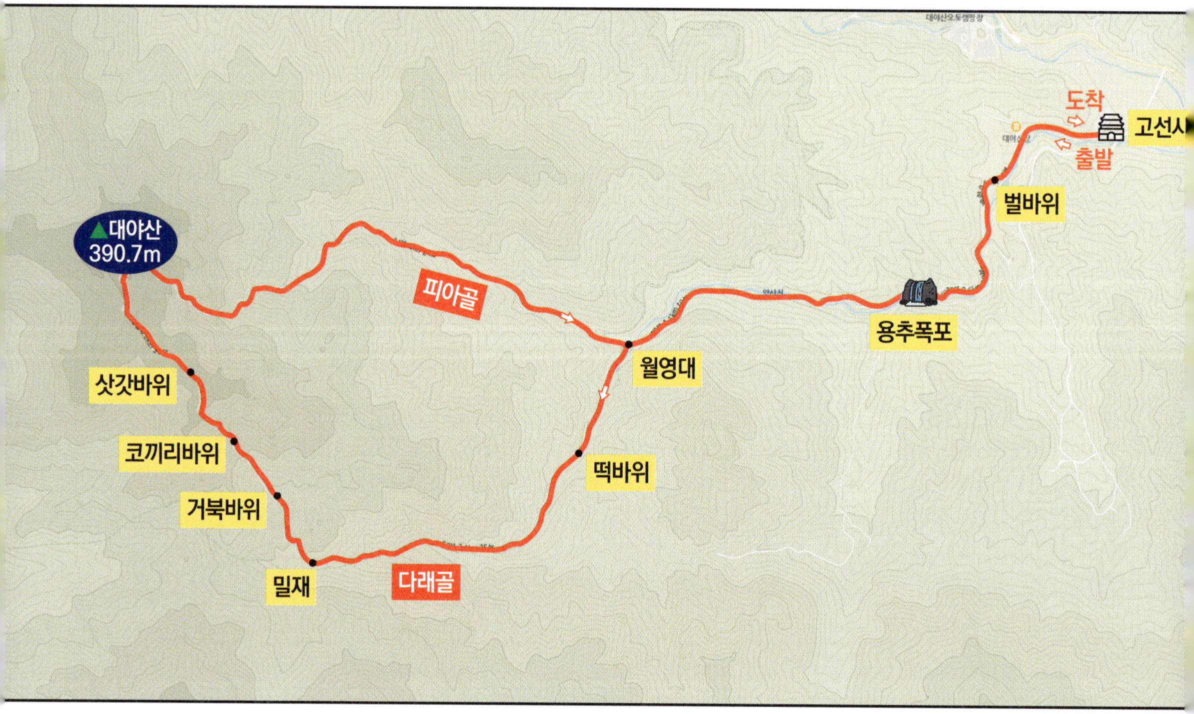

대야산 오늘의 등산로

# 청량산(淸凉山)

## 경상북도 안동시·봉화군
– 2021년 9월 28일(화), 흐림

청량산은 행정상 경상북도 안동시와 봉화군 명호면 경계에 있는 해발 870m의 산이다. 청량산은 예로부터 산세가 수려하여 소금강이라 불렀다고 한다. 청량산이란 명칭의 유래는 빼어난 산수 절경과 계곡을 흐르는 맑은 물이 마치 중국 화엄종의 성스러운 산으로 간주하는 청량산과 흡사하다 하여 붙여진 이름이라 전해지고 있다. 고대에는 수산(水山)으로 부르다가 조선시대부터 청량산으로 불리게 되었다고 한다. 특히 청량산은 퇴계 이황 선생이 예찬한 흔적

**청량산 정상석**

이 있는 곳이기도 하다. 청량사[180]에는 경상북도 유형문화재 제47호인 청량사 유리보전(瑠璃寶殿)[181]이 있다.

오늘도 대중교통을 이용한다. 청량리에서 6시에 출발해서 안동행 KTX로 영주역에서 하차한다(1시간 50분 소요). 영주역에서 동해로 가는 기차로 봉화역에서 하차한다(15분 소요). 봉화역에서 청량산으로 운행하는 군내 버스가 있지만, 코로나 영향으로 시간 운영에 영향이 있어 오늘의 들머리인 선학정(仙鶴亭)까지, 택시로 이동한다. 청량산을 오르는 코스는 크게 청량폭포에서 출발하거나 선학정 코스, 입석에서 오르는 코스 등 세 곳이다. 필자는 선학정에서 출발하여 청량폭포로 하산하는 코스로 정한다. 일주문을 지나 선학정 주차장에 도착하자 아름다운 정자 하나가 반긴다. 선학정이다. 이황 선생은 본인 스스로가 청량산을 워낙 좋아해 '청량산인(淸凉山人)'이라 불렀다고 한다. 이를 증명이라도 하듯 청량사 들머리 선학정(仙鶴亭) 안 한쪽에 '퇴계 이황 선생의 문집 권지이'의 시 가운데 '등산(登山)'이란 한시(漢詩)가 걸려 있다. 한글로도 풀어 놓았다.

이 황(李 滉)

심유월준학(尋幽越濬壑), 역험천중령(歷險薦重嶺)

무론족력번(無論足力煩), 차희심기영(且喜心期永)

........................................

180 청량사(淸凉寺): 청량산에는 원효대사가 우물을 파 즐겨 마셨다는 원효정과 의상대사가 수도했다는 의상봉, 의상대라는 명칭이 남아 있는 것에서 알 수 있듯이, 청량사를 중심으로 크고 작은 33개의 암자가 있어서 당시 신라 불교의 요람을 형성하였다고 한다. 청량사는 신라 문무왕 때 원효대사, 의상대사가 창건하였다고 전해지며 송광사 16국사(큰스님 16분)의 끝스님인 법장 고봉 선사(1351~1428년)에 의해 중창된 고찰이다. 본전(本殿)은 유리보전(瑠璃寶殿)이며, 금탑봉 아래 응진전(應眞殿)은 683년에 의상대사가 창건한 것으로 전해진다. 경상북도 유형문화재 제47호로 지정된 유리보전은 동방 유리광세계를 다스리는 약사여래를 모신 전각이라는 뜻으로, 법당 안에는 약사여래 부처님을 중심으로 좌측에 지장보살 우측에 문수보살이 모셔져 있다. 약사여래 부처님은 특이하게도 종이 재질을 이용한 지불(紙佛)로서, 이곳에서 지극 정성으로 기원하면 병이 치유되고 소원 성취의 영험이 있는 약사 도량이다. 청량사 현지에서 제공.

181 청량사 유리보전(瑠璃寶殿): 유리보전은 약사여래를 모시는 법당으로 약사전이라고도 한다. 늘 바람이 세찬 산골짜기의 한쪽에 나지막하게 지어졌는데, 법당 앞이 절벽이라 마당이 좁은 편이다. 앞면 3잔, 옆면 두 칸 규모이며, 지붕 옆면이 팔(八) 자 모양의 팔자지붕집이다. 건물의 대들보 밑에 사이 기둥을 세워 후불벽을 설치한 것은 다른 곳에서는 보기 힘든 특징으로 중요하게 평가되고 있다. 청량사 현지 글 내용.

차산여고인(此山如高人), 독립회개경(獨立懷介耿)

그윽한 곳 찾느라고 깊은 골을 넘어가고,
멧숲을 거듭 뚫어 험한 데를 지났노라
다리 힘이 피로함은 논할 것이 없거니와,
마음 기약 이룩됨을 기뻐하곤 하였노라
이 메의 솟은 양이 높은 사람 흡사하여,
한곳에 홀로 서서 그 생각 간절코녀

청량산 이황의 청량산가

이 외에도 바로 옆 광장 바닥에는 큼직한 바위에 퇴계 이황 선생의 '청량산가(淸凉山歌)'[182]가 명산임을 재확인시킨다. 역사 평론가 한정주에 따르면 "명승지(名勝地)와 명산(名山)은 사람에 의해 이름이 난다."라는 말이 있다고 한다. 만약 이황이 없었다면 청량산은 산세가 수려한 수많은 산 중의 하나에 불과했을 것이다. 이황이 있었기 때문에 이 청량산은 도산과 더불어 오늘날까지 성리학의 창시자인 주자(朱子) 이후 최고의 성리학자로 일컬어지는 '퇴계의 정신이 깃든 성산(聖山)'으로 추앙받고 있다고 일깨운다.

퇴계 선생은 청량산에 대해서만 50여 편의 시를 썼다고 하니 청량산을 얼마만큼 사랑했는지 짐작이 간다. 수려한 산과 계곡 물소리를 뒤로하고 본격적인 산행을 시작한다. 콘크리트로 포장된 도로지만 가파른 경사 길이다. 약 30분 후 유서 깊은 청량사에 도착한다. 금탑봉 기슭에 위치한 청량사는 응진전, 오산당, 안심당, 범종루를 비롯하여 절벽 위의 오층석탑 조화는 한 폭의 그림 자체로 지나칠 정도로 아름답다.

---

182 청량산가: "청량산 열두 봉우리(六六峯)를 아는 이 나와 흰 갈매기뿐/흰 갈매기야 말하겠느냐 못 믿을 것은 복숭아꽃이로다/복숭아꽃아 물 따라 가지 마라 배 타고 고기 잡는 이 알까 두렵구나." 『퇴계전서』, '청량산가(淸凉山歌)'. 이황.

**청량산 청량사 전경**

    다만 범종루 공사가 한창이어서 조금은 어수선하다. 특히 금탑봉 아래에 자리한 응진전은 원효대사가 수도하며 머물렀던 곳으로 청량사를 '내(內)청량'이라 하고, 이곳을 '외(外)청량'이라 불렀다고 한다. 응진전 옆에는 신라 말 대문장가인 최치원이 머물면서 독서와 바둑을 즐겼던 곳으로 알려진 풍혈(바람이 통하는 굴)대가 있는 곳이기도 하다. 오층석탑 앞마당에는 전설이 깃든 '삼각 우송'[183] 한 그루가 위용을 뽐내고 있다.

    청량산은 신라시대 김생부터 원효대사 공민왕 등 여러 위인이 찾아와 머물렀으며,

---

183  원효대사와 삼각 우송: 원효대사가 청량사를 창건하기 위해 힘을 쏟고 있을 때, 하루는 절 아랫마을에 내려가게 되었다. 논길을 따라 내려가다가 논에서 일하는 농부를 만나게 되었는데, 마침 농부가 뿔이 셋이나 달린 소를 데리고 논을 갈고 있었다. 하지만 이 뿔 셋 달린 소는 도대체 농부의 말을 듣지 않고 제멋대로 날뛰고 있었다. 이에 원효대사가 농부에게 이 소를 시주하여 줄 것을 권유했더니 농부는 흔쾌히 이 뿔 셋 달린 소를 시주하였다. 이에 원효대사는 소를 데리고 돌아왔는데 신기하게도 이 소는 절에 온 후에는 고분고분해지더니 청량사를 짓는 데 필요한 재목이며 여러 가지 물건들을 밤낮없이 운반하더니 준공을 하루 남겨 두고 생을 마쳤다고 한다. 이 소는 '지장보살'의 화신이었다. 원효대사는 이 소를 지금의 삼각우송 자리에 묻었는데 그곳에서 가지가 셋인 소나무가 자라나 훗날 사람들이 이 소나무를 '삼각우송'이라 하였고, 이 소의 무덤을 '삼각우총'이라 불렀다. 청량사 제공.

조선시대에도 많은 유학자가 찾았다고 한다. 그중 풍기 군수를 역임한 주세붕은 봉우리마다 이름을 지었다고 한다. 사찰 안내도 옆에 있는 '청량수 샘물'로 목을 축이고 경내를 두루 돌아본 후 오층석탑 앞 쉼터에서 휴식한 뒤 본격적인 산행이 시작되는데 등산로 대부분은 계단이고 가파르다. 숲길의 계속이라 조망은 없다.

거센 숨을 몰아쉬며 '뒷실고개' 삼거리에 도착한다. 자소봉과 하늘다리 방향을 알리는 이정표. 기대를 잔뜩 안고 300여 m 거리에 있는 하늘다리 쪽으로 향한다. 하늘다리에 도착하자 청량산 하늘다리 방문을 환영한다는 문구와 함께 눈앞에 아름다운 전경이 펼쳐진다. 건너편의 조망도 일품이다.

오늘도 다른 산객은 없고 혼자다. 삼각대를 설치하고 여러 장의 기념을 담는다. 풍광을 마음껏 즐긴 뒤 다리를 건너기 위해 다리 중간쯤에 다다를 무렵 마침 계곡에서 불어오는 바람에 하체는 사시나무처럼 후들거린다. 비명이 절로 나온다. 하늘다리 아래 계곡을 내려다보는 순간 오금이 저려 금세 눈을 거둔다. 마치 구름 위를 걷는 기분이다.

현지서 제공하는 안내에 따르면 청량산 하늘다리 구도는 2008년 6월 조성되었으며 자라봉(해발 806m)과 선악봉(해발 826m)을 연결해 주는 현수교다. 규모는 길이가 90m, 바닥높이 70m, 바닥 폭 1.2m이며 국내 산악지대에 설치된 보도형 교량 중 가장 길고 가장 높은 지대에 위치한 현수교로, 산객들의 사랑을 받고 있다.

정상에는 다른 산객이 있으려나 기대하고 올랐으나 아무도 없고 큼직한 정상석이 반긴다. 정상석의 표시는 청량산이 아닌 청량산 장인봉(丈人峯)이다. 이는 풍기 군수를 지낸 주세붕 선생이 지은 이름이라 한다. 정상석 뒷

**청량산 정상 기념**

면에는 주세붕 선생의 '정상에 올라'[184]라는 한시(漢詩)가 정다움을 더한다. 늘 느끼는 감정이지만 정상석이 나타나면 마치 오랫동안 만나지 못했던 친구를 만나는 기분이다. 정상석 주위는 사방이 나무로 막혀 있고 금방이라도 소나기가 내릴 기세다.

정상석 옆에서 간단한 요기를 하고 예정된 코스인 청량 폭포 쪽으로 발길을 옮긴다. 처음부터 경사가 심한 계단이다. 한 시간 남짓한 시간 만에 청량폭포에 도착한다. 수량은 많지 않지만 폭포로서 체면 유지하는 데는 손색이 없다.

봉화역까지는 아침에 이용한 택시로 이동한다. 봉화에서 영주까지는 열차를 이용하고 시간 관계상 영주버스터미널에서 강남고속버스터미널까지, 버스 편으로 상경하면서 유서 깊은 청량산 산행을 마무리한다.

청량산 청량 폭포

청량사 유리보전

청량산 이황의 '등산 시'

---

184  청량산에 올라: 我登淸凉頂(아등청량정) 청량산(淸凉山) 꼭대기에 올라/兩手擎靑天(양수경청천) 두 손으로 푸른 하늘을 떠받치니/白日正臨頭(백일정임두) 햇빛은 머리 위에 비추고/銀漢流耳邊(은한유이변) 별빛은 귓전에 흐르네/俯視大瀛海(부시대영해) 아래로 구름바다를 굽어보니/有懷何綿綿(유회하면면) 감회가 끝이 없구나/更思駕黃鶴(갱사가황학) 다시 황학을 타고/遊向三山嶺(유향삼산령) 신선세계로 가고 싶네. 주세붕(1459-1554년).

청량산 하늘다리 전경

청량산 오늘의 등산로

## 성인봉(聖人峯)

**경상북도 울릉군**

- 2021년 10월 4일(월), 구름, 비

성인봉은 행정상 경상북도 울릉군 울릉읍 서면·북면에 걸쳐 있는 해발 986m의 산이다. 2019년 울릉군 통계 연보(군수: 김병수)에 따르면 섬의 넓이는 72.91km$^2$고 해안선의 총길이는 64.43km이다. 인구는 2018년 기준 10,014명(남자: 5,483, 여자: 4,531)이며, 우리나라에서 여덟 번째 큰 섬이기도 하다. 울릉도는 1907년 1월 19일 강원도 담당에서 경상남도로 옮긴 후 1914년 경상남도에서 경상북도로 편입되었다. 특히 성인봉은 울릉도를 대표하고 상징하는 산으로 해발에서 출발하는 관계로 에누리가 없는 산이기도 하다.

**성인봉 정상석**

성인봉으로 가는 교통편은 포항여객선터미널을 비롯하여 동해 묵호항연안여객선터미널, 울진 후포여객선터미널, 강릉항여객터미널에서 선박을 이용해야 한다. 사전에 예약하면 편리하나 당일 현장에서도 매표가 가능하다.

오늘 교통편은 서울역에서 5시 40분에 출발하는 KTX 편으로 포항역에 하차하여 택시로 포항여객선터미널까지 이동하여 8시 50분에 출항하는 대지건설 소속 '썬라이즈호'에 승선하여 약 3시간 30분 후 울릉 사동항에 도착한다.

울릉도로 가기 위해 이틀 전에 예약한 배를 타기 위해 포항으로 향하는 중 필자가 예약한 선박회사에서 배의 엔진에 이물질이 발견되어 금일 출항을 할 수 없다는 문자메시지다. 날씨 등을 고려하여 어렵게 잡은 일정인데 순간적으로 난감했지만 일단 정확한 상황을 현장에 가서 확인해 보기로 하고 포항여객선터미널로 향한다. 직원에게 문의 결과 필자가 애초 예약한 회사의 선박은 출항할 수 없지만 다른 회사에서 출항하는 선박을 안내해 줘서 무사히 울릉도에 입도할 수 있었다. 포항에서 출발한 400톤급의 '썬라이즈호'는 정원이 440여 명이라 한다.

비슷한 시간에 출항 예정이던 배의 고장 영향으로 빈 좌석이 거의 없을 정도다. 울릉 해안이 가까워지자 너울성 파도를 이기지 못해 배가 요동친다. 승객 중 약 10여 명이 뱃멀미로 인해 얼굴이 창백해지고 화장실을 자주 드나든다. 다행히 필자는 멀미 없이 사동항에 도착한다.

하선 즉시 오늘 산행 들머리인 KBS 중계소 코스로 곧바로 이동하여 산행을 시작한다. 오후 1시다. 시작부터 오르막이다. 올려다본 성인봉 전체는 안개가 자욱하다. 안개비가 내리기 시작한다. 간혹 하산하는 사람은 있으나 산을 오르는 산객은 없다. 약 10분 정도 오를 즈음 젊은 산객 두 명이 쉬고 있다. 반갑게 인사를 건넨다. 직장 동료들로 서울 도봉구에서 3박 일정으로 울릉도를 찾았다고 한다. 그 순간 한 명이 힘에 부쳐서 더는 오를 수 없다며 포기하겠다고 한다. 울릉도까지 왔으니 함께 정상까지 동행할 것을 권했으나 포기하고 발길을 돌린다. 친구분도 배신자(?)라며 애교 섞인 푸념을 해 봤지만, 효험이 없었다. 나머지 한 명과(정순기 님) 말동무를 하며 산을 오른다. 상당히 예의 바른 젊은이다. 등산로는 원시림을 연상케 하는 우거진 숲길이 이어지고 안개와 아름다운 조화를 이뤄 지루함이 느껴지지 않는다. 산을 오를수록 안개의 농도는 점점 짙어 간다.

예쁜 나무 데크(아치교)와 연결된 흔들 구름다리를 지나 넓고 평탄한 길을 따라 성인봉을 향해 발걸음을 급하게 움직인다. 잠시 후 팔각정에 도착한다. 준비해 간 귤과 과자를 동행자와 나누어 먹으며 우정을 이어 간다. 팔각정을 지나면서 한적하고 운무 가득한 정겨운 오솔길이 이어진다. 약 20여 분 후 안부 바람 등대에 닿지만 역시 조망은 없다. 등산로 주변에는 온통 진한 녹색의 양치식물인 고사리과에 속하는 '루모라고사리'[185]가 융단처럼 펼쳐지고 이름 모를 나무들로 우거져 원시림을 이룬다. 신비감이 들 정도로 아름답다.

이어지는 지그재그 길을 오르는 순간 숨소리가 더욱 거칠어진다. 정상이 가까워진 예감이다. 드디어 오늘 산행의 목적지인 성인봉이다. 몸을 제대로 가눌 수 없을 정도로 바람이 세차게 몰아친다. 정상석과 안개를 배경

**성인봉 양치식물 루모라고사리**

삼아 허겁지겁 기념을 몇 장 담는다. 안개로 사방이 둘러싸여 조망이 전혀 없다. 정상에서 바라보는 울릉도의 아름다운 전경과 동해의 검푸른 파도와 수평선 너머 조망을 볼 수 없어 진한 아쉬움이 남는다.

하산은 애초 계획했던 대로 나리분지 쪽이다. 초입부터 급격한 데크 계단이다. 함께한 젊은 분도 다리가 후들거린다며 속도를 내지 못한다. 급경사의 나무 계단 길을 계속 내려가다 보면 쉼터가 나온다. 쉼터 왼쪽에 성인수(聖人水)라는 샘터가 있음을 알린다. 물맛이 좋고 시원하다. 두 바가지를 연신 들이켠다. 함께한 젊은이도 물맛이 좋다며 가지고 온 생수병을 비우고 성인수로 채운다. 성인봉 정상에서 북쪽으로 내려가는 숲은

---

185 루모라고사리 표기 근거: 현장에서 휴대폰 네이버 스마트렌즈로 촬영한 결과 나타난 이름임.

원시림 지역으로 수목이 울창하다. 특히 이 부근의 울릉 성인봉 원시림[186]은 천연기념물 제189호로 지정되어 있다. 섬피나무, 너도밤나무, 섬고로쇠나무 등의 희귀 수목들의 이름표가 각각 붙어 있다. 특히 이곳은 연평균 300일 이상 안개에 싸여 있어 더욱 태고의 신비를 느끼게 하는 것 같다.

**울릉 나리 억새 투막집**

원시림을 지나 계속되는 계단 길을 내려가 계곡에 다다르면 성인봉 명물 중 하나로 알려진 '신령수'라는 샘터를 또 만난다. 물 한 바가지로 갈증을 푼다. 조금 전에 마신 성인수(聖人水) 물맛과 비슷하다. 샘터 바로 앞에는 산행에 따른 피로를 풀 수 있는 족욕 공간도 별도 마련되어 있다. 신령 수 샘터에서부터는 넓은 임도다.

울창한 숲길을 한참 걷다 보면 국가민속문화재(중요민속문화재) 제257호 '울릉 나리 억새 투막집'[187]을 만난다. 70여 년 전 필자가 살던 집 구조와 비슷해서 낯설지 않다.

---

186  울릉 성인봉 원시림: 천연기념물 제189호로, 원시림이란 오랫동안 중대한 피해를 본 적이 없고 인간의 간섭을 받은 적이 없는 자연 그대로의 모습을 간직한 숲을 말한다. 성인봉의 원시림은 성인봉 정상 부근을 중심으로 형성된 숲으로 울릉도에서만 자생하는 희귀식물인 너도밤나무 숲이 있고 섬조릿대가 나며 그 사이에 솔송나무 섬단풍나무 등 울릉도에서만 자라는 나무들로 숲이 이루어져 있다. 그 밖에 섬노루귀, 섬말나리, 섬바디 등 이곳에서만 자생하는 희귀식물로 자라고 있다. 성인봉의 원시림이 보존될 수 있었던 것은 이곳 주민의 수가 적고 사람들의 접근이 거의 없었기 때문이다. 그러나 최근 울릉도가 관광지화되면서 관광객이 찾아오고 도로가 발달하여 훼손의 위험에 처해 있다. 성인봉의 원시림은 희귀식물들이 많이 분포하여 천연기념물로 지정하여 보호하고 있다. 1967년 11월 1일. 울릉도 현지 글.

187  울릉 나리 억새 투막집: 국가민속문화재(중요민속문화재) 제257호로, 이 집은 울릉도 개척 당시(1883년)에 있던 울릉도 재래의 집 형태를 간직하고 있는 투막집으로서 1945년대에 건축한 것이다. 이 집은 4칸 일자집으로 지붕을 새로 이었으며 집 주위를 새로 엮은 우데기로 둘러쳤다. 큰방과 머리방은 귀틀로 되었고 정지를 사이에 두고 마구간도 귀틀로 설치하였다. 일부 벽에는 통나무 사이에 흙을 채우지 않아 틈 사이로 들여다보기 좋고 통풍도 잘되게 한 특징을 가지고 있다. 정지는 바닥을 낮게 하여 부뚜막을 설치하고 내굴로 구들을 놓았다. 애초에는 경북 울릉 민속자료 울릉 나리동 투막집(제57호)으로 지정(1984.12.29.)되었으나 신청(2007.8.24.)을 받아 중요민속문화재 제257호로 지정(2007.12.31.)되었고, 이후 문화재 지정 명칭 변경 고시(2017.2.28)에 따라 국가민속문화재 제257호 울릉 나리 억새 투막집으로 명칭이 변경되었다. 투막집 현지 글 내용.

투막집 주위의 억새가 또 일품이다. 억새 투막집 앞에서 올려다본 성인봉의 모습은 장관이다. 때마침 석양 사이로 안개와 구름이 뒤엉켜 갖가지 모양을 연출한다. 이어서 나리마을을 향해 평탄한 숲길을 한참 걷다 보면 좌측 편 담장 아래 천연기념물 제52호인 울릉 나리동 '울릉국화와 섬백리향'[188] 군락지를 접한다. 운 좋게도 9~10월이 개화시기라 활짝 핀 흰 꽃 울릉국화와 섬백리향 군락을 눈에 담을 수 있는 행운까지 덤으로 얻는다. 산행을 시작한 지 4시간 만에 나리마을 정류장에 도착한다. 산행을 포기한 친구분이 렌트한 차가 있다며 숙소까지 태워 주겠다고 하나 정중히 사양하고 아침에 이용한 택시로 도농항 부근에 도착한다.

마침 아내 포함 세 자매가 여행사에서 주선하는 울진 후포항에서 출항하는 배편으로 먼저 와서 식사하는 식당에 동석하여 맛있는 모둠회로 식사를 하고 일찍 잠을 청한다. 아침에 일어나 확인해 보니 파고로 인하여 내일까지 400톤급 선박은 출항할 수 없다고 한다. 사동까지 택시로 이동하여 11시에 출발하는 카페리 여객선(뉴씨다오펄호) 티켓을 준비해 놓고 주위를 산책하다 11시 정각에 승선한다.

필자도 크루즈선을 타 보기는 처음이다. 규모가 상당하다. 2만 톤으로 승객의 정원은 1,200명이라 한다. 작은 배의 결항으로 승객이 몰려서인지 북적댄다. 객실 등급은 1등부터 4등 실로 구분되어 있으며 요금은 스위트룸 550,000원(2인 기준)부터 17인실 65,000원(1인 기준) 등 다양하다. 모든 객실이 침대 구조다. 룸에는 TV도 설치되어 있고 창문이 있어 바다를 조망할 수 있다. 대형 식당 및 카페, 매점 시설 등 다양하게 갖춰져 있다.

선상에 올라 하얗게 부서지는 파도와 넘실거리는 푸른 바다를 마음껏 즐길 수 있다. 하나의 단점이라면 시간이 약 3시간 더 소요되는 점이다. 그러나 산행에 지친 피

---

[188] 울릉국화와 섬백리향 군락: 울릉국화는 들국화의 한 종류인 여러해살이풀로 꽃은 9~10월에 핀다. 섬백리향은 키가 작고 밑동에서 가지를 많이 치는 나무로 잎은 봄에 돋아 가을에 떨어진다. 꽃향기가 백 리를 갈 만큼 매우 강하다 하여 백리향이라는 이름이 붙었다. 나리동의 울릉국화와 섬백리향 군락은 예전의 화산 분화구인 나리분지에서 성인봉으로 가는 언덕에 위치해 그늘을 싫어하는 습성으로 인해 숲이 없는 곳에 작은 군락을 이루고 있다. 울릉국화와 섬백리향은 꽃이 필 때 향기가 짙게 나지만, 섬백리향은 낮에는 향기가 거의 나지 않고 밤중에 향기가 짙다. 나리동의 울릉국화와 섬백리향 군락은 울릉도 특산으로 그 희귀성이 인정되어 천연기념물로 지정되었다. 현지 글 내용.

로를 해소하는 방법의 하나로 편안한 침대에서 휴식을 취하는 것도 권장할 만하다. 특히 뱃멀미하는 경우라면 카페리호를 권하고 싶다. 울릉도를 출발하여 영일만으로 향하는 거대한 카페리호는 파고가 3m로 높지만 마치 잔잔한 호수를 항해하는 듯 요동이 거의 없다. 어제 울릉도항에 접안하기 전 성난 바다와는 사뭇 다른 모습이다. 성인봉 산행은 여타 산행과는 달리 산행 외에 부수적인 교통편(열차, 버스, 선박) 및 숙박 등을 사전 예약을 하면 보다 효과적인 산행이 될 것이다.

성인봉 정상 기념

배는 예정 시간에 포항 영일만에 도착했고 주차장에서 포항역으로 가는 버스를 타고 서울역으로 향하는 KTX 열차 편으로 상경하면서 이번 성인봉 산행이 먼 훗날 아름답게 물들이는 석양빛처럼 아련히 기억되기를 소망해 본다.

성인봉 등산로 고목

성인봉 성인수

성인봉 미륵산 능선 전경

울릉 나리 억새 투막집에서 바라본 성인봉 전경

성인봉 오늘의 등산로

# 설악산(雪嶽山)

## 강원도 속초시·인제군·양양군
– 2021년 10월 12일(화), 흐림(짙은 안개)

설악산은 행정상 강원도 속초시 및 인제군, 양양군에 연결된 산으로 한라산과 지리산에 이어 남한에서 세 번째로 높은 해발 1,708m의 산이다. 1970년 3월 우리나라 다섯 번째 국립공원으로 지정되었다. 환경부와 설악산국립공원 사무소에 따르면 설악산국립공원은 북으로는 금강산을 거쳐 백두산에 이르고 남으로는 오대산을 지나는 백두대간의 중추적인 산으로 우리 민족의 자랑이며, 산송다리, 금강초롱, 산양 등 각종 희귀 동식물의 보고로 1965년 천연기념물 제171호 천연보호구역으로 지정

**설악산 정상석**

되었고, 1982년 유네스코로부터 생물권 보존 지역 지정, 2005년에는 우리나라 최초로 세계자연보전연맹(IUCN)으로부터 국립공원 인정을 받음으로써 명실상부한 세계

적 국립공원 반열에 들어서게 되었음을 기록하고 있다.

설악산은 주봉인 대청봉을 중심으로 설악산의 큰 줄기인 서북능선, 공룡능선, 화채능선 등이 있으며, 산자락에는 백담사를 비롯하여 봉정암과 신흥사가 있다. 주봉인 대청봉을 오르는 코스는 한계령 코스를 비롯하여 오색 코스, 백담사 코스 등 다양하며 소요 시간이 각각 다르므로 본인의 산행 능력에 따라 선택해야 한다. 필자는 오늘 당일 코스로 계획을 잡는다. 그러나 설악산의 산행 코스는 상대적으로 시간이 오래 걸리므로 대부분 1박 2일 일정으로 잡는 경우가 많은 편이다.

동서울종합터미널에서 아침 6시 25분에 출발하는 속초행 버스로 약 2시간 20여 분을 달려 한계령 휴게소에 8시 35분경 도착한다. 한계령 휴게소에 하차하자 우측에 양양군에서 설치한 '백두대간 오색령'이라고 쓴 커다란 표지석이 마음을 설레게 한다. 표지석 오른쪽 아래에는 오색령 유래[189]에 대한 기록이 함께 있어 흥미를 더한다. 새벽에 내린 비로 땅은 온통 젖어 있고 등산모가 날아갈 정도로 바람이 세차고 쌀쌀한 날씨다. 평일이지만 제법 많은 등산객이 저마다 산을 오를 채비에 한창이다. 산행은 한계령 휴게소 왼쪽 계단에서 시작한다. 초입부터 오르막이다. 필자는 가장 후미에서 무리의 뒤를 따라 오른다. 바닥은 질퍽거리고 낙엽은 비에 젖어 미끄럽다. 간혹 새벽 3시에 출발하여 정상에 오른 뒤 하산하는 산객도 더러 있다. 정상에는 바람이 많이 불고 체감은 영하의 기온이라 겁이 난다.

들머리를 출발한 지 약 2시간 30분경 귀때기청봉과 대청봉으로 갈라지는 삼거리에 도착한다. 좌측으로는 귀때기청봉과 장수대와 대승령으로 가는 방향이다. 서부 능선 삼거리에는 일정한 공간이 있어 여러 산객이 건너편의 기암괴석과 아름다운 비경을 카메라에 담으며 이구동성으로 감탄사를 연발한다. 가히 일품이다. 직접 눈으로 보지 않

---

189 오색령 유래: 오색령 정상은 행정구역상으로 강원도 양양군 서면 오색리 산 1-30번지(해발 920m)이며 옛부터 영동과 영서를 잇는 주요 영로였다. 고문헌에 처음 부른 것은 소솔령(所率嶺)이라 했는데, 선조 29년(1596년) 2월에 비변사가 적병이 영동으로 침입하면 이 영(嶺)을 넘을 것이니 방비하지 않을 수 없다고 기록한 것이 오색령 지명의 효시(嚆矢)이다. 조선 말기 지리학자 김정호는 대동여지도의 고본(稿本)이라 할 수 있는 동여도(動輿圖)에 고대로(古大路)라고 하였고 그 외 각종 고지도(古地圖)와 고지지(高地誌)에는 한결같이 오색령으로 기록되어 현재까지 이어지고 있다. 2016년 9월 1일, 양양군 현지 글.

고는 설명할 수 없을 정도로 신성(神聖)하다. 안개가 사납게 조망을 방해하지만, 설악산 비경은 산객들에게 보이기 위해 안간힘을 쓴다.

이곳에서 주봉인 대청봉까지 거리는 6km 남은 지점이다. 낙엽은 잎이 거의 다 떨어지고, 대신 담금주로 각광받는 새빨간 마가목 열매가 탐스럽다. 우리나라에서 마가목 대표 서식지는 설악산을 비롯하여 월악산, 지리산, 한라산, 태백산, 오대산 등 산세가 험하고 공기 좋은 명산에 많이 서식한다고 알려져 있다.

**설악산 정상 부위 전경**

설악산 중 대청봉 쪽으로 처음 오르는 필자도 주위를 아랑곳하지 않고 감탄사를 연발한다. 초면이지만 옆에 있는 산객들끼리 정겨운 산행 덕담을 나눈다. 많은 사람이 귀때기청봉인 서부 능선 쪽으로 향하고 대청봉을 오르는 산객은 극소수다. 옆에 있던 산객도 이미 대청봉은 다녀왔기 때문에 귀때기청봉에 오른다고 한다.

귀때기청봉이라는 이름의 일화가 흥미롭다. 환경부와 설악산국립공원이 제공하는 경관 안내에 의하면 귀때기청봉은 설악산 대청봉에서 시작되어 서쪽 끝의 안산으로 이어지는 서북 주 능선상에 위치한 봉우리다. 자기가 제일 높다고 으스대다가 대청봉, 중청봉, 소청봉 삼 형제에게 귀싸대기를 맞아 귀때기청봉이라 이름 붙여졌다는 재미있는 일화다.

갈림길에서 대청봉을 오르는 길은 오랫동안 너덜길이 계속된다. 등산로는 질퍽거리고 미끄러우며 등산화는 온통 진흙투성이다. 한계령 들머리를 출발한 지 약 4시간 30여 분만에 중청봉 산장에 도착한다. 앞이 구분 안 될 정도로 안개가 짙다. 지난주 울릉도 성인봉과 흡사하다. 기온은 초겨울을 방불케 한다. 대피소 안에 들어서자 저마다 긴소매 등산복으로 갈아입느라 분주하게 움직이고 일부 산객은 라면 등으로 속을 데우는 모습이다.

정겨운 대피소를 뒤로하고 짙은 안개로 가시거리가 거의 제로인 데크길을 걷는다. 마치 안개 터널을 걷는 기분이다. 이때 갑자기 비가 섞인 때 아닌 우박이 쏟아진다. 안개와 바람, 비, 우박 등 길지 않은 시간이지만 여러 기후 변화를 한꺼번에 경험한다. 앞만 보고 돌계단을 오른다.

**설악산 중청대피소**

한계령 들머리 출발 약 5시간 만에 정상인 대청봉에 도착한다. 세 팀이 서로 사진 찍기 품앗이하느라 바삐 움직인다. 물론 주위 조망은 제로 상태다. 조망이 조금이라도 나타나기를 10여 분을 머물렀지만, 안개는 점점 더 심술을 부린다. 옆의 산객이 하산을 걱정한다. 어둡기 전에 오색에 도착하기 위해서는 서둘러야 한다는 대화다. 필자 역시 덩달아 마음이 급해진다.

마침 사진을 부탁했던 젊은 여성 두 분과 함께 하산길로 들어선다. 시작부터 급격한 계단이다. 다리는 후들거리고 마음은 급해진다. 휴대전화 보조 배터리를 확인하고 나니 마음의 여유가 생긴다. 하산길 기준으로 제2쉼터와 제1쉼터 사이 설악산 명물 중의 하나인 50여 m가 넘는 곳에서 흘러내리는 설악폭포가 있는데 폭포에 대한 고정관념으로 눈으로만 보고 지나친 것도 아쉬움이 남는다.

하산길 군데군데 쉼터가 마련되어 있다. 50대 후반쯤으로 여겨지는 부부가 쉬고 있는 옆자리에 앉아 인사를 건넨다. 부인께서 관절이 좋지 않아 천안에서 어제 와서 오색

**설악산 정상 기념**

에서 1박 후 이른 시간에 정상에 올랐다고 한다. 배낭에서 아기 주먹만 한 자두 두 개를 꺼내 주신다. 맛나게 요기하고 감사 인사를 드리고 길을 앞선다. 그 부부는 오색에서 하루를 더 유숙한 뒤 내일 속초항 관광 후 귀가할 예정이라고 한다.

마지막 쉼터에서 날머리까지 거리는 1.7km 남았다는 이정표. 하산 내내 조망이 없고 난코스의 연속이다. 반가운 물소리가 들리고 계곡에 도착했을 때 안개가 걷히고 가끔 하늘이 얼굴을 내민다. 곳곳에 뭉게구름이 높은 가을 하늘을 수놓는다. 시간만 넉넉하면 다시 오르고 싶은 심정이다. 필자의 생에는 다시 찾을 기회가 없을 것 같아 더욱 진한 아쉬움이 남는다. 오색에 도착하니 정상에서 인사를 나눴던 여성 두 분이 먼저 내려와 있다. 택시 기사께 서울 가는 버스를 타려고 한다고 하자 서울행 막차는 오후 4시 50분으로 이미 떠났다고 한다. 여성 중 한 분이 여름에 산행 온 경험이 있다며 버스 정류장까지 멀지 않으니 걸어가서 속초행 버스를 이용하면 된다며 동행을 권한다. 발권을 위해 CU 편의점에 들르니 7시 15분 출발 동서울행 버스가 있다는 반가운 소식이다. 발권해 놓고 CU 편의점 사장님이 안내해 주는 식당에 가서 가장 맛있다는 산나물 비빔밥을 주문해 놓고 이런저런 대화를 나눈다.

두 분은 초등학교 때부터 절친한 친구 사이로 과천과 응암동에 각각 살고 있으며, 가능하면 주 1회는 산행이나 함께 시간을 보낸다고 한다. 대화 중 성씨를 묻길래 대답하니 두 분도 김씨라고 한다. 그중 한 분은 필자와 종씨일 뿐만 아니라 파도 같은 후손이다. 항렬은 필자보다 한 단계 높은지라 필자가 조카뻘이 되는 셈이다.

어느덧 땅거미는 짙어 사방은 칠흑같이 어둡고, 하늘의 빛나는 별들도 구름 뒤에 숨어 버린다. 버스를 기다리는 사이 따듯한 커피를 앞에 두고 산행에 대한 이런저런 정담을 나누는 사이 동서울행 버스가 도착한다. 시간에 쫓긴 힘겨운 산행이었지만 스스로 출제한 숙제 한 문제를 해결한 기분이라 마음이 개운하다. 아쉬움이 있다면 한 폭의 동양화처럼 펼쳐질 설악의 기암괴석과 멋진 풍광을 안개의 방해로 조망하지 못한 점과 붉게 물든 설악산 단풍을 지각산행으로 인하여 마음껏 즐기지 못함이다. 과한 욕심일까? 산에 오르기를 좋아한다는 마음씨 아름다운 두 여인의 안전한 산행을 기원한다.

설악산 마가목 열매

한계령 가는 길

한계령 백두대간 오색령 표지석

설악산 한계령 삼거리 주변 전경

설악산 오늘의 등산로

# 구병산

### 경상북도 상주시·충청북도 보은군
- 2021년 10월 18일(월), 맑음

구병산은 속리산국립공원에 속해 있고 행정상 경상북도 상주시 화남면과 충청북도 보은군 속리산면, 장안면 등에 연결되어 있는 해발 875m의 산이다. 오늘 교통편은 센트럴시티터미널에서 7시 5분에 출발하는 첫 고속버스로 청주고속버스터미널을 거쳐 2시간 40여 분 후 보은버스터미널에 도착한다. 보은시외버스공용정류장에서 산행의 들머리인 구병산 등산로 입구인 구병리까지는 택시(26,000원)를 이용한다.

**구병산 정상석**

지난주 설악산에 오를 때만 해도 최대한 가벼운 복장으로 다녀왔는데 간밤에 설악산은 영하 9℃라는 일기예보다. 들머리로 가는 도로 양쪽 들판은 추수를 앞두고 온통 황금물결을 이루고, 도로 주변 곳곳에는 각 농가에서 수확한 보은의 명물인 대추 판매를 위한 천막이 즐비하다.

농부의 얼굴은 연신 싱글벙글한다. 택시 기사님이 전하는 바로는 올해는 대추 농사를 비롯하여, 포도, 사과, 벼농사까지 풍년이라고 한다. 매년 이맘때쯤 보은군에서 대추 축제가 열리는 기간은 전국에서 찾는 사람들이 많아 교통이 불편할 정도로 장사진을 이루지만 2년 동안은 코로나로 인해 온라인으로만 판매한다고 한다. 보은 지역에서 생산하는 대추는 워낙 일반인에게 많이 알려져 온라인 판매만으로도 어려움 없이 소화한다고 한다.

들판을 지나 직진하다 보면 큰 개울 건너 소나무 숲속에 국가민속문화재 제134호인 보은우당고택(報恩愚堂古宅)이 한 폭의 동양화처럼 눈앞에 펼쳐진다. 99간이라는 호기심에 고택 내부의 상세한 관람은 못 하더라도 택시에서 내려 잠시 살펴본다. 규모가 어마어마하다. 담벼락 내부 면적만 9,900㎡(약 3천 평 정도)라고 한다.

우당고택은 육지 같은 섬 모양의 공간에 주변 산하(山河)와 잘 어울리는 고택이다. 선병국 가옥은 전라남도 고흥이 고향인 보성 선씨 선영홍이 보은으로 입향(入鄕)해 아들 선정훈과 함께 당대 제일가는 대목들을 후하게 대접해 마음껏 지었는데 궁궐 목수가 도편수로 참여했다. 구한말 전통 한옥으로 뛰어난 건축술과 규모를 자랑하는 선병국 가옥은 한옥의 가치뿐만 아니라 노블레스 오블리주를 실천한 선씨 가문의 덕행이 더 아름답게 다가왔다.

선영홍 공의 아버지 선처흠 선생과 경주 김씨 부인은 1892년에 효자와 열녀로 명정해 정려각을 세웠다. 전라남도 고흥 소작인들의 소작료를 인하하고 면민들의 세금을 내 줘 시혜비(施惠碑)도 받았다.[190] 이곳에서 멀지 않은 거리에 서당골 청소년 수련원이 있다. 또, 자연과 조화를 이루는 상당한 규모의 '삼가저수지'도 이 고장의 자랑거리로 많은 관광객이 찾는 곳이라 한다.

들머리인 구병리 마을 입구 주차장에서 등산로 쪽 좌측에 충청북도 무형문화재 제3호로 지정된 '송로주(松露酒)'[191] 제조 방법과 무형문화재 보유자 인적 사항을 알리는

---

190　김준연 여행 객원기자, 기다림은 설레임이고 희망이다, 2015.12.2.
191　보은 송로주: 소나무의 마디에 생밤과 맵쌀, 누룩을 섞어 술을 빚어 맑게 거르면 송절주가 되는데, 이것을 다시 증류하여 내리면 송로주가 된다. 예부터 송로주를 마시면 장수한다는 속설이 있으며 『동의보감』 음식법에는 관절통과 신경통에 좋다고 기록되어 있다. 송로주의 주된 재료는 관솔옹이와 솔잎. 소나무 뿌리에 기생해 사는 복령 등으로 원래 솔잎은 들어가지 않지만 은은한 향기를 내기 위해 최근 들어 넣고 있다. 송로주를 빚기에 가장 적당한 시기는 5월로 온도를 맞추지 않아도 좋을 만큼 날씨가 청량하기 때문이다. 송로주의 알코올 도수는 48%로 시중에서 판매되는 일반 곡주나 소주보다 높다. 송로주는 원래 충남 서천군 한산면에 살던 평산 신씨 집안의 가양주로 전해 내려오던 것을 신형철(申亨澈) 씨(?~1998)가 보은에 정착해 송로주를 빚으면서 세상에 알려지게 되었다. 송로주의 양조 방법이 실린 『고조리서(古調理書)』 두 권이 신형철의 어머니 이순심 씨에게서 전해 내려왔다고 하며 그 역시 친정에서 물려받았다고 한다. 담그는 방법은 쌀 한 말에 솔 옹이를 생률(生栗, 날밤)처럼 쳐 고이 다듬어 놓고, 섬누룩 넉 되와 물 서너 말을 부어 빚었다가 술이 익으면 소주를 내리는 것이다. 송로주가 무형문화재로 지정된 것은 1994년이며 현재 임경순(任敬淳) 씨가 2006년에 보유자로 지정받아 전통의 맥을 잇고 있다. 현지 글 내용.

큼지막한 표지석이 세워져 있다. 포장된 마을 길을 지날 무렵 구병산 등산 코스를 알리는 이정표가 나온다. 제1코스와 제2코스로 구분하고 있다. 필자는 제1코스 쪽으로 정상에 오른 후 적암리 쪽으로 하산 계획을 잡는다. 동네가 정감이 날 정도로 아담하고 예쁘다.

구병리 마을은 본래 보은군 속리산면의 지역이나 1914년 행정구역 통폐합에 따라 '윗명에목이', '느진목이', '된목이'를 병합하여 구병산 밑이므로 구병리라 하였으며 1947년 속리면이 분할됨에 따라 내속리면에 편입되었다고 한다. 구병산의 구산(九山)은 신선대, 백운대, 봉학대, 노적봉, 쌀개봉 등 9폭의 병풍을 둘러놓은 듯한 절경을 이루어 구병산인데 흔히 속리산을 아비 산이요 구병산을 어미 산이라 부른다. 2007년 명칭 변경에 따라 지금은 속리산면 구병리에 편재되어 있다.

마을을 지나 본격적인 산행 시작할 즈음 휴대전화에서 나타난 현지 기온은 영하 2℃를 표시한다. 올해 들어 가장 쌀쌀한 날씨다.

등산로는 초입부터 숲으로 그늘을 이루고 있어 조망은 거의 없다. 난이도는 초·중급 정도로 초보자도 쉽게 오를 수 있는 코스다.

정상 500여 m 지점에 풍혈(風穴)에 대한 안내와 근거리에 풍혈이 나오는 곳을 볼 수 있다. 충북 보은군에서 알리는 현지 기록에 의하면 구병산 풍혈은 여름에는 냉풍이 겨울에는 훈풍이 솔솔 불어 나오는 신비스러운 대자연의 결정체로 구병산 정상에서 서원계곡 방향으로 약 30m 지점

구병리 정부인 소나무

에 있고 이곳에는 직경 1m 풍혈 1개와 30cm 풍혈 3개 등 4개를 2005년 1월 19일 발견하였다고 기록하고 있다. 구병산 풍혈은 전북 진안군 대두산 풍혈과 울릉도 도동 풍혈과 더불어 우리나라 3대 풍혈로 명성을 얻고 있다고 한다. 궁금하여 직접 손으로

대어 보니 신기하게도 훈풍이 나오고 있음을 확인할 수 있었다.

직각에 가까운 계단에 올라서면 언제나 그러하듯 정상석이 반긴다. 들머리를 출발한 지 약 2시간이 소요되는 짧은 시간 동안 별다른 조망 없이 오른 숲길 산행을 한꺼번에 보상받고도 남는 기분이다. 정상에 다른 산객이 없다. 육안으로 볼 수 있는 조망을 필자가 독차지한다. 삼각대를 펴고 기념을 담는다. 가시거리도 너무 좋다.

멀리는 속리산이 눈앞에 펼쳐지고 그 아래는 영동 시내가 한가롭다. 조망이 시원스럽고 멋지다. 정상석 부근의 삼면이 아슬아슬한 절벽이다. 세월을 견디기 어려워서일까? 정상석 앞 절벽에는 고사목 한 그루가 서로에 의지하며 멋들어진 자태로 정상에 오른 산객들의 마음을 사로잡는다.

맞은편 산에는 커다란 바위들이 보는 이로 하여금 갖가지 상상을 하도록 숙제를 던져 주고, 나무들은 붉은 옷으로 갈아입을 채비에 한창이다. 구름 한 점 없는 파란 가을 하늘이 오늘따라 더욱 높아 보인다. 간식을 겸한 충분한 휴식을 한 후에 하산길로 접어든다. 올라왔던 곳으로 다시 약 20여 m 되돌아가면 구병리, 서병리로 가는 방향과 853봉을 거쳐 적암리로 하산하는 이정표가 나온다.

애초 계획은 적암리 쪽으로 하산 계획을 세웠지만, 컨디션이 좋지 않아 포기하고 구병리로 원점 회귀 하기로 한다. 68회(13개월) 동안 산행하면서 애당초 계획을 수정한 것은 가리왕산을 오르다 폭설로 인하여 중도 포기한 후 두 번째다. 적암리 코스의 아름다운 능선 구경을 경험하지 못함은 아쉽지만, 과감히 포기하는 것도 산행 일부라고 생각하자.

**구병산 정상 기념**

1시간 남짓한 시간에 마을 어귀에 도착한다. 따뜻한 대추차라도 한잔하려고 카페를 찾았으나 평일이라 문을 연 가게가 없다. 보은버스터미널까지 아침에 이용한 택시 편을 이용한다. 원점 회귀 시 살펴보려던 서원리에 있는 천연기념물 제352호로 지정(1988.4.30.)된 '보은 서원리 소나무'[192]가 있는 곳으로 향한다. 대단한 규모다. 그리고 아름답다. 카메라에 몇 장 담는다.

　대추의 고향 보은까지 왔으니 아침에 분주하게 움직이던 천막 쪽으로 가서 대추 한 박스를 구매한다. 혼자 산행이 위험하지 않으냐며 나이를 묻기에 대답했더니 덤으로 두 움큼 듬뿍 비닐봉지에 담아 준다. 터미널에 도착하자 마침 대전으로 출발하려는 버스가 시동을 걸고 있다. 대전까지 약 1시간 거리다. 대전역에서 열차를 이용할 때 1시간가량 시간을 단축할 수 있으므로 대전역에서 SRT 열차 편으로 수서역에 도착하면서 68번째 구병산 산행을 마무리한다.

구병산 풍혈 모습

구병산 정상 절벽 고사목

구병리 송로주 표지석

---

192　정부인 소나무(서원 소나무): 보은 서원리 소나무는 높이 15.2m, 가슴높이의 줄기 둘레는 4.7m이며, 수령은 정이품송과 같이 600여 년 정도인 것으로 추정된다. 정이품송과 약 7km 떨어져서 자라는 이 나무는 줄기가 지상 70cm 높이에서 두 개로 갈라져 있다. 정이품송이 곧추 자란 데 비하여 이 나무는 밑에서 두 갈래로 갈라져 있고 가지가 서로 얽혀 나무 모양이 아기자기하므로 정이품송과 부부 사이라고 하여 '정부인 소나무'라고 부르고 있다. 마을 사람들은 매년 정월 초이튿날 서낭나무(서낭신이 머물러 있다고 하는 나무) 아래에서 마을의 평안을 기원하는 제사를 지내고 있다.

구병산 정상에서 바라본 전경

구병산 오늘의 등산로

447

# 속리산(俗離山)

**경상북도 상주시·충청북도 보은군**

- 2021년 10월 22일(금), 맑음

    속리산은 행정상 경상북도 상주시와 충청북도 보은군에 연결되어 있으며 주봉인 천왕봉은 해발 1,058m이다. 속리산은 칠형제봉에서 시작하여 시계 방향으로 문수봉, 신선대, 입석대, 비로봉, 천왕봉으로 산줄기가 이어진다. 법주사로 향하는 도로 옆에 정이품 소나무가 있으며 1970년 3월, 우리나라에서 여섯 번째 국립공원으로 지정되었다.

    서울권에서 버스로 센트럴시티터미널에서 7시 5분에 출발하는 속리산행 고속버스를 타면 약 3시간 후 속리산터미널에 도착한다. 이 경우의 단점은 10시가 넘어야 산행이 가능하다는 것이다. 열차의 경우 서울역에서 5시 5분에 출발하는 경부선 열차(KTX) 편으로 대전역에 하차하여 대전복합터미널로 이동하여, 6시 50분에 출발하는 속리산행 버스를 타면 약 2시간 후에 속리산터미널에 도착하므로 버스보다는 약 1시간 단축할 수 있다.

    오늘 필자의 산행 예정 코스는 법

**속리산 천왕봉 정상석**

주사탐방지원센터를 들머리로 하여 세심정 삼거리에서 문장대에 오른 뒤 주봉인 천왕봉을 일주하는 코스다. 산행 거리를 고려할 때 서둘러야 할 듯하여, 대전역에서 법주사 탐방지원센터까지 택시로 이동한다. 대전역에 도착하니 새벽 6시로 아직 주위가 캄캄하다. 시간 단축을 위해 고속도로가 아닌 국도로 이동한다. 약 1시간 후인 아침 7시경 탐방지원센터에 도착한다. 탐방로 입구부터 오리 숲길이 한참 동안 이어진다. 매표소를 지나 법주사의 관문인 일주문 도착이다. 일주문 편액 글씨로 '호서제일가람(湖西第一伽藍)'이라고 쓰여 있다. 충청도에서 제일가는 사찰이라는 의미란다. 오리길 양옆에는 하늘을 찌를 듯한 소나무가 이방객을 반긴다. 울창한 소나무가 뿜어내는 피톤치드 영향인지 기분이 더없이 상쾌하다.

오리 숲길 끝자락에 다다르면 왼쪽은 법주사, 오른쪽은 세조길과 문장대 방향을 알리는 삼거리다. 우선 법주사 경내를 관람하기로 한다. 교량 아래로 흐르는 청아한 물소리는 속리산 새벽의 고요함을 깨운다. 계곡 주변의 활엽수들은 이제 막 붉은 옷으로 갈아입을 채비를 한다. 이른 시간이라 방해하는 사람도 없다.

법주사는 군(軍) 생활을 할 때 내무반 전우들과, 회사 재직 시는 간부들과, 15년 전에는 고등학교 친구들과 속리산을 찾은 기억이 난다. 이번이 네 번째다. 그중 문장대까지는 두 번 가 본 기억이고 천왕봉은 이번이 처음이다. 지금까지는 문장대가 속리산 주봉으로 생각했다. 약 20여 분 동안 법주사 경내를 돌아보며 기념을 담는다. 세 번 와 본 경험이 있지만, 기억이 남는 것은 5층 목조건물인 팔상전(捌相殿)[193]과 통일호국 금등

---

193 보은 법주사 팔상전(報恩 法住寺 捌相殿): 국보 제55호, 보은 법주사 팔상전은 석가모니의 일생을 여덟 장면으로 구분하여 그린 팔상도 뼈를 모시고 있는 5층 목조탑이다. 법주사를 처음 만들 때 세워진 것으로 전해지며 임진왜란 때 불에 타 사라진 것을 선조 38년(1605년)부터 인조 4년(1626년)에 걸쳐 벽암대사가 주관하여 다시 세웠다. 팔상전은 두 단의 석조 기단 위에 세워져 있고, 기단 네 면의 중앙에는 돌계단이 있다. 이 기단과 계단은 통일 신라 때의 것이다. 각 층의 일면은 정사각형이며, 1층과 2층은 다섯 칸, 3층과 4층은 세 칸, 5층은 두 칸으로 위로 올라갈수록 너비가 줄어들어 안정감을 준다. 처마 끝의 무게를 받치는 공포(처마 끝의 하중을 받치기 위해 기둥머리 같은 데 짜 맞추어 댄 나무)는 1층부터 4층까지는 주심포식(공포를 기둥 위에만 배열한 것)이고 5층은 다포식(기둥 상부 이외에 기둥 사이에도 공포를 배열한 건축양식)이다. 지붕은 꼭대기를 중심으로 네 개의 지붕면이 뻗어 있는 사모지붕이며 지붕 위 꼭대기 부분은 조선 시대의 것으로 지금까지 완벽하게 보존되어 있다. 팔상전 내부 한가운데에는 5층 전체를 통과하는 기둥이 있다. 이 기둥의 네 면에는 팔상도가 두 폭씩 있고 그 앞에는 열반상과 상존 불상이 있다. 법주사 팔상전은 현재 우리나라에 남아 있는 유일한 목조탑으로 건축적 가치가 크다고 평가된다. 법주사 제공.

미륵 대불 부처님[194] 정도다. 느낌은 사찰 주변의 아름다운 환경과 사찰의 조화는 물론이고, 국보가 많다는 점이다. 그 외에도 대웅전을 비롯하여 쌍사자 석등[195], 석련지[196], 당간지주 등도 눈길을 끌게 한다.

법주사 경내를 관람 후 본격적인 산행을 위해 세조길로 들어선다. 세조길은 조선 7대 임금인 세조가 피부병 치료를 위해 속리산을 찾았을 때와 신미대사를 만나기 위해 순행했던 길이라고 한다. 탐방로는 가마니를 깔아 놓아 편안하다. 세조길을 20여 분 걷다 보면 우측에 상당한 규모의 상수도 수원지(법주사 수원지)를 만난다.

금요일 새벽! 가을날의 자욱한 물안개가 세조길의 잔잔한 수원지를 뒤덮는다. 수면 위로 모락모락 피어오르는 몽환적인 아름다움이 세조길 수원지를 한가득 채운다. 흔치 않은 비경에 감탄할 뿐이다. 새벽부터 서두른 보람이 있고도 남는다. 어떠한 미문여구(美文麗句)도 표현이 부족할 정도로 아름답다. 물과 수면 구분을 할 수 없을 정도로 신

---

194 통일 호국금동미륵대불 연혁: 신라 혜공왕 12년(서기 776년)에 진표율사가 7년간의 노력 끝에 금동미륵대불을 조성해 모셨다. 그때부터 모신 미륵부처님을 조선조 고종 9년(서기 1872년)에 대원군이 경복궁을 축조함에 드는 자금 마련이라는 구실로 당백전 화폐를 주조하기 위해 불상을 몰수해 갔다. 일제 치하인 1939년에 장석상 당시 주지 스님이 대시주 김수곤의 후원하에 김복진 조각가에게 의뢰하여 시멘트 부처님을 조성하던 중 약 80%의 공정 상태에서 6·25동란으로 중단되었다. 1963년 박추담 주지 스님 당시, 국가재건최고회의 의장 박정희 창군과 이방자 여사의 시주로 복원 불사가 재개되어 1964년 5월에 시멘트 미륵부처님이 완성·회향되었다. 1986년 류원단 주지 스님 당시, 붕괴 직전의 시멘트 미륵부처님이 해체되고 4년 뒤인 1990년 4월 청동 미륵부처님을 다시 조성해 모셨다. 기존 조성 시멘트 불상의 크기와 형상을 그대로 복사해서 청동불로 바꾼 것이다. 2000년에 들어서, 석지명 주지 스님이 호국불교의 전통을 계승해서 국난극복과 민족화합, 2002 한일 월드컵 행사의 성공 개최 및 세계평화를 발원하며 검푸른 청동녹을 벗겨 내고 개금불사를 시작했다. 2년여의 노력으로 2002년 6월 7일 금동 미륵대불 회향대법회를 갖게 되었는데 본래의 금동 미륵부처님을 복원한 셈이다. 개금방법은 건식 전기도금 공법으로 순금 3미크론 두께로 연도 금면적 900㎡에 황금 30kg이 소요되었고, 재원은 신심 어린 3만여 불자의 시주금으로 충당되었으며, 공사 동원 인력은 총 4,500여 명이었다. 법주사 제공.

195 법주사 쌍사자 석등: 국보 제5호, 신라 석등 중 뛰어난 작품 중의 하나로 조성, 연대는 성덕왕 19년(720년)으로 추정되고 있다. 높이가 3.3m로 널따란 8각의 바닥 돌 위에 사자 조각이 올려져 있다. 사자 두 마리가 서로 가슴을 맞대고 뒷발로 아랫돌을 디디고 서서 앞발과 주둥이로는 윗돌을 받치고 있는 모습이다. 석등의 구조는 8각의 지대석에서 하대 연화석과 쌍사자, 연화상대석을 따로 조각하여 쌓아 올리지 않고 하나의 돌에 조각하였으며 다른 석등들에 비해 화사석과 옥개석이 큰 것이 특징이다. 법주사 제공.

196 보은 법주사 석련지: 국보 제64호 신라 성덕왕 19년(720년)경에 조성된 것으로 추정되며 높이 1.95m, 둘레 6.65m에 이르는 희귀한 석조 조형물이다. 8각의 받침석 위에 3단의 굄과 한 층의 복련대를 더하고 그 위에 구름무늬로 장식된 간석을 놓아 거대한 석연지(石蓮池)를 떠받쳐 마치 연꽃이 둥둥 뜬 듯한 모습을 표현한 걸작품이다. 전체적인 조형 수법은 기발한 착상에 의한 것이며 특히 동자주(난간의 짧은 기둥)의 형태는 불국사 다보탑의 석난간 동자주와 유사하다. 법주사 제공.

비스럽다. 이제 막 물들기 시작하는 단풍과 어우러져 반영으로 비치는 건너편 산봉우리 모습은 자연이 그린 한 폭의 수채화 그 자체다. 아침에 잠시 피었다 일출과 함께 흔적을 감추는 물안개 모습이 칠십 평생을 살아온 필자의 모습과 흡사한 생각이 드는 것은 지나친 과장일까?

수원지를 지나 조금 더 직진하면 문장대와 천왕봉을 오르는 삼거리 지점인 천년의 쉼터라는 세심정(洗心亭) 휴게소다. 세심정은 세속을 떠난 산에서 마음을 씻는 정자

**법주사 팔상전**

(터)란 뜻으로, 현지에서 제공한 글에 의하면 지금의 현실 문제 즉 사업 문제, 직장, 가정 문제 등 복잡하고 힘든 문제들은 저 산 밖에 내려놓고 이곳에서는 지금 내 앞에 있는 사람들과 내 앞에 보이고 느껴지는 것들을 즐기라는 뜻이라고 한다. 애초 계획대로 문장대 쪽을 향한다.

평범한 등산로를 따라 10여 분 오르면 계단 우측으로 법주사 복천암이 있음을 알려 그곳으로 발길을 옮긴다. 현장 기록에 따르면 복천암은 조선 세조가 방문하여 머물면서 이름이 널리 알려지게 되었는데, 유력한 고승들이 머물던 속리산의 중심적인 사찰로, 보물 2점과 충청북도 지정문화재 4점을 보유하고 있다. 복천암에는 세조가 높이 예우했던 신미 대사의 부도탑인 보은 법주사 복천암 수암화상탑(보물 제1416호)과 학조대사의 부도탑인 보은 법주사 복천암 학조화상탑(보물 제1418호)이 외곽의 능선에 나란히 건립되어 있다. 암자의 규모는 크지 않지만 아담하고 안정감을 느끼게 한다.

잘 정돈된 돌계단을 따라 오르면 종전 휴게소가 있었던 보현재 휴게소에서 목을 축인다. 휴게소 매점시설은 철거되고 나무가 식수되어 있다. 중사자암을 지나면 냉천골 휴게소 시설도 철거되고 생태적 복원 및 모니터링을 시행하고 있다고 안내한다.

냉천 휴게소 위치에서 30여 분을 오르면 오늘의 목적지 중 한 곳인 문장대(1,054m)

에 도착한다. 문장대 아래 넓은 쉼터에는 단체로 산행 온 산객들이 간식과 때 이른 요기를 하느라 웃음꽃을 피운다. 마지막 철 계단을 오르면 거대한 암봉인 문장대 정상이다. 사방은 막힘이 없고 가시거리가 좋다. 잠시 뒤에 오를 천왕봉 쪽 능선에는 집

**속리산 문장대 바위봉 모습**

채보다 큰 바위들이 경쟁이라도 하듯 위용을 드러낸다.

　문장대 암봉 아래는 한글과 한문으로 써 놓은 문장대 정상석 두 개가 세워져 있다. 환경부와 속리산 국립공원 사무소에 의하면 문장대는 원래 큰 암봉이 하늘 높이 치솟아 구름 속에 감추어져 있다고 하여 운장대(雲藏臺)라 하였다. 하지만 세조가 속리산에서 요양하고 있을 때 꿈속에서 어느 귀공자가 나타나 "인근의 영봉에 올라서 기도하면 신상에 밝음이 있을 것"이라는 말을 듣고 찾으니 정상에 오륜삼강(五倫三綱)을 명시한 책 한 권이 있어 세조가 그 자리에서 종일 글을 읽었다 하여 문장대라 불리게 되었다고 기록하고 있다.

　문장대 정상에서 기념을 담고 오늘 산행의 최종 목적지인 천왕봉으로 향한다. 평범한 등산로가 이어진다. 특히 등산로 양쪽에는 키만 한 조릿대가 깊어 가는 가을바람에 춤을 추며 산행에 묘미를 더해 준다. 문장대를 출발하여 등산로를 따라 30여 분 후 신선대(해발 1,026m)에 닿는다. 다른 산객들은 없다. 라면 한 그릇(4,000원)을 주문하고 마당 한쪽에 있는 바위에 올라 주변의 아름다움을 담는다. 기암괴석들의 갖가지 모습이 감탄을 자아내게 한다. 산 정상에서 먹는 라면 맛은 별미다. 보현재 휴게소와 냉천골 휴게소는 철거되었으나 이곳 신선대 휴게소 매점은 운영되고 있다.

최근 국립공원 내 매점이 환경문제로 철거하는 추세다. 생태계 보전을 위해서는 철거가 마땅하지만 산객들의 추억을 위해서는 남아 있는 것도 나쁘지 않다는 생각이다. 따듯한 라면으로 허기를 달래고 천왕봉으로 가는 등산로 주변에는 갖가지 형태의 기암괴석들이 눈을 호강시킨다. 천왕봉에 오르기 직전 작은 오르내리막을 거쳐 천왕봉 정상에 닿는다. 정상에는 두 팀이 기념 촬영에 열심이다. 서로 사진 찍기를 품앗이한다. 의례적인 인사를 건넨다. 청주에서 오신 산객 한 분이 열 번 가까이 속리산을 찾았다고 한다. 하산 코스를 물으니 법주사 쪽으로 하산한다며 동행하자고 한다. 반가운 마음이다. 정상에서 600m를 유턴하면 법주사 쪽을 알리는 이정표다. 하산 등산로에 경사는 다소 있어도 무난하다. 하산을 함께 할 분은 올해 61세로 아파트 경비 업무를 하는 분으로 직업의식도 투철하고 친절한 분이다. 새벽 6시까지 아파트 경비업무를 마치고 곧바로 속리산에 올랐으며 그동안 뇌 수술을 세 번이나 받았지만, 열심히 운동과 산행을 한 영향으로 정상을 찾았다고 한다. 의지가 대단한 분이다.

　거대한 상환 석문을 거쳐 세심정에 다다를 무렵 등산로에 물이 가득 찬 돌절구 두 개가 발목을 잡는다. 이름하여 세심정 절구라 하며 현장에서 전하는 절구의 유래에 의하면 이 절구를 실제 사용했던 시기는 13~14세기로 추정된다. 이곳 지형을 이용한 물레방아 형태로 곡식을 빻아서 밥과 떡과 곡주가 만들어졌다 한다.

**속리산 천왕봉 정상 기념**

천왕봉 출발 2시간 후 세심정 삼거리를 지나 동행한 분의 형수님이 운영하는 카페에 들러 이 고장의 특산품인 따듯한 대추차 한잔으로 마음을 달래고 아침에 환상적인 물안개 핀 저수지를 뒤로하고 매표소와 일주문을 통과하여 속리산버스터미널에 닿는다. 14시 40분 서울행 버스로 상경하면서 속리산 산행을 마무리한다.

속리산 문장대 정상석　　　　법주사 쌍사자석등　　　　속리산 천왕봉 능선바위

속리산 문장대 정상에서 바라본 전경

속리산 오늘의 등산로

455

# 주왕산(周王山)

## 경상북도 청송군
- 2021년 10월 29일(금), 맑음

주왕산은 행정상 경상북도 청송군 부동면과 영덕군 지품면, 달산면에 연결된 해발 726m의 산이다. 환경부와 청송군에 따르면 태백산맥의 지맥(支脈)으로서 친근감이 도는 산으로 1976년 3월 30일 국립공원으로 지정되었으며, 석병산, 대둔산, 주방산이라고도 이름하였다. 연희봉, 시루봉, 향로봉, 관음봉, 나한봉, 옥녀봉 등의 산봉과 주왕굴, 연화굴 등의 굴이 있고, 용추폭포를 비롯하여 절구폭포, 용연폭포 등 3폭포와 주산지, 절골계곡, 나원계곡 등이 조화를 이루고 있어 아늑함과 평온함이 느껴지는 산으로 소개하고 있다. 특히 주왕산은 가을에 단풍이 아름답기로 소문이 나 있으며 계곡에는 기암절벽이 솟아 있어 많은 관광객이 찾는 명소이기도 하다.

주왕산 정상석

오늘도 대중교통을 이용한다. 동서울종합터미널에서 주왕산까지 직행하는 첫차가 8

시 40분에 출발하면 주왕산까지는 4시간 30분이 소요된다. 필자는 시간 단축을 위해 청량리역에서 6시 출발하는 안동행 KTX를 타고 8시에 안동역에 도착한다. 역 바로 옆에 있는 안동터미널에서 탐방지원센터(대전사 입구)까지는 택시로 이동한다. 대전사에 가는 길 양쪽에는 등산객과 관광객들이 아침 식사를 하기 위해 메뉴를 고르느라 바삐 움직인다.

신라 문무왕 12년(672년)에 의상대사가 창건하였다고 알려진 대전사 마당에 들어서자 대전사 관음전(觀音殿) 뒤편에는 금방이라도 하늘을 찌를 듯한 거대한 바위 대여섯 개가 한 덩이가 되어 장관을 이룬다. 마음이 설레기에 충분하다. 대전사 마당을 지나면 기암교 우측으로는 주봉으로 가는 방향이고 좌측으로는 용추폭포를 비롯하여 무장애 탐방로 방향이다. 필자는 주봉(主峯) 마루 길로 들어선다. 평일임에도 등산로에는 제법 많은 산객이 눈에 띈다. 들머리를 출발한 지 약 30여 분 후 제1 전망대에 도착한다. 많은 산객이 건너편에 기암을 배경으로 갖가지 포즈를 취하느라 분주하게 움직인다. 전문 사진작가로 보이는 3분은 카메라를 두세 개씩 메고 건너편의 아름다움을 담느라 연신 셔터를 누른다.

정상까지 전망대는 세 곳이 있으며 전망대에서 바라보는 조망은 예술이다. 아름다운 기암괴석과 단풍을 즐기며 주봉인 정상까지는 약 1시간 20여 분 정도면 도착한다. 정상에는 세 팀이 앉아 담소를 나누며 간식으로 웃음꽃을 피운다. 정상 주변은 잡목으로 둘러싸여 있고 파란 가을 하늘이 더없이 높아 보인다.

필자도 정상석을 배경으로 기념을 남기고 하산은 후리메기 쪽으로 향한다. 하산 길에 들어선 지 10여 분 정도 갔을 때 내리막 등산로에서 짚고 가던 스틱의 조임이

**주왕산 정상 기념**

느슨하여 안으로 들어가 짧아진 관계로 앞으로 사정없이 꼬꾸라지고 만다. 올해 2월 5일 가리왕산에서 사고를 당한 후 두 번째다. 왼쪽 무릎과 정강이는 피투성이가 되고 왼손 손바닥에 피가 흥건하다. 때마침 반대쪽에서 오시던 두 분이 부축해서 일으켜 주시면서 배낭에서 반창고를 꺼내 응급처치해 주신다. 고마운 분이다. 고맙다는 정중한 인사를 드리고 다소 불편한 몸으로 계속 산행을 계속한다.

주왕산 등산로 주변에 있는 아름드리 소나무에는 유별나게 깊은 상처를 입은 소나무가 많다. 주왕산국립공원에서 제공한 바에 따르면 1960년대 중반 당시 경제 사정에 의해 개발 대상이 되었으며 3년 동안 송진 채취 후 원목으로 벌채되었다고 한다. 이 사업은 한창 진행되던 1976년에 주왕산이 국립공원으로 지정되면서 중단되었으나 송진 채취 과정에서 생겨난 깊은 빗살무늬 상처의 흔적이 세월이 흘렀어도 쉽게 아물지 않음은 우리가 모두 반성해야 할 교훈이다.

등산로 곳곳에는 마치 물감을 들여 놓은 듯한 새빨간 단풍이 발걸음을 자주 멈추게 한다. 칼등고개를 지나면 등산로는 경사가 심하다. 조금 전 사고 영향으로 발걸음이 둔해진다. 후리메기 입구에 도착한다.

200m 거리에 있는 절구폭포로 향한다. 절구폭포로 가는 등산로 주변의 경관도 일품이다. 기암절벽이 이어진다. 절구폭포에 도착한다. '청송 국가지질공원'과 주왕산국

**주왕산 절구 폭포**

립공원 사무소에 따르면 절구폭포는 주왕산 응회암에 발달한 세로 방향의 틈에 의해 생긴 폭포로 2단 폭포로 이루어져 있으며, 1단 폭포 아래에는 선녀탕이라 불리는 돌개구멍이 있고, 2단 폭포 아래에는 커다란 소(沼)가 발달해 있다. 절구폭포는 협곡 내부에 있어 습도가 높고 폭포 주변 바위에는 이끼류가 파랗게 자라고 있다.

절구폭포는 마치 조각가가 공을 들인 작품처럼 오묘하고 아름답다. 폭포 주변에는 산객들과 관광객들이 삼삼오오 모여 앉아 준비해 온 음식을 즐기며 웃음꽃을 피운다. 절구폭포를 나와 대전사 쪽으로 향하면 용추폭포가 탄성을 자아내게 한다. 형언할 수 없을 정도로 멋있고 아름답다. 산세가 웅장함은 물론이고 기암절벽이 폭포를 더욱 돋보이게 한다.

산객과 관광객이 어우러져 계곡을 꽉 채울 정도다. 모두가 이국적인 경관을 배경 삼아 추억 만들기에 여념이 없다. 협곡을 빠져나오다 보면 좌측에 하늘을 찌를 듯이 솟은 절벽 위에 청학과 백학 한 쌍이 둥지를 짓고 살았다는 슬픈 사연이 담긴 학소대(鶴巢臺)의 웅장함도 산행에 기쁨을 보탠다. 보는 방향에 따라 여러 가지 형상을 연출하는 시루봉[197]의 모습도 주왕산에서 빼놓을 수 없는 볼거리다. 시루봉에 오르면 영주 시가지를 한눈에 볼 수 있다고 하나 아래에서만 감상한다. 시루봉은 새해 해맞이 행사장으로도 유명하다고 한다. 주왕산과 장군봉 사이 협곡은 흡사 요새와 다름없고, 마치 중국 무협 영화에서나 볼 수 있을 법한 거대한 기암괴석과 폭포와 소로 이루어져 있다. 주왕산을 왜(?) 영남 제1의 명산이라 부르는지 고개가 끄덕여진다. 등산로에서 바라본 급수대[198] 바위도 탄성을 자아내게 한다. 용추폭포까지는 길의 정비가 잘돼 있어 유모차와 휠체

---

197 시루봉: 시루봉은 그 생김새가 떡을 찌는 시루와 같다고 하여 붙여진 이름으로 측면에서 바라보면 마치 사람의 옆모습처럼 보이기도 한다. 시루봉에는 옛날 어느 겨울에 한 도사가 이 바위 위에서 도를 닦고 있을 때 신선이 와서 불을 지펴 주었다는 전설이 전해 오고 있으며 바위 밑에서 불을 피우면 그 연기가 바위 전체를 감싸면서 봉우리 위로 치솟는다고 한다. 주왕산 현지 글.
198 급수대 각자(刻字) 해석: 급수대 하단 주방천(주왕계곡) 자연석 바위에 가로 230cm, 세로 161cm 크기의 주왕산 유람 기록이 새겨져 있다. 1818년 무인년 9월 15일에 청송 부사 심능식이 순찰사 김상희, 경사관 김재원 등 인근 지역 부사와 현감 등 여러 고을의 수령들이 함께 지방 향시 후 동반 유람한 기록으로 약 200~300명이 유람한 것으로 추정된다. 1847년(정미년) 청송 부사 박증수, 의령 형령 홍한주, 안사 김현 등 수많은 시인 묵객들이 주왕산을 유람하고 남긴 글은 다수가 있으나, 바위에 유람 기록을 남긴 경우는 귀한 기록이다. 청송 유네스코 지질공원, 주왕산 국립공원 사무소.

어 출입도 가능하다.

　용추폭포의 협곡을 빠져나와 주왕암[199]과 주왕굴[200]로 발길을 돌린다. 산은 온통 붉은 옷을 갈아입고 산객을 맞이한다. 시원한 골바람이 기분을 상쾌하게 한다. 주왕암을 지나, 주왕굴로 가는 길 양옆에는 저마다 소원을 비는 글귀가 빽빽하게 걸려 있다. 소원대로 이루어지기를 기원한다. 특히 주왕굴은 신비스럽기까지 하다. 주왕암과 주왕굴에 대해 소개를 한다. 주왕암에서 대전사까지 거리는 약 2km다. 일찍부터 서두른 결과 예상보다 빠른 시간에 산행을 마칠 수 있었다. 식당가는 대부분 많은 산객과 관광객이 코로나가 무색할 정도로 많은 손님으로 빈자리가 없을 정도다. 오랜만에 보는 활기 넘치는 모습이라 기분이 좋다. 식당 사장님이 권하는 손칼국수와 파전 하나를 주문하여 맛있게 먹고 오후 2시에 출발하는 동서울행 버스로 상경하면서 70번째 주왕산 산행을 마무리한다.

---

199　주왕암: 대전사의 부속 암자로 919년(태조 2년)에 눌옹(訥翁)이 대전사와 함께 창건했다는 설과 통일신라시대 의상대사가 세웠다는 설이 있다. 이곳에 은거하였던 동진(東晋)의 주왕(周王)를 기리기 위하여 주왕암이라 하였다고 전한다. 문간채인 가학루는 중층 누각으로 되어 있고, 기와는 이끼가 그윽하여 오랜 풍상을 보여 주고 있다. 주왕암 주위는 병풍암을 비롯하여 나한봉, 관음봉, 지장봉, 칠성봉, 비로봉, 촛대봉 등의 봉우리들이 에워싸고 있는 것은 이곳의 영험함을 말해 준다. 또한 16나한을 모신 후 법당을 이곳이 나한기도 도량임을 증명하고 있다. 대전사 주왕암 나한전 후불탱화는 경상북도 문화재자료 제470호로 지정되어 있다. 환경부/주왕산국립공원 사무소.

200　주왕굴(산신각): 신라 때 중국의 주왕이 피신 와서 머물렀다는 이곳 주왕굴 입구 촛대봉 아래에 제비집처럼 날렵하게 지어진 암자가 주왕 서면 양 사면이 바위 봉우리로 되어 있다. 왼쪽으로 촛대봉이 높게 절 쪽으로 큰 절벽 사이에 작은 협곡이 나 있다. 길을 따라 30m쯤 들어가면 된다. 약 50여 m 되는 절벽 하단에 세로 5m, 가로 2m 정도의 동굴이다. 주왕은 천연의 요새인 이곳에서 대망의 꿈을 저버리지 않고 재기를 다짐하며 숨어 살다가 맞은편 촛대봉에서 신라 마일성 장군이 쏜 화살에 맞아 최후를 마쳤으며, 주왕과 군사 그리고 그의 식솔들이 흘린 피가 주방천으로 흐르면서 붉은 수달래가 되었다고 한다. 굴 앞 폭포는 겨울에 얼어 주왕산 9경 중 하나인 '주왕산 빙하'로 장관을 이루며 깊이 2m 정도의 굴속에는 산신상이 봉안되어 있다.

주왕산 대전사 범종각      주왕산 학소대      주왕산 주왕굴

주왕산 시루봉

주왕산 급수대

주왕산 오늘의 등산로

#  지리산(智異山)

### 경상남도·전라남도·전라북도
- 2021년 11월 2일(화), 맑음

**지리산 천왕봉 정상석**

　지리산은 행정상 경상남도, 전라남도, 전라북도에 연결된 우리나라 8경의 하나로 1967년 12월 29일 국립공원 제1호로 지정되었으며 해발 1,915m이다. 한라산에 이어 남한에서 두 번째 고봉으로 산 전체가 웅장할 뿐만 아니라 경치가 빼어나 산악인들이 가장 선호하는 산 중의 하나이다. 주봉인 천왕봉(天王峰)에 오르는 코스와 거리는 다양하므로 본인의 신체 조건과 산행 실력에 맞추어 코스를 선택해야 한다. 주요 등산로는 중산리탐방지원센터를 비롯하여 백무동, 노고단, 화엄사, 뱀사골, 피아골, 대원사, 칠불사 코스 등이 대표적인 산행 코스다.

　환경부와 지리산국립공원에 따르면 지리산국립공원에서 동서로 길게 펼쳐져 있는 종주 능선(25.5km)은 천왕봉(天王峯/1,915m), 반야봉(般若鋒/1,732m), 노고단(老姑壇/1,507m)의 3대 주봉을 연결하는 지리산의 대표적 탐방로이며, 지리산의 종주 능선에서는 천왕봉의 일출, 반야봉의 낙조, 노고단의 운해 등 아름다운 경관 자원을 비롯해 반달가슴곰 등 희귀한 야생 동식물을 만날 수 있다. 또한 다양한 야생동물과 수려한 자연경관, 유구한 문화 유적 등을 온전히 보전함으로써 자연과 문화가 어우러진 탐방 환경을 조정할 수 있다고 한다.

오늘도 대중교통편이다. 당일 코스로 잡고 새벽부터 서두른다. 용산역에서 5시 10분에 출발하는 여수행 501 열차 편으로 남원역에 7시 8분에 도착한다. 오늘 산행 코스는 백무동탐방지원센터를 들머리로 장터목을 거쳐 천왕봉에 오른 뒤 법계사를 거쳐 날머리는 중산리탐방지원센터로 하산하는 계획을 잡는다. 남원공용버스터미널에서 백무동까지 운행하는 버스가 있지만, 이른 시간이라 버스 이용이 여의찮아 택시로 백무동탐방지원센터까지 이동한다. 등산로 입구에 도착하니 예쁜 반달곰의 그림과 함께 지리산국립공원을 알리는 안내 표시판이 기다린다. 그 옆에는 새빨갛게 물든 예쁜 단풍나무 대여섯 그루가 줄을 지어 반긴다. 개울 건너편 지리산 자락은 온통 붉은색으로 옷을 완전히 갈아입었다. 등산로는 초입부터 오르막이다. 그러나 낭만 어린 돌계단 등산로는 단풍과 조화로 한 폭의 동양화를 연출한다.

백무동 들머리를 출발 후 하동바위와 참샘을 거쳐 약 3시간 30분 후 장터목대피소에 도착한다. 대피소에는 몇 팀이 야외에 마련된 탁자에 옹기종기 모여 앉아 라면 등 음식으로 즐겁게 시간을 보낸다. 매점인 2층에는 음료 등 간단한 먹거리를 구매할 수 있다. 날씨가 워낙 좋아 가시거리가 좋다. 필자도 옆 사람과 인사를 나누고 준비해 간 간편 음식으로 허기를 해결한다. 언제나처럼 산에서

지리산 장터목대피소

먹는 음식은 꿀맛이다.

이제 오늘의 최종 목적지인 천왕봉까지는 1.7km 남았다. 천왕봉으로 향하는 등산로는 완전한 돌길이다. 중간에는 제석봉(帝釋峰)의 고사목(枯死木) 몇 그루가 외롭게 정상을 지키고 있다. 환경부와 지리산국립공원 경남사무소에 따르면 살아 백 년, 죽어 천 년이라고 무상의 세월을 말하는 이 고사목 군락지에 얽힌 어처구니없는 내력이 발걸음을 더욱 무겁게 한다. 1950년대 이곳은 숲이 울창하여 대낮에도 어두울 정도로 푸르름을 간직하고 있었으나, 도벌꾼들이 도벌의 흔적을 없애기 위해 불을 질러 그 불이 제석봉을 태워 지금처럼 나무들의 공동묘지가 되었다고 한다.

탐욕에 눈먼 인간이 충동적으로 저지른 어리석은 행위가 이처럼 아직도 부끄러운 자취를 남기고 있어 안타까운 마음이다. 제석봉 주변에서 바라본 전경도 일품이다. 고양이 형태의 바위를 비롯하여 고릴라 형태의 바위 등 보는 이의 상상력을 총동원하게 한다.

안간힘을 다하여 마지막 1.7km 구간을 오른 결과 민족의 영산인 천왕봉 정상석이 반긴다. 백무동 출발 4시간 30분 만에 얻은 수확이다. 평일임에도 여러 팀이 힘겹게 올라온 보상이라도 받을 요량으로 서로가 교대로 사진 찍기 품앗이에 분주하다. 포즈도 다양하다.

정상에는 중산리에서 올라온 산객들이 대부분이다. 등산로의 상태가 어떤지 궁금하여 물었더니 이구동성으로 경사가 너무 심하니 피하라고 조언한다. 내심 걱정이 되지만 원점회귀는 재미가 덜할 것 같아 애초 계

**천왕봉 정상 기념**

획대로 중산리 코스로 발걸음을 내디딘다. 필자의 생애에는 이 아름다운 영산을 다시 찾을 자신이 없어 아쉬움이 남지만, 정상에서 20여 분 정도 짧은 시간 동안 머문 뒤 산청버스터미널에서 16시 45분에 출발하는 남서울행 버스를 타기 위해서는 부지런히 서둘러야 한다.

하산길을 한참 내려오다 보면 등산로 좌측에는 우리나라에서 가장 높은 곳인 해발 1,450m에 있는, 적멸보궁으로도 유명한 법계사(法界寺)가 있다. 보물 제473호인 법계사의 삼층석탑 관람도 생략한 채 일주문 앞에 마련된 생수 한 잔으로 목을 축인 뒤 더욱 속도를 가한다. 물맛이 좋다. 이 샘물은 K 은행에서 시설을 기증한 것으로 민족의 영산(靈山) 지리산을 찾는 당신께 내일을 향한 희망찬 발걸음을 기원하며 샘물을 선물한다고 기록하고 있다.

계곡 부근에 도착하니 잘 포장된 도로가 이어진다. 중산리탐방지원센터까지는 약 3km 남은 지점이다. 일반 차량 출입은 통제하고 법계사 신도들만 이용하는 셔틀버스가 있다고 한다. 정상에서 중산리탐방지원센터까지 2시간 30여 분 만에 도착했다. 택시 기사님의 협조로 산청버스터미널에는 버스 출발 10분 전에 도착할 수 있었다. 당일 산행 코스로는 힘이 부치는 거리였지만 영산인 지리산 산행을 계획대로 마칠 수 있어 뿌듯한 마음이다.

법계사 앞 샘

지리산 법계사 일주문

지리산 등산로 고사목

지리산 정상 부근 제석봉 고사목

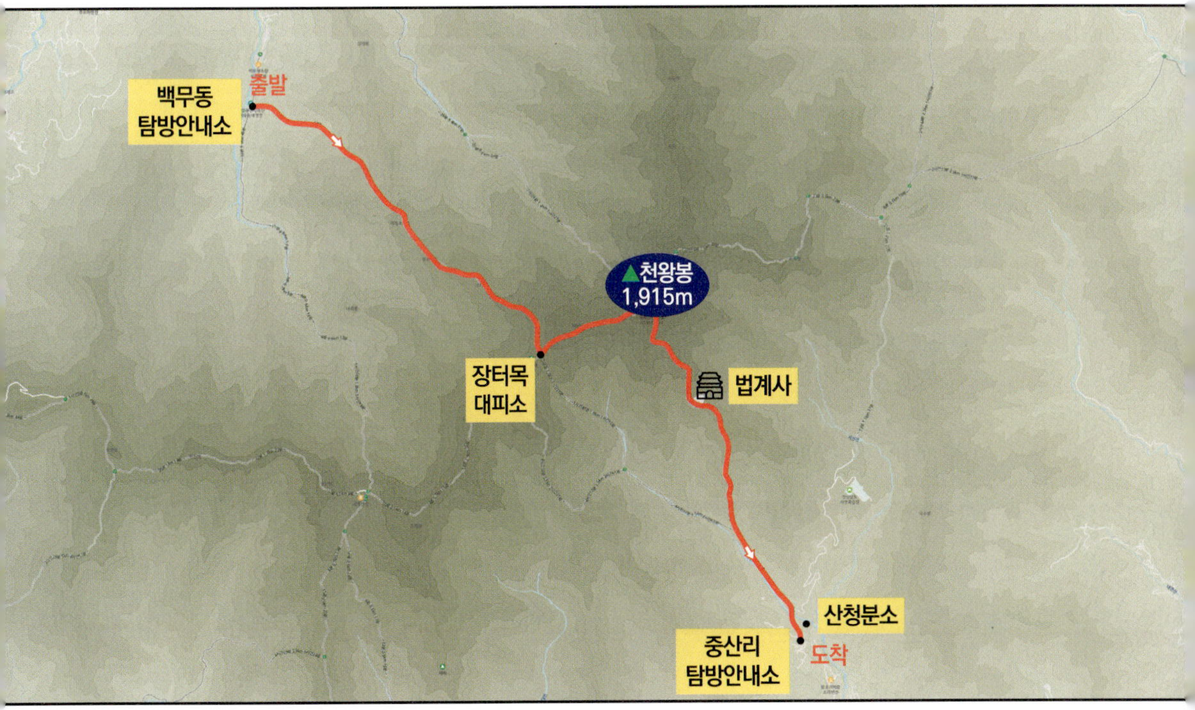

지리산 오늘의 등산로

# 내장산(內藏山)

**전라북도 정읍시·순창군·전라남도 장성군**

- 2021년 11월 5일(금), 맑음

내장산은 행정상 전라북도 정읍시와 전라남도 장성군에 연결돼 있는 우리나라 제일의 단풍산 가운데 하나다. 특히 내장산 단풍은 어느 한쪽에 국한된 것이 아니라 산 전체가 단풍으로 덮여 있다고 해도 과언이 아니다. 내장산은 노령산맥의 중부에 있으며 최고봉인 신선봉은 해발 763m이다. 북쪽에서 시계 반대 방향으로 월령봉에서 시작하여 서래봉, 불출봉, 망해봉, 연지봉, 까치봉, 신선봉, 연자봉, 장군봉 등 8개 봉우리가 능선을 이루고 있으며 능선에서 바라보는 기암괴봉들이 산객의 마음을 들뜨게 한다.

**내장산 정상석**

8개의 산봉우리 중 제일 낮은 월령봉(420m)에서 제일 높은 주봉인 신선봉(763m)까지 산의 높이가 큰 차이 없이 고만고만해 보이지만 그렇다고 8개 봉우리를 종주하기

쉽지는 않다. 그러나 중간중간에 하산길이 있어 본인의 능력에 따라 하산 계획을 잡을 수 있다. 산자락에는 내장사가 있다.

 오늘도 대중교통를 이용한다. 수서역에서 5시 8분에 출발하는 목포행 열차로 6시 27분경 정읍역에 하차한다. 정읍역에서 내장사 주차장까지는 택시(17,000원)로 이동한다. 주차장에서 매표소를 지나 교량을 건너면 내장사까지 순환버스가 운행 중이다. 주차장에서 내장사까지 걸리는 시간은 버스 이동 시 약 5분, 걸어갈 경우 약 30여 분 소요된다. 전 구간이 단풍나무로 터널을 이루고 있어 대부분은 단풍 구경을 위해서 도보로 이동한다.

**내장산 우화정 전경**

 내장사 들어가기 전 좌측에 있는 아름다운 작은 연못과 그 앞에 ㈜대우가 제공한 '부모님 은혜'[201]라는 글귀가 마음을 뭉클하게 한다. 산행 전 내장사[202] 경내를 20여 분 관람한다.

 2021년 3월 5일 '천년고찰' 내장사(內藏寺)의 대웅전이 술에 취한 50대 승려의 방화로 어이없이 전소됐다. 천년

---

201 부모님 은혜: 울 엄니 울 아부지 눈물로 한숨으로/타 버린 가슴 쥐고 꿈속에서도 눈물 줍는/그 세월이 얼마이셨던가요/크신 은혜 깊은 사랑 갚을 길 없어/외로움에 눈물만 더해지네요/자식들 못 잊으셔서 눈 못 감으신 그 사랑/언제나 끊길는지/아 목숨 다한 뒤에나 다할는지요/부모님 사랑합니다. 부모님 감사합니다. 부모님 눈물 납니다. (내장사 입구 입석에 새겨진 글)

202 내장사(內藏寺): 내장사는 백제(白帝) 무왕(武王) 37년(636년)에 영은조사(靈隱祖師)가 50여 동의 대가람(大伽藍)을 세우고 영은사(靈隱寺)라 부른 이래 조선 중종(中宗) 34년(1539년) 사찰(寺刹) 철폐령(撤廢令)에 따라 불태워졌는데 이후 명종(明宗) 22년(1567년) 희묵대사(希黙大師)가 법당을 짓고 정조(正祖) 3년(1779년) 영담대사(映曇大師)가 대웅전을 중수하는 등 여러 차례에 걸쳐 중수(重修)하였다. 근세(近世)에는 백학명선가(白鶴鳴禪師)가 절을 크게 중흥(中興)시켰으며 어느 때부턴가 연은사를 내장사로 부르게 되었다. 한국전쟁 때인 1951년 1월 12일 불에 탄 것을 1958년 주지(住持) 다천(茶泉) 스님이 대웅전을 중건하고 1971년 국립공원 지정과 함께 사찰복원(寺刹復元) 사업이 이루어져 오늘날 내장사의 모습을 갖추게 되었다. 내장사 제공.

고찰 내장사(內藏寺)의 수난은 이번뿐만 아니라 2012년 10월에는 누전으로 대웅전이 전소됐다는 기록이 있다. 당시 대웅전 건립은 불자를 비롯하여 정읍시민이 앞장서고 정읍시의 도움으로 20억 넘는 성금을 모아 복원한 대웅전이 2021년에는 다름 아닌 술 취한 승려가 방화자로 밝혀짐에 따라 그 충격이 컸다.

내장사에 따르면 그동안 내장사가 소실된 것은 조선 중종(中宗) 34년(1539년) 사찰(寺刹) 철폐령(撤廢令)에 따라 불태워진 이후, 임진왜란으로 전소된 것을 1639년(인조 17년)에 재건했다고 한다. 이후 1779년(정조 3년) 영운대사가 대웅전을 중수하고 요사를 개축했다고 기록하고 있다.[203]

경내 관람 후 아침 7시부터 본격적인 산행을 시작한다. 일부 산객들은 8시부터 운행하는 케이블카를 타기 위해 대기하는 것 같다. 필자는 하산 시 케이블카를 이용하기로 하고, 이정표에 따라 불출봉으로 향한다. 다른 산객은 보이지 않는다. 케이블카를 이용하는 것 같다.

한참을 오르다 보면 내장산국립공원 사무소에서 제공한 노산 이은상 선생님의 내장산 시(詩) 한 수를 감상한다.

"내장산 꼴 자꾸니 돌벼래 위에
불타는 가을 단풍 자랑 말아라
신선봉 등 너머로 눈 퍼붓는 날
비자림 푸른 숲이 다 좋더구나."

고도를 높여 불출봉을 향하다 보면 광종 26년 하월선사(河月禪師)가 이곳 암벽에 형성된 천연 동굴을 이용하여 암자를 세웠던 자리로, 나한전 등의 건물은 6·25동란 때 완전히 불타 버리고 지금은 그 흔적만 남은 불출암지(佛出庵址)에서 잠시 목을 축인다.

---

203 내장사 참조.

오늘 산행 중 첫 봉우리인 불출봉 (622m)에 도착한다. 대학생으로 보이는 청년 두 명이 정상에 마련된 데크에 앉아 간식을 즐긴다. 조망이 일품이다. 불출봉은 서래봉(624m) 서쪽에 있으며 북쪽으로 내장저수지와 정읍 시가지가, 남쪽으로는 오늘 산행의 목적지인 신선봉을 비롯

내장산 망해봉 부근 전경

한 7개 봉우리를 한눈에 감상할 수 있다. 정상에서의 조망이 장관이라 하여 '불출운하'라고도 부른다. 전설에 의하면 불출봉에 안개나 구름이 끼면 그해는 가뭄이 계속된다고 한다.[204]

가파른 계단과 능선길을 지나 불출봉과 연지봉 사이에 솟아 있는 망해봉(679m)에 도착한다. 정읍 시가지가 한눈에 들어온다. 등산로에 살모사 한 마리가 똬리를 틀고 사납게 쏘아본다. 낙엽과 색깔 구분이 되지 않아 하마터면 밟을 뻔했다. 망해봉에서 500m 거리에 있는 연지봉 도착이다. 연지봉은 망해봉에서 서남쪽으로 솟아오른 봉우리로 일명 연오봉이라 부르기도 하며, 이곳에서 발원하는 물은 원적계곡을 타고 흘러 금성계곡과 합류하여 서래봉을 돌아 내장호를 이루며 동진강 줄기의 근원이기도 하다.

연지봉에 구름이 끼면 비가 내린다는 이야기가 전해 오고 있다. 연지봉에서는 연자봉을 비롯한 장군봉, 백연암과 서래봉, 불출봉과 망해봉 등의 능선이 울긋불긋하게 물들어 가는 풍광을 볼 수 있다.

계속되는 오르내리막 능선을 따라 까치봉(717m)에 도착한다. 내장산 서쪽 중심부에 두 개의 바위 봉우리로 그 형상이 까치가 날개를 펴고 있는 모습과 같다고 하여 까치봉이라 부른다. 신선봉 다음으로 높으며 조만간 오를 백암산을 연결하는 주봉이기도 하다.

---

204 불출봉, 내장산국립공원 사무소, 현지 설명 글 내용.

드디어 오늘의 목적지인 내장산의 최고봉인 신선봉 도착이다. 어디에서 올라왔는지 넓은 공간이 꽉 찰 정도로 산객이 많다. 가족과 친구들끼리 오신 산객이 많은 것 같다. 삼삼오오 둘러앉아 준비해 온 도시락으로 웃음꽃을 피우고, 신선봉을 배경 삼아 기념을 담으려는 산객의 줄이 20여 m도 넘는다. 앞뒤 산객들 서로가 사진 찍기 품앗이를 한다.

이제 오늘 필자가 오를 마지막 봉우리인 연자봉을 향한다. 오르내리막이 반복되는 구간이다. 연자봉을 거쳐 마지막 봉우리인 장군봉은 생략하고 케이블카로 향한다. 급경사 구간이다. 케이블카 상단부에 있는 음식점에는 많은 관광객과 등산객이 햇볕 따스한 가을 풍광을 감상하며 파전을 비롯하여 갖가지 종류의 음식으로 가을을 만끽하는 분위기다.

연세 드신 어르신 모시고 가족끼리 관광차 오신 분도 많은 것 같다. 필자도 파전과 가락국수 한 그릇으로 요기하고 케이블카로 하산한다. 케이블카에서 내려다본 풍광이 장관이다. 탑승자 대부분이 탄성을 지르며 감탄사를 연발한다. 편도 요금은 6,000원이며, 정원 51명의 케이블카는 발 디딜 틈 없이 거의 만석이다.

하단부에 내려 순환버스를 이용하지 않고 주차장까지 걸으며 단풍을 즐긴다. 도로는 자동차로 꽉 차 주차장이 되었고 관광객들이 인산

**내장산 정상 기념**

인해를 이룬다. 코로나가 무색할 정도다. 활기가 넘쳐 덩달아 기분이 좋다. 산책로 곳곳에는 예쁜 단풍을 배경 삼아 갖가지 포즈로 추억 담기에 여념이 없다.

도로 우편에 있는 내장산의 또 다른 명소인 우화정(羽化亭)을 만난다. 정자에 날개가 돋아 승천(昇天)하였다는 전설이 있어 우화정(羽化亭)이라 부른다고 한다. 연못 가운데 솟아 있는 우화정은 주위에 물든 단풍과 연못에 떨어진 단풍잎이 어우러져 한 폭의 수채화를 연상시킨다. 우화정은 1965년에 최초로 지었으나 경관 조화를 이루지 못한다는 지적이 제기되어 2016년 전통 한옥 양식으로 다시 지은 것이라 한다. 우화정의 비경을 담기 위해 전문 사진작가를 비롯한 많은 관광객이 바쁘게 셔터를 누른다.

　오후 햇살에 비치는 가로수와 산책로의 단풍은 마치 불이 타오르듯 새빨간 빛이다. 단풍에 취해 40여 분을 걸어 주차장에 도착하여 택시로 정읍역에 도착했으나 표가 매진되고 9시에나 가능하다고 한다. 하는 수 없이 고속버스터미널로 이동하여 강남행 고속버스로 상경하면서 72번째인 내장산 산행을 마무리한다.

내장사 일주문

내장사 자락 단풍

내장사 불출봉 정상

내장산 서래봉, 불출봉 능선

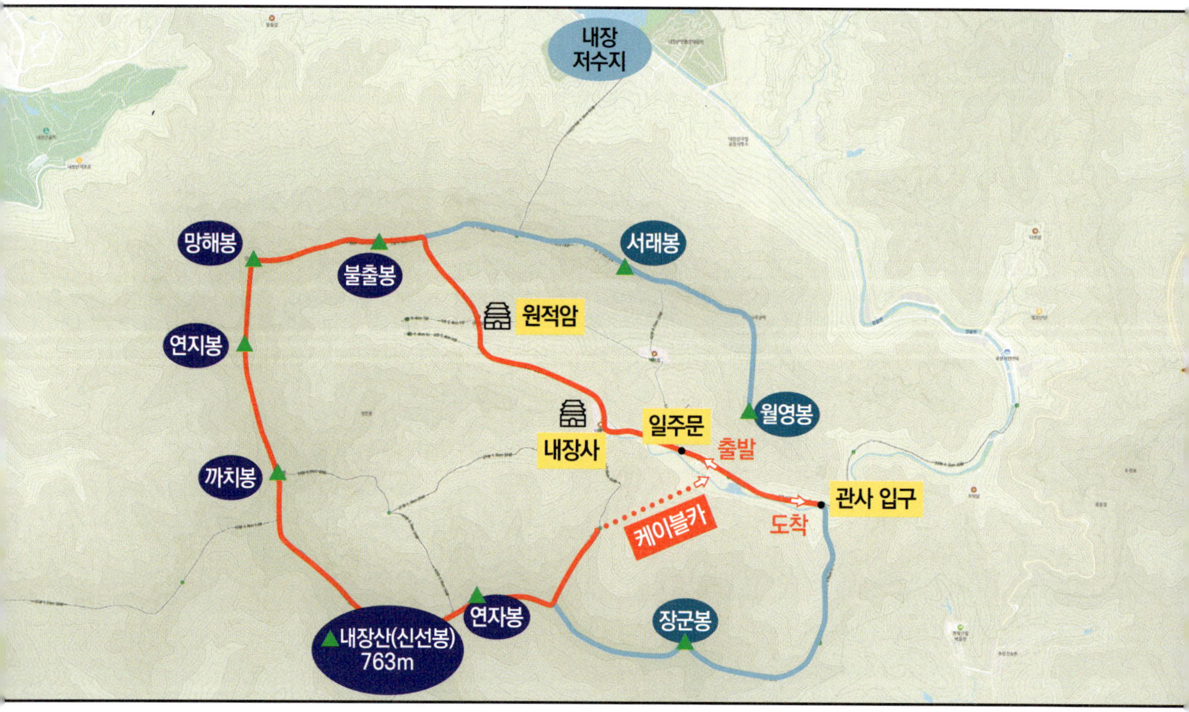

내장산 오늘의 등산로

# 백암산(상왕봉)

전라북도 순창군·전라남도 장성군

- 2021년 11월 15일(월), 맑음

백암산(白巖山)은 행정상 전라북도 순창군과 전라남도 장성군에 걸쳐 있는 해발 741m의 산으로 내장산국립공원 남부 지구에 속한다. 또한 내장산 자락에는 백제 무왕 33년(632년)에 여환이 창건한 대한불교조계종 고불 총림인 백양사가 있다. 애초에는 백암사라고 부르다가 조선 선조 때 환양이 중창한 후 백양사로 불렀다고 한다. 사찰 명칭에 대한 또 다른 설로 환양이 백학봉 아래에서 제자들에게 설법하고 있을 때 백양 한 마리가 깨우침을 얻고 눈물을 흘렸다 해서 사찰의 이름이 백양사가 되었다는 전설도 전해 온다.

**백암산 정상석**

주봉인 상왕봉을 비롯하여 사자봉, 백화봉 등 봉우리 대부분이 기암괴석으로 이루어져 있어 웅장한 느낌을 준다.

오늘도 대중교통을 이용한다. 수서역에서 5시 8분에 출발하는 목포행 열차로 6시 27분에 정읍역에 하차한다. 정읍역에서 등산로 들머리인 장성군 북하면 남창계곡 주차장까지는 택시(29,000원)로 이동한다. 들머리로 향한 도로는 짙은 안개와 어둠으로 인하여 운전자의 시야를 방해해 전혀 속도를 낼 수 없을 지경이다. 기사님에 의하면 이곳이 안개가 많은 곳이라고 한다. 안전 운전을 당부하자 기사님도 전조등과 비상등을 켜고 속도를 줄인다. 약 30여 분을 달려 안개 구간을 벗어나자 가로수 단풍은 터널을 이룬다. 2주 전 다녀온 내장산 단풍에는 다소 못 미치지만, 늦가을을 장식이라도 하듯 갖가지 색깔로 한껏 멋을 내며 멀리서 온 이방인을 환대한다.

**백암산 몽계폭포**

남창 주차장에 도착 시간이 오전 7시 이전이라 주차장은 텅 비어 있고 주변 가게도 문을 열지 않았다. 시내를 흐르는 청아한 물소리가 새벽 공기를 가른다. 주차장을 지나자 왼쪽에 전남대학교 수련원 시설이 있고 직진 방향에 종교시설이 나타난다. 종교시설 앞 백양사와 상왕봉을 비롯하여 몽계폭포 쪽을 알리는 이정표다. 몽계폭포 쪽을 향한다. 종교시설 마당을 통과하여 계곡 방향으로 약 800여 m 직진하다 보면 몽계폭포[205]를 알리는 이정

---

205 몽계폭포: 몽계폭포는 상왕봉과 사자봉 사이에서 흐르는, 계곡물이 합류하여 약 20m에서 떨어지는 폭포이다. 조선시대 학자인 하곡(霞谷) 정운용 선생이 폭포의 이름을 명명하였으며, 바위에 "몽계폭포(蒙磎瀑布)"라는 글을 새겼다고 전해져 내려오고 있다. 국립공원공단. 내장산국립공원 백암 사무소.

표가 보인다. 폭포 쪽으로 발길을 옮긴다. 나무 계단으로 50여 m 내려가면 보이는 폭포는 3단으로 형성되어 있으며, 20여 m 높이에서 하얀 포말을 일으키며 아래로 떨어지는 청아한 폭포수는 고요한 계곡의 새벽을 깨우기에 충분하다. 몽계폭포는 상왕봉과 사자봉 사이에서 흐르는 계곡이 합류하여 이룬 폭포로, 조선시대 하곡(霞谷) 정운용 선생께서 명명했으며 '숨겨진 작은 폭포'의 의미라고 한다. 나무 계단 아래 바위에는 한문으로 새겨 놓은 몽계폭포(蒙磎瀑布)라는 명필 글씨가 아직도 선명하게 남아 있다.

몽계폭포를 벗어나 오르막 등산로를 지나 도착한 비탈진 오솔길은 등산로가 보이지 않을 정도로 온통 단풍잎과 이름 모를 낙엽들로 만들어진 두꺼운 이불로 덮여 있다. 깊어 가는 늦가을의 풍치를 한껏 즐기는 사이 목재로 축조된 정겨운 몽계교가 반긴다.

약 1시간 후 정상인 상왕봉과 사자봉을 알리는 능선 사거리에 도착한다. 사자봉은 우측에 있다. 상왕봉까지는 500m를 알린다. 잠시 목을 축이고 상왕봉을 향한다. 여태껏 다른 산객은 보이지 않고 필자가 독차지다. 정상 가까운 지점에 조망이 확 트이는 너럭바위가 나타난다. 눈 아래 펼쳐지는 계곡의 조망이 장관이다. 여유로운 마음으로 마지막 가는 가을의 풍광을 즐긴다. 산은 아직 가을옷을 완전히 벗지 않은 상태다.

백암산 정상 기념

들머리인 남창 주차장을 출발하여 약 두 시간 후인 오전 9시에 오늘의 목적지인 상왕봉 도착이다. 정상에서도 다른 사람의 말소리는 들리지 않는다. 삼각대를 펴고 정상석을 배경으로 기념을 몇 장 담는다. 3분짜리 동영상도 남긴다. 정상석은 가슴 높이의 화강석에 한글로 큼직하게 상왕봉이라 새겨 놓았다.

필자로서는 가는 곳마다 생전에는 마지

막이란 생각이 들어 가능하면 충분한 시간을 가지려 한다. 눈 아래 펼쳐지는 아름다운 자연을 카페 삼아 따뜻한 매실차 한잔으로 속을 달랜다. 이 아름다운 자연의 풍광을 즐길 수 있도록 건강 주신 부모님과 창조주에게 잠시 감사 기도를 드린다.

새벽부터 서두른 결과 저축해 놓은 시간이 많은지라, 정상에서 한 시간 이상 머물면서 100대 명산 중 73번째인 백암산을 눈과 가슴에 여한 없이 담는다. 정상 가까이는 조금 전 지나친 사자봉을 비롯하여 장자봉, 다음 주에 오를 예정인 방장산과 멀리 시루봉이 선명하게 눈에 들어온다.

날머리인 백양사를 향한다. 백암산 대부분은 육산으로 정상 부근을 제외하고는 숲이 울창하다. 소나무가 제법 많지만 대부분 활엽수다. 그래서 가을이 아름다운 단풍산으로 관광객들이 많이 찾는 것 같다.

산자락에 다다르자 제일 먼저 국기제단[206]을 만난다. 잘 정돈된 제단이다. 국기제단에서 올려다본 백학봉[207]의 위용이 웅장하다. 백암산 백학봉은 학이 날개를 펴고 있는 모습과 같다고 하여 붙여진 이름으로 이곳 학 바위가 백색이어서 백암산이라 불렀다는 기록이 고려시대부터 전해진다고 한다. 백암산은 삼국시대로부터 전란, 가뭄, 질병 등 나라의 위기가 있을 때마다 임금이 관리를 파견하여 제사를 올렸던 명산으로 이름난 곳이라고 현지에서 기록하고 있다.

..........................

206   국기제단: 국기제는 국가의 환란이나 재앙(전염병, 한해 등)이 있을 때 대자연을 지배하는 천신지지에 구복제화와 국태민안을 기원하기 위하여 조정에서 치제관을 파견하여 인근 고을 수령들을 제관으로 하여 거행하는 국가적 제례 의식이다. 백암산의 국기제는 고려 충정왕 때 지냈다는 구전설이 있으며, 정토사 사적에 의하면 선조 36년 백암산 사자봉에서, 이듬해에 연이어 봉행 기록이 보인다. 숙종 25년에 전염병이 창궐할 때는 임금이 친히 제문을 짓고 8도에 중신을 보내어 제를 올렸는바 그 장소는 함경도 함흥, 황해도 해주, 평안도 안주, 강원도 원주, 경기도 수원, 전남 장성, 경상도 대구, 강화도로 적혀 있고, 전라도에서는 백암산에 국태민안을 기원하였다는 기록이 정토사 사적지(현재 백양사)에 전해지고 있다. 재단 현지 글 내용.
207   백학봉: 장성 백양사 백학봉은 백암산 아래에 자리한 백양사와 백학봉 일대의 암벽과 경관이 아름다워 2008년에 명승 제38호로 지정되었고, 예로부터 대한 8경의 하나로 꼽혀 왔을 만큼 이름난 곳이다. 전라남도와 전라북도의 경계를 이루고 있는 백암산은 내장산국립공원에 포함된 산으로서, 이 산에서 뻗은 능선이 백학봉까지 이어진다. 백양사는 대한불교조계종 제18교구 본사로 원오국사(1215~1288년)와 각진국사(1270~1355년) 등 고승들이 머물렀던 유래가 깊은 사찰이다. 백암산은 내장산과 함께 단풍으로 특히 유명하다. 장성 백양사 비자나무 숲(천연기념물 제153호)을 비롯하여 장성 백양사 고불매(천연기념물 제486호)와 함께 1,500여 종의 온갖 동식물이 서식하고 있다. 백학봉의 아름다운 자태는 백양사 쌍계루와 대웅전에서 볼 수 있다. 백양사 현지 안내 글.

백양사[208] 도착이다. 관람을 위해 경내를 들어서자 등산 온 사람은 필자 혼자뿐인 것 같고, 절에 온 신도들과 단풍 구경을 온 관광객이 여러 명 눈에 띈다. 경내는 단풍이 절정을 이룬다. 특히 백암산 단풍은 이파리가 아기 손처럼 작다고 하여 '아기난풍'이라 불린다.

**백암산 백양사 쌍계루 앞 연못 전경**

또 커다란 감나무에는 가지마다 황금빛 감들이 주렁주렁 달려 있다. 어릴 적 고향집 뒷밭에 숙부님과 함께 고염나무에 접붙여 놓은 대봉 감나무 두 그루에도 수백 개의 감이 달려 있을 것을 생각하니 저무는 가을이 싫지는 않다. 감에는 비타민이 골고루 함유하고 있으며, 특히 그중 비타민 C는 사과보다 17.5배 많아 항산화, 피로 해소에 도움이 된다고 한다.

관광객 몇 분이 새빨간 단풍을 배경 삼아 사진 찍기에 분주하다. 경내는 대웅전을 비

---

208  백양사: 대한불교조계종 제18교구 본사이다. 632년(무왕 33년) 여환(如幻)이 창건하여 백양사라고 하였으며, 1034년(덕종 3년) 중연(中延)이 중창하면서 정토사(淨土寺)라 개칭하였고, 1350년(충정왕 2년) 각진국사(覺眞國師)가 3창하였다. 15세기에 백암사(白巖寺)로 바뀌었다가 16~19세기 중반에 다시 정토사로 고쳤다. 다시 백양사로 개액(改額)한 것은 1574년(선조 7년) 환양(喚羊)이 중건하면서부터이다. 환양이 백양사에 주석하면서 매일 『법화경』을 독송하니 백양이 경을 읽는 소리를 듣고 몰려오는 일이 많아 절 이름을 백양사라 개칭하고 승려의 법명도 환양이라 하였다. 한국민족문화대백과사전, daum 백과에서 재인용, 2022년 7월 6일 접속.

롯하여 많은 부속건물이 있다. 범종각 건물도 아름답고 특히 쌍계루[209] 정자와 그 앞의 연못 조화는 말과 글의 표현이 부족할 정도도 아름답다. 정자 주변에는 전문 사진작가 여러 명이 카메라를 몇 대씩 거치해 놓고 호수를 배경 삼아 다투어 연신 셔터를 눌러 댄다. 필자도 범종각 앞에 서 있는 보리수[210]도 관광객에게 포토 존 역할을 하느라 인기다. 얼마 남지 않은 늦가을 백양사의 아름다운 풍경을 오래도록 마음 깊은 곳에 간직하고 싶다.

백암산 몽계교

백양사 보리수

백양사 범종각

209  백양사 쌍계루(白羊寺 雙溪樓): 운문암 계곡과 천진암 계곡의 물이 만나는 곳에 세워진 쌍계루는 고려시대 1360년에 각진국사가 세웠으나 1370년의 큰비로 무너졌다. 1377년에 청수 스님이 다시 세우면서 목은 이색과 삼봉 정도전이 글을 쓰고, 포은 정몽주가 시를 지었다. 쌍계루에는 면양 정송순, 하서 김인후, 사암 박순, 노사 기정진, 월성 최익현, 송사 기우만, 서옹 스님, 산암 변시연, 약천 조순 등의 현판 180여 점이 있으며, 이는 종교와 사상을 초월하여 스님과 선비들이 소통하고 교류했던 화합의 공간이었음을 보여 준다. 쌍계루는 여러 번 다시 짓기를 거치다 1950년 한국전쟁으로 소실되었고, 1985년에 복원되었으나 주춧돌이 땅에 묻혀 있고 처마가 썩어 2009년에 해체하고 다시 세워 지금에 이르렀다. 쌍계루 앞글 내용.

210  보리수의 유래: 보리수(菩提樹)는 도수(道樹)·각수(覺手)라고도 한다. 보리(bodhi)는 인도의 고대 시인 산스크리트어를 한자로 음역한 것이며, 깨달음의 지혜의 작용에 의해 무명(無明)이 없어진 상태, 정각(正覺)의 지혜라는 뜻이다. 석가세존께서 그 나무 밑에서 깨달음을 얻었기 때문에 붙여진 이름이다. 본명은 필발라수(畢鉢羅樹)이며, 뽕나무과에 속하는 교목으로 그 잎은 하트형이다. 현지에 게시된 글 내용.

백암산 백향봉 전경

백암산 오늘의 등산로

# 선운산

### 전라북도 고창군
### - 2021년 11월 19일(금), 맑음·구름

**선운산(수리봉) 정상석**

　선운산(수리봉)은 전라북도 고창군 아산면과 신원면에 속해 있는 해발 336m의 산이다. 선운산은 100대 명산 중 높이가 낮은 산이지만 기암괴석이 여러 곳에 분포하고 있다. 특히 주봉인 수리봉 부근의 기암석벽은 프리 클라이밍 대상지로 주목을 받는 곳이기도 하다. 백제 위덕왕 24년(577년)에 검단선사가 창건한 선운사는 한때 주위에 약 90여 개의 암자를 둔 큰 사찰로 많은 관광객이 찾는 곳이다. 또한 선운산 일대의 동백나무 숲은 천연기념물 제184호로 지정되었으며 봄에 피는 동백꽃은 마치 병풍을 둘러놓은 것처럼 장관을 이룬다고 한다. 선운산 일대는 1979년 12월 도립공원으로 지정되었다. 선운산의 애초 이름은 도솔산이었으나 선운사의 영향으로 붙여진 이름이며 낙조대 아래쪽 산기슭에 위치한 도솔암(兜率庵)은 지금도 많은 관광객의 트레킹 코스로 각광을 받고 있다.

오늘도 대중교통을 이용한다. 수서역에서 5시 8분에 출발하는 목포행 첫 열차로 6시 27분에 정읍역에 도착한다. 오늘 산행은 방장산에 오를 계획이었다. 이른 시간이라 택시로 들머리인 장성갈재 등산로 입구를 향한다. 주행이 시작되자 시야의 장애가 발생할 정도의 안개가 자욱하다. 각종 등화 점등을 켜도 앞을 분간하기 힘들 정도다. 안전한 곳에 잠시 정차 후 운행을 재개한다. 안개를 뚫고 굽잇길을 돌고 돌아 30여 분을 달려 갈재로 갔으나 이곳은 필자가 희망하는 장성갈재가 아닌 다른 곳으로 잘못 알고 안내한다. 택시 기사는 방장산 등산로 위치 자체를 모르는 표정이다. 넓은 주차장은 텅 비어 있고, 가게도 여러 개 있으나 인기척이 없다. 기사분이 어디엔가 통화를 하더니 잘못 왔다고 한다.

　다시 30분을 달려 내장산과 연결되는 입암산 등산로 입구에 차를 세운다. 현장에 있는 등산 지도를 확인해 보니 방장산을 오르는 입구가 아닌 이번 주 월요일 필자가 이미 다녀온 백암산 코스다. 택시 기사는 몸 둘 바를 모른다. 방장산을 확실히 아는지 물으니 그제야 대충 알고 왔는데 정확하게는 모른다는 대답이다. 그럼 선운사에 가 본 경험이 있는지 물었더니 손님을 몇 번 모셔 드린 경험이 있다고 한다. 필자가 74번째 산행하면서 처음 겪는 사건이다.

**선운산 선운사 전경**

　행선지를 방장산에서 선운산으로 선회한다. 차를 돌려 약 20분을 달려 선운사 일주문 앞에 도착한다. 안전한 운전을 할 것을 기사께 당부하고 오늘 필자에게 주어진 숙제한 과목을 위해 마음을 안정시킨다. 필자가 오늘 탄 택시는 2주 전에 내장산을 오를 때 이용한 택시다. 이러한 사소한 해프닝이 오히려 산행에 맛을 보태는 것 같다. 8시 30분 일주문을 통과하면서부터 본격적인 산행 시작이다. 선운사 경내는 하산 시 관람하기로 하고 이정목 표시대로 선운사 담벼락을 따라 우측으로 향한다. 등산로는 온통 단풍잎과 낙엽으로 수놓는다. 낙엽을 밟으며 걷는 발걸음이 부드럽고 기분이 상쾌하다. 가끔 불어오는 늦가을 바람에 아기 단풍잎이 얼굴을 스친다. 오솔길 같은 등산로를 조금 오르다 보면 마이재 갈림길이다. 우측은 경수산 방향이고, 좌측은 수리봉 쪽이다. 발걸음을 수리봉으로 향한다. 정상까지 700m 남은 지점이다.

들머리를 출발하여 석상암과 마이재를 거쳐 약 1시간 만에 정상인 수리봉 도착이다. 정상을 알리는 표시는 예쁜 화강암으로 된 입석 정상석과 금속판으로 된 정상 표시판이 바닥에 붙어 있다. 정상 표시는 선운산이 아닌 수리봉이다. 한 시간 만에 정상에 도착하기는 처음이라 큰 보너스를 탄 기분이다. 다른 산객은 보이지 않아 사진 찍기 품앗이를 할 수 없다. 삼각대를 설치하고 기념을 몇 장 담는다. 정상은 나무로 가려져 있어 조망은 없는 편이다.

**선운산 낙조대**

적당한 곳에 앉아 목을 축이는 사이 50대 후반으로 보이는 부부 산객이 도착한다. 수원에서 이틀 전에 와서 부안에 있는 변산 산행 후 숙박하고 오늘 선운산을 오른 후 귀가한다고 한다. 1~2주에 한 번씩 몰아서 1박 또는 2박 일정으로 산행을 즐기는 편이라 한다. 기념사진 서비스를 해 주고 먼저 청당암 쪽으로 향한다. 정상을 빗어나자마자 멀리는 뭉게구름 아래 서해가 아스라이 눈에 들어오고 건너편에는 기암괴석 등 다채로운 풍광이 펼쳐진다. 수리봉에서 낙조대를 향해 약 500여 m 지점에 포갠 바위가 나타난다. 두 개의 바위가 포개 놓은 듯하여 붙은 이름 같다. 자세히 보면 위에 얹힌 동물 형상과 흡사하다. 경사진 산행로를 따라 조금 내려오면 스피커에서 흘러나오는 불경 소리가 온 산을 꽉 채운다. 창당암 입구다. 궁금하여 창당암[211]으로 발길을 옮긴다. 작은 암자려니 생각했으나 상당한 규모의 사찰이다. 경내를 관람하고 나와 소리재를 향한다. 오르막 등산로지만 마치 동네 뒷동산 오솔길을 걷는 기분이다. 창당암에서 약 20분 후 잠시 쉬어 가는 소리재에 도착한다. 낙조대 1km 지점이다.

낙조대를 향하는 등산로 맞은편에는 여러 점의 동양화를 펼쳐 놓은 듯한 풍광이 눈을 즐겁게 한다. 가을옷을 벗는 것이 아쉬운 듯 바위와 소나무가 어우러져 한껏 멋을 뽐낸다. 늦가을 선운산을 찾은 필자에게 자연이 선사하는 선물 보따리를 가득 안은 채 낙조대 도착이다. 낙조대는 서해로 지는 낙조를 조망하는 모습이 아름답다고 하여 붙여진 이름이라 한다. 특히 국민 드라마 중 하나인 〈대장금〉 촬영지이기도 한 낙조대와 용문골은 산객뿐만 아니라 일반 관광객들도 많이 찾는 곳이다. 용문골에서는 장금이 어머니 돌무덤 장면을 촬영했고 낙조대는 최 상궁이 최후를 맞이하는 장면을 촬영한 곳이라 한다.

---

211 창당암: 보물 제803호로, 창당암은 죄를 뉘우치고 참회하는 곳이라는 뜻을 가지고 있는 암자다. 창당암 대웅전은 선운사 암자 중 가장 오랜 역사를 지니고 있다. 삼국시대 의운화상이 진흥왕의 시주를 받아 6세기에 창건했다고 전한다. 창당암은 대참사(大懺寺) 또는 참당사(懺堂寺)라 불리면서 조선 중기까지는 산중의 중심 사찰이었다. 창당암 대웅전은 나무로 조성하고 금을 입힌 석가모니불(釋迦牟尼佛)을 주불(主佛)로, 좌우 협시보살(脇侍菩薩)로는 중생의 고통을 없애 준다는 대세지보살(大勢至菩薩)과 자비의 상징인 관세음보살(觀世音菩薩)을 모신다. 창당암 대웅전은 앞면 세 칸, 옆면 세 칸으로 되어 있으며, 옆에서 사람 인(人) 자 모양의 맞배지붕이다. 지붕 처마 끝의 무게를 받치는 공포(供包)는 기둥 위뿐만 아니라 기둥 사이에도 있는 다포 양식이다. 대웅전의 앞면은 전형적인 조선 시대의 다포 양식으로 되어 있는 반면에 뒷면은 주두*와 소로**에 굽 받침이 있는 고려시대의 공포 양식으로 되어 있다. 이는 중수할 때 고려시대 부재를 활용한 것으로 보인다. 두 시대 양식이 공존하고 있다는 점에서 사찰 건축 양식의 변화 과정을 연구하는 데 중요한 건축물이다.

* 주두(柱頭): 기둥 위를 장식하며 공포를 받치는 넓적하고 네모진 나무.
** 소로(小櫨): 주두와 유사한 모양으로 각 부재를 연결하는 작은 나무.

때마침 초등학생 6명이 낙조대 바위에 올라 사진 찍기에 열심이다. 선생님 한 분이 초등학교 5학년생을 데리고 자연학습 중이란다. 일부 학생은 계곡에 남아 있고 희망자만 인솔하여 낙조대까지 오르는 것이 오늘 학습 목표라 한다. 현장에 낙조대에 대한 안내문은 없고 선생님이 학생들에게 알려 주는 것을 듣고 참고한다.

낙조대는 해발 335m로 높지 않지만, 눈앞에는 도천저수지와 칠산 앞바다를 조망할 수 있다. 낙조를 조망할 수 있도록 전망대가 설치되어 있으며 전망대 양쪽에 바위가 있어 안정감을 준다. 시간상 낙조는 볼 수 없어 진한 아쉬움이 남는다.

현장에는 국가지질공원과 전북 고창군이 제공한 서해안권 국가지질공원 지질명소에 대한 설명이 있다. 낙조대, 천마봉, 배맨바위 등은 중생대 백악기 화산활동에 의해 형성된 화산 암체의 일부가 침식을 받아 가파른 수직 암벽 절벽을 형성한 곳이다. 이곳은 주로 유문암으로 구성되어 있어 용암이 흐르면서 고결된 유상구조나 구과상(球課狀) 구조의 특징을 볼 수 있다고 한다. 선생님은 학생들과 용문굴로 하산 코스를 잡았다 한다. 학생들이 이구동성으로 안전한 산행 하라고 인사한다. 건강하게 선생님 말씀 잘 듣고 공부 열심히 하라는 의례적인 덕담을 건네고 도솔암으로 향한다. 시작부터 가파른 내리막 계단이다. 도솔암은 선운산 중턱에 있는 선운사 산내 암자 중 한 곳이다. 도착 시간이 정오다. 많은 관광객이 붐빈다. 선운사 주차장까지는 약 1시간 거리다. 여행 작가 이영근에 의하면 도솔의 원래 이름은 도솔천으로 천은 하천의 천 자가 아닌 하늘 천이다. 도솔천은 하늘의 정토 즉, 이상 세계 유토피아를 의미한다. 도솔천에는 아무나 들어갈 수 없다. 이곳에 사는 존재들은 다섯 가지의 욕망, 오감을 만족하며 살아간다. 색채, 소리, 냄새, 맛, 몸 등이 그것이다. 도솔산 도솔암은 나를 구원할 미륵보살과 나의 오감을 만족시킬 부처를 만나고 싶은 사람들이 특별히 찾아가는 곳이다.[212] 특히 극락보전 뒤편에 있는 집채보다 큰 널따란 바위가 인상적이다. 파란 하늘과 흰 구름이 이름 모를 바위를 더 돋보이게 한다.

..................
212  이영근(여행 작가), 매일경제 City life, 제779호, 21.05.18일 자 기사 중.

도솔암 관람을 마치고 선운사로 향한다. 도솔암에서 선운사로 이어지는 길은 평탄한 숲길이다. 계곡에는 맑은 물이 흐른다. 탐방로 좌측에 귀태가 나는 소나무 한 그루가 발목을 잡는다. 이름하여 장사송[213]이라 한다. 군더더기가 전혀 없는 아름답고 고고한 자태다. 선운사까지 2.35km 남은 거리다. 바로 뒤편에는 신라 24대 왕인 진흥왕이 말년에 왕위를 버리고 머물렀다는 진흥굴이 유혹한다.

국가 지질원과 고창군에 의하면 이곳의 암석은 유문암질 응회암이라 한다. 풍화작용을 받아 갈라진 틈(절리)이 계속 성장하면서 천정과 옆면의 암

**선운산 장사송**

석 표면이 양파 껍질처럼 층상으로 벗겨지는 박리작용에 의해 형성된 자연 동굴에 인간의 손길이 가해져 현재와 같은 모습을 하고 있다고 기록하고 있다. 조금 더 걷다 보면 탐방로 우측에 마치 조각을 해서 세워 놓은 것처럼 생긴 선운사를 창건한 검단 선사의 설화가 깃들어 있는 선운산 미륵바위[214]를 만난다.

----

213  고창 선운사 장사송(長沙松): 천연기념물 제354호(1988년 4월 25일 지정), 이 지역의 옛 지명인 장사현에서 유래하여 붙은 이름이다. 신라시대 진흥왕이 수도했다고 전해지는 진흥굴 앞에 있다고 하여 진흥송이라고도 불린다. 나이는 약 600살이고, 높이는 약 23m에 이른다. 가슴높이 둘레 3m, 동서남북 17m로 가지가 퍼져 있으며, 나무의 줄기가 지상 2.2m 높이에서 크게 두 갈래로 갈라졌고, 그 위에서 다시 여러 갈래로 크게 갈라져 자라고 있는데, 그 모습이 마치 우리나라 팔도의 모습을 나타내는 듯 수려하여 나무의 모양이 아름답고 생육상태가 양호하며, 오래된 소나무로 보존 가치가 인정돼 천연기념물로 지정하여 보호하고 있다. 장사송의 옆에 있는 돌비석 뒷면에는 장사녀 이야기가 새겨져 있다. 장사녀는 백제가요 선운산곡에 등장하는 인물인데, 부역 나간 남편이 돌아오지 않자, 남편이 그리울 때마다 선운산을 바라보며 노래를 불렀다고 한다. 현지 글 내용.

214  선운산 미륵바위 이야기: 이 바위에는 선운사를 창건한 검단선사의 설화가 깃들어 있다. 백제 위덕왕 24년(서기 577년)에 검단 선사가 선운산에 사찰을 창건하고자 하였다. 오늘날 선운사가 있던 자리는 큰 연못이었고, 그곳에 용이 살았다. 검단선사가 연못의 용을 내쫓고 돌을 던져 연못을 메워 나갈 무렵 아랫마을에서는 눈병으로 힘들어했다. 수도 중인 검단선사 앞에 미륵이 나타나 "미륵바위 아래의 돌과 숯을 연못에 던지면 눈병이 낫는다."라고 말하였다. 사람들은 '미륵바위'아래의 돌과 숯을 가져다 던져 연못을 메우니 눈병은 저절로 낫게 되었고, 연못도 금방 메워지게 되었다. 신기하게 여긴 사람들은 미륵이 나타났던 '미륵바위'에 정성을 다하니 병이 낫고 근심 걱정도 사라졌다. 그로부터 '미륵바위'에는 사람들의 발길이 끊이지 않는다고 한다. 미륵바위 현지 글 내용.

**선운산 정상 기념**

도솔암에서 선운사까지는 차도와 탐방로가 구분되어 있고 탐방로 옆 여러 곳에 휴식할 수 있도록 의자가 마련되어 있다. 선운산의 명물 중 하나인 꽃무릇을 보지 못해 아쉽다. 내년 가을 선운산 일대 수십만 ㎡에서 개화 시기에 맞춰 붉은 융단으로 불꽃을 피우기 위해 지금은 초록색 옷으로 갈아입고 겨울나기를 준비하고 있다. 꽃말은 이룰 수 없는 사랑이라 한다. 윤경은에 의하면 사찰 주변의 가을 숲을 아름답게 장식하는 꽃무릇을 '석산'이라고도 부른다. 중국이 원산으로, 선운사를 비롯한 남쪽 지역의 사찰 주변 숲에서 자란다. 상사화와 비슷하지만, 상사화는 잎이 봄에 나와 6~7월이면 지는 한해살이지만 꽃무릇의 잎은 해를 넘기는 두해살이다. 꽃도 더 늦게 피어 남쪽 지역의 가을 숲을 아름답게 장식한다.

땅속에 있는 비늘줄기를 '돌마늘'이라고 하는데, 겉껍질이 흑갈색이며 약간 아린 듯한 쓴맛이 난다. 잎은 가늘고 길어 30~40cm로 자란다. 꽃이 진 다음에 잎이 돋기 시작해 다음 해 봄까지 자라다가 여름에 말라 없어진다. 30~50cm의 꽃줄기 끝에 진홍색 꽃이 피는데, 꽃부리는 여섯 개이고 그 가장자리에 주름이 지며 열매는 맺지 못한다.

꽃 피는 시기는 8~9월이며 알뿌리에서 긴 꽃줄기가 나와 빨간 꽃이 핀다. 진홍색 꽃이 여러 송이 모여 우산 모양으로 핀다. 화분에 심긴 꽃무릇은 비늘줄기가 쉽게 늘어나 화분을 가득 채운다. 분구할 시기를 놓치면 비늘줄기가 삭아 버린다.[215] 낙엽 진 물길을 따라 선운사[216]에 도착한다.

---

215  윤경은, 『세밀화로 보는 한국의 야생화』, 김영사, 2012, p.374.
216  선운사: 대한불교조계종 제24교구 본사다. 김제 금산사와 함께 전라북도의 2대 본사로 빼어난 경관과 소중한 문화재들이 있어 사시사철 관광객들이 찾는 명찰이다. 백제 위덕왕 24년(577년)에 검단선사가 창건했으며 그 후 공민왕 3년(1354년)에 효정선사가 중수했다. 주요 문화재는 대웅전(보물 제290호), 금동보살좌상(보물 제279호), 금동지장보살좌상(보물 제280호), 창당암 석조지장보살좌상(보물 제2031호)이 있다.

선운사 경내를 관람하고 식사하기 위해 이 고장의 특산물인 풍천장어 식당에 들러 주문했으나 1인분은 주문받지 않는다고 남자 종업원이 퉁명스럽게 반응한다. 돌아 나오자 아주머니 한 분이 따라 나와서 미안하다고 대신 인사를 한다. 남자 종업원은 식당 주인 아들이라고 한다. 인근 버스 정류장에서 고창을 경유하여 강남고속버스터미널에 도착하면서 계획에 없던 74번째 선운산 산행을 마무리한다.

| 선운산 포갠바위 | 선운사 일주문 | 선운산 진흥굴 |
| 선운산 가비 | 영화 〈남부군〉 촬영장소 기념비 | 선운산 미륵바위 |

낙조대 부근에서 바라본 전경

선운산 오늘의 등산로

# 무학산(舞鶴山)

## 경상남도 창원시
- 2021년 11월 23일(화), 맑음·흐림

무학산은 행정상 경상남도 창원시에 속해 있는 해발 761.4m의 산이다. 창원시가 제공하는 무학산의 유래를 살펴보면 무학산은 무성하게 우거진 숲과 조화를 이루며 흐르는 계곡이 있어 시민들의 등산과 휴식처로 이용되고 있으며, 무학산의 옛 이름은 두척산이었는데 그 유래는 알려지지 않고 있다고 한다.

무학산이라는 이름은 옛날 신라 말기의 대학자인 고운 최치원이 멀리서 이 산을 바라보고 그 모습이 마치 학이 춤추는 것과 같다고 하여 춤출 무(舞), 학 학(鶴) 자를 사용해 '무학'이라 이름 붙였다고 전해지고 있다.

오늘 교통도 대중교통이다. 서울역에서 5시 5분에 출발하는 진주행 첫 열차로 마산역에 8시 1분에 도착한다. 오늘 산행의 들머리인 만날고개까지는 택시(7,700원)로 이동한다.

무학산 정상석

현장에 기록된 만날고개 유래를 요약하면 고려 말엽 마산포에는 양반 가문의 가난한 이씨 집 큰딸과 의창군 내서면 감천골 천석꾼 윤진사(尹進士) 집 벙어리에 반신불수 아들과 혼인 후, 남편은 도망가서 살라는 유언을 남기고 자신의 처지를 비관하여 스스로 목숨을 끊었고, 모녀가 서로를 그리워하며 살다가 만날고개에서 극적인 상봉을 하였다고 하여 후세 사람들이 붙인 이름으로, 마산 향토 문화진흥회가 전설을 계승하기 위해 1983년 음력 8월 17일 개최한 것을 시초로, 매년 개최되고 있으며, 1997년부터는 음력 8월 17일부터 이틀간으로 축제의 규모를 확대하면서 만남의 장과 대화, 낭만, 흥취, 삶의 생기를 불어넣기 위하여 축제를 다면화한다고 한다.

시집간 딸과 친정어머니의 애틋한 그리움과 사랑을 연상하는 커다란 모자 상봉 조각상이 광장 가운데 서 있다. 그 외에도 정목일 선생의 '만날고개' 시와 천상병 시인의 '새'라는 시가 커다란 돌에 새겨져 있으며, 아름다운 정자와 물레방아 도는 초가집이 그 당시를 회상하게 한다.

**만날고개 모녀상**

산행은 8시 30분부터 등산로 입구 이정목에 따라 대곡산을 향한다. 초입부터 오르막이다. 약 50분 후 대곡산(516m)에 도착한다. 대곡산 가까운 전망 좋은 장소에 운동과 휴식을 즐길 수 있는 운동 시설이 마련되어 있다. 어르신 두 분이 평행봉과 근육을 강화하는 운동을 주기적으로 한다고 한다. 정상까지는 오르지 않고 2~3일에 한 번씩 이곳을 찾는다고 한다. 마산 토박이로 나이는 두 분 모두 필자보다 두 살 아래다.

산의 높이에 비해 산세는 경사도가 심한 편이며 크고 작은 봉우리와 능선이 반복된다. 낙남정맥 능선을 타고 정상을 향해 고도를 높인다. 등산로 좌측(해발 621m)에 목을 축일 수 있는 안개 약수터로 향한다. 영하 2도로 쌀쌀하지만, 자연이 주는 선물이라 한 바가지 들이켠다. 이가 시릴 정도로 차가우면서도 물맛이 좋다. 기존 생수병을 비우고 약수로 교체한다.

만날 고개에서 정상까지는 3.6km로 가까운 거리다. 쉬는 시간 포함 두 시간이 채 안되어 도착한다. 정상은 바위로 이루어져 있고 태극기가 바람에 힘차게 휘날린다. 산 정상에 게양된 태극기를 볼 때마다 가슴이 찡해진다.

정상에서 바라본 마산항구의 전경이 일품이다. 마창대교가 선명하고 10여 척이 넘는 배가 항구 부근에 옹기종기 모여 있다. 지평선 너머에는 뭉게구름이 한껏 자태를 뽐낸다. 도시와 바다와 구름이 어우러져 한 폭의 동양화를 연출한다. 저 멀리는 마산의 명소인 돌섬과 진해의 장백산도 시야에 들어온다.

발걸음을 재촉하여 정상에 다다르자 마산 앞 바다가 눈앞에 펼쳐진다. 가슴이 뻥 뚫리는 기분이다. 이미 중리와 서원골 코스에서 올라온 세 팀이 휴식을 즐긴다. 의례적인 인사를 나누자 오이와 초콜릿을 권한다.

울산에서 온 부부 팀이 홀로 산행하는 필자에게 우려 섞인 충고를 한다. 홀로 산행은 장점도 많겠지만 자연의 변화가 언제 어떻게 재앙처럼 다가올지 모르기 때문에 특히 겨울철 산행을 자제하라는 부탁과 야생동물 출현 시 어떻게 대처하는지 궁금해했다.

멧돼지와 노루가 갑자기 출현해 등골이 오싹할 때도 있었지만, 필자의 경우 통신이 두절되고 눈 쌓인 등산로를 이탈했을 때가 가장 곤란했다는 경험담을 들려주었다.

더불어 산림청이 선정한 우리나라 100대 명산에 오르는 숙제를 하는 중이라고 하자 꼭 나머지 산도 안전하게 오르도록 응원하겠다며 등산배낭을 열더니 자유시간 초콜릿과 사과 한 개를 추가로 선물한다. 감사를 표하고 사진을 찍어 준다.

지금까지 75개 산을 오르는 동안 만약의 사태가 발생할 경우에 대한 두려움도 있었지만, 오히려 장점이 많은 것 같다. 우선 사람 관계에서 자유롭다. 동행자가 있으면 서로 배려하고 양보해야 하는 데 신경을 써야 하겠지만 오롯이 필자가 정한 계획에 따라 자신의 주도로 하루를 보내면 된다.

다음으로는 시간 관리에서의 자유다. 복잡한

**무학산 정상 기념**

주말을 피해 주중에 대중교통을 이용해서 산을 찾는 필자의 경우 행선지와 코스를 정하는 데 제한받지 않고 원하는 스케줄에 맞춰 행동하면 된다. 능력에 맞는 속도 조절과 산행 전후 취향에 맞는 장소를 찾아 차를 마신다거나 지역특산물을 곁들인 음식을 맛보는 것도 여행을 겸한 산행에서 빼놓을 수 없는 보람이며 멋이다. 특히 산행기에 필요한 아이디어를 얻는 데도 동행자가 여러 명 있을 때보다는 홀로 산행할 때가 더 좋은 것 같다.

정상에서 충분한 휴식을 가진 뒤 애초 하산은 중리마을 내서우체국을 날머리로 잡았으나 원계마을로 변경한다. 시루봉에서 원계마을 등산로를 이용하여 원계마을 대동다숲아파트 앞을 지나 원계리 정류장에 도착한다. 하산 등산로에 낙엽이 쌓여 미끄럽기는 해도 등산로가 부드럽고 푹신한 흙길이다.

정상에서 원계마을까지 소요되는 시간은 약 1시간 30분 정도다. 동네에 다다랐을 때 마침 텃밭에서 가을걷이하는 부부께 길을 물으니 버스 정류장 있는 곳을 친절하게 안내해 주신다.

무학산 등산코스는 다양하므로 본인의 능력과 형편에 따라 들머리와 날머리를 선택하면 어렵사리 산행을 할 수 있으며 산행 시간도 코스에 따라 약 3시간에서 6시간 사이 조절이 가능하다. 운계리 버스 정류장에서 마산역 부근을 경유하는 710번 버스를 타고 마산역에서 서울역행 열차로 상경하면서 75번째 무학산 산행을 마무리한다.

만날고개 유래

무학산 대곡산 정상석

무학산 안개 약수터

무학산 정상에서 바라본 마산항 전경

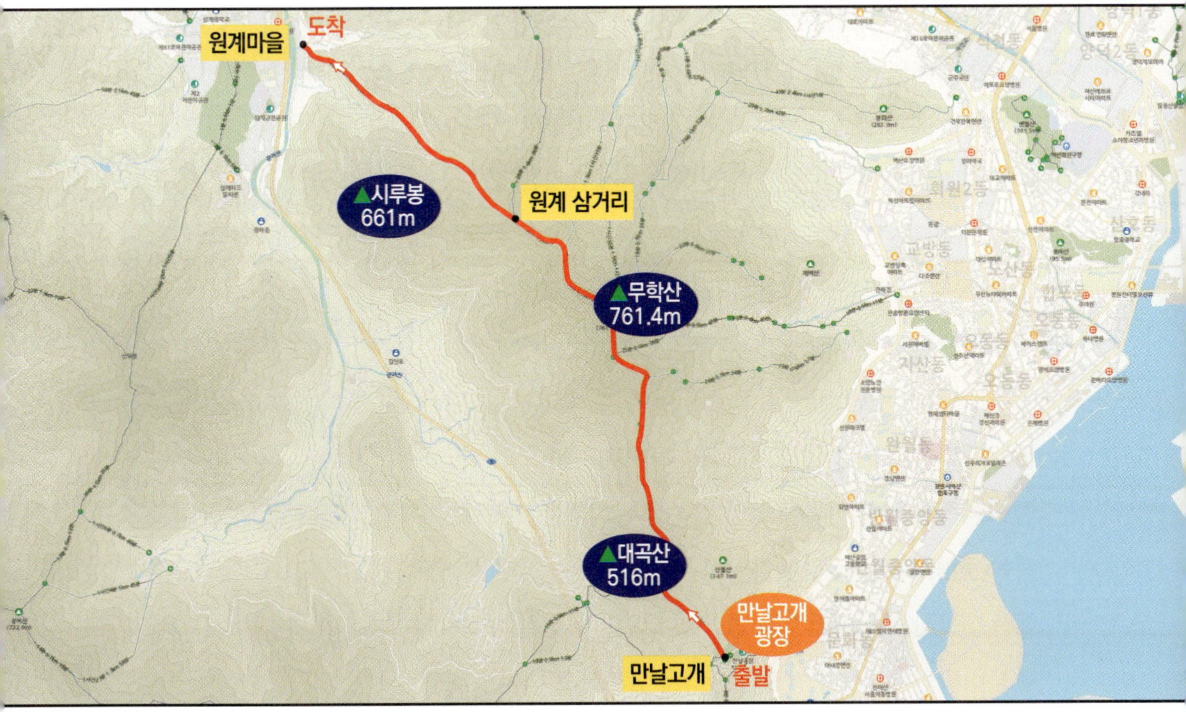

- 도착 원계마을
- ▲시루봉 661m
- 원계 삼거리
- ▲무학산 761.4m
- ▲대곡산 516m
- 만날고개 광장
- 만날고개
- 출발

무학산 오늘의 등산로

#  방장산

**전라북도 정읍시·전라남도 장성군**

– 2021년 11월 26일(금), 맑음

**방장산 정상 표시목**

  방장산은 행정상 전라북도 정읍시와 고창, 전라남도 장성군의 경계를 이루는 해발 743m의 산이다. 주위에는 단풍으로 유명한 내장산을 비롯하여 백암산, 선운산이 방장산을 감싸고 있다.

  오늘 교통은 대중교통이다. 수서역에서 5시 5분에 출발하는 목포행 첫 열차로 6시 27분에 정읍역에 도착한다. 오늘 산행의 들머리인 장성갈재까지는 택시(16,000원)로 이동한다.

  방장산은 전라북도 정읍시와 전라남도 장성군과 경계인 1번 국도 장성갈재가 방장산을 오르는 산행 기점이다. 건너편 광장에는 조국 통일비와 주차장이 있고 동쪽으로 임도가 나 있다. 임도를 따라 30~40여 m 가면 오른쪽 오솔길 입구에 쓰리봉 쪽을 가리키는 이정표 시목(里程標示木)이 나온다. 지난주에 이곳을 찾지 못해서 선운산으로 행선지를 변경했다고 하자 친절한 기사님이 등산로가 맞는지 진입로 현장을 확인하고서야 안전한 산행을 당부하고 헤어진다.

기사님의 친절에 고마운 마음을 표하고 기분 좋게 산행을 시작한다. 시작부터 오르막이라 숨이 가쁘다. 약 50여 m 오를 무렵 동이 트고 나무 사이로 이글거리며 떠오르는 붉은 태양의 모습은 장관이다. 기념으로 한 컷 남긴다. 초입에서 약 30여 분을 오르면 505봉 헬기장에 도착한다.

　내리막 안부(鞍部)를 지나 급경사를 올라 쉼터와 경사진 봉우리를 오르다 보면 등산로 주변에는 지난주 내린 눈이 아직 녹지 않고 군데군데 소복이 쌓여 있어 운치를 더한다. 전망바위가 있는 쓰리봉 도착이다. 바위 사이의 표시목은 오래된 세월 동안 비바람을 견디며 봉우리를 지킨 흔적이 역력하다. 낡은 표시목에는 버섯이 돋아 있다. 쓰리봉 전망대에 올라서면 가깝게는 11월 15일 올랐던 내장산이 눈에 들어오고 풍년을 상징하는 전라 평야가 시원하게 눈앞에 펼쳐진다.

　쓰리봉에서 정상을 향해 가면 전망바위가 나온다. 계속 직진하면 해발 715m 봉수대 표시목이 나타난다. 조망이 확 트인다. 표시목 주변은 편히 쉴 수 있는 넓은 공간이 있다. 봉수대에서 내려다본 전경도 일품이다. 저수지와 넓은 들판, 겹겹이 쌓인 산들이 이곳을 향해 달음박질할 태세다. 정상인 방장산까지 700m 남은 지점이다.

　고만고만한 봉우리 5개를 오르내리는 사이 정상인 방장산 도착이다. 장성갈재에서 정상까지 오르는 동안 산객을 만나지 못했다. 오늘도 방장산은 독차지한 기분이다. 정상을 알리는 표시목은 바위 위에 협소한 공간에 불안하게 서 있다. 삼각대를 펴고 기념을 남기려고 표시목을 잡는 순간 흔들린다. 하마터면 넘어질 뻔했다. 사고 날 위험성이 있어 우려스럽다.

방장산 봉수대에서 내려다본 산하 전경

장성갈재에서 정상까지 오르는 등산로 코스도 전반적으로 국립공원이라는 명성에는 다소 미흡한 느낌이다. 전반적으로 정비가 요구되는 코스다. 정상 역시 봉수대 못지않은 조망이다. 정읍시 일대가 시야에 들어오고 곡창지대로 명성 높은 호남평야를 바라보기만 해도 기분이 좋다. 남쪽으로는 전라남도 장성 일대의 모습도 가시권에 들어온다.

70대 중반 나이에 정상을 오를 수 있도록 건강한 육신을 물려주신 부모님께 감사를 드리고 또 이 아름다운 강산을 창조하신 필자가 믿는 하나님께 감사를 드린다. 방장산 중요 표시는 정상 표시목을 비롯하여 쓰리봉, 봉수대 등 모두 나무로 제작된 것도 특이하다. 마니산과 도봉산 정상 표시도 나무로 제작되어 있기는 하다.

기념을 몇 장 담고 정상에서 먹는 밀양 얼음골 사과는 꿀맛이다. 정상에서 머문 시간이 30분 훌쩍 지나갔다. 정읍시와 정읍문화원에서 정읍에 있는 하늘이 내려 준 이 고장의 자랑인 내장산에 대하여 전국 공모로 선정된 고순옥이 곡을 쓰고 이호섭이 편곡한 내장산 노래를 가수 김용림이 간드러지게 부르는 것을 휴대폰을 통해 감상한다. 노래를 감상하며 오늘 산행의 날머리인 방장산자연휴양림을 향해 발길을 옮긴다. 노래에 취해서인지 이정표를 살피지 않고 무턱대고 조리대 등산로를 따라가다 길을 잘못 들어 7~80m를 직진하다가 다시 정상으로 되돌아가서 길을 바로잡는다.

2020년 9월 4일 이영석 박사와 의기투합하여 100대 산 등정의 첫 산행지인 경기도 감악산을 오를 때만 해도 70대 중반의 나이로 과연 2~3년 이내에 성공적으로 숙제를 끝낼 수 있을지는 예측이 불가능했고, 나머지 산도 무사히 오를 수 있을지는 장담할 수 없지만, 다소의 어려움이 닥치더라도 꼭 유종의 미를 거두고 조촐하게나마 준비하고 있는 산행기 발행 출판기념회도 2024년 내로 하고 싶은 마음이다.

외적 변수인 코로나 확진자가 일일 4,000명을 넘나들고 사망자도 50명을 넘는 상황에서 산행

**방장산 정상 기념**

을 지속할 수 있을지도 예단할 수 없는 일이다. 최근 아프리카 보츠와나에서 발견된 코로나19 변종 바이러스 '누(Nu·B.1.1.529)'가 델타 변이보다 강력할 수 있다는 영국 전문가들의 경고가 세계를 긴장시키고 있다. 우리나라도 예외가 될 수 없는 상황이라 걱정이다. 이 모든 것은 결국 인간이 저지른 결과요 업보다. 하루속히 바이러스 균이 박멸되어 코로나 이전으로 돌아가도록 기도할 뿐이다.

다음 주부터 12월이다. 오늘이 76번째 산이다. 이제 남은 24개 산은 호남지역과 경상남도에 있다. 한 주에 한 곳 이상 산행을 위해서는 일기가 가장 큰 변수다.

정상에서 안부인 고창고개 삼거리에 도착한다. 의자에 앉아 목을 축이는 사이 연세 드신 두 분을 만난다. 가까운 마을에 사시는 분들로 하산길을 친절하게 알려 준다. 이어서 청년 두 명이 도착한다. 인사를 나누자마자 청년 두 명은 빠른 걸음으로 정상을 향한다. 벽오봉 쪽은 한참을 더 가야 하니 고창고개에서 임도를 가로질러 쭉 내려가면 30분 내 방장산자연휴양림에 도착한다고 한다. 방장산자연휴양림에 도착하니 휴양림 시설 외는 가게나 커피숍도 없다. 휴양림 전체가 고요하다. 관리사무소에 들어가 교통편을 물으니 버스 노선이 없다고 한다. 벽오동과 양소살재 관람을 포기하고 아침에 이용한 친절한 최연일 기사님께 연락하여 정읍역에 도착한다.

금요일이라 서울 방향 기차표는 매진되고 익산까지 무궁화로 가서 익산에서 용산역으로 가는 ktx 582 열차가 논산으로 돌아가지만, 버스로 이동하는 것보다는 빠르게 갈 수 있다는 직원의 권유를 받아들여 익산을 경유하여 정읍에서 13시에 출발하여 15시 50분에 용산역에 도착한다. 경험상 금요일 오후 기차 편으로 상경할 경우에는 사전 예약하는 것도 기차 여행의 일부임을 깨닫게 한다.

갈재고개 해돋이 광경　　　쓰리봉 표시목　　　방장산 봉수대 표시목

방장산 정상에서 바라본 전경

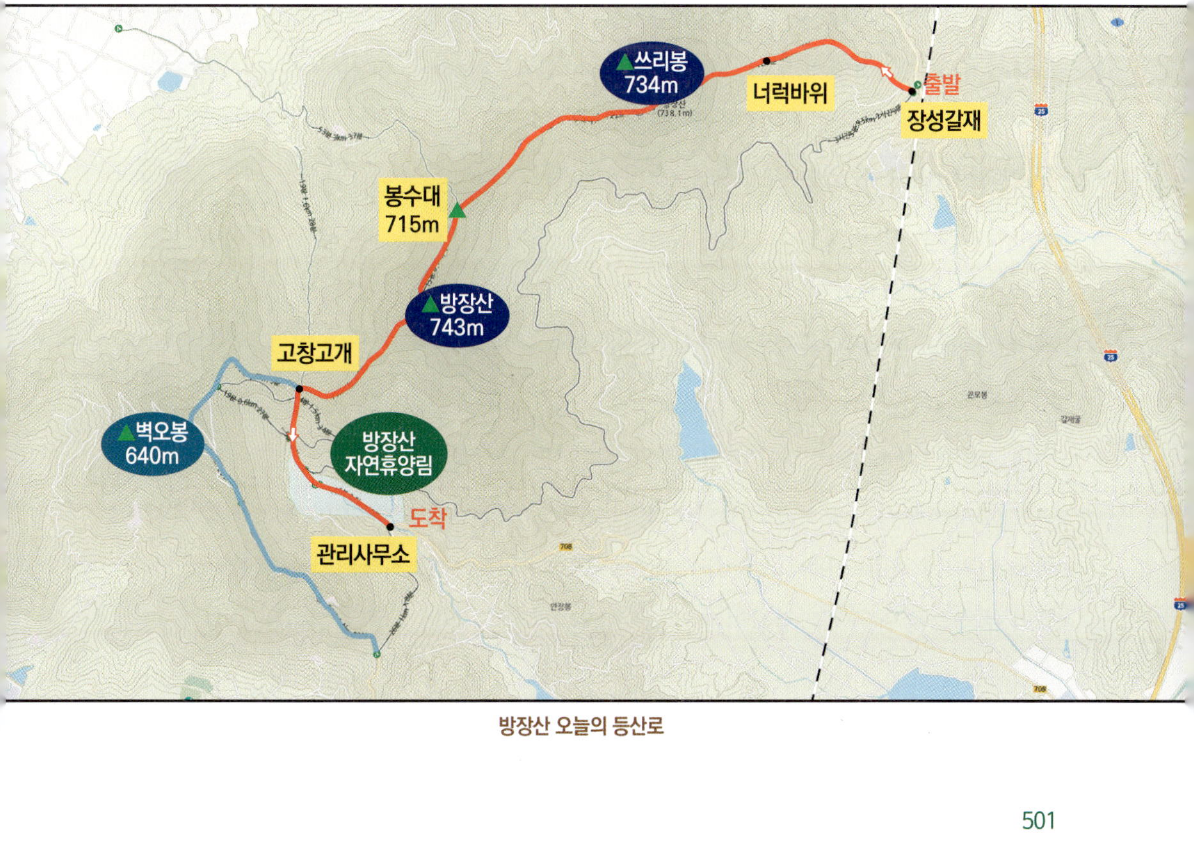

방장산 오늘의 등산로

## 추월산(秋月山)

### 전라북도 순창군·전라남도 담양군
- 2021년 11월 29일(월), 맑음

    추월산은 행정상 전라북도 순창군과 전라남도 담양군에 속해 있는 해발 731m의 산이다. 산림청이 추월산을 100대 명산으로 선정한 사유로는 울창한 산림과 담양호가 어우러져 경관이 아름답고 추월란이 자생하며 산 정상에서 65m 정도 아래 지점에 보리암과 전라북도 순창을 경계로 한 산록(山麓)에 있는 용추사 등이 유명하여 지정하였다고 한다.

    오늘도 대중교통편이다. 수서역에서 5시 8분에 출발하는 목포행 열차로 6시 27분에 정읍역에 하차한다. 어두움이 채 가시지 않은 시간이다. 들머리인 추월산 등산로 입구까지는 택시

**추월산 정상석**

(33,000원)로 이동한다. 3주 전까지만 해도 내장산 주변 산들을 붉게 물들게 했던 단풍도 이미 제 역할을 다하고 활엽수 대부분은 앙상한 몸으로 겨울나기 대비를 마친 상태라 주차장 주변은 적막강산이다.

    기사님을 보내고 산행 진입로를 찾아 두리번거리던 중 주차장 좌측에 있는 이정표가

눈에 들어온다. 마치 누군가 숨겨 놓은 보물찾기에 당첨된 기분이다. 등산로는 온통 낙엽으로 덮여 있다. 7시부터 산행을 시작한다. 간밤에 내린 이슬로 조금 미끄럽기는 해도 사그락거리는 소리가 정겹다. 오르막 등산로 옆에는 누군가 작품처럼 쌓아 올린 많은 돌탑이 눈길을 끈다. 여느 돌탑처럼 많은 정성을 다하여 쌓아 올린 탑들이다.

주차장에서 약 800여 m 지점에 거대한 바위 하단부에 동굴 하나가 있다. '추월산 동굴'이라 한다. 20여 명 정도는 들어갈 수 있는 공간이다. 동굴에 대한 내역이나 설명이 없어 아쉽다. 동굴 옆에는 추월산 보리암 중창 공덕비가 세워져 있다.

동굴에서 약 400m 정도 오르다 보면 등산로 좌측 거대한 수직 절벽 위에는 보기만 해도 아슬함이 느껴지는 건물이 눈에 들어온다. 유서 깊은 보리암[217]이다. 백양사의 말사로 고려시대 보조국사 지눌이 세웠다고 한다. 등산로 좌측 약 50m 위치에 있음을 알린다. 보리암에 들렀으나 인기척이 없다. 암자의 모든 문은 굳게 닫혀 있다. 인근에는 김덕령(金德齡) 장군[218]과 그의 부인 흥양 이씨 순절비가 걸음을 멈추게 한다. 임진왜란 때 흥양 이씨 부인은 왜적에게 쫓기자 이곳 절벽에서 몸을 던져 스스로 목숨을 끊었다고 기록하고 있다.

고도를 높여 보리암 정상으로 향한다. 이 구간부터 추월산 정상까지 가려면 총 1,122개의 데크 계단을 올라야 한다. 허리 잘록한 아담한 보리암 정상석(해발 692m) 도착이다. 보리암 정상에서 내려다본 담양호와 호수 너머 산을 덮고 있는 운무는 일대 장관을 이룬다. 산을 오르는 이에게 자연이 준 최대의 선물이다.

217 보리암: 전라남도 문화재자료 제19호인 보리암은 보조국사(普照國師)가 창건하였으며, 조선시대에는 정유재란으로 소실된 후 선조 40년(1607년) 승려 신찬(信贊)이 고쳐 지었다. 이후 효종 1년(1650년) 다시 스님들이 힘을 모아 재건하였다고 한다. 현재 보리암은 백양사에 딸린 암자로서 1983년 주지 성묵(聖墨) 스님에 의해 지금 법당을 복원하였다. 법당은 정면 5칸, 측면 2칸의 팔작지붕이다. 한편 이곳 보리암은 임진왜란 때 김덕령 장군의 부인 흥양 이씨가 순절한 곳으로도 유명하다. 보리암 현지 글 내용.
218 김덕령(金德齡) 장군과 부인 흥양 이씨 순절비: 김덕령(1567~1596년)은 임진왜란 일어나자 담양 부사 이경린·장성 현감 이귀의 친거로 종군 명령이 내려졌으며, 전주의 광해분 조로부터 익호장군(翼虎將軍)의 군호를 받았다. 담양에서 이름을 떨친 의병장이다. 선조 28년(1595) 적장과 내통한다는 억울한 죄를 뒤집어쓰고 체포되어 이듬해 옥사하였다. 영조 때 그의 무고함이 밝혀져 병조판서로 추증되었고 광주 의열사에 그의 위패를 모셨다.

추월산 보리암

햇살에 반사된 담양호와 주변의 농촌 풍경이 그림처럼 펼쳐진다. 호수는 햇볕에 반사되어 눈이 부시고 휴대폰으로 초점을 잡아 보지만, 아침 시간이라 역광이다.

추월산 등산로의 정비는 상당히 잘돼 있다. 수고해 주신 관계자분께 고마운 마음이다. 보리암 정상에서 추월산 정상까지 거리는 1.3km 남았다. 보리암 정상에서 약 700여 m 직진하면 물통골 삼거리고 정상 약 500m 지점이다. 주차장 출발 약 2시간 후 정상에 도착이다. 정상석 모양은 보리암 정상석과 동일한 모형이다. 바위 위에 나지막하게 세워져 있다. 아직도 다른 산객은 보이지 않는다. 바람도 불지 않는 청명한 늦가을 날씨다. 하늘은 더없이 높고 눈앞에 펼쳐지는 전경도 가히 일품이다. 미세먼지도 없다. 삼각대를 설치하여 기념을 마음껏 담는다.

오늘 산행이 77번째다. 부자가 된 기분이다. 양지바른 곳에서 음료수와 사과 하나를 해치운다. 꿀맛이다. 애초 하산은 월계리 쪽으로 잡았으나 정상에서 이정목을 보고 밀재 코스로 변경한다. 밀재까지 거리는 2.2km로 표시되어 있다.

추월산 정상 기념

하산 초입이 가파른 내리막 바윗길이라 걱정했지만, 약 50여 m를 벗어나자 동네 뒷동산 같은 흙길이다. 등산로는 온통 낙엽으로 덮여 있어 푹신하다. 아침에 이용한 택시로 정읍역으로 이동하여 용산역에 도착하는 것으로 추월산 산행을 마무리한다.

등산로의 돌탑

추월산 동굴

추월산 보리암 정상석

추월산에서 바라본 담양호

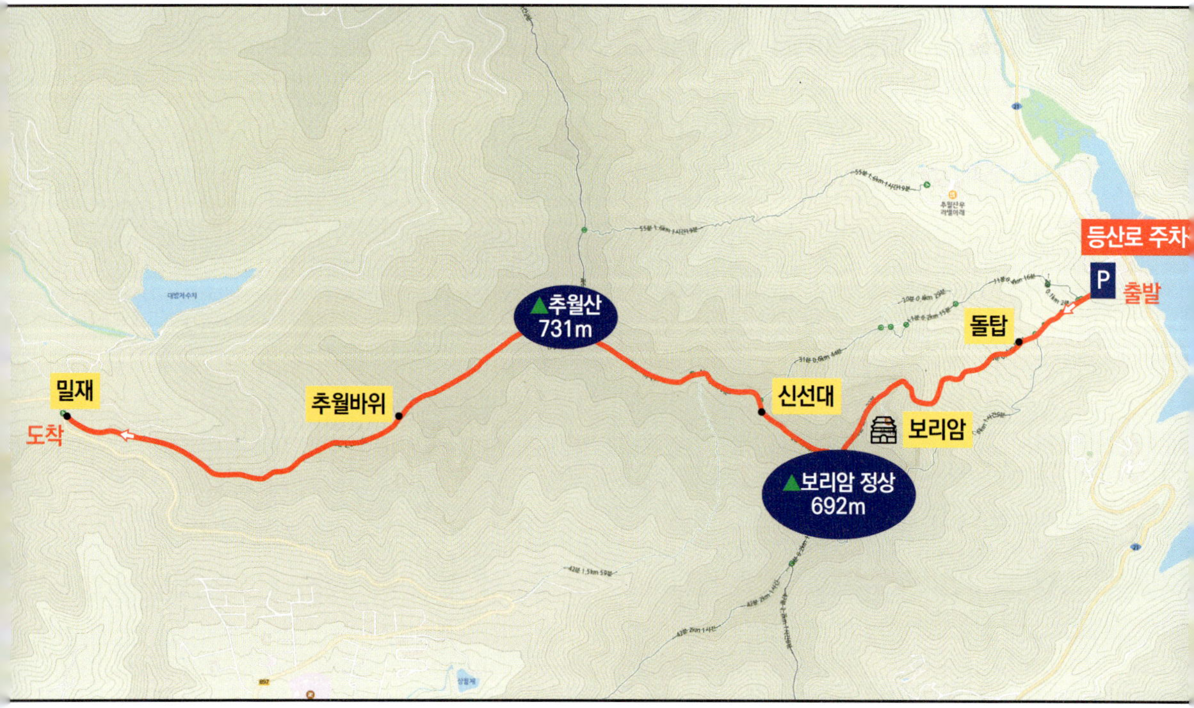

추월산 오늘의 등산로

# 조계산

### 전라남도 순천시 승주읍
- 2021년 12월 2일(목), 맑음

조계산(曹溪山)은 행정상 전라남도 순천시와 승주읍에 연결되어 있으며 조계산을 중심으로 동쪽에는 천년 고찰 선암사가 있고, 서쪽에는 송광사가 있어 산객뿐만 아니라 많은 불자와 관광객이 찾고 있는 곳으로 해발 888m이다. 1979년 12월 도립공원으로 지정되었다.

오늘 교통은 대중교통이다. 용산역에서 5시 10분에 출발하는 여수 엑스포행 열차로 7시 39분에 순천역에 도착한다. 오늘 산행의 들머리는 호남고속 국도인 순천 제1터널을 지나 접치(接峙)[219]까지는 택시(28,000원)로 이동한다. 기사님께서 빨리 가는 코스라며 친절하게 안내해 주신다. 코로나 영향 등으로 사업이 여의찮아 정리하고 고민하던 중 운수업에 종사한 지는 2년이 되었으며 매일매일 천직으로 생각하며 즐거운 마음으로 손님을 대한다고 한다.

조계산 정상석

---

219  접치: 접치(재)에 대한 이름의 정확한 유래는 찾을 수가 없다. 접치에서 치(峙)는 이미 '재'라는 의미를 포함하고 있으나 조계산 탐방로의 기점으로 널리 불리는 명소가 되어 접치 마을과 구분하여 '접치재'로 부르는 것이 보편화되어 있었다. 현재의 접치(接峙)의 한자 이름은 일제강점기인 1912~1914년 행정구역 통폐합 및 지명 일제 정리 시 바뀐 이름이다. 당시 우리말로만 부르던 고개 이름에서 빌려 온 것인지 아니면 본래 한자 이름이 있었는지는 전해 내려오지 않는다. 하지만 한자 접(接)의 뜻이 '사귀다', '엇갈리다', '교차하다'임을 미루어 볼 때 순천에서 송광사(松廣寺)와 화순능주로 이어지는 길과 주암면(광주 방면)으로 왕래하는 두 대로가 만나는 삼거리였으므로 길의 형태에서 비롯되었을 것으로 본다. 조계산에서 만나는 이야기, 순천시 제공.

산행은 접치(재)에서 시작하여 조계산 정상인 장군봉에 오른 뒤 선암사로 하산 계획을 한다. 산행 초입의 이정표를 따라 조계산(장군봉)을 향한다. 정상까지는 3.5km 거리다. 약 10여 분 오르자 어제 내린 눈이 등산로를 하얗게 덮고 있다. 낙엽 위에 쌓인 눈 위에 발자국을 남기며 걷는 상쾌함은 추위를 보상하고도 남는다.

약 1시간을 오르자 등산로 주변이 온통 순백이다. 밀가루를 뿌려 놓은 듯하다. 필자가 올해 처음 보는 많은 눈(雪)과 상고대다. 사진작가들이 가장 좋아한다는 피사체 중 하나라고 하는 때 이른 상고대가 조릿대 위에 피어 있는 모습은 마치 솜옷으로 갈아입은 듯 새하얗고 눈부시다. 자연이 연출하는 위대한 조화다.

필자가 2020년 12월 23일 21번째 오른 태백산 정상 주변의 상고대 다음으로 가장 환상적인 모습이다. 일반적으로 상고대가 피려면 세 가지 조건이 맞아야 한다고 한다. 이곳의 지금 기온은 영하 3℃이다. 여기 상고대가 핀 것은 세 가지 조건 중 어느

**조계산 등산로 상고대 광경**

한 가지도 충족되지 않는다. 상고대가 피려면 우선 영하 6℃ 이하이어야 하고, 습도는 90% 이하, 마지막으로 해발 1,000m 이상의 고산이어야 한다는 것이다. 그런데도 산죽(山竹)은 자기 몸보다 몇 배나 많은 양의 눈을 머리에 이고도 꼿꼿하게 버티고 있다.

다산(茶山) 정약용(丁若鏞, 1762~1836) 선생이 마흔 살 무렵 늦겨울 양수리 집에서 읊은 '상고대'(詠木氷) 시를 떠올리게 한다. 그중 지금의 분위기와 어울릴 것 같아 한 구절을 읊어 본다.

"輕搖風絮白(경요풍서백), 寒透日華紅(한투일화홍).
솜처럼 하얗게 바람결에 흔들리고, 한기에 시린 가지 햇살 받아 붉다."

기념을 위해 순백의 풍경을 몇 장 담고 정상을 향한다. 약간 나지막한 봉우리를 지나 정상이 가까워지자, 등산로에는 적당한 간격의 야자 매트가 발 디딤을 부드럽게 한다.

매트 위에는 눈이 소복이 쌓여 있어 더욱 폭신한 촉감이다.

접치(재)를 출발하여 약 두 시간 만인 10시 30분에 정상인 조계산(장군봉) 도착이다. 바람이 제법 세차게 분다. 정상석을 받치고 있는 돌 위에는 2~3cm 정도 두께의 눈이 쌓여 있다. 산객은 아무도 없다. 서둘러 삼각대를 설치하고 기념을 담는다. 정상석은 두 개로 1990년 12월 16일 농협 승주군 지부 산악회에서 제공한 규모가 작은 정상석과 2021년 6월, 약 5개월 전에 조계산 산악회가 제공한 큼직한 정상석이 산객을 반긴다. 다만 두 개의 정상석에 표기된 정상의 높이가 같지 않고 4m의 차이가 나는 것은 아쉽다.

장군봉의 역사[220]와 주변 봉과의 관계[221]에 대한 기록이 있어 소개한다. 정상 주변에는 쉴 수 있는 여러 개의 의자가 마련되어 있다. 그중 양지바른 의자를 선택해서 눈을 쓸어 내고 준비해 온 따뜻한 매실차로 속을 데운다. 정상 주변은 나무로 가려 있어 조망은 별로다. 그러나 파란 하늘은 더없이 푸르고 뭉게구름은 저마다의 자태를 뽐낸다.

20여 분 휴식 후에 하산 무렵 여성 두 분이 선암사 쪽에서 올라오고 연이어 두 팀이 경쟁한 듯 그 뒤를 따라 도착한다. 즐거운 산행 시간을 보내라는 덕담을 건네고 선암사 쪽으로 향한다. 아침에 기사분이 유명한 보리밥집에 가서 식사하기를 권해서 들러 보려고 했으나 방향이 어긋나 선암사 쪽으로 발길을 옮긴다.

또 한 가지 아쉬움은 송광사를 관람하지 못한 점이다. 접치를 들머리로 잡을 경우 정상인 장군봉에 왔다가 다시 돌아서 송광사로 가려면 선암사 관람을 포기해야 한다. 두 개의 사찰을 모두 관람하기 위해서는 들머리와 날머리를 선암사에서 출발하여 정상에 오른 뒤 송광사로 하산하든지 동일 코스를 반대 방향으로 들머리와 날머리를 잡아야 한다. 하산은 초입 약 100여 m 내리막길을 제외하고는 양지바른 흙길이다. 오후가 되

...........................

220  장군봉의 역사: 장군봉은 조계산의 정상이며 선암사 배후 봉우리이다. 기록에 의하면 산의 이름은 신라 말 선암사가 창건되던 때에는 '청량산'이었으나 '조계산'으로 이름이 바뀌기를 반복하다 1825년에 조계산으로 정착되어 지금에 이르고 있다. 장군이라는 단어에서 느낄 수 있듯 잔주름 없이 우람하게 솟아 좌우로 균형 있게 거느린 줄기에 의해 장군대좌(將軍臺座)라는 경칭(敬稱)으로 불리기도 한다.
221  주변 봉(奉)과의 관계: 장군봉을 중심으로 장군봉을 닮은 작은 장군봉이라는 뜻의 소장군(중봉)봉, 장군봉의 줄기에서 이어 내린 줄기와 봉우리라는 연산 줄기와 연산봉, 장군의 막사 형태로 생겼다는 뒤편의 장막(박)골, 장군에게 술잔을 바쳐 경배한다는 옥녀봉과 같이 장군을 받들어 모시는 의미로 붙여진 이름들이 많다.
출처: 조계산에서 만나는 이야기, 순천시, 재인용.

자 등산로의 눈도 거의 녹은 상태다. 약 30분 후 등산로 우측에 향로암(香爐庵) 터<sup>222</sup>라는 안내판 앞에 도착이다. 향로암은 적멸암에 이어 선암사의 암산 중 두 번째로 높은 곳에 있는 암자 터라고 기록하고 있다. 향로암 터 역시 눈으로 덮여 있다. 등산로를 따라 임도에 도달할 즈음 산기슭 좌측에 고풍스러운 대각암(大覺庵)이 나타난다. 확 트인 공터 뒤에 자리한 대각암은 대각국사가 이곳에서 크게 깨달았다고 하여 대각암이라 부른다고 한다. 산록의 완만한 경사지를 4단의 축대를 쌓고 각각의 단에 건

조계산 정상 기념

물들을 배치해 놓았다. 대각암에서 선암사로 내려오는 도로 우측 커다란 바위 면에 새긴 선암사 마애여래입상(仙岩寺 磨崖如來立像)[223]이 눈길을 끌게 한다. 이 불상은 1987년 9월 18일 전라남도의 문화재자료 제157호로 지정되었다고 현지 동판에 기록하고 있다. 임도를 따라 내려와 우리나라 대표적인 명찰 가운데 하나인 천년고찰 선암사[224]

---

222 향로암(香爐庵) 터: 향로암은 적명암에 이어 성암사의 산 암중 두 번째로 높은 곳에 있는 암자 터이다. 산을 안내하는 책들에는 절터로 표시되어 있으며 인근 마을 사람들은 행남절 터라고 부른다. 선암사로부터 약 2km, 한 시간가량 소요된다. 향로암에 창건에 대한 기록을 찾지 못해 정확한 시기는 알 수 없다고 기록하고 있다. 향로암 터 앞 안내 글 내용.

223 선암사 마애여래입상(仙岩寺 磨崖如來立像): 머리에는 작은 소라 모양의 머리칼을 붙여 놓았으며 그 위에는 상투 모양의 머리 묶음이 솟아 있다. 가슴에는 만(卍) 자가 새겨졌고 옷은 왼쪽 어깨에만 걸쳐 입고 있다. 왼팔에 걸친 옷자락과 가슴을 덮고 있는 옷자락은 아래로 길게 흘러내려 몸 전체를 덮고 있다. 오른손은 다리 밑으로 수직이 되게 내려뜨려 손가락을 펴고 있으며, 왼손은 팔을 굽혀 가슴 위에 붙였는데 엄지와 중지를 모으고 있다. 비록 선으로 새겼으나 단아한 얼굴, 정교한 머리칼의 표현 등에서 지방 작가의 기법을 능가하고 있다. 불상에 대한 기록이나 문헌이 없어 확실히 만들어진 연대는 알 수 없으나 고려 후기 이전에 만들어진 것으로 추정된다. 문화재청 국가문화 유산 포털에서 인용한 글 내용.

224 선암사: 사찰 창건에 대해서는 백제 아도화상(我道和尙)이 창건했다고 하는 설, 신라 말 도선국사의 창건설 등이 있다. 현재 남아 있는 유물로 볼 때 통일신라시대로 보기도 한다. 고려시대에는 대각국사 의천이 대각암에 머물면서 선암사를 중창하여 그 규모가 법당 13동, 전각 12동, 방 26개, 산내 암자가 19개에 이르렀다 한다. 정유재란 때 왜군의 침략으로 전각이 불에 타는 등 막대한 피해를 보게 되었다. 정유재란 이후 1660년에 경잠(敬岑)·경준(敬俊)·문정(文正)대사가 8년 동안에 걸쳐 중창 불사를 하여 사찰의 면모를 새롭게 하였다. 숙종 7년(1681년) 호암약휴(護巖若休)가 제4차 중창 불사를 주도하여 원통전 만음상, 53불전, 대법당 오십전, 승선교 등 잇따른 불사가 이루어졌다. 순조 23년(1823년) 화재가 발생하여 대웅전 명부전 등이 소실되어 다음 해 해붕(海鵬)·눌암(訥庵)·익종(益宗) 세 대사가 제6차 중창 불사를 하고 일시 고쳐졌던 산 이름을 청량산(淸凉山)에서 조계산(曹溪山)으로, 사찰 이름을

경내로 향한다. 마치 별장을 연상케 하듯 조경과 조화를 이루는 삼성각(三聖閣)이 눈에 띈다. 대웅전[225]을 포함해서 많은 유물과 지정문화재를 보유하고 있다. 특히 대웅전과 삼층석탑[226], 범종각이 눈에 띈다.

선암사 경내 관람을 마치고 나오면 바로 앞에 전라남도 기념물 제46호인 '삼인당'[227] 이라 불리는 긴 알 모양의 독특한 형태의 연못을 만난다. 연못에 물이 없어 아쉽다.

주차장을 향해 조금 더 걸어 예쁜 2층 건물 '강선루'를 통과하면 우측 계곡에 보물 제 400호로 유명세를 떨치는, 우리나라에서 가장 아름다운 다리라고 하는 아치형 돌 무지개다리인 승선교를 만난다. 승선교와 강선루를 배경으로 연인들이 기념을 담기 위해 줄을 서 있다.

---

해천사(海川寺)에서 선암사(仙巖寺)로 다시 회복하여 명실상부한 옛 면모를 되찾게 되었다. 해방 이후 1948년의 여순사건과 한국전쟁(6·25)으로 큰 피해를 입었으며 비구·대처 승려 간의 대립으로 일부 건물이 유실되기도 하였으나 최근 대부분 전각이 수리되었다. 승선교를 비롯한 지정문화재 24점(국가 지정 12점, 도(道) 지정 12점) 이외 선암사성보박물관에는 2,000여 점의 유물을 소장하고 있다. 선암사 현지 제공 글 내용.

225 대웅전: 보물 제1311호로, 석가모니를 주존불로 모신 건물이다. 이 대웅전은 임진왜란 때 불탔던 것을 현종 원년(1660년)에 다시 지었고, 영조 42년(1766년)에 또 화재를 만나 없어졌다가 순조 24년(1824년)에 또다시 지어 오늘에 이른다. 정면 3칸, 측면 3칸 규모의 겹처마 팔작집(옆에서 볼 때, 지붕이 여덟 팔(八) 자 모양을 한 집)으로 기단을 기둥 면석 감돌로 조립하고 그 위에 다시 주춧돌을 놓아 민흘림 두리기둥을 세웠다. 기둥 위로는 창방과 평방을 두었고 그 위로 공포(처마를 바치는 부재)를 짜 올렸는데 출목 수는 밖 3출목, 안 4출목으로 그 모습이 장중하고 화려하다. 내부는 층단을 이룬 우물천장(우물 '정(井)' 자 모양을 한 천장)으로 장엄하게 단장되었으며 단청도 비교적 선명하다. 선암사 경내 글 내용.

226 순천 선암사 삼층석탑: 보물 제395호로, 불교에서의 탑은 부처의 진신사리를 봉안한 처소로 예배의 대상이다. 선암사 삼층석탑은 대웅전 앞 좌우에 서 있는 것으로 양식과 건립 시기가 같으며 조성 연대는 신라시대 후기인 9세기경으로 추정된다. 이 탑은 신라시대 석탑의 전형적 양식을 따른 이중 기단의 삼층석탑으로 상하 각 밑단에는 면마다 3개의 기둥을 돋을새김하였으며, 위아래 갑석(돌 위에 포개어 얹은 납작한 돌)의 수법도 이와 같다. 탑 몸 부분과 지붕돌은 각각 하나의 돌로 되어 있고, 몸 부분의 각 면에는 양 모서리에 2개의 기둥을 돋을새김하였을 뿐 다른 장식은 없다. 지붕돌은 평평하고 넓으며 받침은 각각 4단으로 되어 있고 모서리의 반전(反轉)이 경쾌하게 표현되었다. 두 석탑의 조성연대는 신라시대 후기인 9세기으로 추정된다. 1996년 이 탑을 해체하여 복원할 때 동쪽 탑 1층 몸 아래에서 사리 장치가 출토되었는데, 사리가 들어 있는 금동사리함과 청자, 백자(보물 제955호) 등이 발견되어 있다. 선암사 현지 제공.

227 삼인당: 선암사의 사적에 의하면 이 연못은 신라 경문왕 2년(862년)에 도선국사(道詵國師)가 축조한 것이며, 연못의 장타원형의 안에 있는 섬은 '自利利他(자리이타)', 밖의 장타원형은 '自覺覺他(자각각타)'를 의미하는 것으로, 이는 불교의 대의를 표현한 것이라 한다. '三印'이란 제행무상인(諸行無常印), 제법무아인(諸法無我印), 열반적정인(涅槃寂靜印)을 뜻한 것으로, 이 연못은 불교의 이상을 배경으로 한 '삼인당'이라는 명칭과 독특한 양식 등이 선암사에서만 볼 수 있는 유일한 것이다. 선암사 제공한 글 내용.

들머리인 접치를 출발하여 때 이른 상고대로 쌓인 눈길을 걸으며 천년고찰 선암사 관람은 다음 산행 예정지인 '강천산'이 기다려진다.

선암사 삼층석탑

선암사 범종각

조계산 향로암 터

조계산 선암사 전경

조계산 정상에서 바라본 전경

조계산 오늘의 등산로

# 변산(邊山)

## 전라북도 부안군

- 2021년 12월 7일(화), 맑음.

**변산 관음봉 정상석**

　변산 관음봉은 행정상 전라북도 부안군에 있는 변산국립공원의 대표적인 봉으로 해발 424m이다. 변산은 일반적으로 외변산과 내변산으로 구분하기도 하며 외변산은 채석강을 비롯한 해안지대를 말하고 내변산은 관음봉을 포함한 산악지대로 구분한다. 변산(邊山)이 100대 명산에 선정된 사유로는 산이면서 직접 바다와 닿아 있는 특징이 있으며, 내소사, 채석강, 직소폭포, 호랑가시나무 등 희귀성 식물이 자생하여 선정하였다고 한다. 특히 변산은 호남지역의 5대 명산 중 하나로 1986년 6월 11일 변산반도국립공원으로 지정되었다.

　오늘 교통은 대중교통이다. 수서역에서 5시 8분에 출발하는 목포행 열차로 6시 27분에 정읍역에 도착한다. 역 주변은 아직 해 뜨기 전이라 깜깜하고, 추운 날씨임에도 불구하고 기사님께서 벌써 마중 나와서 기다리신다. 친절이 몸에 밴 분 같다.

　오늘은 음력으로 절기상 대설(大雪)이다. 대설은 24절기의 21번째로, 태양 황경(黃

經)이 255도가 되는 때를 말한다. 이 무렵 많은 눈이 내린다고 하나, 눈은 내리지 않고 기온도 영상으로 산행하기에 더없이 좋은 날씨다. 오늘 산행의 들머리인 내소사(來蘇寺) 일주문 앞까지 택시(35,000원)로 이동한다. 일주문에 도착하니 매표소 직원이 친절하게 안내해 주신다.

세봉 쪽이 아닌 일주문을 통과하자 변산반도국립공원에 대한 설명이 보인다. 알리는 바에 따르면 변산반도국립공원은 남쪽, 서쪽, 북쪽 삼면이 바다로 둘러싸여 있고, 동쪽은 육지와 연결된 반도형 공원으로 1988년 19번째 국립공원으로 지정되었다. 관음봉을 중심으로 10여 개의 크고 작은 산과 직소폭포를 품은 내변산은 산악형 국립공원으로서의 면모를 실감케 해 주고, 채석강과 적벽강, 고사포해변 등을 포함하여 해안선을 따라 펼쳐진 외변산은 생기 가득한 바다의 향기를 뿜낸다고 기록하고 있다.

일주문을 통과하면 하늘을 찌를 듯이 곧게 자란 이국적인 전나무 숲이 탐방로 길 양쪽에 늘어서서 길을 안내한다. 이어서 아치로 된 '재백이고개 탐방로'를 통과하여 관음봉 삼거리를 향해 본격적인 산행을 시작한다. 통나무로 된 오르막 등산로를 10여 분 오르자 소나무 사이로 붉은 해가 떠오르기 시작한다.

내일도 태양은 떠오르겠지만 이른 새벽 관음봉을 오르면서 맞이하는 해돋이는 남다른 느낌이며 경이롭고 황홀하기까지 하다. 만약 필자도 문명 이전에 살았다면 찬란한 태양을 숭배하지 않을 수 없을 것 같은 생각이 든다. '내소 쉼터'에 마련된 의자에 앉아 이글거리며 떠오르는 태양을 바라보는 순간 문득 송창식 가수가 부른 '내나라 내겨레'[228] 노래가 생각난다. 따뜻한 매실차 한잔 마시며 핸드폰에서 흘러나오는 송창식이 부르는 노랫말을 따라 부르고 나니 발걸음이 더욱 가벼워진다.

들머리인 내소사 일주문을 출발한 지 1시간 20분 후 정상인 변산반도 관음봉에 8시 40분에 도착한다. 오늘도 다른 산객 없이 혼자다. 바람 한 점 없이 고요하다. 정상의 조

---

228 '내나라 내겨레' 가사: 보라 동해에 떠오르는 태양/누구의 머리 위에 이글거리나/피맺힌 투쟁의 세월 속에 고귀한 순결함을 얻은 우리 위에/보라 동해에 떠오르는 태양/누구의 앞길에서 환히 비치나/찬란한 선조의 문화 속에 고요히 기다려 온 우리 민족 앞에/숨소리 점점 커져 맥박이 힘차게 뛴다/이 땅에 순결하게 얽힌 겨레여/보라 동해에 떠오르는 태양/우리가 간직함이 옳지 않겠나(작사: 김민기, 노래: 송창식 외)

망도 멋지다. 다른 정상에는 볼 수 없을 정도로 넓고 깨끗한 데크 공간이 마련되어 있다. 변산8경[229] 중 제1경인 '웅연조대(熊淵釣臺)'[230]를 비롯하여 제2경인 '직소폭포'와 제3경인 '소사모종(蘇寺暮鐘)'[231]을 조망할 수 있다.

삼각대를 펴서 기념을 몇 장 담고 충분한 휴식 후 조금 전 올라온 관음봉 삼거리로 되돌아가서 2.3km 떨어져 있는 직소폭포 쪽을 향한다.

마당바위 삼거리와 재백이 삼거리를 거쳐 직소폭포(直沼瀑布)[232] 도착이다. 현장의 설명에 따르면 채석강과 함께 변산반도국립공원을 대표하는 절경으로 폭포의 높이는 약 30m에 이른다고 한다. 주 등산로에서 100여 m 계곡 아래에 있다. 30여 m 높이에서 하얀 포말을 뿜으며 굉음과 함께 아래로 떨어지는 폭포수는 수량도 엄청나며 폭포를 받치고 있는 둥근 모양의 커다란 소(沼)는 검푸른빛을 띠고 있어 그 깊이를 가늠할 수 없다. 직소폭포는 변산반도를 대표하는 변산8경 중 제2경으로 정상에 오르지 않는 일반 관광객이 탐방하는 대표적인 명소의 하나로 꼽힌다고 한다. 필자가 도착했을 때 연세 드신 분 20여 명이 절경에 취한 듯 탄성을 자아낸다.

**변산 직소폭포**

---

229 변산 8경: 1경-웅연조대(熊淵釣臺), 2경-직소폭포(直沼瀑布), 3경-소사모종, 4경-월명(月明)무애, 5경-서해 낙조(西海 落照), 6경-채석범주(採石帆舟), 7경-지포신경(止浦紳景), 8경-개암고적(開巖古蹟)

230 웅연조대: 줄포에서 시작하여 곰소를 지나는 서해의 전경, 곰소만에 떠 있는 어선들과 또 어선에서 밝혀 내는 야등이 물에 어리는 장관과 어부들이 낚싯대를 둘러메고 청량가를 부르는 경치를 제1경으로 친다. 변산반도국립공원 제공.

231 소사모종: 관음봉 아래의 곰소만의 푸른 바다를 내려다보며 자리하고 있는 천년고찰 내소사. 경내에는 아름드리나무들이 빽빽이 들어차 있고, 해 질 무렵 어둠을 뚫고 고즈넉한 산사에서 울려 퍼지는 저녁 종소리에 신비로운 정경을 제3경으로 친다. 부안군, 변산반도국립공원 제공.

232 직소폭포(直沼瀑布): 육중한 암벽단애(岩壁斷崖) 사이로 하얀 포말을 일으키며 쉴 새 없이 쏟아지는 물이 그 깊이를 헤아리기 어려울 만큼 깊고 둥근 소(沼)를 이룬다. 이 소를 실상 용추라고 하며, 이 물은 다시 제2, 제3의 폭포를 이루며 분옥담, 선녀탕, 등의 경관을 이루는데, 이를 봉래구곡(蓬萊九曲)이라 한다. 이곳에서 흐르는 물은 다시 백천계류로 이어져 뛰어난 산수미를 만든다. 현지 설명 글 내용.

저마다 안전한 곳을 찾아 갖가지 포즈를 취하며 추억 만들기에 열심이다.

폭포에서 다시 올라와 주변 명승지에 대한 안내를 살핀다. 내용인즉 부안 직소폭포 일원(명승 제116호)에 대한 설명과 더불어 명승 폭포와 폭포 아래 소(沼)를 시작으로 분옥담 및 선녀탕 등에 대한 설명이다. 가까운 곳에는 비경을 한꺼번에 관람할 수 있는 공간에도 많은 산객과 관광객이 어울려 건너편의 절경과 직소폭포의 광경을 즐기고 있다.

그중 익산에서 단체로 오신 분 중 사람이 필자에게 와서 나이와 어디서 왔는지 묻는다. 그분도 필자와 갑장(甲長)이라며 손을 내민다. 옆에 있던 부인을 불러 디저트를 대접하라며 서두르게 한다. 보온병에서 얼린 홍시를 한 컵 따라 주신다. 부인에게서 가방을 재촉하더니 귤을 세 개 덤으로 주신다. 100대 명산을 산행 중이라고 하자 그분이 필자에게 너무 무리하지 말라는 당부를 한다. 그분도 지역에서 산악회장을 5년간 맡으면서 무리하게 산을 오른 결과 몇 년 전에 무릎 연골 수술을 두 번이나 받고 지금은 높은 산에 오르는 것은 엄두도 낼 수 없으며 지팡이에 의지해서 생활한다고 한다. 그분도 한때는 자칭 산다람쥐 별칭을 가졌던 분이었다고 주의를 환기시킨다. 추가하여 홀로 산행은 위험하니 가능하면 삼가라는 충고다. 실제 지팡이를 짚고 있었다.

지금까지 필자에게 나이 들어 높은 산에 오르는 것은 득보다 실이 많다는 얘기는 가족을 비롯하여 주변 사람으로부터 여러 번 들었지만, 오늘의 충고가 가장 부담스럽게 들린다. 그렇다고 미래에 일어나지 않을 수도 있는 사건(?)인데 21번 남은 100대 명산에 오르는 것을 포기할 수는 없다고 내심으로 오기를 부리면서도 무리하지는 말아야겠다는 다짐을 하며 속도를 줄인다.

폭포 전망대에서 10여 분을 더 걸으면 아름다운

**변산 정상 기념**

계곡지(溪谷池)가 나타난다. 직소보(直沼洑)라 한다. 마치 10월 22일 속리산 계곡 세조길 수원지를 연상시킨다. 오늘은 이미 해가 중천에 떠 물안개는 없지만, 저수지 전망대에서 바라본 저수지의 표면은 눈이 부시다. 마치 물방울이 튀어 오르는 듯한 환상적인 장관을 연출한다. 직소보 다리, 미선나무 다리를 통과하여 자연보호비를 지나자 불경 소리가 스피커를 통해 은은하게 울려 퍼진다. 발길을 옮기자 실상사지(實相寺址)다.[233] 절에 도착하자 불경 소리는 그치고, 대신 처마 끝에 달린 청량한 풍경 소리가 리듬을 타며 잔잔히 들려온다. 스님 한 분이 나한전(羅漢殿) 안에서 분주히 움직이신다.

주차장 쪽으로 가서 차 한잔 마시고 싶었으나 소형 편의점뿐이다. 아침에 이용한 택시로 정읍역에 도착하여 14시 6분에 출발하는 수서행 658 열차 승차권을 예매해 놓고 1시간 정도 여유가 있는지라 주위에서 간단한 식사와 차 한잔하면서 금일 변산(邊山) 산행을 끝내고 정읍지역에 하나 남은 강천산을 기대하며 79번째 산행을 마무리한다.

변산 해돋이 광경

변산 내소사 일주문

변산 설상사 나한전

---

233  실상사지(實相寺址): 부안 실상사지는 내변산 선인봉 아래 있는 절터를 말하며 전라북도 기념물 제77호다. 부안의 4대 절터 중 하나로 통일신라 신문왕 9년(689년) 초이선사가 세웠으며, 조선 전기에 고쳐 지었다. 절 규모가 크고 격이 높았으나 18세기 초에 많은 스님이 실상사를 떠나면서 축소되었다고 한다. 이 절에는 대웅전, 나한전(羅漢殿), 산신각 등과 고려시대에 제작된 불상과 대장경 등이 있었으나, 한국 전정 때 모두 불타고 현재는 고승의 사리나 유골을 넣어 둔 석조부도 3기가 남아 있다. 현지 글 내용.

변산 직소보저수지

변산 오늘의 등산로

# 강천산(剛泉山)

### 전라북도 순창군·전라남도 담양시
### - 2021년 12월 14일(화), 맑음

강천산(剛泉山)은 강천사 북서쪽에 있는 산으로 산 이름도 강천사의 영향으로 붙여진 것이라 한다. 약 8km에 이르는 강천계곡 주변은 기암괴석으로 이루어져 있어 자연경관이 뛰어나다. 1981년 1월에도 우리나라 최초의 군립공원으로 지정되었으며 해발 584m이다.

특히 아홉 장수의 전설이 담긴 구장군폭포를 비롯하여 한 가지 소원이 꼭 이루어진다는 수좌굴, 40여 년 전에 건설한 현수교는 산객들뿐만 아니라 많은 일반 관광객들이 찾는 곳이다.

오늘도 대중교통편이다. 수서역에서 5시 8분에 출발하는 목포행 SRT 651 열차로 정읍역에 6시 27분에 도착한다.

**강천산 정상석**

오늘 들머리인 병풍폭포 매표소까지는 택시로 이동한다. 주위는 아직 인기척이 없다. 매표소 직원이 막 출근한다. 매표소를 통과하여 신선교와 도선교를 지나자 강천산의 명물 중 하나인 병풍바위에 이른다. 병풍처럼 펼쳐졌다 하여 병풍바위[234]라 부르고 볼록한 등에 목을 쭉 빼고 있는 모습이 마치 거북이 같다고 하여 거북바위라고도 한다.

---

234  병풍폭포: 2003년에 조성된 높이 40m, 물 폭 15m의 인공 폭포, 순창군.

순창군수 명의의 안내에 따르면 이 병풍폭포는 병풍바위를 비단처럼 휘감고 있는 폭포로 높이 40m, 물 폭 15m, 낙수량이 분당 5톤이며, 병풍바위 밑을 지나가기만 해도 죄지은 사람마저 깨끗해진다는 이야기가 전해 온다. 자연 폭포인 줄 알았는데 산행기를 정리하면서 인공 폭포임을 알게 되어 약간 허탈감마저 든다.

　병풍바위를 벗어나 금강교를 건너서 깃대봉 가는 길로 접어든다. 초임은 완만하게 시작해서 조금 지나면 경사도가 다소 있지만 대체로 무난한 등산로다.

　출발 약 30여 분 후 깃대봉 삼거리 도착이다. 푹신한 낙엽 길을 따라 약 20여 분 걸으면 깃대봉에 이른다. 정상인 왕자봉까지는 1.16km 남은 지점이다. 매표소를 지나 약 2시간 후인 9시 10분경에 왕자봉 도착이다.

　오늘도 다른 산객 없이 필자 홀로다. 정상의 공간은 넓은 편이며 의자도 몇 개 마련되어 있다. 여느 때와 동일하게 삼각대를 펴고 기념을 담는다. 지금 정상의 기온은 영하 6°C로 쌀쌀하지만, 바람 한 점 없이 고요하다. 정상석 뒤편의 조망도 일품이다. 수많은 산봉우리가 운무에 잠겨 저마다의 자태를 뽐낸다.

　충분한 휴식 후 현수교 쪽은 급경사로 위험을 알리는 관계로 형제봉 쪽을 택한다. 제1, 2형제봉을 거쳐 10시 30분경 제2강천호수에 이른다. 호수 제방 둑에서 바라본 주위의 비경과 호수 위에 비친 음영도 일품이다. 철재 계단을 통해 호수의 둑 아래로 내려오면 기암절벽이 눈앞에 펼쳐지고 거북바위를 배경으로 갖가지 강천산 성(性) 테마공원이 조성되어 있다.

　안내에 따르면 이곳 '강천산 구장군폭포'는 음(陰)과 양(陽)이 서려 있는 재미있는 곳으로 폭포 중간 부분이 낙수와 풍화로 자연스럽게 여성 음(陰)의 형태를 띠고 있으며, 왼쪽에 수직으로 형성된 바위산은 남성 양(陽)의 형태를 닮아 음과 양이 절묘한 조화를 이루고 있다.

강천산 구장군폭포

오늘날 급속한 산업화로 인한 도시화, 환경오염, 각종 질병, 삶의 경쟁에 의한 스트레스를 받는 현대인에게 음과 양의 기운을 받아 활력과 삶의 충전을 할 수 있는 문화공간을 조성하였다고 의미를 부여하고 있다. 성(性) 테마공원에는 여러 모양의 성(性) 조형물이 설치되어 있다.

성(性) 테마공원과 연결된 광장 맞은편 기암괴석 사이로 굽이쳐 흘러내리는 두 줄기 폭포인 '구장군폭포'는 가히 장관이다. 현지 기록에 의하면 마한시대 아홉 장수가 전쟁에서 패한 후 이곳에서 자결하려다 순간 자결할 바에는 적과 싸우다 죽자는 비장한 마음으로 다시 싸워 승전한 전설이 서린 곳이라 한다.

높이가 무려 120m로 신의 조화로써 이뤄진 아름다움과 신비로움을 느낄 수 있다. 구장군폭포[235]에 이르자 여성 한 분이 벤치에 앉아 건너편의 구장군폭포를 감상하고 있다. 오늘 강천산에서 처음 만난 분이다. 가볍게 인사를 건네고 눈앞에 병풍처럼 펼쳐진 기암괴석 사이로 장엄하고 경쾌한 소리를 내며 쏟아 내리는 폭포수를 바라보고 있노라면 산행의 피로가 확 가신다. 감탄사가 절로 난다. 동영상을 담아 지인에게 보낸다.

폭포 광장 한쪽에 있는 아름다운 팔각정인 '산수정(山水亭)'이 이곳을 찾는 관광객들의 마음을 유혹한다. 산수정에서 바라본 구장군폭포는 더욱 장엄하다. 공원 좌측 산 중턱에 수좌굴이라는 굴이 보인다. 구장군폭포의 기를 받은 이후라 발걸음이 한결 가볍다.

수좌굴로 향한다. 등산로에서 약 70여 m 거리에 있으며 최근에 제작된 깨끗한 나무 계단을 올라 수좌굴에 닿는다. 굴 안에는 탁자와 초가 마련되어 있고, 바닥에는 방석과 불경 책 한 권과 목탁, 신비한 '옴' 자 두루마리, 배즙 몇 개가 가지런히 놓여 있다. 마음이 내키면 자발적으로 시주하고 '옴' 자 두루마리를

**강천산 정상 기념**

---

235  구장군폭포: 높이 약 120m, 2005년 조성된 인공 폭포.

구매하는 형식인 것 같다.

현지 기록에 따르면 수좌굴은 옛날에 설담과 뇌암이라는 수도승이 이 굴에서 도통을 이루었다는 전설이 내려오고 있으며, 멀리 바라보이는 산성산, 운대봉, 북바위, 성상을 향해 두 무릎을 꿇고 앉아 명상과 수도에 전념했다고 한다. 다시 내려와 탐방로를 따라 조금 가다 보면 강천산 자랑거리인 그림 같은 현수교가 산과 산을 연결한다. 철 계단을 통해 오른다. 1980년 8월에 설치된 강천산 현수교는 연장 76m, 높이 50m, 폭 1m로 동시에 최대 50명의 중량을 견딜 수 있도록 제작되었다고 한다. 현수교 건너편의 절경이 일품이다. 아래로 내려다본 계곡 풍경도 한 폭의 그림이다. 아름답다.

강천사 오층석탑

한 팀을 만나 사진 찍기 봉사를 하고 계단을 내려와 매표소를 향한다. 탐방로 우측에는 삼인정(三印亭)과 계곡 건너에는 순창삼인대(淳昌三印臺)[236]가 있다. 이 중 삼인정(三印亭)은 "강천산에 오는 사람으로 하여금 삼인대의 충절 의리를 알리고자 함이다."라고 안내하고 있다.

대한불교조계종 제24대 교구 본사인 강천사(剛泉寺)[237]에 이른다. 관광객들의 숫자가 많아졌다. 사찰의 규모는 크지 않지만, 주위 환경과 잘 어울리는 것 같다. 그중 범종

---

236 순창삼인대(淳昌三印臺): 삼인대는 1515년 폐비 신씨(廢妃 愼氏)의 복위를 주청하는 상소를 올린 순창군수 김정, 담양 부사 박상, 무안 현감 유옥을 기념하기 위한 곳으로 폐위된 연산군의 처남으로 중종반정 때 피살된 좌의정 신수근의 딸인 폐비 신씨는 후환을 염려한 반정공신 박원종 등에 의해 폐출되었다. 그 후 새로 왕비가 된 장경왕후 윤(尹)씨가 세상을 떠나자 이 세 사람은 각자의 직인을 소나무 가지에 걸고 관직에서 물러남은 물론 죽음을 각오하며, 폐비 신씨의 복위 상소를 올렸다. 그러나 이들의 뜻은 받아들이지 않았고, 귀양(歸養)에 처해지는 형벌을 받았다. 후에 호남과 순창지역의 유림들은 이들을 추모하기 위해 비와 함께 비가를 세우고 삼인대라고 불렀다고 하며, 삼인이란 명칭은 세 개의 직인이란 뜻에서 유래되었다고 기록하고 있다. 순창군. 현지 글 내용.

237 강천사(剛泉寺): 대한불교조계종 제24교구 본사인 선운사(禪雲寺)의 말사로 도선(道詵)국사가 창건하였다. 1316년(고려 충숙왕 3년) 덕현(德賢) 스님이 오층석탑과 12개 암자를 창건하여 사세(寺勢)를 확장하였고 조선시대 [1482년(성종 13년)] 신말주(申末舟)의 부인 설(薛) 씨의 시주를 얻어 중창하였다. 금강문은 1316년 덕현이 절 주위의 풍치가 금강산과 비슷하다 하여 붙인 이름이라 전한다. 순창군.

각과 대웅전 앞에 자리 잡은 오층석탑[238]에 눈이 끌린다. 사진을 몇 장 담고 주차장 쪽을 향한다. 강천사 일주문을 지나 조금 걷다 보면 파란 이끼가 낀 커다란 바위 앞에 발걸음이 멈춘다. 이름하여 '거라시바위'라고 안내한다.

강천산 관리사무소에 따르면 이곳은 예로부터 문전걸식을 해 온 걸인들이 이 굴 앞에 자리를 깔고 앉아 지나가는 사람들에게 동냥을 받아 강천산 스님에게 시주하고 부처님께 복을 빌며 나눔을 실천했던 장소로 전해 오고 있어 거라시바위(굴) 또는 걸인바위라 부른다고 한다.

강천산은 유독 바위와 폭포가 많은 것 같다. 비단 산행을 하지 않더라도 기암괴석이 즐비한 8km의 강천산계곡을 비롯하여 유서 깊은 강천사와 충절의 얼이 담긴 삼인대, 병풍을 두른 듯한 기암절벽, 120m 구장군폭포, 병풍바위를 비롯한 용바위, 40년 전에 설치한 현수교, 성(性) 테마공원 등 가히 '호남의 소금강'으로 손색이 없는 곳에서 여든 번째 숙제를 마친다.

강천산 수좌굴

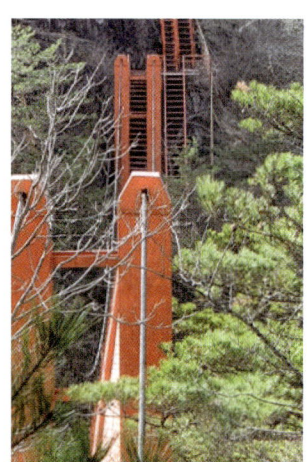
강천산 현수교

강천산 삼인대(三印臺)

---

238  강천사 오층석탑: 전라북도 유형문화재 제92호로, 이 탑은 1316년에 덕현 스님이 강천사를 다시 지을 때 세운 것으로 추정하고 있다. 화강암으로 정교하게 만든 오층석탑으로 다보탑이라고도 부른다. 2층 3층 4층의 덮개 돌에는 한국전쟁 때 총탄을 맞은 흔적이 남아 있다 강천사는 풍수지리설을 체계화한 도선국사가 887년에 지은 절로서 임진왜란과 한국전쟁 때 이 탑을 제외한 경내의 모든 건물이 불에 타 없어졌다. 1959년부터 주지였던 김창엽 스님이 복원을 시작하여 현재의 모습을 갖추게 되었다. 강천사, 현지 글 내용.

강천산 제2강천호수 전경

강천산 오늘의 등산로

# 화왕산(火旺山)

**경남 창녕군 창녕읍**

- 2021년 12월 17일(금), 맑음

화왕산은 경상남도 창녕군 창녕읍에 있는 창녕의 진산으로 해발 756.6m이다. 특히 정상부의 약 5만여 평 규모의 평원에서 펼쳐지는 억새는 여름철 초원, 가을철 억새의 황금물결과 인기 TV 드라마 〈허준〉과 〈대장금〉의 촬영지가 있는 곳이 있어 많은 관광객의 발길이 이어지고 있다고 한다.

오늘 산행도 대중교통편이다. 서울역에서 5시 5분에 출발하는 첫 열차인 진주행 KTX로 3시간 후 마산역에 도착한다. 오늘 산행의 들머리인 창녕읍 교상리 창녕여

**화왕산 정상석**

중고 부근 자하곡(골) 매표소 주차장까지 택시로 이동한다. 매표소를 통과하여 포장된 도로를 따라 조금 걷다 보면 도성암(道成庵)과 화왕산장 갈림길이 나온다. 도성암 쪽으로 향한다. 도성암에 들러 경내를 관람한다. 이른 시간이라 인기척이 없다. 도성암에는 경상남도 유형문화재 제437호인 '도성암 석조아미타여래좌상(石造阿彌陀如來坐像)'이 대웅전의 본존불로 봉안되어 있으며, 좌우 협시보살상은 1991년 현재의 대웅전을 신

축하면서 새로 조성된 것이라고 한다.[239] 종각을 겸하고 있는 보제루(普濟樓) 누각 아래의 계단을 지나면 경내 중앙에 대웅전이 있고 그 외에도 약사전(藥師殿) 등의 건물이 있다.

도성암의 배롱나무 울타리를 뒤로하고 본격적인 산행을 시작한다. 초입에는 원근 각지에서 화왕산을 찾은 수많은 산객의 흔적을 알리는 오색찬란한 리본이 경쟁하듯, 계곡에서 불어오는 바람에 화답이라도 하듯 휘날린다.

다른 등산로와 다르게 낙엽 대신 솔잎이 많이 떨어져 등산로를 가득 덮는다. 어린 시절 친구들과 고향마을 앞산에서 갈비(솔가리의 방언)를 바소쿠리에 가득 채워서 지고 오던 생각이 문득 난다.

등산로는 온통 소나무로 빽빽하게 군락을 이룬다. 은은한 솔향기가 새벽 공기를 더욱 맑게 한다. 숨이 거칠어지지만, 피톤치드 배출이 가장 왕성한 시간이라 원 없이 들이켠다. 필자는 그동안 편백이 피톤치드를 가장 많이 배출하는 것으로 알고 있었는데 의외로 소나무에서 뿜어내는 피톤치드 농도가 편백의 4배라는 사실도 처음 알게 되었다. 등산로에 게시 글을 참고(대기 중 피톤치드 평균 농도 순서: 소나무〉잣나무〉낙엽송〉편백)하여 확인해 본 결과 연구 결과 자료가 있어 소개한다.[240] 자하곡 매표소에서 정상까지 거리는 2.9km로 쉬엄쉬엄 올라도 약 2시간이면 도착할 수 있는 거리다. 정상의 조망은 일품이고 막힘이 전혀 없다. 특히 눈앞에서 펼쳐지는 약 5만여 평의 분지에 넘실거리는 억새의 은빛 물결에 감탄이 절로 난다.

일기예보는 올해 중 수은주가 가장 낮은 날이라 한다. 정상의 온도는 영하 5°C를 가리키지만, 체감온도는 영하 10°C가 훨씬 넘을 것 같다. 카메라 삼각대가 넘어질 정도로 바람이 세차다. 서둘러 기념을 몇 장 담고 억새밭 쪽으로 몸을 가눈다.

화왕산 억새 산은 영남지역의 최대 억새밭으로 임진왜란 때 곽재우 장군과 의병 990명이 왜병을 물리친 본거지이기도 하며, 화왕산성은 사적 제64호로 지정되어 있다. 억새밭 하단부에 직사각형의 연못에 물이 거의 차 있는 것도 억새밭의 운치를 더욱

---

239   창녕 도성암 경내 게시 글 내용.
240   • "소나무림 피톤치드 배출량 편백나무의 4배", 스포츠경향&경향닷컴, 2015.10.30.
      • "소나무림 피톤치드 배출량 편백나무의 4배", 천정훈(news1946@naver.com), 충청일보, 2015.10.30.

돋보이게 한다. 이곳 억새밭 가운데의 3개의 연못은 창녕 조씨가 태어난 삼지(三池)의 설화가 전해 오기도 한다.

하산은 원점 회귀를 비롯하여 몇 군데가 있으나 애초 계획대로 동문 쪽을 향한다. 정상 부근은 몸을 제대로 가눌 수 없을 정도로 바람이 세차게 분다. 좌측 산성을 따라 걷다 보면 중간쯤에 있는 동문을 통과한다. 이 거대한 성을 언제 쌓았는지 흔적을 알 수 없어 아쉽다.

2008년까지 이곳에서 3년마다 정월대보름에 억새 태우기 축제가 열렸으나 인명사고가 발생한 2009년부터 폐지되었다고 한다. 동문

**화왕산 정상 기념**

으로 향하는 성곽 북쪽에는 절벽으로 주의가 요구된다. 우측 억새밭은 억새 복원을 위해 출입을 제한한다는 표시가 여러 곳 있다.

창녕군에서는 화왕산 억새 복원을 위해 2019년부터 억새복원사업과 등산로 정비를 본격적으로 시행해 오고 있으며, 그 일환책으로 영하의 날씨에도 7~8명이 복원작업을 하고 있다. 더불어 2023년을 목표로 화왕산 자락에 치유의 숲을 조성하고 있다고 한다.

억새밭 능선 절벽이 끝나는 지점부터는 커다란 돌로 넓게 쌓아 올린 성곽이 조성되어 있다. 성곽 위를 걷다 보면 동문에 이른다. 동문의 성벽 돌의 크기가 상당한 규모로 흡사 석공이 가공한 듯한 돌로 사다리 모양으로 축조되어 있다. 청간재 방향으로 가는 관문 역할을 하고 있다.

동문에서 바라본 억새는 초겨울 파란 하늘 아래 햇살을 받으며 솜털처럼 부드럽게 휘날린다. 바람을 이기지 못하고 자연에 몸을 맡긴 억새를 보고 있노라면 마치 칠십 중반에 접어든 필자의 자화상 같기도 하다. 동문을 통과해야 관룡산과 옥천사 매표소 쪽으로 갈 수 있다. 정상에서 날머리인 옥천 매표소까지는 5.9km를 알린다.

동문을 통과하여 평지인 임도를 따라가다 보면 1999년 11월 29일 첫 방송을 시작한 이래 2000년 6월 27일까지 64부작 MBC 인기 드라마 〈허준〉과, 2003년 9월 15일 첫 회를 시작으로 2004년 3월 23일까지 54부작으로 인기리에 방영된 드라마 〈대장금〉을 촬영한 세트장이 발걸음을 유혹한다. 새롭게 단장한 초가집과 다소 빛바랜 갈대지붕으로 된 집 다섯 채가 깨끗하게 잘 정돈되어 있다. 사립문으로 들어가 초가집 내부를 둘러보고 좁은 마루에 앉아 따뜻한 차 한잔으로 추위를 덜어 낸다.

화왕산 〈허준〉, 〈대장금〉 촬영 장소

　싸리로 둘러싸인 울타리에는 아직도 당시의 빛바랜 사진들이 걸려 있다. 바람이 있다면 빛이 바랜 사진들을 교체해서 걸어 두면 더 좋지 않을까 하는 생각을 해 본다. 20여 년 전의 드라마를 되새기며 청간재 갈림길에 이른다. 화왕산 스토리길 안내도와 함께 옥천사 매표소로 바로 향하는 계곡 길과 관룡산을 거쳐 옥천 매표소로 가는 삼거리다. 옥천사 쪽이 아닌 화왕산 '일야봉 산장' 쪽으로 향한다. 일야봉 산장이 어떤 곳인지 궁금하기도 하다. 푹신한 낙엽 쌓인 길로 내려오는데 토끼 한 마리가 쏜살같이 앞을 가로지른다. 내리막길을 따라 내려오는 동안은 조망이 없다. 잠시 후 산장에 도착하자 굴뚝에 연기가 나길래 차라도 한잔하려고 들어가 봤으나 인기척이 없다. 막걸리 두 병과 음료수가 있으나 셀프라는 메모만 보인다.

　산장을 통과하여 시멘트로 포장된 길을 따라 계속 내려오자 어느덧 옥천 매표소에 이른다. 매표소에도 사람이 없다. 마을 어귀에 도착하니 50여 m 전방에 버스가 보인다. 빠른 걸음으로 가서 여쭈니 창녕읍으로 가는 버스다. 황급히 승차하자 기사님이 운이 좋다는 말씀이다. 말씀인즉, 하루에 세 번 운행하는데 다음 버스는 4시간 후에 도착한다고 한다.

창녕시외버스터미널에 도착한 시간이 오후 1시다. 새벽부터 서두른 관계로 설렘 가운데 일찍 산행을 끝낼 수 있었다. 서울행 버스는 오후 6시가 돼야 출발한다고 한다. 막 출발하려는 대구행 버스 편으로 대구서부정류장을 경유하여 지하철(12정류장)로 동대구역으로 이동하여 서울행 열차로 상경하면서 금일 81번째 화왕산 숙제를 마무리한다.

화왕산 등산로 　　　　　화왕산 도성암 대웅전　　　　　화왕산 정상 삼각점

화왕산 정상 부근 억새밭

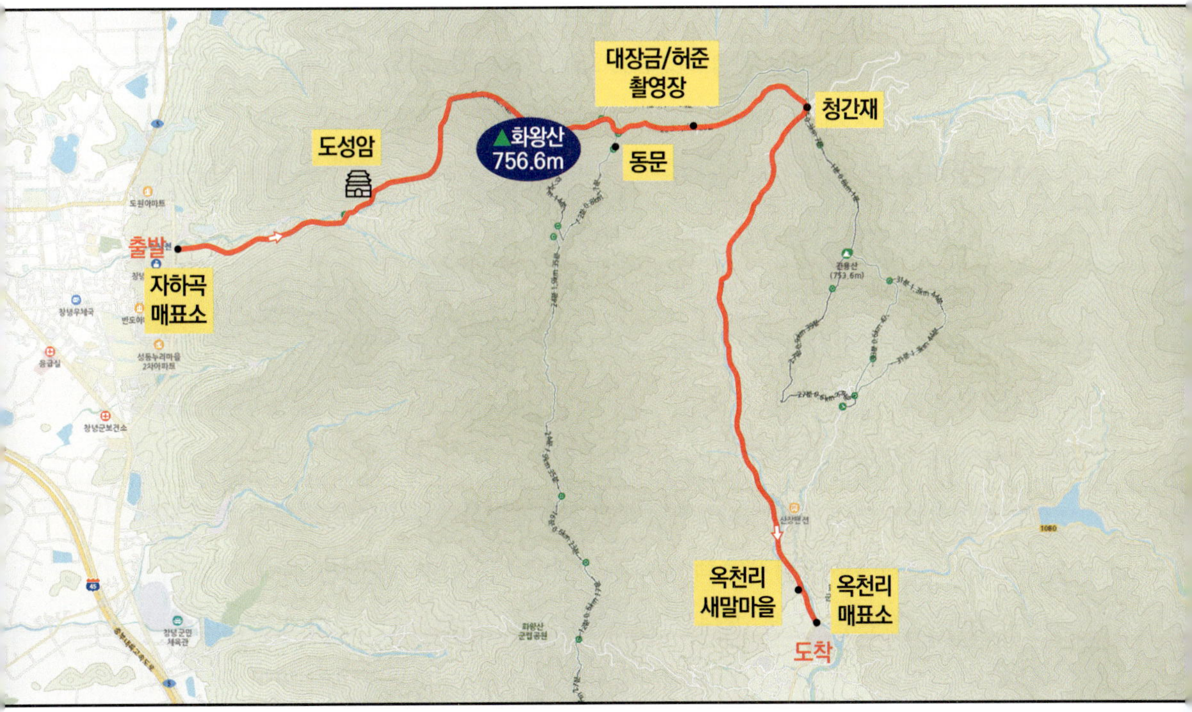

화왕산 오늘의 등산로

# 연화산

**경상남도 고성군**

**- 2021년 12월 21일(화), 맑음·구름**

연화산은 경상남도 고성군에 있는 해발 524m의 산이다. 연화산은 산의 모양이 마치 연꽃을 닮았다 하여 붙여진 이름이라고 한다. 특히 산기슭에는 신라시대 의상이 창건한 천년고찰 옥천사가 자리하고 있다. 옥천사는 가람(伽藍)의 배치가 세심한 화엄 10대 사찰에 속한다고 전해진다.

연화산은 경관이 아름답고 오래된 사찰과 산 중턱에 커다란 대밭이 있으며 옥천사를 비롯하여 유서 깊은 사찰이 있어 명산으로 선정하였다고 한다.

**연화산 정상석**

오늘도 대중교통을 이용한다. 서울역에서 5시 5분에 출발하는 진주행 열차로 예정보다 7분 연착하여 8시 40분에 도착한다. 오늘 들머리인 옥천사 주차장까지는 택시(22,000원)로 이동한다. 옥천사 입구에 있는 이정목 표기를 참고하여 탄금봉, 옥녀봉, 선유봉 쪽으로 향한다. 시작부터 가파른 경사다. 약 20분 후 탄금봉에 이른다. 이어지는 옥녀봉과 선유봉, 황새 고개를 거쳐 남산(해발

427m)에 도착이다.

등산로는 온통 낙엽으로 덮여 있어 미끄럽기는 해도 바삭거리는 소리와 폭신한 촉감이 기분을 더없이 상쾌하게 한다. 오르내리막 봉우리 4개를 통과하여 정상 약 380m 지점인 운암고개 도착이다. 다른 산객 없이 오늘도 연화산을 필자가 독차지한 기분이다. 출발 약 2시간 후 연화산 정상 도착이다. 정상은 나무로 둘러싸여 조망은 없는 편이다. 정상석 옆에는 쌓아 올린 아담한 돌탑과 커다란 평상과 쉼 의자가 마련되어 있다. 믹스커피 한잔을 마시며 다른 산객이 오려나 하고 20여 분간 머물렀지만, 인기척이 없다.

'느재고개'와 제1연화봉을 거쳐 공룡화석지를 지나 옥천사를 날머리로 계획하고 출발한다. 정상 30여 m 벗어나, 전망대에서 내려다보자 옥천사 계곡과 농촌 풍경이 시야에 펼쳐진다. 등산로 좌측에 있는 옥천사의 말사인 적멸보궁 쪽으로 발길을 돌린다. 지장전(地藏殿)을 비롯하여 삼성각(三聖閣), 극락보궁(極樂寶宮) 등을 관람하면서 기념을 몇 장 담고 있는 사이, 보살 한 분이 가까이 오더니 차 한잔하고 큰스님과도 인사 나누고 잠시 쉬었다 가라고 한다. 처음에는 사양했으나 큰스님께서 옥천사에서 7년간 주지 스님으로 계시다가 이곳으로 오셔서 봉사하고 계신다며 큰스님이 계신 곳으로 안내한다. 필자 동생도 울산에서 주지 스님으로 봉사하고 있는 터라 큰스님께 인사나 드리고 싶은 마음에 큰스님이 계시는 방으로 가니 식사 중이었다. 들어와서 함께 공양(供養)하자고 권하신다. 신발 등을 벗기가 불편하여 밖의 평상에 앉아서 안내한 보살님과 향기 가득한 차 한잔을 마시며 산사에 대한 이야기를 나눈다.

마침 내일이 동지라 팥죽을 쑤고 있으니 한 그릇 들고 가면 좋겠다는 말씀이다. 사찰 마당 한쪽에는 신도로 보이는 보살님 여러 명이 동짓날 신도 맞이 준비에 바쁘게 움직이는 것 같다.

최종 목적지를 물으시길래 옥천사 쪽을 가려고 한다고 했더니 아래 포장

**연화산 적멸보궁 전경**

도로를 따라 쭉 내려가면 도착할 수 있다기에 30여 분 이상 내려와도 옥천사 쪽 이정표가 나오지 않는다. 보살이 길을 잘못 알려 준 것 같았다. 등산 지도를 펼쳐 본 결과 적멸보궁에서 다시 능선으로 올라가야 느재고개를 거쳐 공룡화석지에 들렀다가 옥천사로 회귀할 수 있는데 순간 생각을 잘못한 것이다. 그렇다고 다시 돌아갈 수는 없고 계곡 길을 따라 도착한 곳이 월곡마을이다. 경로당이 있으나 문이 잠겨 있다. 코로나 영향으로 동네 전체가 인기척이 없다.

천연기념물 제411호인 세계 3대 공룡 발자국이 있는 화석지와 옥천사의 명물 중 하나인 약수 맛은 언제일지 모르지만, 다음 기회로 미루고 20여 km 떨어진 고성으로 가서 상경하는 것이 최선이라는 생각이 든다. 마침 빈 택시가 한 대 오길래 고성여객자동차터미널로 가서 오후 2시 35분 서울남부터미널행 버스를 타고 4시간 후인 서울에 도착하면서 82번째 연화산 산행을 마무리한다.

연화산은 상대적으로 산의 규모가 높거나 크지 않지만, 세밀하지 못한 행동으로 공룡화석지와 옥천사 등 역사적 문화적 가치가 있음에도 작은 실수로 인하여 관람하지 못하고 연화산 산행을 마친 점이 못내 아쉽기만 하다. 나이 탓일까? 고대 중국 당(唐)나라 역사서 중 하나인 구당서(舊唐書)의 배도전(裵度傳)에서 유래했다는 속담이 문득 생각난다. 한번 실수는 병가지상사(兵家之常事)라 했던가? 헛웃음이 나온다.

연화산 정상 기념

연화산 옥녀봉

연화산 남산

연화산 정상에서 바라본 전경(옥천사 계곡)

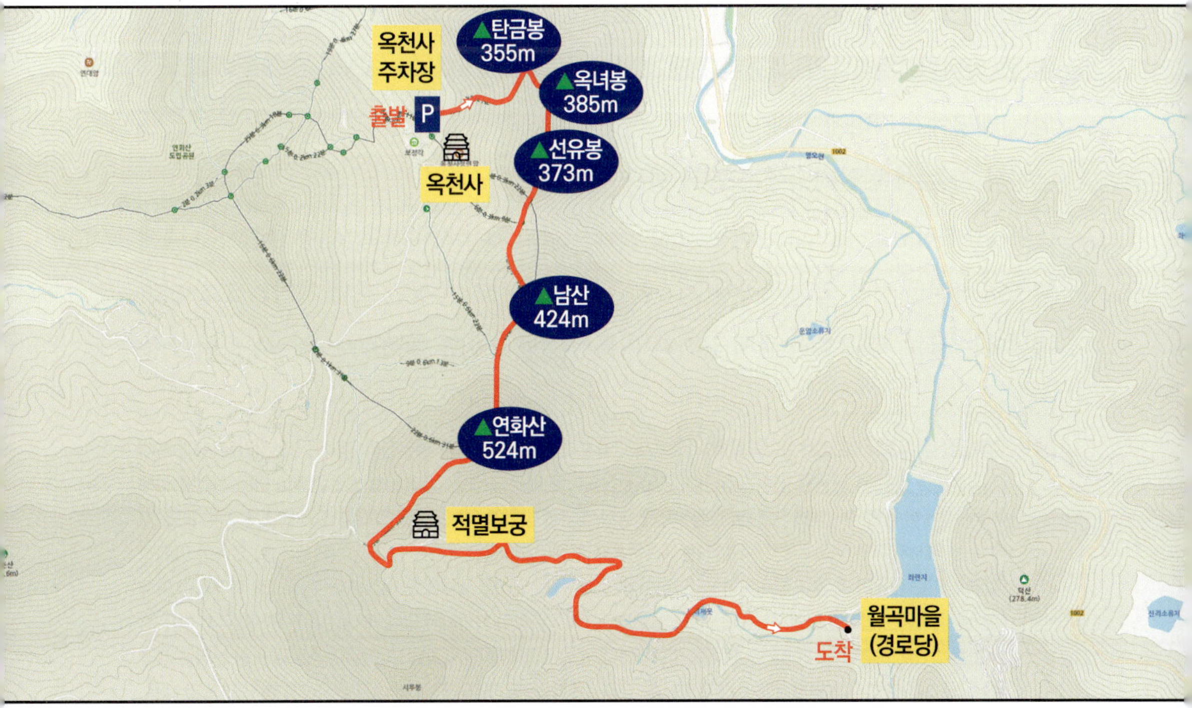

연화산 오늘의 등산로

# 모악산

### 전라북도 김제시·전주시·완주군

### - 2021년 12월 24일(금), 맑음

　모악산(母岳山)은 행정상 전라북도 김제시와 전주시, 완주군의 경계를 이루고 있는 해발 793.5m의 산이다. 1971년에 도립공원으로 지정되었으며 진달래와 철쭉이 유명한 호남 4경 중 하나다. 우리나라 곡창지대인 호남평야와 김제평야가 지척에 있다.

**모악산 정상석**

　정상 기준 서쪽 산기슭에는 백제 법왕 원년 (599년)에 창건한 것으로 알려진 고찰 금산사(金山寺)가 자리하고 있다. 금산사는 백제 법왕에 창건한 것을 신라 혜공왕(766년) 때 진표율사가 중창한 호남 제일의 고찰이다. 경내에는 국보 제62호인 김제 금산사 미륵전(金堤 金山寺 彌勒殿)[241]을 비롯하여 오층

---

241　김제 금산사 미륵전(金堤金山寺彌勒殿): 국보 제62호로 진표율사(律師)가 통일신라 경덕왕 23년(764년)에 거대한 미륵불을 만든 후 혜공왕 2년(766년)에 연못을 참숯으로 메우고 세운 것이다. 후백제 견훤이 아들 신검에 의해 이곳에 3개월 동안 감금되었다고 한다. 정유재란 당시 왜군의 방화에 의해 전소되었으나 조선 인조 13년(1635년)에 수문 대사가 복원하였다. 건물 외부에는 1층은 대자보전(大慈寶殿), 2층은 용화지회(龍華之會), 3층은 미륵전(彌勒殿)이란 현판이 각 층에 부착되어 있고, 전형적인 3층 목탑 양식을 갖추고 있다. 내부는 통층으로 미래불인 미륵부처님, 좌측에는 법화린 보살, 우측에는 대묘상 보살의 미륵삼존상이 봉안되어 있다. 좌대는 청동 연화대로서 많은 세월이 흘러 연꽃 문형이 탈락하여 솥 형태로 변형되었다. 손으로 좌대를 만지고 업장(業障)이 소멸돼 소원 성취를 지극 정성으로 발원하면, 미륵부처님께서 가피(加被)를 내려 주신다는 영험담이 전해 내려온다. 금산사 현지 제공 글 내용.

석탑, 당간지 등 10여 점의 보물과 많은 문화재를 보유한 사찰이다. 국보인 금산사 미륵전(金山寺 彌勒殿)은 한국 유일의 3층 법당으로 외관은 3층 구조이지만 내부는 통층이다.

오늘도 대중교통편이다. 용산역에서 5시 10분에 출발하는 여수행 첫 열차 편으로 6시 41분에 전주역에 하차한다. 아직은 어둠이 짙어 사물 분간이 자유롭지 못한 시간이다. 들머리인 구이 주차장까지는 택시로 이동한다.

산행은 7시부터 시작이다. 등산로 입구에는 완주군에서 마련해 놓은 모악산을 알리는 큼직한 바위가 산객을 반긴다. 표지석 앞에서 산행 첫 번째 기념을 담고 이정목을 따라 선녀 폭포와 대원사 쪽을 향한다. 아치형의 선녀 다리를 비롯하여 수박재다리, 사랑바위다리 등 4개의 나무다리를 통과하여 대원사[242]에 도착한다.

선녀폭포를 지나 대원사로 오르는 등산로 대부분은 탐방객이 편안하게 걸을 수 있도록 천연 매트가 깔려 있어 편안한 산행을 할 수 있다. 대원사 경내를 들어서자 관리인으로 보이는 남성 한 분이 마당 뒤쪽에서 낙엽 치우는 작업을 하고 있고 백구 한 마리가 꼬리를 치며 필자에게 다가온다. 마루에 걸터앉아 목을 축이는 사이 옆에 와서 재롱을 부린다. 진돗개라 한다.

그사이 30대 초반으로 보이는 청년 한 명이 외투를 벗어 나무에 걸어 놓고 대웅전을 비롯하여 나한전, 명부전, 마당에 있는 돌탑에까지 차례로 연신 두 손을 모으고 불공을 드린다.

**모악산 정상 기념**

..........................

242 대원사: 대한불교조계종 제17교구 본사인 금산사(金山寺)의 말사이다. 『삼국유사』 권제3 「보장봉로(寶欌奉老) 보덕이암(普德 移庵)」 조에 660년(백제 의자왕)에 열반종(涅槃宗) 개산조(開山祖)인 보덕(普德)의 제자 일승(一乘)·심정(心正)·대원(大原) 등이 창건한 사찰이라고 기록되어 있다. 대원사 현지 글 내용.

잠시 휴식 후 정자 쪽으로 와서 정상을 향해 조금 오르면 수왕사(水王寺)에 다다른다. 수왕사는 본래는 '물왕이절' 혹은 '무량(無量)이절'이라 하였는데 한자 이름이 이뤄, 지면서 '수왕사'라고 했다. 수왕사는 680년(신라 문무왕 20년)에 보덕 화상(普德和尙)이 수도장으로 쓰기 위하여 창건한 것을 1125년(고려 인종 3년)에 숙종 대왕의 제2왕자인 원명국사(圓明國師)가 중창하였다고 기록하고 있다. 화려하지 않은 수왕사 옆에 샘터가 있다. 수도꼭지를 틀자 세찬 물줄기다. 선녀들이 목욕 후 즐겨 마셨다는 샘물이라 한다. 겨울철이지만 한 바가지 받아 들이켜니 정신이 번쩍 든다. 약수로 물맛이 좋다.

능선을 따라 20분을 오르면 등산로 좌측에 있는 무제봉에 닿는다. 무제봉에서 내려다본 이름 모를 저수지와 농촌 풍경도 한 폭의 그림이다.

정상에 세워진 송신소 철탑이 눈에 들어온다. 무제봉에서 약 10분 거리에 있는 좌측 전망대에 다다른다. 전망대 한쪽에 화강암으로 제작된 아담한 검은색 정상 표지석이다. 기념을 몇 장 담고 150m 거리에 있는 실재 모악산 정상 쪽으로 향한다.

정상에는 국가시설물인 KBS 송신소는 있으며 군부대에서 관리한다고 한다. 아쉽게도 정상에 오르는 철문이 굳게 닫혀 있다. 코로나 영향으로 출입을 통제한다는 안내문이 붙어 있다. 하는 수 없이 발길을 돌려야만 했다. 그나마 정상 오르기 직전 전망대 한쪽에 작지만 정상석 설치가 되어 있어 다행이다. 날머리인 금산사까지는 4.7km 거리임을 알린다.

**모악산 금산사 미륵전**

하산 초입 계단을 내려가면 평탄한 등산로가 이어진다. 계곡 부근에 이르면 정상에 짐을 운반하는 케이블 탑 시설물이 나온다. 잘 포장된 시멘트 길을 따라 조금 내려가면 예쁜 정자 하나가 나타난다. 모악정(母岳停)이다. 계곡에 흐르는 물소리를 벗 삼아 따뜻한 모과차 한 잔을 마시고 잠시 휴식을 취한 후 금산사로 향한다.

계곡 길을 따라 약 20여 분을 내려가면 고찰 금산사(金山寺) 도착이다. 생각보다 사찰 규모가 크다. 시간은 오전 10시를 가리킨다. 새벽부터 서두른 보람이다. 벌어 놓은 시간이 많아 여유로운 마음으로 경내를 관람한다. 내일이 올해 중 가장 추운 한파가 밀려온다는 기상대 보도지만, 경내는 봄 날씨처럼 따뜻하다. 경내에 들어서자 국보 62호인 금산사 미륵전(金山寺 彌勒殿)과 엄청나게 큰 규모의 보제루(普濟樓)[243]를 만난다. 규모 면에서 단연 압권(壓卷)이다. 그 외에도 '당간지주'[244]와 '육각다층석탑'[245]도 호기심을 불러일으킨다. 경내를 약 30분 정도 관람하고, 때마침 빈 택시 한 대가 있어 전주역으로 와서 11시 40분에 출발하는 용산행 열차로 상경하면서 다음에 오를 예정인 미지의 운장산 산행을 기대하며 모악산 숙제를 끝낸다.

----

243 보제루(普濟樓): 널리 중생을 극락세계로 이끌어 주는 누각이라는 뜻을 가진 전각으로 산속에 있는 절은 일주문, 천왕문, 불이문 등의 문을 거치고 마지막으로 보제루를 지나서 절의 중심 영역으로 들어가게 되어 있다. 보제루는 절의 중심 공간이 가장 성스러워 보이게 하는 마지막 관문의 역할을 한다. 보제루는 누각의 밑을 지나가거나 누각의 옆을 돌아서 통과한다. 누각의 아래로 진입하는 경우에 아래층은 통로가 되고, 위층은 대중 집회의 장소나 불교 의식에 사용되는 도구들을 보관하는 용도로 사용한다. 금산사 보제루는 1976년에 앞면 5칸, 옆면 3칸으로 새로 지었고, 1998년에는 앞면 9칸, 옆면 3칸으로 증축하였다. 2003년에 금산사 개산 1,400주년 기념관으로 개관하여 현재는 수련회, 설법회 등을 개최하는 강당으로 활용하고 있다. 현판은 신영복의 글씨이다. 금산사 제공 현지 글 내용.

244 당간지주(幢竿支柱): 보물 제28호로, 깃발을 '당', 깃발을 매는 긴 장대를 '간'이라고 한다. 그리고 '당간'을 지탱해 주는 두 개의 돌기둥이 '지주' 역할을 하기 때문에 당간지주라고 부른다. 당간지주는 사찰에서 대형 불화를 설치하는 법회나 신성한 영역을 나타내는 깃발을 걸 때 주로 사용한다. 금산사의 보존 문화제 가운데 가장 오래된 8세기 후반경에 제작되었다. 양쪽에 놓인 지주가 동서로 마주 보고 있고 안쪽은 당간을 고정하는 데 필요한 구멍이 3개 뚫려 있다. 바깥쪽의 각 면과 받침돌에서는 화려한 조각 기법을 엿볼 수 있다. 현재 남아 있는 당간지주 가운데 가장 완전한 형태를 갖추고 있다. 금산사 현지 제공 글 내용.

245 금산사 육각다층석탑: 금산사 육각다층석탑(보물 제27호)은 통일신라시대 일반적 모양에서 장식이 화려한 고려시대의 양식으로 넘어가는 시기에 세워졌다. 본래 봉천원 터에 있었으나, 정유재란 이후 수문 대사가 전각을 복원하면서 현재의 위치로 이전하였다. 대다수의 탑은 밝은 회색의 화강암으로 조성되지만, 벼루를 만드는 점판암으로 제작된 것이 특징이다. 옥개석은 기단부의 연화대 위에 겹겹이 쌓있고, 추녀 밑에는 풍경을 달았던 구멍이 있다. 상하에는 탑신을 끼우는 홈이 새겨져 있는데, 하나의 부재로 탑신을 올리지 않고, 각 면을 한 개 한 개의 판석으로 맞춰 끼웠던 흔적이 보인다. 각 층마다 체감 비례가 적절하고, 몸돌과 지붕돌 각 면의 조각이 섬세하며, 뛰어난 조형미를 갖추고 있다. 금산사 현지 제공 글 내용.

모악산 정상 송신소

금산사 당간지주

금산사 육각다층석탑

모악산 금산사 전경

모악산 등산로에서 바라본 해돋이 전경

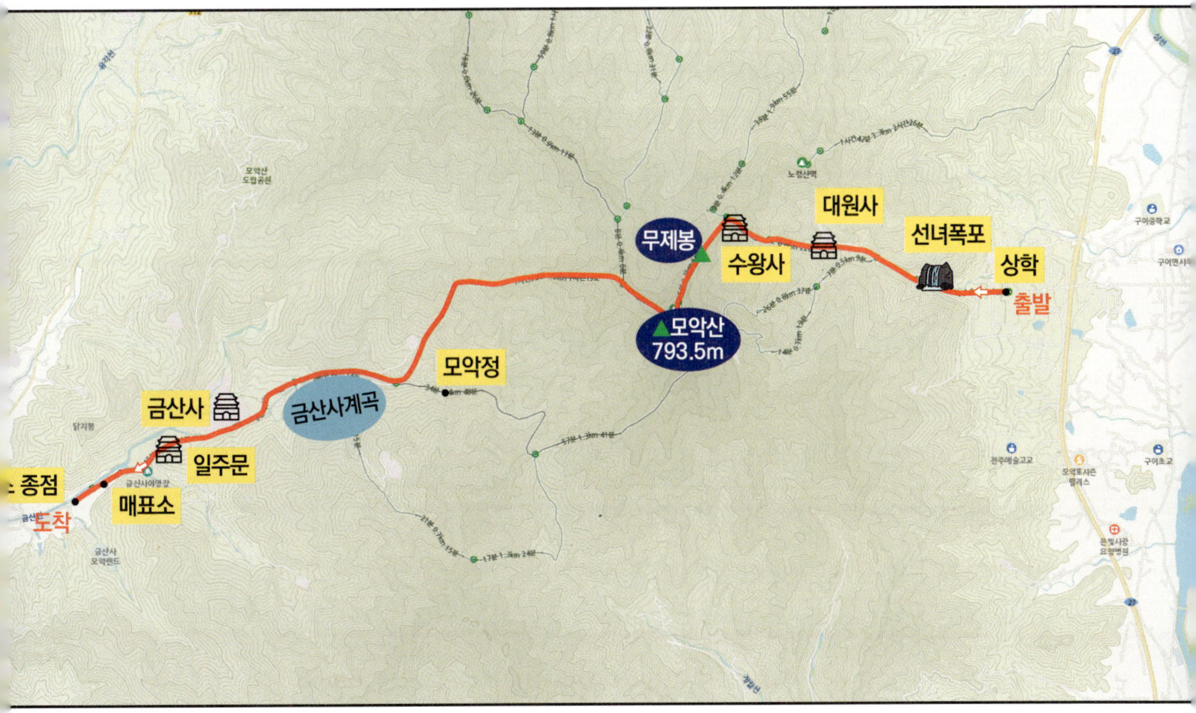

모악산 오늘의 등산로

# 운장산(雲長山)

### 전라북도 완주군·진안군

– 2021년 12월 28일(화), 맑음·흐림

운장산(운장대)은 행정상 전라북도 진안군과 완주군에 연결된 해발 1,126m의 산이다. 특히 진안에는 금산 다음으로 인삼이 유명하고, 씨 없는 감도 유명하다. 운장산의 명칭은 조선 중종 때 이곳 오성대(五星臺)에 은거한 성리학자인 송익필(宋翼弼) 선생(1534~1599년)의 자 운장(雲長), 호 구봉(龜峰)에서 비롯되었다고 전해 오고 있다. 운장산 주변에는 동봉(삼장봉 1,133m)과 정상(운장대 1,126m) 및 서봉(칠성대 1,120m) 등 세 봉우리 모두가 비슷한 높이로 20여 분 거리에 있다.

호남 지방 일부에 대설주의보가 내릴 것이라는 일기예보를 듣고 어제 진안군청 산림과에 전화로 알아본 결과 눈이 많이 오지 않아 산행에는 큰 지장이 없을 것 같다는 직원의 조언에 따라 산행을 결심했다.

오늘도 대중교통을 이용한다. 용산역에서 5시 10분에 출발하는 여수 엑스포행 501

운장산 정상석

열차로 전주역에 6시 41분에 도착한다. 들머리인 피암목재까지 택시로 이동한다. 넓은 주차장에는 차량도 산객도 없다. 7시 30분부터 산행 시작이다. 쌀쌀한 날씨에 등산로 초입부터 눈이 간간히 덮여 있다. 약 1시간 후 활목재 도착이다. 활목재에 도착하자 주변 산 전체가 갑자기 겨울왕국을 이룬다. 나뭇가지를 차별하지 않고 촘촘하게 달라붙은 상고대가 외롭게 산행하는 필자의 마음을 녹아내리게 한다.

정상 600m 남겨 놓은 지점부터 나뭇가지에 달라붙은 눈의 두께는 점점 두꺼워지고 세상은 온통 순백색이다. 온 산이 상고대로 하얗게 덮여 있다. 서봉(칠성대) 도착이다. 서봉에서 등산로 우측에는 북두칠성의 일곱 성군이 운장산에 살고 있던 스님과 선비를 시험하기 위해 내려왔다가 하늘로 되돌아갔다는 칠성대다. 서봉을 거쳐 정상을 향한다. 경사진 계단 길에 발을 들여 놓을 즈음 갑자기 사선으로 부는 바람과 함께 눈보라가 눈앞을 가린다. 주위는 안개로 뒤덮여 가시거리가 나지 않는다. 철제 난간을 붙잡고 경사도 심한 눈 덮인 계단을 조심스럽게 내디딘다. 문득 눈보라로 조난한 기사가 뇌리를 스친다.

계단을 내려와 약 20여 분 후 정상인 운장대 도착이다. 정상 표지석에도 상고대가 한 몫하고 있어 운치를 보탠다. 하얀 설원에 아랑곳하지 않고 꼿꼿하게 서 있는 이름 모를 나무들의 운치, 정상 아래는 구름으로 덮여 있어 아쉽기는 하지만, 누구도 방해하지 않는 운장산 정상에서 이런 신비한 광경을 보는 것 자체가 축복이다. 이 순간만큼은 구름 뒤에 무엇이 있는지 별로 궁금하지 않다. 오직 주위의 멋스러운 상고대와 새하얀 눈꽃이 마음을 설레게 할 뿐이다.

정상석을 포함하여 정상석 뒤에 마련된 넓은 데크 공간과 조망할 수 있는 안내판도 모두 눈으로 덮여 있다. 바람은 세차게 불지만, 삼각대를 설치하고 기념을 담는다. 준비해 온 따뜻한 모과차 한 잔을 들이켠다. 이내 가슴 가득히 온기가 느껴진다. 필자 생에는 운장산을 다시 찾지 못할 것 같아 30여 분 머문 뒤 작별 인사를 하고 아무도 걷지 않은 눈 위에 발자국을 남기고 계획한 대로 이정목에 따라 날머리인 내처사동으로 향한다. 내처사가 사찰의 명칭인 줄 알았는데 마을 이름이다. 안개가 걷히기 시작한다. 무릎 보호대와 아이젠을 꺼내 착용한다. 초입부터 급경사다. 정상에서 동봉까지는 등산화가 반쯤 잠길 정도로 눈의 두께가 두껍다. 겨울왕국을 실감케 한다. 운장산(상장봉)인 동봉에 도착하니 바람이 더욱 강하게 분다. 4각으로 된 화강석에는 해발 1,133m를 알린다. 주봉인 운장대(1,126m)보다 상장봉이 7m 더 높다. 그럼에도 왜 운장대를 주봉으로 정하고 있는지는 알 수 없다.

오늘 운장산 정상 부근의 상고대도 1년 전 태백산 산행 시 경험한 상고대 못지않은 백색 향연이 펼쳐진다. 70대 중반 나이를 잊은 채 혼자 감탄사를 연발하며 눈을 크게 뜨고 하산하는 사이 중간쯤 내려오니 등산로의 눈이 얇아지기 시작한다. 아이젠을 벗어 배낭에 넣고 여유로운 마음으로 날머리인 전라북도 진안군 소재 내처사동 주차장 도착이다. 주차장 한쪽에 지방 특산물을 파는 시설이 있으나 문이 잠겨 있다. 정류장에 게시된 버스 운행 시간표상 두 시간 이상 기다려야 버스가 도착한다. 차선책으로 아침에 이용한 택시를 호출한다. 때마침 대아저수지가 있는 도로를 통과한다.

대아저수지는 필자가 50년 전인 1971년도 초겨울 부사관(당시 육군 제2하사관)학교에서 6개월 훈련 기간에 유격 훈련을 받던 곳이다. 국가의 부름에 땀이 범벅이 된 푸른 훈련복을 입고 동료들과 피와 땀을 흘리던 장소로 감회가 새롭다. 당시 필자보다 2기 선배들이 이곳에서 급조도하 훈련 중 여러 명이 목숨을 잃은 곳이기도 하다. 기사님께 부탁하여 차를 잠시 멈추고 당시를 회상하며 저수지 전경을 담는다.

대아저수지 전경

50년이란 세월이 흘렀건만 저수지 주변 산천은 변함없다. 다시 한번 선배들의 명복을 위해 잠시 고개를 숙인다. 당시 하사관 학교 교육은 교육이라기보다는 거의 기합 수준으로 반세기가 지났지만, 필자에게도 아직 집단 권투 시간의 상처가 고스란히 남아 있다.

기사님께서 이렇게 만난 것도 인연인데 진안의 명물인 순두부 한 그릇을 대접하고 싶다고 한다. 점심 이전이라 함께 가서 맛나게 식사하고 전주역으로 와서 용산행 열차로 상경하면서 운장산과 깊은 인연을 맺고 84번째 산행을 갈무리한다.

운장산 정상 기념

운장산 상장봉(동봉)

운장산 정상 설경

운장산 정상 부근 설경

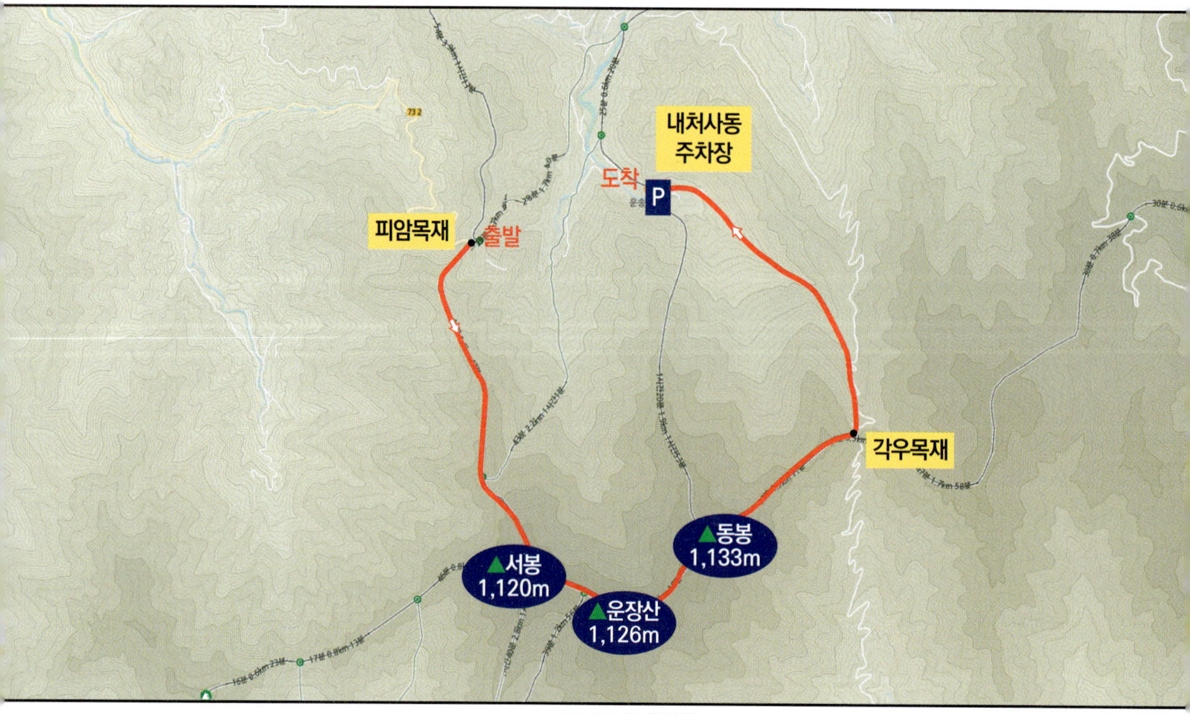

운장산 오늘의 등산로

# 월출산(月出山)

## 전라남도 영암군·강진군

- 2022년 1월 4일(화), 맑음

월출산은 행정상 전라남도 영암군과 강진군에 연결된 해발 809m의 산이다. 월출산의 명칭은 달밤에 바라본 산의 모습이 아름답고 달을 가장 먼저 맞이한다고 하여 월출산이라 불렀다고 전한다. '달뜨는 산'이라는 뜻을 지닌 월출산은 고려시대에는 월생산(月生山), 백제 신라 때에는 월나산(月奈山), 조선시대부터 월출산(月出山)이라 불렀다고 한다.

구림마을 쪽에서 바라보는 월출 장면은 그야말로 비경이다. 계절마다 특색이 있어 전문 사진작가들의 발길이 이어진다고 한다. 특히 주봉인 천황봉 서쪽의 구정봉과 절벽, 억새밭 등 천하절경으로 호남의 소금강으로 부

**월출산 정상석**

른다. 월출산은 지리산, 내장산, 천관산, 변산 등과 더불어 '호남의 5대 명산'으로 불리며, 1988년 6월에 국립공원으로 지정되었다. 천황산 동쪽에 있는 높이 120m, 길이 54m, 폭 1m의 구름다리도 산객들이 선호하는 장소 중 하나이다.

오늘도 대중교통편이다. 수서역에서 5시 8분에 출발하는 목포행 651 열차 편으로 6시 56분에 나주역에 도착한다. 나주역에서 오늘 산행의 들머리인 '기(氣)찬랜드' 등산로 입구까지는 택시(35,000원)를 이용한다. 월출산 정상(천황봉)을 오르는 등산 코스는 이곳 외에도 도갑사, 천황사, 경포대, 무위사 등의 코스도 있다.

영암읍 회문리 월출산 기(氣)찬랜드 도착이다. 이름도 멋스럽다. 기(氣) 자는 한자로 표기해 놓았다. 氣찬랜드에 도착한 후 등산로 입구를 찾지 못해 한참 헤매다가 '기(氣)찬묏길'을 따라 천황사 주차장 쪽으로 1.2km 걷다 보면 산성대 방향 표시목이 나온다. 산성대 계곡 등산로에 진입하면 평범한 오솔길이 계속 이어진다. 필자가 오늘 선택한 등산 코스는 30년 이상 숨겨 두었다가 2016년 3월에 개방한 코스라 한다. 약 50여 분 오르자 조망이 좋은 월출산 제1관[246]에 다다른다. 영암읍이 한눈에 들어오고 웅장한 바위산이 병풍처럼 사방에서 펼쳐진다. 기념을 담느라 산행 진도가 나지 않지만 조급하지 않은 마음이다.

광암터 삼거리에 도착하자 내일 소한(小寒) 추위 맛을 하루 일찍 보여 주듯 바람이 강해진다. 잔설(殘雪)도 한몫 보탠다. 이마에는 굵은 땀이 흐르고 눈앞에는 기암괴석 조망이 한눈에 들어온다. 마치 한 폭의 수묵화를 월출산에 펼쳐 놓은 것 같다. 잔설이 얼어 미끄러운 길이지만 기분이 좋다. 잠시 걸음을 멈추고 쉬어 갈 것을 명령이라도 하듯 평상 바위가 유혹한다. 떡 본 김에 제사 지내라는 말도 있지 않은가? 따뜻한 모과차 한잔을 마시며 월출산 태고의 신비로운 비경 감상은 아마도 필자 생애에는 마지막일 것 같아 눈을 더욱 크게 뜬다. 이 순간만큼은 아무것도 부러운 것이 없는 마음이다.

계단을 올라 정상을 향하는 등산로에 거대한 고인돌바위가 감탄을 자아내게 한다. 월출산국립공원의 설명에 의하면 이 고인돌바위는 땅속에 묻혀 있던 단단한 화강암이 오랜 시간 침식 작용으로 주변 토사가 유실되는 과정에서 암석이 도출되고 이후 풍화

---

246  월출산 제1관: 월출산을 오르는 첫 번째 입구라는 뜻과 월출산에서 가장 중요한 위치라는 복수의 뜻을 가지고 있으며, 산성대 봉하 시설을 통제하는 성문으로 문바위라고도 불렸다. 이곳 산성대에 군사를 주둔하게 하여 왜적이 침략하거나, 지방에 급한 변란이 발생하면 봉화를 피워 나주 금성산에 있는 봉수대로 알리는 역할을 했다고 한다. 월출산국립공원 사무소(현지) 제공.

작용에 의해 고인돌과 비슷하게 형성된 것이라고 한다. 북방식 형식처럼 보이는 이 고인돌 바위는 월출산국립공원의 수많은 기암 중 대표적인 경관 바위로 자리매김하고 있다고 설명한다.

**월출산 고인돌바위**

월출산에는 갖가지 동물 형상을 비롯하여 사람 얼굴 모양, 성곽 모양, 돔 형태의 바위, 절구통처럼 움푹 파인 바위 등 수석 전시장을 방불케 한다. 그중 2007년 10월 14일 당시 영암군청 김학용 씨에 의해 '링컨바위'로 영암군 행정 컴퓨터에 홍보되었다가 2009년부터 사진작가 박철[247] 씨에 의해 부르게 된 '월출산 큰바위얼굴'이 단연 압권이다. 광암터 삼거리를 지나 300여 m 지점인 통천문 삼거리에 도착한다. 조금 늦어도 괜찮으며, 남보다 더 많이 볼 수 있으니 쉬어 가라는 안내판 글 내용이다. 약 10분간 휴

---

247 박철: 월출산 구정봉 '큰바위얼굴' 자료 집대성, 18개 주제에 작품사진 380컷 문헌자료 설화 등과 함께 수록. "자료만 정리했을 뿐… 큰바위얼굴이 펼쳐 갈 큰 역할 기대", 사진작가 박철 씨가 지난 33년 동안 천착해 온 월출산 이야기의 완결편이 책으로 나왔다. 『동방의 등불, 큰바위얼굴 이야기』(도서출판 한얼사 刊) 이 책은 모두 18개 주제로 나눠 그가 직접 발품을 팔아 촬영한 작품 사진 380컷이 실려 있다. 하지만 군데군데 삽입된 설명을 읽다 보면 그가 단순히 월출산 기암괴석의 겉모습만 촬영해 오지 않았음을 금방 느낄 수 있다. "월출산은 살아 있다. 땅 위의 섬 월출산은 날씨에 따라 계절에 따라 세상에서 일어나는 일들에 따라 다양한 표정을 짓는다."라고 말하는 그는 급기야 이 책에서 월출산을 '태반(胎盤)의 땅'으로 표현한다. 그뿐만 아니라 예부터 선각자들이 주목했던 구정봉(九井峰)에서 '큰바위얼굴'의 탄생을 목격한다. 이춘성 기자, 영암군민 신문(http://www.yanews.net), 전화(061-473-2527), 2014.2.28.

식으로 100세까지 건강한 삶을 즐기라는 문구가 눈길을 끈다. 가까이 있는 통천문(通天門)[248]을 통과한다. 정상 300여 m 남은 지점이다.

통천문을 통과하여 월출산의 정상인 천황봉 도착이다. 큼직한 정상석이 반긴다. 정상 주변에는 수백 명을 한꺼번에 수용할 수 있을 정도로 넓은 공간이 마련되어 있어 마음이 푸근해진다.

월출산 정상 기념

정상에서 바라본 월출산은 사방이 전혀 막힘이 없고 셀 수 없을 정도로 많은 암봉들, 크기와 모양이 다른 기암괴석이 함께 만들어 내는 남도의 소금강다운 자태를 뽐낸다. 산 전체가 거대한 바윗덩어리로 이루어져 있으면서도 전혀 지루하지 않은 멋진 풍광을 감상할 수 있는 월출산이다.

저 멀리에는 우리나라 4대강(한강, 금강, 낙동강, 영산강)의 하나인 영산강의 모습도 여유롭다. 영산강은 남도에서 시작해서 남도에서 끝이 나는 남도의 젖줄이기도 하며 황포돛배가 유명하다. 기회가 되면 일렁이는 영산강에서 황포돛배를 타고 싶다. 정상에는 가족으로 보이는 두 팀이 하산 준비를 한다. 필자도 삼각대를 펴서 기념을 담는다. 그 사이 또 다른 두 팀이 도착한다. 영암과 강진에서 친구끼리 온 팀이다. 인사를 나누고 두 팀에게 사진 찍기 봉사를 한다.

애초 하산은 통천문으로 되돌아가서 사자봉과 출렁다리를 거쳐 천황사 주차장을 날머리로 계획했으나 천황사 코스에서 올라온 팀의 말에 의하면 천황사 코스는 응달이고 얼음이 많아 위험하므로 다른 코스를 권한다. 조언을 구하자 양지바른 경포대 코스가 상대적으로 안전하다고 한다.

경포대 코스로 하산 계획을 변경한다. 다행히 하산 초입에 약간의 빙판길을 제외하

---

248 통천문: 정산인 천황봉에서 동쪽으로 약 100m 아래에 있으며, 천황사 쪽에서 비림폭포 또는 구름다리를 지나 천황봉 쪽으로 오를 때 만나는 마지막 관문의 바위로 이 굴을 지나야 천황봉에 오를 수 있다. 천황봉에 오르는 문의 역할 때문에 통천문이란 이름이 생긴 것인데 이는 월출산 최고봉을 지나 하늘로 통하는 높은 문이라는 데서 비롯된 것이다. 이 바위굴에 들어서면 시원한 바람과 함께 월출산의 북서쪽 능선이 펼쳐지며, 멀리 내려다보이는 영암고을과 영산강 물줄기가 한눈에 들어온다. 통천문 현지 글 내용.

고는 미끄럽지 않았다. 바람재 삼거리로 가는 등산로에 하늘을 향해 우뚝 서 있는 남근바위를 만난다. 현지에서 알리는 기록에 의하면 남근바위를 만지거나 껴안으면 젊어진다는 재미있는 이야기가 있다고 한다. 2008년까지는 남근바위 상단에 산철쭉이 생존했으나 2012년에 고사하여, 경관자원의 상징성을 높이기 위해 2014년에 복원하였다고 한다. 계속 직진하여 바람재 삼거리에 다다른다.

경포대까지 2.2km 거리임을 알린다. 평탄한 등산로가 이어진다. 계곡의 물소리를 벗 삼아 고도가 거의 없을 무렵 경포대탐방지원센터에 도착이다. 버스 배차 시간이 맞지 않아 영암 택시 편으로 나주에 도착하여 수서행 열차로 상경하면서 2022년 임인년(壬寅年) 첫 산행을 마무리한다.

월출산의 명물 중 하나인 구름다리와 천황사를 관람하지 못해 아쉬움이 남지만, 85번째 오른 월출산을 오래도록 기억하고 싶다. 추수할 날이 얼마 남지 않아 부자가 된 기분이다. 열차로 상경하면서 가수 강진이 부르는 월출산을 이어폰으로 감상하는 사이 용산역에 도착한다.

월출산 통천문

월출산 비둘기(가칭)

월출산 남근석

월출산 큰바위얼굴

월출산 오늘의 등산로

# 무등산(無等山)

**광주광역시·전라남도 화순군**

**- 2022년 1월 7일(금), 맑음**

무등산은 행정상 광주광역시와 전라남도 화순군과 담양군에 연결되어 있으며 2012년에 국립공원으로 지정되었다. 정상은 천왕봉(1,180m)이지만 현재는 군부대가 주둔하면서 군사시설 보호지역으로 일반인의 출입이 통제되어 아쉬움이 남는다. 일반 산객들은 천왕봉(1,187m)이 아닌 해발 1,100m인 서석대에서 정상을 대신한다. 특히 천연기념물 제465호인 입석대(立石臺)와 서석대(瑞石臺)의 주상절리는 세계에서 유일하게 해발 1,000m 이상 고산지대에 있는 것도 특이점이다.

**무등산 서석대**

오늘도 대중교통편이다. 수서역에서 5시 8분에 출발하는 목포행 열차로 6시 37분에 광주 송정역에 도착한다. 금일 산행의 들머리인 증심사(證心寺) 코스 초입 무등산국립공원 탐방지원센터(증심사 관리사무소 입구)까지는 택시로 이동한다.

약 600여 m 걷다 보면 왼쪽에 사찰이 나타난다. 처음에는 증심사인 줄 알았으나 문빈정사라는 사찰이다. 증심교를 지나 직진하다 보면 갈림길이다. 증심교에서 토끼등과 바람재 방향과 새인봉과 중머리재로 갈라지는 이정목이다. 필자는 중머리재 코스를 선택한다. 도로를 따라 약 600여 m를 따라가 의제 허백련 미술관을 거쳐 조금 더 직진하면 좌측 언덕 위에 자리한 증심사에 다다른다. 증심사 경내 관람을 위해 들렸으나 아직 어두움이 채 가시지 않은 시간이라 인기척이 없다. 풍경 소리가 고요한 증심사를 깨운다. 경내를 잠시 둘러본 후 장비 점검을 다시 하고 본격적인 산행을 시작한다.

오르막 등산로를 가다 보면 좌측에 대한예수교장로회 신림교회 오방수련원이다. 인기척은 없으나 소박한 출입문 입구에는 Merry Christmas 트리가 걸려 있다. 산속에는 대체로 사찰의 암자 등이 대부분인데 의외로 기독교수련원이다. 현지 기념비에 새겨진 안내에 따르면 오방(五放) 최흥종(崔興琮, 1880~1966년) 목사가 신림마을 주민들에게 복음의 씨앗을 뿌려 1950년 4월 7일 교회설립이 되었으며 오방 선생은 이 고장 최초의 장로, 목사로 북문밖교회(중앙교회)와 금정교회(제일교회), 제주 모슬포교회에 시무하셨고, 시베리아 선교사로 파송받았고, 광주 YMCA를 설립(1920년)하였다. 3·1운동에 참여한 독립운동가이며 한센병과 결핵 퇴치, 빈민운동에 참여하는 등 사회운동에 많은 헌신을 하신 분으로 신림교회 창립 65주년을 맞이하여 숭고한 오방 선생의 뜻을

**무등산 오방수련원**

기리기 위하여 기념비를 세웠다고 한다. 오방 선생을 일컬어 한국의 사도바울, 한국 사회복지의 선구자, 한센인의 아버지, 빛고을의 아버지, 무등산의 거인 등으로 불리기도 한다고 기록하고 있다. 선 채로 잠시 감사 기도를 드린다.

조금 더 직진하면 수령이 450년 되었다는 느티나무인 당산나무를 만난다. 널따란 휴식 공간이 마련되어 있다. 따듯한 차 한 잔으로 속을 조금 데우고 잘 정돈된 숲속 오솔길을 들어서자 낭만 어린 돌계단과 너덜길이 한참 동안 이어진다.

봉황대에서 오른쪽으로 연결되는 삼거리를 지나자 넓은 평원이 눈앞에 펼쳐진다. 중머리재(617m) 도착이다. 마치 중의 머리같이 생겼다 하여 붙여진 이름이라 한다. 중머리재는 서인봉, 용추폭포 등의 방향으로 갈라지는 무등산 등산길의 요충지로 은빛 억새가 바람에 따라 춤을 춘다.

조금 더 오르면 장불재와 중봉의 갈림길이다. 장불재로 향한다. 숨소리가 조금씩 거칠어진다. 중머리재에서 4~50분 오르면 장불재[249] 도착이다. 확 트인 넓은 평원이다. 광주광역시와 화순군의 경계가 되는 해발 919m를 알리는 표지석이 반긴다. 옛날 화순 등지에서 광주에 올 때 반드시 넘어야 했던 고개라 한다. 무등산국립공원 관리공단에서 운영하는 산장을 비롯하여 산객들을 위한 편의시설이 있으나 코로나 영향으로 운영하지 않고 있다.

탐방지원센터 앞에는 장불재에 대한 안내와 2007년 5월 19일 자로 이곳을 찾은 고 노무현 전 대통령의 흔적을 보게 된다. "아! 참 좋다."라고 적어 놓았다. 생전에 계셨더라면 더 좋았을 텐데 하는 생각이 든다.

가족 세 명이 장불재탐방지원센터에서 바람을 피해 컵라면으로 간식을 즐기고 있고, 군복을 입을 청년 두 명이 휴식을 취하고 있다. 2개월 전에 전역하고 취업을 위해 무등산 정기를 받기 위해 무등산에 올랐다고 한다. 파이팅할 것을 응원하고 입석대로 향한다. 광주광역시민들은 물론 원근 각처에서 즐겨 찾는 입석대 도착이다. 장불재에서 약 200여 m 거리다. 석공이 바위를 깎아서 만든 작품 같기도 하고, 이집트의 신전과 흡사

---

249  장불재:「동국문헌비고」에는 장불치(莊佛峙),「신증동국여지승람」에는 장불동(莊佛洞)이라 적혀 있다. 용추계곡의 긴 골짜기를 '긴 골' 즉 '장(長)골'로 부르고 그 골 위에 있는 고개라 하여 '장골재'라 부르던 것을 '장불사(長佛寺)'가 생기면서 장불치라 써 왔을 것으로 추정하고 있다. 옛날 이 고개는 화순에서 이서·동북 사람들이 광주에 오기 위해서는 반드시 넘어야 했던 지름길이었다. 고 노무현 대통령이 현직 대통령 최초로 무등산에 올라 산상 연설을 했던 발자취가 남아 있는 장소이기도 하다. 환경부, 무등산 관리사무소 제공.

하다. 감탄사가 절로 나온다. 바로 앞에는 무등산 주상절리대(無等山 柱狀節理帶)[250]에 대한 설명이다. 8천만 년 이상 이곳 무등산을 지켜 온 걸작이요 보물이다. 입석대와 서석대는 2005년 12월 16일 천연기념물 제465호로 지정받아 보호되고 있다.

정상을 향하는 길목에 승천암 터를 만난다. 마치 입석대를 눕혀 놓은 듯한 형태다. 기록에 의하면 옛날 이 부근의 암자에 무엇엔가 쫓기던 산양을 스님이 숨겨 준 일이 있었는데 어느 날 스님의 꿈에 이무기가 나타나 산양을 잡아먹고 승천해야 하는데 네가 훼방을 놓았다며 만약 종소리가 들리지 않으면 너라도 잡아먹어야겠다고 했다. 얼마 후 난데없이 우렁찬 종소리가 들렸고 이무기는 곧장 스님을 풀어 주고 승천하게 되었다는 전설이 얽힌 바위다.

승천암 부근에서 바라본 백마능선도 산객들의 눈을 사로잡는다. 해발 8~900m 사이에 있는 2.5km의 길이의 능선으로, 마치 백마의 잔등 모양 지형 위에 억새의 아름다운 은빛 물결을 이루는 이 길은 호남정맥 길로, 큰 어려움 없이 걸을 수 있다고 한다.

**승천암에서 바라본 백마능선과 운무**

---

250 무등산 주상절리대(無等山 柱狀節理帶): 중생대 백악기 후기(8,700~8,600만 년 전)에 화산폭발 시 분출된 화산재가 퇴색되어 형성된 무등산 응회암이 지표에서 천천히 냉각되면서 수축으로 발달한 지질구조이다. 이러한 주상절리가 발달한 무등산 응회암이 오랜 시간이 지나 풍화로 지표에 노출되면서 무등산 주상절리가 만들어졌다. 무등산 응회암은 2회 이상의 화산분출에 형성되었으며, 규봉 주상절리대에 있는 주상절리는 돌기둥의 너비가 약 7m에 이르는 세계적인 규모. 서석대와 입석대로 구성된 무등산 주상절리대는 천연기념물 제465호로 지정되어 있다. 무등산 현지 안내문 내용.

승천암에서 바라보는 삼면의 운무는 숨을 멈추게 할 정도로 아름답다. 필설로는 표현이 부족할 지경이다. 태양이 중천에 떠 있음에도 운무는 흐트러짐이 없다. 환상적이다. 운무에 취해 가다 말다를 반복하는 사이 드디어 서석대 도착이다. 수정 병풍 같다는 서석대다. 서석대는 무등산 정상의 남쪽 아래의 동쪽에서 서쪽을 향해 줄지어 돌기둥이 서 있다. 서석대를 수정병풍이라고도 불렀다고 한다. 광주 시가지가 한눈에 들어온다.

　하늘은 구름 한 점 없이 파랗다. 군부대로 인하여 정상인 천왕봉까지는 오를 수 없어 아쉬움이 남지만, 수많은 봉우리가 운무에 싸여 수줍은 듯 고개를 내민다. 무등산 정상은 천왕봉, 지왕봉, 인왕봉의 세 개의 봉우리로 이루어져 있다. 이를 무등산 정상 3봉이라 칭한다.

　정상에 도착하니 한 팀이 자리를 뜬다. 삼각대를 펴고 기념을 담는다. 삼면에 펼쳐진 운무는 좀처럼 변함이 없다. 운무를 친구 삼아 준비해 온 간식으로 요기하고 하산 준비를 하는 사이 여성 한 분이 서석대 쪽에서 올라온다. 광주시민으로 주 2~3일 정도는 산에 오른다고 한다. 서석대 쪽으로는 빙판길이라 위험하다며 만류한다. 본인이 길을 안내하겠다며 앞장선다. 다시 장불재로 되돌아와서 목교 삼거리에서 원효 분소로 가는 코스가 있다며 코스 입구까지 친절하게 안내해 주고 본인은 다른 코스로 하산한다고 한다. 그동안 여러 산객을 만났지만, 산을 사랑하는 대다수 사람은 심성이 좋은 것 같았다. 고마운 마음 전하고 하산길로 들어선다.

　하산길은 거의 흙길로 무릎에도 큰 무리 없이 원효분소에 도착하여 커피 한잔하면서 택시를 부르려고 하자 때마침 원효분소에 근무하는 직원을 만난다. 100여 m 거리에 버스 종점이 있으며 배차 시간도 20분마다 버스가 도착하므로 버스 이용을 권한다. 주차장에 도착하자 7분 후에 출발하는 버스가 대기하고 있다.

　연세 든 한 분이 등산 복장으로 계신다. 연세를

**무등산 서석대 기념**

여쭸더니 83세라 한다. 옛날 등산을 많이 한 관계로 무릎이 손상되어 정상까지는 오르지 못하고 낮은 산에만 지팡이에 의지하여 다니신다며 필자에게 너무 무리하지 말 것을 당부하신다.

광주 송정역에서 열차로 상경한다고 하자 도청 앞에 하차하여 전철을 이용하면 택시보다 빠르다며 친절하게도 전철 입구까지 안내해 주신다. 오늘 일진이 참 좋은 날이다.

금요일은 경험상 호남지방에서 상경하는 기차는 거의 매진으로 예약하지 않고는 기차 이용이 어려우므로 14시 30분 열차를 하루 전 발권해 놓았다. 오늘은 다행히 친절한 두 분 덕분에 여유 있는 시간 관리를 할 수 있었다.

무등산 중머리재 표지석

장불재 표지석

무등산 의재미술관

무등산 입석대 전경

무등산 오늘의 등산로

# 백운산(白雲山)

### 전라남도 광양시·구례군
- 2022년 1월 10일(월), 맑음(미세먼지)

백운산은 행정상 전라남도 광양시와 구례군에 연결되어 있으며 전라남도에서 지리산 노고단 다음으로 높은 해발 1,222m의 산이다. 백운산에는 서울대학교 연습림을 비롯하여 900여 종이 넘는 식물군이 서식하고 있는 생태적 특성을 가진 식물자원의 보고이다. 백운사(白雲寺)와 성불사(成佛寺) 등 유명 사찰이 있다. 특히 관절염에 효과가 좋다는 고로쇠나무의 수액이 유명한 곳이기도 하다.

백운산이라는 명칭(산 이름)을 가진, 우리나라 산림청이 선정한 100대 명산은 세 곳(전라남도 광양, 강원도 정선, 경기도 포천)이다. 오늘 오르는 백운산은

**백운산 정상석**

전라남도 광양에 있는 백운산이다. 광양의 백운산은 경관이 빼어나며 특히 '백운산 국사봉 철쭉축제'는 사랑, 기쁨, 행복, 힐링이라는 주제를 정하여 축제가 진행되기도 했으나 코로나로 중단된 상태라고 한다.

오늘도 대중교통을 이용한다. 용산역에서 5시 10분에 출발하는 여수 엑스포행 열차 편으로 7시 39분경 순천역에 도착한다. 순천역에서 들머리인 진틀마을까지는 택시(28,000원)로 이동한다.

진틀마을에서 300m 직진하면 병암산장(음식점)이 있다. 산장 옆길로 올라가면서부

터 본격적인 산행이 시작된다. 산장에도 이른 시간이라 인기척이 없다. 산행 초입의 등산로는 돌계단으로 잘 조성되어 있으며, 우측 계곡을 따라 흐르는 청량한 물소리를 들으며 기분 좋게 출발한다.

들머리에서 등산로를 따라 약 50여 분 후 진틀 삼거리에 도착한다. 좌측은 신선대를 거쳐 정상에 오르는 쪽이고, 우측은 백운산 정상 쪽이다. 정상이 1.4km 남은 지점이다. 이곳 등산로 바로 좌측에는 나무를 구워 숯을 만들어 내는 숯가마 터[251]가 설명과 함께 돌담을 쌓아 보존되고 있다. 현재 병암계곡의 기온은 영하 7도를 가리키지만, 이마에서는 땀방울이 연신 흘러내려 수건으로 훔친다.

진틀마을을 출발한 지 약 2시간 후 오늘의 목적지인 정상인 백운산 상봉(白雲山 上峯)에 도착한다. 숨 가쁘게 올라와 정상에 서는 순간 한려수도와 광양만이 눈앞에 펼쳐진다. 미세먼지가 방해는 하지만 조망은 일품이다. 정상석이 세워진 주변의 공간이 좁아 주의가 필요하다. 그러나 정상 바로 아래는 휴식할 수 있는 넓은 공간이 마련되어 있어 다행이다. 부부로 보이는 한 팀이 정상 바로 아래 쉼터에서 기념을 담느라 한창이다. 필자는 삼각대를 펴고 정상석을 배경으로 기념을 몇 장 담고 쉼터로 내려가 인사를 나눈다.

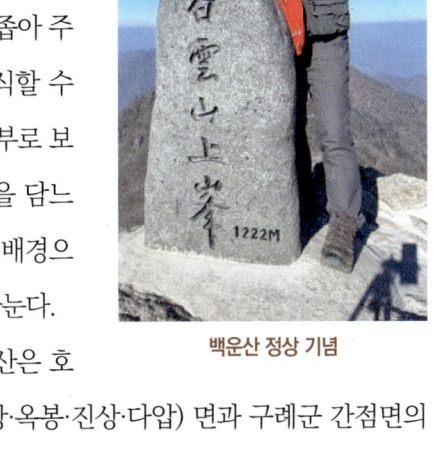

**백운산 정상 기념**

쉼터에 게시된 백운산에 대한 안내다. 백운산은 호남정맥의 마지막 끝자락으로 광양시 4개(봉강·옥룡·진상·다압) 면과 구례군 간점면의 경계 지역에 있으며 높이는 1,222m로 전라남도에서 지리산 노고단에 이어 두 번째로 높다. 이곳에서는 장쾌한 지리산의 주 능선과 남해안 한려수도, 광양만의 환상적인 조망을 볼 수 있다. 식물 분포도는 온대에서 한대에 이르기까지 980여 종의 식물들이 자

---

251 숯가마 터: 예전 백운산 자락에 기대고 살던 우리 선조들은 이곳에 자생하는 참나무를 베어 숯을 구워 내다 팔며 생활하였다. 이곳의 숯가마 터는 백운산의 높은 경사지의 지리적 여건을 이용하여 석축을 쌓아 만든 것으로 1920~1970년대까지 50여 년간 백운산의 참나무를 이용하여 전통 방식으로 숯을 구웠다고 한다. 보통 숯 작업은 일주일 이상 불을 지펴야 하는데, 이때 원목의 30% 정도가 숯으로 만들어진다. 광양시청 산림과 제공.

생하고 있으며 특히 백운산이 자랑하는 백운산 4대 계곡(성불·동곡·어치·금천)은 원시림이 그대로 남아 있는 청정지역으로 여름철 피서지로 최고의 주목을 받는 곳이다.[252]

부부 팀은 광양에서 오신 분들로 진틀마을로 원점 회귀 할 예정이라며 서울에서 왔다고 하자 광양까지 자차로 함께 가자며 권한다. 필자는 한재를 거쳐 논실마을로 날머리를 계획한지라 마음만 받고 고맙다는 인사를 건네고 선선대를 향해 발걸음을 옮긴다.

경사도 높은 좁은 계단과 아슬아슬한 밧줄에 의지하며 용을 쓰며 깎아지른 듯한 신선대에 오른다. 신선대(1,198m)에서 바라본 정상은 신비스러울 정도로 아름답고 웅장하다. 신선대 정상 표시는 둥근 모양의 통나무로 바위 꼭대기에 외롭게 서 있다. 온갖 잡념을 떨치게 하는 마치 신선이 된 기분이다.

하늘은 더없이 높고 파랗다. 그러나 최악의 미세먼지로 먼 곳의 조망이 선명하지 않아 다소 아쉬움이 남는다. 가을 단풍이 아름답기로 유명하지만, 내년에 더 아름다운 모습으로 단장하기 위해 사전 준비라도 하듯 지금은 무거웠던 외투를 모두 벗어 던지고 알몸으로 산객들을 맞이하는 풍경도 아름답기만 하다. 신선대를 내려와 12시 30분에 한재에 다다른다. 한재에서 논실마을까지는 2.3km를 알린다. 한재까지 등산로는 잔실이 덮여 있기도 하고 일부 구간은 미끄러운 빙판길이다.

**백운산 정상에서 바라본 전경**

한재쉼터 옆에 눈길을 끄는 안내판이 서 있다. 6·25 전사자 유해 발굴 기념지역이라고 표시하고 있다. 국방부와 제31보병사단, 광양시에서 제공하는 안내에 따르면 백운산 일대는 6·25전쟁 당시인 1950년 10월 4일부터 1952년 3월 14일까지 1년 5개월간 공비 토벌 작전과 백운산 작전 등 치열한 전투가 벌어졌던 격전지임을 알린다. 국가와 호남지역을 수호하기 위하여 호국영령들의 혼과 영혼이 남아 있는 지역으로 특

---

252 백운산 정상 안내 글, 광양시.

히, 광양 대대는 "나라를 위해 목숨을 바친 분들을 끝까지 책임진다."라는 국가의 무한 책임을 완수하기 위해 2017년 5~6월, 2018년 3~4월, 6·25 전사자 유해 발굴 사업을 진행하여 전남지역 제보 발굴 이후 17년 만에 처음으로 6·25전쟁 당시 미처 수습하지 못한 국군 전사자 유해 4구를 발굴하여 조국의 품으로 모실 수 있었던 뜻깊은 장소로, 오늘날 우리가 편히 산행을 할 수 있는 것도 선배들의 고귀한 희생이 있었기에 가능함을 생각하며 잠시 고개를 숙인다.

한재에서 논실마을까지 등산로는 시멘트 도로와 비포장도로다. 포장된 내리막길은 언제나 무릎에 충격을 주는 관계로 보호대를 작용하고 천천히 걷는다. 오늘 백암산 코스는 난도가 그리 높지는 않아 가벼운 마음으로 산행을 할 수 있었다. 등산로 중간중간에 가마니 매트가 깔려 있다. 등산로 좌측에 서울대학교 농대에서 장수하늘소 대체서식지 적응 실험을 위해 두꺼운 비닐로 보호막을 설치해 놓은 점도 흥미롭다. 무단 훼손 시는 2년 이하의 징역이나 2천만 원 이하의 벌금까지 부과한다고 한다. 꼭 처벌 내용까지 명기해 놓을 필요가 있는지 웃음이 난다. 산을 찾는 사람들의 선한 마음을 헤아리지 못함은 아닌지 싶다. 오늘 세 곳의 백운산 중 마지막 백운산을 오르면서 즐거운 마음으로 87번째 숙제를 마무리한다.

백운산 신선대

백운산 숯가마 터

6·25 유해 발굴 기념 안내

백운산 정상부 모습

백운산 오늘의 등산로

# 두륜산(頭輪山)

## 전라남도 해남군
- 2022년 1월 24일(월), 맑고 흐림

두륜산은 행정상 전라남도 강화군 삼산면, 북일면, 현산면에 접해 있는 해발 703m의 산이다. 두륜산 도립공원에 따르면 두륜산(頭輪山)은 백두산의 두(頭), 중국 곤륜산에서 륜(崙)을 빌어서 두륜산(頭崙山)이라고도 하며, 큰 산·큰 언덕의 순 한글인 한듬, 한덤에서 유래된 이름으로 대둔산(大芚山)으로 불렸다.

두륜산(가련봉) 표지석

두륜산은 우리나라에서 가장 남쪽에 있는 산으로 해남군 삼산면, 옥천면, 북일면, 북평면, 현산면, 5개 면(面)에 걸쳐 있으며, 주요 봉우리로는 가련봉(迦蓮峰/703m), 노승봉(老僧峰/685m), 도솔봉(兜率峰/672m), 고계봉(高髻峰/638m), 두륜봉(頭輪峰/630m), 연화봉(蓮花峰) 병목안꼭대기봉(613m), 투구봉(雪峰/주봉 530m), 향로봉(香爐峯/469m), 혈망봉(穴望峰/379m) 총 아홉 봉우리를 거느리고 있다. 정상에 서면 다도해가 한눈에 들어온다.

두륜산도립공원 내에는 대흥사를 비롯하여 북미륵암, 남미륵암, 일지암, 진불암 등 유명한 산내 암자와 북미륵암 마애여래좌상(국보 제308호), 탑산사명동종(보물 제88

호), 금동관음보살좌상(보물 제1547호), 서산대사 행초 정선사가록(보물 제1667호) 등 많은 문화유산이 산재하여 있다.[253]

대흥사는 목포 등 9개 시·군의 말사를 관할하는 22교구의 본사이기도 하다. 대흥사는 3개 구역으로 구분되어 있다. 대웅보전과 응진전이 있는 복원구역, 천불전과 가허루가 있는 남원구역, 서산대사 사당인 표충사 구역이다.

표충사(表忠祠)[254]에는 서산대사를 비롯하여 사명대사와 처영 뇌묵당 대사를 모시고 있으며 정조 임금이 직접 썼다는 표충사라는 편액 현판을 만날 수 있다. 표충사에 대해서는 김상영 중앙승가대 교수가 조선시대 호국불교와 관련해 중요한 제향 시설에 대한 본격적인 조사와 함께 조선시대 국가와 불교, 교단과 승군 체제의 관계, 전란 이후 승단과 승려들의 동향 이해라는 측면에서 표충사(表忠祠)를 발간했으며 향후 표충사에 대한 심층적인 연구가 이어질 예정이라 한다.[255]

오늘도 대중교통편이다. 수서역에서 5시 8분에 출발하는 SRT 651 열차로 종점인 목포역에 7시 23분에 도착한다. 산행의 들머리인 오소재까지는 택시로 이동한다. 당초에는 오소재 약수터에 하차해서 산행해야 하는데 기사도 초행길이라며 오소재에 하차시켜 준다.

오소재에 내리자 오기택의 고향 무정이란 노래가 구성진 목소리로 새벽 공기를 가르며 울려 퍼진다. 공원 중앙에는 오기택 노래비가 큼직한 바위에 새겨져 있다. 8시 30분

---

253 두륜산도립공원이 제공한 현지 글 내용.
254 표충사(表忠祠): 전라남도 기념물 제192로, 1788년에 건립되어 정조대왕이 직접 쓴 표충사 편액이 하사되었다. '어서각(御書閣)'이라는 편액은 '임금의 글이 있는 곳'이라는 뜻으로 이곳의 편액이 정조대왕의 글씨임을 확인해 주고 있다. 표충사는 임진왜란 때 팔도십육종도총섭(八道十六宗都摠攝)으로서 왜적을 물리치는 데 큰 공을 세운 서산대사와 휴정 스님(1520~1604)의 충절을 기리기 위해 세워졌다. 중앙에는 서산대사 진영이 모셔져 있고, 양쪽으로 서산대사의 제자로 전란에서 공적을 세운 사명당 유정 스님과 뇌묵당 처영 스님의 진영을 모셨다. 현재의 건물은 1836년에 다른 곳으로 이전되었다가 1860년 10월에 다시 현재의 자리로 옮겨졌고 상량문은 초의선사가 썼다. 조선 후기에 불교계의 충의를 기리기 위해 국왕이 편액을 내린 사당으로는 서산대사의 충절을 기리기 위한 사당으로 대흥사의 표충사와 1794년(조선 정조 18년)에 편액이 하사된 묘향산 보현사의 수충사(酬忠祠)가 있고, 사명대사의 충절을 기리기 위한 사당으로 1743년(조선 영조 18년)에 1990에 편액이 하사된 밀양 표충사(表忠祠)가 있다. 대흥사 현지 제공.
255 불교 사회연구소(소장 법안 스님), 최근 호국불교사찰 자료집 〈해남 대흥사 표충사(表忠祠)〉, 불교신문(http://www.ibulgyo.com), 엄태규 기자, 2014.3.

부터 산행 시작이다. 우측에 마련된 데크 길을 따라 산행해야 하는데 좌측 오솔길 입구에 매달아 놓은 산악회의 시그널을 보고 직진한다. 등산로는 좁은 오솔길이다. 한 시간 정도 오르자 산 대부분은 너덜지구로 바윗길이다. 오심재 삼거리를 경유하여 정상에 올라야 하나 정상 코스를 벗어난 것이다. 들머리 출발 약 두 시간 만에 노승봉 도착이다. 노승봉에는 앙증맞은 표지석이 반긴다. 노송봉을 오르기 위해서는 암벽과 밧줄, 경사진 데크 계단을 통과해야 한다. 노송봉 표지석 앞에는 넓은 공간이 마련되어 있다. 조망이 확 트인다. 바로 건너편에는 고계봉과 멀리는 강진만의 모습이 끝없이 펼쳐지고, 눈앞에는 목적지인 가련봉과 두륜산 정상이 기다린다.

등산로에는 크고 작은 바위들이 갖가지 모양으로 산객들의 눈길을 끈다. 좁은 계단과 쇠사슬 암벽과 'ㄷ자' 발판을 딛고 오르면 가련봉 정상이다. 오소재 출발 2시간 40분 만이다. 사방은 막힘이 없고 운무로 덮인 다도해 조망이 일품이다.

눈 아래는 해남과 강진의 농촌 마을이 한 폭의 그림처럼 펼쳐지고 북쪽으로는 2주 전(1월 4일) 산행한 영암 월출산이 이곳으로 달려올 채비를 한다. 멀리 다도해의 많은 섬도 한가롭다.

바람이 세차지만 필자 생애 동안은 다시 오르지 못할 가련봉이라 충분한 휴식과 기념을 가슴에 담고 매실차 한 잔으로 여유를 찾고 하산길로 접어든다. 급경사 계단을 지나 가련봉과 두륜산 안부인 만일재 도착이다. 넓은 평원에 은빛 억새가 넘실거린다. 현지 안내에 따르면 만일재는 북일면 사람들이 대흥사로 넘어왔던 재이며, 산악인들이 가련봉과 노승봉, 두륜봉, 도솔봉을 오르면서 쉬어 가는 곳이다. 천년 전설을 간직한 천년수가 서 있는 만일암 터(挽日庵址)에서 만일재의 이름이 유래되었다고 한다. 동쪽을 바라보면 장흥 천관산이 보이고 완도의 다도해가 장관을 이룬다. 가을이면 억새가 일렁이는 모습이 아름답고, 새해에는 많은 사람이 올

**두륜사 정상 기념**

라와서 떠오르는 일출을 바라보며 소원을 기원하는 곳으로 유명하다고 한다.

얼핏 생각하기에는 두륜봉이 정상 같지만, 두륜산의 정상은 두륜봉이 아닌 가련봉이다. 두륜봉에 오르는 것은 포기하고 이정표를 따라 대흥사 대웅전 쪽으로 향한다. 하산길은 평탄한 등산로다. 평일(월요일)이지만 코로나와 오미크론의 창궐로 한 명의 산객도 없다. 오늘도 두륜산 전체를 독차지한다.

오기택의 고향 무정을 따라 부르며 발걸음을 재촉한다. 해남종합버스터미널에서 2시에 출발하는 강남행 버스를 타려면 시간을 좀 저축해야 한다. 얼마 내려오지 않아 필자가 싫어하는 시멘트로 포장된 내리막 임도길이다. 무릎에 무리가 온다. 등산로 좌측 100여 m 지점에 있는 차(茶)의 성지(聖地)인 일지암(一枝庵)[256]으로 향한다. 대웅전을 비롯한 고풍스러운 사찰 건물이 여러 채 있으나 인기척이 없다. 진돗개 한 마리가 꼬리치며 일지암을 찾는 외지인을 반긴다.

특이한 초가 건물 한 채가 눈에 들어온다. 가까이 가 봤으나 문이 닫혀 있다. 고즈넉한 분위기로 스님들이 차담을 나누는 장소 같기도 하다.

아쉬움을 뒤로한 채 천년고찰 대흥사로 향한다. 계속 시멘트 포장된 임도를 벗어나 대흥사 도착이다. 대흥사는 주변 경관이 뛰어나며 임진왜란과 6·25동란을 거치면서도 소실되지 않았던 사찰로도 유명하다. 표충사에 다다른다. 표충사(表忠祠)는 독립된 사찰이 아니라 대흥사의 세 구역 중 한 구역인 표충사 구역에 있는 서산대사를 비

...................

256  일지암: 이곳 일지암은 시서화 삼절로 차(茶)를 중흥시킨 초의(草衣) 대선사(1786~1866년) 장의순 스님께서 만년 40년(1826~1866년) 동안 계셨던 곳이고 자우 산방은 초의 스님이 삶을 꾸렸던 살림채이다. 스님께서는 일지암에서 차와 선, 시와 그림, 예술과 문화를 하나로 생활화하며 고구려, 백제, 신라, 고려, 조선조의 징구한 역사의 큰 줄기에서 유일무이한 차의 교과서인 『동다송』과 『다신전』, 그 밖의 많은 책을 저술하였다. 조선 후기 실학의 거두이자 당대의 명사인 다산 정약용, 금석학과 추사체로 유명한 완당 김정희, 정조 임금의 사위인 홍현주, 병조판서였던 권돈인, 조선 최고의 시인이라 일컫는 자하 신위 등 많은 대석학들과 차를 매개체로 교유를 초월한 방외청교(方外淸交)를 맺었던 곳이자 다문화의 성지로 일컬어지는 곳이다. 특히 남종화의 산실이기도 한 이곳은 소치 허련을 배출했던 곳이기도 하다. 진도 운림산방의 주인이었던 소치 허련은 초의와 추사의 두 스승을 인연으로 맺어 미산·의재·남농으로 이어지는 남화(南畫)의 화풍을 이루었다. 초의선사께서 입적하시고 난 후 화재로 소실되어 그동안 폐허로 방치되었던 곳을 차를 아끼고 사랑하는 많은 사람이 뜻을 모아 1979년에 복원하였다. 옛 모습을 살리고자 여수에 있던 고가의 목재를 쓰고 초의 스님의 시와 간찰(簡札), 소치가 저술한 몽연록(蒙緣綠)을 참고로 하여 근대 3대 건축가의 한 분인 조자룡 박사의 설계로 복원되었다. 한국 선(禪) 차실(茶室)의 전형인 일지암(一枝庵)은 우리가 지키고 가꾸어야 할 아름다운 문화유산이다. 일지암 제공, 현지 글 내용.

롯하여 그의 제자인 사명대사와 처영 뇌묵당 대사의 위패를 모신 사당이다. 특히 표충비각이 눈길을 끈다. 표충비각에는 서유린(徐有隣, 1738~1791)이 조선 정조 15년에 지은 '서산대사 표충사 기적비명(西山大師 表忠祠 紀蹟碑銘)'과 연담유일(蓮潭有一, 1720~1799) 스님이 1792년(조선 정조 16년)에 지은 '건사사적비명(建祠事蹟碑銘)'이 있다. 현재의 건물은 1860년에 표충사를 이건할 때 지은 것이라고 기록하고 있다.

경내를 30여 분 관람하고 차 한잔하기 위해 찻집에 들렸으나 다른 손님은 없고 대추차를 끓이는 향기와 은은한 음악이 피로를 덜어 준다. 대추차를 권한다. 버

대륜산 대흥사 표충사(表忠祠)

스 정류장까지는 약 30분 정도 소요된다고 한다. 여사장께서 친절하게 택시를 불러 줘서 해남종합버스터미널로 이동하여 14시에 출발하는 버스에 승차하자 눈꺼풀이 천근만근이다. 약 5시간 동안 자다 깨기를 반복하는 사이 서울고속버스터미널에 도착하면서 88번째 두륜산 산행을 갈무리한다.

두륜산 등산로 　　　　두륜산 일지암 다(茶)실 　　　　두륜산 노승봉

두륜산 정상(가련봉) 전경

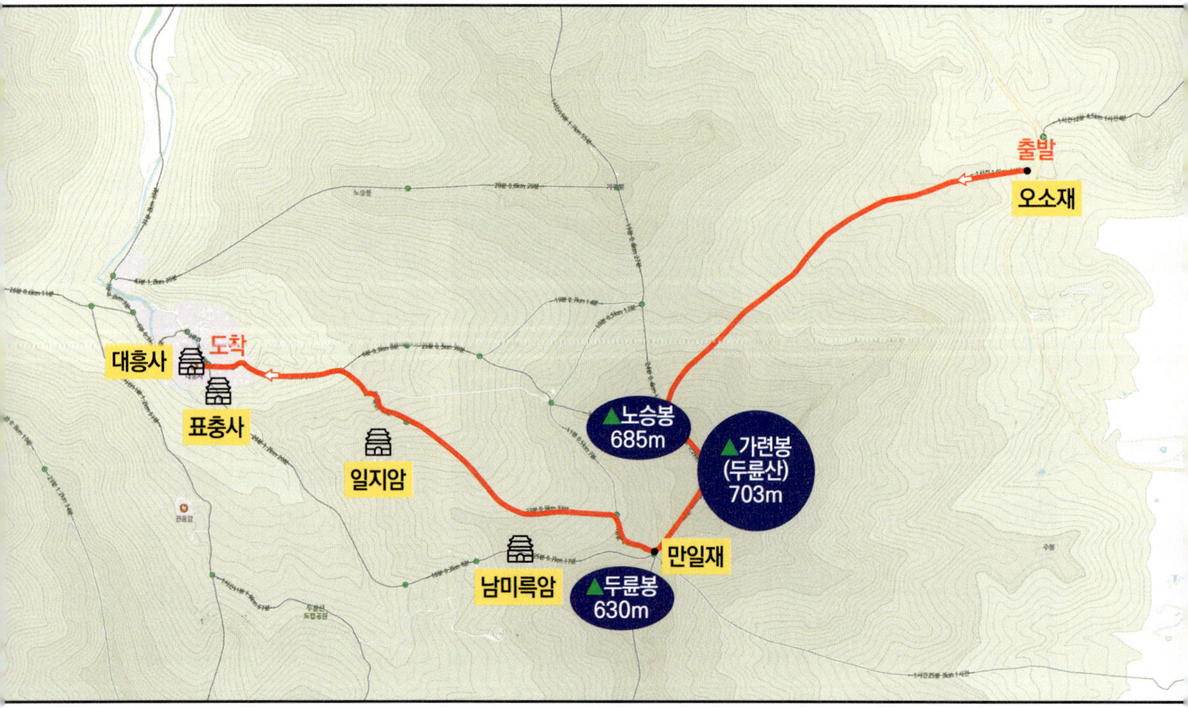

두륜산 오늘의 등산로

# 천관산(天冠山)

### 전라남도 장흥군
### - 2022년 2월 9일(화), 맑고 흐림

천관산은 행정상 전라남도 장흥군 관산읍과 대덕읍에 연결된 해발 723.1m의 산이며 1998년 10월에 도립공원으로 지정되었다. 천관산은 지리산(智異山)을 포함한 월출산(月出山)·내장산(內藏山)·내변산(內邊山)과 함께 호남지방의 5대 명산 가운데 하나이다. 장흥환경운동연합이 제공하는 바에 따르면 천관산은 신비의 영산(靈山)이며, 사방으로 뻗은 지형과 기암괴석으로 이루어진 산봉이 특출한 산세를 형성한다.

천관산의 특징은 연대봉, 구정봉, 천주봉, 구룡봉, 환희대 등 30여 개의 기암괴석의 초점경관(Focal

**천관산(연대봉) 정상석**

Landscape)과 연대봉에서 바라보는 남해의 일출과 산 정상부에서는 막힘없이 다도해와 월출산, 무등산은 물론, 날씨가 좋으면 제주도 한라산까지 조망이 가능한 전경관(Panoramic Landscape)이 뛰어난 산임을 알리고 있다.

오늘도 대중교통을 이용한다. 수서역에서 5시 8분에 출발하는 목포행 열차로 7시 27분에 종점인 목포역에 도착한다. 목포종합버스터미널에서 장흥시외버스터미널까지는 버스로 이동하고 장흥에서 금일 들머리인 탑산사(塔山寺) 아래 주차장까지는 택시로 이동한다. 주차장에는 트럭 두 대가 주차되어 있으나 사람은 보이지 않는다. 아마 탑산사나 등산로 공사를 위해 인부들이 타고 온 차량으로 짐작된다.

탑산사 입구 우측에 커다랗게 쌓아 올린 돌탑과 함께 문탑(文塔)이란 글씨가 눈길을 끌게 한다. 내용인즉 천관산의 정기를 모아 탑을 세우고 문인들의 육필원고와 작품을 보관하여 문필이라 이름 짓고, 높고 찬란한 문향(文香)이 고을 처처(處處)에 피어올라 큰 덕(大德)이 되고 만세토록 번영한다는 글이다. 문인들의 원고가 돌탑 안에 보관돼 있는지는 확인할 수 없다.

주차장 한쪽에 큼직한 천관산 등산로 안내판이 설치되어 있다. 정상을 오르는 등산로는 왼쪽부터 구룡봉(탑산사 큰절), 닭봉, 불영봉 등 세 곳의 등산로가 있으나 필자는 우측 등산로인 불영봉 코스를 선택한다.

장비를 점검한 후 9시에 산행을 시작한다. 등산로 초입에 설치된 계단을 지나자 다소 가파른 길이 이어진다. 약 300여 m 오르자 표봉에 도착한다. 크고 작은 돌덩어리를 쌓아 올린 갖가지 모양이다. 조금 더 직진하면 마치 거북 한 마리가 머리를 쭉 내밀고 천관산을 오르내리는 수많은 등산객의 안전을 살피는 모습이다. 숨소리가 거칠어지는 사이 불영봉(拂影峯)[257] 도착이다. 기둥 같은 돌이 그 꼭대기에 높이 솟아 엄숙함이 흡사 부처님 영상(影像)과 같다고 하여 붙여진 이름이라 한다.

천관산 정상 기념

불영봉을 지나자 건너편의 산 능선은 온통 바위산이다. 지난 1월 4일 산행한 월출산에는 그 규모가 미치지 못하지만 산 대부분이 기암괴석으로 이루어져 있으며 신비스럽기까지 한 기이한 바위들이 눈과 마음을 즐겁게 하며 탄성을 자아내게 한다.

---

257 불영봉(佛影峯): 미타봉(彌陀峯)의 북쪽에 있으니 큰 바위들이 무더기로 쌓여 봉우리를 이루었고 네모꼴의 기둥 같은 돌이 그 꼭대기에 높이 솟아 엄숙함이 부처님 영상(影像)과 같다. 청람(晴嵐)이 그 하대(下臺)를 가리고 불두(佛頭)가 높이 솟아 구름 밖에 있으니 황홀하여 마음이 팔려서 가히 말을 주고받고 싶은 충동을 받게 된다. 참으로 절묘한 경관이다. 천관산 불영봉 현장 안내 글 내용.

멀지 않은 정면에는 돌담을 쌓은 천관산 정상인 연대봉이 마음을 편하게 한다. 불영봉을 지나자 등산로는 폭신폭신한 친환경 가마니가 깔려 있어 무릎에도 무리가 없어 좋다.

산행을 시작한 지 약 두 시간 후 정상인 연대봉(煙臺峯)[258]에 도착한다. 다른 산객 없이 오늘도 정상은 필자가 독차지한다. 사방이 확 트여 막힘이 없다. 미세먼지 등으로 선명하지는 않지만, 다도해의 멋진 풍경이 그림처럼 눈앞에 펼쳐진다. 날씨가 쾌청할 때는 한라산까지 조망할 수 있다고 한다. 정상석 뒤에는 네모 모양의 봉수대가 돌로 축조되어 있어 신비를 더한다.

삼각대를 설치하여 기념을 여러 장 담고 따뜻한 차 한잔으로 여유를 즐긴다. 정상에서 30여 분 휴식 후 환희대로 향한다. 아쉬움이 남아 다시 한번 남해를 눈에 담기 위해 봉수대에 오른다. 환희대를 향하는 등산로는 천관산의 자랑거리의 하나인 억새 군락지다. 등산로 왼쪽으로는 억새와 바다가 어우러져 한 편의 동양화처럼 펼쳐진다. 가을철 은빛 억새 길이 아니라 아쉽기는 하지만 눈도장 찍기에는 부족함이 없다. 환희대(歡喜臺)[259] 도착이다. 의미 있는 곳이라 삼각대를 다시 펴고 기념을 담고 날머리인 천관사로 향한다. 천관사까지 2.3km 거리다. 하산 초입에 펼쳐지는 석선봉을 비롯하여 관음봉, 선재봉, 대세봉, 당번·천주봉 등 바위 무리의 모습은 가히 말로 표현할 수 없을 정도로 아름답다.

인간의 힘으로는 상상이 가지 않을 정도로

**천관산 환희대**

---

258 연대봉(煙臺峯): 옛 이름은 옥정봉(玉井峯)이며 천관산의 가장 높은 봉이다. 고려 의종왕(서기 1160년대) 때 봉화대를 설치하여 통신수단으로 이용하였고 이후부터 봉수봉(烽燧峰) 또는 연대봉(煙臺峯)이라 불렀다. 멀리 보이는 삼면이 다도해로 동쪽은 고흥의 팔영산, 남쪽으로는 완도의 신지, 고금, 약산도 등이 그림처럼 펼쳐져 있다. 맑은 날엔 남서쪽 중천에 한라산이 보이고 그 밖의 해남의 대둔산, 영암 월출산, 담양의 추월산을 볼 수 있다고 기록하고 있다. 연대봉 정상 안내 글 내용.

259 환희대(歡喜臺) : 책 바위가 네모나게 깎아져 서로 겹쳐 있어서 만권의 책이 쌓인 것 같다는 대장봉 정상에 있는 평범한 석대(石臺)이니 이 산에 오르는 자는 누구나 이곳에서 성취감과 큰 기쁨을 맛보게 되리라! 환희대 현지 글 내용.

아름다운 조화를 이루고 있다. 발걸음이 멈춰 버릴 듯한 감정이다. 당번·천주봉(幢幡·天柱峯) 도착이다. 천주를 깎아 기둥으로 만들어 구름에 세운 것 같다. 불가(佛家)에서는 깃발을 달아 놓은 보찰(寶刹)이라고 한다. 금관봉(金冠峯)이라고 부르기도 한다. 조금 더 내려가면 가장 높은 봉우리인 대세봉(大勢峯) 도착이다. 문장봉이라고도 부르며 벽이 기둥처럼 서서 하늘을 찌르니 보기에 늠연(凜然)하다고 하여 가히 우러러보지 못하며 나는 새도 능히 오르지 못한다고 기록하고 있다.

갖가지 모양의 바위를 감상하는 사이 통일신라시대 창건한 천관사(天冠寺)에 도착한다. 스님 한 분이 사찰 마당 한쪽에서 서성이고 있을 뿐 경내는 신도 한 명 없는 고요 그 자체다. 경내에 있는 문화재로는 천관사 오층석탑(天冠寺 五層石塔, 전라남도 유형문화재 제135호), 천관사 석등(天冠寺 石燈, 전라남도 유형문화재 제134호), 천관사 삼층석탑(天冠寺 三層石塔) 등의 석탑이 눈에 띄었다. 사찰 주변에 혹시 커피라도 한잔할까 하는 바람으로 내려왔으나 기대로 만족해야 했다. 경내를 10여 분 관람하고 장흥 택시를 불러 장흥시외버스터미널에서 13시 40분 출발하는 강남행 버스로 약 5시간을 달려 서울에 도착하면서 89번째 천관산 산행을 갈무리한다. 배차 시간 관계로 남도의 산해진미를 맛보지 못해 진한 아쉬움이 남는다.

천관산 불영봉

천관사 석등

천관사 석선봉

천관산 기암괴석(대세봉 일대)

천관산 오늘의 등산로

# 팔영산(八影山)

## 전라남도 고흥군
- 2022년 2월 14일(월), 맑고 흐림

팔영산은 행정상 전라남도 고흥군 점안면과 영남면에 연결된 산으로 주봉인 깃대봉은 해발 609m이다. 산 전체가 여덟 개의 바위 봉우리로 능선을 이루고 있으며 마치 한 폭의 병풍과도 흡사하다. 각 봉우리마다 다도해의 아름다운 절경을 조망할 수 있다. 1998년 도립공원으로 지정된 후 2011년 국립공원으로 승격되었으며 다도해해상국립공원으로 팔영산 지구에 속해 있다.

팔영산국립공원에 따르면 팔영산 봉우리 명칭에 대한 유래는 팔봉의 그림자가 멀리 한양(서울)에까지 드리워져서 팔영산이라고

**팔영산 정상석**

불렀다고 하고, 일설에는 금닭이 울고 날이 밝아 오면서 붉은 햇빛이 바다 위로 떠오르면 팔봉은 마치 창파에 떨어진 인판(印版, 인쇄판)과 같다고 하여 그림자 영(影) 자를 붙였다고 한다. 또한 옛날 중국 위(魏)나라 태화연간(太和年間, 227~231년)이 팔봉의 그

림자가 멀리 위주(魏主)의 세숫대야에 비추어 왕이 몸소 이 산을 찾아 보고 비로소 그림자 영자를 붙여 주었다고 전한다.

또한 이 산의 이름은 팔영산(八影山) 이외에 팔전산(八田山), 팔령산(八靈山), 팔점산(八点山) 등으로 불렸으며 산의 정상에 팔봉(八峰)이 있는데 제1봉부터 유영(儒影), 성주(聖主), 생황(笙篁), 사자(獅子), 오로(五老), 두류(頭流), 칠성(七星), 적취(積翠)라 하였으며 각 봉우리마다 정상석이 세워져 있다.

오늘도 대중교통편이다. 여느 때와 동일하게 새벽 3시에 기상하여 사무실에서 환복 후 용산역으로 이동하여 여수 엑스포행 5시 10분발 첫 열차 편으로 7시 39분에 순천역에 도착한다. 순천역에서 오늘 들머리인 능가사 입구까지는 택시로 이동한다. 능가사[260]는 화엄사를 비롯하여 송광사, 대흥사와 더불어 예전에 호남의 4대 사찰 중 하나였다고 전한다. 경내는 인기척이 없다. 팔영산을 배경으로 대웅전[261]이 가운데 자리하고 있다. 대웅전 문도 닫혀 있다. 경내를 10여 분 관람하고 8시 40분부터 산행을 시작한다. 능가사를 벗어나자 팔영산 팔봉에 대한 자세한 설명이 흥미롭다. 포장된 도로 우측에는 전라남도 유형문화재 제264호인 고흥 능가사 추계당 및 사영당 부도가 예사롭지 않게 자리하고 있다. 산을 바라보면 산 높이가 별로 차이가 나지 않은 팔영산 8개 봉우리가 눈앞에 펼쳐진다.

---

260 능가사(楞伽寺): 대한불교조계종 제21교구 본사인 송광사(松廣寺)의 말사이다. 417년 아도화상(阿道)께서 창건하여 보현사(普賢寺)라 하였다. 임진왜란 때 모두 불탄 뒤 조선 인조 22년(1644년)에 벽천(碧川) 정현대사(正玄大師)가 중창하고 능가사로 이름을 바꾸었다. 문화재로는 350여 년 전에 나무로 만든 뒤 개금한 불상 8위와 나무로 만든 뒤 도분(塗粉)한 불상 22위, 보물로 지정된 높이 157cm의 범종(梵鐘)과 전라남도 유형문화재인 4.5m의 목조사천왕상(木造四天王像), 귀부(龜趺) 위에 세워진 높이 5.1m의 사적비(事蹟碑)가 전라남도 유형문화재로 지정되어 있다. 다음 백과사전, 2022.2.15.

261 능가사 대웅전: 보물 제1307호. 전라남도 고흥군 점암면 팔봉길 21(성기리) 18세기 중엽에 중건된 앞면 5칸, 옆면 3칸의 팔작지붕 전각(殿閣)이다. 처마를 받치는 부재인 공포(栱包)와 건물 내외부에 연꽃 봉오리를 본뜬 장식 등으로 전체적으로 장엄하고 미려하다. 기둥은 중간이 굵고 위아래가 가는 배흘림 양식이다. 건물이 입구에 맞춰 북향으로 되어 있는 점이 특이하다. 조선 중후기 호남지역 사찰 건축의 면모를 보여 주는 건물로 학술적, 미술사적으로 가치를 인정받았다. 보물인 영광 불갑사 대웅전, 부안 개암사 대웅전과 맥을 같이한다. 능가사는 419년 아도(阿道) 화상이 창건하면서 보현사라 불렀다고 전하며, 임진왜란 때 불탄 것을 1644년 벽천(碧川) 정현 대사가 다시 짓고 이름을 능가사로 바꾸었다. 능가사 제공.

**팔영산 능가사 대웅전 전경**

탐방로 입구에는 사각뿔 형태의 팔봉에 대한 표지석이 정원으로 꾸며져 있다. 탐방로 입구를 통과하자 좌측에 큼직한 팔영 소망탑이 반긴다. 탐방 입구를 지나 계곡을 따라 50여 분 걸으면 쉬어 갈 수 있는 예쁜 정자와 흔들바위가 나타난다. 국립공원공단이 제공하는 설명에 따르면 이곳 흔들바위는 마당처럼 꼼짝하지 않는다고 하여 마당바위라고 불리기도 하며 힘센 어른이 밀고 당기고 씨름하다 보면 흔들림을 볼 수 있기에 흔들바위라고 한다. 호기심에 필자도 용을 써 봤지만 어림도 없다. 제1봉인 유영봉까지는 600m 거리다. 유영봉이 눈앞에 보인다.

**팔영산 8개 봉우리 명칭 및 높이(등산로 입구 사진)**

기대감을 품고 철 계단을 올라 유영봉(491m)에 도착한다. 널따란 바위 위에 표지석이 자리하고 있다. 제1봉에서 바라본 풍광이 일품이다. 다도해의 크고 작은 섬 군(群)이 한편의 동양화를 방불케 한다. 다른 산객 없이 필자 홀로다. 칠십 중반 나이에 이렇게 아름다움을 즐길 수 있음은 분명 축복이다. 모두에게 감사한 마음이다. 현지에 기록되어 있는 팔영산 설명이다. 팔영산 팔봉은 기러기가 나란히 날아가는 것 같기도 하고 물고기를 나란히 꿰어 놓은 것 같다. 구름 가운데 우뚝 솟아 기특한 자태를 뽐내며 봉우리가 서 있다고 기록하고 있다.[262] 현장에는 1봉 유영봉(儒影峰) 대하여, "유달은 아니지만, 공맹의 도 선비레라/유건은 썼지만, 선비 풍채 당당하여/선비의 그림자 닮아 유영봉 되었노라"라 기록되어 있고, 이어서 아슬아슬한 철 계단을 통과하여 제2봉인 성주봉(聖主峰, 538m)에 도착하면 이곳에는 "성스런 명산주인 산을 지킨 군주봉아/팔봉 지켜 주는 부처 같은 성인 바위/팔영산 주인 되신 성주봉이 여기로세"라고 기록하고 있다.

계속해서 차례대로 제5봉인 오로봉(五老峰, 579m)에 도착한다. 이곳은 다섯 명의 나이 든 신선이 "별유천지 무릉도원이 바로 여기라 노래한 곳"이라고 한다. 철 계단과 쇠줄을 잡고 팔영산의 암봉의 대표 격인 제6봉인 두류봉(596m)에 도착하면 깎아지른 적벽은 오금을 저리게 한다. 팔영산 전 봉우리가 조망되는 곳이기도 하다. 통천문을 통과하여 제7봉인 칠성봉에 도착한다. 통천문은 집채만 한 바위가 기둥이 되어 위에 있는 바위를 받치며 문을 만들고 있다. 천국을 통과하는 문이라 노래하고 있다. "북극성 축을 삼아 하루도 열두 때를/북두칠성 자루 돌아 천만년을 한결같이/일곱 개 별자리 돌고 도는 칠성바위" 마지막 제8봉인 적취봉(積翠峰, 591m)에 도착하니 사방은 막힘이 없다. 특히 다도해의 풍광이 일품이다. "물총새 파란색 병풍처럼 첩첩하며/초목의 그림자 푸르름이 겹쳐 쌓여/꽃나무 가지 엮어 산봉우리 푸르구나"

팔영산은 산 자체는 해발 5~600m로 상대적으로 높은 편은 아니지만, 산세가 험준하고 곳곳에는 가파른 철재 계단과 쇠줄이 설치되어 있어 우중이나 눈이 올 때는 산행을 삼가는 것이 안전을 위해 좋겠다는 생각이다.

봉우리마다 독특한 특색을 자랑한다. 8개 봉우리 중 제2봉인 성주봉과 제6봉인 두류봉이 가장 험하고 전율이 넘치며 하체가 후들거리는 가운데 오른 봉우리기에 오래도록 기억에 남을 것 같다.

---

262 환경부, 다도해해상국립공원, 현지 글 내용.

제8봉에 올라 다도해를 바라보며 망중한을 즐기는 사이 산객 네 명과 마주한다. 오늘 처음 만나는 산객이라 반갑게 인사를 건넨다. 하산하는 중인지를 여쭙자 주봉인 깃대봉으로 향한다고 한다. 깃대봉은 반대로 가야 한다고 일러 주고 필자도 깃대봉을 거쳐 자연휴양림 쪽으로 하산한다고 하자 동행하자고 한다. 필자는 생전에는 다시 오지 못할 것 같아 더 많은 그림을 마음에 담고 가겠다고 하자 오래도록 건강히 지내라며 인사를 남기고 먼저 깃대봉을 향한다. 이 팀은 블랙야크 100대 명산을 목표로 오늘 첫 산행지를 팔영산으로 정했다고 한다. 필자는 산림청이 선정한 100대 명산 중 오늘이 90번째라고 하자 이구동성으로 감탄과 함께 부러운 눈치다. 시작이 반이라는 속담도 있듯이 욕심내지 말고 의기투합하여 꼭 목표를 달성하라는 덕담을 건네며 파이팅할 것을 당부한다.

제8봉에서 다도해 섬들과 주위의 아름다운 기암괴석을 벗 삼아 마시는 따뜻한 매실차 한 잔의 느낌은 어느 고급 레스토랑의 차와도 비교 안 되는 감정과 느낌이다. 10여 분 이상 머문 후 500m 위치에 있는 주봉인 깃대봉(609m)을 향한다. 깃대봉을 향하는 능선 길에는 우주의 메카인 나로우주센터가 있는 나로도가 눈에 들어오고 '박치기 왕'으로 잘 알려진 2006년 고인이 된 고(故) 김일 선수가 태어난 거금도와 소록도가 눈앞에 펼쳐진다.

깃대봉에 도착하자 앞서간 팀이 아직 머물고 있다. 서로가 사진 찍기를 품앗이하고 신분을 묻

**팔영산 정상 기념**

자 교수님(남)과 여학생 세 명이 동아리 활동으로 100대 산을 목표로 출정식을 하는 날이라고 한다. 순천제일대학교 교수님을 비롯하여 지도학생 3명이다. 학생들 모두가 친절하고 예의도 각별하다. 산행기가 완성되면 한 권 보내 주기로 했다. 깃대봉에서 삼거리로 다시 내려와 날머리인 자연휴양림 쪽으로 향한다. 거리는 0.9km 거리다. 푹신

한 가마니 길 주변에는 편백이 자태를 뽐내며 늘어서 있다. 자연휴양림에 도착했으나 인기척이 없다. 택시를 불러 고흥시외버스터미널을 거쳐 상경하려고 했으나 배차 시간의 틈이 너무 길어 순천으로 향한다. 순천에서 고속버스로 5시간 후 서울고속버스터미널에 도착하면서 감성을 듬뿍 담은 팔영산의 90번째 산행을 마무리한다.

팔영산 통천문　　　　　유영봉(제1봉)　　　　　적취봉(제8봉)

팔영산 성주봉(제2봉) 전경

팔영산 자연휴양림에서 바라본 팔영산

팔영산 오늘의 등산로

#  가야산

**경상남도 합천군·경상북도 성주군**

**- 2022년 2월 25일(금), 맑음**

가야산(伽倻山)은 행정상 경상남도 합천군 가야면과 경상북도 성주군 가천면에 연결된 해발 1,430m의 산이며 1972년 10월 9번째 국립공원으로 지정되었다. 가야산 남쪽 기슭에 있는 해인사에는 세계적으로 유명한 국보 제32호인 팔만대장경 경판을 보유한 법보사찰이 있다. 해인사는 신라 애장왕 3년(802년) 순응(順應), 이정(利貞) 두 스님이 개창하였다고 전한다. 특히 고려 팔만대장경을 봉안하고 있어 불법의 큰 보배가 현존하는 법보종찰로 유명하다.

유네스코(UNESCO)는 해인사에 보관된 고려 팔만대장경의 고유한 역사·문화적 가치를 인정

**가야산 정상석(상왕봉)**

하여 1995년 장경판전을 세계문화유산으로, 2007년 대장경 경판을 비롯한 해인사의 모든 경판을 세계기록유산으로 등재하였다고 한다.[263]

---

263  해인사: 해인사에 대한 현지 안내 글.

가야산에 대한 현지 설명에 따르면 가야산은 우리나라의 불교 전통이 가꿔 온 성지로서 예로부터 이름난 명산이자 영산(靈山)이다. 가야산의 '가야(gaya)'는 '최상의'라는 뜻으로 석가모니 부처님이 성도하신 붓다 가야에서 따왔다고도 하고, 옛날 가야국이 있던 곳의 산이라는 데서 유래하였다고도 한다.

가야산은 서남쪽 자락에 해인사를 품고 있으며, 곳곳에 암자와 석물, 옛 사찰 터의 고적을 보유하고 있다. 중국 남조시대의 지공(誌公) 스님(418~514년)은 해동의 가야산에 대가람이 세워져 불법이 번창하리라는 예언을 했다고 전한다. 그로부터 약 300년 후인 서기 802년에 해인사가 창건되었다. 홍류동 계곡은 가야산 주봉인 상왕봉과 남산제일봉(일명 매화산) 사이를 굽이쳐 흐르면서 주변의 기암괴석, 송림 등과 어울려 사시사철 절경을 이룬다고 기록하고 있다.

해인사에는 무소유의 청빈한 삶, 올곧은 수행 정진과 가르침으로 한국 불교사에 큰 영향을 끼친 성철 큰스님(1912년 2월~993년 11월)의 부도탑이 모셔져 있는 곳이기도 하며, 특히 "산은 산이요, 물은 물이로다."라는 법어는 유명하다.

오늘도 대중교통을 이용한다. 서울역에서 5시 5분에 출발하는 진주행 201 열차로 6시 45분에 동대구역에 하차한다. 동대구역에서 전철 편으로 대구서부정류장(12정류장)까지 이동한다. 대구서부정류장에서 해인사 종점까지 운행하는 버스 편을 이용한다. 대구에서 출발하여 해인사 버스 종점까지 소요 시간은 약 1시간 20분 전후다. 종점에 하차할 경우에는 15분 정도 다시 내려와서 해인사로 가야 하므로 종점에 도착하기 전 박물관 앞에서 하차하

**해인사 팔만대장경**

면 시간을 절약할 수 있다.

박물관 뒤편으로 들어서자 가게가 여러 개 있다. 그중 강원상회 사장님(女)께서 어디서 오셨느냐고 물으시길래 서울에서 왔다고 하자 기온이 차가우니 따뜻한 상황버섯 차 한잔을 마시라며 건넨다. 찻값을 드리려고 했으나 극구 사양하신다. 고맙다는 인사를 건네고 해인사 쪽으로 향한다.

경내에 들어가기 전 도로 우측에 팔만대장경과 고(故) 김영환 장군[264]에 대한 공적비가 발길을 멈추게 한다. 워낙 유명한 역사적 인물이라 대충은 알고 있었지만 상세한 기록을 접하기는 처음이다. 목숨을 두려워하지 않은 참군인의 미담에 가슴이 뭉클해진다.

해인사에는 30여 년 전 필자가 근무하던 회사 간부들과 관광을 온 경험이 있기는 해도 기억이 가물가물하다. 경내를 30여 분 두루 관람한다. 고려 고종 때 15년에 걸쳐 나무에 새긴 팔만대장경 경판이 가지런히 보관된 장면은 신비로움을 느끼게 한다. 휴대전화로 기념을 남긴다.

범종각 옆으로 내려와 본격적인 산행을 시작한다. 산행은 해인사 관람 후 상왕봉을 거쳐 백운동탐방지원센터로 하산하는 코스로 정한다. 서운교를 건너 등산로를 따라 직진하면 계곡 길이 계속된다. 산행 시작 약 1시간 오르다 보면 등산로 우측에 보물 제

---

264 김영환 장군: 김영환 장군(1921~1954)은 전쟁이 한창이던 1951년 9월 18일, 작전 지휘권을 갖고 있던 미 공군으로부터 해인사를 폭격하라는 명령을 받았다. 낙동강 전선까지 내려왔다가 국군과 유엔군의 반격으로 퇴각하던 인민군의 낙오병 9백여 명이 가야산 일대와 해인사에 숨어 저항했기 때문이다. 그러나 편대장이던 김영환 장군(당시 대령)은 명령 이행을 거부한 채 미 군사고문단을 설득했다. 유동적인 공비 수백 명을 소탕하기 위해 세계적인 보물인 팔만대장경을 잿더미로 만들 수는 없다는 것이었다. 5백 파운드짜리 폭탄과 로켓탄, 네이팜탄을 실은 폭격기로 폭격할 경우 해인사 전체가 불바다가 될 것이었기 때문이었다. 결국 김 장군의 편대는 해인사 대신 해인사 남쪽 1km 지점의 인민군 집결지를 폭격한 뒤 귀대했다. 이 때문에 김영환 장군은 군 회의에서 사형에 회부되었으나 친형이며 공군 참모총장이던 김정열 장군의 설득으로 겨우 화를 면했다. 장군은 이때 2차 대전 때 미군이 바티칸이나 파리의 루브르박물관, 일본문화의 총본산인 교토 등을 폭격하지 않은 전례를 들며 "세계적인 보물인 팔만대장경을 파괴할 수는 없다."라고 항변했다고 한다. 군 창설의 주역이었으며 공군의 상징인 '빨간 마후라'를 처음 착용한 것으로도 유명한 김 장군은 장성으로 진급했던 1954년 3월 5일 34세의 나이로 강릉 상공에서 비행 훈련 중 순직했다. 현장 김영환 장군 공적비 내용 요약.

2646호인 해인사 석조여래입상(海印寺 石造如來立像)[265] 갈림길이다.

고도를 높이자 숨소리가 거칠어지고 이마에는 땀이 비 오듯 흘러내려 눈앞을 가린다. 이 무렵 거대한 바위 하나가 나타난다. 가야 19명소 중 하나로 하늘에 기우제를 드리던 봉천대(奉天臺)[266]다. 바라보는 이치에 따라 사자, 곰, 토끼, 손주를 위해 기도하는 주름진 할머니 얼굴 모습 등 다채로운 형상에 넋을 잠시 잃는다. 곳곳에 있는 기암괴석들이 눈을 호강하게 한다.

경사도 심한 계단을 오르면 주봉인 상왕봉 도착이다. 정상석의 명칭이 상왕봉과 함께 소의 머리 모양과 흡사하다고 하여 가야산 우두봉(牛頭峰)으로 새겨져 있다. 정상석 주변은 바위로 둘러싸인 넓은 공간으로 운치를 더한다. 정상에서 바라보는 조망은 일품이다. 좌측에서 우측으로 남산 제1봉을 비롯하여, 오봉산, 단지봉, 깃대봉이 한눈에 들어온다. 정상석 맞은편 맨 꼭대기에 자리한 가야산 19명소로 지정된 '우비정(牛鼻井)'[267]도 신기하다. 사각형 돌 웅덩이는 두꺼운 얼음으로 얼어 있다.

영하 5도로 쌀쌀하지만, 가을 하늘처럼 청명한 날씨다. 산객 두 분이 정상석을 배경

**가야산 정상 우비정**

...........................

265 해인사 석조여래입상(海印寺 石造如來立像): 보물 제2646호로, 목 부분이 잘렸고 발과 대좌도 없어져 원형을 잃었다. 현재의 크기는 210cm 정도이다. 양팔을 몸에 붙이고 반듯이 선 자세로 얼굴은 둥글며 코와 입이 작게 표현되어 있다. 머리는 소발(素)이며 육계(肉)는 낮다. 옷 주름은 상체는 V 자형, 하체는 U 자형이다. 얼굴, 신체의 양감 그리고 옷 주름에서 통일신라시대 불상의 특징이 엿보이기는 하지만 균형을 잃은 경직된 자세, 평면적이고 소극적인 조각 수법 등, 형식화 경향이 현저한 여래상이다. 제작 시기는 통일신라 말에서 고려시대 초기로 짐작된다. 가야산 현지 글 내용.

266 봉천대: "伽倻山上有仙靈(가야산상 유선령) 가야산 꼭대기에 신령한 곳 있으니/潤水冷冷草水榮(간수냉냉 초수영) 개울물은 차갑고 초목은 무성하도다/倘使雲宗極丹怨(당사운종극단간) 혹 구름에다 지극히 정성을 다하면/沛然雷雨起峰靑(패연뇌우기봉청) 패연(然)히 뇌우(雷雨)가 산봉우리에서 일어나도다" 가야산 봉천대 현지 글.

267 가야 19명소 우비정(Ubijeong Well): "泉自金牛鼻孔通(천자금우비공통) 우물이 금우(金牛)의 콧구멍 속으로 통해 있으니/天將靈液寞罷磋(천장령액치롱종) 하늘이 신령스러운 물을 높은 산에 두었도다/倘能一揷淸穿肺(당등일삽청천폐혹) 한번 마신다면 청량함이 가슴속을 찌르니/頃刻翩翩遠御風(경각편편원어풍) 순식간에 훨훨 바람 타고 멀리 날아가리라" 가야산국립공원 관리사무소 제공, 현장 글 내용.

으로 갖가지 포즈를 취하며 사진 찍기에 한창이다. 산객들과 간단한 인사를 나누고 필자도 기념을 몇 장 담는다. 정상에서 30여 분 머문 후 하산은 백운동탐방지원센터 코스로 결정하고 발길을 옮긴다. 바로 건너편에는 주봉보다 3m 높은 가야산 칠불봉(伽倻山 七佛峯, 1,433m)이 자태를 뽐내며 오기를 기다린다.

안전한 나무 데크와 철 계단을 지나 가야국의 시조인 김수로왕의 아들들이 깨달음을 얻었다는 칠불봉에 오른다. 시야가 확 트인다. 지나온 상왕봉이 아쉬운 듯 손을 내민다. 커다란 표지석 하단에 가야산 칠불봉 전설[268]이 흥미로워 소개한다. 칠불봉에서 바라본 기암괴석들의 풍광도 일품이다. 감탄의 연속이다.

가파른 철 계단을 통과하여 서정재(西城岾)에 도착이다. 서정재는 경북 성주군 수륜면과 경남 합천군 가야면을 이어 주는 고개(岾)로, 과거 가야산성(伽倻山城)의 서문(西門)이 있었던 곳에서 유래되었다고 기록하고 있다. 대가야의 수도 고령과 불과 14km 거리에 있으며 수도 방어의 요충지로 왕이 이동할 때 이궁(離宮) 역할을 했을 것으로 추정된다는 안내 설명이다.

**가야산 정상 기념**

서정재에서 날머리인 백운동탐방지원센터까지는 2.6km 남은 거리다. 경상북도 기념물 제143호인 가야산산성을 지나 백운동 관리사무소에 도착한다. 산행 시간은 약 5

---

268 칠불봉 전설: 가야산은 가야 건국 설화를 간직한 해동팔경 또는 영남의 영산으로 옛부터 정견모주(政見母主)라는 산신(山神)이 머무는 신령스러운 산으로 알려지고 있다. 가야산 신 정견모주는 천신 이비하(夷毗訶)에 감응되어 두 아들을 낳았는데 뇌질주일(惱窒朱日)은 대가야 시조이신 이진아시왕, 뇌질청예(惱窒靑裔)는 금관가야의 시조 수로왕이 되었다고 전하여 오고 있다. 칠불봉은 가야국 김수로왕이 인도의 아유타국 공주 허황옥(許黃玉)과 결혼하여 10명의 왕자를 두었는데, 큰아들 거등(居登)은 왕위를 계승하고 김씨(金氏)의 시조, 둘째, 셋째는 어머니의 성을 따라 허씨(許氏)의 시조가 되었다. 나머지 7 왕자는 허황후의 오빠 장유화상을 스승으로 모시고 가야산에서 가장 힘차고, 높게 솟은 칠불봉 밑에서 3년간 수도 후 도를 깨달아 생불(生佛)이 되었다 하며 그 밑에 칠불암 터가 있다는 전설이 유래되고 있다. 예부터 산신이 머무는 가야산은 그 골이 기고 수려하며 삼재(三災 : 한재(旱災), 수재(水災), 병화(兵禍)가 들지 않는 해동영지로 일컬어 온 영산이다. (출처: 신증동국여지승람, 한국불교 정설 및 불교 설화 대사전), 칠불봉 정상석 글 내용, 재인용.

시간이다.

  오늘은 특별히 경상대학교 교수인 큰사위 가족이 합천에서 하루를 유숙하도록 숙소를 마련해 놓고 백운동탐방지원센터까지, 마중을 와서 숙소인 우비정까지 승용차로 편하게 이동할 수 있었다. 식구들과 합천 맛집에서 맛있는 저녁 식사를 하고 휴식을 취한 후, 이튿날은 숙소 옆 청와대 세트장을 관람하고 합천영상테마파크로 이동하여 시대를 거슬러 올라가 전차와 경성시대까지 간접적으로 경험하는 유익한 시간을 보냈다.

  진주에서 점심 후 외손주의 고등학교 입학식과 사위의 연주 연습 관계로 승용차로 상경하면서 1박 2일간의 뜻깊은 가야산 산행을 갈무리한다. 가족여행 코스로 합천영상테마파크의 세트장 여행을 권하고 싶다.

가야산 봉천대     가야산 칠불봉     칠불봉 고사목

가야산 정상 부근 전경

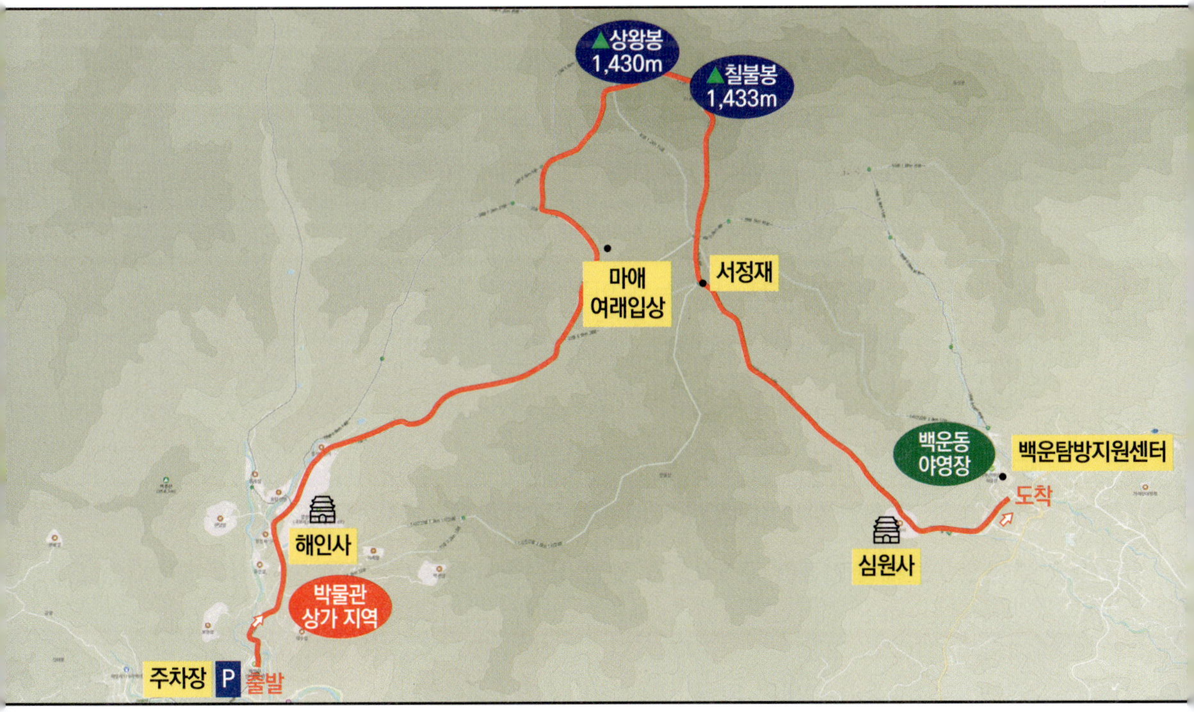

가야산 오늘의 등산로

# 한라산(漢拏山)

## 제주도
### - 2022년 3월 4일(금), 맑고 흐림

한라산 정상석

　한라산은 우리나라 남한에서 가장 높은 산으로 해발 1,950m이며 백두산과 금강산을 포함하여 3대 명산으로 부르기도 한다. 이 장화에 따르면 한라산의 이름의 유래로 '한(漢)'은 은하수(銀河水)를 뜻하며, '라(拏)'는 맞당길 나(相牽引) 혹은 잡을 나(捕)이다. 산이 높으므로 "산정에 서면 은하수를 잡아당길 수 있다."[269]라고 한다.

　한편 한라산의 명칭에 대하여 이원진은 『탐라지』에서 부악(釜岳)이라고도 불렀는데 이는 물을 저장하는 그릇과 비슷하기 때문이라고 한다. 이는 한라산의 상봉인 화산체에 백록담이라는 커다란 분화구가 솥과 같은 형상을 하고 있어 붙여진 이름이다. 또한 정상의 백록담(白鹿潭)은 흰 사슴(白鹿)이 이곳에서 떼를 지어서 놀면서 물을 마셨다는 데서 이름이 붙여졌으며, 옛날 신선들이 백록주(白鹿酒)를 마시고 놀았다

---

269 　이장화, 『산이 그리움을 부른다』, 도서출판 좋은땅, 2021.1.29. p.534.

는 전설에서 부르게 되었다는 설도 있다.[270]

한라산은 100대 명산 마지막에 오를 예정이었으나 마침 둘째 사위가 이직하면서 틈을 이용하여 휴가를 보내는 차에 아내와 2박 3일간 함께하면서 산행하기로 한다. 3월 3일 낮에 출발하여 숙소에 여장을 풀고 1978년 필자가 신혼여행을 갔던 함덕해수욕장 찻집에서 바닥이 훤하게 보일 정도로 맑은 바다를 내려다보며 찻잔 속에 추억을 담아 본다. 43년의 세월이 주마등처럼 스쳐 간다. 누가 세월을 유수와 같다고 했던가?

동쪽 해안에 자리 잡은 '섭지코지'로 이동하여 해안가의 기암괴석과 선돌 바위를 비롯해 봉화를 올렸던 '연대', 흐드러지게 핀 유채꽃은 이곳을 찾는 관광객들의 시선을 독차지한다.

이튿날 새벽 5시에 일어나 오늘의 들머리인 성판악탐방안내소까지 사위의 수고로 편하게 도착한다. 새벽 5시 30분부터 입산할 수 있다기에 일찍 서둘렀으나 이미 주차장은 차들로 꽉 차 있다. 안내하는 분이 마이크로 아이젠을 착용하고 입산할 것을 권한다. 약 500m 지나면 빙판길이 이어진다고 한다.

서둘러 아이젠을 착용하고 등산로 입구에서 QR 코드를 통해 입산 신청자 인적 사항을 확인하고 5시 40분부터 본격적인 산행을 시작한다. 주위는 칠흑같이 캄캄하다. 별도 전등 준비를 해 오지 않은지라 휴대전화 전등에 의지한다. 4.1km 지점에 있는 한라산 속밭대피소에 도착하니 실내외 휴식 공간이 넓게 마련돼 있다. 도착해 보니 이미 많은 산객이 먼저 와서 웃음꽃을 피운다. 대부분 육지에서 가족이나 지인들이 함께 온 분들이라 화젯거리도 많은 것 같다. 속밭대피소를 지나자 등산로는 눈으로 덮여 있고 얼어붙어 있다. 돌계단과 모든 나무 데크는 눈으로 덮여 있어 다소 미끄럽기는 해도 무릎에는 오히려 부담을 덜 주는 것 같다.

한라산에는 필자가 30여 년 전에는 회사 동료들과, 5년 전에는 학술 세미나 관계로 제주도에 왔다가 한라산에 오른 경험이 있지만 그 당시에는 별다른 의미를 두지 않고 단체의 일원으로 참여했다.

---

270 한라산과 백록담 명칭 유래: 한국민족문화대백과사전, 백록담(白鹿潭), 2022년 3월 6일, http://ency korea.aks.ac.kr/Contents/Item/E0022093 인용.

그러나 이번 산행은 필자 스스로 정한 숙제의 하나로 100대 명산에 오르고 그 흔적을 남기기 위함 때문인지 모든 게 다 새로운 느낌이며 마음을 들뜨게 한다. 등산 중 이른 시간임에도 하산하는 사람 대여섯 명이 띄엄띄엄 내려오기에 이유를 물었더니 아이젠을 준비하지 않고 왔기 때문에 정상 정복은 무리라고 판단되어 하산한다고 한다. 아쉽게도 성판악탐방안내소 부근에는 등산 장비 가게는 물론 차 한잔할 수 있는 커피숍이 없어 아쉽다.

출발 후 7.3km 거리인 해발 1,500m에 있는 진달래밭대피소에 8시 30분에 도착이다. 5~60여 명이 끼리끼리 모여 컵라면이며 준비해 온 음식으로 의자와 일부는 눈 위에 앉아 아침 식사를 즐긴다.

필자 역시 해발 1,500m에서 사발면 맛을 보려고 매점에 들렀으나 코로나 영향으로 운영하지 않고 있어 아쉬운 마음이다. 대신 준비해 온 간식으로 요기하고 정상을 향한다. 진달래밭대피소는 정상가는 마지막 휴게소다. 정상인 백록담까지는 1.5km 거리로 약 1시간 정도 소요된다는 안내다.

**한라산 진달래밭대피소 등산로 입구**

정상으로 향하는 진달래밭 가는 길을 통과하자 남한 최고봉으로 이름값을 하듯 텃세를 부리기 시작한다. 길은 더욱 미끄럽기 시작하고, 여기에 더하여 칼바람이 거든다. 오를수록 쌓여 있는 눈의 두께가 점점 두터워진다. 어림잡아 5~60cm는 될 듯하다.

해발 1,800m를 알리는 표지석을 지나자 등산로 양옆에는 고사목들이 질서 없이 널브러져 있다. 주목을 비롯하여 이름 모를 고사목들이 명산에 걸맞은 자태를 뽐낸다.

　백록담을 눈앞에 두고 마지막 계단을 오르는 사이 왼쪽 등산화에 착용한 아이젠의 줄이 끊어진다. 10년이 훨씬 지나간 제품으로 수명을 다한 것이다. 아이젠을 착용하지 않고 하산한다는 것은 거의 불가능하다는 생각이다. 하필 한라산에서 이런 비극을…….

　그러나 방안을 마련해야 한다. 등산 가방을 뒤지다 보니 마침 나일론 끈이 하나 있어 연결하니 응급조치가 되었다. 순간 아찔했지만, 이것도 100대 명산 숙제를 성공적으로 끝내기 위한 하나의 과정이라 생각하니 자연에 대한 겸손한 마음이 든다. 마지막 데

**백록담 정상 기념**

크 계단을 올라 정상에 도착하자 칼바람과 먹구름이 몰아친다. 많은 산객이 정상석을 배경으로 기념을 담기 위해 70여 m 넘게 줄을 서 있다. 40여 분간 온몸으로 추위와 씨름하다가 앞사람과 품앗이하면서 겨우 기념을 담는다. 필자 뒤에도 약 100여 m 긴 줄이다. 잔뜩 찌푸린 날씨지만 그나마 다행인 것은 백록담 분화구 둘레까지는 육안으로 볼 수 있다는 것이다. 몸을 가눌 수 없을 정도로 매서운 바람과 추위가 엄습하지만, 백록담을 바라보는 순간 마음에 진한 감동이 밀려오고, 감탄이 절로 난다.

　우리나라에서 가장 높은 곳에 깊게 파인 분화구 백록담은 가뭄으로 인해 바닥을 드러내고 있어 아쉽기는 해도 당당한 모습을 감상하는 것만으로도 새벽잠을 설친 보람이 있고도 남는다. 아마도 필자 생애에는 다시는 오르지 못할 것 같은 생각에 잠시 두 손을 모은다.

　애초 계획은 관음사 코스로 하산 계획을 잡았으나 관음사에서 올라온 산객들에 의하면 경사가 심하고 눈이 얼어붙어 빙판길이라 하산하기 어려우니 성판악탐방안내소로 하산하기를 권한다. 아이젠도 완전하지 않아 관음사 코스를 포기하고 성판악으로 원점 회귀를 결정하고 하산길로 접어든다.

제주도 해변 길(가족과 함께)

정상에서 30여 분 머문 후 13시 40분에 날머리인 성판악탐방안내소에 도착한다. 왕복 소요 시간은 약 8시간이다. 하산 후 한라산 등반기념을 위해 징표를 출력한다. 사위가 준비한 차량 편으로 숙소로 귀가한다. 이튿날 식구들과 함께 제주에서도 이름난 맛집을 찾아 풍성한 식단으로 아침을 먹고 해안 둘레길을 산책하며 낭만적인 파도 소리를 들으며 2박 3일간의 일정으로 매력적인 제주특별자치도에 자리한 92번째 민족의 영산인 한라산 산행을 마무리한다. 특히 이번 제주도 산행은 아내와 둘째 딸 가족과 함께 할 수 있어 어느 때보다 많은 것을 마음에 담고 온 행복한 여행이었다.

한라산 정상 표시목

제주도 섭지코지의 기암괴석

한라산 1700~1800m 사이 고사목

한라산 정상에서 내려다본 백록담 분화구 전경

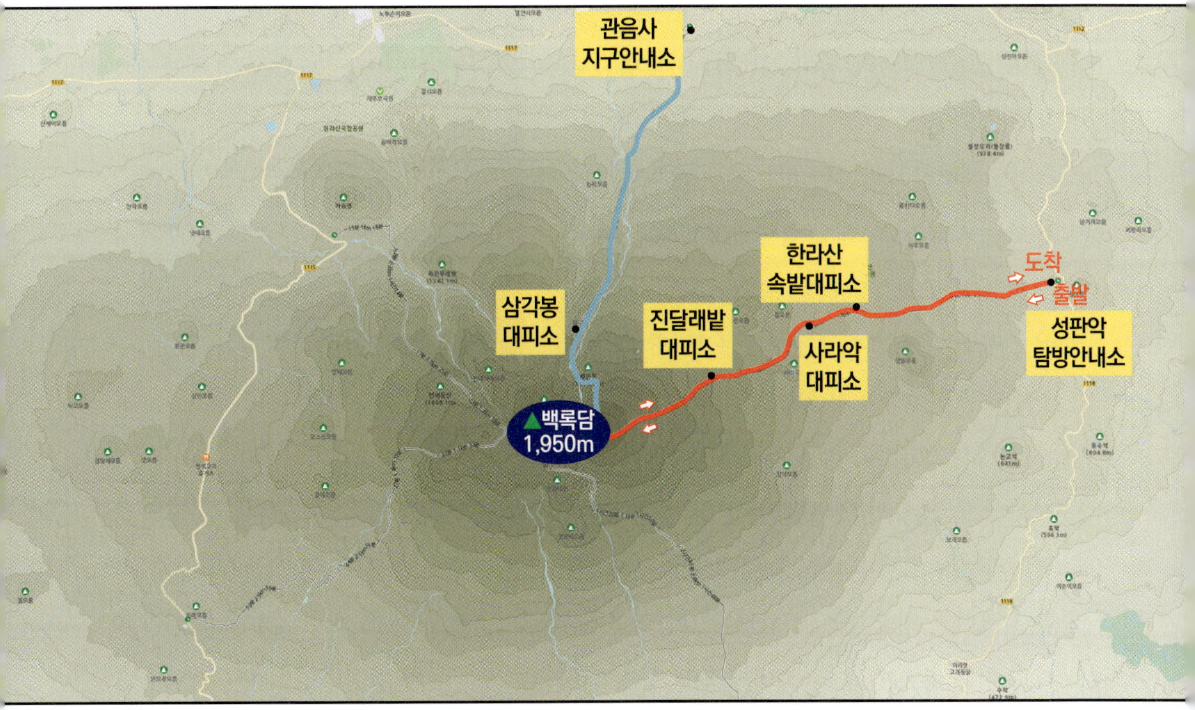

한라산 오늘의 등산로

## 깃대봉

**전라남도 신안군 흑산면 홍도**

**- 2022년 3월 16일(수), 맑음**

홍도 깃대봉은 전라남도 신안군 홍도에 있는 산으로 목포 해안에서 115km 거리에 있으며 해발 365m이다. 봉우리가 깃대 모양의 바위로 이루어져 있다고 하여 깃대봉으로 부르며, 2002년 산림청이 정한 100대 명산으로 지정되었다.

다도해해상국립공원 서부사무소에 따르면 홍도는 서해 남부 해상 끝자락에 위치하며, 1개의 유인도와 19개의 무인도로 섬의 면적은 6.47㎢이다. 홍도 1구와 2구 두 개 마을에 231가구 538명이 거주하고 있다고 한다.

1679년 고(高)씨 성을 가진 사람이 처음 정착하였고, 홍도의 옛 이름은 붉은 옷을 입은 섬이라는 뜻에서 홍의도(紅衣島, 1914년 이전)

**깃대봉 정상석**

라 부르다가 해방 이후에 석양이 시작되면 바닷물이 붉게 물들고 섬이 온통 붉게 보인다고 하여 홍도(紅島)라 불리게 되었으며, 1965년 섬 전체가 천연기념물 제170호로 지정되었다. 특히 2012년 문화관광부와 한국관광공사 주관 한국 관광 100선 중 1위 선정된 관광지다.

당일 산행을 목표로 대중교통을 이용한다. 수서역에서 5시 8분에 출발하는 목포행 KTX 열차이다. 광주 송정역을 지나자 은빛 안개가 자욱하다. 마치 안개 터널을 뚫고 기차가 달리는 기분이다. 안개가 걷히자, 차장 너머로 보이는 과수원의 배나무는 하얀 배꽃이 이미 봄이 왔음을 알린다. 오늘도 기차는 어김없이 종점인 목포역에 7시 23분에 도착한다. 목포역에서 여객선터미널까지는 택시로 이동한다. 약 7~8분 거리다. 목포에서 홍도로 운행되는 여객선 출항 시간은 오전 7시 50분과 오후 3시 50분이다.

필자는 당일 코스로 7시 50분 여객선으로 출발해서 깃대봉 산행 후 홍도에서 오후 3시 40분에 출항하는 여객선을 이용하기로 계획한다. 사전에 문의한 결과 예매를 하지 않아도 당일 출항 10여 분 전까지 현장에 도착하면 승선할 수 있다고 하여 사전 예매 없이 당일에 여객선터미널에서 발권받아 승선할 수 있었다.

승선을 위해 항구에 들어서자 바다 냄새가 물씬 난다. 비행기를 타는 것과는 다른 느낌이다. 소풍 가는 기분으로 마음이 설렌다. 여기에 화답이라도 하듯 목포항을 출발하자 갈매기가 무리를 지어 배를 호위하며 동행한다. 운 좋게도 파고가 거의 없는 해상 날씨다. 팔금도와 비금도를 거쳐 도초여객선터미널을 경유하여 목포항을 떠난 지 약 2시간 30분 후인 10시 20분경 홍도항에 도착한다.

하선하자 아주머니 여러 명이 몰려와 길을 안내하며 식사하고 가길 권한다. 5~60여 명 중 등산 복장을 한 승객은 필자 혼자다. 항구 왼편으로 10여 곳이 훨씬 넘는 포장마차 시설이 즐비해 있다. 여객선터미널을 빠져나오자 눈앞에는 진녹색의 파란 바다와 좌측 언덕 위에는 그림 같은 동네가 형성되어 있고, 등산로를 향하는 양쪽 바다는 속까지 훤히 보일 정도로 맑다. 맑은 물속에는 이름 모를 해초가 넘실거린다. 언덕 아래는 거대한 해식동굴(海蝕洞窟)로 보이는 암벽 병풍이 눈앞에 펼쳐진다. 옥빛 바다와 어우러져 풍광은 가히 절경이라 감탄이 절로 난다.

**제1전망대에서 바라본 홍도 전경**

 좁은 동네 길을 지나 흑산초등학교 홍도분교 정문 우측이 산행 들머리다. 학교가 아름답다. 평일임에도 학생이 보이지 않는다. 운동장에는 성인 한 분이 있어 코로나로 등교를 하지 않느냐고 물었더니 선생님이시다. 현재 전교 학생이 세 명뿐이란다. 그나마 내년 봄 1명이 졸업하면 폐교가 불가피하다는 말씀이다. 결국 남은 두 명은 흑산도나 목포로 유학을 가야 하는 처지가 된다. 이 아름다운 학교가 폐교 위기에 처한다니 마음이 아프다. 인구절벽에서 오는 피할 수 없는 현실의 한 장면이다.

 교문 우측으로 표시된 등산로를 따라 깃대봉으로 향한다. 들머리 초입부터 넓고 깨끗하게 정비된 경사도 높은 계단을 따라 조금 오르면 전망대다. 원추리가 겨울잠에서 깨어난 지 이미 오래다. 바람 한 점 없는 상큼한 봄바람이 땀을 식힌다. 눈을 돌리면 조금 전 타고 온 선박이 항구에 정박해 있고 수평선 너머 푸른 바다는 한가롭기만 하다. 발아래는 조금 전 선생님과 이야기를 나눴던 학교와 파란 인조 잔디에 그려 놓은 축구장의 규격이 선명하다. 바닷가에 지어진 형형색색의 지붕은 마치 유럽 어느 동네를 연상케 할 정도로 아름답다. 초입부터 정비된 데크 시설은 각종 식물 등을 보호하는 차원에서 설치해 놓은 것 같다. 데크를 벗어나자 등산로 양쪽은 동백과 후박나무가 반긴다.

 따가운 햇볕은 아니지만 각종 나무로 작은 터널을 이뤄 시원함을 느끼게 한다. 홍도에 대한 안내판을 지나 조금 오르자 등산로 우측에 홍도 청어 미륵이라는 설명과 함께 자그마한 돌미륵이 두 개가 세워져 있다. 이름하여 '청어(靑魚)/죽항(竹項)미륵[271]'이라 한다. 정상을 향해 조금 더 오르다 보면 뿌리가 다른 나뭇가지가 서로 엉켜 마치 한 나무처럼 자라는 연리지가 나온다. 필자가 지금까지 산행하면서 네 번째 보는 연리지다.

푹신한 가마니 등산로를 따라가다 보면 정상 1.1km 지점에 동백 군락지를 이루는 쉼터가 쉬어 가기를 유혹한다. 주변 환경에 잘 어울리게 넓은 휴식 공간의 벤치도 빨간색으로 도색되어 있어 운치를 더욱 돋운다.

빨간 벤치에서 목을 축이는 사이 여성 한 분이 숨차게 뒤를 따라와 반갑게 인사를 건넨다. 처음 만나는 산객이다. 지금까지는 필자 혼자 깃대봉을 독차지했다. 인천에서 오신 분으로 이틀 전 흑산도에 와서 유람선 관광을 마치고 깃대봉을 오른다고 한다. 계단이 많아 포기하고 내려갈까 생각하던 중 필자를 만났다며 반가워한다. 61세로 두 아들까지 결혼시키고 지금부터는 본인의 삶에 충실해야겠다는 마음으로 전국 유명 관광지를 찾는다고 한다. 20년 이상 사업을 한 오너 출신으로 우리나라 김밥 사업의 원조라고 한다.

........................

271 청어(靑魚)/죽항(竹項)미륵: 미륵불의 형상을 하고 있지 않고 홍도에서 흔히 볼 수 있는 매끈한 형태의 돌을 2기 모셔 놓은 형태지만 홍도 주민들은 이를 각각 남 미륵, 여 미륵이라 부른다. 청어 미륵은 해양 어로와 관련한 민속 신앙물로 주민들의 구전으로 다음과 같은 이야기가 전해 내려오고 있다. 과거 홍도 주변 어장이 매년 청어 파시로 문전성시를 이룰 때, 홍도 어민들의 배에는 청어는 들지 않고 둥근 돌만 그물에 걸려들기에 돌을 바다에 다시 던져 놓고 돌아오곤 하였다. 그러던 어느 날 밤, 한 어민이 꿈속에서 그 돌을 전망이 좋은 곳에 모셔다 놓으며 풍어가 든다는 계시를 듣고 그대로 하였는데, 그 후 고기잡이를 나갈 때마다 배 가득 만선(滿船)을 하였다고 한다. 홍도의 고기잡이 선주들은 그 돌의 영험한 힘을 믿게 되었고, 그때부터 청어 미륵이라 부르며, 어장을 나가기 전 미륵 앞에서 풍어를 빌었다고 전한다. 2005년경 남 미륵이 유실되어 그 자리에 높이 64cm의 자연석을 세워 놓았는데, 2013년 신안군 탐방로 정비 작업 중 인부들이 남 미륵의 원부재를 발견하여 원래 모습으로 복원하였다. 어업과 관련된 도서 지역 특유의 해양 민속이 불교와 결합한 형태로, 홍도 주민들의 소박한 민간 신앙을 엿볼 수 있다. 국립 다도해해상국립공원 서부사무소 제공, 현지 글.

다시 계단을 지나 오르면 홍도 관리 사무소가 지정한 '연인의 길'이 이어진다. 아늑한 숲의 정취를 물씬 풍기는 길이라고 안내한다. 연이어 숨골재[272] 안내와 숯가마 터[273]다.

**깃대봉 숯가마 터**

홍도분교를 출발한 지 약 1시간 후에 주봉인 깃대봉 도착이다. 정상석은 데크 위에 둥글게 쌓아 올린 돌탑 가운데 세워져 있다. 하늘은 마치 가을 하늘처럼 청명하고 높으며 구름 한 점 없다. 사방이 확 트여 막힘이 없다. 날아갈 듯 기분이 상쾌하다. 함께 동행한 분도 어린애처럼 좋아하는 모습이다.

깃대봉 정상의 안내 글에 따르면 홍도의 최고봉으로 깃대봉은 독립문, 석화굴 등 해안 절경과 조화를 이루어 홍도의 수려한 경관을 돋보이게 하고 있다. 동백나무, 구실잣

---

272 숨골재: 예전에 한 주민이 도구대(절구공이)로 쓸 나무를 베다 실수로 이곳에 빠뜨렸는데 다음 날 바다에 나가 고기 잡이를 하던 중 물에 떠 있는 나무가 있어 확인해 보니 어제 빠뜨린 나무였다. 이때부터 이곳을 바다 밑으로 뚫려 있는 굴이라 하여 숨골재 굴이라 부르다가 지금은 숨골재라 한다. 여름에는 시원한 바람이, 겨울에는 따뜻한 바람이 나오며 지금은 주민들의 보행 안전을 위해 숨골재 일부를 나무와 흙으로 메워 버린 상태다. 신안군 홍도 관리사무소 제공.

273 숯가마 터: 숯가마 터 주변은 참나무 자생지로 숯을 굽기에 적합한 조건이었다. 홍도에는 18세기의 숯가마 터가 있는데 주민들은 1925~1935년에 정숙이라는 숯을 구웠다 하여 이곳을 정숙이 숯 굴로 부르고 있다. 규모는 직경 300~330cm, 높이 80cm의 원형으로 되어 있으며 전면에는 아궁이가 뚫려 있고, 반대쪽에는 굴뚝 기능을 하였던 구멍이 있다. 숯 제작 방법은 우선 가마 내에 참나무를 쌓고 아궁이에 불을 지펴 태우다가 장작이 어느 정도 타면 가마 상단부에 흙을 덮고 3~4일이 지나 장작에 열이 식고 보통 일주일이 지나면 가마에서 숯을 꺼내었다. 홍도 사람들은 숯을 팔아 식량과 소금을 사기도 했다. 빗물을 받아 놓은 항아리, 쌀독 등에 나쁜 기운을 없애는 데 사용하기도 하였다. 홍도에서는 1940년대까지 숯을 만들었고 그 후로는 폐쇄하였다. 신안군 홍도 관리사무소 제공.

밤나무, 후박나무, 소사나무 등이 숲 터널을 이루고 있고 등산하는 동안 곳곳에서 바다를 볼 수 있다.

홍도1구 마을에서는 1시간, 2구 마을에서는 40분가량이 소요되며 동남쪽으로는 흑산도, 오태도, 만재도, 가거도 등 다도해를, 북쪽으로는 홍도2구 앞 독립문, 띠섬, 탑섬 등 부속 도서를 조망할 수 있으며 서쪽으로 계속 가면 중국 상하이에 이르게 된다고 한다. 깃대봉을 오르면 1년 365일 건강하고 행복하다는 속설이 있어 산을 좋아하는 사람이 꼭 찾는다고 기록하고 있다.

정상석을 배경으로 기념을 담고 벤치에 앉아 준비해 온 사과와 음료수를 나누어 먹고 아쉬움을 뒤로하고 올라온 등산로를 따라 회귀한다. 능선 하부를 내려와 전망대에 선다. 두 시간 전에 오를 때보다 더 강한 햇살이 내리쬔다. 이곳에서 바라본 홍도항은 홍도여객터미널을 비롯하여, 정박해 있는 크고 작은 선박들, 방파제 너머 남문바위의 갖가지 형상을 나타내는 모습은 한 폭의 동양화를 방불케 한다.

배가 출항하려면 2시간 이상 여유가 있다. 동행한 분이 고마운 마음에 음식을 대접하겠다고 한다. 관광객이 없는 관계로 대부분 식당이 문을 열지 않았다. 아침에 친절히 길 안내를 해 주신 포장마차 집을 찾아갔으나 메뉴가

**깃대봉 정상 기념**

모두 소라, 전복, 멍게 3종류로 통일되어 있고 밥은 제공하지 않는다고 한다.

주인께서는 홍도에서 생산된 청정지역 해삼물이라 별미라며 권한다. 회 한 접시를 시키고 해물을 넣은 라면을 주문하여 별미로 생각하고 맛있게 먹었다. 물론 식삿값은 남자인 필자가 선지급했다.

할머니는 올해 90세로 홍도에서 출생하여 섬을 지키고 있다고 한다. 아들이 두 명 있

는데 자주 오지 않아서 섭섭할 때가 있다고 하신다. 코로나로 약 2년간은 끼니를 걱정해야 할 정도로 어려운 시간을 보내신다며 건강도 좋지 않다며 걱정하신다. 마음이 찡하다. 수년 전 소천하신 어머님이 문득 생각난다. 많은 아쉬움을 뒤로한 채 오후 3시 40분에 출항하는 남해 엔젤 쾌속선으로 2시간 30분 후에 목포항에 접안한다.

목포역으로 이동하여 발권 후, 즐거운 마음으로 차 한잔 마시고 19시 5분에 출발하는 수서행 KTX로 상경하면서 뜻깊은 93번째 홍도 깃대봉 산행을 갈무리한다.

깃대봉 숨골재    깃대봉 연리지    깃대봉 청어미륵

**홍도여객터미널 및 제1구 마을 전경**

**깃대봉 오늘의 등산로**

## 황석산(黃石山)

**경상남도 거창군·함양군**

- 2022년 3월 22(화), 맑음

황석산은 행정상 경상남도 거창군과 함양군 안의면, 서하면에 연결되어 있는 해발 1,192m의 산으로 특히, 황석산성과 정유재란 때 의병이 왜군과 싸우다 옥쇄한 황석산 피바위는 역사의 비극을 말해 주고 있는 유명한 곳이다. 봄철에 황석산 산행을 위해서는 사전에 함양군 서하면장이 발행하는 입산 허가 신청서[274]를 득한 후 입산할 것을 권한다. 아래 각주의 전화로 문의하면 친절하게 안내를 해 준다.

오늘도 대중교통을 이용한다. 용산역에서 5시 10분에 출발하는 여수행 열차로 전주역에 하차한다. 산행의 들머리인 함양 우전마을까지는 택시로 이동한다. 택시를 타고 얘기를 나

황석산 정상석

---

274 황석산 입산 허가 신청: 함양군 서하면 사무소 전화(055-960-8833)

누다 보니 작년 12월 28일 운장산에 갈 때 이용한 바로 그 기사님이다. 약속도 하지 않았는데 이렇게 만날 수도 있구나 하며 기쁜 마음으로 진한 인사를 다시 나눈다. 우리가 오래된 친구처럼 담소를 나누는 사이 우전마을 도착이다. 기회가 되면 다시 만날 것을 약속하고 인사 후 헤어진다. 여행의 묘미가 이런 것이구나 싶다. 우전마을에서 정상까지는 4.5km 거리다.

산행은 8시부터 시작이다. 봉전리 우전 마을을 가로질러 콘크리트로 포장된 도로를 따라 걷는다. 상당한 오르막길을 벗어나면 잠시 평탄한 오솔길이 한참 동안 이어진다. 어제가 밤낮의 길이가 같다는 춘분이었지만 눈앞에 보이는 황석산 상부는 마치 흰 이불을 덮어쓴 것처럼 하얀 눈으로 덮여 있다.

우전 마을을 지나 한 시간 남짓 걷다 보면 역사적인 피바위[275]에 다다른다. 1597년 정유재란 때 아비규환의 처절한 역사의 현장 중 한 곳으로 425년이란 세월이 흘렀지만, 당시 이곳 주민들은 왜구의 칼날과 맞서다 의로운 죽음을 택한 여인들의 외침이 아직도 들려오는 듯하여 순간 가슴이 먹먹하고 숙연해진다.

안내 글 뒤편으로 엄청나게 크고 널따란 바위 위로는 물이 흐르고 그 좌측으로 연결된 산더미 같은 큰 바위가 피바위로 추정된다.

---

[275] 피바위: 선조 30년 정유년(1597년) 음력 8월 16일에 조선을 다시 침략한 왜군 14만 명 중 우군 2만 7천 명이 왜군의 가토, 구로다 등의 지휘로 이곳 황석산성을 공격해 왔다. 이때 안의 현감 곽준과 전 함양군수 조종도는 소수의 병력과 인근 7개 고을의 주민들을 모아 성을 지킬 것을 결의하고 관민 남녀 혼연일체가 되어 조총으로 공격하는 왜군에 맞서 활과 창칼, 혹은 투석전으로 처절한 작전을 벌였으나 중과부적으로 마침내 음력 8월 18일 황석산성은 함락되고 말았다. 왜구와의 격전이 벌어지면서 여인들도 돌을 나르며 부서진 병기를 손질하는 등 적과의 싸움에 온갖 힘을 다하였으나 황석산성이 함락되자 여인들은 왜적의 칼날에 죽느니 차라리 깨끗한 죽음을 택하겠다고 치마폭으로 얼굴을 가리고 수십 척의 높은 바위에서 몸을 던져 순절하고 말았다. 꽃다운 여인들이 줄지어 벼랑으로 몸을 던졌으니 이 어찌 한 서러운 비극이 아니겠는가. 그때의 많은 여인들이 흘린 피로 벼랑 아래의 바위가 붉게 물들었다. 피 맺힌 한이 스며들어 오랜 세월이 지난 오늘에도 그 혈흔이 남아 있어 이 바위를 피바위라 한다. 황석산 피바위 아래 현장의 글 내용.

계속 직진하자 석공이 쌓은 듯한 정교한 황석산성[276]을 만난다. 산성은 거의가 돌로 축조되었으며 넓이는 약 3m 가까이 되는 듯싶다. 산성이 하얀 눈으로 덮여 있어 운치를 더한다.

**함양 황석산성(성벽과 동문 터 자리)**

이곳에서 동북문 쪽과 동문 쪽에 산성이 있음을 가리키는 안내판을 만날 수 있다. 1차 산성이 끝난 지점부터 이틀 전 내린 눈으로 등산로도 구분이 안 될 정도로 혼란스럽다. 산객이 지나간 흔적이 없다. 그나마 다행인 것은 산짐승의 발자국이 있어 따라간다. 경험상 강원도 가리왕산 산행 시 눈의 두께가 허리춤까지 쌓여 등산로 구분을 전혀 할 수 없을 때 산짐승의 발자국을 따라가서 도움을 얻은 경우가 있다.

능선은 울퉁불퉁한 험한 바위에 눈이 덮여 미끄러울 뿐만 아니라 등산로가 없는 관계로 더 이상 직진이 불가능하다. 능선을 벗어나 좌측 계곡 쪽으로 7~80m 벗어나자 좁은 등산로가 나타난다. 안도의 마음으로 정상을 향해 조금 오르자 마치 조각 작품 같

---

276  함양 황석산성: 사적 제322호로, 안의면과 서하면의 경계에 위치한 황석산(해발 1,190m)에 있는 삼국시대 산성이다. 황석산 정상에서 좌우로 뻗은 능선을 따라 전북 장수와 진안으로 가는 길목에 축성되어 있다. 형식은 계곡을 감싸듯이 쌓은 포곡식(包谷式) 산성인데, 당시 상황으로 보아 신라가 백제와 대결하기 위해 쌓았던 것으로 추정된다. 고려시대부터 조선 전기까지 고쳐 쌓았고 정유재란(1597년) 때는 이곳 황석산성에서 함양군수 조종도와 안의 현감 곽준 등이 왜적과 격전을 벌여 500여 명이 순국한 곳이기도 하다. 성벽의 전체 길이는 2,750m, 높이는 3m 정도이고 산성의 면적은 444,609㎡ 인데, 『신증동국여지승람(新增東國輿地勝覽)』에는 산성의 둘레가 29,240척(약 8.9km)이며, 성안에는 창고가 있었다는 기록이 전한다. 성문은 동·서·남·동북쪽의 네 곳에 있으며, 산성 안의 계곡 주변에서는 크고 작은 건물터가 확인되었다. 황석산 현장 안내 글 내용.

은 성과 성벽이 있는 동문 터에 다다른다. 안전사고와 성벽 훼손 방지를 위해 통제한다는 안내 글이 있다. 성문은 동·서·남·동북쪽 4곳에 있으며 이곳 동북문지는 정유재란 당시 일본군이 공격하던 주요 지점이었다고 기록하고 있다.

정상 100여 m 지점에 이르자 인기척이 난다. 처음 듣는 사람 소리라 반가운 마음으로 정상을 향해 발걸음을 재촉한다. 잘 정돈된 나무 계단을 오르고 마지막 철제 밧줄에 의지하여 비로소 황석산 정상석과 마주한다. 정상석은 여느 정상석과는 다르게 검푸른 화강암에 한글로 예쁘게 새겨 바위에 붙여 놓았다. 정상석 주변은 협소할 뿐만 아니라 정상 표지석은 상당히 위험한 곳에 부착되어 있어 안전에 대한 세심한 주의가 요구되는 상황이다.

**황석산 정상 기념**

정상에서 바라본 조망은 막힘이 없이 확 트여 있다. 방금 지나온 눈 덮인 웅장한 산성과 눈앞에 펼쳐진 기암괴석을 내려다보노라면 아름다움에 탄성이 절로 난다. 400여 년 전, 이 산성을 쌓기 위해 우리 조상들이 얼마나 많은 땀과 피를 흘렸을지 미루어 짐작해 본다.

인간의 노력에 더하여 위대한 자연과의 조화를 한꺼번에 감상할 수 있다는 것은 분명한 축복이고 행운이다. 조금 전 들리던 산객은 다른 곳으로 하산한 것 같다. 정상은 필자가 독차지다. 바위 위에 어렵게 삼각대를 고정하고 기념을 담는다. 정상은 바람 한 점 없이 평온하다. 준비해온 간식과 따뜻한 차를 마시며 30여 분 가까이 머물다가 하산은 4.2km 거리인 유동마을로 향한다.

시작부터 심한 내리막길에 얼음이 얼어 밧줄과 나뭇가지에 의지하여 조심스럽게 발을 옮긴다. 눈을 크게 뜨고 하체에 힘을 줘 보지만 등줄기에는 식은땀이 흘러내린다. 그렇다고 온 길을 되돌아갈 수는 없지 않은가?

정신적 인내가 절실히 요구되는 상황이다. 약 한 시간 정도 하산할 즈음 기온이 영상으로 바뀜에 따라 눈이 녹아 등산로는 더욱 미끄럽고 질퍽거리기 시작한다. 스틱에 힘을 주며 우여곡절 끝에 계곡 근처에 내려오니 질퍽거림도 거치고 평탄한 오솔길이 이어진다.

유동마을까지 1.5km 남은 지점에서 함양 택시를 불러 안의버스터미널로 이동하여 오후 3시에 출발하는 서울남부터미널행 버스로 상경하면서 유서 깊은 황석산의 94번째 산행을 마무리한다. 피바위의 애절한 사연과 웅장하고 아름다운 황석산성에 대한 기억을 오래도록 간직하고 싶다.

황석산 정상 부근

황석산 등산로 바위

황석산 피바위

황석산 정상에서 바라본 황석산성 전경

황석산 오늘의 등산로

# 적상산(赤裳山)

### 전라북도 무주군

– 2022년 4월 1일(금), 맑음

적상산은 행정상 전라북도 무주군에 있는 해발 1,024m의 산이다. 산림청이 100대 명산으로 선정한 이유는 가을철에 마치 온 산이 빨간 치마를 입은 여인네의 모습과 같다고 하여 이름이 붙여질 정도로 경관이 뛰어나며 덕유산국립공원 구역이면서 고려 공민왕 23년(1374년) 최영장군이 탐라를 도벌한 후 귀경길에 이곳을 지나다가 산의 형태가 요새로서 적지임을 알고 왕에게 건의하여 축성된 적상산성과 안국사 등이 유명하여 선정하였다고 기록하고 있다.

**적상산 정상 표시판**

오늘 산행도 여느 때와 다름없이 대중교통을 이용한다. KTX는 영동역에 정차하지 않기 때문에 서울역에서 6시 20분에 출발하는 부산행 새마을 열차로 8시 31분에 영동역에 도착한다. 5시 58분에 출발하는 무궁화호 열차가 있으나 도착 시간을 감안하여 새마을호를 이용한다.

오늘 산행의 들머리인 서창탐방지원센터까지는 택시로 이동한다. 들머리를 출발하면서부터 정겨운 돌계단이 약 1km 정도 이어진다. 추운 겨울이 지나고 새 계절을 알리는 4월 첫날, 등산로 주변에는 봄을 알리는 진달래가 수줍은 듯 얼굴을 내밀고 활짝 웃는다. 어릴 적 동네 누님들을 따라 냇가에 가서 널따란 바위 위에 솥을 걸어 놓고 진달래꽃을 밀가루와 반죽하여 솥뚜껑에 전을 부쳐 먹던 생각이 문득 난다.

조금 더 걸으면 처음 접하는 안내목이 방향과 거리를 가리킨다. 목적지인 향로봉까지 3.4km 지점이다. 등산로는 경사도가 심하지 않을 뿐만 아니라 지그재그로 되어 있어 마치 소풍 온 가벼운 마음으로 산행을 할 수 있다. 잘 닦인 등산로 주변에는 소나무와 잡목들이 질서정연하게 저마다 자태를 뽐낸다. 바람 한 점 없이 화창한 봄 날씨다.

얼굴에 땀방울이 맺힐 무렵 조금 전 지나온 서창마을과 고속도로가 선명하고 그 너머는 수많은 산의 크고 작은 봉우리가 이곳을 향해 물결을 이루며 넘실거린다. 첫 번째 맞는 벤치다. 자연을 벗 삼아 따뜻한 매실차로 산(山) 카페의 분위기에 젖어 본다. 고도를 높이는 사이 등산로 우측에 가운데가 쩍 갈라진 전설을 간직한 장도바위(將刀岩)[277]와 마주한다. 장도바위를 지나자 지난주 다녀온 황석산성과 유사한 사적 제146호인 무주 적상산성[278]

---

[277] 장도바위: 고려 말 최영 장군이 민란(民亂)을 평정하고 개선하던 중 이곳에 이르러 산 전체의 붉은 단풍과 깎아 세운 암벽에 띠를 두른 듯한 아름다움에 이끌려 산 정상에 오르게 되었다. 정상이 얼마 남지 않은 곳에 절벽 같은 바위가 길을 막고 있어 더 이상 산을 오르지 못하게 되자, 정상을 앞에 두고 발길을 돌릴 수 없었던 최영장군은 허리에 차고 있던 장도를 뽑아 바위를 내리쳤다. 그 순간 바위가 양쪽으로 쪼개지면서 길이 열렸다 하여 장도바위라 불리게 되었다고 한다. 장도바위 현장의 글 내용.

[278] 무주 적상산성: 무주 적상산성은 적상면의 중심부에 있으며, 북창리·포내리·괴목리·사천리 등 4개 리에 걸쳐 있고, 적상산 위의 분지를 에워싸고 있는 절벽을 이용해서 석성을 쌓은 대표적인 산성이다 무주 적상산성의 축성 시기에 관해서는 고려 말 또는 조선 초기로 정리되어 왔다. 그것은 고려 말 최영의 축성 건의와 조선 초기 성곽 정리 등에서 연유된다. 그러나 『고려사』, 『세종실록지리지』, 『신증동국여지승람』, 『여지승람』 등의 옛 문헌에 따르면, 최소한 고려 중엽 거란의 제2차 침입(1010년) 이전에 축성되었음을 확인할 수 있고, 나아가 시대적 정황과 축성방식 등을 볼 때 삼국시대 백제에서 축성했을 것으로 여겨진다. 백제 멸망 후 통일신라와 고려 초기까지 방치되었으나, 고려 중기 이후 거란과 왜구의 침입에 따라 인근의 여러 고을 백성이 이곳에 의지하여 보전하였던 것이다. 무주 적상산성의 중요성이 다시 주목받은 것은 임진왜란으로 방어의 중요성이 대두함에 따라 관심의 대상이 되었고, 이후 광해군 때 북방의 후금이 강성해짐에 따라 『조선왕조실록』의 보존 문제가 논의되면서, 묘향산에 보관 중이던 『실록』과 『선원록』의 보다 안전한 보관을 위해 새로운 장소가 물색되었는데, 적지로 적상산성이 거론된 것이다. 이에 따라 광해군 6년(1614년), 적상산성 안에 실록각이 창건되었고, 광해군 10년(1618년)에는 새로 편찬된 『선조실록』이 처음으로 봉안되었다. 따라서 산성의 수비를 위한 기구가 생겼고, 그에 따른 후속 조치 등이 이루어졌다. 그 후 인조 12년(1634년) 묘향산에 보관 중이던 『실록』이 이안되었고, 인조 19년(1641년) 사각 옆에 선원각을 건립하고, 『선원록』을 봉안함으로써 명실공히 사고로서의 면모를 갖추게 되었다. 이처럼 무주 적상산성은 삼국시대 백제와 신라의 국경지대에 축성되어 한때 방치되기도 하였으나, 고려 시대에는 국난이 있을 때마다 인근 백성의 피난처가 되었고, 조선시대에는 세계문화유산으로 등록된 『조선왕조실록』을 지키는 요지가 되었다. 그러나 1910년 경술국치 이후 사고가 폐지되고, 그 기능을 상실함에 따라 성벽 일부의 보존과 함께 유지가 남아 있다. 현재 적상산성 안에는 안국사가 이건되어 있고, 적상산 사고지가 복원되었으며, 양수발전소 상부댐 등이 있다. 현장의 글 내용.

과 적상산성 서문지(일명 용담문)²⁷⁹가 나타난다. 적상산성은 전장이 무려 8,143m (214,976㎡)의 규모로 웅장하며 삼국시대 축성한 것으로 추정하는 성으로 1965년 7월 10일 지정하였다고 기록하고 있으나 마치 최근에 축성한 성처럼 보존 상태가 매우 양호함을 확인할 수 있다.

**적상산 적상산성 모습**

가끔 이름 모를 새 소리가 외부인을 반길 뿐 인기척이 없다. 오늘도 유서 깊은 적상산을 필자 혼자 차지하기에는 너무 과분하다는 생각이 든다. 잘 정비된 계단을 지나자 삼거리 안부다. 목적지인 향로봉까지 0.7km 남은 지점이다. 마음이 한결 가벼워진다. 정상에서는 한 명의 산객이라도 만날 수 있을 것으로 기대했으나 기대는 빗나갔다. 그래도 선명하고 큼직한 정상을 알리는 사각 표시판이 기다리고 있어 기분이 좋다. 삼각대를 펴고 기념을 몇 장 담는다.

정상인 향로봉 주변은 상수리나무 등 잡목으로 둘러싸여 있어 조망이 좋은 편은 아니지만, 파란 하늘과 나무 사이로 아름다운 농촌 풍경을 감상할 수 있다. 정상 주변에 별도로 쉴 수 있는 공간이 마련되어 있지 않아 아쉽다. 이른 시간이지만 준비해 온 간

---

279  적상산성 서문지: 서문은 일명 용탐문이라고도 하였으며, 규장각에 소장된 『무주현 적상산성 조진 성책(茂朱縣赤裳山城條陳成冊)』의 기록에 의하면 2층 3간의 문루가 있었다고 전한다. 성문 밖에 서창과 고경사가 있었다는 기록이 있으며, 서창은 미창과 군기창이 있었으나 지형이 험하여 성내까지의 운반이 어려워 조정에 상소하여 성내 사고지 옆으로 옮겼다고 전하며, 지금도 마을 이름을 서창이라고 한다. 현장의 글 내용.

식으로 허기를 때우고 하산길로 접어든다.

 3일 전 공원 관리 사무소에 입산 문의 결과 치목마을 코스와 안국사에서 오르는 코스는 산불 예방 등으로 등산로를 폐쇄하고 있어 서창마을 코스만 왕복할 수 있다고 하여 원점 회귀를 계획했으나 안국사로 향하는 등산로를 제한한다는 표시가 없어 안국사로 발길을 향한다. 정상에서 약 1.5km 지점에 입산지 표시판이 걸음을 멈추게 한다. 내용인즉 적상산 기봉(1,034m)은 홍수예보 시설 및 각종 통신시설 운용 등의 목적으로 사용되고 있어, 탐방객의 출입을 금지하고 있으며, 적산상의 주봉은 향로봉(1,024m)으로 참고하라는 안내다. 통제 기간은 1988년 5월 1일부터 별도 사용 종료 시까지이며, 위반 시 범칙금 50만 원을 부과한다는 내용이다.

 발아래는 안국사가 눈에 들어온다. 정상에서 안국사까지는 흙길로 동네 둘레길을 걷는 수준이다. 봄바람은 소리 없이 따스함을 선사하고 사찰에서 들려오는 풍경 소리가 오늘따라 더욱 정겹게 들린다.

 안국사(安國寺)[280] 경내를 관람한다. 극락전과 지장전에는 문이 열려 있고 극락전에서 들려오는 불경 소리만 경내를 채울 뿐 인기척이 없다. 전라북도 유형문화재 제42호인 안국사 극락전, 보물 제1267호인 안국사 영산회괘불탱(安國寺靈山會掛佛幀), 전라북도 유형문화재 제201호인 안국사 목조아미삼존불상(安國寺 木造阿彌陀三尊佛像),

---

280 안국사: 대한불교조계종 제17교구 본사인 금산사(金山寺)의 말사이다. 1277년(충렬왕 3년)에 월인(月印)이 창건하였다는 설과 조선 태조 때 무학대사(無學 大師)가 복지(卜地)인 적상산에 성을 쌓고 절을 지었다는 설이 있다. 그 뒤 1613년(광해군 5년) 3월에 증축하였고, 1864년(고종 1년)에 이면광(李冕光)이 중수하여 오늘에 이르고 있다. 또한, 임진왜란과 정유재란 때에는 승병의 병사(兵舍)로 사용되었으며 주변에는 『조선왕조실록』을 봉안하였던 사고(史庫)의 옛터가 남아 있다. 지금 절이 자리한 곳은 옛날 호국사(護國寺)가 있던 곳이다. 1989년 적상산에 무주 양수발전소 건립이 결정되자 안국사가 자리한 지역이 수몰지구로 편입되었으므로 호국사지로 옮겼기 때문이다. 1991년에는 일주문·선원·호국단 등을 이전 복원하였고, 이듬해 극락전·천불전·요사·청하로 등도 이전 복원하였다. 1994년에는 범종각을 지었고, 1996년에는 범종을 조성하였다. 현존하는 당우로는 극락전·천불전·재장전·삼성각·호국단·일주문·요사채가 있으며 극락전 안에는 보물 제1267호인 괘불(掛佛)이 있다. 괘불은 1728년(영조 4년)에 조성하였다. 높이 10.75m, 너비 7.25m로서 천재지변을 몰아내는 이 고장의 신앙물로 전해지고 있으며, 표면은 비단, 뒷면은 마(麻)로 되어 있다. 이 괘불은 의겸(義謙) 등 비구니 5명의 공동 작품으로 기록되어 있다. 극락전은 전라북도 유형문화재 제42호로 지정되었다. 정면 3칸, 측면 3칸의 맞배지붕 건물로서 1613년에 중건하였고, 1864년에 중수한 건물인데, 1991년에 현재의 자리로 이건되었다. 또한, 적성산성에는 전라북도 유형문화재 제85호로 지정된 호국사비가 있다. 한국 민족문화백과사전, 재인용.

전라북도 문화재 자료 제188호인 범종 등을 30여 분 관람 후 치목마을 코스는 산불 방지로 출입이 금지된 관계로 택시를 이용한다. 해발 900m가 넘는 곳에 이런 큰 규모의 사찰이 있는 것 자체만으로도 대단하다는 생각이 든다.

근사한 일주문을 뒤로하고 고불고불한 포장도로를 따라 적상산의 명물 중 하나인 인공호수인 무주 양수 발전소 상부 댐인 적상호(赤裳湖)에 다다른다. 차를 잠시 세우고 엄청 규모의 호수를 관람한다.

적상호는 중심 코어형 석괴(石塊) 댐으로 유형 면적이 0.6㎢, 총저수량 372만 톤, 유효 저수량 345만 톤, 높이 60.7m, 길이 287m 되는 큰 규모의 댐이다. 기사님의 말에 의하면 나들이가 자유로울 때는 인산인해를 이룰 정도로 관광객이 많이 찾는 곳이라고 한다. 영동역에서 무궁화호로 대전역까지 와서 KTX 열차로 서울역에 도착하면서 95번째 산행을 마무리한다.

**향로봉 정상 기념**

오늘도 어김없이 택시 기사님으로부터 질문을 받는다. 홀로 산행하는 것이 위험하고 무섭지 않으냐고 한다. 필자의 대답은 언제나 동일하다. 전혀 그렇지 않으며, 오히려 긴 시간 혼자만의 산행을 통해 자신을 되돌아보며 70대 중반 나이에도 정상에 오를 수 있도록 건강을 주신 부모님께 감사한 마음이며, 가족을 비롯한 주위 분들에게 고마운 마음을 생각하게 하는 소중한 시간이다.

**출입 금지 구간 표시판**

산행하기 위해 새벽 3시부터 분주하게 서둘러 택시를 타는 순간부터 낯선 사람과 만나 인사를 나누는 것 자체가 삶이 연속됨을 확실하게 증명하는 일이기 때문에 즐겁고,

산행 중 가끔 만나는 산객들과 작은 것 하나라도 나눠 먹으며 안부를 묻고 정보를 공유하는 것도 보람이다. 무엇보다도 장소와 일기와 시간에 따라 시시각각으로 다르게 눈앞에 펼쳐지는 풍광들은 언제나 필자와 호흡을 같이하고 동행하기에 외롭지 않다.

적상산 장도바위

안국사 범종각

적상산 적산호

적상산 정상(향로봉)에서 바라본 전경

적상산 오늘의 등산로

# 장안산(長安山)

**전라북도 장수군**

**- 2022년 4월 5일(화), 맑음**

장안산은 행정상 전라북도 장수군, 장수읍, 계남면과 변안면 경계에 있는 해발 1,237m의 산이다. 장안산은 1986년도 8월 18일 군립공원으로 지정되었으며, 등산로를 따라 동쪽 능선으로 펼쳐진 억새군락지도 장안산의 자랑거리다. 오늘은 4월 5일 식목일이자 오동나무의 꽃이 피어나고, 들쥐 대신 종달새가 날아다닌다는 절기 중 4번째 절기인 청명(淸明)이다.

장안산 정상석

과거 농경사회에서는 이때부터 농사를 시작했다고 한다. 그래서인지 장안산 인근에 사는 몇몇 동네의 농부들도 논밭에서 흙을 고르고 가래질하는 모습이 여러 곳 눈에 띈다. 특히 청명이나 한식에 날씨가 좋으면 그해 풍년이 든다고 하니 기분이 좋아진다. 하늘에 구름이 거의 없는 맑은 날씨라 대풍년(大豊年)으로 농부들의 주름살이 펴지기를 소망해 본다.

오늘 교통도 대중교통이다. 용산역에서 5시 10분에 출발하는 여수 엑스포행 열차로 남원역에 7시 8분에 도착한다. 남원역에서 오늘 산행의 들머리인 장수 무령(무룡)고개까지는 택시로 이동한다.

　남원 시내를 통과하는 동안은 벚꽃을 비롯하여 많은 꽃을 볼 수 있었으나 해발 900m 넘는 이곳 무령고개의 봄은 지각생이다. 고개 주변에는 커다란 주차장이 두 개가 있다. 그러나 차량은 한 대도 없이 텅 비어 있다. 터널을 지나자 좌측에 등산로 안내판과 장수를 알리는 '걷기 안내도'가 플라스틱 박스 안에 가지런히 비치되어 있다. 안내도는 장수군 산림과에서 제공하는 팸플릿으로 주요 기관의 전화번호와 문화재를 비롯하여 관광 코스 등 장수군에 대한 유익한 정보가 수록되어 있다.

　장비를 점검한 한 후 산행은 8시 20분부터다. 시작은 경사진 계단이다. 계단을 오르자 산객들의 편의를 위해 가마니(매트)를 깔아 놓아 푹신한 오솔길이 30분 이상 이어져 편안한 산행을 할 수 있다. 고마운 마음이다.

　등산로 양쪽에는 어른 키만 한 산죽들이 늘어서서 사계절 변함없이 푸르름을 자랑하며 산객들의 친구가 되어 준다. 때마침 불어오는 봄바람에 조릿대끼리 서로 얼굴 비비는 소리가 오늘따라 더욱 정겹게 들린다. 출발 약 40여 분 후 가슴이 뻥 뚫리는 광활한 억새 평원이다. 일렁이는 은빛 물결은 볼 수 없지만, 전망대에 올라 탁 트인 광경을 감상하는 것만으로도 멋지고 감격스럽다.

　다가오는 가을철에 튼실하고 멋진 억새꽃을 위해 관계자들이 나지막하게 정지작업을 마친 상태다. 전망대에 올라서면 정면에는 지리산 능선과 영취산이 한 폭의 병풍처럼 펼쳐지고 군데군데 자리한 운무가 신비함을 더한다.

장안산 억새밭(제1 전망대)

아쉬움을 뒤로하고 두 번째 전망대에 오른다. 방금 지나온 전망대와 억새 평전이 한 눈에 들어온다. 때마침 제1전망대 위에 산객 한 명의 모습이 보인다. 반가운 마음이다. 정상에서 만남을 기대하며 먼저 발길을 정상으로 향한다.

제1전망대 뒤로는 100대 명산 중 호남지방에서 마지막 남은 덕유산이다. 남덕유산과 사이좋게 어깨동무하고 있다. 어느 산이고 쉽사리 정상을 내주는 산은 없었던 것 같다. 들머리를 출발한 지 약 1시간 반 후에 마지막 깔딱고개를 올라 정상 도착이다. 땀방울이 지면에 뚝뚝 떨어진다. 널따란 헬기장 뒤로 자리 잡은 정상석이다. 헬기장 옆에는 장안산의 안내[281]와 산행 코스가 표시되어 있다. 장안산의 높이(1,237m)는 정상석 뒷면에 표기되어 있다.

정상석 앞바닥에는 2012년 11월 14일 7733부대 기동 중대가 100km 행군하면서 남긴 글이 마음을 든든하게 한다.

"이곳을 지나간 자여,
조국은 그대를 믿나니!"

정상에 다른 산객은 없다. 삼각대를 펴고 큼직한 정상석을 배경으로 기념을 몇 장 담는다. 그사이 조금 전 인기척을 낸 중년이 도착한다. 반갑게 인사를 건네고 안부를 묻는다. 전주에서 온 분으로 자주 장안산을 찾는다고 한다. 하산은 승용차 관계로 무령고개로 원점 회귀 한다고 한다.

완연한 봄 날씨다. 빈 공간에 앉아 따뜻한 차 한잔으로 목을 축이고 충분한 휴식을 갖

---

[281] 장안산(長安山): 백두대간(白頭大幹)은 백두산에서 시작해 금강산을 거쳐 태백산까지 내려와 서남쪽으로 소백산과 속리산, 남쪽으로 추풍령, 영취산, 백운산을 거쳐 지리산 천왕봉까지 1,622km를 뻗어 버린 우리나라 산줄기로 1대 1정간 13정맥의 15개를 이루는데 이를 나무에 비유하면 백두대간은 큰 줄기이고 정간과 정맥은 큰 가지이다. 영취산(靈山/1,076m)에서 나뉜 금남호남정맥의 산줄기는 서북으로 달리다가 무룡고개에서 3.8km 지점에 우리나라의 8대 종산이자 호남정맥의 최고봉인 이곳 장안산에 이른다. 장안산(長安山/1,237m)은 장수군 장수읍, 계남면, 번암면의 경계에 위치하고 산의 북쪽 아래에 있는 장수군 계남면 장안리 지명 이름으로 인해 붙여진 것으로 1986년 8월 18일 군립공원으로 지정되었다. 이곳의 물줄기는 남쪽으로 섬진강에 합수되어 남해로 흘러들고 북쪽은 금강에 합수되어 서해로 흐른다. 정상의 안내 글 내용. 산림청, 장수군.

는다. 하산 코스는 밀목재 지소골, 연주, 원점 회귀, 범연동 등 여러 코스 중 범연동 코스를 선택한다. 표기된 거리는 5km를 가리킨다.

하산 초입 수십 미터를 내려가자 경사가 심한 비탈길이다. 오를 때와는 다르게 등산로 정비도 상대적으로 부실한 편이다. 양지바른 땅에서 머리를 내미는 이름 모를 앙증맞은 야생화가 기운을 돋운다. 자연의 섭리에 감탄할 뿐이다. 오르내리 막을 거듭하다 하봉[282]에 다다른다. 정상에서 약 2시간 30여 분 후 법연동에 도착한다.

장안산의 또 하나의 특징은 겨우살이가 많다는 점이다. 법연동으로 하산하는 등산로 좌

장안산 정상 기념

측 비탈에 빽빽이 들어선 잡목 가지에 많은 겨우살이가 군락지를 이루고 있다. 지금까지 산행하면서 집단으로 겨우살이가 자생하는 광경은 처음이다. 겨우살이는 주로 깊은 산에 자생하는 참나무, 밤나무, 팽나무 등 키가 큰 나뭇가지에 붙어 기생하는 것으로 겨울에도 홀로 공중에 매달려 초록색을 띠며, 흙과 접촉하지 않아도 4월경에는 노란색 꽃이 피기도 한다. 늦가을이면 연노란색의 아름다운 열매를 맺어 산새들에게 먹잇감을 제공하기도 한다고 한다.

필자가 그동안 산행을 하면서 여러 고장에서 겨우살이에 대한 많은 이야기를 들은

---

282 하봉: 1769년 조선 영조 때 편찬된 우리 전통 지리서인 산경표로 고찰해 본 장안산 하봉의 산줄기는 이렇다. 백두대간 장수 영취산에서 서북쪽으로 갈려 나온 금남호남정맥이 금강과 섬진강의 분수령을 이루며, 무룡고개 무룡봉(백화 지맥의 백화산 분기점)을 지나 우리나라 8대 종산이자 장수의 태조산 격인 장안산에 닿는다. 장안산에서 장안지맥은 남쪽으로 뻗어 가며 중봉을 일으킨다. 그리고 하봉~범연동이나 하봉~문암봉~삼봉산~번암면 백용성 조사 생가지로 뻗어진다. 중봉 아래의 덕산으로 가는 삼거리에 이정표가 서 있고, 그 위에 암봉으로 이루어진 산이다. 중봉에서 하봉, 어치재를 거쳐 장수읍 덕산리의 범연동으로 가거나, 번암면 지지리의 문암봉이나 삼봉산으로 갈 수 있다. 장안산 하봉은 장안산의 남쪽 줄기의 맨 아래에 있는 산봉우리라는 의미이다. 참고문헌: 박용수 1990, 산경표 영인본 발간. 자료출처: 장수문화원, 2019, 장수의 산하, 산림청 전북도 장수군.

지라 더욱 신기하게 여겨진다. 정상 출발 2시간 30분 후 법연동 도착이다. 장수공용버스터미널로 이동하여 버스 편으로 서울남부터미널에 도착하면서 96번째 장안산 산행을 마무리한다. 결승점이 얼마 남지 않아서인지 귀경 시간 내내 즐거운 마음이다.

장안산 등산로 바위

장안산 등산로 산죽

장안산 7733부대 기념석

장안산 정상에서 바라본 전경

장안산 오늘의 등산로

## 덕유산(德裕山)

**전라북도 무주군·장수군·경상남도 함양군·거창군**

– 2022년 4월 11(월), 맑음

덕유산 정상석

덕유산은 행정상 전라북도 무주군과 장수군, 경상남도 거창군과 함양군에 연결된 해발 1,614m의 산으로 주봉은 향적봉(香積峰)이다. 남서쪽에 있는 남덕유산(1,507m)과는 쌍봉을 형성한다. 덕유산에는 깊은 계곡이 많으며 무주와 무풍 사이로 흐르면서 금강의 지류인 남대천(南大川)으로 흐르는 30km의 무주구천동(茂朱九千洞)은 일반인에게 널리 알려진 명소 중의 명소이다.[283] 특히 덕유산은 우리나라의 대표적인 겨울철 눈꽃 산행지로 유명하다.

오늘도 대중교통을 이용한다. 수서역에서 5시 30분에 출발하는 부산행 열차 편을 이용하려 했으나 월요일임에도 불구하고 입석까지 매진된 상태다. 다음 열차인 6시에 출발하는 입석표로 대전역에 도착하여 대전복합버스터미널까지는 택시로 이동하여 7시 20분에 구천동으로 출발하는

---

283  이장화, 『산이 그리움을 부른다』, 도서출판 좋은땅, 2021, p.309.

첫차를 겨우 탈 수 있었다. 그다음 배차 시간은 13시 30분이다.

탑승객은 총 8명이며 7명은 무주에서 모두 하차하고 필자만 대전 출발 약 1시간 30분 후 무주 리조트 정류장에 하차한다. 교통편을 알아보기 위해 리조트에 연락했더니 택시를 이용하라며 친절히 안내해 준다.

산불 예방 기간으로 일부 등산로가 통제되는 관계로 곤돌라를 이용하기로 한다. 곤돌라 운행은 10시부터이며 9시 50분부터 발권 시작이다. 50여 분 시간적 여유가 있어 주변을 관람하던 중 때마침 '델피크리에이트'란 커피숍이 문을 연다. 주변의 아름다운 자연을 감상하며 가게에서 마련된 쉼터에서 커피 한잔을 하며 여유를 즐긴다.

가게 여(女) 사장님께서 겨울철 무주 스키장을 다녀간 연세 드신 손님들의 재미있는 얘기를 들려준다. 친절이 몸에 밴 분 같다. 산행기를 쓴다고 하자 꼭 알려 줄 것을 요청한다.

정각 10시가 되자 곤돌라가 운행된다. 탑승객은 필자 외에 전주에서 오셨다는 중년 부부뿐이다. 먼저 탑승할 것을 권하고 필자 단독으로 두 번째 곤돌라에 탑승한다. 곤돌라 안에서 바라본 덕유산의 모습도 장관이다. 곤돌라 하단부 출발 약 17분 후 설천봉(1,500m)에 닿는다. 도보로는 수 시간을 투자해야 오를 수 있는 거리를 곤돌라에 의지해서 1,300m 지점인 설천봉까지 편안하게 주변 경관을 즐기며 올랐지만, 괜히 쑥스러운 마음이 든다.

주변 풍광이 매우 아름답다. 우선 언덕 위에 팔각정 건물이 궁금하여 계단을 오른다. 상제루(上帝樓)라는 쉼터다. 이곳에서 등산용품과 특산물 등을 판매한다고 안내하고 있으나 가게는 휴업 상태다. 현지 안내에 따르면 상제루는 향기가 쌓여 있는 봉우리라는 뜻으로 향적봉(香積峰) 정상에 있는 상제루는 옥황상제께서 제사를 지낸다는 뜻으로 이름이 지어졌다 한다.

무주 리조트를 공사하던 당시 잦은 사고가 발생하여 이곳 상루(尙婁)에서 제사를 지내고 나서는 신기하게도 무탈하게 공사가 진행되었다는 이야기가 있었다고 기록하고 있다.

상제루를 지나 향적봉으로 향한다. 계단 옆에는 향적봉까지 600m 거리임을 알린다. 등산로 양쪽에는 살아서 천년, 죽어서도 천년을 버틴다는 고사한 주목과 구상나무가 덕유산의 역사를 대변해 준다. 겨울철 상고대가 얼마나 예쁘고 멋이 있을지 상상해 보며 눈 내리는 겨울날, 다시 한번 찾고 싶은 강한 충동을 느낀다.

상제루를 출발하여 잘 정비된 등산로를 약 20분 오르면 주봉인 향적봉 도착이다. 하늘에는 마치 푸른 물감이 금방이라도 흘러내릴 듯 파랗고, 사방은 크고 작은 산들이 켜켜이 파도를 이루며 향적봉을 향해 달려오고 있는 느낌이다. 이렇게 가벼운 수고로 아름다운 풍광을 즐길 수 있음에 감사와 동시에 다시 한번 미안한 마음이 든다.

**덕유산 정상기념**

북쪽으로는 4월 1일 다녀온 적상산의 산봉 일대가 펼쳐지고 좌측으로는 이미 오른 가야산과 황매산까지 한복의 수묵화를 그려 낸다.

명산답게 정상에는 넓은 공간이 마련돼 있다. 정상을 알리는 표시도 자연미 넘치는 정상석(石)과 네모난 표시판 두 개가 나란히 서 있다. 개인적으로는 정상석에 더 정감이 간다. 삼각대를 펴고 기념을 담는 사이 연이어 네 팀이 도착한다. 서로 간 인사를 건네고 담소를 나눈다.

하단부에서 인사를 나눈 전주에서 오신 여자분께서 오이를 권한다. 감사한 마음으로 요기한다. 하산 코스를 묻자 모두가 앞에 보이는 중봉에 올랐다가 곤돌라를 이용해서 원점 회귀 한다고 한다. 필자가 백련사(白蓮寺)로 하산한다고 하자 경사도가 심해 무릎에 무리를 준다며 곤돌라 이용을 권한다. 순간 망설이다가 애초 계획대로 백련사 코스로 향한다. 초입부터 경사가 좀 있기는 해도 생각보다는 심하지 않다. 하산 중에는 별다른 조망이 없다.

약 한 시간쯤 내려와 벤치에서 쉬는 중 젊은 청년 한 명이 숨을 몰아쉬며 올라와 옆자리에 앉는다. 5년간 다니던 직장을 사직하고 그 기념으로 산을 오른다며 부근에 숙소를 정해 놓고 지리산과 주말에는 속리산을 연이어서 오를 예정이라 한다. 그 청년은 블랙야크 100대 명산 정복 목표를 5년으로 잡고 지난달부터 실행하고 있다고 한다.

필자가 산림청이 정한 100대 명산 중 97번째라고 하자 무척 부러워하는 눈치다. 포기하지 말고 꼭 목표를 달성하라는 말을 건네고 백련사로 향한다. 특별한 볼거리는 많지 않으나 지난주 장안산보다 훨씬 많은 겨우살이 군락지가 장관을 이룬다. 잘 보존된 마치 공중에 초록빛 정원을 꾸며 놓은 것처럼 아름답고 신비스럽다. 겨우살이 군락지를 벗어나 백련사가 100여 m 남은 지점에 커다란 돌 항아리 모형의 백련사 계단(白蓮寺 戒壇)[284]이 걸음을 멈추게 한다.

**덕유산 백련사 일주문**

---

284 백련사 계단: 전라북도 기념물 제42호로, 자연석 받침 위에 이 계단은 신라시대 때 만들어진 것으로 보인다. 뒷부분에 남아 있는 스물다섯 개의 여의주 문양은 오랜 세월이 흘렀음에도 아직 선명하게 남아 있다. 계단은 불교의 계법(戒法)을 전수하는 곳으로, 우리나라에서는 신라 선덕여왕 12년(643년) 불경 연구를 위해 당나라에 다녀온 자장 스님이 지금의 통도사인 구룡연에 금강계단을 만든 것이 그 시초다. 자장 스님은 이곳에 당에서 가지고 온 부처님의 사리를 인치한 후 불교의 계율을 설법하였다. 이후로는 전국의 큰 사찰마다 계단을 설치하고 승려들의 계율 의식을 행하였다. 백련사는 신라 신문왕(681~691년) 때 백련 스님이 은거하던 곳으로 하얀 연꽃이 피어난 절을 지었다고 하며, 구천동 열네 개 사찰 중 유일하게 남은 유서 깊은 사찰이다. 백련사 계단 현지 글 내용.

향적봉 출발 1시간 30분 후 신라시대에 세운 사찰로 알려진 천년고찰 백련사[285]에 도착한다. 경내로 들어갔으나 인기척이 없다. 경내를 약 30여 분 관람 후 무주로 이동한다. 무주에서 다시 대전을 경유하여 KTX 열차로 상경하면서 97번째 덕유산 산행을 마무리한다. 건강이 허락하면 올겨울 덕유산의 환상적인 눈꽃 절경을 선물받고 싶다.

덕유산 백련사 계단(戒壇)　　덕유산 등산로 고목　　덕유산 상제루(上帝樓)

---

285 덕유산 백련사(德裕山 自蓮寺): 덕유산 백련사는 산의 중심부 구천동 계곡 상류에 자리 잡은 사찰이다. 옛날부터 전해 오는 말에 따르면 신라 신문왕(681~692년 재위) 때 백련선사(師)가 숨어 살던 이곳에서 하얀 연꽃이 솟아 나와서 이 자리에 절을 짓고 백련사라 하였다고 한다. 또한 이곳은 조선시대 유명한 고승 영관대사와 서산대사가 수도하던 곳이기도 하다. 현종 13년(1672년)에 윤증(尹拯)이 덕유산을 등정하고 남긴 유려 산행기와 영조 41년(1764)에 전주 남산 송광사 승려 채영이 간행한『서역중화해동불조원류』, 영조 41년(1765년)에 발간한『무주부읍지(茂朱府邑誌)』, 고종 35년(1898년)에 무주 향교에서 간행한『적성지(赤城誌)』등에 백련사와 관련한 정보가 등장한다. 이들 문헌에 따르면 구천동 계곡에는 구천동 사(寺), 백련사, 백련암으로 불리는 사찰이 있었다고 한다. 조선 말기까지 수리를 거듭하여 오던 백련사는 광년 4년(1900년)에 이하섭 군수가 백련사를 고쳐 짓고 나서 세운 기념비의 흔적이 남아 있다. 그 후 한국 전쟁 때 불에 타 없어졌다. 그로 인해 지금의 건물은 1962년부터 새로 지은 것이다. 원래 절터가 있던 자리에 대웅전(大雄殿), 절에서 가장 주요한 불상을 모신 법당, 요사(승려들의 거처), 일주문(기둥을 한 줄로 배치한 문), 선수당(승려들이 수행하는 공간), 원통전(관음보살을 모신 법당), 명부전(지장보살을 본존으로 하여 염라대왕과 시왕을 모신 법당), 천왕문(天王門, 사천왕을 모신 문으로 불법을 지키고 밖에서 오는 사마(四摩)를 막으려고 세운 문), 우화루(雨花樓, 설법을 위한 법당) 등을 세우고 백련사의 옛 모습을 복원하였다. 앞면 5칸, 옆면 3칸 규모로 지은 대웅전의 지붕은 여덟 팔(八) 자 모양과 비슷한 팔작지붕이다. 이곳에는 백련사지(전라북도 기념물 제62호), 백련사 계단(전라북도 기념물 제42호), 매월당 부도(梅月堂 浮屠, 전라북도 무형문화재 제43호) 정관당 부도(전라북도 유형문화재 제102호) 등의 문화재가 있다. 백련사 현지 글 내용.

덕유산 정상에서 바라본 전경

덕유산 오늘의 등산로

## 금산(錦山)

**경상남도 남해군**

- 2022년 4월 19일(화), 맑음

　금산은 행정상 경상남도 남해군 상주면과 이동면에 연결된 해발 701m의 산이다. 금산은 한려해상국립공원의 일부로 정상에 서면 수많은 크고 작은 섬이 한눈에 들어온다. 특히 정상 남쪽 바로 아래 있는 보리암(菩提庵)은 강화도 보문사, 양양 낙산사 홍련암과 더불어 우리나라 3대 기도처[286]의 하나로 알려져 있다.

　현지 안내에 따르면 한려해상국립공원은 1968년 우리나라에서 4번째이자 해상공원으로는 최초로 국립공원으로 지정되었으며 경상남도 거제시 지심도에서 전남 여수시 오동도까지 300리 뱃길을 따라 올망졸망한 섬들과 천혜의 자연경관이

금산 정상석

조화를 이루는 해양생태계의 보고이다. 상주·금산지구, 남해대교지구, 사천지구, 통영·한산지구, 거제·해금강 지구, 여수·오동도 지구의 전체 면적은 535㎢이며 76%가 해상

---

286　김무홍, 『대한민국이 엄선한 100대 명산』, 지식과감성#, 2019, p.96.

면적이다. 가장 아름다운 바닷길로 이름난 한려수도는 82개 무인도와 27개의 유인도가 보석을 점점이 흩어 놓은 듯하다고 소개한다.

오늘도 대중교통을 이용한다. 서울역에서 5시 5분에 출발하는 진주행 KTX 열차로 약 3시간 30분 후인 8시 33분에 종착역인 진주역에 하차하여 버스로 남해를 거쳐 택시로 이동하면 된다. 서울남부터미널에서 남해까지 운행하는 버스가 있지만, 첫차가 7시 10분인 관계로 열차를 이용한다.

서울역에서 열차 출발과 동시에 통로 옆자리의 손님이 흐느끼기 시작한다. 울음을 참아 보려고 애써 보지만, 2~3분이 채 되기도 전에 대성통곡을 한다. 필자가 탑승한 2호차 칸에 10여 명 정도 승객이 있었지만 흐느끼는 소리에 처음에는 의아해하다가 큰 슬픔을 당했을 거라는 예감을 한 듯 아무도 방해하는 사람이 없었다. 창원역에 하차할 때까지 약 3시간 동안 슬픔은 계속되었다. 눈이 퉁퉁 부었다. 등산 가방에서 휴지 한 팩을 꺼내 건넸다. 조금 지나자 젊은 청년 한 명이 통로에 나가더니 포카리스웨트 한 병을 가져와서 그분의 옆자리에 조용히 놓고 간다. 필자가 고맙다는 눈인사를 대신하자 묵례로 예의를 표하고 본인 자리로 돌아간다. 따뜻한 배려에 필자의 기분도 좋았다.

진주역에서 들머리인 금산탐방지원센터까지는 택시로 이동한다. 아름다운 연륙교를 건너 우리나라에서 다섯 번째로 크다는 남해도에 입도한다. 꼬불꼬불한 도로를 지나 탐방지원센터 주차장에 다다른다. 차량 두 대가 주차해 있으나 산객은 보이지 않는다. 계단 위에 자리한 탐방지원센터도 문이 닫혀 있다. 등산 장비를 점검하고 10시부터 산행을 시작한다. 등산로에 접어들자 검은 염소 한 마리가 뒤를 따라온다. 사람의 손을 타서 그런지 30여 m를 따르다 두어 번 울음소리를 내더니 돌아간다. 경사가 좀 있기는 해도 초입부터 벤치를 비롯하여 등산로 정비가 잘돼 있다. 산은 온통 연녹색으로 물들어 있고 이름 모를 새들이 이방인을 안내한다.

탐방지원센터에서 100여 m 오르면 첫 갈림길이다. 오른쪽은 자연관찰로 방향이고 왼쪽은 정상으로 가는 등산로이다. 왼쪽인 보리암 쪽으로 향한다. 약 30여 분을 오르자 도선 바위에 도착이다. 좌측에는 1981년 12월 19일 설치해 놓은 샘터(감로수)가 있으나 마치 절구통 형태의 공간만 있을 뿐 샘물은 나오지 않는 상태다.

20여 분을 더 오르면 금산 제15경인 쌍홍문에 닿는다. 감탄사가 절로 난다. 두 개의 커다란 굴 가운데로 등산로가 뚫려 있다. 환경부와 한려해상국립공원 사무소 안내에 따르면 쌍홍문은 금산의 관문으로 천양문(天兩門)이라 불러 왔으나 신라 중기 원효대사가 두 개의 굴이 쌍무지개 같다고 하여 쌍홍문이라 부르게 되었다고 기록하고 있다.

**금산 쌍홍문**

등산로 좌측에는 동서남북에 흩어져 있는 네 명의 신선이 이 암봉에서 모여 놀았다는 사선대(四仙臺)가 위용을 뽐내고 서 있고, 쌍홍문 옆에는 장군이 칼을 들고 봉을 향하여 서 있는 형상을 하고 있다고 하여 장군암이라 부르는 바위는 금산의 첫 관문인 쌍홍문을 지키는 장군이라 하여 일명 수문장이라 부르기도 한다고 안내한다.

쌍홍굴을 통과하여 조금 더 오르자 금산의 자랑거리인 보리암 도착이다. 어디에서 모여들었는지 많은 인파가 보리암 경내를 가득 채울 기세다. 곳곳에서는 저마다 추억을 담느라 정신이 없다. 대청마루의 넓은 공간은 닫혀 있지만 작은 법당의 문이 열려 있어 불심 깊은 산객들은 등산화를 벗고 부처님 앞으로 가서 정성스럽게 두 손을 모은다. 단체로 온 산행객이 여러 팀이다.

이곳에서 내려다보이는 남해의 풍광은 일품이다. 구름 한 점 없이 화사한 봄 날씨다. 남해에는 조업하는 것으로 짐작되는 수십 척의 선박 풍경도 한 폭의 그림이다. 경내를 한 바퀴 돌며 관람하던 중 작은 규모의 탑 앞에 발길을 멈춘다. 남해 보리암전 삼층석탑(南海 菩提庵前 三層石塔)[287]이다.

보리암에서 정상까지 거리는 약 500m로 완만한 경사길이다. 정상석을 배경으로 기념을 담기 위해 줄을 서 있다. 정상석 앞 널따란 공간에 산신제(山神祭)를 드리기 위해 준비해 온 제물을 차린다. 여자분이 커다란 돼지머리를 중심으로 정성스럽게 제물을 배치하자 대장이라 칭하는 남자분이 홍동백서(紅東白西)의 위치가 올바르지 않다며 자리를 바꿀 것을 주문한다. 산신제에 참여하는 인원이 20여 명이 넘어 보이고 축문도 준비한 것 같다. 산신제 후 음식을 나눠 먹으려고 많은 산객이 기다린다.

금산의 실질적인 정상인 봉수대[288]에 오른다. 사방으로 막힘이 없다. 봉수대에서 바라보는 남해는 더 없이 아름답다. 2000년대에 복원한 것으로 원형이 잘 보존돼 있다. 가족이 함께 온 팀은 봉수대 축대에 걸터앉아 기념을 담느라 야단법석이다. 한참을 기다리다 봉수대를 한 장 담는다.

---

287  남해 보리암전 삼층석탑(南海 菩提庵前 三層石塔): 경상남도 유형문화재 제74호 불탑으로, 돌탑(舊)은 부처의 유골을 모신 건축물이며, 실제 유골이 없는 경우에도 상징적인 의미를 가진다. 남해 보리암전 삼층석탑은 보리암 앞에 세워져 있는 탑이다. 풍수지리상 땅의 기운이 약한 곳을 채우기 위해 세우는 비보탑(塔)의 성격도 가지고 있다. 탑의 높이는 2.3m이며 2층으로 된 기단 위에 3층으로 이루어진 몸돌과 지붕돌을 놓고 구슬 모양의 머리 장식을 얹었다. 아래층 기단의 각 면에는 불꽃과 연꽃을 나타낸 안상(眼象) 두 개를 얕게 새겼다. 위층 기단은 아래층에 비해 크기가 작으며, 위층 기단과 몸돌의 모서리에는 기둥 모양이 새겨져 있다. 지붕돌의 밑면 받침은 3단으로 되어 있으며 처마는 네 귀퉁이로 갈수록 두툼해지며 위로 솟았다. 전해 오는 이야기에 따르면, 이 탑은 금관가야의 시조 수로왕의 왕비 허황옥이 인도에서 가져온 돌로 만들었다고도 하고, 신라의 승려 원효대사(元大師)가 금산에 절을 세운 것을 기념하기 위해 세웠다고도 한다. 그러나 두꺼운 지붕돌과 3단으로 된 지붕돌 밑면 받침 등을 보아, 실제로는 고려 전기에 세워진 것으로 추정한다. 보리암 현지 글 내용.

288  봉수대: 경상남도 기념물, 봉수대는 주변을 살피기 유리한 높은 산에 불을 피워 낮에는 연기로, 밤에는 횃불로 정해진 신호를 보내는 근대 이전의 군사 통신 시설이다. 금산(해발 681m) 정상에 있는 둥근 형태의 이 봉수대는 둘레는 26m이고 높이는 4.5m로, 원래의 모습을 비교적 잘 보존하고 있다. 고려 중엽에 설치된 것으로 추정되며 연대 앞쪽에서는 건물터가 발견되기도 하였다. 지금의 연대와 연통, 나선형의 계단 시설 등은 2000년대 들어 복원한 것이다. 오늘날의 부산 지역인 동래와 서울을 연결하는 제2봉수 노선 중에서 간봉에 속한 봉수대 가운데 가장 남쪽에 있는 봉수대로, 북쪽으로는 대방산 봉수대, 서쪽으로는 설흘산 봉수대에 연락을 취하는 중요한 역할을 하였다.

  * 연대(煙臺): 봉수에 설치한 대. 대의 둘레에는 참호를 파고 위에는 가건물을 지어 각종 병기와 생활필수품을 보관하였다.

  * 간봉(間烽): 조선 시대에 전국의 봉수망을 연결하는 주요 노선에 있지 않은 작은 봉수 조직.

**금산 망대 위의 봉수대**

　옆에 있던 분이 필자에게도 산신제가 끝날 때까지 머물 것을 권하나 갈 길이 바쁘다는 핑계를 대고 날머리인 두모계곡을 향한다. 정상 바로 아래에 있는 헬기장에 도착하자 사람들이 햇빛을 피해 그늘진 곳에 삼삼오오 둘러앉아 준비해 온 음식을 먹으며 웃음꽃을 피운다. 쌍홍문에서 사진 찍어 주면서 서로 인사를 한 전주(全州) 택시 조합에서 오신 분들이 막걸리 잔을 기울이며 파안대소다. 필자에게 막걸리를 권한다. 약주를 못 한다고 하자 음료수 인심을 쓰신다.

　부소암(扶蘇庵)을 거쳐 두모계곡 쪽으로 하산한다고 하자 그 팀도 필자와 하산 코스가 동일하다며 두모 주차장에서 전세 버스가 대기하고 있으니 전주까지 함께하자고 한다. 감사한 마음만 받고 부소암을 향해 먼저 자리를 뜬다.

　정상에서 쉽게 하산하는 방법으로는 보리암 부근에 있는 주차장으로 가면 소형 셔틀버스(25인승)가 복골 등산로 입구를 왕래한다고 한다. 그러나 필자는 애초 계획대로 두모계곡으로 향한다.

　정상에서 약 800m 정도 내려오자 부소암의 모습이 감탄사를 자아내게 한다. 마치 닥종이로 조각품을 만들어 옮겨 놓은 듯한 느낌이다. 한려해상국립공원 사무소가 안내하는 바에 따르면 중국 진시황의 아들 부소(扶蘇)가 유배되어 살다 갔다는 부소암은 사람의 뇌와 흡사한 형태다. 웅장한 바위 뒤로 내려다보이는 리아스식 해안의 푸른 바다가 한 폭의 수채화 같다고 안내하고 있다. 경치가 너무 아름다워 부소암[289]을 바라보며 간식을 곁들인 차 한잔으로 분위기에 취해 본다.

**금산 부소암 전경**

철 계단을 내려와 부소암자 쪽으로 향한다. 바위를 깎아 만들어 놓은 계단을 올라 철문을 통과하여 암자에 들어가 봤으나 인기척이 없다. 남해가 한눈에 들어오는 명당에 자리하고 있는 부소암이다. 암자 마당 주변에는 건축물 자재가 여기저기 널브러져 있어 어수선하다. 암자를 나와 철판으로 제작된 작은 전망대에 올라 눈앞에 펼쳐진 남해를 바라보며 망중한을 즐긴다. 부소암에서 약 1시간 30분 정도 내려오면 날머리인 무도 주차장이다. 넓은 주차장에는 대형 전세버스 한 대가 주차해 있다. 아마 전주 택시 조합원들이 이용한 버스로 짐작된다. 등산로 입구 좌측에 중국풍의 큼직한 조각 석상이 서 있다. 서복상(徐福 像)이다. 설명에 따르면 서복상(높이 2.6m, 폭 1.2m, 무게 3

---

289  부소암(扶蘇岩): 부소대는 법왕대라고도 한다. 남해에 와서 금산을 오르지 않고서야 금산을 다 보았다고 말할 수 없다. 명산의 반열에 우뚝 솟은 금산, 금산을 더욱 명산답게 만드는 곳, 그곳이 바로 법왕대이다. 현 위치에서 탐방로를 따라 5분 정도 내려가면 갑자기 탁 트이는 시야에 요새처럼 거대한 돌산이 우뚝 솟아 있다. 이것이 천해고도 법왕대다. 암벽 한쪽에는 산신을 업고 포효하며 산을 내달리는 호랑이 형상의 조각도 보이며 작은 암자인 부소암이 위치해 있다. 아득히 눈길 머무는 곳에 소치도, 노도가 보이고 호구산, 망운산도 지척처럼 다가오다가 두모마을 다랑 논들도 들어온다. 들어갈 곳은 들어가고 나올 곳은 나온 겸손한 논다랑이는 민초들의 선량한 마음처럼 아름답다. 이처럼 한 점 티끌 없이 빛나는 부소대(법왕대) 옆에 위치한 작은 암자인 부소암은 그렇게 숨어 있어 더욱 아름다우며 고려시대에 제작되어 2011년 12월 23일 보물 제1736호로 지정된 『대방광불화엄경』 진본권53을 소유하고 있다. 부소암 현지 안내 글 내용.

톤)은 지난 2014년 11월 10일 서불과차 한중 국제 학술 심포지엄 결과 상호협력을 위한 표석으로 중국 서복회에서 2015년 5월 13일 기증한 것을 좌대와 주변을 정비하여 세우게 되었다고 한다.

금산 중턱에 있는 남해 양아리 석각에 관한 서불과차(徐市過此) 설이다. 양아리 석각은 경상남도 기념물 제6호(1974.2.16.)로 지정된 서복 관련 유적으로 중국 진시황제의 명을 받아 방사 서복이 삼신산 불로초(三神山 不老草)를 구하기 위해 찾아와 발자취를 남겼다고 전하고 있으며, 이곳에 서복상 설치로 한중 우호 협력과 교류 활성화를 도모하고, 남해군이 국제 관광도시로 도약하는 계기가 되기를 기원하며 2015년 7월 22일, 남해군·남해 서복회·중국 서복회가 설치하였다고 기록하고 있다. 어떻게 멀리 중국에서 이곳 남해까지 진시황과의 인연이 맺어졌는지는 알 수 없지만, 양국 간 상호주의에 입각한 교류가 정착되기를 희망해 본다.

**금산 정상 기념**

주차장 주변에는 화장실 외는 다른 시설물이 없다. 등산 장비를 추스르는 중 탑차 한 대가 도착한다. 운전대에서 등산복 차림으로 내리길래 가볍게 인사를 건넨다. 등산로 입구 쪽으로 가서 주위를 살피더니 산에는 오르지 않고 필자가 있는 곳으로 와서 어디서 왔느냐고 묻길래 서울에서 왔다고 하자 남해까지 태워 주겠다고 한다.

어차피 택시로 이동해야 하는 차에 동석해서 이런저런 이야기를 나누며 남해공용터미널에 도착한다. 올해 49세로 어머님 모시고 살다 보니 결혼하지 못했다고 한다. 고마운 마음에 주유비에 보태라고 택시비 조로 전달했으나 극구 받기를 사양한다. 내리면서 조수석에 20,000원을 두고 고맙다는 인사를 하고 버스터미널 안으로 들어가 발권 후 승객 대기실에서 쉬고 있는데 고급 등산 양말 15켤레를 들고 와서 기어코 선물하고 싶다고 한다. 성화에 못 이겨 열 켤레를 받고 다섯 켤레를 되돌려 주고서야 전쟁(?)을 끝낼 수 있었다.

바라건대 참한 배필 만나 결혼해서 어머님 모시고 행복한 가정 이루기를 소망한다.

금산 보리암 삼층석탑

금산 서복상(徐福像)

금산 사선대

금산 보리암에서 바라본 남해(南海) 전경

금산 오늘의 등산로

637

# 지리산(智異望山/사량도)

**경상남도 통영시**

- 2022년 4월 27일(수), 맑음

**지리산 정상석**

지리산(지리망산/사량도)은 행정상 경상남도 통영시 사량면에 있는 윗섬이라 칭하는 해발 397.8m의 산이다. 일명 지리망산이라 부르기도 하는데 이는 맑은 날 지리산을 조망할 수 있다고 하여 지리망산(智異望山) 또는 지리산(智異山)으로 부르게 되었다고 한다.

지리산과 약 1시간 거리에 있는 달바위산(불모산, 399m)은 주봉인 지리산보다 1.2m 높은 산으로 어느 산에서든지 정상에 오르면 사방을 모두 조망할 수 있으며 한려수도의 아름다운 비경을 감상할 수 있다.

산 높이는 400m에도 채 미치지 않지만, 등산로 대부분이 바위와 계단으로 되어 있어 산행을 마치고 나면 다리가 후들거린다. 그러나 비경에 취하는 동시에 작지만 뭔가 해냈다는 자부심을 느낄 수 있는 코스이기도 하다.

99번째 숙제를 하기 위해 오늘도 대중교통을 이용한다. 서울역에서 5시 5분에 출발하는 열차를 타고 대전역에 하차한다. 버스로 6시 30분에 출발하는 통영종합버스터미널행 버스를 타기 위해 서남부터미널에 갔으나 그곳에서는 통영 가는 버스가 운행되지 않는다고 한다. 다시 대전복합버스터미널로 이동하여 7시 30분 버스로 통영종합버스터미널에는 10시에 도착한다. 택시로 사량도를 왕복하는 금평항 선착장에 도착한다. 선박 출항은 7시부터 홀수로 두 시간 간격으로 운행하고, 입항은 짝수로 두 시간 간격으로 운행되며 사량도에서 출발하는 마지막 배는 오후 6시다.

승선권을 발권해 놓고 주변을 관람하다가 11시 정각에 출발하는 그랜드페리호에 승선한다. 지정 좌석은 없으며 그냥 일반적인 장판 바닥이다. 승객 대부분은 신발을 벗고 장판 위의 바닥으로 올라가 베개 하나씩 차지하더니 누워서 지인끼리 담소를 나눈다. 필자는 처음 겪는 광경이라 흥미롭기까지 했다. 파고가 높아 뱃멀미를 피하기 위해서냐고 묻자 그냥 편해서 취하는 행동이라는 대답이다.

출항과 동시 바다는 고요하고 선상에 나가 풍광을 즐기는 사이 사량도항에 입도한다. 약 40분 소요되지만, 전혀 지루함이 느껴지지 않는다. 하선하자 바다 냄새가 물씬 풍긴다. 광장 가운데 버스 두 대가 서로 방향을 달리하며 출발 채비를 하고 있다. 사량면 사무소 방향으로 가는 순회 버스를 타고 해안도로를 따라 약 10여 분 후 오늘의 들머리인 수유 전망대에 하차한다. 전망대에서 바라본 옥빛 바다와 올망졸망한 섬들을 바라보노라면 절로 기분이 좋아진다.

정자에서 배낭을 점검한 후 표시목 방향에 따라 산행을 시작한다. 초입부터 가파른 오르막이다. 온 산은 연녹색으로 단장을 하느라 한창이고 등산로 옆 찔레 덤불에서 제법 탐스러운 순 몇 개가 호기심을 자극한다. 어린 시절 생각하며 순 하나를 꺾어 맛을 음미한다. 수십 년의 세월이 흘렀지만 찔레 순 맛은 그대로다.

약 10분 정도 오르자 이마에는 굵은 땀이 비 오듯 흘러내린다. 그사이 젊은 부부 팀이 재빠르게 길을 앞선다. 겉옷 하나를 벗어 배낭에 넣고 송곳 같은 바위 사이 등산로를 숨 가쁘게 오른다. 어디를 돌아보아도 풍광은 장관이다.

수우도 전망대 출발 약 한 시간 반 후 주봉인 지리산 정상 도착이다. 조금 전 젊은 부부 팀을 정상에서 만나려 기대했으나 이미 시야에서 벗어나고 정상은 필자가 독차지다. 네모난 정장석은 시야를 배려하였기 때문인지 바위에 붙여 놓았다. 삼각대를 펴고 기념을 남긴다. 멀리서 인기척이 들려온다.

사방 어느 쪽으로도 막힘이 없다. 푸른 바다와 연녹색 산야가 운치를 보탠다. 하산이 싫어질 정도로 오래 머물고 싶은 충동이 생긴다. 고기잡이배로 여겨지는 배가 푸른 바다 위에 흰 선을 그으며 지나간다. 만선이길 기원한다. 사량도의 온 산과 바다가 필자의 두 팔 안으로 들어와 안긴다. 이 어찌 행복하지 않을 수 있으랴!

　30분 이상을 머물러도 다른 산객은 나타나지 않는다. 하산은 옥녀봉과 지리산의 명물 중 하나인 출렁다리와 철 계단을 경험하기로 한다. 등산로는 초입부터 내리막이다. 수은주도 초여름과 흡사한 섭씨 25도를 가리킨다.

　조금 내려가자 오늘 유일하게 말을 건넨 젊은 부부 팀이 휴식을 즐긴다. 직접 쑥을 뜯어 만든 떡이라며 권한다. 짙은 쑥 향기가 자연과 어울려 더욱 깊은 맛이다. 토마토와 청포도 한 송이도 함께 선물받는다. 별미로 요기하고 산행기가 출간되면 선물을 하고 싶다고 하자 고마움을 표한다. 경주에서 오신 분으로 ㈜영남전기를 경영하는 대표이사다. 자주 시간을 내어 산을 오른다고 한다. 필자가 혼자 산행한다고 하자, 걱정하며 안전을 당부한다. 진정성이 담겨 있는 조언이다. 명함을 건네받고 하직 인사를 하고 길을 앞선다. 다음 경유지인 달바위봉(불모산)을 향한다. 경사가 상당히 심한 등산로다.

　오르내리막의 반복이다. 작은 봉우리라도 오르기만 하면 가슴이 뻥 뚫리고 푸른 바다가 눈앞에 펼쳐진다. 직진하자 대지마을(대지 선착장)과 상자암·옥동, 가마봉·옥녀봉을 가리키는 삼거리다. 바로 옆에는 수많은 산객이 저마다 지리산에 다녀간 흔적을 남기는 리본이 봄바람에 춤을 춘다.

　비탈길을 직진하자 하단부에 있는 동굴 속의 바위가 둥근 모양으로 마치 달처럼 둥글게 생겼다고 부르는 달바위(불모산)봉에 다다른다. 달바위를 지나 조망이 트이는 곳마다 사량도 앞바다가 눈을 즐겁게 한다.

　바로 앞에는 군 생활을 할 때 경험했던 특수훈련장소를 방불케 하는 가파른 절벽에 철제 계단이 설치되어 있다. 눈으로만 내려다봐도 오금이 저린다. 노약자나 심신이 약한 산객을 위해 우회하라는 안내가 있기는 하다. 그러나 전율을 맛보기 위해 난간을 힘껏 붙잡고 한 발 한 발 조심스럽게 옮긴다. 조금 더 내려오면 가마봉(303m)에 도착한다. 절벽에 가까운 등산로의 연속이다. 전망대에 올라 눈앞에 펼쳐지는 한 폭의 동양화를 바라보며 마음을 안정시킨다.

드디어 지리산의 또 하나의 명물인 현수식 출렁다리에 다다른다. 연장 39m, 22.2m, 폭 2m로 규모다. 연이어 있는 두 개의 출렁다리는 마치 하늘 위를 걷는 기분이다. 흔들거리는 다리를 건너면서 곁눈으로 아래를 훔쳐보노라면 온몸에 전율이 전달되어 발걸음이 빨라진다.

지리산 출렁다리

　출렁다리 전망대에서 바라보는 윗섬과 아랫섬을 잇는 교량의 풍경도 가히 일품이다. 직진하여 옥녀봉(281m)[290]에 다다른다. 표지석 두 개가 세워져 있다. 아주머니 여성 세 분이 기념 촬영에 열심이다. 세 분이 사진 찍기를 부탁한다. 전라도 광주에서 오신 분들로 2박 3일간 머물면서 주변을 여행하며 즐긴다고 한다. 준비해 오신 오이와 음료수를 권한다. 오늘은 먹을 복이 많은 날인 것 같다. 마치 99번째 산행을 축하라도 하듯 두 팀 모두 친절을 베푼다.

　옥녀봉을 지나자 또 가슴 조이는 절벽의 철제 계단이 기다린다. 처음보다는 길이가 짧지만 역시 한순간이라도 방심할 수 없는 긴장감 만점의 구간을 통과해야 한다. 옥녀봉에 대한 다른 설화는 산의 형상이 마치 여인의 부드러운 가슴을 닮았으며 산세가 여인이 거문고를 타는 모습이라 하여 붙여진 이름이라 한다.

　오후 4시 20분에 산행을 마무리한다. 20분 전에 4시 유람선은 출항하고, 오후 6시에 출항하는 마지막 승선표를 발권해 놓고 유람선이 도착할 때까지 이곳에서 제일 맛

---

290　옥녀봉: 통영시의 가장 서쪽 해역에 있는 사량도와 그 부속적인 수우도를 중심으로 한 도서 지역으로 사량도는 크고 작은 두 섬으로 이루어진 사량도에서 유래했다. 조선 초기 사량도 지명은 '박도'였으며 섬은 상박도와 하박도를 아울러 일명 상하박도라 칭하였고 당시의 수군진이 육지로부터 여기로 옮겨 와 설치되면서 이 사량 지명을 따서 사량만호진(蛇梁萬戶鎭)이라 칭하게 된 것이다. 이 두 섬 사이를 가로 흐르는 물길이 가늘고 긴 뱀처럼 구불구불한 형세를 이룬 것에서 유래하여 이 해협을 사량이라 일컬었고 그 중심에 사량도 옥녀봉이 자리 잡고 있다. 사량도 옥녀봉은 해발 281m로서 산행에 있어 기암절벽으로 이루어진 아름다운 자연과 잊을 수 없는 추억을 만들어 주는 곳으로도 유명하며 설악산의 용아릉을 연상케 할 만큼 경치가 뛰어난 곳이다. 옥녀봉 전설은 근친상간의 금지와 타락한 본능을 엄중히 경고하는 교훈으로서 오늘날까지 구전으로 전해 오고 있는 뜻깊은 산이기도 하다. 현지 글.

집 중 하나라는 갈치구이로 저녁 식사 후 향기 짙은 커피 한 잔을 들고 바닷가에 나가 철썩이는 파도 소리에 취해 본다.

5시 50분이 되자 필자가 이용할 마지막 유람선인 그랜드 페리호가 포구에 정박한다. 추억 어린 사량도 산행을 마치고 다른 여행객들과 함께 유람선에 승선한다.

푸른 바다를 가르며 유람선은 40분 후 통영 가오치항에 접안한다. 제각기 주차해 놓은 차량으로 분주하게 자리를 뜬다. 필자는 택시를 불러 통영종합버스터미널에서 대전으로 이동하여 서울고속버스터미널에 새벽 1시 30분에 도착하면서 지리산 산행을 마무리한다.

지리산 정상석

산의 높이는 상대적으로 높지 않지만, 한려수도의 빼어난 경관과 조화를 이뤄 여타 명산 못지않게 아름다움을 간직하고 있다. 기회가 되면 다시 한번 찾고 싶은 곳 중의 하나다.

지리산 가마봉 표지석

지리산 철 계단

지리산 옥녀봉 표지석

지리산 사량교 전경

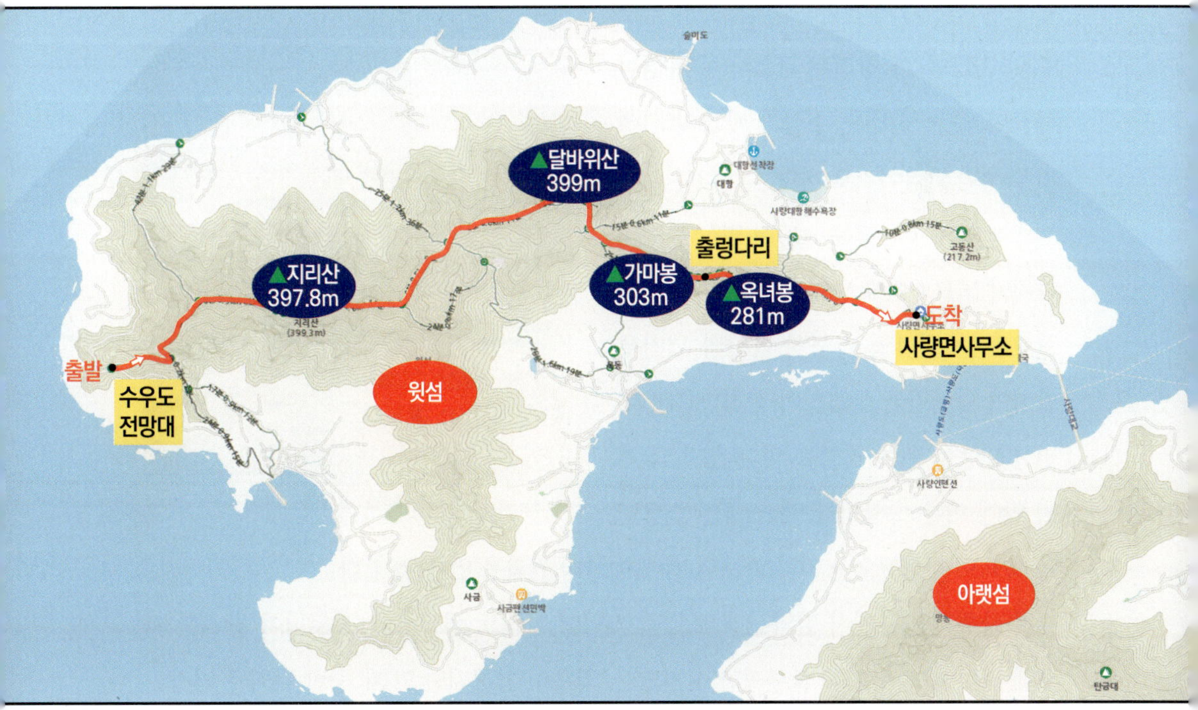

지리산(사량도) 오늘의 등산로

# 미륵산(彌勒山)

## 경상남도 통영시
- 2022년 5월 17일(화), 맑음

미륵산은 행정상 경상남도 통영시에 있는 해발 461m의 산이다. 미륵산에는 선덕여왕 때 창건된 용화사와 미래사, 고려 때 도솔 선사가 창건한 도솔암, 조선 영조 8년(1732년) 때 창건된 관음사 등 유명한 사찰이 있는 곳이다. 소설가 박경리 선생이 출생한 고장이기도 하다.

오늘 미륵산 산행은 100대 명산 등정의 마지막인 100번째 날이라 감회가 새롭다. 2020년 9월 4일 이영석 박사와 의기투합하여 대한민국 산림청이 선정한 100대 명산 완등을 위해 첫발을 내디딘 지 18개월 만에 이룬 수확이다. 애초에는 2~3년

미륵산 정상석

을 목표로 계획했으나 지나고 보니 기대 이상의 결과를 얻은 것 같다.

첫 산행지인 포천시 감악산에 오르던 기억이 아직도 생생하다. 코로나가 창궐한 지 오래 지나지 않아 더욱 불투명한 시기였다. 의욕이 넘쳤지만 70대 중반 나이로 건강이

받쳐 줄지가 가장 큰 과제였다.

  같은 해 7~8월 두 달에 걸쳐 이 박사와 서울 둘레길 157km를 완주한 후라 어느 정도 자신감은 있었지만, 해발 1,000m가 넘는 높은 산을 오른다는 것은 결코 쉬운 일이 아니었다. 서울 경기 지역의 9개 산은 이 박사와 동행했으나 무릎 불편으로 중도 포기하고 필자 혼자 나머지를 감당하려고 하니 앞이 캄캄하기도 했다. 그러나 누구의 강요가 아닌 필자 스스로 세운 목표요, 숙제였다.

  오늘 마지막 산행은 가족 일부와 함께해서 더욱더 보람이 있었다. 교통편은 경상대 교수인 큰사위가 오페라 관계로 상경했다가 복귀하는 길에 필자 부부, 둘째 딸, 외손녀와 함께 승용차로 진주로 갔다. 맛집에서 식사하고 1박 후 산행의 들머리인 통영 케이블카까지는 큰딸이 수고를 했다. 케이블카 하단부에 도착하자 주차장에는 차량이 다수 주차되어 있다. 운행은 10시부터다.

  몇 분간의 시험 운행 후 정각 10시부터 케이블카는 작동하기 시작한다. 가족 6명이 곤돌라 1대에 탑승하여 2km가량의 거리를 10여 분간 지나면 상단부인 스카이워크에 다다른다. 특히 외손녀 두 명이 좋아한다. 아내와 두 딸도 통영 앞바다 절경에 감탄한다.

  공중에는 곤돌라가 교차하면서 장관을 이루고 아래쪽에는 루지시설이 눈에 들어온다. 뒤를 돌아보면 통영항과 한려수도의 아기자기한 섬과 바다의 비경이 한 폭의 동양화가 되어 눈앞에 펼쳐진다. 상부에는 휴게실을 겸한 넓은 공간과 매점이 있어 편하게 휴식을 할 수 있다. 매점 옆 데크에서 크고 작은 섬들의 모습을 바라보노라면 마치 꿈을 꾸고 있는 것 같은 기분이 든다. 대부분 사람이 감탄을 자아내는 소리를 들을 수 있다. 자연의 위대함이다.

  애초 계획은 외손자들과 두 딸은 이곳에서 시간을 보내게 하고 아내는 필자와 함께 정상에 오른 후 정상석을 배경으로 마지막 산행의 기념을 남기고 이곳으로 내려와서 다른 가족들은 케이블카로 하산하고 필자만 산양중학교를 날머리로 잡고 학교 정문에서 합류하는 것이었다. 하지만 손주들이 예상외로 씩씩하게 계단을 잘 오른다.

  등산로 전체가 나무 계단이고 전망대가 여러 곳에 마련되어 있어 능력에 따라 쉬면서 오를 수 있다. 조금 오르면 하트 모양의 나무뿌리가 호기심을 불러일으킨다. 그 옆에는 자그마한 돌로 쌓아 올린 또 하나의 하트 형태의 포토 존이 있다. 또 거북선 형상의 돌탑도 흥미를 돋운다. 큰딸의 주문으로 아내와 어색한 포즈로 기념을 남긴다.

**미륵산 정상에서 바라본 통영 앞바다 전경**

조금 더 오르면 신선대다. '향수'의 작가 정지용 시인의 통영 기행문을 담은 문학비가 데크 가운데 오석(烏石)을 다듬어 세워 놓았다. 시비에는 정지용 시인이 8·15 광복 후 통영을 방문, 청마 유치환의 안내로 미륵산에 올라 한산도 앞바다를 바라보고 "나는 통영 포구와 한산도 일대 아름다운 풍경을 내 문필로는 표현할 능력이 없다."라고 시작하는 정 시인의 기행문 '통영 5'[291] 중 일부가 새겨져 있다. 미륵산을 오르는 이에게 통영에 대해 정겨움을 보탠다.

인근에는 귀신 잡는 해병이란 말이 유래된 통영 상륙작전에 대한 기록이 붉은색 바탕에 흰 글씨로 개요 및 작전 의의, 전투 상황, 전과, 아군 피해 등이 상세히 기록되어 있다. 한국전쟁 시 통영지구 작전은 해병대가 단독으로 해군 함정과 공군의 T-6기 4대, F-51 D기 3대의 지원으로 수행한 작전으로서 유엔군의 방어에 급급할 때 국군의 유일한 공격전이었다는 점에서 이 작전은 높이 평가되었다. 또한, 이 작전은 한국군 최

---

291 정지용 시인의 통영: "통영과 한산도 일대의 풍경 자연미를 나는 문필로 묘사할 능력이 없다. 더욱이 한산섬을 중심으로 하여 한려수도 일대의 충무공 대소 전첩기를 이제 새삼스럽게 내가 기록해야 할 만치 문헌이 부족한 것도 아니다. 우리가 미륵도 미륵산 상봉에 올라 한려수도 일대를 부감할 때 특별히 통영 포구와 한산도 일 폭의 천연미는 다시 있을 수 없는 것이라 단언할 뿐이다. 이것은 만중운산 속의 천고 절미한 호수라고 보여진다. 차라리 여기에서 흐르는 동서지류가 한려수도는 커니와 남해 전체의 수역을 이룬 것 같다." 미륵산 신선대, 정지용 문학비 글 내용.

초의 단독 상륙작전이었으며, 한국 해병대의 최초 상륙작전이었다. 당시 원문고개를 찾아온 외신 종군기자로부터 '귀신 잡는 해병'이란 명칭을 전 세계에 알리는 계기가 되었다. 특히 6·25전쟁이 시작된 이후 적의 수중에 들어간 국토를 처음으로 되찾은 전쟁이었다고 기록하고 있다. 이 전투(통영 상륙작전)에서 적 사살 469명, 포로 83명, 야포 3문, 소총 화기 296정, 차량 12대, 전화기 5대 등 전과도 있었지만, 아군 피해(전사 19명, 부상 47명)도 있었다.

**미륵산 정상 기념**

정상 바로 아래 쉼터 주변에는 통영 미륵산에서만 자생한다는 붉고 탐스럽게 핀 '통영병꽃나무'[292]가 화려하게 그 자태를 뽐낸다. 마치 100대 산 등정을 축하라도 하듯 때마침 남해에서 불어오는 바람에 물결을 이룬다.

마지막 나무 데크를 지나 정상에 다다른다. 한려수도의 빼어난 풍광이 눈앞에 펼쳐진다. 그림 같은 바다와 심어 놓은 듯한 올망졸망한 섬들의 조망은 말문을 막히게 한다. 사방을 관람하는 데 불편함이 없도록 넓은 공간의 전망대가 설치되어 있다. 먼저 도착한 4팀이 정상석을 배경으로 기념을 남기기 위해 질서정연하게 차례를 기다린다. 서로 사이좋게 사진 찍기를 품앗이한다.

우리 가족도 순서를 기다리다가 기념을 몇 장 담는다. 둘째 딸이 아내에게 감사 기도

----

292  통영병꽃나무: 통영병꽃나무는 통영시에서도 미륵산에만 자생하는 이곳의 특산 식물로 나무껍질은 암회색이며 2년 된 가지는 갈색 또는 적갈색이고 1년 된 가지는 녹색 또는 붉은빛이 도는 세로줄이 있다. 꽃은 황록색으로 핀 뒤 붉은색으로 변하고 4~5월이 되면 그 아름다운 모습을 뽐내듯 핀다. 통영병꽃나무는 다른 지역의 병꽃나무에 비해 잎과 꽃잎이 크며 색상이 아름답다. 그러므로 아름다운 통영병꽃나무를 희귀 및 멸종 식물로서 보호하여 그 아름다움을 이어 갈 수 있도록 해야 한다. 미륵산 현지 글 내용.

를 제안한다. 여섯 식구가 손을 잡고 100번째 산행하는 동안 큰 과오 없이 이렇게 가족 3대가 모여 축하할 수 있도록 은혜를 베풀어 주심에 하나님께 감사드리고 산을 오르는 모든 산객의 안전과 코로나가 하루속히 박멸되고 새롭게 출발한 정부에 바라는 기도를 드린다.

정상석 옆에는 고려시대부터 외적의 침입을 알리던 옛 통영 미륵산 봉수대[293]가 있었던 터에 원형으로 제작된 것으로 방위와 거리까지 표시되어 있다. 여수, 창원, 부산, 심지어 대마도까지 거리를 알린다. 정상에서 바라본 다도해의 올망졸망한 섬들과 쪽빛 바다는 그 자체가 예술이고 시(時)다.

**미륵산 봉수대 터 표지석**

특히 마지막 산행을 다섯 살배기 외손녀를 포함해 가족 6명이 정상에서 기념을 남길 수 있어 더없이 값지고 보람이다. 손녀를 포함해서 가족들은 케이블카로 하산하고 필자는 산양중학교를 날머리를 정하고 하산길로 접어든다. 정상에서 바라본 산양 읍내가 발아래 그림처럼 펼쳐지고 지난달 다녀온 사량도가 눈앞에 조망된다. 욕지도와 소지도의 풍광도 설명이 부족할 정도로 아름답다.

하산 초입부터 경사진 내리막길이다. 그러나 발걸음은 어느 때보다 가볍다. 산은 온

---

293 통영 미륵산 봉수대: 시도기념물 제21호로, 봉수는 낮에는 연기로 밤에는 햇불로 급한 소식을 전하던 옛날의 통신 수단이다. 통영 미륵산 봉수대는 조선시대 5곳의 주요 봉수 중 동래 다대포에서 서울까지 이어지는 제2봉수로에 있다. 이곳에서 남쪽의 거제 가라산 봉수대의 신호를 받아 북쪽의 도산면 우산 봉수대로 신호를 보냈다. 미륵산 산봉우리 아래로 동남쪽 경사면에 약 5m 높이의 3단 석축을 짐작할 수 있는 흔적이 남아 있다. 또 북쪽 경사면에는 규모를 알 수 없는 석축의 흔적이 남아 있다. 산봉우리 정상에는 경사면의 석축을 지지대로 삼아 만든 지름 7.5~7.8m의 반원형 터가 남아 있다. 이 터는 바다를 향해 돌출된 형태로 되어 있어 봉수대 또는 망대였을 것으로 본다. 봉수대 뒤편으로 약간의 평지가 있는데, 이곳에서 건물터와 통일신라시대의 찍은 무늬 토기의 조각이 발견되었다. 이러한 사실로 미루어 볼 때, 통일신라시대에는 이곳에서 제사를 지냈을 가능성이 있다. 미륵산 현지 글 내용.

통 진초록으로 물들어 있고 등산로에는 이름 모르는 여름철 야생화가 나비와 동무한다.

  정상에서 약 1시간 10여 분 후 산양중학교 정문 앞 도착이다. 가족들과 합류하여 맛집에서 식사 후 김해공항으로 이동하여 상경하면서 1박 2일간의 뜻깊은 100대 명산 마지막 미륵산 산행을 마무리한다. 마지막 산행기를 적어 가는 이 순간, 지난 1년 6개월의 세월이 주마등처럼 스쳐 간다. 누가 세월을 유수와 같다고 했던가?

  그동안 100대 명산 정상에 오르는 숙제를 위해 새벽 3시부터 부산을 떨었지만, 아이젠을 챙기지 않아 죽을 고생을 했을 때도, 허리춤까지 올라오는 눈(雪)의 두께를 이기지 못해 정상 직전에서 산행을 포기할 때도, 너덜길에 넘어져 이마가 찢어져 피투성이가 되고, 발을 헛디뎌 손가락이 골절되는 등 고통스러운 과정도 있었지만, 자연이 선물하는 아름다운 풍광에 가슴 뛰는 감격스러운 순간들을 결코 잊을 수 없을 것 같다. 이 모든 영광 하나님께 돌린다.

통영 미륵산 사랑나무

통영 케이블카

미륵산 통영병꽃나무

미륵산 정상에서 바라본 전경

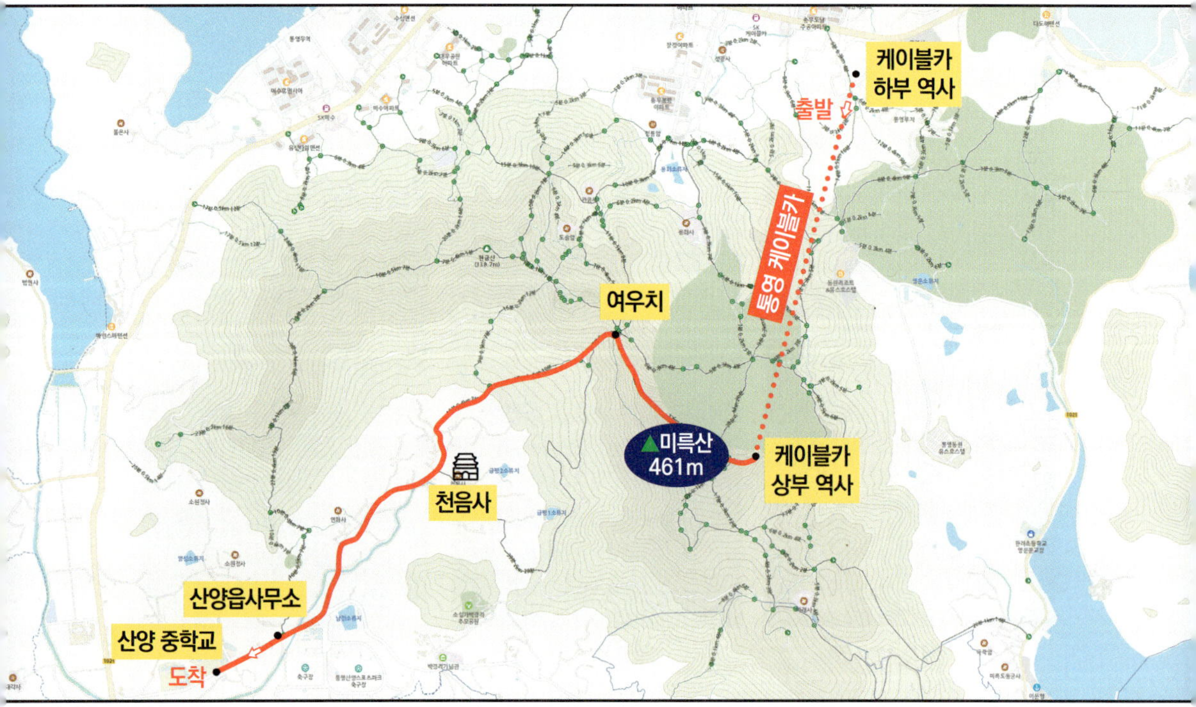

미륵산 오늘의 등산로

## 100대 명산 완등을 마치고……

대한민국 산림청이 선정한 100대 명산을 큰 대과 없이 완등할 수 있어 기쁘다. 숙제 하나를 끝내고 나니 감개무량하고 감격스럽기까지 하다.

2020년 9월 4일 이영석 박사와 우리나라 산림청이 선정한 100대 명산 완등을 목표로 의기투합하여 포천 감악산에 첫발을 내디딘 지 1년 7개월 만이다. 코로나가 창궐하고 있었지만, 중단 없이 96,373.6m를 걷고 또 걷고, 오르고 또 올랐다. 총 거리는 한라산(1,950m)을 49번 오르고도 1,127m가 남는 거리다. 결코 쉽게 오를 수 있는 거리는 분명 아니다.

순조로운 산행을 진행하던 중 경기도 가평에 있는 명지산 등정을 끝으로 무릎이 불편하여 이영석 박사와 끝까지 함께하지 못한 점은 끝내 아쉬움이 남는다. 열 번째 산을 끝으로 홀로서기를 해야 할 처지가 되었다. 차제에 필자도 포기할까도 잠시 생각해 봤으나 마지막 숙제라 생각하니 쉽게 포기가 되지 않았다.

몇 가지 원칙을 세웠다. 시간 날 때 산을 찾는 것이 아니라 완등 시까지는 천직 개념으로 마음의 준비를 단단히 하고 70대 중반 나이임을 감안하여 최대한 기간을 단축하는 데 초점을 맞췄다. 산행 중 어려운 고비가 몇 번 있었지만, 그때마다 필자가 겪은 1959년 사라호 태풍 때[294]를 떠올리면 이를 악물고 버틸 수 있었다.

---

294  1959년 추석날 발생한 큰 태풍, 태풍 발생 이틀 후 필자가 학교에 가기 위해 개울을 건너다 물에 휩싸여 30~40m 떠내려가다 바위와 버드나무에 걸려 목숨을 건질 수 있었다. 김진현, 『길이 나를 돌아본다』, 행복에너지, 2022년, pp. 35~37.

산행 중 만난 많은 사람, 셀 수 없이 많은 계단, 꼬부랑길, 분재 같은 나무, 갖가지 모양의 바위, 억겁(億劫)의 세월 동안 산과 동무하며 지내다 마지막 자존심을 지키는 고사목, 불현듯 나타난 돼지 떼, 사이좋은 노루 부부(?), 오소리, 살모사, 사나운 들개 무리, 까만 눈으로 똑바로 쳐다보던 산토끼 두 마리, 새벽녘 나무 사이로 이글거리며 떠오르는 태양, 거친 파도와 검푸른 바다 등 계절에 따라 변하는 자연의 신비, 모두가 희망이고 자유였다. 티끌 하나도 가공하거나 더하거나 빼지 않고 있는 그대로 보고, 듣고, 느끼고, 땀 흘리며 정상에 올라 마음껏 자유를 누리고 싶었다. 날씨가 좋으면 좋은 대로 굳으면 굳은 대로 눈이나 비가 내리면 내리는 대로 자연에 순응하면서 함께 즐기고 싶었다. 겨울철 빙판 등산로에 꼬꾸라져 피투성이가 된 얼굴, 상처 난 이마, 수없이 멍든 정강이, 골절된 손가락 등 육체적으로는 고통이 많았지만, 어찌 자연이라는 큰 스승에게 배우고 익힌 겸손과 비교할 수 있겠는가? 영국의 저명한 산악인 '조지 말로리(1886~1924년)'는 "왜 산에 오르느냐?"라는 사람들의 물음에 그는 "Because it's there." 즉, "산이 거기 있어서 오른다."라는 명언을 남기고 산에서 생을 마감했다. 산이 필자에게 물었다. 겸손, 배려, 포용을 배우고 싶었다.

바쁘신 국정운영에도 불구하고 축하의 글을 보내주신 홍은표 의원님께 심심한 고마움을 표합니다. 산행 초반 함께했던 미래 유아교육 학회장 이영석 박사님께도 감사드립니다. 산행 출발하는 날 새벽 3시에 일어나 엘리베이터 앞에서 어깨에 손을 얹고 안전한 산행을 위해 기도해 준 아내 유경희에게 한없는 고마운 마음 전합니다.

끝으로 대한민국 산림청이 선정한 100대 명산을 책으로 출간할 수 있도록 기회를 주신 도서출판 지식과 감성#의 장길수 대표님과 교정 작업을 꼼꼼하게 봐주신 윤혜성 차장님, 정은솔 님과 등산로를 비롯한 책의 전반적인 구도를 잡아 주신 정윤솔 님께 진심으로 고마운 마음을 전합니다.

# 참고문헌

- 김대중, "치악산 황장목 숲길 걷기" 추진위원장, 2019.9.17. 전화 확인.
- 김무홍, 『대한민국이 엄선한 100대 명산』, 지식과감성#, 2019.
- 김준연, 여행 객원 기자, "기다림은 설레임이고 희망이다", 2015.12.2
- 박철, 『동방의 등불 큰 바위 얼굴』, 도서출판 한얼사, 2014.
- 신명호, 『한국 100대 명산』, 깊은 솔, 2019.
- 안대희, 성균관대 교수, "가슴으로 읽는 한시 중", 2015.2.9.
- 윤경은, 『세밀화로 보는 한국의 야생화』, 김영사, 2012.
- 이장화, 『산이 그리움을 부른다』, 도서출판 좋은땅, 2021.
- 이영근, 여행 작가, 매일경제 City Life 779호, 2021.5.18.
- 이종훈 감수, 『전국 600 산 등산지도』, ㈜성지문화사, 2020.
- 이춘성 기자, "영암 큰 바위 얼굴", 영암 군민신문, 2021.2.28.
- 스포츠경향 & 경향닷컴, "소나무림 피톤치드 배출량 편백의 4배", 2015.10.30.

- 100대 산에 속해 있는 지방자치단체
- 100대 산이 소재한 사찰 및 관할 행정기관
- 100대 산 현지에 게시된 자료
- 환경부
- 산림청

- 두산백과사전
- 한국민족문화대백과사전

- Daum 사이트
- Naver 사이트